에듀윌과 함께 시작하면,
당신도 합격할 수 있습니다!

대학 진학 후 진로를 고민하다 1년 만에
서울시 행정직 9급, 7급에 모두 합격한 대학생

직장생활과 병행하며 7개월간 공부해
국가공무원 세무직에 당당히 합격한 51세 직장인까지

누구나 합격할 수 있습니다.
시작하겠다는 '다짐' 하나면 충분합니다.

마지막 페이지를 덮으면,

에듀윌과 함께
공무원 합격이 시작됩니다.

70개월 베스트셀러 1위 에듀윌 공무원 교재

기초부터 확실하게 기본 이론

기본서
국어 독해

기본서
국어 문법

기본서
영어 독해

기본서
영어 문법

기본서
한국사

기본서
행정학

기본서
행정법총론

다양한 출제 유형 대비 문제집

단원별 기출&예상 문제집
국어

단원별 기출&예상 문제집
한국사

단원별 기출&예상 문제집
행정학

단원별 기출&예상 문제집
행정법총론

* YES24 수험서 자격증 공무원 베스트셀러 1위 (2017년 3월, 2018년 4월~6월, 8월, 2019년 4월, 6월~12월, 2020년 1월~12월, 2021년 1월~12월, 2022년 1월~12월, 2023년 1월~12월, 2024년 1월~7월, 9월~10월 월별 베스트, 매월 1위 교재는 다름)
* YES24 국내도서 해당분야 월별, 주별 베스트 기준

1초 합격예측
모바일 성적분석표

1초 안에 '클릭' 한 번으로 성적을 확인하실 수 있습니다!

STEP 1

QR 코드 스캔

- 교재의 QR 코드를 모바일로 스캔 후 에듀윌 회원 로그인
- QR 코드 하단의 바로가기 주소로도 접속 가능

STEP 2

모바일 OMR 입력

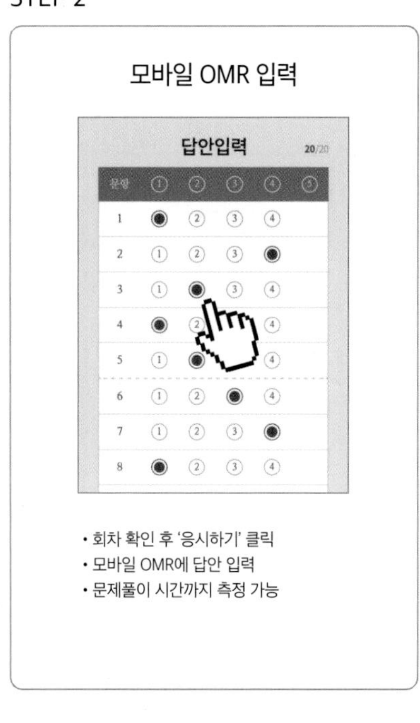

- 회차 확인 후 '응시하기' 클릭
- 모바일 OMR에 답안 입력
- 문제풀이 시간까지 측정 가능

STEP 3

자동채점 & 성적분석표 확인

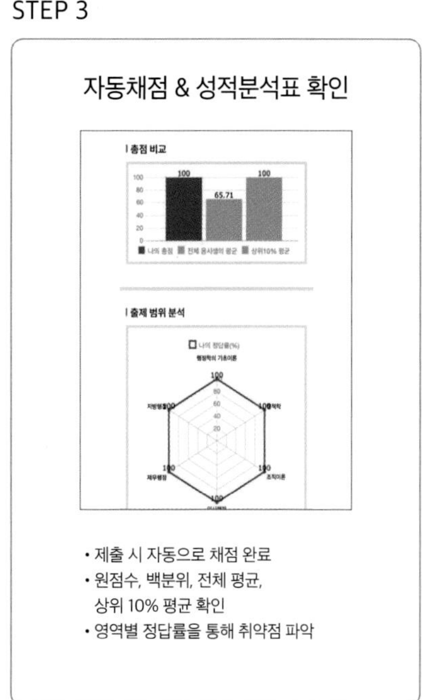

- 제출 시 자동으로 채점 완료
- 원점수, 백분위, 전체 평균, 상위 10% 평균 확인
- 영역별 정답률을 통해 취약점 파악

※ 본 서비스는 에듀윌 공무원 교재(연도별, 회차별 문항이 수록된 교재)를 구입하는 분에게 제공됨.

공무원, 에듀윌을 선택해야 하는 이유

합격자 수 수직 상승

2,100%

명품 강의 만족도

99%

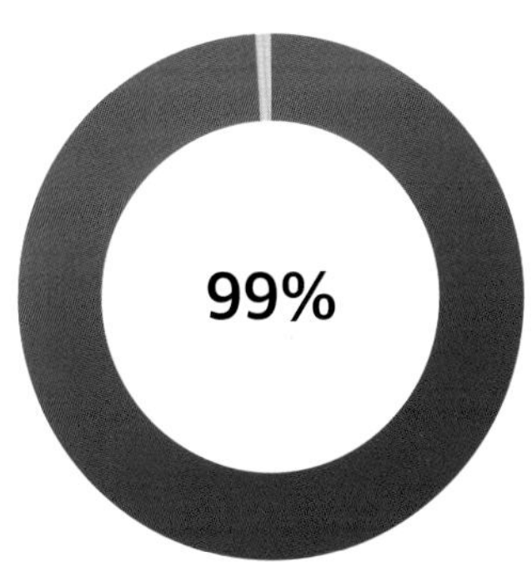

공무원

베스트셀러 1위

70개월(5년 10개월)

5년 연속 공무원 교육

1위

* 2017/2022 에듀윌 공무원 과정 최종 환급자 수 기준 * 9급공무원 대표 교수진 2023년 7월 ~ 2024년 4월 강의 만족도 평균(배영표, 헤더진, 한유진, 이광호, 김용철)
* YES24 수험서 자격증 공무원 베스트셀러 1위 (2017년 3월, 2018년 4월~6월, 8월, 2019년 4월, 6월~12월, 2020년 1월~12월, 2021년 1월~12월, 2022년 1월~12월, 2023년 1월~12월, 2024년 1월~7월, 9월~10월 월별 베스트, 매월 1위 교재는 다름)
* 2023, 2022, 2021 대한민국 브랜드만족도 7·9급공무원 교육 1위 (한경비즈니스) / 2020, 2019 한국브랜드만족지수 7·9급공무원 교육 1위 (주간동아, G밸리뉴스)

eduwill

1위 에듀윌만의 체계적인 합격 커리큘럼

원하는 시간과 장소에서

온라인 강의

① 업계 최초! 기억 강화 시스템 적용
② 과목별 테마특강, 기출문제 해설강의 무료 제공
③ 초보 수험생 필수 기초강의와 합격필독서 무료 제공

쉽고 빠른 합격의 첫걸음 합격필독서 무료 신청

최고의 학습 환경과 빈틈 없는 학습 관리

직영 학원

① 현장 강의와 온라인 강의를 한번에
② 확실한 합격관리 시스템, 아케르
③ 완벽 몰입이 가능한 프리미엄 학습 공간

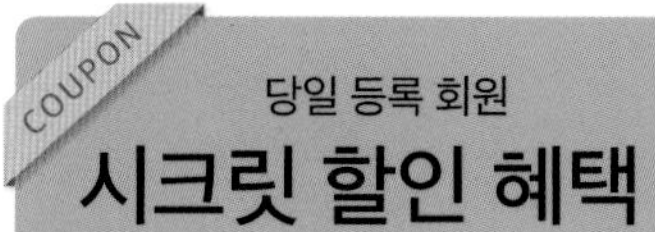

합격전략 설명회 신청 시 당일 등록 수강 할인권 제공

친구 추천 이벤트

“친구 추천하고 한 달 만에 920만원 받았어요”

친구 1명 추천할 때마다 현금 10만원 제공
추천 참여 횟수 무제한 반복 가능

※ *a*o*h**** 회원의 2021년 2월 실제 리워드 금액 기준
※ 해당 이벤트는 예고 없이 변경되거나 종료될 수 있습니다.

친구 추천 이벤트 바로가기

* 2023 대한민국 브랜드만족도 7·9급공무원 교육 1위 (한경비즈니스)

ENERGY

시작하는 방법은
말을 멈추고
즉시 행동하는 것이다.

– 월트 디즈니(Walt Disney)

2025

에듀윌 9급공무원 기출 품은 모의고사

국어 20회

공무원 국어 시험, 어떻게 바뀌나요?

☑ 공무원 국어 시험, 이렇게 바뀝니다.

이제 '사고력'을 묻습니다!

문법/규정, 어휘/한자, 독서/문학/화법 등
지식암기 위주에서

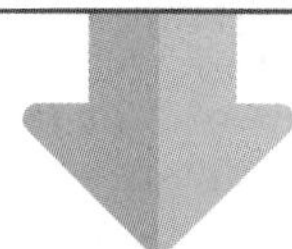

이해력, 비판력, 추론력, 논리력, 기본적 국어 능력 등

현장 직무 능력 평가를 위해
지문 속의 정보를 활용해 풀 수 있는 문제 중심으로

- **문법** 암기력보다는 이해력 · 추론력 등을 평가
- **비문학** 논리형 문제 출제, 공문서, 보고서 등 직무 관련성이 있는 소재의 지문 출제, 세트형 문제 출제
- **문학** 문학을 소재로 사용한 지문을 제시하여 독해형식으로 출제
- **어휘** 기본적인 어휘를 지문 속 맥락에 따라 이해하고 있는지를 평가

✔ 인사혁신처 예시문제 분석

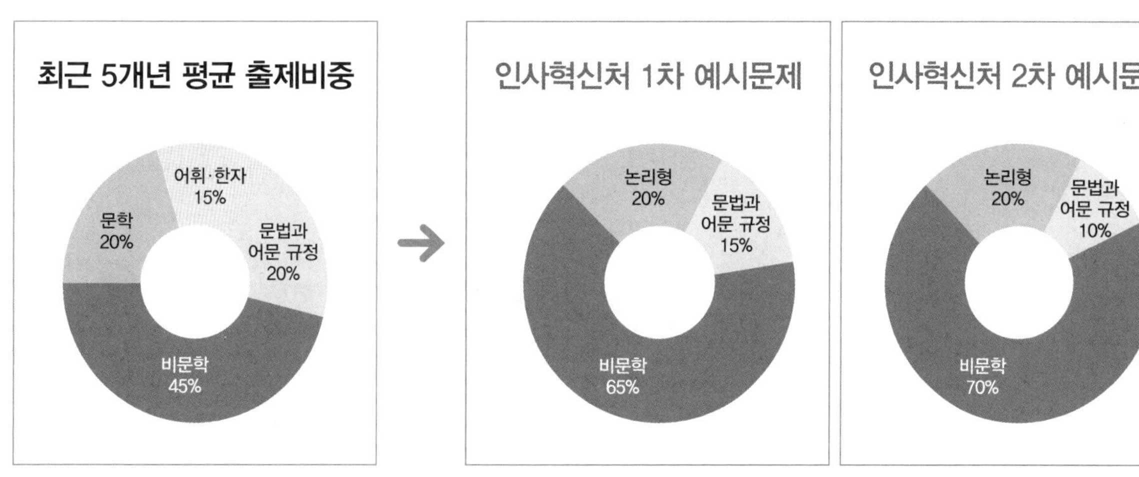

✔ 출제기조 전환 대비 합격 전략

1 다양한 독해 유형을 연습해야 한다!

기존의 문법, 문학, 어휘 등의 영역이 독해 유형으로 출제되므로 글을 잘 읽어야 문제를 잘 풀 수 있습니다. 각 유형에 맞게 문제를 읽고 푸는 방법을 먼저 학습하고, 그러한 접근법을 바탕으로 많은 문제를 풀어 보며 적용하는 연습을 해야 합니다.

2 시간 안배 연습이 중요하다!

단순 암기형이 아닌 지문 속의 정보를 활용해서 푸는 문제, 세트형 문제(한 지문에서 2개의 문제가 연결)의 출제 등으로 인해 기존의 문제 풀이와는 다른 시간 운용 연습이 중요해졌습니다. 반복적인 문제풀이를 통한 시간 운용 연습으로 실전에 대비하도록 해야 합니다.

3 논리형 문제에 대비해야 한다!

논리형 문제가 출제된다는 것은 기존의 출제기조와 가장 큰 차이점이라고 볼 수 있습니다. 새롭게 출제되는 논리 추론 문제의 대비를 위해 처음에는 기초 논리학 정도의 강의 수강을 추천합니다.
그 후 논리학 지식을 가지고 많은 문제를 풀어 보며 적용해 가는 연습이 중요합니다.

2025년 시험 대비

기출 품은 모의고사를 풀어야 하는 이유

Reason 1 기출 독해 유형이 반복된다.

주제 찾기, 문장 삽입, 순서 배열, 빈칸 완성 등 기존 독해 유형의 문제도 높은 비중으로 출제됩니다. 독해 지문의 길이도 길어져 기존 독해 유형 문제에서 시험의 변별력이 생길 가능성이 높습니다. 이에 출제기조 전환에 부합하는 기존의 기출문제를 학습해야 합니다.

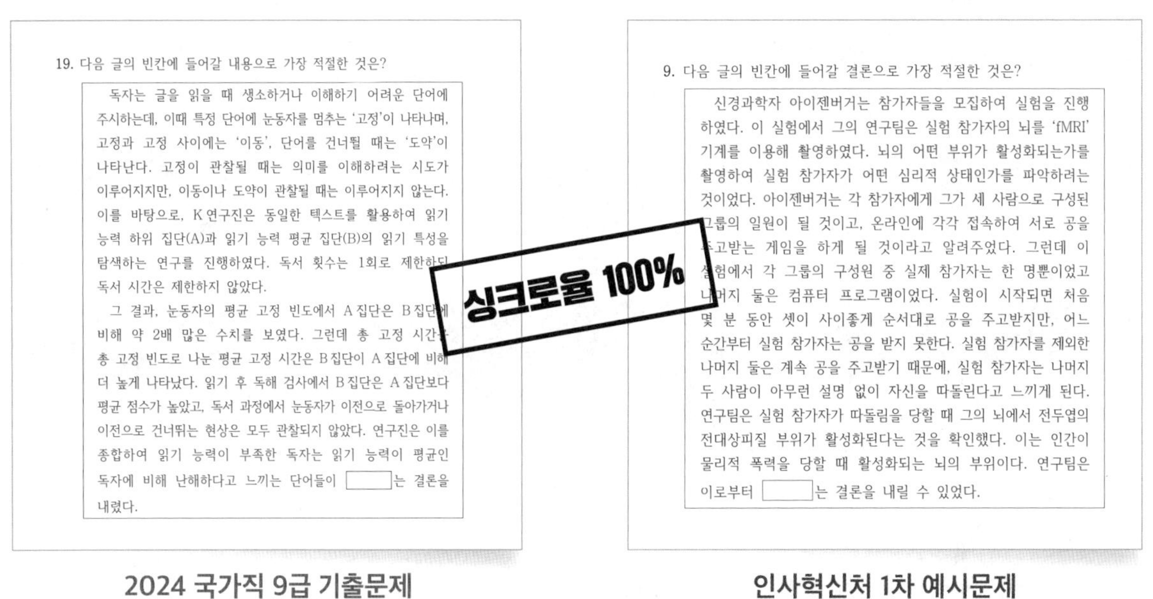

19. 다음 글의 빈칸에 들어갈 내용으로 가장 적절한 것은?

독자는 글을 읽을 때 생소하거나 이해하기 어려운 단어에 주시하는데, 이때 특정 단어에 눈동자를 멈추는 '고정'이 나타나며, 고정과 고정 사이에는 '이동', 단어를 건너뛸 때는 '도약'이 나타난다. 고정이 관찰될 때는 의미를 이해하려는 시도가 이루어지지만, 이동이나 도약이 관찰될 때는 이루어지지 않는다. 이를 바탕으로, K 연구진은 동일한 텍스트를 활용하여 읽기 능력 하위 집단(A)과 읽기 능력 평균 집단(B)의 읽기 특성을 탐색하는 연구를 진행하였다. 독서 횟수는 1회로 제한하되 독서 시간은 제한하지 않았다.

그 결과, 눈동자의 평균 고정 빈도에서 A 집단은 B 집단에 비해 약 2배 많은 수치를 보였다. 그런데 총 고정 시간을 총 고정 빈도로 나눈 평균 고정 시간은 B 집단이 A 집단에 비해 더 높게 나타났다. 읽기 후 독해 검사에서 B 집단은 A 집단보다 평균 점수가 높았고, 독서 과정에서 눈동자가 이전으로 돌아가거나 이전으로 건너뛰는 현상은 모두 관찰되지 않았다. 연구진은 이를 종합하여 읽기 능력이 부족한 독자는 읽기 능력이 평균인 독자에 비해 난해하다고 느끼는 단어들이 ( )는 결론을 내렸다.

2024 국가직 9급 기출문제

9. 다음 글의 빈칸에 들어갈 결론으로 가장 적절한 것은?

신경과학자 아이젠버거는 참가자들을 모집하여 실험을 진행하였다. 이 실험에서 그의 연구팀은 실험 참가자의 뇌를 'fMRI' 기계를 이용해 촬영하였다. 뇌의 어떤 부위가 활성화되는가를 촬영하여 실험 참가자가 어떤 심리적 상태인가를 파악하려는 것이었다. 아이젠버거는 각 참가자에게 그가 세 사람으로 구성된 그룹의 일원이 될 것이고, 온라인에 각각 접속하여 서로 공을 주고받는 게임을 하게 될 것이라고 알려주었다. 그런데 이 실험에서 각 그룹의 구성원 중 실제 참가자는 한 명뿐이었고 나머지 둘은 컴퓨터 프로그램이었다. 실험이 시작되면 처음 몇 분 동안 셋이 사이좋게 순서대로 공을 주고받지만, 어느 순간부터 실험 참가자는 공을 받지 못한다. 실험 참가자를 제외한 나머지 둘은 계속 공을 주고받기 때문에, 실험 참가자는 나머지 두 사람이 아무런 설명 없이 자신을 따돌린다고 느끼게 된다. 연구팀은 실험 참가자가 따돌림을 당할 때 그의 뇌에서 전두엽의 전대상피질 부위가 활성화된다는 것을 확인했다. 이는 인간이 물리적 폭력을 당할 때 활성화되는 뇌의 부위이다. 연구팀은 이로부터 ( )는 결론을 내릴 수 있었다.

인사혁신처 1차 예시문제

Reason 2 신유형 문제에 익숙해져야 한다.

논리 추론 문제, 문법 지식을 묻는 독해형 문제 등 새롭게 출제되는 신유형 문제에도 익숙해져야 합니다. 이에 회차별로 필수로 학습해야 하는 기출문제와 신유형 문제를 함께 구성하여 학습의 효율성을 극대화할 수 있도록 하였습니다.

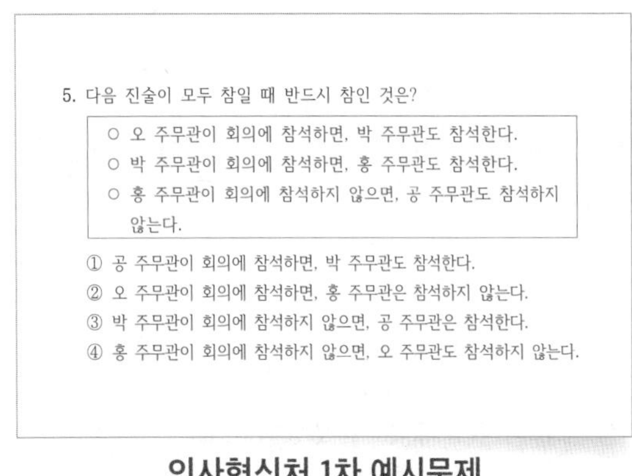

5. 다음 진술이 모두 참일 때 반드시 참인 것은?

○ 오 주무관이 회의에 참석하면, 박 주무관도 참석한다.
○ 박 주무관이 회의에 참석하면, 홍 주무관도 참석한다.
○ 홍 주무관이 회의에 참석하지 않으면, 공 주무관도 참석하지 않는다.

① 공 주무관이 회의에 참석하면, 박 주무관도 참석한다.
② 오 주무관이 회의에 참석하면, 홍 주무관은 참석하지 않는다.
③ 박 주무관이 회의에 참석하지 않으면, 공 주무관은 참석한다.
④ 홍 주무관이 회의에 참석하지 않으면, 오 주무관도 참석하지 않는다.

인사혁신처 1차 예시문제

14. (가)와 (나)를 전제로 결론을 이끌어 낼 때, 빈칸에 들어갈 말로 가장 적절한 것은?

(가) 축구를 잘하는 사람은 모두 머리가 좋다.
(나) 축구를 잘하는 어떤 사람은 키가 작다.

따라서 ( )

① 키가 작은 어떤 사람은 머리가 좋다.
② 키가 작은 사람은 모두 머리가 좋다.
③ 머리가 좋은 사람은 모두 축구를 잘한다.
④ 머리가 좋은 어떤 사람은 키가 작지 않다.

인사혁신처 2차 예시문제

당신의 미래를 응원합니다.

2025년 수험생 여러분들의 합격을 진심으로 기원합니다.

큰 시험을 준비하며 공부할 때 가장 중요한 것이 기출이라는 것을 수험생분들께 다시 말씀드릴 필요는 없을 것입니다. 그런데 이번 2025년 시험의 경우는 매우 당혹스럽습니다. 2025년부터 국어 시험이 변화되면서 더 이상 기출이라는 것이 존재하지 않게 되었기 때문입니다. 그나마 다행인 것은 인사혁신처에서 제시하고 있는 2회분의 예시문제가 있다는 것입니다. 하지만 그것만으로는 분명 부족할 것입니다.

이런 문제점을 해결하고자 이번 〈에듀윌 9급공무원 기출 품은 모의고사 국어〉가 기획되었습니다. 2025년에 개정되는 시험을 잘 분석해 보면 문법, 비문학, 논리형 이렇게 3영역이 출제 영역입니다. 그중 비문학은 기존의 시험과 크게 다르지 않은 유형으로, 문법은 기존의 유형과 다른 방식으로, 논리형은 기존에 없던 유형이 처음으로 출제됩니다. 따라서 이번 우리 교재는 비문학의 경우 최대한 기존의 기출문제들을 이용하고자 하였습니다. 이를 통해 기존의 유형과 다르지 않게 출제되는 비문학은 최대한 기출 분석의 장점을 살리려 노력하였습니다. 문법과 논리형 문제는 인사혁신처에서 제시한 신유형에 맞게 새롭게 출제하여 신유형 문제에 대한 연습 역시 부족함이 없도록 준비하였습니다. 이름 그대로 기출을 품은 새로운 모의고사 문제집이 된 것입니다. 이 교재를 통해 기출 분석과 신유형에 대한 대비, 두 마리의 토끼를 모두 잡으실 수 있으실 것입니다.

새롭게 출판되는 교재의 숙명은 부족함입니다. 이 교재 역시 분명 부족함이 많을 것입니다. 하지만 역시나 분명한 것은 수험생 여러분의 합격에 확실하게 도움을 드릴 수 있는 교재가 될 것이라는 것입니다. 이 교재를 믿고 열심히 공부해 주시기 바랍니다.

마지막으로 출판을 허락해 주신 에듀윌에 먼저 감사의 인사를 전합니다. 그리고 무엇보다 이번 교재 작업에서 바쁜 제 일정 때문에 고생을 많이 해주신 공무원출판팀에 가장 큰 감사의 인사를 전합니다. 항상 지식적 부족함을 메워 주시는 미르마루 연구 선생님, 시간과 노력을 아끼지 않고 도와주신 경태형 연구실장님, 강신원 연구 조교 등 연구실 식구들께도 감사의 인사를 전합니다.

감사합니다.

편저자 배영표

이 책의 구성

문제편

총 20회의 체계적인 구성으로 실전 완벽 대비!

❶ SPECIAL TEST 2025 출제예상문제
변경된 출제기조가 적용된 2025년 시험에서 출제가 예상되는 문제를 특별제공합니다.

❷ 인사혁신처 예시문제
인사혁신처 1, 2차 예시문제를 상세한 해설과 함께 수록하여 새로운 출제경향을 파악할 수 있습니다.

❸ 기출 품은 모의고사
필수 기출문제와 신유형 예상문제를 함께 배치한 모의고사 17회분을 수록하였습니다. 앞으로 출제될 시험과 유사하게 구성하여 실전에 철저히 대비할 수 있도록 하였습니다.

해설편

회차별 문항 분석+취약영역 체크

❶ 영역별 출제비중
각 회차마다 영역별 출제비중을 기재하여 회차별 영역을 한눈에 분석할 수 있도록 하였습니다.

❷ 문항 분석 + 취약영역 체크
회차별 문항 분석을 통해 각 회차의 출제경향을 한눈에 볼 수 있습니다. 또한 채점 후 자신의 수준을 파악하고 취약영역을 체계적으로 분석할 수 있습니다.

약점 체크 가능한 해설

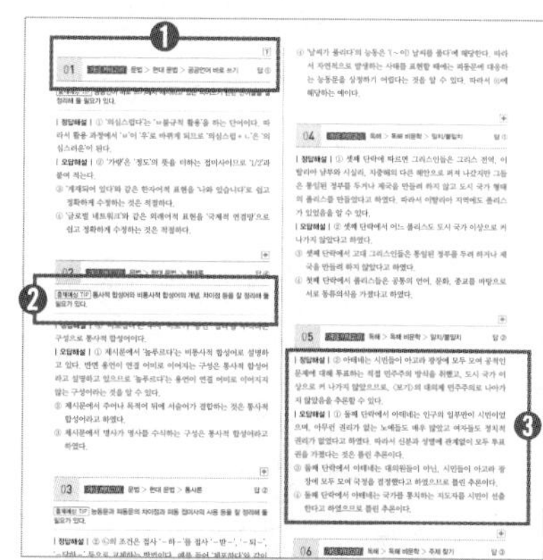

❶ 개념 카테고리 + 난이도
문항별로 개념 카테고리를 제시하여 더 자세하게 알고 싶은 개념을 기본서와 연계하여 학습할 수 있고, 문항별 난이도를 상, 중, 하로 기재하여 학습 시 참고할 수 있습니다.

❷ 출제예상 TIP
출제기조 전환에 따른 신유형 문제 대비 TIP을 확인할 수 있습니다.

❸ 자세하고 풍부한 해설
선택지 하나하나를 꼼꼼히 분석한 해설과 보충 이론으로 출제개념을 충분히 학습할 수 있습니다.

SPECIAL

완벽한 학습을 도와줄 무료 합격팩

1

최신기출 해설특강

최신 2개년 기출+인사혁신처 예시문제 해설강의 무료제공

에듀윌 도서몰(book.eduwill.net) 접속 → 동영상강의실 → 공무원 → '[최신기출 해설특강] 9급공무원 국어(국가직/지방직)+인혁처 예시문제'→ 수강(또는 좌측 QR코드를 통해 바로 접속)

2

1초 합격예측 서비스

1초 합격예측! 모바일 성적분석표 발급 서비스

· 회차별 QR 스캔 후 모바일 OMR 자동채점으로 점수 확인

· 모바일 성적분석표 즉시 발급(전체&상위 10% 평균, 백분위, 영역별 정답률 등)

※ 자세한 내용은 앞광고 4페이지를 확인하세요!

3

OMR 카드 + 빠른 정답표

실전 연습을 위한 OMR 카드+빠른 정답표

· 여러 번 사용할 수 있는 특수 OMR 카드로 실전처럼 마킹하며 문제풀이와 회독 가능

· 한 장으로 제공되는 정답표를 활용하여 빠른 채점 가능

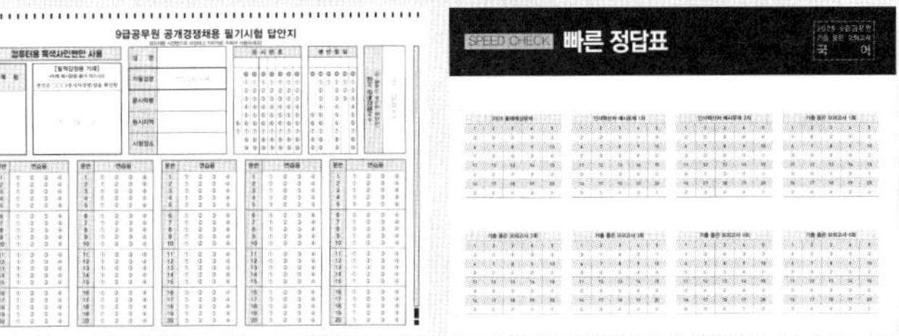

※ 1~2 서비스는 에듀윌 회원가입 후 이용하실 수 있습니다.

CONTENTS

이 책의 차례

PART 02
기출 품은
모의고사

기 출
품 은
모의고사

국어

SPECIAL TEST

2025 출제예상문제

인사혁신처 예시문제를 분석하여
출제가능성이 높은 문항들을 모의고사로 만들었습니다.

2025 출제예상문제

제한시간: 25분 ■시작시간: : ■종료시간: :

정답과 해설 ▶ P.4~P.7

01

밑줄 친 부분을 〈공공언어 바로 쓰기 원칙〉에 따라 수정한 것으로 적절하지 않은 것은?

〈공공언어 바로 쓰기 원칙〉

㉠ 중의적 표현을 쓰지 않을 것
㉡ 띄어쓰기에 맞게 정확하게 표현할 것
㉢ 부적절한 한자어들을 순화하여 표현할 것
㉣ 외래어를 순화하여 표현할 것

① ㉠: '차가 완전히 정차하여 멈춘 후 이동하시기 바랍니다.'에서 '정차하여 멈춘 후'를 '멈춘 후'로 수정한다.
② ㉡: '이 행사는 50여 회 진행되었습니다.'에서 '50여 회'를 '50여회'로 수정한다.
③ ㉢: '판단 시 조사 대상 기관에 포함 요망'에서 '요망'을 '바람'으로 수정한다.
④ ㉣: '이번 행사와 관련된 매뉴얼이 제공될 예정입니다.'에서 '매뉴얼'을 '설명서' 또는 '안내서'로 수정한다.

02

다음 글을 읽고 알 수 없는 것은?

관형어는 체언을 수식하는 문장 성분으로 여러 방법으로 문장 속에서 실현될 수 있다. 관형사나 체언이 그대로 관형어가 되기도 하며, 체언에 관형격 조사 '의'가 결합된 형태나 용언의 관형사형으로도 나타난다. 또한 관형절도 관형어의 기능을 한다. 관형어는 필수적인 성분은 아니므로 문장 속에서 생략해도 문제가 없는 경우가 대다수이다. 다만 일부의 경우에는 관형어가 필수적이라고 볼 수 있는 상황이 있는데 '나는 그 옷을 입을 수가 없다.'에서 '입을 수'와 같이 수식을 받는 체언이 관형어의 수식을 필수적으로 요구하는 의존 명사이어서 그 앞에 반드시 관형어가 와야 하는 경우이다. 한편 관형격 조사 '의'는 앞과 뒤의 체언을 의미상으로 어떤 관계에 놓이도록 연결하는 역할을 한다. 예를 들어 '조국 통일의 위업'은 앞 체언과 뒤 체언이 '의미상 동격'의 관계, '나의 옷'은 '소유주 – 대상'의 관계, '우리의 각오'는 '주체 – 행동'의 관계, '조카의 아들'은 '사회적·친족적' 관계로 연결된 것이다. 이처럼 관형어의 쓰임과 의미가 다양할 수 있으므로 관형어를 사용할 때 주의하여야 한다.

① '나는 어제 철수 집에 갔다.'에서 '철수'는 관형어의 역할을 하고 있다.
② '나는 먹을 것이 필요하다.'에서 '먹을'은 관형어가 필수적이라고 볼 수 없는 경우이다.
③ '우리의 미래는 밝다.'에서 관형어는 관형격 조사의 쓰임을 확인할 수 있다.
④ '엄마는 영희의 옷을 정리하셨다.'에서 관형격 조사 앞과 뒤의 체언은 '소유주–대상'의 관계로 쓰였다.

03

다음 글을 읽고 추론할 수 없는 것은?

현대 국어에서 시간을 표현하는 방법은 여러 가지가 있다. 그중 하나는 선어말 어미를 활용하여 현재, 과거, 미래를 나타내는 것이다. 먼저 현재의 경우 동사는 어간에 선어말 어미 '–는–/–ㄴ–'을 결합하여 현재 시제를 표현하는데, 동사의 어간 말음이 자음인 경우에는 '–는–'이, 모음인 경우에는 '–ㄴ–'이 결합하여 다른 형태의 선어말 어미가 결합하게 된다. 이와 달리 형용사와 '이다'는 어간에 선어말 어미가 결합하지 않고 현재 시제를 표현할 수 있다. 과거의 경우는 동사와 형용사, 그리고 '이다'는 어간에 선어말 어미 '–았–/–었–'을 결합하여 과거 시제를 표현하는데, 어간 '하–' 다음에는 선어말 어미 '–였–'을 결합하여 과거 시제를 표현한다. 특이한 경우로 '–았었–/–었었–'과 같이 형태적으로 시제 선어말 어미가 두 개 결합한 것으로 보이는 경우도 있을 수 있다. 마지막으로 미래의 경우는 동사와 형용사, 그리고 '이다'는 어간에 선어말 어미 '–겠–'을 결합하여 미래 시제를 표현하는데, 추측이나 의지 등의 의미를 나타내기도 한다. 다만 시제 선어말 어미와 문장에서의 시제가 일치하지 않는 경우들도 있을 수 있다. 따라서 단순히 시제 선어말 어미의 사용만 고려하여 현재, 과거, 미래를 판단하는 것보다 문장 속 맥락까지 고려하여 시제의 사용을 판단해야 한다.

① '옷을 입다'와 '집에 가다'의 경우 다른 형태의 선어말 어미가 결합하여 현재를 나타내겠군.
② '산의 정상이 보였다'에서 '보였다'의 경우 '–였–'이 과거 시제 선어말 어미로 사용된 경우겠군.
③ '물고기를 잡았었다'의 경우 형태적으로 시제 선어말 어미가 두 개 결합한 것으로 보이는 경우에 해당하겠군.
④ '나는 내일 미국에 간다'의 경우 시제 선어말 어미와 문장에서의 시제가 일치하지 않는 경우의 예가 되겠군.

04

다음 글을 읽고 추론할 수 있는 내용이 아닌 것은?

적도 부근 태평양의 무역풍은 2~6년 사이로 그 세기가 변하는데, 이에 따라 적도 부근 태평양의 기후 환경은 달라진다. 무역풍이 평상시보다 약해지면 태평양 동쪽의 따뜻한 표층수를 서쪽으로 밀어내는 힘이 약해진다. 이로 인해, 적도 부근 동태평양의 용승*이 약해지며 해수면의 온도는 평상시보다 높아진다. 따뜻한 표층수가 동쪽에 머무르면, 적도 부근 서태평양은 평상시에 비해 해수면의 온도와 해수면의 높이가 낮아지고, 적도 부근 동태평양은 해수면의 온도와 해수면의 높이가 상승하는데 이 현상을 엘니뇨라 한다. 엘니뇨가 발생하면 인도네시아, 오스트레일리아 등에서는 평상시에 비해 강수량이 감소하여 가뭄이 발생하고, 대규모 산불이 일어나기도 한다. 반면에 페루, 칠레 등에서는 평상시보다 많은 강수량을 보이면서 홍수가 자주 발생하는 등 이상 기후가 나타나게 된다.

한편, 무역풍이 평상시보다 강해지면 적도 부근 동태평양의 해수면의 온도와 해수면의 높이가 평상시보다 더 낮아지고 적도 부근 서태평양의 해수면의 온도와 해수면의 높이가 평상시보다 더 높아진다. 이런 현상을 라니냐라고 한다. 라니냐가 발생하면 동남아시아와 오스트레일리아에서는 홍수가 잦아지거나 이상 고온 현상이 나타나기도 하고, 반대로 페루, 칠레 등에서는 평상시보다 더 건조해져 가뭄이 발생할 수 있다. 라니냐가 발생하면 적도 부근 동태평양의 기압은 평상시보다 상승하고 서태평양의 기압은 평상시보다 하강하여 두 지역의 기압차는 평상시보다 더 커진다.

* 용승 : 표층 해수의 이동에 의해 심층의 찬 해수가 상승하는 현상.

① 무역풍의 세기가 강해지면 평소보다 적은 양의 표층수가 태평양 동쪽에 머무르게 된다.
② 무역풍이 평소보다 약해질 경우, 인도네시아는 평소보다 더 건조해질 것이다.
③ 무역풍이 강해질 경우 오스트레일리아에 이상 고온 현상이 나타나 평소보다 많은 산불이 발생할 수 있다.
④ 무역풍이 약해질 경우 동태평양 부근의 용승 역시 약해질 것이다.

05

다음 글의 내용과 가장 부합하는 것은?

인상주의 화가들은 태양 빛이 만들어 내는 다양한 색을 표현하기 위해 여러 색의 물감을 섞어 사용했다. 모네는 그의 대표작인『인상 : 해돋이』에서 물감을 섞어 만든 다양한 색으로 아침 안개 속의 태양 빛이 바다를 물들이는 순간적인 광경을 화폭에 담으려 하였다. 그런데 혼합된 물감의 색은 감법 혼합으로 인해 그리 밝지 않았다. 이에 신인상주의 화가들은 물감을 팔레트 위에서 섞지 않고 화폭에 일정한 크기의 작은 점을 병치하는 기법을 사용하였다. 인접한 두 색에서 나오는 빛이 우리 눈에서 가법 혼합되어 제3의 색을 느끼도록 하려는 의도였다. 시냐크는 그의 대표작인『우물가의 여인들』에서 화면에 무수히 많은 원색 점들을 찍어 병치함으로써 중간색을 표현하였지만, 물감으로 그린 그림이므로 크게 밝아 보이지는 않았다. 또한 시냐크는 보색을 나란히 배치하면 대비 효과로 인해 대상이 선명해 보이는 원리도 활용하였지만, 그의 의도와는 달리 멀리 떨어져서 그림을 보면 가법 혼합의 원리에 의해 보색이 혼합되어 오히려 흐릿하게 보였다. 이처럼 인상주의와 신인상주의 화가들의 노력은 한계에 부딪혔다. 하지만 색에 대한 이들의 탐구 정신은 후대의 화가들이 다양한 회화의 표현 방식을 찾는 데 영감을 주었다.

① 모네는 그의 그림을 통해 시간의 흐름을 반영하려 했다.
② 시냐크는 원색 점들의 병치를 통해 그림이 어두워지기를 의도했다.
③ 감법 혼합이 발생하면 색이 어두워지게 된다.
④ 모네와 시냐크는 각자가 의도한 바를 성공적으로 이루어 냈다.

06

(ㄱ)~(ㄹ) 중, 〈보기〉가 들어가기에 가장 적절한 곳은?

〈보기〉

이런 장치 중 하나인 시적 공간은 시인이 주제를 형상화하기 위해 설정한 곳으로 우리가 일상적 경험을 통해 지각하며 생활하게 되는 공간과는 성격이 다르다.

우리는 시를 감상하면서 시인이 시 속에 감추어 놓은 여러 장치들을 발견해 내는 즐거움을 경험할 수 있다. (ㄱ)
시적 공간은 시인이 특별한 의미를 부여하는 순간부터 구성된다. 시인은 이러한 시적 공간을 우리가 일상에서 볼 수 없는 공간으로 설정하기도 하고, 사람들이 일반적으로 생각하는 공간과는 다른 의미의 공간으로 설정하기도 하고, 동일한 공간도 한 편의 시에서 다른 의미를 담은 공간으로 설정하기도 한다. (ㄴ)
또한 시적 공간은 시인이 살아온 삶과 가치관의 영향을 받기 때문에 주제를 이해하기 위해서는 시인에 대한 이해가 필요하다. (ㄷ) 그리고 독자가 주체적으로 체득한 공간에 대한 인식도 중요하다. (ㄹ) 이처럼 시적 공간은 감상의 실마리가 되며 나아가 창조적 의미를 구성하는 요소로 기능하기도 한다.

① (ㄱ) ② (ㄴ)
③ (ㄷ) ④ (ㄹ)

07

다음 글에 대한 설명으로 가장 적절한 것은?

> 전자 상거래를 이용해 물품을 구매하는 청소년이 매년 증가하고 있다. 그런데 이와 함께 전자 상거래에서 피해를 입는 청소년도 증가하고 있어 문제가 되고 있다. 청소년이 입는 전자 상거래 피해는 물질적 피해에 머무르지 않고 정신적 피해로도 이어질 수 있기 때문에 특히 주의가 필요하다.
>
> 전자 상거래에서 피해를 입는 청소년이 증가하고 있는 것은 청소년의 전자 상거래 인증 절차나 결제 과정이 까다로워 성인에 비해 현금 거래를 하는 경우가 많은 것과 관련이 있다. 현금으로 전자 상거래를 하기 위해서는 결제 절차나 방법, 물품 배송 등의 측면에서 유의해야 할 점이 많다. 그런데 상당수 청소년이 이를 고려하지 못한 채 전자 상거래를 하고 있는 것이다. 사기 판매자들은 이러한 사실을 이용해 청소년에게 여러 가지 피해를 입히고 있는데, 대표적인 것으로는 대금을 지불하고도 물품을 배송 받지 못하는 것, 주문한 것과 다른 물품을 받는 것, 물품을 제때에 배송 받지 못하는 것 등을 들 수 있다. 많은 청소년이 이렇게 피해를 입고도 피해 신고 방법이나 보상 절차를 몰라 적절하게 대응하지 못하고 있다. 때문에 전자 상거래 과정에서 일어나는 청소년의 피해를 줄이기 위해서는 청소년이 전자 상거래 과정에서 유의해야 할 점을 숙지할 수 있게 해 주어야 한다.

① 청소년의 과도한 현금 거래가 문제의 직접적 원인이 된다.
② 청소년의 전자 상거래는 법적으로 제한되어야 한다.
③ 청소년들의 전자 상거래에 대한 지식 부족이 여러 피해로 이어지는 근본적인 이유이다.
④ 피해자들에게 전자 상거래에 대한 교육을 시키는 것은 근본적인 해결 방안이 될 수 없다.

08

다음 글에 대한 설명으로 적절한 것은?

> 직장인 A 씨는 셔츠 정기 배송 서비스를 신청하여 일주일간 입을 셔츠를 제공 받고, 입었던 셔츠는 반납한다. A 씨는 셔츠를 직접 사러 가거나 세탁할 필요가 없어져 시간을 절약할 수 있게 되었다. 이처럼 소비자가 회원 가입 및 신청을 하면 정기적으로 원하는 상품을 배송 받거나, 필요한 서비스를 언제든지 이용할 수 있는 경제 모델을 '구독경제'라고 한다.
>
> 신문이나 잡지 등 정기 간행물에만 적용되던 구독 모델은 최근 들어 그 적용 범위가 점차 넓어지고 있다. 이로 인해 사람들은 소유와 관리에 대한 부담은 줄이면서 필요할 때 사용할 수 있는 방식으로 소비를 할 수 있게 되었다. 이러한 구독경제에는 크게 세 가지 유형이 있다. 첫 번째 유형은 정기 배송 모델인데, 월 사용료를 지불하면 칫솔, 식품 등의 생필품을 지정 주소로 정기 배송해 주는 것을 말한다. 두 번째 유형은 무제한 이용 모델로, 정액 요금을 내고 영상이나 음원, 각종 서비스 등을 무제한 또는 정해진 횟수만큼 이용할 수 있는 모델이다. 세 번째 유형인 장기 렌털 모델은 구매에 목돈이 들어 경제적 부담이 될 수 있는 자동차 등의 상품을 월 사용료를 지불하고 이용하는 것을 말한다.

① 여러 경제 모델을 제시하며 그 차이점을 비교하고 있다.
② 구독경제가 지닌 장점과 단점을 객관적인 입장에서 모두 제시하고 있다.
③ 구독경제를 세부적 유형으로 나누어 설명하고 있다.
④ 구독경제 이용자의 수를 구체적인 수치로 표현하고 있다.

09

다음 글을 순서에 맞게 배열한 것은?

(가) 또한 사건은 의도적으로 발생시킬 수 없는 것으로, 사회에 엄청난 충격을 일으키지만 사회 전체에서 일어나는 것이 아니라 사회 내의 특정한 지점에서 발생한다.

(나) 이에 대해 바디우는 '사건'을 계기로 '진리'가 만들어지면서 사회 구조가 변화하게 되는 것이라고 설명한다. 바디우에 따르면, 사건이란 기존의 사회 구조를 뒤흔들 만큼 충격적인 일이면서 미리 계획하거나 예측할 수 없는 일이다.

(다) 바디우는 사건은 일시적으로 나타났다가 사라져 버리는 것이지만 사회 구조 변화의 출발점이 된다는 것을 강조한다. 그는 사건의 대표적 예로 1871년 프랑스 파리에서 일어났던 파리코뮌을 들고 있다.

(라) 현대 철학자 알랭 바디우는 정치란 세상을 변화시키는 것이라고 말하며, 더 나은 세상을 만들기 위해서는 좋은 지도자를 뽑아 정부를 잘 운영하는 것으로는 부족하고 사회 구조의 변화가 이루어져야 한다고 말한다. 그렇다면 사회 구조의 변화는 어떻게 가능한 것인가?

① (다)－(가)－(나)－(라)
② (다)－(라)－(나)－(가)
③ (라)－(나)－(가)－(다)
④ (라)－(다)－(가)－(나)

[10~11] 다음 글을 읽고 물음에 답하시오.

4월 3일(수), 3학년 7반 학생들이 직접 선정한 급식 메뉴가 학교 급식으로 제공된다. 학교 급식에 대한 학생들의 만족도를 높이고 잔반을 줄여 환경 문제 개선에 기여하기 위해 이번 달부터 1달에 1번씩 학생들이 직접 급식 메뉴를 선정한다. 다음 달 급식 메뉴는 3학년 7반 학생들이 선정했다. 메뉴로는 흑미밥, 대패 삼겹살 구이, 상추쌈, 명이 나물, 된장국, 구슬 아이스크림이 선정되었으며, 4월 3일(수) 급식으로 제공될 예정이다.

급식 메뉴를 선정하는 학생들은 매월 잔반을 가장 적게 배출하는 학급의 학생들이 선정된다. 급식 메뉴 선정에 참여한 3학년 7반 학생들은 먼저 학생들이 선호하는 음식을 조사한 후, 그 조사 결과를 바탕으로 급식 식단표의 열량 정보를 고려하여 여러 개의 안을 마련했다. 그리고 영양사 선생님의 조언을 구해 급식 메뉴를 결정했다. 이 과정에 참여한 ○○○은, 학생들이 선호하는 음식들은 고열량으로 학교 급식 영양 기준에 맞지 않는 것들이 많고, 기준에 부합하는 것들은 선호하지 않는 학생들이 많아서 메뉴를 확정하는 데 시간이 너무 오래 걸렸다고 했다.

학생들이 직접 급식 메뉴를 선정하면 급식에 대한 만족도가 높아질 뿐만 아니라 음식물 쓰레기가 줄어드는 효과도 커질 것으로 기대된다. 이에 따라 학생들이 직접 선정한 급식 메뉴가 제공된 후 학생들의 호응이 좋을 경우, 현재 매월 1회인 학생들의 급식 메뉴 선정 횟수를 늘릴 계획이다. 그러므로 급식 메뉴를 직접 선정하는 행사에 많은 학생들이 관심을 가지고 적극적으로 참여하는 것이 중요하다.

10

글의 서술 방식에 대한 설명으로 옳지 않은 것은?

① 새로운 제도가 시행되는 이유에 대해 설명하여 읽는 이의 이해를 돕고 있다.
② 새로운 제도의 시행 내용을 구체적인 사례와 함께 설명하고 있다.
③ 참여자의 의견을 인용하여 새로운 제도의 시행에서 느낀 어려운 점을 이야기하고 있다.
④ 새로운 제도의 시행 이후 발견된 문제점을 언급하고 이를 보완한 후속 계획을 언급하고 있다.

11

글의 제목으로 가장 적절한 것은?

① 우리가 남긴 잔반, 지구가 느낄 부담
② 학생들이 직접 선정하는 급식 메뉴
③ 청결한 급식실을 위한 우리 모두의 노력
④ 급식 메뉴 선정을 위한 영양사 선생님의 노력

12

다음을 하나의 단락으로 올바르게 완성하기 위해 나눈 의견으로 가장 적절한 것은?

> ㉠ 주남 저수지의 백조들은 우아한 기품을 자랑하고 있다. ㉡ 올 겨울 주남 저수지에는 약 1만여 마리의 백조가 유유히 헤엄치며 무리를 이루고 있다. ㉢ 보통 때엔 목을 S자로 굽히지만, 경계할 만한 대상이 나타나면 목을 곧게 세우고 한 곳으로 모여든다. ㉣ 주남 저수지에는 왜가리와 큰 기러기가 상당히 있으며, 희귀종으로 알려진 재두루미도 12마리나 날아와 학계의 비상한 관심을 끌었다. ㉤ 백조가 한 쪽 다리로 서서 머리를 등과 깃털 사이에 넣고 잠을 자기도 하고, 긴 목을 물 속 깊숙이 넣고 수초의 뿌리를 먹는 모습이 재미있다. ㉥ 날개를 무겁게 퍼덕거리며 발로 차듯 뛰어가며 날아오르는 모습은 환상적으로 보이기도 한다.

① ㉢에는 '경계할 만한 대상'을 구체적으로 밝혀 줘야겠어.
② ㉣은 단락 전체의 내용에서 벗어나니까 삭제해야 되겠어.
③ ㉥은 ㉠과 의미가 중복되니까 빼는 게 좋겠어.
④ 백조가 저수지를 떠난 뒤의 풍경을 묘사한 문장을 하나 추가하는 게 좋겠어.

[13~14] 다음 글을 읽고 물음에 답하시오.

> 신문이 진실을 보도해야 한다는 것은 새삼스러운 설명이 필요 없는 당연한 이야기이다. 정확한 보도를 하기 위해서는 문제를 전체적으로 보아야 하고, 역사적으로 새로운 가치의 편에서 봐야 하며, 무엇이 근거이고, 무엇이 조건인가를 명확히 해야 한다. 그런데 이러한 준칙을 강조하는 것은 기자들의 기사 작성 기술이 미숙하기 때문이 아니라, 이해관계에 따라 특정 보도의 내용이 달라지기 때문이다. 자신들에게 유리하도록 기사가 보도되게 하려는 외부 세력이 있으므로 진실 보도는 일반적으로 수난의 길을 걷는다. 신문은 스스로 자신들의 임무가 '사실 보도'라고 말한다. 그 임무를 다하기 위해 신문은 자신들의 이해관계에 따라 진실을 왜곡하려는 권력과 이익 집단, 그 구속과 억압의 논리로부터 자유로워야 한다.

13

글의 요지로 가장 적절한 것은?

① 진실 보도를 위하여 구속과 억압의 논리로부터 자유로워야 한다.
② 자신들에게 유리하도록 기사가 보도되게 하는 외부 세력이 있다.
③ 신문의 임무는 '사실 보도'이나, 진실 보도는 수난의 길을 걷는다.
④ 정확한 보도를 하기 위하여 전체적 시각을 가져야 한다.

14

밑줄 친 부분의 단어와 의미가 같게 쓰인 것은?

① 그는 종로 거리를 걷고 또 걸었다.
② 대폿집은 요즘에는 어쩌다 눈에 띌 뿐 사양화의 길을 걷고 있다.
③ 그는 평생 교사의 길만을 걸었다.
④ 그의 어머니는 어찌나 억척스러웠던지 하루에 백 리 길을 걷는다는 소문이었다.

[15~16] 다음 글을 읽고 물음에 답하시오.

우리는 ㉠ 문학 속 비극을 즐긴다. 비극적인 희곡과 소설을 즐기고, 비극적인 그림과 영화 그리고 비극적인 음악과 유행가도 즐긴다. 슬픔, 애절, 우수의 심연에 빠질 것을 알면서도 소포클레스의 「안티고네」, 셰익스피어의 「햄릿」을 찾고, 베토벤의 '운명', 차이코프스키의 '비창', 피카소의 '우는 연인'을 즐긴다. 아니면 텔레비전의 멜로드라마를 보고 값싼 눈물이라도 흘린다. 이를 동정과 측은과 충격에 의한 '카타르시스', 즉 마음의 세척으로 설명한 아리스토텔레스의 주장은 유명하다. 그것은 마치 눈물로 스스로의 불안, 고민, 고통을 씻어내는 역할을 한다는 것이다.

니체는 좀 더 심각한 견해를 갖는다. 그는 "비극은 언제나 삶에 아주 긴요한 기능을 가지고 있다. 비극은 사람들에게 그들을 싸고도는 생명 파멸의 비운을 똑바로 인식해야 할 부담을 덜어주고, 동시에 비극 자체의 암울하고 음침한 원류에서 벗어나게 해서 그들의 삶의 흥취를 다시 돋우어 준다."라고 하였다. 그런 비운을 직접 전면적으로 목격하는 일, 또 더구나 스스로 직접 그것을 겪는 일이라는 것은 너무나 끔찍한 일이기에, 그것을 간접경험으로 희석한 비극을 봄으로써 '비운'이란 그런 것이라는 이해와 측은지심을 갖게 되고, 동시에 실제 비극이 아닌 그 가상적인 환영(幻影) 속에서 비극에 대한 어떤 안도감도 맛보게 된다.

15

글의 제목으로 가장 적절한 것은?

① 비극의 현대적 의의
② 비극을 즐기는 이유
③ 비극의 기원과 역사
④ 비극에 반영된 삶

16

밑줄 친 단어들 중 '㉠ 문학 속 비극'에 해당하지 않는 것은?

① 베토벤의 '운명'
② 멜로드라마
③ 이
④ 간접경험

17

논지 전개상 괄호 안에 들어갈 말로 가장 적절한 것은?

마젤란과 필리핀 막탄 섬의 족장 라풀라푸 사이에 있었던 1521년의 전투에서 이의 중요성을 확인해 보자. 당시 마젤란은 스페인의 지원을 받는 막강한 함대를 이끌고 있었다. 그의 배는 막탄 섬의 족장 라풀라푸가 전혀 보지 못했던 대포와 총으로 무장되어 있었다. 반면, 무적 스페인 함대를 맞이한 라풀라푸의 화력은 상대적으로 너무나 빈약했다. 그의 부족이 갖고 있는 무기란 고작 칼, 창, 활이 전부였다. 그런데 결과는 마젤란의 죽음으로 끝났다. 그 까닭은 어디에 있었을까? 마젤란의 생각은 칼, 창, 활로 무장된 적이란 오합지졸의 군대와 같은 것이기에 총과 대포로 이들을 간단히 제압할 수 있다는 것이었다. 그러나 막상 싸움이 시작되었을 때 마젤란 함대의 총포는 무용지물이었다. 당시 마젤란 함대에 무장된 총포의 유효 사거리가 오십 미터가 채 되지 않은 관계로 라풀라푸 족장이 그의 부족을 마젤란 함대로부터 철저히 오십 미터 이상의 거리가 유지되도록 하였기 때문이다. 마젤란이 갖고 있는 지식은 항해술이 대부분이었다. 이 항해술은 전쟁 수행과 관련해서 부분적인 도움을 줄 뿐이다. 분명 항해술에도 논리적이고 분석적인 면이 있지만 그렇다고 낯선 상황을 해결할 총체적인 백방의 지식이 이에 들어 있는 것은 아니다. 그런데도 마젤란은 항해술을 모든 문제 해결의 열쇠로 생각하였기에 끝내 죽음을 맞이하였다. 마젤란의 죽음은 왜 다양한 지식의 (　　　　)에 근거한 문제해결 능력을 키워야 하는지를 일깨워 준다.

① 분석　　② 경험
③ 연역　　④ 통합

18

다음 글의 논증에 대한 평가로 적절한 것만을 〈보기〉에서 모두 고르면?

> 사람의 특징 중 하나는 옷을 입는다는 것이다. 그렇다면 사람은 언제부터 옷을 입기 시작했을까? 사람이 옷을 입기 시작한 시점을 추정하기 위해 몇몇 생물학자들은 사람에 기생하는 이에 주목하였다. 사람을 숙주로 삼아 기생하는 이에는 두 종이 있는데, 하나는 옷에서 살아가며 사람 몸에서 피를 빨아 먹는 '사람 몸니'이고 다른 하나는 사람 두피에서 피를 빨아 먹으며 사는 '사람 머릿니'이다.
>
> 사람 몸니가 의복류에 적응한 것을 볼 때, 그것들은 아마 사람이 옷을 입기 시작했던 무렵에 사람 머릿니에서 진화적으로 분기되었을 것이다. 생물의 DNA 염기서열은 시간이 지나면서 조금씩 무작위적으로 변하는데 특정한 서식 환경에서 특정한 염기서열이 선택되면서 해당 서식 환경에 적응한 새로운 종이 생겨난다. 그러므로 현재 사람 몸니와 사람 머릿니의 염기서열의 차이를 이용하여 두 종의 이가 공통 조상에서 분기된 시점을 추정할 수 있다. 이를 위해 우선 두 종의 염기서열을 분석하여 두 종 간의 염기서열에 차이가 나는 비율을 산출한다. 그러나 이것만으로 두 종이 언제 분기되었는지 결정할 수는 없다.
>
> 사람 몸니와 사람 머릿니의 분기 시점을 추정하기 위해 침팬지의 털에서 사는 침팬지 이와 사람 머릿니를 이용할 수 있다. 우선 침팬지 이와 사람 머릿니의 염기서열을 비교하여 두 종 간의 염기서열에 차이가 나는 비율을 산출한다. 침팬지와 사람이 공통 조상에서 분기되면서 침팬지 이와 사람 머릿니도 공통 조상에서 분기되었다고 볼 수 있고, 화석학적 증거에 따르면 침팬지와 사람의 분기 시점이 약 550만 년 전이므로, 침팬지 이와 사람 머릿니 사이의 염기서열 차이는 550만 년 동안 누적된 변화로 볼 수 있다. 이로부터 1만 년당 이의 염기서열이 얼마나 변화하는지 계산할 수 있다. 이렇게 계산된 이의 염기서열의 변화율을 사람 머릿니와 사람 몸니의 염기서열의 차이에 적용하면, 사람이 옷을 입기 시작한 시점을 설득력 있게 추정할 수 있다. 연구 결과, 사람이 옷을 입기 시작한 시점은 약 12만 년 전 이후인 것으로 추정된다.

〈보기〉

ㄱ. 염기서열의 변화가 일정한 속도로 축적되는 것이 사실이라면 이 논증은 강화된다.
ㄴ. 침팬지 이와 사람 머릿니의 염기서열의 차이가 사람 몸니와 사람 머릿니의 염기서열의 차이보다 작다면 이 논증은 약화된다.
ㄷ. 염기서열 비교를 통해 침팬지와 사람의 분기 시점이 침팬지 이와 사람 머릿니의 분기 시점보다 50만 년 뒤였음이 밝혀진다면, 이 논증은 약화된다.

① ㄴ　　② ㄷ
③ ㄱ, ㄴ　　④ ㄱ, ㄴ, ㄷ

19

다음 글의 내용이 참일 때 반드시 참인 것은?

> A부서에서는 새로 시작된 프로젝트에 다섯 명의 주무관 가은, 나은, 다은, 라은, 마은의 참여 여부를 점검하고 있다. 주무관들의 업무 전문성을 고려할 때, 다음과 같은 예측을 할 수 있었고 그 예측들은 모두 옳은 것으로 밝혀졌다.
>
> • 가은이 프로젝트에 참여하면 나은과 다은도 프로젝트에 참여한다.
> • 나은이 프로젝트에 참여하지 않으면 라은이 프로젝트에 참여한다.
> • 가은이 프로젝트에 참여하거나 마은이 프로젝트에 참여한다.

① 가은이 프로젝트에 참여하지 않으면 나은이 프로젝트에 참여한다.
② 다은이 프로젝트에 참여하면 마은이 프로젝트에 참여한다.
③ 다은이 프로젝트에 참여하거나 마은이 프로젝트에 참여한다.
④ 라은이 프로젝트에 참여하면 마은이 프로젝트에 참여한다.

20

다음 논증에 대한 평가로 적절한 것만을 〈보기〉에서 모두 고르면?

눈이나 귀에는 각각 고유의 기능이 있다. 그 기능을 잘 수행하는 상태가 훌륭한 상태이고, 그 기능을 잘 수행하지 못하는 상태가 나쁜 상태이다. 혼이나 정신은 다스리는 기능을 한다. 혼이나 정신도 눈이나 귀와 마찬가지로 훌륭한 상태에서 고유의 기능을 가장 잘 수행한다. 따라서 훌륭한 상태의 혼은 잘 다스리지만 나쁜 상태에 있는 혼은 잘못 다스린다. 올바름 혹은 도덕적임은 혼이나 정신의 훌륭한 상태이지만, 올바르지 못함은 혼이나 정신의 나쁜 상태이다. 올바른 혼과 정신을 가진 사람은 훌륭하게 살지만, 그렇지 못한 사람은 잘못 산다. 또한 훌륭하게 사는 사람, 즉 도덕적인 사람은 행복할 것이며, 행복한 것은 그에게 이익을 준다. 따라서 도덕적인 것은 이익이 되는 것이다.

〈보기〉

ㄱ. 도덕적으로 살고 있음에도 불행한 사람이 존재한다는 것은 이 논증을 약화한다.
ㄴ. 도덕적으로 살지 않는 것은 이익이 되지 않는다는 주장이 이 논증으로부터 추론된다.
ㄷ. 눈이나 귀가 고유의 기능을 잘 수행하더라도 눈이나 귀를 도덕적이라고 하지 않는 것은 이 논증을 강화한다.

① ㄱ
② ㄷ
③ ㄱ, ㄴ
④ ㄴ, ㄷ

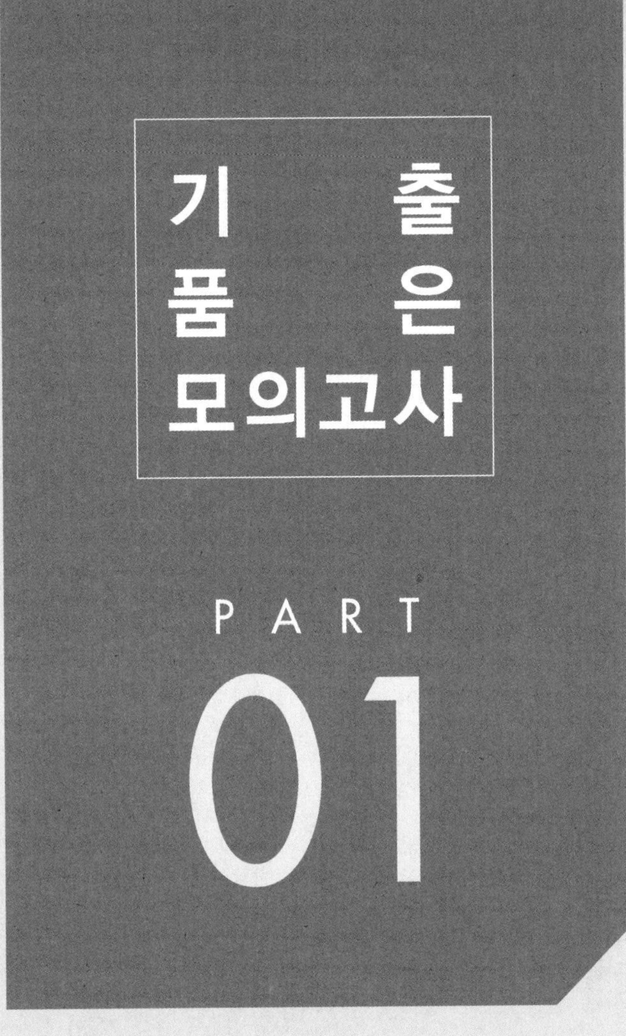

1 인사혁신처 예시문제 1차
2 인사혁신처 예시문제 2차

변화된 출제 경향을 파악할 수 있도록
인사혁신처 예시문제 1, 2차 전체 문항을 수록하였습니다.

인사혁신처 예시문제 1차

제한시간: 25분 ■ 시작시간:　　: 　　■ 종료시간:　　:

정답과 해설 ▶ P.8 ~ P.12

01

〈공공언어 바로 쓰기 원칙〉에 따라 〈공문서〉의 ㉠~㉣을 수정한 것으로 적절하지 않은 것은?

〈공공언어 바로 쓰기 원칙〉

- 중복되는 표현을 삼갈 것.
- 대등한 것끼리 접속할 때는 구조가 같은 표현을 사용할 것.
- 주어와 서술어를 호응시킬 것.
- 필요한 문장 성분이 생략되지 않도록 할 것.

〈공문서〉

한국의약품정보원

수신 국립국어원
(경유)
제목 의약품 용어 표준화를 위한 자문회의 참석 ㉠ 안내 알림

---

1. ㉡ 표준적인 언어생활의 확립과 일상적인 국어 생활을 향상하기 위해 일하시는 귀원의 노고에 감사드립니다.
2. 본원은 국내 유일의 의약품 관련 비영리 재단법인으로서 의약품에 관한 ㉢ 표준 정보가 제공되고 있습니다.
3. 의약품의 표준 용어 체계를 구축하고 ㉣ 일반 국민도 알기 쉬운 표현으로 개선하여 안전한 의약품 사용 환경을 마련하기 위해 자문회의를 개최하니 귀원의 연구원이 참석해 주시기를 바랍니다.

① ㉠: 안내
② ㉡: 표준적인 언어생활을 확립하고 일상적인 국어 생활의 향상을 위해
③ ㉢: 표준 정보를 제공하고 있습니다.
④ ㉣: 의약품 용어를 일반 국민도 알기 쉬운 표현으로 개선하여

02

다음 글에서 추론한 내용으로 적절하지 않은 것은?

'밤하늘'은 '밤'과 '하늘'이 결합하여 한 단어를 이루고 있는데, 이처럼 어휘 의미를 띤 요소끼리 결합한 단어를 합성어라고 한다. 합성어는 분류 기준에 따라 여러 방식으로 나눌 수 있다. 합성어의 품사에 따라 합성명사, 합성형용사, 합성부사 등으로 나누기도 하고, 합성의 절차가 국어의 정상적인 단어 배열법을 따르는지의 여부에 따라 통사적 합성어와 비통사적 합성어로 나누기도 하고, 구성 요소 간의 의미 관계에 따라 대등합성어와 종속합성어로 나누기도 한다.

합성명사의 예를 보자. '강산'은 명사(강)+명사(산)로, '젊은이'는 용언의 관형사형(젊은)+명사(이)로, '덮밥'은 용언 어간(덮)+명사(밥)로 구성되어 있다. 명사끼리의 결합, 용언의 관형사형과 명사의 결합은 국어 문장 구성에서 흔히 나타나는 단어 배열법으로, 이들을 통사적 합성어라고 한다. 반면 용언 어간과 명사의 결합은 국어 문장 구성에 없는 단어 배열법인데 이런 유형은 비통사적 합성어에 속한다. '강산'은 두 성분 관계가 대등한 관계를 이루는 대등합성어인데, '젊은이'나 '덮밥'은 앞 성분이 뒤 성분을 수식하는 종속합성어이다.

① 아버지의 형을 이르는 '큰아버지'는 종속합성어이다.
② '흰머리'는 용언 어간과 명사가 결합한 합성명사이다.
③ '늙은이'는 어휘 의미를 지닌 두 요소가 결합해 이루어진 단어이다.
④ 동사 '먹다'의 어간인 '먹'과 명사 '거리'가 결합한 '먹거리'는 비통사적 합성어이다.

03

다음 글의 ㉠의 사례가 포함되어 있지 않은 것은?

존경 표현에는 주어 명사구를 직접 존경하는 '직접존경'이 있고, 존경의 대상과 긴밀한 관련을 가지는 인물이나 사물 등을 높이는 ㉠'간접존경'도 있다. 전자의 예로 "할머니는 직접 용돈을 마련하신다."를 들 수 있고, 후자의 예로는 "할머니는 용돈이 없으시다."를 들 수 있다. 전자에서 용돈을 마련하는 행위를 하는 주어는 할머니이므로 '마련한다'가 아닌 '마련하신다'로 존경 표현을 한 것이다. 후자에서는 용돈이 주어이지만 할머니와 긴밀한 관련을 가진 사물이라서 '없다'가 아니라 '없으시다'로 존경 표현을 한 것이다.

① 고모는 자식이 다섯이나 있으시다.
② 할머니는 다리가 아프셔서 병원에 다니신다.
③ 언니는 아버지가 너무 건강을 염려하신다고 말했다.
④ 할아버지는 젊었을 때부터 수염이 많으셨다고 들었다.

04

다음 글의 ㉠~㉢에 들어갈 말을 적절하게 나열한 것은?

소설과 현실의 관계를 온당하게 살피기 위해서는 세계의 현실성, 문제의 현실성, 해결의 현실성을 구별해야 한다. 우리가 살고 있는 이 입체적인 시공간에서 특히 의미 있는 한 부분을 도려내어 서사의 무대로 삼을 경우 세계의 현실성이 확보된다. 그 세계 안의 인간이 자신을 둘러싼 세계와 고투하면서 당대의 공론장에서 기꺼이 논의해볼 만한 의제를 산출해낼 때 문제의 현실성이 확보된다. 한 사회가 완강하게 구조화하고 있는 '가능한 것'과 '불가능한 것'의 좌표를 흔들면서 특정한 선택지를 제출할 때 해결의 현실성이 확보된다.

최인훈의 「광장」은 밀실과 광장 사이에서 고뇌하는 주인공의 모습을 통해 '남(南)이냐 북(北)이냐'라는 민감한 주제를 격화된 이념 대립의 공론장에 던짐으로써 [㉠]을 확보하였다. 작품의 시공간으로 당시 남한과 북한을 소설적 세계로 선택함으로써 동서 냉전 시대의 보편성과 한반도 분단 체제의 특수성을 동시에 포괄할 수 있는 [㉡]도 확보하였다. 「광장」에서 주인공이 남과 북 모두를 거부하고 자살을 선택하는 결말은 남북으로 상징되는 당대의 이원화된 이데올로기를 근저에서 흔들었다. 이로써 [㉢]을 확보할 수 있었다.

	㉠	㉡	㉢
①	문제의 현실성	세계의 현실성	해결의 현실성
②	문제의 현실성	해결의 현실성	세계의 현실성
③	세계의 현실성	문제의 현실성	해결의 현실성
④	세계의 현실성	해결의 현실성	문제의 현실성

05

다음 진술이 모두 참일 때 반드시 참인 것은?

- 오 주무관이 회의에 참석하면, 박 주무관도 참석한다.
- 박 주무관이 회의에 참석하면, 홍 주무관도 참석한다.
- 홍 주무관이 회의에 참석하지 않으면, 공 주무관도 참석하지 않는다.

① 공 주무관이 회의에 참석하면, 박 주무관도 참석한다.
② 오 주무관이 회의에 참석하면, 홍 주무관은 참석하지 않는다.
③ 박 주무관이 회의에 참석하지 않으면, 공 주무관은 참석한다.
④ 홍 주무관이 회의에 참석하지 않으면, 오 주무관도 참석하지 않는다.

06

다음 글을 이해한 내용으로 가장 적절한 것은?

이육사의 시에는 시인의 길과 투사의 길을 동시에 걸었던 작가의 면모가 고스란히 담겨 있다. 가령, 「절정」은 크게 두 부분으로 나누어지는데, 투사가 처한 냉엄한 현실적 조건이 3개의 연에 걸쳐 먼저 제시된 후, 시인이 품고 있는 인간과 역사에 대한 희망이 마지막 연에 제시된다.

우선, 투사 이육사가 처한 상황은 대단히 위태로워 보인다. 그는 "매운 계절의 채찍에 갈겨 / 마침내 북방으로 휩쓸려" 왔고, "서릿발 칼날진 그 위에 서" 바라본 세상은 "하늘도 그만 지쳐 끝난 고원"이어서 가냘픈 희망을 품는 것조차 불가능해 보인다. 이러한 상황은 "한발 제겨디딜 곳조차 없다"는 데에 이르러 극한에 도달하게 된다. 여기서 그는 더 이상 피할 수 없는 존재의 위기를 깨닫게 되는데, 이때 시인 이육사가 나서면서 시는 반전의 계기를 마련한다.

마지막 4연에서 시인은 3연까지 치달아 온 극한의 위기를 담담히 대면한 채, "이러매 눈감아 생각해" 보면서 현실을 새롭게 규정한다. 여기서 눈을 감는 행위는 외면이나 도피가 아니라 피할 수 없는 현실적 조건을 새롭게 반성함으로써 현실의 진정한 면모와 마주하려는 적극적인 행위로 읽힌다. 이는 다음 행, "겨울은 강철로 된 무지갠가보다"라는 시구로 이어지면서 현실에 대한 새로운 성찰로 마무리된다. 이 마지막 구절은 인간과 역사에 대한 희망을 놓지 않으려는 시인의 안간힘으로 보인다.

①「절정」에는 투사가 처한 극한의 상황이 뚜렷한 계절의 변화로 드러난다.
②「절정」에서 시인은 투사가 처한 현실적 조건을 외면하지 않고 새롭게 인식한다.
③「절정」은 시의 구성이 두 부분으로 나누어지면서 투사와 시인이 반목과 화해를 거듭한다.
④「절정」에는 냉엄한 현실에 절망하는 시인의 면모와 인간과 역사에 대한 희망을 놓지 않으려는 투사의 면모가 동시에 담겨 있다.

07

(가)~(라)를 맥락에 맞추어 가장 적절하게 나열한 것은?

(가) 다음으로 시청자의 마음을 사로잡을 수 있는 참신한 인물을 창조해야 한다. 특히 주인공은 장애를 만나 새로운 목표를 만들고, 그것을 이루는 과정에서 최종적으로 영웅이 된다. 시청자는 주인공이 목표를 이루는 데 적합한 인물로 변화를 거듭할 때 그에게 매료된다.

(나) 스토리텔링 전략에서 제일 먼저 해야 할 일이 로그라인을 만드는 것이다. 로그라인은 '장애, 목표, 변화, 영웅'이라는 네 가지 요소를 담아야 하며, 3분 이내로 압축적이어야 한다. 이를 통해 스토리의 목적과 방향이 마련된다.

(다) 이 같은 인물 창조의 과정에서 스토리의 주제가 만들어진다. '사랑과 소속감, 안전과 안정, 자유와 자발성, 권력과 책임, 즐거움과 재미, 인식과 이해'는 수천 년 동안 성별, 나이, 문화를 초월하여 두루 통용된 주제이다.

(라) 시청자가 드라마나 영화에 대해 시청 여부를 결정하는 데 걸리는 시간은 8초에 불과하다. 제작자는 이 짧은 시간 안에 시청자를 사로잡을 수 있는 스토리텔링 전략이 필요하다.

① (나)－(가)－(라)－(다)
② (나)－(다)－(가)－(라)
③ (라)－(나)－(가)－(다)
④ (라)－(나)－(다)－(가)

08

〈지침〉에 따라 〈개요〉를 작성할 때 ㉠~㉣에 들어갈 내용으로 적절하지 않은 것은?

〈지침〉

- 서론은 중심 소재의 개념 정의와 문제 제기를 1개의 장으로 작성할 것.
- 본론은 제목에서 밝힌 내용을 2개의 장으로 구성하되 각 장의 하위 항목끼리 대응되도록 작성할 것.
- 결론은 기대 효과와 향후 과제를 1개의 장으로 작성할 것.

〈개요〉

- 제목: 복지 사각지대의 발생 원인과 해소 방안

Ⅰ. 서론
  1. 복지 사각지대의 정의
  2. [㉠]

Ⅱ. 복지 사각지대의 발생 원인
  1. [㉡]
  2. 사회복지 담당 공무원의 인력 부족

Ⅲ. 복지 사각지대의 해소 방안
  1. 사회적 변화를 반영하여 기존 복지 제도의 미비점 보완
  2. [㉢]

Ⅳ. 결론
  1. [㉣]
  2. 복지 사각지대의 근본적이고 지속가능한 해소 방안 마련

① ㉠: 복지 사각지대의 발생에 따른 사회 문제의 증가
② ㉡: 사회적 변화를 반영하지 못한 기존 복지 제도의 한계
③ ㉢: 사회복지 업무 경감을 통한 공무원 직무 만족도 증대
④ ㉣: 복지 혜택의 범위 확장을 통한 사회 안전망 강화

09

다음 글의 빈칸에 들어갈 결론으로 가장 적절한 것은?

> 신경과학자 아이젠버거는 참가자들을 모집하여 실험을 진행하였다. 이 실험에서 그의 연구팀은 실험 참가자의 뇌를 'fMRI' 기계를 이용해 촬영하였다. 뇌의 어떤 부위가 활성화되는가를 촬영하여 실험 참가자가 어떤 심리적 상태인가를 파악하려는 것이었다. 아이젠버거는 각 참가자에게 그가 세 사람으로 구성된 그룹의 일원이 될 것이고, 온라인에 각각 접속하여 서로 공을 주고받는 게임을 하게 될 것이라고 알려주었다. 그런데 이 실험에서 각 그룹의 구성원 중 실제 참가자는 한 명뿐이었고 나머지 둘은 컴퓨터 프로그램이었다. 실험이 시작되면 처음 몇 분 동안 셋이 사이좋게 순서대로 공을 주고받지만, 어느 순간부터 실험 참가자는 공을 받지 못한다. 실험 참가자를 제외한 나머지 둘은 계속 공을 주고받기 때문에, 실험 참가자는 나머지 두 사람이 아무런 설명 없이 자신을 따돌린다고 느끼게 된다. 연구팀은 실험 참가자가 따돌림을 당할 때 그의 뇌에서 전두엽의 전대상피질 부위가 활성화된다는 것을 확인했다. 이는 인간이 물리적 폭력을 당할 때 활성화되는 뇌의 부위이다. 연구팀은 이로부터 [　　　　　　　　]는 결론을 내릴 수 있었다.

① 물리적 폭력은 뇌 전두엽의 전대상피질 부위를 활성화한다
② 물리적 폭력은 피해자의 개인적 경험을 사회적 문제로 전환한다
③ 따돌림은 피해자에게 물리적 폭력보다 더 심각한 부정적 영향을 미친다
④ 따돌림을 당할 때와 물리적 폭력을 당할 때의 심리적 상태는 서로 다르지 않다

[10~11] 다음 글을 읽고 물음에 답하시오.

> '크로노토프'는 그리스어로 시간과 공간을 뜻하는 두 단어를 결합한 것으로, 시공간을 통합적으로 이해하기 위한 개념이다. 크로노토프의 관점에서 보면 고소설과 근대소설의 차이를 명확하게 파악할 수 있다.
>
> 고소설에는 돌아가야 할 곳으로서의 원점이 존재한다. 그것은 영웅소설에서라면 중세의 인륜이 원형대로 보존된 세계이고, 가정소설에서라면 가장을 중심으로 가족 구성원들이 평화롭게 공존하는 가정이다. 고소설에서 주인공은 적대자에 의해 원점에서 분리되어 고난을 겪는다. 그들의 목표는 상실한 원점을 회복하는 것, 즉 그곳에서 향유했던 이상적 상태로 ㉠ <u>돌아가는</u> 것이다. 주인공과 적대자 사이의 갈등이 전개되는 시간을 서사적 현재라 한다면, 주인공이 도달해야 할 종결점은 새로운 미래가 아니라 다시 도래할 과거로서의 미래이다. 이러한 시공간의 배열을 '회귀의 크로노토프'라고 한다.
>
> 근대소설 「무정」은 회귀의 크로노토프를 부정한다. 이것은 주인공인 이형식과 박영채의 시간 경험을 통해 확인된다. 형식은 고아지만 이상적인 고향의 기억을 갖고 있다. 그것은 박 진사의 집에서 영채와 함께하던 때의 기억이다. 이는 영채도 마찬가지기에, 그들에게 박 진사의 집으로 표상되는 유년의 과거는 이상적 원점의 구실을 한다. 박 진사의 죽음은 그들에게 고향의 상실을 상징한다. 두 사람의 결합이 이상적 상태의 고향을 회복할 수 있는 유일한 방법이겠지만, 그들은 끝내 결합하지 못한다. 형식은 새 시대의 새 인물이 되어야 한다고 생각하며 과거로의 복귀를 거부한다.

10

윗글에서 추론한 내용으로 가장 적절한 것은?

① 「무정」과 고소설은 회귀의 크로노토프를 부정한다는 점에서 공통적이다.

② 영웅소설의 주인공과 「무정」의 이형식은 그들의 이상적 원점을 상실했다는 공통점을 가지고 있다.

③ 「무정」에서 이형식이 박영채와 결합했다면 새로운 미래로서의 종결점에 도달할 수 있었을 것이다.

④ 가정소설은 가족 구성원들이 평화롭게 공존하는 결말을 통해 상실했던 원점으로의 복귀를 거부한다.

11

문맥상 ㉠의 의미와 가장 가까운 것은?

① 전쟁은 연합군의 승리로 돌아갔다.

② 사과가 한 사람 앞에 두 개씩 돌아간다.

③ 그는 잃어버린 동심으로 돌아가고 싶었다.

④ 그녀는 자금이 잘 돌아가지 않는다며 걱정했다.

12

(가)와 (나)를 전제로 할 때 빈칸에 들어갈 결론으로 가장 적절한 것은?

> (가) 노인복지 문제에 관심이 있는 사람 중 일부는 일자리 문제에 관심이 있는 사람이 아니다.
> (나) 공직에 관심이 있는 사람은 모두 일자리 문제에 관심이 있는 사람이다.
> 따라서 [   ].

① 노인복지 문제에 관심이 있는 사람 중 일부는 공직에 관심이 있는 사람이 아니다

② 공직에 관심이 있는 사람 중 일부는 노인복지 문제에 관심이 있는 사람이 아니다

③ 공직에 관심이 있는 사람은 모두 노인복지 문제에 관심이 있는 사람이 아니다

④ 일자리 문제에 관심이 있지만 노인복지 문제에 관심이 없는 사람은 모두 공직에 관심이 있는 사람이 아니다

13

다음 글의 ㉠~㉣ 중 어색한 곳을 찾아 가장 적절하게 수정한 것은?

> 수명을 늘릴 수 있는 여러 방법 중 가장 좋은 방법은 노화 문제를 해결하는 것이다. 이 방법은 인간이 젊고 건강한 상태로 수명을 연장할 수 있다는 점에서 ㉠ 늙고 병든 상태에서 단순히 죽음의 시간을 지연시킨다는 기존 발상과 근본적으로 다르다. ㉡ 노화가 진행된 상태를 진행되기 전의 상태로 되돌린다거나 노화가 시작되기 전에 노화를 막는 장치가 개발된다면, 젊음을 유지한 채 수명을 늘리는 것은 충분히 가능하다.
>
> 그러나 노화 문제와 관련된 현재까지의 연구는 초라하다. 이는 대부분 연구가 신약 개발의 방식으로만 진행되어 왔기 때문이다. 현재 기준에서는 질병 치료를 목적으로 개발한 신약만 승인받을 수 있는데, 식품의약국이 노화를 ㉢ 질병으로 본 탓에 노화를 멈추는 약은 승인받을 수 없었다. 노화를 질병으로 보더라도 해당 약들이 상용화되기까지는 아주 오랜 시간이 필요하다.
>
> 그런데 노화 문제는 발전을 거듭하고 있는 인공지능 덕분에 신약 개발과는 다른 방식으로 극복될 수 있을지 모른다. 일반 사람들에 비해 ㉣ 노화가 더디게 진행되는 사람들의 유전자 자료를 데이터화하면 그들에게서 노화를 지연시키는 생리적 특징을 추출할 수 있는데, 이를 통해 유전자를 조작하는 방식으로 노화를 막을 수 있다.

① ㉠: 늙고 병든 상태에서 담담히 죽음의 시간을 기다린다

② ㉡: 노화가 진행되기 전의 신체를 노화가 진행된 신체

③ ㉢: 질병으로 보지 않은 탓에 노화를 멈추는 약은 승인받을 수 없었다

④ ㉣: 노화가 더디게 진행되는 사람들의 유전자 자료를 데이터화하면 그들에게서 노화를 촉진

14

㉠을 평가한 내용으로 적절한 것만을 〈보기〉에서 모두 고르면?

흔히 '일곱 빛깔 무지개'라는 말을 한다. 서로 다른 빛깔의 띠 일곱 개가 무지개를 이루고 있다는 뜻이다. 영어나 프랑스어를 비롯해 다른 자연언어들에도 이와 똑같은 표현이 있는데, 이는 해당 자연언어가 무지개의 색상에 대응하는 색채 어휘를 일곱 개씩 지녔기 때문이라고 할 수 있다.

언어학자 사피어와 그의 제자 워프는 여기서 어떤 영감을 얻었다. 그들은 서로 다른 언어를 쓰는 아메리카 원주민들에게 무지개의 띠가 몇 개냐고 물었다. 대답은 제각각 달랐다. 사피어와 워프는 이 설문 결과에 기대어, 사람들은 자신의 언어에 얽매인 채 세계를 경험한다고 판단했다. 이 판단으로부터, "우리는 모국어가 그어놓은 선에 따라 자연세계를 분단한다."라는 유명한 발언이 나왔다. 이에 따르면 특정 현상과 관련한 단어가 많을수록 해당 언어권의 화자들은 그 현상에 대해 심도 있게 경험하는 것이다. 언어가 의식을, 사고와 세계관을 결정한다는 이 견해는 ㉠ 사피어-워프 가설이라 불리며 언어학과 인지과학의 논란거리가 되어왔다.

〈보기〉

ㄱ. 눈[雪]을 가리키는 단어를 4개 지니고 있는 이누이트족이 1개 지니고 있는 영어 화자들보다 눈을 넓고 섬세하게 경험한다는 것은 ㉠을 강화한다.

ㄴ. 수를 세는 단어가 '하나', '둘', '많다' 3개뿐인 피라하족의 사람들이 세 개 이상의 대상을 모두 '많다'고 인식하는 것은 ㉠을 강화한다.

ㄷ. 색채 어휘가 적은 자연언어 화자들이 색채 어휘가 많은 자연언어 화자들에 비해 색채를 구별하는 능력이 뛰어나다는 것은 ㉠을 약화한다.

① ㄱ ② ㄱ, ㄴ
③ ㄴ, ㄷ ④ ㄱ, ㄴ, ㄷ

[15~16] 다음 글을 읽고 물음에 답하시오.

한국 신화에 보이는 신과 인간의 관계는 다른 나라의 신화와 ㉠ 견주어 볼 때 흥미롭다. 한국 신화에서 신은 인간과의 결합을 통해 결핍을 해소함으로써 완전한 존재가 되고, 인간은 신과의 결합을 통해 혼자 할 수 없었던 존재론적 상승을 이룬다.

한국 건국신화에서 주인공인 신은 지상에 내려와 왕이 되고자 한다. 천상적 존재가 지상적 존재가 되기를 ㉡ 바라는 것인데, 인간들의 왕이 된 신은 인간 여성과의 결합을 통해 자식을 낳음으로써 결핍을 메운다. 무속신화에서는 인간이었던 주인공이 신과의 결합을 통해 신적 존재로 ㉢ 거듭나게 됨으로써 존재론적으로 상승하게 된다. 이처럼 한국 신화에서 신과 인간은 서로의 존재를 필요로 한다는 점에서 상호의존적이고 호혜적이다.

다른 나라의 신화들은 신과 인간의 관계가 한국 신화와 달리 위계적이고 종속적이다. 히브리 신화에서 피조물인 인간은 자신을 창조한 유일신에 대해 원초적 부채감을 지니고 있으며, 신이 지상의 모든 일을 관장한다는 점에서 언제나 인간의 우위에 있다. 이러한 양상은 북유럽이나 바빌로니아 등에 ㉣ 퍼져 있는 신체 화생 신화에도 유사하게 나타난다. 신체 화생 신화는 신이 죽음을 맞게 된 후 그 신체가 해체되면서 인간 세계가 만들어지게 된다는 것인데, 신의 희생 덕분에 인간 세계가 만들어질 수 있었다는 점에서 인간은 신에게 철저히 종속되어 있다.

15

윗글을 이해한 내용으로 적절하지 않은 것은?

① 히브리 신화에서 신과 인간의 관계는 위계적이다.
② 한국 무속신화에서 신은 인간을 위해 지상에 내려와 왕이 된다.
③ 한국 건국신화에서 신은 인간과의 결합을 통해 완전한 존재가 된다.
④ 한국 신화에 보이는 신과 인간의 관계는 신체 화생 신화에 보이는 신과 인간의 관계와 다르다.

16

㉠~㉣과 바꿔쓸 수 있는 유사한 표현으로 적절하지 않은 것은?

① ㉠: 비교해
② ㉡: 희망하는
③ ㉢: 복귀하게
④ ㉣: 분포되어

17

다음 대화를 분석한 내용으로 가장 적절한 것은?

갑: 전염병이 창궐했을 때 마스크를 착용하는 것은 당연한 일인데, 그것을 거부하는 사람이 있다니 도대체 이해가 안 돼.
을: 마스크 착용을 거부하는 사람들을 무조건 비난하지 말고 먼저 왜 그러는지 정확하게 이유를 파악하는 것이 필요해.
병: 그 사람들은 개인의 자유가 가장 존중받아야 하는 기본권이라고 생각하기 때문일 거야.
갑: 개인의 자유로운 선택이 타인의 생명을 위협한다면 기본권이라 하더라도 제한하는 것이 보편적 상식 아닐까?
병: 맞아. 개인이 모여 공동체를 이루는데 나의 자유만을 고집하면 결국 사회는 극단적 이기주의에 빠져 붕괴하고 말 거야.
을: 마스크를 쓰지 않는 행위를 윤리적 차원에서만 접근하지 말고, 문화적 차원에서도 고려할 필요가 있어. 어떤 사회에서는 얼굴을 가리는 것이 범죄자의 징표로 인식되기도 해.

① 화제에 대해 남들과 다른 측면에서 탐색하는 사람이 있다.
② 자신의 의견이 반박되자 질문을 던져 화제를 전환하는 사람이 있다.
③ 대화가 진행되면서 논점에 대한 찬반 입장이 바뀌는 사람이 있다.
④ 사례의 공통점을 종합하여 자신의 주장을 강화하는 사람이 있다.

[18~19] 다음 글을 읽고 물음에 답하시오.

영국의 유명한 원형 석조물인 스톤헨지는 기원전 3,000년경 신석기시대에 세워졌다. 1960년대에 천문학자 호일이 스톤헨지가 일종의 연산장치라는 주장을 하였고, 이후 엔지니어인 톰은 태양과 달을 관찰하기 위한 정교한 기구라고 확신했다. 천문학자 호킨스는 스톤헨지의 모양이 태양과 달의 배열을 나타낸 것이라는 의견을 제시해 관심을 모았다.

그러나 고고학자 앳킨슨은 ㉠ <u>그들</u>의 생각을 비난했다. 앳킨슨은 스톤헨지를 세운 사람들을 '야만인'으로 묘사하면서, ㉡ <u>이들</u>은 호킨스의 주장과 달리 과학적 사고를 할 줄 모른다고 주장했다. 이에 호킨스를 옹호하는 학자들이 진화적 관점에서 앳킨슨을 비판하였다. ㉢ <u>이들</u>은 신석기시대보다 훨씬 이전인 4만 년 전의 사람들도 신체적으로 우리와 동일했으며 지능 또한 우리보다 열등했다고 볼 근거가 없다고 주장했다.

하지만 스톤헨지의 건설자들이 포괄적인 의미에서 현대인과 같은 지능을 가졌다고 해도 과학적 사고와 기술적 지식을 가지지는 못했다. ㉣ <u>그들</u>에게는 우리처럼 2,500년에 걸쳐 수학과 천문학의 지식이 보존되고 세대를 거쳐 전승되어 쌓인 방대하고 정교한 문자 기록이 없었다. 선사시대의 생각과 행동이 우리와 똑같은 식으로 전개되지 않았으리라는 점은 매우 중요하다. 지적 능력을 갖췄다고 해서 누구나 우리와 같은 동기와 관심, 개념적 틀을 가졌으리라고 생각하는 것은 잘못이다.

18

윗글에 대해 평가한 내용으로 가장 적절한 것은?

① 스톤헨지가 제사를 지내는 장소였다는 후대 기록이 발견되면 호킨스의 주장은 강화될 것이다.
② 스톤헨지 건설 당시의 사람들이 숫자를 사용하였다는 증거가 발견되면 호일의 주장은 약화될 것이다.
③ 스톤헨지의 유적지에서 수학과 과학에 관련된 신석기시대 기록물이 발견되면 글쓴이의 주장은 강화될 것이다.
④ 기원전 3,000년경 인류에게 천문학 지식이 있었다는 증거가 발견되면 앳킨슨의 주장은 약화될 것이다.

19

문맥상 ㉠~㉣ 중 지시 대상이 같은 것만으로 묶인 것은?

① ㉠, ㉢
② ㉡, ㉣
③ ㉠, ㉡, ㉢
④ ㉠, ㉡, ㉣

20

다음 글의 밑줄 친 결론을 이끌어내기 위해 추가해야 할 것은?

> 문학을 좋아하는 사람은 모두 자연의 아름다움을 좋아하는 사람이다. 자연의 아름다움을 좋아하는 어떤 사람은 예술을 좋아하는 사람이다. 따라서 <u>예술을 좋아하는 어떤 사람은 문학을 좋아하는 사람이다</u>.

① 자연의 아름다움을 좋아하는 사람은 모두 문학을 좋아하는 사람이다.
② 문학을 좋아하는 어떤 사람은 자연의 아름다움을 좋아하는 사람이다.
③ 예술을 좋아하는 어떤 사람은 자연의 아름다움을 좋아하는 사람이다.
④ 예술을 좋아하지만 문학을 좋아하지 않는 사람은 모두 자연의 아름다움을 좋아하는 사람이다.

인사혁신처 예시문제 2차

제한시간: 25분 ■시작시간: : ■종료시간: : 정답과 해설 ▶ P.13~P.17

1초 합격예측! 모바일 성적분석표

QR 코드로 접속하여 문제 풀이시간을 측정하고, 〈1초 합격예측 & 모바일 성적분석표〉 서비스를 통해 지금 바로! 실력을 점검해 보세요.
http://eduwill.kr/nLke

01

〈공공언어 바로 쓰기 원칙〉에 따라 수정한 것으로 적절하지 않은 것은?

〈공공언어 바로 쓰기 원칙〉

- 주어와 서술어의 호응
  - ㉠ 능동과 피동의 관계를 정확하게 사용함.
- 여러 뜻으로 해석되는 표현 삼가기
  - ㉡ 중의적인 문장을 사용하지 않음.
- 명료한 수식어구 사용
  - ㉢ 수식어와 피수식어의 관계를 분명하게 표현함.
- 대등한 구조를 보여 주는 표현 사용
  - ㉣ '-고', '와/과' 등으로 접속될 때에는 대등한 관계를 사용함.

① "이번 총선에서 국회의원 ○○○명을 선출되었다."를 ㉠에 따라 "이번 총선에서 국회의원 ○○○명이 선출되었다."로 수정한다.
② "시장은 시민의 안전에 관하여 건설업계 관계자들과 논의하였다."를 ㉡에 따라 "시장은 건설업계 관계자들과 시민의 안전에 관하여 논의하였다."로 수정한다.
③ "5킬로그램 정도의 금 보관함"을 ㉢에 따라 "금 5킬로그램 정도를 담은 보관함"으로 수정한다.
④ "음식물의 신선도 유지와 부패를 방지해야 한다."를 ㉣에 따라 "음식물의 신선도를 유지하고, 부패를 방지해야 한다."로 수정한다.

02

다음 글을 이해한 내용으로 적절하지 않은 것은?

조선시대 기록을 보면 오늘날 급성전염병에 속하는 병들의 다양한 명칭을 확인할 수 있는데, 전염성, 고통의 정도, 질병의 원인, 몸에 나타난 증상 등 작명의 과정에서 주목한 바는 각기 달랐다.

예를 들어, '역병(疫病)'은 사람이 고된 일을 치르듯[役] 병에 걸려 매우 고통스러운 상태를 말한다. '여역(厲疫)'이란 말은 힘들다[疫]는 뜻에다가 사납다[厲]는 의미가 더해져 있다. 현재의 성홍열로 추정되는 '당독역(唐毒疫)'은 오랑캐처럼 사납고[唐], 독을 먹은 듯 고통스럽다[毒]는 의미가 들어가 있다. '염병(染病)'은 전염성에 주목한 이름이고, 마찬가지로 '윤행괴질(輪行怪疾)' 역시 수레가 여기저기 옮겨 다니듯 한다는 뜻으로 질병의 전염성을 크게 강조한 이름이다.

'시기병(時氣病)'이란 특정 시기의 좋지 못한 기운으로 인해 생기는 전염병을 말하는데, 질병의 원인으로 나쁜 대기를 들고 있는 것이다. '온역(溫疫)'에 들어 있는 '온(溫)'은 이 병을 일으키는 계절적 원인을 가리킨다. 이밖에 '두창(痘瘡)'이나 '마진(痲疹)' 따위의 병명은 피부에 발진이 생기고 그 모양이 콩 또는 삼씨 모양인 것을 강조한 말이다.

① '온역'은 질병의 원인에 주목하여 붙여진 이름이다.
② '역병'은 질병의 전염성에 주목하여 붙여진 이름이다.
③ '당독역'은 질병의 고통스러운 정도에 주목하여 붙여진 이름이다.
④ '마진'은 질병으로 인해 몸에 나타난 증상에 주목하여 붙여진 이름이다.

03

다음 글의 중심 내용으로 가장 적절한 것은?

> 플라톤의 『국가』에는 사람들이 살아가면서 가장 중요하게 생각하는 두 가지 요소에 대한 언급이 있다. 우리가 만약 이것들을 제대로 통제하고 조절할 수 있다면 좋은 삶을 살 수 있다고 플라톤은 말하고 있다. 하나는 대다수가 갖고 싶어하는 재물이며, 다른 하나는 대다수가 위험하게 생각하는 성적 욕망이다. 소크라테스는 당시 성공적인 삶을 살고 있다고 사람들에게 잘 알려진 케팔로스에게, 사람들이 좋아하는 재물이 많아서 좋은 점과 사람들이 싫어하는 나이가 많아서 좋은 점은 무엇인지를 물었다. 플라톤은 이 대화를 통해 우리가 어떻게 좋은 삶을 살 수 있는지를 보여준다.
>
> 케팔로스는 재물이 많으면 남을 속이거나 거짓말하지 않을 수 있어서 좋고, 나이가 많으면 성적 욕망을 쉽게 통제할 수 있어서 좋다고 말한다. 물론 재물이 적다고 남을 속이거나 거짓말을 하는 것은 아니며, 나이가 적다고 해서 성적 욕망을 쉽게 통제할 수 없는 것은 아니다. 그렇지만 누구나 살아가면서 이것들로 인해 힘들어하고 괴로워하는 경우가 많다는 것은 분명하다. 삶을 살아가면서 돈에 대한 욕망이나 성적 욕망만이라도 잘 다스릴 수 있다면 낭패를 당하거나 망신을 당할 일이 거의 없을 것이다. 인간에 대한 플라톤의 통찰력과 삶에 대한 지혜는 현재에도 여전히 유효하다.

① 재물욕과 성욕은 과거나 지금이나 가장 강한 욕망이다.
② 재물이 많으면서 나이가 많은 자가 좋은 삶을 살 수 있다.
③ 성공적인 삶을 살려면 재물욕과 성욕을 잘 다스려야 한다.
④ 잘 살기 위해서는 살면서 가장 중요한 것이 무엇인지 알아야 한다.

04

다음 글의 ㉠~㉣ 중 어색한 곳을 찾아 가장 적절하게 수정한 것은?

> 언어는 랑그와 파롤로 구분할 수 있다. 랑그는 머릿속에 내재되어 있는 추상적인 언어의 모습으로, 특정한 언어공동체가 공유하고 있는 기호체계를 가리킨다. 반면에 파롤은 구체적인 언어의 모습으로, 의사소통을 위해 랑그를 사용하는 개인적인 행위를 의미한다.
>
> 언어학자들은 흔히 ㉠ <u>랑그를 악보에 비유하고, 파롤을 실제 연주에 비유하곤</u> 하는데, 악보는 고정되어 있지만 실제 연주는 그 고정된 악보를 연주하는 사람에 따라 달라지기 마련이다. 그러니까 ㉡ <u>랑그는 여러 상황에도 불구하고 변하지 않고 기본을 이루는 언어의 본질적인 모습</u>에 해당한다. 한편 '책상'이라는 단어를 발음할 때 사람마다 발음되는 소리는 다르기 때문에 '책상'에 대한 발음은 제각각일 수밖에 없다. 여기서 ㉢ <u>실제로 발음되는 제각각의 소리값이 파롤</u>이다.
>
> 랑그와 파롤 개념과 비슷한 것으로 언어능력과 언어수행이 있다. 자기 모국어에 대해 사람들이 내재적으로 가지고 있는 지식이 언어능력이고, 사람들이 실제로 발화하는 행위가 언어수행이다. ㉣ <u>파롤이 언어능력에 대응한다면, 랑그는 언어수행에 대응</u>한다.

① ㉠: 랑그를 실제 연주에 비유하고, 파롤을 악보에 비유하곤
② ㉡: 랑그는 여러 상황에 맞춰 변화하는 언어의 본질적인 모습
③ ㉢: 실제로 발음되는 제각각의 소리값이 랑그
④ ㉣: 랑그가 언어능력에 대응한다면, 파롤은 언어수행에 대응

05

다음 글의 핵심 논지로 가장 적절한 것은?

> 판타지와 SF의 차별성은 '낯섦'과 '이미 알고 있는 것'이라는 기준을 통해 드러난다. 이 둘은 일반적으로 상반된 의미를 갖는다. 이미 알고 있는 것은 낯설지 않고, 낯선 것은 새로운 것을 의미하기 때문이다.
>
> 판타지와 SF에는 모두 새롭고 낯선 것이 등장하는데, 비근한 예가 현실에 존재하지 않는 괴물의 출현이다. 판타지에서 낯선 괴물이 나오면 사람들은 '저게 뭐지?'하면서도 그 낯섦을 그대로 받아들인다. 그렇기에 등장인물과 독자 모두 그 괴물을 원래부터 존재했던 것으로 받아들이고, 괴물은 등장하자마자 세계의 일부가 된다. 결국 판타지에서는 이미 알고 있는 것보다 새로운 것이 더 중요한 의미를 갖는다. 이와 달리 SF에서는 '그런 괴물이 어떻게 존재할 수 있지?'라고 의심하고 물어야 한다. SF에서는 인물과 독자들이 작가의 경험적 환경을 공유하기 때문에 괴물은 절대로 자연스럽지 않다. 괴물의 낯섦에 대한 질문은 괴물이 존재하는 세계에 대한 지식, 세계관, 나아가 정체성의 문제로 확장된다. 이처럼 SF에서는 어떤 새로운 것이 등장했을 때 그 낯섦을 인정하면서도 동시에 그것을 자신이 이미 알고 있던 인식의 틀로 끌어들여 재조정하는 과정이 요구된다.

① 판타지와 SF는 모두 새로운 것에 의해 알고 있는 것이 바뀌는 장르이다.
② 판타지와 SF는 모두 알고 있는 것과 새로운 것을 그대로 인정하고 둘 사이의 재조정이 필요한 장르이다.
③ 판타지는 새로운 것보다 알고 있는 것이 더 중요하고, SF는 알고 있는 것보다 새로운 것이 더 중요한 장르이다.
④ 판타지는 알고 있는 것보다 새로운 것이 더 중요하고, SF는 알고 있는 것과 새로운 것 사이의 재조정이 필요한 장르이다.

06

다음 빈칸에 들어갈 말로 가장 적절한 것은?

> 로빈후드는 14세기 후반인 1377년경에 인기를 끈 작품 〈농부 피어즈〉에 최초로 등장한다. 로빈후드 이야기는 주로 숲을 배경으로 전개된다. 숲에 사는 로빈후드 무리는 사슴고기를 중요시하는데 당시 숲은 왕의 영지였고 사슴 밀렵은 범죄였다. 왕의 영지에 있는 사슴에 대한 밀렵을 금지하는 법은 11세기 후반 잉글랜드를 정복한 윌리엄 왕이 제정한 것이므로 아마도 로빈후드 이야기가 그 이전 시기로까지 거슬러 올라가지는 않을 것이다. 또한 이야기에서 셔우드 숲을 한 바퀴 돌고 로빈후드를 만났다고 하는 국왕 에드워드는 1307년에 즉위하여 20년간 재위한 2세일 가능성이 있다. 1세에서 3세까지의 에드워드 국왕 가운데 이 지역의 순행 기록이 있는 사람은 에드워드 2세뿐이다. 이러한 근거를 토대로 추론할 때, 로빈후드 이야기의 시대 배경은 아마도 [   ]일 가능성이 가장 크다.

① 11세기 후반
② 14세기 이전
③ 14세기 전반
④ 14세기 후반

07

(가)~(다)를 맥락에 맞게 순서대로 나열한 것은?

> 북방에 사는 매는 덩치가 크고 사냥도 잘한다. 그래서 아시아에서는 몽골 고원과 연해주 지역에 사는 매들이 인기가 있었다.
>
> (가) 조선과 일본의 단절된 관계는 1609년 기유조약이 체결되면서 회복되었다. 하지만 이때는 조선과 일본이 서로를 직접 상대했던 것이 아니라 두 나라 사이에 끼어있는 대마도를 매개로 했다. 대마도는 막부로부터 조선의 외교·무역권을 위임받았고, 조선은 그러한 대마도에게 시혜를 베풀어줌으로써 일본과의 교린 체계를 유지해 나가려고 했다.
>
> (나) 일본에서 이 북방의 매에 접근할 수 있는 길은 한반도를 통하는 것 외에는 없었다. 그래서 한반도와 일본 간의 교류에 매가 중요한 물품으로 자리 잡았던 것이다. 하지만 임진왜란으로 인하여 교류는 단절되었다.
>
> (다) 이러한 외교관계에 매 교역이 자리하고 있었다. 대마도는 조선과의 공식적, 비공식적 무역을 통해서도 상당한 이익을 취했다. 따라서 조선후기에 이루어진 매 교역은 경제적인 측면과 정치·외교적인 성격이 강했다.

① (가)-(다)-(나)　　② (나)-(가)-(다)
③ (나)-(다)-(가)　　④ (다)-(나)-(가)

08

다음 글에서 추론한 내용으로 가장 적절한 것은?

> 『성경』에 따르면 예수는 죽은 지 사흘 만에 부활했다. 사흘이라고 하면 시간상 72시간을 의미하는데, 예수는 금요일 오후에 죽어서 일요일 새벽에 부활했으니 구체적인 시간을 따진다면 48시간이 채 되지 않는다. 그렇다면『성경』에서 3일이라고 한 것은 예수의 신성성을 부각하기 위한 것일까?
>
> 여기에는 수를 세는 방식의 차이가 개입되어 있다. 구체적으로 말하면 우리가 사용하는 현대의 수에는 '0' 개념이 깔려 있지만,『성경』이 기록될 당시에는 해당 개념이 없었다. '0' 개념은 13세기가 되어서야 유럽으로 들어왔으니, '0' 개념이 들어오기 전 시간의 길이는 '1'부터 셈했다. 다시 말해 시간의 시작점 역시 '1'로 셈했다는 것인데, 금요일부터 다음 금요일까지는 7일이 되지만, 시작하는 금요일까지 날로 셈해서 다음 금요일은 8일이 되는 식이다.
>
> 이와 같은 셈법의 흔적을 현대 언어에서도 찾을 수 있다. 오늘날 그리스 사람들은 올림픽이 열리는 주기에 해당하는 4년을 'pentaeteris'라고 부르는데, 이 말의 어원은 '5년'을 뜻한다. '2주'를 의미하는 용도로 사용되는 현대 프랑스어 'quinze jours'는 어원을 따지자면 '15일'을 가리키는데, 시간적으로는 동일한 기간이지만 시간을 셈하는 방식에 따라 마지막 날과 해가 달라진 것이다.

① '0' 개념은 13세기에 유럽에서 빌명되었다.
②『성경』에서는 예수의 신성성을 부각하기 위해 그의 부활 시점을 활용하였다.
③ 프랑스어 'quinze jours'에는 '0' 개념이 들어오기 전 셈법의 흔적이 남아 있다.
④ 'pentaeteris'라는 말이 생겨났을 때에 비해 오늘날의 올림픽이 열리는 주기는 짧아졌다.

[09~10] 다음 글을 읽고 물음에 답하시오.

생물은 자신의 종에 속하는 개체들과 의사소통을 한다. 꿀벌은 춤을 통해 식량의 위치를 같은 무리의 동료들에게 알려주며, 녹색원숭이는 포식자의 접근을 알리기 위해 소리를 지른다. 침팬지는 고통, 괴로움, 기쁨 등의 감정을 표현할 때 각각 다른 ㉠ 소리를 낸다.

말한다는 것을 단어에 대해 ㉡ 소리 낸다는 의미로 보게 되면, 침팬지가 사람처럼 말하도록 하는 것은 불가능하다. 침팬지는 인간과 게놈의 98%를 공유하고 있지만, 발성 기관에 차이가 있다.

인간의 발성 기관은 아주 정교하게 작용하여 여러 ㉢ 소리를 낼 수 있는데, 초당 십여 개의 (가) 소리를 쉽게 만들어 낸다. 이는 성대, 후두, 혀, 입술, 입천장을 아주 정확하게 통제할 수 있기 때문에 가능한 것이다. 침팬지는 이만큼 정확하게 통제를 하지 못한다. 게다가 인간의 발성 기관은 유인원의 그것과 현저하게 다르다. 주요한 차이는 인두의 길이에 있다. 인두는 혀 뒷부분부터 식도에 이르는 통로로 음식물과 공기가 드나드는 길이다. 인간의 인두는 여섯 번째 목뼈에까지 이른다. 반면에 대부분의 포유류에서는 인두의 길이가 세 번째 목뼈를 넘지 않으며 개의 경우는 두 번째 목뼈를 넘지 않는다. 다른 동물의 인두에 비해 과도하게 긴 인간의 인두는 공명 상자 기능을 하여 세밀하게 통제되는 ㉣ 소리를 만들어 낸다.

09

윗글에서 추론한 내용으로 가장 적절한 것은?

① 개의 인두 길이는 인간의 인두 길이보다 짧다.
② 침팬지의 인두는 인간의 인두와 98% 유사하다.
③ 녹색원숭이는 침팬지와 의사소통을 할 수 있다.
④ 침팬지는 초당 십여 개의 소리를 만들어 낼 수 있다.

10

㉠~㉣ 중 문맥상 (가)에 해당하는 의미로 사용되지 않은 것은?

① ㉠ ② ㉡
③ ㉢ ④ ㉣

[11~12] 다음 글을 읽고 물음에 답하시오.

방각본 출판은 책을 목판에 새겨 대량으로 찍어내는 방식이다. 이 경우 소수의 작품으로 많은 판매 부수를 올리는 것이 유리하다. 즉, 하나의 책으로 500부를 파는 것이 세 권의 책으로 합계 500부를 파는 것보다 이윤이 높다. 따라서 방각본 출판업자는 작품의 종류를 늘리기보다는 시장성이 좋은 작품을 집중적으로 출판하였다. 또한 작품의 규모가 커서 분량이 많은 경우에는 생산 비용이 ㉠ 올라가 책값이 비싸지기 때문에 자연스럽게 분량이 적은 작품을 선호하였다. 이에 따라 방각본 출판에서는 규모가 큰 작품을 기피하였으며, 일단 선택된 작품에도 종종 축약적 윤색이 가해지고는 하였다.

일종의 도서대여업인 세책업은 가능한 여러 종류의 작품을 가지고 있는 편이 유리하고, 한 작품의 규모가 큰 것도 환영할 만한 일이었다. 소설을 빌려 보는 독자들은 하나를 읽고 나서 대개 새 작품을 찾았으니, 보유한 작품의 종류가 많을수록 좋았다. 또한 한 작품의 분량이 많아서 여러 책으로 나뉘어 있으면 그만큼 세책료를 더 받을 수 있으니, 세책업자들은 스토리를 재미나게 부연하여 책의 권수를 늘리기도 했다. 따라서 세책업자들은 많은 종류의 작품을 모으는 데에 주력했고, 이 과정에서 원본의 확장 및 개작이 적잖이 이루어졌다.

11

윗글에서 추론한 내용으로 가장 적절한 것은?

① 분량이 많은 작품은 책값이 비쌌기 때문에 세책가에서 취급하지 않았다.
② 세책업자는 구비할 책을 선정할 때 시장성이 좋은 작품보다 분량이 적은 작품을 우선하였다.
③ 방각본 출판업자들은 책의 판매 부수를 올리기 위해 원본의 내용을 부연하여 개작하기도 하였다.
④ 한 편의 작품이 여러 권의 책으로 나뉘어 있는 대규모 작품들은 방각본 출판업자들보다 세책업자들이 선호하였다.

12

밑줄 친 표현이 문맥상 ㉠의 의미와 가장 가까운 것은?

① 습도가 올라가는 장마철에는 건강에 유의해야 한다.
② 내가 키우던 반려견이 하늘나라로 올라갔다.
③ 그녀는 승진해서 본사로 올라가게 되었다.
④ 그는 시험을 보러 서울로 올라갔다.

13

갑~병의 주장을 분석한 내용으로 적절한 것만을 〈보기〉에서 모두 고르면?

> 갑: 오늘날 사회는 계급 체계가 인간의 생활을 전적으로 규정하지 않는다. 실제로 많은 사람이 사회 이동을 경험하며, 전문직 자격증에 대한 접근성 또한 증가하였다. 인터넷은 상향 이동을 위한 새로운 통로를 제공하고 있다. 이에 따라서 전통적인 계급은 사라지고, 이제는 계급이 없는 보다 유동적인 사회 질서가 새로 정착되었다.
>
> 을: 지난 30년 동안 양극화는 더 확대되었다. 부가 사회 최상위 계층에 집중되는 것에 대한 우려가 커지고 있다. 과거 계급 불평등은 경제 전반의 발전을 위해 치를 수밖에 없는 일시적 비용이었다고 한다. 하지만 경제 수준이 향상된 지금도 이 불평등은 해소되지 않고 있다. 오늘날 세계화와 시장 규제 완화로 인해 빈부 격차가 심화되고 계급 불평등이 더 고착되었다.
>
> 병: 오랫동안 지속되었던 계급의 전통적 영향력은 확실히 약해지고 있다. 하지만 현대사회에서 계급 체계는 여전히 경제적 불평등의 핵심으로 남아 있다. 사회 계급은 아직도 일생에 걸쳐 개인의 삶에 큰 영향을 미친다. 특정 계급의 구성원이라는 사실은 수명, 신체적 건강, 교육, 임금 등 다양한 불평등과 관련된다. 이는 계급의 종말이 사실상 실현될 수 없는 현실적이지 않은 주장이라는 점을 보여 준다.

〈보기〉

ㄱ. 갑의 주장과 을의 주장은 대립하지 않는다.
ㄴ. 을의 주장과 병의 주장은 대립하지 않는다.
ㄷ. 병의 주장과 갑의 주장은 대립하지 않는다.

① ㄱ　　② ㄴ
③ ㄱ, ㄷ　　④ ㄴ, ㄷ

14

(가)와 (나)를 전제로 결론을 이끌어 낼 때, 빈칸에 들어갈 말로 가장 적절한 것은?

> (가) 축구를 잘하는 사람은 모두 머리가 좋다.
> (나) 축구를 잘하는 어떤 사람은 키가 작다.
> 따라서 [　　　　]

① 키가 작은 어떤 사람은 머리가 좋다.
② 키가 작은 사람은 모두 머리가 좋다.
③ 머리가 좋은 사람은 모두 축구를 잘한다.
④ 머리가 좋은 어떤 사람은 키가 작지 않다.

15

다음 글의 ㉠과 ㉡에 대한 평가로 올바른 것은?

> 기업의 마케팅 프로젝트를 평가할 때는 유행지각, 깊은 사고, 협업을 살펴본다. 유행지각은 유행과 같은 새로운 정보를 반영했느냐, 깊은 사고는 마케팅 데이터의 상관관계를 분석해서 최적의 해결책을 찾아내었느냐, 협업은 일하는 사람들이 해결책을 공유하며 성과를 창출했느냐를 따진다. ㉠ 이 세 요소 모두에서 목표를 달성하는 것은 마케팅 프로젝트가 성공적이기 위해 필수적이다. 하지만 ㉡ 이 세 요소 모두에서 목표를 달성했다고 해서 마케팅 프로젝트가 성공한 것은 아니다.

① 지금까지 성공한 프로젝트가 유행지각, 깊은 사고 그리고 협업 모두에서 목표를 달성했다면, ㉠은 강화된다.
② 성공하지 못한 프로젝트 중 유행지각, 깊은 사고 그리고 협업 중 하나 이상에서 목표를 달성하는 데 실패한 사례가 있다면, ㉠은 약화된다.
③ 유행지각, 깊은 사고 그리고 협업 중 하나 이상에서 목표를 달성하는 데 실패했지만 성공한 프로젝트가 있다면, ㉡은 강화된다.
④ 유행지각, 깊은 사고 그리고 협업 모두에서 목표를 달성했지만 성공하지 못한 프로젝트가 있다면, ㉡은 약화된다.

16

다음 글의 ㉠을 강화하는 것만을 〈보기〉에서 모두 고르면?

신석기시대에 들어 인류는 제대로 된 주거 공간을 만들게 되었다. 인류의 초기 주거 유형은 특히 바닥을 어떻게 만드느냐에 따라 구분된다. 이는 지면을 다지거나 조금 파고 내려가 바닥을 만드는 '움집형'과 지면에서 떨어뜨려 바닥을 설치하는 '고상(高床)식'으로 나뉜다.

중국의 고대 문헌에 등장하는 '혈거'와 '소거'가 각각 움집형과 고상식 건축이다. 움집이 지붕으로 상부를 막고 아랫부분은 지면을 그대로 활용하는 지붕 중심 건축이라면, 고상식 건축은 지면에서 오는 각종 침해에 대비해 바닥을 높이 들어 올린 바닥 중심 건축이라 할 수 있다. 인류의 주거 양식은 혈거에서 소거로 진전되었다는 가설이 오랫동안 지배했다. 바닥을 지면보다 높게 만드는 것이 번거롭고 어렵다고 여겼기 때문이다. 그런데 1970년대에 중국의 허무두에서 고상식 건축의 유적이 발굴되면서 새로운 ㉠ 주장이 제기되었다. 그것은 혈거와 소거가 기후에 따라 다른 자연환경에 적응해 발생했다는 것이다.

〈보기〉

ㄱ. 우기에 비가 넘치는 산간 지역에서는 고상식 주거 건축물 유적만 발견되었다.
ㄴ. 움집형 집과 고상식 집이 공존해 있는 주거 양식을 보여주는 집단의 유적지가 발견되었다.
ㄷ. 여름에는 고상식 건축물에서, 겨울에는 움집형 건축물에서 생활한 집단의 유적이 발견되었다.

① ㄱ, ㄴ ② ㄱ, ㄷ
③ ㄴ, ㄷ ④ ㄱ, ㄴ, ㄷ

[17~18] 다음 글을 읽고 물음에 답하시오.

일반적으로 한 나라의 문학, 즉 '국문학'은 "그 나라의 말과 글로 된 문학"을 지칭한다. 그래서 우리나라에서 국문학에 대한 근대적 논의가 처음 시작될 무렵에는 (가) 국문학에서 한문으로 쓰인 문학을 배제하자는 주장이 있었다. 국문학 연구가 점차 전문화되면서, 한문문학 배제론자와 달리 한문문학을 배제하는 데 있어 신축성을 두는 절충론자의 입장이 힘을 얻었다. 절충론자들은 국문학의 범위를 획정하는 데 있어 (나) 종래의 국문학의 정의를 기본 전제로 하되, 일부 한문문학을 국문학으로 인정하자고 주장했다. 즉 한문으로 쓰여진 문학을 국문학에서 완전히 배제하지 않고, ㉠ 전자 중 일부를 ㉡ 후자의 주변부에 위치시키는 것으로 국문학의 영역을 구성한 것이다. 이에 따라 국문학을 지칭할 때에는 '순(純)국문학'과 '준(準)국문학'으로 구별하게 되었다. 작품에 사용된 문자의 범주에 따라서 ㉢ 전자는 '좁은 의미의 국문학', ㉣ 후자는 '넓은 의미의 국문학'이라고도 칭할 수 있다.

하지만 이런 절충안을 취하더라도 순국문학과 준국문학을 구분하는 데에는 논자마다 차이가 있다. 어떤 이는 국문으로 된 것은 ㉤ 전자에, 한문으로 된 것은 ㉥ 후자에 귀속시켰다. 다른 이는 훈민정음 창제 이전과 이후로 나누어 국문학의 영역을 구분하였다. 훈민정음 창제 이전의 문학은 차자표기건 한문표기건 모두 국문학으로 인정하고, 창제 이후의 문학은 국문문학만을 순국문학으로 규정하고 한문문학 중 '국문학적 가치'가 있는 것을 준국문학에 귀속시켰다.

17

윗글의 (가)와 (나)의 주장에 대해 평가한 내용으로 가장 적절한 것은?

① 국문으로 쓴 작품보다 한문으로 쓴 작품이 해외에서 문학적 가치를 더 인정받는다면 (가)의 주장은 강화된다.
② 국문학의 정의를 '그 나라 사람들의 사상과 정서를 그 나라 말과 글로 표현한 문학'으로 수정하면 (가)의 주장은 약화된다.
③ 표기문자와 상관없이 그 나라의 문화를 잘 표현한 문학을 자국 문학으로 인정하는 것이 보편적인 관례라면 (나)의 주장은 강화된다.
④ 훈민정음 창제 이후에도 차자표기로 된 문학작품이 다수 발견된다면 (나)의 주장은 약화된다.

18

윗글의 ㉠~㉥ 중 지시하는 바가 같은 것끼리 짝 지은 것은?

① ㉠, ㉢ ② ㉡, ㉣
③ ㉡, ㉥ ④ ㉢, ㉤

19

다음 빈칸에 들어갈 말로 가장 적절한 것은?

갑, 을, 병, 정 네 학생의 수강 신청과 관련하여 다음과 같은 사실들이 알려졌다.

- 갑과 을 중 적어도 한 명은 〈글쓰기〉를 신청한다.
- 을이 〈글쓰기〉를 신청하면 병은 〈말하기〉와 〈듣기〉를 신청한다.
- 병이 〈말하기〉와 〈듣기〉를 신청하면 정은 〈읽기〉를 신청한다.
- 정은 〈읽기〉를 신청하지 않는다.

이를 통해 갑이 [   ]를 신청한다는 것을 알 수 있게 되었다.

① 〈말하기〉
② 〈듣기〉
③ 〈읽기〉
④ 〈글쓰기〉

20

다음 글을 이해한 내용으로 가장 적절한 것은?

언어의 형식적 요소에는 '음운', '형태', '통사'가 있으며, 언어의 내용적 요소에는 '의미'가 있다. 음운, 형태, 통사 그리고 의미 요소를 중심으로 그 성격, 조직, 기능을 탐구하는 학문 분야를 각각 '음운론', '문법론'(형태론 및 통사론 포괄), 그리고 '의미론'이라고 한다. 그 가운데서 음운론과 문법론은 언어의 형식을 중심으로 그 체계와 기능을 탐구하는 반면, 의미론은 언어의 내용을 중심으로 체계와 작용 방식을 탐구한다.

이처럼 언어학은 크게 말소리 탐구, 문법 탐구, 의미 탐구로 나눌 수 있는데, 이때 각각에 해당하는 음운론, 문법론, 의미론은 서로 관련된다. 이를 발화의 전달 과정에서 살펴보자. 화자의 측면에서 언어를 발신하는 경우에는 의미론에서 문법론을 거쳐 음운론의 방향으로, 청자의 측면에서 언어를 수신하는 경우에는 반대의 방향으로 작용한다. 의사소통의 과정상 발신자의 측면에서는 의미론에, 수신자의 측면에서는 음운론에 초점이 놓인다. 의사소통은 화자의 생각, 느낌, 주장 등을 청자와 주고받는 행위이므로, 언어 표현의 내용에 해당하는 의미는 이 과정에서 중심적 요소가 된다.

① 언어는 형식적 요소가 내용적 요소보다 다양하다.
② 언어의 형태 탐구는 의미 탐구와 관련되지 않는다.
③ 의사소통의 첫 단계는 언어의 형식을 소리로 전환하는 것이다.
④ 언어를 발신하고 수신하는 과정에서 통사론은 활용되지 않는다.

기 출
품 은
모의고사

PART
02

기출 품은 모의고사

엄선된 필수 기출문제와 인사혁신처 예시문제를 바탕으로
출제가능성이 높은 문제들로만 구성하였습니다.

기출 품은 모의고사 | 1회

⏱ 제한시간: 25분 ■시작시간: : ■종료시간: : 정답과 해설 ▶ P.18 ~ P.22

01

밑줄 친 부분을 〈공공언어 바로 쓰기 원칙〉에 따라 수정한 것으로 적절하지 않은 것은?

〈공공언어 바로 쓰기 원칙〉

㉠ 맞춤법에 맞게 정확하게 표현할 것
㉡ 띄어쓰기에 맞게 정확하게 표현할 것
㉢ 부적절한 한자어들을 순화하여 표현할 것
㉣ 외래어를 순화하여 표현할 것

① ㉠: '의심스러운 문구가 포함되어 있는 첨부 파일은 항상 주의하시기 바랍니다.'에서 '의심스러운'을 '의심스런'으로 수정한다.
② ㉡: '최근 독감 의심 환자의 1/2 가량은 신종 플루 감염입니다.'에서 '1/2 가량'을 '1/2가량'으로 수정한다.
③ ㉢: '후보자의 사진, 학력 등이 게재되어 있습니다'에서 '게재되어 있습니다'를 '나와 있습니다'로 수정한다.
④ ㉣: '두 기관의 협력을 통해 글로벌 네트워크를 구축해야 합니다.'에서 '글로벌 네트워크'를 '국제적 연결망'으로 수정한다.

02

2022 수능 예시 지문 활용

다음 글을 읽고 추론한 내용으로 옳지 않은 것은?

둘 이상의 어근이 결합하여 형성된 단어를 합성어라고 한다. 어근들의 결합 방식이 일반적인 문장 구성 방식과 같은 합성어를 통사적 합성어라고 하고 그렇지 않은 합성어를 비통사적 합성어라고 한다. 예를 들어, 둘 이상의 용언이 연결 어미로 이어지는 것, 용언의 관형사형이 명사를 수식하는 것, 주어나 목적어 뒤에 서술어가 결합하는 것, 명사나 관형사가 명사를 수식하는 것, 부사가 용언을 수식하는 것 등은 일반적인 문장 구성 방식이므로 이러한 방식으로 어근들이 결합한 합성어는 통사적 합성어이다. 따라서 '산나물', '바로잡다'는 통사적 합성어이고 '뾰족구두', '높푸르다'는 비통사적 합성어이다.

① '높푸르다'는 용언이 연결 어미로 이어지지 않는 구성이다.
② 주어 뒤에 서술어가 결합하는 합성어는 통사적 합성어이다.
③ 명사가 명사를 수식하는 것은 일반적인 문장 구성 방식이다.
④ '바로잡다'는 관형사가 명사를 수식하는 구성으로 통사적 합성어이다.

03

2023 6월 모의고사 변형

다음 글의 ㉠~㉣에 해당하는 예로 적절하지 않은 것은?

피동문은 주어가 당하는 의미를 나타내는 문장으로 피동문과 반대되는 성격으로 대응하는 능동문과 일정한 문법적 관련을 맺는다. 그중 피동문의 서술어는 능동문의 서술어에 피동의 문법 요소를 결부하여 만드는데, 국어에서는 ㉠ 동사 어근에 피동 접사 '-이-', '-히-', '-리-', '-기-'를 결합하는 방법(접-/접히-), ㉡ 접사 '-하-'를 접사 '-받-', '-되-', '-당하-' 등으로 교체하는 방법(사랑하-/사랑받-), ㉢ 동사 어간에 '-아지-/-어지-'를 결합하는 방법(주-/주어지-) 등이 쓰인다. 단 ㉣ 자연적으로 발생하는 사태를 표현할 때에는 피동문에 대응하는 능동문을 상정하기 어려운 경우가 있다.

① ㉠: 도망치던 토끼가 사자에게 잡아먹혔다.
② ㉡: 철수는 그동안 못 먹던 음식을 오랜만에 먹게 되었다.
③ ㉢: 제보자들에 의해 이번 사건의 전모가 자세히 밝혀졌다.
④ ㉣: 매우 춥던 날씨가 오늘 풀렸다.

[04~05] 다음 글을 읽고 물음에 답하시오.

고대 그리스는 폴리스라는 도시 국가들로 이루어져 있었다. 폴리스는 그 중심지에는 도시가 있고 주변에는 식량을 공급해 주는 들판이 있는 작은 자치 공화국의 형태였다. 폴리스들은 공통의 언어, 문화, 종교를 바탕으로 서로 동류의식을 가졌지만 정치적 통일을 이루지는 못했다.

강성한 폴리스였던 아테네에는 중앙에 신전과 군사 시설 등이 있는 아크로폴리스, 그리고 시장이나 공공 모임 장소로 이용하던 아고라가 있었는데, 시민들은 아고라 광장에 모두 모여 공적인 문제에 대해 투표하였다. 개인이 세습하여 나라를 통치하는 군주정과 달리 아테네와 같은 공화정에서는 국가를 통치하는 지도자를 시민이 선출한다. 그러나 여기서는 인구의 일부만이 시민이었으며 아무런 권리가 없는 노예들도 매우 많았고 여자들도 정치적 권리가 없었다.

아테네의 직접 민주주의는 이처럼 적은 인구의 작은 도시 국가였기에 가능하였다. 그리스인들은 그리스 전역, 이탈리아 남부와 시실리, 지중해의 다른 해안으로 퍼져 나갔지만 그들은 통일된 정부를 두려 하거나 제국을 만들려 하지 않았다. 어디를 가든 그들은 도시 국가 형태의 폴리스를 만들었고, 어느 폴리스도 도시 국가 이상으로 커 나가지 않았다.

04

2018 교육행정직 9급

윗글에 대한 이해로 가장 적절한 것은?

① 이탈리아 지역에도 폴리스가 있었다.
② 강성한 폴리스가 제국으로 성장하는 일도 있었다.
③ 고대 그리스에는 모든 폴리스를 아우르는 통일된 정부가 있었다.
④ 폴리스들은 문화와 종교가 서로 달라서 상호 간에 동류의식이 생기지 않았다.

05

2018 교육행정직 9급

윗글과 〈보기〉를 바탕으로 아테네의 정치 체제를 추론한 내용으로 가장 적절한 것은?

〈보기〉

국가의 지리적 영역이 널리 확장되고 그 인구도 크게 늘게 되면 모든 유권자가 한데 모여 국가의 정책을 결정하기 어려워진다. 그리하여 이들을 대표하여 선출된 대의원들이 국정의 문제들을 심사숙고하고 법률을 제정하는 방식이 등장하였는데, 이를 대의제라 부른다. 대의제 민주주의에서 일반 유권자들은 간접적으로 그 나라의 정치에 참여한다.

① 아테네는 신분과 성별에 관계없이 모두 투표권을 가졌겠군.
② 아테네의 정치 체제는 대의제 민주주의로 나아가지 않았겠군.
③ 아테네는 시민의 대의원들이 아고라에 모두 모여 국정을 결정하였겠군.
④ 아테네의 직접 민주주의는 지도자를 시민이 선출하는 방식이 아니었겠군.

06

2020 지방직(= 서울시) 9급

다음 글의 주장으로 가장 적절한 것은?

우리에게 친숙한 동물들의 사소한 행동을 살펴보면 그들이 자신의 환경을 개조한다는 것을 알 수 있다. 가장 단순한 생명체는 먹이가 그들에게 헤엄쳐 오게 만들고, 고등동물은 먹이를 구하기 위해 땅을 파거나 포획 대상을 추적하기도 한다. 이처럼 동물들은 자신의 목적을 위해 행동함으로써 환경을 변형시킨다. 이러한 생존 방식을 흔히 환경에 적응하는 것으로 설명한다. 그러나 이러한 설명은 생명체들이 그들의 환경 개변(改變)에 능동적으로 행동한다는 중요한 사실을 놓치고 있다.

가장 고등한 동물인 인간도 다른 생명체와 마찬가지로 생존이나 적응을 넘어서 환경에 대해 적극성을 보인다. 이는 인간의 세 가지 충동–사는 것, 잘 사는 것, 더 잘 사는 것–으로 인하여 가능하다. 잘 살기 위한 노력은 순응적이기보다는 능동적인 모습으로 나타나게 된다. 인간도 생명체이다. 더 잘 살기 위해서는 환경에 순응할 수만은 없다.

① 인간은 환경에 적응해 왔다.
② 삶의 기술은 생존을 위한 것이다.
③ 생명체는 환경을 능동적으로 변형한다.
④ 인간은 잘 사는 것을 삶의 목표로 한다.

07

2021 지방직(= 서울시) 9급

다음 대화에 대한 설명으로 적절한 것은?

A: 지난번 제안서 프레젠테이션을 마친 후 “검토하고 연락드리겠습니다.”라고 답변을 받았는데 아직 별다른 연락이 없어서 고민이에요.
B: 어떤 연락을 기다리신다는 거예요?
A: 해당 사업에 관하여 제 제안서를 승낙했다는 답변이잖아요. 그런데 후속 사업 진행을 위해 지금쯤 연락이 와야 할 텐데 싶어서요.
B: 글쎄요. 보통 그런 상황에서는 완곡하게 거절하는 의사 표현이라 볼 수 있어요. 그리고 해당 고객이 제안서 내용은 정리가 잘되었지만, 요즘 같은 코로나 시기에는 이전과 동일한 사업적 효과가 있을지 궁금하다고 말한 것을 보면 알 수 있죠.
A: 네, 기억납니다. 하지만 궁금하다고 말한 것이지 사업을 수용하지 않는다는 것은 아니지 않나요? 답변을 할 때도 굉장히 표정도 좋고 박수도 쳤는데 말이죠. 목소리도 부드러웠고요.

① A와 B는 고객의 답변에 대해 제안서 승낙이라는 의미로 동일하게 이해한다.
② A는 동일한 사업적 효과가 있을지 궁금하다는 표현을 제안한 사업에 대한 부정적 평가라고 판단한다.
③ B는 고객이 제안서에 의문을 제기한 내용을 근거로 고객의 답변에 대해 판단한다.
④ A는 비언어적 표현을 바탕으로 하여 고객의 답변을 제안서에 대한 완곡한 거절로 해석한다.

08

2022 지방직(= 서울시) 9급

다음 글에 대한 이해로 적절하지 않은 것은?

연출자가 자신의 저작권을 침해당했다고 주장하기 위해서는 우선 그가 유효한 저작권을 소유하고 있어야 한다. 즉 저작권 보호 가능성이 있는 창작물이 필요하다. 다음으로 창작적인 표현을 도용당했는지 밝혀야 하는데, 이것이 쉽지 않다. 왜냐하면 연출자가 주관적으로 창작성이 있다고 느끼는 부분일지라도 객관적인 시각에서는 이미 공연 예술 무대에서 흔히 사용되는 표현 기법일 수 있고, 저작권법상 보호 대상이 아닌 아이디어의 요소와 보호 가능한 요소인 표현이 얽혀 있는 경우가 있기 때문이다. 쉬운 예로 셰익스피어를 보자. 그의 명작 중에 선대에 있었던 작품에 의거하지 않고 탄생한 작품이 있는가. 대부분의 연출자는 선행 예술가로부터 영향을 받아 창작에 임하는 것이 너무도 당연하고 자연스럽다. 따라서 무대연출 작업 중에서 독보적인 창작을 걸러내서 배타적인 권한인 저작권을 부여하는 것은 매우 흔치 않은 경우이고, 후발 창작을 방해하는 요소로 작용할 수도 있다. 저작권법은 창작자에게 개인적인 인센티브를 제공하여 창작을 장려함과 동시에 일반 공중이 저작물을 원활하게 이용할 수 있도록 해야 하는 두 가지 가치의 균형을 이루는 것이 목표다.

① 무대연출의 창작적인 표현의 도용 여부를 밝히기는 쉽지 않다.
② 저작권 침해를 당했다고 주장하려면 유효한 저작권을 소유하고 있어야 한다.
③ 독보적인 무대연출 작업에 저작권을 부여한다고 해서 후발 창작에 방해가 되지는 않는다.
④ 저작권법의 목표는 창작자의 창작을 장려하고 일반 공중의 저작물 이용을 원활하게 하는 것이다.

09

2023 지방직(= 서울시) 9급

다음 글의 중심내용으로 가장 적절한 것은?

교환가치는 거래를 통해 발생하는 가치이며, 사용가치는 어떤 상품을 사용할 때 느끼는 가치이다. 전자가 시장에서 결정된다는 점에서 객관적이라면, 후자는 개인에 따라 다르다는 점에서 주관적이다. 상품에는 사용가치와 교환가치가 섞여 있는데, 교환가치가 아무리 높아도 '나'에게 사용가치가 없다면 해당 상품을 구매하지 않을 것이다.

하지만 이 같은 상식이 통하지 않는 경우를 종종 볼 수 있다. 예를 들어 보자. 인터넷 커뮤니티에서 백만 원짜리 공연 티켓을 판매하는데, 어떤 사람이 "이 공연의 가치는 돈으로 환산할 수 없어요." 등의 댓글들을 보고서 애초에 관심도 없던 이 공연의 티켓을 샀다. 그에게 그 공연의 사용가치는 처음에는 없었으나 많은 댓글로 인해 사용가치가 있을 것으로 잘못 판단한 것이다. 안타깝게도, 그는 그 공연에서 조금도 만족하지 못했다.

이 사례에서 볼 때 건강한 소비를 위해서는 구매하려는 상품의 사용가치가 어떤 과정을 거쳐 결정된 것인지 곰곰이 생각해봐야 한다. '나'에게 얼마나 필요한가에 대한 고민 없이 다른 사람들의 말에 휩쓸려 어떤 상품의 사용가치가 결정될 때, 그 상품은 '나'에게 쓸모없는 골칫덩이가 될 수 있다.

① 사용가치보다 교환가치가 큰 상품을 구매해야 한다.
② 상품을 구매할 때 사용가치와 교환가치를 두루 고려해야 한다.
③ 상품에 대한 다른 사람들의 평가를 반영해서 상품을 구매해야 한다.
④ 상품을 구매할 때 사용가치가 자신의 필요에 의해 결정된 것인지 신중하게 따져야 한다.

10

2023 지방직(= 서울시) 9급

다음 글을 이해한 내용으로 적절하지 않은 것은?

고소설의 유통 방식은 '구연에 의한 유통'과 '문헌에 의한 유통'으로 나눌 수 있다. 구연에 의한 유통은 구연자가 소설을 사람들에게 읽어 주는 방식으로, 글을 모르는 사람들과 글을 읽을 수 있지만 남이 읽어 주는 것을 선호하는 이들을 대상으로 이루어졌다. 구연자는 '전기수'로 불렸으며, 소설 구연을 통해 돈을 벌던 전문적 직업인이었다. 하지만 이 방식은 문헌에 의한 유통에 비해 시간과 공간의 제약이 많아서 유통 범위를 넓히는 데 뚜렷한 한계가 있었다.

문헌에 의한 유통은 차람, 구매, 상업적 대여로 나눌 수 있다. 차람은 소설을 소유하고 있는 사람에게 직접 빌려서 보는 것으로, 알고 지내던 개인들 사이에서 이루어졌다. 구매는 서적 중개인에게 돈을 지불하고 책을 사는 것인데, 책값이 상당히 비쌌기 때문에 소설을 구매할 수 있는 사람은 그리 많지 않았다. 상업적 대여는 세책가에 돈을 지불하고 일정 기간 동안 소설을 빌려 보는 것이다. 세책가에서는 소설을 구매하는 것보다 훨씬 적은 비용으로 빌려 볼 수 있었기 때문에 경제적으로 넉넉하지 않은 사람도 소설을 쉽게 접할 수 있었다. 이로 인해 조선 후기 사회에서 세책가가 성행하게 되었다.

① 전기수는 글을 모르는 사람들에게 소설을 구연하였다.
② 차람은 알고 지내던 사람에게 대가를 지불하고 책을 빌려 보는 방식이다.
③ 문헌에 의한 유통은 구연에 의한 유통에 비해 시간과 공간의 제약이 적었다.
④ 조선 후기에 세책가가 성행한 원인은 소설을 구매하는 비용보다 세책가에서 빌리는 비용이 적다는 데 있다.

11

2021 국가직 9급

하버마스의 주장에 부합하는 사례로 가장 적절한 것은?

하버마스는 18세기부터 현대까지 미디어의 등장 배경과 발전 과정을 분석하면서, 공공 영역의 부상과 쇠퇴를 추적했다. 하버마스에게 공공 영역은 일반적 쟁점에 대한 토론과 의견을 형성하는 공공 토론의 민주적 장으로서 역할을 한다.

하버마스는 17세기와 18세기 유럽 도시의 살롱에서 당시의 공공 영역을 찾았다. 비록 소수의 사람들만이 살롱 토론 문화에 참여했으나, 공공 토론을 통해 정치적 문제를 해결하는 논리를 도입할 수 있었기 때문에 살롱이 초기 민주주의 발전에 중요한 역할을 했다고 그는 주장한다. 적어도 살롱 문화의 원칙에서 공개적 토론을 위한 공공 영역은 각각의 참석자들에게 동등한 자격을 부여했다.

그러나 하버마스에 따르면, 현대 사회에서 민주적 토론은 문화 산업의 발달과 함께 퇴보했다. 대중매체와 대중 오락의 보급은 공공 영역이 공허해지는 원인으로 작용했다. 상업적 이해관계는 공공의 이해관계에 우선하게 되었다. 공공 여론은 개방적이고 합리적 토론을 통해서가 아니라 광고에서처럼 조작과 통제를 통해 형성되고 있다.

미디어가 점차 상업화되면서 하버마스가 주장한 대로 공공 영역이 침식당하고 있다. 상업화된 미디어는 광고 수입에 기대어 높은 시청률과 수익을 보장하는 콘텐츠 제작만을 선호하게 되었다. 그 결과 공적 주제에 대한 시민들의 논의와 소통의 장이 줄어들어 결과적으로 공공 영역이 축소되었다. 많은 것을 약속한 미디어는 이제 민주주의 문제의 일부로 변해 버린 것이다.

① 살롱 문화에서 특정 사회 계층에 대한 비판적인 토론은 허용되지 않았다.
② 인터넷의 발달과 보급은 상업적 광고뿐만 아니라 공익 광고도 증가시켰다.
③ 글로벌 미디어가 발달하더라도 국제 사회의 공공 영역은 공허해지지 않는다.
④ 수익성 위주의 미디어 플랫폼과 콘텐츠가 더 많아지면서 민주적 토론이 감소되었다.

12

2022 국가직 9급

다음 글에 대한 이해로 적절하지 않은 것은?

국가정보자원관리원과 ○○시는 빅데이터 기반의 맞춤형 복지 서비스 분석 사업을 수행했다. 국가정보자원관리원은 자체 확보한 공공 데이터와 ○○시로부터 받은 복지 사업 관련 데이터를 활용하여 '복지 공감 지도'를 제작하고, 복지 기관 접근성 분석을 통해 취약 지역 지원 방안을 제시했다.

복지 공감 지도는 공간 분석 시스템을 활용하여 ○○시에 소재한 복지 기관들의 다양한 지원 항목과 이를 필요로 하는 복지 대상자, 독거노인, 장애인 등의 수급자 현황을 한눈에 확인할 수 있도록 구현한 것이다. 이 지도를 활용하면 복지 혜택이 필요한 지역과 수급자를 빨리 찾아낼 수 있으며, 생필품 지원이나 방문 상담 등 복지 기관의 맞춤형 대응이 가능하고, 최적의 복지 기관 설립 위치를 선정할 수 있다.

이 사업을 통해 시는 그동안 복지 기관으로부터 도보로 약 15분 내 위치한 수급자에게 복지 혜택이 집중되고 있는 것도 확인했다. 이에 교통이나 건강 등의 문제로 복지 기관 방문이 어려운 수급자를 위해 맞춤형 복지 서비스가 절실하게 필요한 상황임을 발견하고, 복지 셔틀버스 노선을 4개 증설할 계획을 수립했다.

① 빅데이터를 활용하여 복지 사각지대를 줄이는 방안을 마련할 수 있다.
② 복지 기관과 수급자 거주지 사이의 거리는 복지 혜택의 정도에 영향을 준다.
③ 복지 기관 접근성 분석 결과는 복지 셔틀버스 노선 증설의 근거가 된다.
④ 복지 공감 지도로 복지 혜택에 대한 수급자들의 개별 만족도를 파악할 수 있다.

13

2023 국가직 9급

다음 글을 이해한 내용으로 가장 적절한 것은?

전 세계를 대표하는 항공기인 보잉과 에어버스의 중요한 차이점은 자동조종시스템의 활용 정도에 있다. 보잉의 경우, 조종사가 대개 항공기를 조종간으로 직접 통제한다. 조종간은 비행기의 날개와 물리적으로 연결되어 있어서 어떤 상황에서도 조종사가 조작한 대로 반응한다. 이와 다르게 에어버스는 조종간 대신 사이드스틱을 설치하여 컴퓨터가 조종사의 행동을 제한하거나 조종에 개입할 수 있게 설계되었다. 보잉에서는 조종사가 항공기를 통제할 수 있는 전권을 가지지만 에어버스에서는 컴퓨터가 조종사의 조작을 감시하고 제한한다.

보잉과 에어버스의 이러한 차이는 기계를 다루는 인간을 바라보는 관점이 서로 다른 데서 비롯된다. 보잉사를 창립한 윌리엄 보잉의 철학은 "비행기를 통제하는 최종 권한은 언제나 조종사에게 있다."이다. 시스템은 불안정하고 완벽하지 않기 때문에 컴퓨터가 조종사의 판단보다 우선시될 수 없다는 것이다. 반면 에어버스의 아버지라고 불리는 베테유는 "인간은 실수할 수 있는 존재"라고 전제한다. 베테유는 이런 자신의 신념을 토대로 에어버스를 설계함으로써 조종사의 모든 조작을 컴퓨터가 모니터링하고 제한하게 만든 것이다.

① 보잉은 시스템의 불완전성을, 에어버스는 인간의 실수 가능성을 고려하여 설계되었다.
② 베테유는 인간이 실수할 수 있는 존재라고 보지만 윌리엄 보잉은 그렇지 않다고 본다.
③ 에어버스의 조종사는 항공기 운항에서 자동조종시스템을 통제하고 조작한다.
④ 보잉의 조종사는 자동조종시스템을 사용하지 않고 항공기를 조종한다.

14

2018 지방직 9급

밑줄 친 부분의 이유에 대한 필자의 견해로 볼 수 없는 것은?

> 관리가 본디부터 간악한 것이 아니다. 그들을 간악하게 만드는 것은 법이다. 간악함이 생기는 이유는 이루 다 열거할 수 없다. 대체로 직책은 하찮은데도 재주가 넘치면 간악하게 되며, 지위는 낮은데도 아는 것이 많으면 간악하게 되며, 노력을 조금 들였는데도 효과가 신속하면 간악하게 되며, 자신은 그 자리에 오랫동안 있는데 자신을 감독하는 사람이 자주 교체되면 간악하게 되며, 자신을 감독하는 사람의 행동이 또한 정도에서 나오지 않으면 간악하게 되며, 아래에 자신의 무리는 많은데 윗사람이 외롭고 어리석으면 간악하게 되며, 자신을 미워하는 사람이 자신보다 약하여 두려워하면서 잘못을 밝히지 않으면 간악하게 되며, 자신이 꺼리는 사람이 같이 죄를 범하였는데도 서로 버티면서 죄를 밝히지 않으면 간악하게 되며, 형벌에 원칙이 없고 염치가 확립되지 않으면 간악하게 된다. …… <u>간악함이 일어나기 쉬운 것</u>이 대체로 이러하다.

① 노력은 적게 들이고 성과를 빨리 얻는다.
② 자신이 범한 과오를 감추고 남의 잘못을 드러낸다.
③ 자신은 같은 자리에 있으나 감독자가 자주 교체된다.
④ 자신의 세력이 밑에서 강한 반면 상부는 외롭고 우매하다.

15

2019 지방직 9급

다음 글의 글쓰기 방식에 대한 설명으로 적절한 것은?

> 멕시코의 환경 운동가로 유명한 가브리엘 과드리는 1960년대 이후 중앙아메리카 숲의 25% 이상이 목초지 조성을 위해 벌채되었으며 1970년대 말에는 중앙아메리카 전체 농토의 2/3가 축산 단지로 점유되었다고 주장했다. 실제로 1987년 이후로도 멕시코에만 1,497만 3,900ha의 열대 우림이 파괴되었는데, 이렇게 중앙아메리카의 열대림을 희생하면서까지 생산된 소고기는 주로 유럽과 미국으로 수출되었다. 그렇지만 이 소고기들은 지방분이 적고 미국인의 입맛에 그다지 맞지 않아 대부분 햄버거의 재료로 사용되었다.

① 통계 수치를 활용하여 논거의 타당성을 높이고 있다.
② 이론적 근거를 나열하여 주장의 전문성을 강화하고 있다.
③ 전문 용어의 뜻을 쉽게 풀이하여 독자의 이해를 돕고 있다.
④ 예측할 수 없는 결과를 나열하여 사태의 심각성을 알리고 있다.

16

2018 국가직 9급

다음 글의 내용과 부합하지 않는 것은?

> 세잔이, 사라졌다고 느낀 것은 균형과 질서의 감각이다. 인상주의자들은 순간순간의 감각에만 너무 사로잡힌 나머지 자연의 굳건하고 지속적인 형태는 소홀히했다고 느꼈던 것이다. 반 고흐는 인상주의가 시각적 인상에만 집착하여 빛과 색의 광학적 성질만을 탐구한 나머지 미술의 강렬한 정열을 상실하게 될 위험에 처했다고 느꼈다. 마지막으로 고갱은 그가 본 인생과 예술 전부에 대해 철저하게 불만을 느꼈다. 그는 더 단순하고 더 솔직한 어떤 것을 열망했고 그것을 원시인들 속에서 발견할 수 있으리라고 기대했다. 이 세 사람의 화가가 모색했던 제각각의 해법은 세 가지 현대 미술 운동의 이념적 바탕이 되었다. 세잔의 해결 방법은 프랑스에 기원을 둔 입체주의(cubism)를 일으켰고, 반 고흐의 방법은 독일 중심의 표현주의(expressionism)를 일으켰다. 고갱의 해결 방법은 다양한 형태의 프리미티비즘(primitivism)을 이끌어 냈다.

① 세잔, 고흐, 고갱은 인상주의의 문제를 극복하고자 각자 새로운 해결 방법을 모색했다.
② 고갱은 인상주의가 충분히 솔직하고 단순했다고 생각했다.
③ 고흐는 인상주의가 강렬한 정열을 상실할 위험에 처했다고 생각했다.
④ 세잔은 인상주의가 균형과 질서의 감각을 잃었다고 생각했다.

17

2022 지방직(= 서울시) 9급

다음 글의 전개 순서로 가장 자연스러운 것은?

(가) 과거에는 고통만을 안겨 주었던 지정학적 조건이 이제는 희망의 조건이 되고 있습니다. 이제 한반도는 사람과 물자가 모여드는 동북아 물류와 금융, 비즈니스의 중심지가 될 것입니다. 우리가 주도해서 평화와 번영의 동북아 시대를 열어 나가야 합니다.

(나) 100년 전 우리는 수난과 비극의 역사를 겪었습니다. 해양으로 나가려는 세력과 대륙으로 진출하려는 세력이 한반도를 가운데 놓고 싸움을 벌였습니다. 마침내 우리는 국권을 상실하는 아픔을 감수해야 했습니다.

(다) 지금은 무력이 아니라 경제력이 국력을 좌우하는 시대입니다. 우리나라는 전쟁의 폐허를 극복하고 세계적인 경제 강국을 건설하고 있습니다. 우수한 인력과 세계 선두권의 정보화 기반을 갖추고 있습니다. 바다와 하늘과 땅을 연결하는 물류 기반도 손색이 없습니다.

(라) 그 아픔은 분단으로 이어져서 오늘에 이르고 있습니다. 그 과정에서는 정의가 패배하고 기회주의가 득세하는 불행한 역사를 겪었습니다. 그러나 이제 우리에게도 새로운 희망의 시대가 열리고 있습니다. 세계의 변방으로 머물러 왔던 동북아시아가 북미·유럽 지역과 함께 세계 경제의 3대 축으로 떠오르고 있습니다.

① (가)－(나)－(다)－(라)
② (가)－(라)－(나)－(다)
③ (나)－(가)－(라)－(다)
④ (나)－(라)－(다)－(가)

18

2016 민경채

다음을 참이라고 가정할 때, 회의를 반드시 개최해야 하는 날의 수는?

- 회의는 다음 주에 개최한다.
- 월요일에는 회의를 개최하지 않는다.
- 화요일과 목요일에 회의를 개최하거나 월요일에 회의를 개최한다.
- 금요일에 회의를 개최하지 않으면, 화요일에도 회의를 개최하지 않고 수요일에도 개최하지 않는다.

① 0 ② 1
③ 2 ④ 3

19

2016 민경채

다음 글의 〈가설〉을 강화하는 사례가 아닌 것만을 〈보기〉에서 모두 고르면?

성염색체만이 개체의 성(性)을 결정하는 요소는 아니다. 일부 파충류의 경우에는 알이 부화되는 동안의 주변 온도에 의해 개체의 성이 결정된다. 예를 들어, 낮은 온도에서는 일부 종은 수컷으로만 발달하고, 일부 종은 암컷으로만 발달한다. 또 어떤 종에서는 낮은 온도와 높은 온도에서 모든 개체가 암컷으로만 발달하는 경우도 있다. 그 사이의 온도에서는 특정 온도에 가까워질수록 수컷으로 발달하는 개체의 비율이 증가하다가 결국 그 특정 온도에 이르러서는 모든 개체가 수컷으로 발달하기도 한다. 다음은 온도와 성 결정 간의 상관관계를 설명하기 위해 제시된 가설이다.

〈가설〉

파충류의 성 결정은 물질 B를 필요로 한다. 물질 B는 단백질 '가'에 의해 물질 A로, 단백질 '나'에 의해 물질 C로 바뀐다. 이때 물질 A와 물질 C의 비율은 단백질 '가'와 단백질 '나'의 비율과 동일하다. 파충류의 알은 단백질 '가'와 '나' 모두를 가지고 있지만 온도에 따라 각각의 양이 달라진다. 암컷을 생산하는 온도에서 배양된 알에서는 물질 A의 농도가 더 높고, 수컷을 생산하는 온도에서 배양된 알에서는 물질 C의 농도가 더 높다. 온도의 차에 의해 알의 내부에 물질 A와 C의 상대적 농도 차이가 발생하고, 이것이 파충류의 성을 결정하는 것이다.

〈보기〉

ㄱ. 수컷만 생산하는 온도에서 부화되고 있는 알은 단백질 '가'보다 훨씬 많은 양의 단백질 '나'를 가지고 있다.
ㄴ. 물질 B의 농도는 수컷만 생산하는 온도에서 부화되고 있는 알보다 암컷만 생산하는 온도에서 부화되고 있는 알에서 더 높다.
ㄷ. 수컷만 생산하는 온도에서 부화되고 있는 알에 고농도의 물질 A를 투여하여 물질 C보다 그 농도를 높였더니 암컷이 생산되었다.

① ㄱ ② ㄴ
③ ㄷ ④ ㄱ, ㄷ

20

2017 민경채

다음 글의 논지를 지지하는 진술로 적절한 것만을 〈보기〉에서 모두 고르면?

과학과 예술이 무관하다는 주장의 첫 번째 근거는 과학과 예술이 인간의 지적 능력의 상이한 측면을 반영한다는 것이다. 즉 과학은 주로 분석·추론·합리적 판단과 같은 지적 능력에 기인하는 반면에, 예술은 종합·상상력·직관과 같은 지적 능력에 기인한다고 생각한다. 두 번째 근거는 과학과 예술이 상이한 대상을 다룬다는 것이다. 과학은 인간 외부에 실재하는 자연의 사실과 법칙을 다루기에 과학자는 사실과 법칙을 발견하지만, 예술은 인간의 내면에 존재하는 심성을 탐구하며, 미적 가치를 창작하고 구성하는 활동이라고 본다. 그러나 이렇게 과학과 예술을 대립시키는 태도는 과학과 예술의 특성을 지나치게 단순화하는 것이다. 과학이 단순한 발견의 과정이 아니듯이 예술도 순수한 창조와 구성의 과정이 아니기 때문이다. 과학에는 상상력을 이용하는 주체의 창의적 과정이 개입하며, 예술 활동은 전적으로 임의적인 창작이 아니라 논리적 요소를 포함하는 창작이다. 과학 이론이 만들어지기 위해 필요한 것은 냉철한 이성과 객관적 관찰만이 아니다. 새로운 과학 이론의 발견을 위해서는 상상력과 예술적 감수성이 필요하다. 반대로 최근의 예술적 성과 중에는 과학기술의 발달에 의해 뒷받침된 것이 많다.

〈보기〉

ㄱ. 과학자 왓슨과 크릭이 없었더라도 누군가 DNA 이중나선 구조를 발견하였겠지만, 셰익스피어가 없었다면 '오셀로'는 결코 창작되지 못하였을 것이다.
ㄴ. 물리학자 파인만이 주장했듯이 과학에서 이론을 정립하는 과정은 가장 아름다운 그림을 그려나가는 예술가의 창작 작업과 흡사하다.
ㄷ. 입체파 화가들은 수학자 푸앵카레의 기하학 연구를 자신들의 그림에 적용하고자 하였으며, 이런 의미에서 피카소는 "내 그림은 모두 연구와 실험의 산물이다."라고 말하였다.

① ㄱ　　② ㄷ
③ ㄱ, ㄴ　　④ ㄴ, ㄷ

기출 품은 모의고사 | 2회

제한시간: 25분 ■시작시간: : ■종료시간: :

정답과 해설 ▶ P.23 ~ P.26

01

밑줄 친 부분을 〈공공언어 바로 쓰기 원칙〉에 따라 수정한 것으로 적절하지 않은 것은?

〈공공언어 바로 쓰기 원칙〉

㉠ 맞춤법에 맞게 정확하게 표현할 것
㉡ 띄어쓰기에 맞게 정확하게 표현할 것
㉢ 부적절한 한자어들을 순화하여 표현할 것
㉣ 잉여적 표현을 피할 것

① ㉠: '신청자 한 명이 신청할 수 있는 물건의 갯수는 1개입니다.'에서 '갯수'를 '개수'로 수정한다.
② ㉡: '이번 행사는 2개월간 진행됩니다.'에서 '2개월간'을 '2개월 간'으로 수정한다.
③ ㉢: '금일 진행한 행사에서 우리 시가 1등을 했습니다.'에서 '금일'을 '오늘'로 수정한다.
④ ㉣: '지난 행사에 약 20여 명이 참여했습니다.'에서 '약 20여 명'을 '약 20명'으로 수정한다.

02

2023 9월 모의고사 변형

다음 글의 ㉠이나 ㉡에 해당하는 예가 적절히 쓰인 것은?

국어의 부정에는 '안'이나 '-지 않다'를 사용하는 '의지 부정'과 '못'이나 '-지 못하다'를 사용하는 '능력 부정'이 있다고 알려져 있다. 그러나 '안'이나 '-지 않다'가 사용된 부정문이 주어의 의지와 무관한 '단순 부정'을 나타내는 경우도 많다. ㉠ 형용사가 서술어로 쓰이면 '안'이나 '-지 않다'는 단순 부정을 나타낸다. 형용사가 나타내는 성질이나 상태에는 주어의 의지가 작용할 수 없기 때문이다. ㉡ 동사가 서술어로 쓰이는 경우에도 주어가 의지를 가지지 못하는 무정물이면 '안'이나 '-지 않다'가 단순 부정을 나타낸다. 또한 동사가 서술어로 쓰이고 주어가 유정물이더라도 '나는 깜빡 잊고 약을 안 먹었다.'에서와 같이 '안'이 단순 부정을 나타낼 수 있다.

① ㉠: 주변이 그리 고요하지는 않네.
② ㉠: 과거에는 기술이 발달하지 않았다.
③ ㉡: 아버지께서 오늘 우산을 안 가져갔어.
④ ㉡: 저는 이 감사한 마음을 잊지 않겠습니다.

03

2022 6월 모의고사 변형

〈보기 1〉을 참고하여 〈보기 2〉에서 밑줄 친 부분을 중심으로 ㉠～㉣을 이해한 내용으로 적절하지 않은 것은?

〈보기 1〉

객체 높임은 일반적으로 주체가 목적어나 부사어로 지시되는 대상인 객체보다 지위가 낮을 때 어휘적 수단이나 문법적 수단으로써 객체를 높이 대우하는 것이다. 전자는 객체 높임의 동사('ᄉᆞᆲ–', '아뢰–' 등)를 쓰는 방법이고, 후자는 객체 높임의 조사('ᄭᅴ', '께')를 쓰는 방법과 객체 높임의 선어말 어미('–ᅀᆞᆸ–' 등)를 쓰는 방법이다. 중세 국어에서는 이 세 가지 방법을 다 썼으나 현대 국어에서는 객체 높임의 선어말 어미를 쓰지 않는다. 다음에서 중세 국어와 현대 국어를 비교해 보면 이를 확인할 수 있다.

이 말 다 ᄉᆞᆲ고 부텨ᄭᅴ 禮數ᄒᆞᅀᆞᆸ고
[이 말 다 아뢰고 부처께 절 올리고]

〈보기 2〉

㉠ 나도 이제 너희 스승 니믈 <u>보ᅀᆞᆸ고져</u> ᄒᆞ노니
[나도 이제 너희 스승님을 뵙고자 하니]
㉡ 須達이 <u>舍利弗ᄭᅴ</u> 가
[수달이 사리불께 가서]
㉢ 내 이제 <u>世尊ᄭᅴ</u> <u>ᄉᆞᆲ노니</u>
[내가 이제 세존께 아뢰니]
㉣ 여보, 당신이 <u>이모님께</u> 어머님 <u>모시고</u> 갔었어?

① ㉠: 어휘적 수단으로 객체인 '너희 스승님'을 높이 대우하고 있다.
② ㉡: 문법적 수단으로 부사어인 '舍利弗(사리불)'을 높여 표현하고 있다.
③ ㉢: 조사 'ᄭᅴ'와 동사 'ᄉᆞᆲ노니'가 높이는 대상은 같다.
④ ㉣: 조사 '께'와 동사 '모시고'가 높이는 대상은 서로 다르다.

04

2023 지방직(= 서울시) 9급

다음 글의 맥락을 고려할 때 빈칸에 들어갈 말로 가장 적절한 것은?

능숙한 필자와 미숙한 필자는 글쓰기 과정 중 '계획하기'에서 뚜렷한 차이를 보인다. 전자는 이 과정에 오랜 시간 공을 들이는 반면, 후자는 그렇지 않다. 글쓰기에서 계획하기는 글쓰기의 목적 수립, 주제 선정, 예상 독자 분석 등을 포함한다. 이 중 예상 독자 분석이 중요한 이유는 [ ] 때문이다. 글을 쓸 때 독자의 수준에 비해 너무 어려운 개념과 전문용어를 사용한다면 독자가 글을 이해하기 어렵게 된다. 글쓰기는 필자가 글을 통해 자신의 메시지를 독자에게 전달하는 행위라는 점을 고려하면 계획하기 단계에서 반드시 예상 독자를 분석해야 한다.

① 계획하기 과정이 글쓰기 전체 과정의 첫 단계이기
② 글에 어려운 개념이나 전문용어를 어느 정도 포함해야 하기
③ 필자의 메시지를 독자에게 효과적으로 전달하는 데 도움이 되기
④ 독자의 배경지식 수준을 고려해야 글의 목적과 주제가 결정되기

05

2020 국가직 9급

글쓴이의 견해에 부합하지 않는 것은?

사물 인터넷(IoT, Internet of Things)의 정의로 '수십억 개의 사물이 서로 연결되는 것'이라고 설명하는 것은 그리 유용하지 않다. 사물 인터넷이 무엇인지 이해하기 위해서는 '사물'에서 출발하기보다는 '인터넷'에서 출발하는 것이 좋다. 인터넷이 전 세계의 컴퓨터를 서로 소통하도록 만든다는 생각이 실현된 것이라면, 사물 인터넷은 이제 전 세계의 사물들을 '컴퓨터로 만들어' 서로 소통하도록 만든다는 생각을 실현하는 것이다. 컴퓨터는 본래 전원이 있고 칩이 있고, 이것이 통신 장치와 프로토콜을 갖게 되어 연결된 것이다. 그렇다면 이제는 전원이 있었던 전자 기기나 기계 등은 그 자체로, 전원이 없었던 일반 사물들은 새롭게 센서와 배터리, 통신 모듈이 부착되면서 컴퓨터가 되고 이렇게 컴퓨터가 된 사물들이 그들 간에 또는 인간의 스마트 기기와 네트워크로 연결되는 것이다.

현재의 인터넷과 사물 인터넷의 차이를, 혹자는 사람이 개입되는 것은 사물 인터넷이 아니라고 이야기하면서 엄격한 M2M(Machine to Machine)이라는 개념에 근거해 설명한다. 또 혹자는 사물 인터넷이 실현되려면 사람만큼 사물이 판단할 수 있어야 한다고 주장하면서 사물의 지능성을 중요시하는 경우도 있는데, 두 가지 모두 그릇된 것이다. 사물 인터넷을 제대로 이해하려면 기존 인터넷과의 차이점에 주목하기보다는 오히려 공통점을 인식하는 것이 더 중요하다. 컴퓨터를 서로 연결하는 수준에서 출발한 것이 기존의 인터넷이라면, 이제는 사물 각각이 컴퓨터가 되고, 그 사물들이 사람과 손쉽게 닿는 스마트폰, 스마트 워치 등과 서로 소통하는 것이다.

① 사물 인터넷의 개념을 파악하기 위해서는 기존 인터넷과의 공통점을 이해하는 것이 필요하다.
② 센서와 배터리, 통신 모듈 등을 갖춘 사물들이 네트워크로 연결되어 사물 인터넷으로 기능한다.
③ 사물 인터넷은 사람 수준의 지능을 가진 사물들이 네트워크 상에서 인간의 개입 없이 서로 소통하는 것으로 정의된다.
④ 사물 인터넷은 컴퓨터가 아니었던 사물도 네트워크로 연결될 수 있다는 점에서 기존의 인터넷과 다르다.

06

2021 국가직 9급

다음 토의에 대한 설명으로 적절하지 않은 것은?

사회자: 오늘의 토의 주제는 '통일 시대의 남북한 언어가 나아갈 길'입니다. 먼저 최○○ 교수님께서 '남북한 언어 차이와 의사소통'이라는 제목으로 발표해 주시겠습니다.

최 교수: 남한과 북한의 말은 비슷하지만 다른 점이 있습니다. 남한과 북한의 어휘 차이가 대표적입니다. 남한과 북한의 어휘 차이를 분석한 결과, …(중략)… 앞으로도 남북한 언어 차이에 대한 연구가 지속되어야 합니다.

사회자: 이로써 최 교수님의 발표를 마치겠습니다. 다음은 정○○ 박사님의 '남북한 언어의 동질성 회복 방안'에 대한 발표가 있겠습니다.

정 박사: 앞으로 통일을 대비해 남북한 언어의 다른 점을 줄여 나가는 노력이 필요합니다. 실제로도 남한과 북한의 학자들로 구성된 '겨레말큰사전 편찬위원회'에서는 남북한 공통의 사전인 『겨레말큰사전』을 만들며 서로의 차이를 이해하고 받아들이기 위한 노력을 하고 있습니다.

…(중략)…

사회자: 그러면 질의응답이 있겠습니다. 시간상 간략하게 질문해 주시기 바랍니다.

청중 A: 두 분의 말씀 잘 들었습니다. 남북한 언어의 차이와 이를 극복하는 방안을 말씀하셨는데요. 그렇다면 통일 시대에 대비한 언어 정책에는 무엇이 있을까요?

① 학술적인 주제에 대해 발표 형식으로 진행되고 있다.
② 사회자는 발표자 간의 이견을 조정하여 의사결정을 유도하고 있다.
③ 발표자는 주제에 대한 자신의 견해를 밝혀 청중에게 정보를 제공하고 있다.
④ 청중 A는 발표자의 발표 내용을 확인하고 주제와 관련된 질문을 하고 있다.

07

2022 국가직 9급

글쓴이의 견해에 부합하는 것은?

문화란 공동체의 구성원들이 공유하는 생각과 행동 양식의 총체라고 할 수 있다. 문화를 연구하는 사람들의 주된 관심사는 특정 생각과 행동 양식이 하나의 공동체 안에서 전파되는 기제이다.

이에 대한 견해 중 하나는 문화를 생각의 전염이라는 각도에서 바라보는 것이다. 예컨대, 리처드 도킨스는 '밈(meme)'이라는 개념을 통해 생각의 전염 과정을 설명하고자 했다. 그에 따르면 문화는 복수의 밈으로 이루어져 있는데, 유전자에 저장된 생명체의 주요 정보가 번식을 통해 복제되어 개체군 내에서 확산되듯이, 밈 역시 유전자와 마찬가지로 공동체 내에서 복제를 통해 확산된다.

그러나 문화 전파의 기제를 설명하는 이론으로는 밈 이론보다 의사소통 이론이 더 적절해 보인다. 일례로, 요크셔 지역에 내려오는 독특한 푸딩 요리법은 누군가가 푸딩 만드는 것을 지켜본 후 그것을 그대로 따라 하는 방식으로 전파되었다기보다는 요크셔 푸딩 요리법에 대한 부모와 친척, 친구들의 설명을 통해 입에서 입으로 전파되고 공유되었을 가능성이 크다.

생명체의 경우와 달리 문화는 완벽하게 동일한 형태로 전파되지 않는다. 전파된 문화와 그것을 수용한 결과는 큰 틀에서는 비슷하더라도 세부적으로는 다를 수밖에 없다. 다시 말해 요크셔 지방의 푸딩 요리법은 다른 지방의 푸딩 요리법과 변별되는 특색을 지니는 동시에 요크셔 지방 내부에서도 가정이나 개인에 따라 약간씩의 차이를 보인다. 이는 푸딩 요리법의 수신자가 발신자가 전해 준 정보에다 자신의 생각을 덧붙였기 때문인데, 복제의 관점에서 문화의 전파를 설명하는 이론으로는 이와 같은 현상을 설명하기 어렵다. 반면, 의사소통 이론으로는 설명 가능하다. 이에 따르면 사람들은 자신이 들은 이야기를 남에게 전달할 때 들은 이야기에다 자신의 생각을 더해서 그 이야기를 전달하기 때문이다.

① 문화의 전파 기제는 밈 이론보다는 의사소통 이론으로 설명하는 것이 적절하다.
② 의사소통 이론에 따르면 문화의 수용 과정에는 수용 주체의 주관이 개입하지 않는다.
③ 의사소통 이론에 따르면 특정 공동체의 문화는 다른 공동체로 복제를 통해 전파될 수 있다.
④ 요크셔 푸딩 요리법이 요크셔 지방의 가정이나 개인에 따라 세부적인 차이를 보이는 현상은 밈 이론에 의해 설명할 수 있다.

08

2023 국가직 9급

다음 글의 내용과 부합하지 않는 것은?

과학 혁명 이전 아리스토텔레스 철학은 로마 가톨릭교의 정통 교리와 결합되어 있었기 때문에 오랜 시간 동안 지배적인 영향력을 발휘하였다. 천문 분야 또한 예외는 아니었다. 아리스토텔레스의 세계관을 따라 우주의 중심은 지구이며, 모든 천체는 원운동을 하면서 지구의 주위를 공전한다는 천동설이 정설로 자리 잡고 있었다. 프톨레마이오스가 천체들의 공전 궤도를 관찰하던 도중, 행성들이 주기적으로 종전의 운동과는 반대 방향으로 움직인다는 관찰 결과를 얻었을 때도 그는 이를 행성의 역행 운동을 허용하지 않는 천동설로 설명하고자 하였다. 그래서 지구를 중심으로 공전하는 원 궤도에 중심을 두고 있는 원, 즉 주전원(周轉圓)을 따라 공전 궤도를 그리면서 행성들이 운동한다고 주장하였다.

과학과 아리스토텔레스 철학의 결별은 서서히 일어났다. 그 과정에서 일어난 가장 중요한 사건은 1543년 코페르니쿠스가 행성들의 운동 이론에 관한 책을 발간한 일이다. 코페르니쿠스는 천체의 중심에 지구 대신 태양을 놓고 지구가 태양의 주위를 공전한다고 주장하였다. 태양을 우주의 중심에 둔 코페르니쿠스의 지동설은 행성들의 운동에 대해 프톨레마이오스보다 수학적으로 단순하게 설명하였다.

① 과학 혁명 이전 시기에는 천동설이 정설로 받아들여졌다.
② 프톨레마이오스의 주전원은 지동설을 지지하고자 만든 개념이다.
③ 천동설과 지동설은 우주의 중심을 어디에 두느냐에 따라 구분된다.
④ 행성의 공전에 대한 프톨레마이오스의 설명은 코페르니쿠스의 설명보다 수학적으로 복잡하였다.

[09~10] 다음 글을 읽고 물음에 답하시오.

빅데이터는 그 규모가 매우 큰 데이터를 말하는데, 이는 단순히 데이터의 양이 매우 많다는 것뿐 아니라 데이터의 복잡성이 매우 높다는 의미도 ㉠ 내포되어 있다. 데이터의 복잡성이 높다는 말은 데이터의 구성 항목이 많고 그 항목들의 연결고리가 함께 ㉡ 수록되어 있다는 것을 의미한다. 데이터의 복잡성이 높으면 다양한 파생 정보를 끌어낼 수 있다. 데이터로부터 정보를 ㉢ 추출할 때에는, 구성 항목을 독립적으로 이용하기도 하고, 두 개 이상의 항목들의 연관성을 이용하기도 한다. 일반적으로 구성 항목이 많은 데이터는 한 번에 얻기 어렵다. 이런 경우에는, 따로 수집되었지만 연결 고리가 있는 여러 종류의 데이터들을 ㉣ 연결하여 사용한다.

가령 한 집단의 구성원의 몸무게와 키의 데이터가 있다면, 각 항목에 대한 구성원의 평균 몸무게, 평균 키 등의 정보뿐만 아니라 몸무게와 키의 관계를 이용해 평균 비만도 같은 파생 정보도 얻을 수 있다. 이때는 반드시 몸무게와 키의 값이 동일인의 것이어야 하는 연결 고리가 있어야 한다. 여기에다 구성원들의 교통 카드 이용 데이터를 따로 얻을 수 있다면, 이것을 교통 카드의 사용자 정보를 이용해 사용자의 몸무게와 키의 데이터를 연결할 수 있다. 이렇게 연결된 데이터 세트를 통해 비만도와 대중교통의 이용 빈도 간의 파생 정보를 추출할 수 있다. 연결할 수 있는 데이터가 많을수록 얻을 수 있는 파생 정보도 늘어난다.

09

2018 교육행정직 9급

윗글에 대한 설명으로 가장 적절한 것은?

① 빅데이터에 대한 다양한 견해를 나열하고 있다.
② 빅데이터의 특성을 사례를 들어 설명하고 있다.
③ 빅데이터의 동작 원리를 이론적으로 증명하고 있다.
④ 빅데이터의 장단점을 유형별로 구분하여 평가하고 있다.

10

2018 교육행정직 9급

㉠~㉣과 바꿔 쓰기에 적절하지 않은 것은?

① ㉠: 담겨
② ㉡: 들어
③ ㉢: 섞을
④ ㉣: 이어

11

2020 지방직(= 서울시) 9급

다음 글의 주장으로 가장 적절한 것은?

예술 작품의 복제 기술이 좋아지고 있음에도 불구하고 원본을 보러 가는 이유는 무엇인가? 예술 작품의 특성상 원본 고유의 예술적 속성을 복제본에서는 느낄 수 없다고 생각하는 경향이 강하기 때문이다. 사진은 원본인지 복제본인지 중요하지 않지만, 회화는 붓 자국 하나하나가 중요하기 때문에 복제본이 원본을 대체할 수 없다고 생각하는 사람들이 많다.

그러나 이러한 생각은 잘못이다. 회화와 달리 사진의 경우, 보통은 '그 작품'이라고 지칭되는 사례들이 여러 개 있을 수 있다. 20세기 위대한 사진작가 빌 브란트가 마음만 먹었다면, 런던에 전시한 인화본의 조도를 더 낮추는 방식으로 다른 곳에 전시한 것과 다른 예술적 속성을 갖게 할 수 있었을 것이다. 이것은 사진의 경우, 작가가 재현적 특질을 선택하고 변형할 수 있는 방법이 다양함을 의미한다.

① 복제본의 예술적 가치는 원본을 뛰어넘을 수 없다.
② 복제 기술 덕분에 예술의 매체적 특성이 비슷해졌다.
③ 복제본의 재현적 특질을 변형하는 방법은 제한적이다.
④ 복제본도 원본과는 다른 별개의 예술적 특성을 담보할 수 있다.

12

2021 지방직(= 서울시) 9급

글쓴이의 견해에 부합하는 대응으로 가장 적절한 것은?

정중하고 단호한 태도를 보이는 것과, 수동적이거나 공격적인 반응을 하는 것은 엄청난 차이가 있다. 수동적인 사람들은 마음속에 있는 자신의 생각을 표현하면 분란이 일어날까 봐 두려워한다. 그러나 자신의 의견을 말하지 않는 한 자신이 원하는 것을 얻을 수는 없다. 이와 반대로 공격적인 태도는 자신의 권리를 앞세워 생각해서 남을 희생시켜서라도 자신이 원하는 것을 얻으려는 것이다. 공격적인 사람은 사람들이 싫어하는 행동을 하곤 한다. 그러나 단호한 반응은 공격적인 반응과 다르다. 단호한 반응은 다른 사람의 권리를 침해하지 않으면서 자신의 권리를 존중하고 지키겠다는 것이다. 이것은 상대방을 배려하는 태도를 보여 준다. 상대방을 존중하면서도 얼마든지 자신의 의견을 내세울 수 있다. 단호한 주장은 명쾌하고 직접적이며 요점을 찌른다.

그럼 실제로 연습해 보자. 어느 흡연자가 당신의 차 안에서 담배를 피워도 되는지 묻는다. 당신은 담배 연기를 싫어하고 건강에 해롭다는 것도 잘 알고 있어 달갑지 않다. 어떻게 대응하는 것이 좋을까?

① 좀 그러긴 하지만, 괜찮아요. 창문 열고 피우세요.
② 안 되죠. 흡연이 얼마나 해로운데요. 좀 참아 보시겠어요.
③ 안 피우시면 좋겠어요. 연기가 해롭잖아요. 피우고 싶으시면 차를 세워 드릴게요.
④ 물어봐 줘서 고마워요. 피워도 그렇고 안 피워도 좀 그러네요. 생각해 보시고서 좋은 대로 결정하세요.

13

2022 지방직(= 서울시) 9급

다음 글의 주제로 가장 적절한 것은?

예전에 '혐오'는 대중에게 관심을 끄는 말이 아니었지만, 요즘에는 익숙하게 듣는 말이 되었다. 이는 과거에 혐오가 존재하지 않았다는 말이 아니다. 단지 최근 몇 년 사이에 이 문제가 폭발하듯 가시화되었다는 뜻이다. 혐오 현상은 외계에서 뚝 떨어진 괴물이 만들어 낸 것이 아니라, 거기엔 자체의 역사와 사회적 배경이 반드시 선행한다.

이 문제를 바라볼 때 주의 사항이 있다. 혐오나 증오라는 특정 감정에 집착해선 안 된다는 것이다. 혐오가 주제인데 거기에 집중하지 말라니, 얼핏 이율배반처럼 들리지만 이는 매우 중요한 포인트다. 왜 혐오가 나쁘냐고 물어보면 많은 사람들은 이렇게 답한다. "나쁜 감정이니까 나쁘다.", "약자와 소수자를 차별하게 만드니까 나쁘다." 이 대답들은 분명 선량한 마음에서 나온 것이다. 하지만 문제의 성격을 오인하게 만들 수 있다. 혐오나 증오라는 감정에 집중할수록 우린 '달을 가리키는 손가락만 바라보는' 잘못을 범하기 쉬워진다.

인과관계를 혼동하면 곤란하다. 우리가 문제시하고 있는 각종 혐오는 자연 발생한 게 아니라 사회적으로 형성된 감정이다. 사회문제의 기원이나 원인이 아니라, 발현이며 결과다. 더 정확히 말하자면 혐오는 증상이다. 증상을 관찰하는 일은 중요하지만 거기에만 매몰되면 곤란하다. 우리는 혐오나 증오 그 자체를 사회악으로 지목해 도덕적으로 지탄하는 데서 그치지 말아야 한다.

① 혐오 현상에는 인과관계가 존재하지 않는다.
② 혐오 현상은 선량한 마음으로 바라보아야 한다.
③ 혐오 현상을 만들어 내는 근본 원인을 찾아야 한다.
④ 혐오라는 감정에 집중할수록 사회문제는 잘 보인다.

14

2020 국가직 9급

다음 대화에서 '정민'의 의사소통 방식으로 가장 적절한 것은?

> 상수: 요즘 짝꿍이랑 사이가 별로야.
> 정민: 왜? 무슨 일이 있었어?
> 상수: 그 애가 내 일에 자꾸 끼어들어. 사물함 정리부터 내 걸음걸이까지 하나하나 지적하잖아.
> 정민: 그런 일이 있었구나. 짝꿍한테 그런 말을 해 보지 그랬어.
> 상수: 해 봤지. 하지만 그때뿐이야. 아마 나를 자기 동생처럼 여기나 봐.
> 정민: 나도 그런 적이 있어. 작년의 내 짝꿍도 나한테 무척이나 심했거든. 자꾸 끼어들어서 너무 힘들었어. 네 얘기를 들으니 그때가 다시 생각난다. 그런데 생각을 바꿔 보니 그게 관심이다 싶더라고. 그랬더니 마음이 좀 편해졌어. 그리고 짝꿍과 솔직하게 얘기를 해 봤더니, 그 애도 자신의 잘못된 점을 고치더라고.
> 상수: 너도 그랬구나. 나도 생각을 바꾸려고 노력해 보고, 짝꿍하고 진솔한 대화를 나눠 봐야겠어.

① 상대방의 입장을 고려해 용서함으로써 갈등을 해결하고 있다.
② 자신의 경험을 들어 상대방이 해결점을 찾을 수 있도록 돕고 있다.
③ 상대방의 약점을 비판하면서 자신의 장점을 최대한 부각하고 있다.
④ 상대방이 말하는 내용을 경청하면서 그 타당성을 평가하고 있다.

15

2021 국가직 9급

다음 글에 대한 이해로 적절하지 않은 것은?

> 언어마다 고유의 표기 체계가 있는데, 이는 읽기 과정에 영향을 미친다. 알파벳 언어는 표기 체계에 따라 철자 읽기의 명료성 수준이 달라진다. 철자 읽기가 명료하다는 것은 한 글자에 대응되는 소리가 규칙적이어서 글자와 소리의 대응이 거의 일대일이라는 것을 의미한다. 그 예로 이탈리아어와 스페인어가 있다. 이 두 언어의 사용자는 의미를 전혀 모르는 새로운 단어를 발견하더라도 보자마자 정확한 발음을 할 수 있다. 이에 비해 영어는 철자 읽기의 명료성이 낮은 언어이다. 영어는 발음이 아예 나지 않는 묵음과 같은 예외도 많은 편이고 글자에 대응하는 소리도 매우 다양하다.
>
> 한편 알파벳 언어를 읽을 때 사용하는 뇌의 부위는 유사하지만 뇌의 부위에 의존하는 방식에는 차이가 있다. 영어와 이탈리아어를 읽는 사람은 동일하게 좌반구의 읽기 네트워크를 사용한다. 하지만 무의미한 단어를 읽을 때 영어를 읽는 사람은 암기된 단어의 인출과 연관된 뇌 부위에 더 의존하는 반면 이탈리아어를 읽는 사람은 음운 처리에 연관된 뇌 부위에 더 의존한다. 왜냐하면 무의미한 단어를 읽을 때 이탈리아어를 읽는 사람은 규칙적인 음운 처리 규칙을 적용하는 반면에, 영어를 읽는 사람은 암기해 둔 수많은 예외들을 떠올리기 때문이다.

① 알파벳 언어의 철자 읽기는 소리와 표기의 대응과 관련되는데, 각 소리가 지닌 특성은 철자 읽기의 명료성을 판단하는 기준이 된다.
② 영어 사용자는 무의미한 단어를 읽을 때 좌반구의 읽기 네트워크를 활용하면서 암기된 단어의 인출과 연관된 뇌 부위에 더욱 의존한다.
③ 이탈리아어는 소리와 글자의 대응이 규칙적이어서 낯선 단어를 발음할 때 영어에 비해 철자 읽기의 명료성이 높다.
④ 영어는 음운 처리 규칙에 적용되지 않는 예외들이 많아서 스페인어에 비해 소리와 글자의 대응이 덜 규칙적이다.

16

2022 국가직 9급

다음 글의 '동기화 단계 조직'에 따라 (가)~(마)를 배열한 것으로 가장 적절한 것은?

> 설득하는 말하기의 메시지를 조직하는 방법으로 '동기화 단계 조직'이 있다. 이 방법의 세부 단계는 다음과 같다.
>
> 1단계: 주제에 대한 청자의 주의나 관심을 환기한다.
> 2단계: 특정 문제를 청자와 관련지어 설명함으로써 청자의 요구나 기대를 자극한다.
> 3단계: 해결 방안을 제시하여 청자의 이해와 만족을 유도한다.
> 4단계: 해결 방안이 청자에게 어떤 도움이 되는지 구체화한다.
> 5단계: 구체적인 행동의 내용과 방법을 제시하여 특정 행동을 요구한다.

> (가) 지난주 제 친구는 일을 마친 후 자전거를 타고 집으로 돌아오다가 사고를 당해 머리를 다쳤습니다.
> (나) 여러분이 자전거를 탈 때 헬멧을 착용하면 머리를 보호할 수 있습니다.
> (다) 아마 여러분도 가끔 자전거를 타는 경우가 있을 것입니다. 그런데 매년 2천여 명이 자전거를 타다가 머리를 다쳐 고생한다고 합니다.
> (라) 만약 자전거를 타는 모든 사람이 헬멧을 착용한다면 자전거 사고를 당해도 뇌손상을 비롯한 신체 피해를 75% 줄일 수 있습니다. 또 자전거 타기가 주는 즐거움과 편리함을 안전하게 누릴 수 있습니다.
> (마) 자전거를 탈 때는 안전을 위해서 반드시 헬멧을 착용하시기 바랍니다.

① (가)−(나)−(다)−(라)−(마)
② (가)−(다)−(나)−(라)−(마)
③ (가)−(다)−(라)−(나)−(마)
④ (가)−(라)−(다)−(나)−(마)

17

2023 국가직 9급

다음 글에서 (가)~(다)의 순서를 자연스럽게 배열한 것은?

> 빅데이터가 부각된다는 것은 기업들이 빅데이터의 가치를 받아들이기 시작했다는 뜻이다. 여기에는 기업들이 데이터를 바라보는 시각이 변한 측면도 있다.
>
> (가) 기업들은 고객이 판촉 활동에 어떻게 반응하고 평소에 어떻게 행동하며 사물에 대해 어떤 태도를 보이는지 알기 위해 많은 돈을 투자해 마케팅 조사를 해 왔다.
> (나) 그런 상황에서 기업들은 SNS나 스마트폰 등 새로운 데이터 소스로부터 그러한 궁금증과 답답함을 해결할 수 있다는 것을 알게 되었다. 페이스북에 올리는 광고에 친구가 '좋아요'를 한 것에서 기업들은 궁금증과 답답함을 해결할 수 있다.
> (다) 그런데 기업들의 그런 노력이 효과가 있는 경우도 있었으나 아쉬운 점도 많았다. 쉬운 예로, 기업들은 많은 광고비를 쓰지만 그 돈이 구체적으로 어느 부분에서 효과를 내는지는 알지 못했다.
>
> 결국 데이터가 있는 곳에서 기업들은 점점 더 고객의 취향에 집중할 수 있게 되었으며, 이에 따라 기업들은 소셜 미디어의 빅데이터를 중요한 경영 수단으로 수용하기 시작한 것이다.

① (가)−(나)−(다)
② (가)−(다)−(나)
③ (나)−(가)−(다)
④ (다)−(나)−(가)

18

2017 민경채

다음 글의 내용이 참일 때, 반드시 참인 것만을 〈보기〉에서 모두 고르면?

교수 갑~정 중에서 적어도 한 명을 국가공무원 5급 및 7급 민간경력자 일괄채용 면접위원으로 위촉한다. 위촉 조건은 아래와 같다.

- 갑과 을 모두 위촉되면, 병도 위촉된다.
- 병이 위촉되면, 정도 위촉된다.
- 정은 위촉되지 않는다.

〈보기〉

ㄱ. 갑과 병 모두 위촉된다.
ㄴ. 정과 을 누구도 위촉되지 않는다.
ㄷ. 갑이 위촉되지 않으면, 을이 위촉된다.

① ㄱ　② ㄷ
③ ㄱ, ㄴ　④ ㄴ, ㄷ

19

2017 민경채

다음 글의 ㉠~㉢을 〈정보〉로 평가한 것으로 적절한 것은?

'사람 한 명당 쥐 한 마리', 즉 지구상에 사람 수만큼의 쥐가 있다는 통계에 대한 믿음은 1백년쯤 된 것이지만 잘못된 믿음이다. 이 가설은 1909년 뵐터가 쓴 '문제'라는 책에서 비롯되었다. 영국의 지방을 순회하던 뵐터에게 문득 이런 생각이 떠올랐다. "1에이커(약 4천 제곱미터)에 쥐 한 마리쯤 있다고 봐도 별 무리가 없지 않을까?" 이것은 근거가 박약한 단순한 추측에 불과했지만, 그는 무심코 떠오른 이런 추측에서 추론을 시작했다. 뵐터는 이 추측을 ㉠ 첫 번째 전제로 삼고 영국의 국토 면적이 4천만 에이커 정도라는 사실을 추가 전제로 고려하여 영국에 쥐가 4천만 마리쯤 있으리라는 ㉡ 중간 결론에 도달했다. 그런데 마침 당시 영국의 인구가 약 4천만 명이었고, 이런 우연한 사실을 발판 삼아 그는 세상 어디에나 인구 한 명당 쥐도 한 마리쯤 있을 것이라는 ㉢ 최종 결론을 내렸다. 이것은 논리적 관점에서 타당성이 의심스러운 추론이었지만, 사람들은 이 결론을 이상하리만큼 좋아했다. 쥐의 개체수를 실제로 조사하는 노고도 없이 '한 사람당 쥐 한 마리'라는 어림값은 어느새 사람들의 믿음으로 굳어졌다. 이 믿음은 국경마저 뛰어넘어, 미국의 방역업체나 보건을 담당하는 정부 기관이 이를 참고하기도 했다. 지금도 인구 약 900만인 뉴욕시에 가면 뉴욕시에 900만 마리쯤의 쥐가 있다고 믿는 사람을 어렵잖게 만날 수 있다.

〈정보〉

(가) 최근 조사에 의하면 뉴욕시에는 약 30만 마리의 쥐가 있는 것으로 추정된다.
(나) 20세기 초의 한 통계조사에 의하면 런던의 주거 밀집 지역에는 가구당 평균 세 마리의 쥐가 있었다.
(다) 사람들이 자기 집에 있다고 생각하는 쥐의 수는 실제 조사를 통해 추정된 쥐의 수보다 20% 정도 더 많다.
(라) 쥐의 개체수 조사에는 특정 건물을 표본으로 취해 쥐구멍을 세고 쥐 배설물 같은 통행 흔적을 살피는 방법과 일정 면적마다 설치한 쥐덫을 활용하는 방법 등이 있는데, 다양한 방법으로 조사한 결과가 서로 높은 수준의 일치를 보인다.

① (가)는 ㉢을 약화한다.
② (나)는 ㉠을 강화한다.
③ (다)는 ㉢을 강화한다.
④ (라)는 ㉡을 약화한다.

20

2017 민경채

다음 글의 결론을 이끌어내기 위해 추가해야 할 전제만을 〈보기〉에서 모두 고르면?

젊고 섬세하고 유연한 자는 아름답다. 아테나는 섬세하고 유연하다. 아름다운 자가 모두 훌륭한 것은 아니다. 덕을 가진 자는 훌륭하다. 아테나는 덕을 가졌다. 아름답고 훌륭한 자는 행복하다. 따라서 아테나는 행복하다.

〈보기〉

ㄱ. 아테나는 젊다.
ㄴ. 아테나는 훌륭하다.
ㄷ. 아름다운 자는 행복하다.

① ㄱ　② ㄷ
③ ㄱ, ㄴ　④ ㄴ, ㄷ

기출 품은 모의고사 | 3회

제한시간: 25분　■ 시작시간:　:　■ 종료시간:　:　정답과 해설 ▶ P.27 ~ P.31

01

밑줄 친 부분을 〈공공언어 바로 쓰기 원칙〉에 따라 수정한 것으로 적절하지 않은 것은?

〈공공언어 바로 쓰기 원칙〉

㉠ 문장 부호 원칙에 맞게 정확하게 표현할 것
㉡ 띄어쓰기에 맞게 정확하게 표현할 것
㉢ 부적절한 외래어들을 순화하여 표현할 것
㉣ 잉여적 표현을 피할 것

① ㉠: '이번 행사 날짜입니다. 2025. 11. 2(금)'에서 '2025. 11. 2'를 '2025. 11. 2.'으로 수정한다.
② ㉡: '첨부한 자료를 각1부씩 배부해 주시기 바랍니다.'에서 '각1부씩'을 '각 1부씩'으로 수정한다.
③ ㉢: '이메일에 첨부한 자료를 확인해 주시기 바랍니다.'에서 '이메일'을 '인터넷 우편'으로 수정한다.
④ ㉣: '행사 기간 동안 성실하게 참석해 주셔서 감사합니다.'에서 '행사 기간 동안'을 '행사 기간에'로 수정한다.

02

2019 고3 9월 모의평가 지문 활용

다음 글을 읽고 추론한 내용으로 옳지 않은 것은?

단어를 공통된 성질에 따라 분류한 것을 '품사'라 한다. 그런데 실제로 단어의 품사를 분류할 때에는 분류가 쉽지 않은 것들도 있다. 동사와 형용사의 구별이 대표적인데 사물의 속성이나 상태를 나타내는 형용사와 사물의 작용의 일종인 상태 변화를 나타내는 일부 동사는 의미상 매우 밀접하여 좀 더 세밀하게 구분하여야 한다. 가령 '햇살이 밝다'에서의 '밝다'는 상태를 나타내는 형용사이고, '날이 밝는다'에서의 '밝다'는 상태의 변화를 나타내는 동사이다. 동사와 형용사를 구별하는 또 다른 기준으로 활용 양상을 내세우기도 한다. 동사와 달리 형용사는 원칙적으로 선어말 어미 '-ㄴ/는-', 관형사형 어미 '-는', 명령형·청유형 종결 어미, 의도나 목적을 나타내는 연결 어미 등과 결합하여 쓰이지 않는다.

다만, '있다'의 경우는 품사를 분류할 때 더욱 주의해야 한다. '존재', '소유'와 같이 상태의 의미를 나타내는 '있다'는 형용사로, '한 장소에 머묾'의 의미인 '있다'는 동사로 분류되는데, 동사 '있다'뿐만 아니라 형용사의 '있다'가 관형사형 어미 '-는'과 결합하기 때문이다. 형용사 '없다'의 경우도 반의어인 형용사 '있다'와 동일한 활용 양상을 보여 준다.

① '있다'는 '있는'과 같이 관형사형 어미 '-는'과 결합 가능하므로 '동사'로 분류된다.
② 상태 변화를 나타내는 품사는 원칙적으로 선어말 어미 '-ㄴ/는-'과 결합하여 쓰인다.
③ '없다'는 '있다'와 동일한 활용 양상을 보인다.
④ '젊다'가 형용사라면 명령형·청유형 종결 어미와 결합하여 쓰이지 않을 것이다.

03

2022 수능 변형

다음은 준말에 관한 한글 맞춤법의 일부이다. 이와 관련한 내용으로 적절하지 않은 것은?

㉠: 제34항[붙임1] 'ㅐ, ㅔ' 뒤에 '-어, -었-'이 어울려 줄 적에는 준 대로 적는다.
㉡: 제35항 모음 'ㅗ, ㅜ'로 끝난 어간에 '-아/-어, -았-/-었-'이 어울려 'ㅘ/ㅝ, 왔/웠'으로 될 적에는 준 대로 적는다.
㉢: 제35항[붙임2] 'ㅚ' 뒤에 '-어, -었-'이 어울려 'ㅙ, 됐'으로 될 적에도 준 대로 적는다.
㉣: 제36항 'ㅣ' 뒤에 '-어'가 와서 'ㅕ'로 줄 적에는 준 대로 적는다.

① ㉠을 적용하면 '(날이) 개었다'는 '갰다'로 적을 수 있다.
② ㉡을 적용하면 '(실을) 꼬아'는 '꽈'로 적을 수 있다.
③ ㉢을 적용하면 '(물이 얼음이) 되었다'는 '됐다'로 적을 수 있다.
④ ㉣을 적용하면 '(전기선을) 이었다'는 '이였다'로 적을 수 있다.

04

2018 지방직 9급

다음 글의 내용을 잘못 이해한 사람은?

심리학에서는 동조(同調)가 일어나는 이유를 크게 두 가지로 설명한다. 첫째는, 사람들은 자기가 확실히 알지 못하는 일에 대해 남이 하는 대로 따라 하면 적어도 손해를 보지는 않는다고 생각한다는 것이다. 둘째는, 어떤 집단이 그 구성원들을 이끌어 나가는 질서나 규범 같은 힘을 가지고 있을 때, 그러한 집단의 압력 때문에 동조 현상이 일어난다는 것이다. 만약 어떤 개인이 그 힘을 인정하지 않는다면 그는 집단에서 배척당하기 쉽다. 이런 사정 때문에 사람들은 집단으로부터 소외되지 않기 위해서 동조를 하게 된다. 여기서 주목할 것은 자신이 믿지 않거나 옳지 않다고 생각하는 문제에 대해서도 동조의 입장을 취하게 된다는 것이다.

동조는 개인의 심리 작용에 영향을 미치는 요인이 무엇이냐에 따라 그 강도가 다르게 나타난다. 가지고 있는 정보가 부족하여 어떤 판단을 내리기 어려운 상황일수록, 자신의 판단에 대한 확신이 들지 않을수록 동조 현상은 강하게 나타난다. 또한 집단의 구성원 수가 많거나 그 결속력이 강할 때, 특정 정보를 제공하는 사람의 권위와 지위, 그에 대한 신뢰도가 높을 때도 동조 현상은 강하게 나타난다. 그리고 어떤 문제에 대한 집단 구성원들의 만장일치 여부도 동조에 큰 영향을 미치게 되는데, 만약 이때 단 한 명이라도 이탈자가 생기면 동조의 정도는 급격히 약화된다.

① 영희: 줄 서기의 경우, 줄을 서 있는 사람이 많을수록 나중에 오는 사람들이 그 줄 뒤에 설 확률이 더 높아.
② 철수: 특히 응집력이 강한 집단에 항거하는 것은 더 어려운 일이야. 이런 경우, 동조 압력은 더 강할 수밖에 없겠지.
③ 갑순: 동조 현상에 영향을 미치는 요인은 우매한 조직의 결속력보다 개인의 신념이라고 볼 수 있겠군.
④ 갑돌: 아침에 수많은 정류장 중 어디에서 공항버스를 타야 할지 몰랐는데 스튜어디스 차림의 여성이 향하는 정류장 쪽으로 따라갔었어. 이 경우, 그 스튜어디스 복장이 신뢰도를 높였다고 할 수 있겠네.

05

2019 지방직 9급

진행자의 말하기 방식에 대한 설명으로 적절하지 않은 것은?

진행자: 안녕하십니까? 오늘은 고령자의 운전면허 자진 반납 제도에 대해 홍○○ 교수님 모시고 말씀 들어 보겠습니다.

홍 교수: 네, 반갑습니다.

진행자: 나와 주셔서 감사합니다. 우선 이 제도가 어떤 제도인가요?

홍 교수: 지자체마다 조금씩 다르기는 하지만 고령 운전자들이 운전면허를 자발적으로 반납하게 유도하여 고령 운전자에 의한 교통사고를 줄이고자 하는 제도입니다.

진행자: 고령 운전자에 의한 교통사고가 심각한가요? 뒷받침할 만한 자료가 있나요?

홍 교수: 네, 도로교통공단의 통계에 따르면, 전체 교통사고 대비 고령 운전자에 의한 교통사고 비율이 2014년에는 9.0%였으나 매년 조금씩 증가하여 2017년에는 12.3%를 차지하고 있습니다.

진행자: 그렇군요. 아무래도 고령화 사회로 진입하다 보니 전체 운전자 중에서 고령 운전자에 해당하는 비율이 늘었기 때문인 것 같은데요.

홍 교수: 네, 그렇습니다. 이전보다 차량 성능이 월등히 좋아진 점도 하나의 요인이 될 것입니다.

진행자: 그렇다고 해도 무작정 운전면허를 반납하라고만 할 수는 없을 테고, 뭔가 보완책이 있나요?

홍 교수: 네. 지자체마다 차이가 있지만 소정의 교통비를 지급함으로써 대중교통 이용을 권장하고 있습니다.

진행자: 취지 자체만으로는 긍정적으로 평가할 수 있을 것 같은데, 혹시 제도 시행상의 문제점은 없나요?

홍 교수: 일회성이 문제라고 생각합니다.

진행자: 아, 운전면허를 반납한 당시에만 교통비가 한 차례 지원된다는 말씀이군요.

홍 교수: 네. 이분들이 더 이상 운전을 하지 않아도 이동권을 확보할 수 있도록 지속적인 지원이 이루어져야 이 제도가 효과를 얻을 수 있습니다.

진행자: 그에 더해 장기적으로는 고령자 친화적인 대중교통 인프라를 구축하는 일도 필요할 듯합니다. 교수님, 오늘 말씀 감사합니다.

① 상대방의 의견이 합리적이지 않음을 지적하며 인터뷰를 마무리 짓는다.
② 상대방이 인용한 통계 자료에 대해 자기 나름대로의 해석을 제시한다.
③ 상대방이 제시한 정보 이외에 추가적인 정보를 요구한다.
④ 상대방에게 해당 제도의 시행 배경에 대한 객관적인 근거를 요구한다.

06

2018 국가직 9급

다음 글에서 추론할 수 있는 내용으로 적절하지 않은 것은?

'포스트휴먼'은 그 기본적인 능력이 근본적으로 현재의 인간을 넘어서기 때문에 현재의 기준으로는 더 이상 인간이라 부를 수 없는 존재를 가리키는 표현이다. 스웨덴 출신의 철학자 보스트롬은 건강 수명, 인지, 감정이라는, 인간의 세 가지 주요 능력 중 최소한 하나 이상의 능력에서 현재의 인간이 도달할 수 있는 최대한의 한계를 엄청나게 넘어설 경우 이를 '포스트휴먼'으로 부르자고 제안하였다.

현재 가장 뛰어난 인간이 가질 수 있는 지능보다 훨씬 더 뛰어난 지능을 가지며, 더 이상 질병에 시달리지 않고, 노화가 완전히 제거되어서 젊음과 활력을 계속 유지하는 어떤 존재를 생각해 볼 수 있다. 이 존재는 스스로의 심리 상태에 대한 조절도 자유롭게 할 수 있어서 피곤함이나 지루함을 거의 느끼지 않으며, 미움과 같은 감정을 피하고, 즐거움, 사랑, 미적 감수성, 평정 등의 태도를 유지한다. 이러한 존재가 어떤 존재일지 지금은 정확하게 상상하기 어렵지만 현재 인간의 상태로 접근할 수 없는 새로운 신체나 의식 상태에 놓여 있을 것임은 분명하다.

이러한 포스트휴먼은 완전히 인위적으로 만들어진 인공지능일 수도 있고, 신체를 버리고 슈퍼컴퓨터 안의 정보 패턴으로 살기를 선택한 업로드의 형태일 수도 있으며, 또는 생물학적 인간에 대한 개선들이 축적된 결과일 수도 있다. 만약 생물학적 인간이 포스트휴먼이 되고자 한다면 유전 공학, 신경약리학, 항노화술, 컴퓨터-신경 인터페이스, 기억 향상 약물, 웨어러블 컴퓨터, 인지 기술과 같은 다양한 과학기술을 이용해 우리의 두뇌나 신체에 근본적인 기술적 변형을 가해야만 할 것이다. '포스트휴먼'은 '내가 이런 능력을 가지고 있었으면 얼마나 좋을까' 하고 누구나 한 번쯤 상상해 보았을 법한 슈퍼 인간의 모습을 기술한 용어이다.

① 포스트휴먼은 건강 수명, 인지 능력, 감정 등의 측면에서 현재의 인간보다 뛰어나기 때문에 포스트휴먼 사회에서는 인간에 대한 개념이 새로 구성될 것이다.
② 포스트휴먼은 인간의 현재 상태를 뛰어넘는 능력을 가진 새로운 존재일 것으로 예측되지만 그 형태가 어떠할지 여하는 다양한 가능성에 열려 있다.
③ 포스트휴먼 개념은 인간의 신체적 결함을 다양한 과학 기술을 이용해 보완하여 기술적 한계를 극복한 새로운 인간형의 탄생에 귀결될 것이다.
④ 포스트휴먼 개념에 따라 제시되는 미래의 존재는 과학 기술의 발전 양상에 따른 영향을 현재의 인간에 비해 더 크게 받을 것이다.

07

2019 국가직 9급

토론자들의 말하기 방식에 대한 설명으로 적절한 것은?

사회자: 학교 폭력 문제가 나날이 심각해지고 있습니다. 이와 관련해 오늘은 '학교 폭력을 방관한 학생에게도 책임을 물어야 한다'를 주제로 토론을 해 보도록 하겠습니다. 먼저 찬성 측 말씀해 주시죠.

찬성 측: 친구가 학교 폭력에 의해 희생되고 있는데도 자신에게 피해가 올까 두려워 아무런 조치를 취하지 않는 학생들이 많다고 합니다. 이러한 행동으로 인해 학교 폭력은 점점 확산되고 있습니다. 학교 폭력을 행하는 것을 목격했음에도 어떤 조치도 취하지 않은 것은 폭력에 대해 묵시적으로 동의한 것과 같습니다. 폭력을 직접 행사하는 행위뿐 아니라, 불의에 저항하지 않는 정의롭지 못한 행위에 대해서도 합당한 책임을 물어야 할 것입니다.

사회자: 다음으로 반대 측 의견 말씀해 주시죠.

반대 측: 특정 학생에게 폭력을 직접 행사해서 피해를 준 사실이 명백할 때에만 책임을 물을 수 있을 것입니다. 또한 사건에 대한 개입과 방관은 개인의 자율적 의지에 달린 문제이므로 외부에서 규제할 성질의 문제가 아닙니다.

사회자: 그럼 이번에는 반대 측부터 찬성 측에 대해 반론해 주시지요.

반대 측: 과연 누구까지를 학교 폭력의 방관자라고 규정지을 수 있을까요? 집에 가는 길에 우연히 폭력을 목격했을 경우, 자신의 친구로부터 폭력에 관련된 소문을 접했을 경우 등 방관자라고 규정하기에는 애매한 경우가 많습니다. 어떠한 행위를 처벌하려면 확고한 기준이 필요한데, 방관자의 범위부터 규정하기가 불명확하다고 볼 수 있습니다.

찬성 측: 불의를 방관한 행위에 대해 사회가 책임을 묻지 않는다면 이후로도 사람들은 아무런 죄책감 없이 불의를 모른 체하고 방관할 것입니다. 결국 이는 사회 전체의 건전성과 도덕성을 떨어뜨릴 것이고, 정의에 근거한 시민의 고발정신까지 약화시킬 것입니다.

① 찬성 측은 친숙한 상황을 빗대어 자신의 견해를 펼치고 있다.
② 찬성 측은 자신의 경험을 제시하여 논지를 보충하고 있다.
③ 반대 측은 윤리적 방법으로 해결책을 제시하고 있다.
④ 반대 측은 논제에 의문을 제기하여 주장을 강화하고 있다.

[08~09] 다음 글을 읽고 물음에 답하시오.

(가) 유전자 변형 농작물에 대한 서로 다른 입장이 있다. 하나는 실질적 동등성을 주장하는 입장이고 다른 하나는 사전 예방 원칙을 주장하는 입장이다.

(나) ㉠ 실질적 동등성의 입장에서는 유전자 재조합 방식*으로 만들어진 농작물이 기존의 품종 개량 방식인 육종으로 만들어진 농작물과 같다고 본다. 육종은 생물의 암수를 교잡하는 방식으로 품종을 개량하는 것인데, 유전자 재조합은 육종을 단기간에 실시한 것에 불과하다는 것이다. 따라서 육종 농작물이 안전하기 때문에 육종을 단기간에 실시한 유전자 변형 농작물도 안전하며, 그것의 재배와 유통에도 문제가 없다는 것이 그들의 주장이다.

(다) ㉡ 사전 예방 원칙의 입장에서는 유전자 변형 농작물은 유전자 재조합이라는 신기술로 만들어진 완전히 새로운 농작물로 육종 농작물과는 엄연히 다르다고 본다. 육종은 오랜 기간 동안 동종 또는 유사 종 사이의 교배를 통해 이루어지는 데 반해, 유전자 변형은 아주 짧은 기간에 종의 경계를 넘어 유전자를 직접 조작하는 방식으로 이루어지기 때문에 서로 다르다는 것이다. 그리고 안전성에 대한 과학적 증명도 아직 제대로 이루어지지 못했기 때문에 안전성이 증명될 때까지 유전자 변형 농작물의 재배와 유통이 금지되어야 한다고 주장한다.

(라) 유전자 변형 농작물이 인류의 식량 문제를 해결해 줄 수도 있다. 그렇지만 그것의 안전성에 대한 의문이 완전히 해소된 것은 아니다. 따라서 유전자 변형 농작물에 대해 관심을 가지고 보다 현실적인 대비책을 고민해야 한다.

* 유전자 재조합 방식: 미세 조작으로 종이나 속이 다른 생물의 유전자를 한 생물에 집어넣어 활동하게 하는 기술.

08

2017 교육행정직 9급

윗글의 구조로 가장 적절한 것은?

① ②

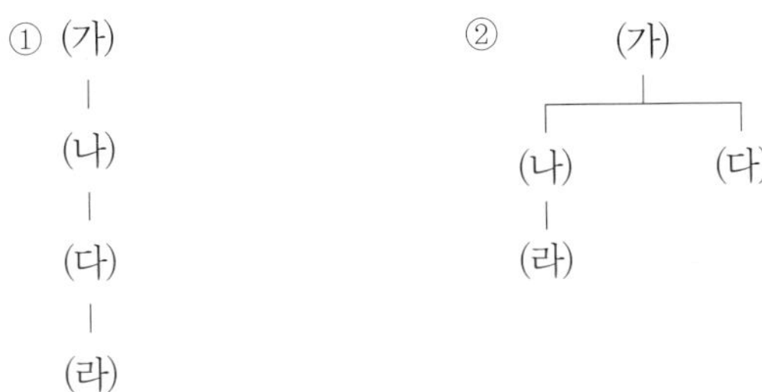

③

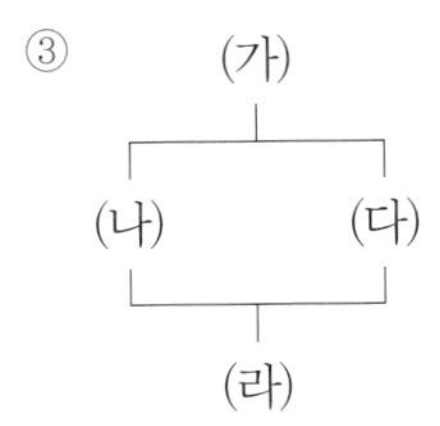

④

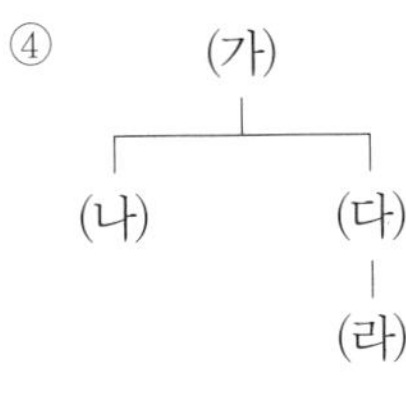

09

2017 교육행정직 9급

윗글에 대한 이해로 적절하지 않은 것은?

① ㉠과 ㉡은 유전자 변형 농작물의 성격을 두고 상반된 주장을 하고 있군.

② ㉠과 ㉡은 모두 유전자 변형 농작물의 유통을 위해서는 안전성이 확보되어야 한다고 보는군.

③ ㉠은 유전자 변형 농작물과 육종 농작물이 모두 안전하다고 생각하는군.

④ ㉡은 육종 농작물과 유전자 변형 농작물에 유전자 재조합 방식이 적용된다고 주장하고 있군.

10

2020 지방직(= 서울시) 9급

다음 밑줄 친 부분의 의미를 풀어 쓴 것으로 적절한 것은?

2004년 1월 태국에서는 한 소년이 극심한 폐렴 증세로 사망했다. 소년의 폐는 완전히 망가져 흐물흐물해져 있었다. 분석 결과, 이전까지 인간이 감염된 적이 없는 인플루엔자 바이러스가 원인으로 밝혀졌다. 소년은 공식적으로 고병원성 조류 인플루엔자 바이러스, H5N1의 첫 사망자가 되었다. 계절 독감으로 익숙한 인플루엔자 바이러스가 이렇게 치명적일 수 있었던 것은 인간의 면역 반응 때문이다. 인류 역사상 단 한 번도 만나본 적이 없는 새로운 바이러스가 침입하자 면역계가 과민 반응을 일으켜 도리어 인체에 해를 끼친 것이다. 이런 현상을 '사이토카인 폭풍'이라 부른다. 사이토카인 폭풍은 면역 능력이 강한 젊은 층일수록 더 세게 일어난다.

만약 집에 ㉠ 좀도둑이 들었다면 작은 손해를 각오하고 인기척을 내 도둑 스스로 도망가게 하는 것이 상책이다. 그런데 만약 ㉡ 몽둥이를 들고 도둑과 싸우려 든다면 도둑은 ㉢ 강도로 돌변한다. 인체가 H5N1에 감염되면 똑같은 일이 벌어진다. 처음으로 새가 아닌 다른 숙주 몸속에 들어온 바이러스는 과민 반응한 면역계와 죽기 살기로 싸운다. 그 결과 50%가 넘는 승률로 바이러스가 승리한다. 그러나 ㉣ 승리의 대가는 비싸다. 숙주가 죽어 버렸기 때문에 바이러스 역시 함께 죽어야만 한다. 이것이 바로 악명을 떨치면서도 조류 독감의 사망 환자 수가 전 세계에서 400명을 넘기지 않는 이유다. 이 질병이 아직 사람 사이에서 감염되는 사례가 나타나지 않은 이유도 바이러스가 인체라는 새로운 숙주에 적응하지 못했기 때문으로 추정할 수 있다.

① ㉠: 면역계의 과민 반응

② ㉡: 계절 독감

③ ㉢: 치명적 바이러스

④ ㉣: 극심한 폐렴 증세

11

2021 지방직(= 서울시) 9급

다음 글에 대한 이해로 적절한 것은?

국제기구인 유엔은 영어, 중국어, 러시아어, 프랑스어, 스페인어, 아랍어 등이 공용어로 사용되나 그곳에 근무하는 모든 외교관들이 이 공용어들을 전부 다 잘해야 하는 것은 아니다. 유럽연합에서의 공용어 개념도 유엔에서의 경우와 마찬가지로 여러 공용어 중 하나만 알아도 공식 업무상 불편이 없게끔 한다는 것이지 모든 유럽연합인들이 열 개가 넘는 공용어를 전부 다 배워야 하는 것은 아니다.

마찬가지 논리로 우리가 만일 한국어와 영어를 공용어로 지정한다면 이는 한국에서는 한국어와 영어 중 어느 하나를 알기만 하면 공식 업무상 불편이 없게끔 국가에서 보장한다는 뜻이지 모든 한국인들이 영어를 할 줄 알아야 된다는 뜻은 아니다. 따라서 우리가 영어를 한국어와 함께 공용어로 지정하기만 하면 모든 한국인이 영어를 잘할 수 있게 되리라는 믿음은 공용어의 개념을 제대로 이해하지 못한 데서 오는 망상에 불과하다.

① 유엔에서 근무하는 외교관들은 유엔의 공용어를 다 구사하지 않으면 안 된다.
② 유럽연합은 복수의 공용어를 지정하여 공무상 편의를 도모하였다.
③ 한국에서 영어를 공용어로 지정하면 한국인들은 영어를 다 잘할 수 있을 것이다.
④ 한국에서 머지않아 영어가 공용어로 지정될 것이다.

12

2022 지방직(= 서울시) 9급

다음 글에 대한 이해로 적절하지 않은 것은?

올해 A시는 '청소년 의회 교실' 운영에 관한 조례를 발표함으로써 청소년들이 지방의회의 역할과 기능을 이해하고 민주 시민으로서의 소양과 자질을 함양할 수 있는 근거를 마련하였다. 청소년 의회 교실이란 청소년을 대상으로 실시하는 의회 체험 프로그램을 의미한다. 여기에 참여할 수 있는 대상은 A시에 있는 학교에 재학 중인 만 19세 미만의 청소년이다. 이 조례에 따르면 시의회 의장은 의회 교실의 참가자 선정 및 운영 방안을 결정할 수 있다. 운영 방안에는 지방자치 및 의회의 기능과 역할, 민주 시민의 소양과 자질 등에 관한 교육 내용이 포함된다. 또한 시의회 의장은 고유 권한으로 본회의장 시설 사용이 가능하도록 지원할 수 있다. 최근 A시는 '수업 시간 스마트폰 사용 제한에 관한 조례안'을 주제로 본회의장에서 첫 번째 의회 교실을 운영하였다. 참석 학생들은 1일 시의원이 되어 의원 선서를 한 후 주제에 관한 자유 발언 시간을 가졌다. 이어서 관련 조례안을 상정한 후 찬반 토론을 거쳐 전자 투표로 표결 처리하였다. 학생들이 의회 과정 전반에 대해 체험할 수 있었던 뜻깊은 시간이었다.

① A시에 있는 학교의 만 19세 미만 재학생은 청소년 의회 교실에 참여할 수 있는 대상이다.
② A시의 시의회 의장은 청소년 의회 교실의 민주 시민 소양과 관련된 교육 내용을 결정할 수 있다.
③ A시에서 시행된 청소년 의회 교실에서 시의회 의장은 본회의장 시설을 사용하도록 지원해 주었다.
④ A시의 올해 청소년 의회 교실은 의원 선서, 조례안 상정, 자유 발언, 찬반 토론, 전자 투표의 순서로 진행되었다.

13

2020 국가직 9급

다음 글에 대한 이해로 적절하지 않은 것은?

> 희극의 발생 조건에 대하여 베르그송은 집단, 지성, 한 개인의 존재 등을 꼽았다. 즉 집단으로 모인 사람들이 자신들의 감성을 침묵하게 하고 지성만을 행사하는 가운데 그들 중 한 개인에게 그들의 모든 주의가 집중되도록 할 때 희극이 발생한다고 보았다. 그러나 그가 말하는 세 가지 사항은 웃음을 유발하는 것이 아니라 그러한 것을 가능케 하는 조건들이다. 웃음을 유발하는 단순한 형태의 직접적인 장치는 대상의 신체적인 결함이나 성격적인 결함을 들 수 있다. 관객은 이러한 결함을 지닌 인물을 통하여 스스로 자기 우월성을 인식하고 즐거워질 수 있게 된다. 이와 관련해 "한 인물이 우리에게 희극적으로 보이는 것은 우리 자신과 비교해서 그 인물이 육체의 활동에는 많은 힘을 소비하면서 정신의 활동에는 힘을 쓰지 않는 경우이다. 어느 경우에나 우리의 웃음이 그 인물에 대하여 우리가 지니는 기분 좋은 우월감을 나타내는 것임은 부정할 수 없다."라는 프로이트의 말은 시사적이다.

① 베르그송에 의하면 희극은 관객의 감성이 집단적으로 표출된 결과이다.

② 베르그송에 의하면 집단, 지성, 한 개인의 존재는 희극 발생의 조건이다.

③ 한 개인의 신체적·성격적 결함은 집단의 웃음을 유발하는 직접적인 장치이다.

④ 프로이트에 의하면 상대적으로 정신 활동보다 육체 활동에 힘을 쓰는 상대가 희극적인 존재이다.

14

2020 국가직 9급

다음 글의 시사점으로 적절하지 않은 것은?

> 기존의 의학적 연구는 건강한 성인 남성의 몸을 표준으로 삼아 이루어지는 경우가 많았다. 예를 들어 농약과 같은 화학 물질이 몸에 들어와 어떠한 변화를 일으키는지 검토한 연구에서 생리 주기에 따라 변화하는 여성 호르몬이 그 물질과 어떤 상호 작용을 일으킬 수 있는지는 고려되지 않았다. 자동차 충돌 사고를 인체 공학적으로 시뮬레이션할 때도 특정 연령대 남성의 몸이 연구 대상으로 사용되었고, 여성의 신체 특성이나 다양한 연령대 남성의 신체적 특성은 고려되지 않았다.
>
> 특정 연령대 성인 남성의 몸을 표준화된 인체로 여겼던 사고방식은 여러 문제점을 낳고 있다. 예를 들어 대사율, 피부와 조직 두께 등을 감안한, 사람이 가장 효과적으로 일할 수 있는 사무실 온도는 21℃로 알려져 있다. 그런데 한 연구에서 남성과 여성 직장인에게 각각 선호하는 사무실 온도를 조사한 결과는 남성은 평균 22℃, 여성은 평균 25℃였다. 남성은 기존의 적정 실내 온도에 가까운 답을 했고, 여성은 더 따뜻한 사무실에서 일하기를 원했다.
>
> 이러한 차이의 이유는 무엇일까? 현재 적정 사무실 온도로 알려진 21℃는 1960년대 측정된 자료를 바탕으로 하는데, 당시 몸무게 70kg인 40세 성인 남성을 기준으로 측정된 것이다. 이러한 '표준화된 신체'를 가진 남성의 대사율은 여성이나 다른 연령대 남성들의 대사율과 다르고, 당연히 체내 열 생산의 양도 차이가 있다.

① 표준으로 삼은 대상이 나머지 대상의 특성까지 대표하지 못하므로 앞으로 의학적 연구를 하려면 하나의 표준을 정하기보다 가능한 한 다양한 대상을 선정해서 하는 것이 바람직하다.

② 현재 우리가 알고 있는 의학 지식 중에는 특정 표준 대상만을 연구한 결과인 것이 있으므로 앞으로 이런 의학 지식을 활용하려면 연구한 대상을 살펴봐서 그대로 활용할지를 결정하는 것이 바람직하다.

③ 성별이나 연령대 등에 따라 신체 조건이 같지 않으므로 근무 환경을 조성할 때 근무자들의 성별이나 연령대를 고려하는 것이 바람직하다.

④ 기존의 사무실 적정 실내 온도가 조사된 것보다 낮게 설정되어 있으므로 향후에 모든 공공 기관의 사무실 온도를 조정할 때 현재보다 설정 온도를 일률적으로 높이는 것이 바람직하다.

15

2021 국가직 9급

㉠~㉣은 '공손하게 말하기'에 대한 설명이다. ㉠~㉣을 적용한 B의 대답으로 적절하지 않은 것은?

> ㉠ 자신을 상대방에게 낮추어 겸손하게 말해야 한다.
> ㉡ 상대방의 처지를 고려하여 상대방이 부담을 갖지 않도록 말해야 한다.
> ㉢ 상대방이 관용을 베풀 수 있도록 문제를 자신의 탓으로 돌려 말해야 한다.
> ㉣ 상대방의 의견에서 동의하는 부분을 찾아 인정해 준 다음에 자신의 의견을 말해야 한다.

① ㉠ A: "이번에 제출한 디자인 시안 정말 멋있었어."
B: "아닙니다. 아직도 여러모로 부족한 부분이 많습니다."

② ㉡ A: "미안해요. 생각보다 길이 많이 막혀서 늦었어요."
B: "괜찮아요. 쇼핑하면서 기다리니 시간 가는 줄 몰랐어요."

③ ㉢ A: "혹시 내가 설명한 내용이 이해 가니?"
B: "네 목소리가 작아서 내용이 잘 안 들렸는데 다시 한 번 크게 말해 줄래?"

④ ㉣ A: "가원아, 경희 생일 선물로 귀걸이를 사주는 것은 어때?"
B: "그거 좋은 생각이네. 하지만 경희의 취향을 우리가 잘 모르니까 귀걸이 대신 책을 선물하는 게 어떨까?"

16

2022 국가직 9급

다음 글에 대한 이해로 적절하지 않은 것은?

> △△시 시장님께
> 안녕하십니까? 저는 △△시에서 농장을 운영하는 □□□입니다. 이렇게 글을 쓰게 된 것은 우리 농장 근처에 신축된 골프장의 빛 공해 문제에 대해 말씀드리기 위함입니다. 빛이 공해가 될 수 있다는 말이 다소 생소하실 수도 있습니다. 하지만 지나친 야간 조명이 식물의 성장에 부정적인 영향을 끼쳐 작물 수확량을 감소시킬 수 있음은 이미 여러 연구를 통해 입증된 바 있습니다. 좀 늦었지만 △△시에서도 이 문제에 대해 경각심을 가질 필요가 있습니다. 실제로 골프장이 야간 운영을 시작했을 때를 기점으로 우리 농장의 수확률이 현저히 낮아졌음을 제가 확인했습니다. 물론, 이윤을 추구하는 골프장의 야간 운영을 무조건 막는다면 골프장 측에서 반발할 것입니다. 그래서 계절에 따라 야간 운영 시간을 조정하거나 운영 제한에 따른 손실금을 보전해 주는 등의 보완책도 필요합니다. 또한 ○○군에서도 빛 공해 문제를 해결하기 위해 야간 조명의 조도를 조정하는 프로젝트를 진행한 바 있으니 참고해 보시기 바랍니다. 모쪼록 시장님께서 이 문제에 관심을 가지고 농장과 골프장이 상생할 수 있는 정책을 펼쳐 주시기를 부탁드립니다.

① 시장에게 빛 공해로 농장이 겪는 어려움에 대해 관심을 촉구하고 있다.
② 건의에 대한 신뢰성을 높이기 위해 인용한 자료의 출처를 밝히고 있다.
③ 다른 지역에서 야간 조명으로 인한 폐해를 해결하기 위해 노력한 사례를 언급하고 있다.
④ 골프장의 야간 운영을 제한할 때 예상되는 문제점과 그 해결 방안에 대해 제시하고 있다.

17

2014 국가직 7급

다음 글에서 〈보기〉의 문장이 들어갈 위치로 가장 적절한 것은?

〈보기〉

이것은 논리의 결함에서 오는 것이 아니라 사실에 관한 주장들조차도 이미 그 안에 '삶을 위한 것'이라는 대전제를 본질적으로 깔고 있기 때문에 나오는 결과이다.

서구 과학이 지닌 한 가지 중요한 특징은 이것이 당위성이 아닌 사실성으로 시작하고 사실성으로 끝난다는 점이다. 삶의 세계 안에서 당위성은 매우 중요한 것이지만, 이것은 학문 그 자체 속에서 자연스레 도출되는 것이 아니라 이를 활용하는 당사자가 별도로 끌어들여야 하는 것이다. 이 점에서 왕왕 혼동이 일어나기도 하지만 이는 이른바 '자연주의적 오류'라 하여 경계의 대상으로 삼고 있다. [㉠] 특히 자연과학의 논리적 구조를 살펴보면 이 속에 당위성이 끼어들 어떠한 공간도 허락되어 있지 않다. [㉡] 그런데 매우 흥미롭게도 동양의 학문에서는 당위성과 사실성이 하나의 체계 속에 자연스럽게 서로 연결되고 있음을 볼 수 있다. [㉢] 동양에서 학문을 한다고 하면 선비를 떠올리는 것도 바로 이러한 데서 연유하게 된다. [㉣] 한편 동양 학문이 지닌 이러한 성격이 치르게 되는 대가 또한 적지 않다. 결국 물질 세계의 질서를 물질 세계만의 논리로 파악하는 체계, 곧 근대 과학을 이루는 데에 실패하고 만 것이다.

① ㉠ ② ㉡
③ ㉢ ④ ㉣

18

2017 민경채

다음 글의 장치 A에 대하여 바르게 판단한 것만을 〈보기〉에서 모두 고르면?

신용카드 거래가 사기 거래일 확률은 1,000분의 1이다. 신용카드 사기를 감별하는 장치 A는 정당한 거래의 99%를 정당한 거래로 판정하지만 1%는 사기 거래로 오판한다. 또한 A는 사기 거래의 99%를 사기 거래로 판정하지만 1%는 정당한 거래로 오판한다. A가 어떤 거래를 사기 거래라고 판단하면, 신용카드 회사는 해당 카드를 정지시켜 후속 거래를 막는다. A에 의해 카드 사용이 정지된 사례가 오판에 의한 카드 정지 사례일 확률이 50%보다 크면, A는 폐기되어야 한다.

〈보기〉

ㄱ. A가 정당한 거래로 판정한 거래는 모두 정당한 거래이다.
ㄴ. 무작위로 10만 건의 거래를 검사했을 때, A가 사기 거래를 정당한 거래라고 오판하는 건수는 정당한 거래를 사기 거래라고 오판하는 건수보다 적을 것이다.
ㄷ. A는 폐기되어야 한다.

① ㄱ ② ㄴ
③ ㄱ, ㄷ ④ ㄴ, ㄷ

19

2017 민경채

다음 글의 ㉠을 약화하는 증거로 가장 적절한 것은?

> 1966년 석가탑 해체 보수 작업은 뜻밖에도 엄청난 보물을 발견하는 계기가 되었다. 이때 발견된 다라니경은 한국뿐만 아니라 전세계의 이목을 끌었다. 이 놀라운 발견 이전에는 770년에 목판 인쇄된 일본의 불경이 세계사에서 최고(最古)의 현존 인쇄본으로 여겨졌다. 그러나 이 한국의 경전을 조사한 결과, 일본의 것보다 앞서 만들어진 것으로 밝혀졌다.
>
> 불국사가 751년에 완공된 것이 알려져 있으므로 석가탑의 축조는 같은 시기이거나 그 이전일 것임에 틀림없다. 이 경전의 연대 확정에 도움을 준 것은 그 문서가 측천무후가 최초로 사용한 12개의 특이한 한자를 포함하고 있다는 사실이었다. 측천무후는 690년에 제위에 올랐고 705년 11월에 죽었다. 측천무후가 만든 한자들이 그녀의 사후에 중국에서 사용된 사례는 발견되지 않았다. 그러므로 신라에서도 그녀가 죽은 뒤에는 이 한자들을 사용하지 않았을 것이라는 추정이 가능하다. 이러한 증거로 다라니경이 늦어도 705년경에 인쇄되었다고 판단할 수 있다.
>
> 그러나 이 특이한 한자들 때문에 몇몇 중국의 학자들은 ㉠ <u>'다라니경이 신라에서 인쇄된 것이 아니라 중국 인쇄물이다.'</u>라고 주장하였다. 그들은 신라가 그 당시 중국과 독립적이었기 때문에 신라인들이 측천무후 치세 동안 사용된 특이한 한자들을 사용하지는 않았을 것이라고 주장한다. 그러나 중국인들의 이 견해는 '삼국사기'에서 읽을 수 있는 명확한 반대 증거로 인해 반박된다. '삼국사기'는 신라가 695년에 측천무후의 역법을 도입하는 등 당나라의 새로운 정책을 자발적으로 수용하고 있었음을 보여준다. 그러므로 신라인들이 당시에 중국의 역법 개정을 채택했다면 마찬가지로 측천무후에 의해 도입된 특이한 한자들도 채용했을 것이라고 추정하는 것이 합리적이다.

① 서역에서 온 다라니경 원전을 처음으로 한역(漢譯)한 사람은 측천무후 시대의 중국의 국사(國師)였던 법장임이 밝혀졌다.
② 측천무후 사후에 나온 신라의 문서들에 측천무후가 발명한 한자가 쓰이지 않았음이 밝혀졌다.
③ 측천무후 즉위 이후 중국의 문서에 쓸 수 없었던 글자가 다라니경에서 쓰인 것이 발견되었다.
④ 705년경에 중국에서 제작된 문서들이 다라니경과 같은 종이를 사용한 것이 발견되었다.

20

2017 민경채

다음 글의 ㉠을 지지하는 것만을 〈보기〉에서 모두 고르면?

> 카나리아의 수컷과 암컷은 해부학적으로 동일한 구조의 발성기관을 가지고 있다. 또 새끼 때 모든 카나리아는 종 특유의 지저귀는 소리를 들으며 자란다. 그러나 성체가 되면 수컷만이 종 특유의 소리로 지저귄다. 수컷 카나리아는 다른 수컷들과 경쟁하거나 세력권을 주장할 때 이 소리를 낸다. 수컷은 암컷을 유혹할 때도 이 소리를 내는데, 이는 암컷이 종 특유의 소리를 내지는 못해도 그것을 알고 있음을 시사한다.
>
> 아비의 울음소리를 들으며 자라던 어린 카나리아는 둥지를 떠나 서식지를 이동하면서 다른 종의 새들과도 만나게 된다. 둥지를 떠난 후에도 어린 카나리아는 한동안 그들 종 특유의 울음소리를 내지 못할 뿐만 아니라 지저귀지도 않는다. 그러나 이듬해 봄이 가까워 오고 낮이 차츰 길어지면서 어린 수컷 카나리아의 몸에서는 수컷에만 있는 기관 A가 발달해 커지기 시작하고, 기관 A에서 분비되는 물질 B의 분비량도 증가한다. 이로 인해 수컷의 몸에서 물질 B의 혈중 농도가 높아지고, 그에 따라 수컷은 지저귀는 소리를 내려고 하기 시작한다. 수컷 카나리아가 처음 내는 소리는 종 특유의 울음소리가 아니다. 그러나 다른 수컷들에게서 그 소리를 배울 수 없는 상황에서도 수컷 카나리아가 내는 소리는 종 특유의 소리에 점점 가까워지고 결국 종 특유의 소리가 된다.
>
> 과학자들은 왜 카나리아의 수컷만 종 특유의 소리로 지저귀는지를 연구하였다. 그리고 ㉠ <u>그 이유가 수컷의 몸에서만 분비되는 물질 B가 종 특유의 소리를 내는 데 필요한 뇌의 특정 부분을 발달시키기 때문이라는 것</u>을 알아냈다.

〈보기〉

ㄱ. 봄이 시작될 무렵부터 조금씩 양을 늘려가면서 어린 암컷 카나리아에게 물질 B를 주사하였더니 결국 종 특유의 소리로 지저귀게 되었다.
ㄴ. 어린 수컷 카나리아의 뇌에 물질 B의 효과를 억제하는 성분의 약물을 꾸준히 투여하였더니 성체가 되어도 종 특유의 울음소리를 내지 못하였다.
ㄷ. 둥지를 떠나기 직전에 어린 수컷 카나리아의 기관 A를 제거하였지만 다음 봄에는 종 특유의 소리로 지저귈 수 있었다.

① ㄱ　② ㄷ
③ ㄱ, ㄴ　④ ㄴ, ㄷ

기출 품은 모의고사 | 4회

제한시간: 25분 ■ 시작시간: : ■ 종료시간: : 정답과 해설 ▶ P.32 ~ P.36

1초 합격예측! 모바일 성적분석표

QR 코드로 접속하여 문제 풀이시간을 측정하고, 〈1초 합격예측 & 모바일 성적분석표〉 서비스를 통해 지금 바로! 실력을 점검해 보세요.
http://eduwill.kr/aake

01

밑줄 친 부분을 〈공공언어 바로 쓰기 원칙〉에 따라 수정한 것으로 적절하지 않은 것은?

〈공공언어 바로 쓰기 원칙〉

㉠ 맞춤법에 맞게 정확하게 표현할 것
㉡ 띄어쓰기에 맞게 정확하게 표현할 것
㉢ 부적절한 외래어들을 순화하여 표현할 것
㉣ 부적절한 한자어들을 순화하여 표현할 것

① ㉠: '승인율이 높은 것들을 정리해 보냈습니다.'에서 '승인율'을 '승인률'로 수정한다.
② ㉡: '우리 지역 고용현황을 알려 드립니다.'에서 '고용현황'을 '고용 현황'으로 수정한다.
③ ㉢: '녹색 생활을 위한 우리 시 로드맵'에서 '로드맵'을 '밑그림'으로 수정한다.
④ ㉣: '현재의 상황을 면밀히 살펴야 합니다.'에서 '면밀히'를 '자세히'로 수정한다.

02

2017 수능 지문 활용

다음 글을 읽고 추론한 내용으로 옳지 않은 것은?

국어에서 동사나 형용사에 붙어 새로운 단어를 형성하는 접미사는 다양한 문법적 특징을 지니고 있다. 그 특징은 다음과 같다.

첫째로, 접미사는 동사나 형용사에 붙어 새로운 어간을 형성한다. 예를 들면, '녹다'의 어근 '녹-'에 접미사 '-이-'가 붙어 새로운 어간 '녹이-'가 형성된다. 이렇게 만들어진 '녹이다'의 어간 '녹이-'는 '녹다'의 어간 '녹-'과 구별된다.

둘째로, 접미사는 동사나 형용사의 어근에 붙어 품사를 바꾸기도 한다. 예를 들면, 명사 '먹이'나 '넓이'는 각각 동사와 형용사의 어근에 접미사 '-이'가 붙어 형성된 단어이다. 이때 '먹이'와 '넓이'의 '먹-'과 '넓-'은 서술어로 기능하지 못한다.

셋째로, 접미사는 동사나 형용사에 붙어 사동의 의미를 더하기도 한다. 예를 들면, 동사 '익다'와 '먹다'의 어근에 각각 접미사 '-히-'와 '-이-'가 붙어 형성된 '익히다'와 '먹이다'는 '고기를 익히다.'와 '아이에게 밥을 먹이다.'에서와 같이 사동의 의미를 가진다.

넷째로, 접미사는 타동사에 붙어 피동의 의미를 더하기도 한다. 예를 들면, '안다'의 어근 '안-'에 접미사 '-기-'가 붙어 형성된 '안기다'는 '아기가 엄마한테 안기다.'와 같이 피동의 의미를 가진다. 이때 피동을 나타내는 접미사는 '눕다', '식다'와 같은 자동사에는 결합하지 않는다.

① '잡다'의 어근 '잡-'에 접미사 '-히-'가 붙으면 기존의 어간과 구별되는 어간이 형성된다.
② '길이가 길다.'에서 '길이'의 '길'은 서술어로 기능하지 못할 것이다.
③ '엄마가 아기에게 고기를 먹이다.'에서 '먹이다'는 피동의 접미사가 결합된 경우이다.
④ 자동사인 '흐르다'는 피동을 나타내는 접미사와 결합할 수 없을 것이다.

03

2019 6월 모의고사 문제 변형

다음 ㉠~㉣의 예로 바르지 않은 것은?

선어말 어미 '-더-'는 시간 표현, 주어의 인칭, 용언의 품사, 문장 종결 표현 등과 다양하게 관련을 맺는다.

예컨대 '아까 달력을 보니 내일이 언니 생일이더라.'와 같이 ㉠ 새삼스럽거나 새롭게 알게 된 내용이 비록 미래의 일이라도 그것을 안 시점이 과거이면 '-더-'가 쓰일 수 있다. 또한 '-더-'가 쓰인 문장에는 특정 인칭의 주어만 나타나는 경우가 있다. 가령, ㉡ 본인만이 직접 느껴 알 수 있는 감정이나 감각을 표현하는 형용사가 서술어일 때, 평서문에는 1인칭 주어만이 '-더-'와 함께 쓰인다. ㉢ 이 경우, 의문문에는 2인칭 주어만이 '-더-'와 함께 쓰인다. 단, ㉣ 이때도 수사의문문에는 '-더-'와 함께 1인칭 주어가 나타날 수 있다. 한편, '꿈에서 내가 하늘을 날더라.'처럼 꿈속의 일이나 무의식중에 일어난 일을 말할 때, 화자가 자신의 행동이나 상태를 타인이 관찰하듯이 진술할 경우 '-더-'가 1인칭 주어와 쓰일 수 있다.

① ㉠: 아까 수첩을 보니 다음 주에 시험이 있더라.

② ㉡: 나는 그가 그랬다는 것이 놀랍더라.

③ ㉢: 영수야, 넌 민수가 그리 행동했는데도 안 밉더냐?

④ ㉣: 그 일이 그리도 기쁘더냐?

04

2021 지방직(= 서울시) 9급

다음 글의 내용과 부합하지 않는 것은?

인터넷이 있는 곳이면 어디나 악플이 있기 마련이지만, 한국은 정도가 심하다. 악플러들 가운데는 피해의식과 열등감에 시달리는 이들이 많다고 한다. 그들에게 악플의 즐거움은 무엇인가. 자신이 올린 글 한 줄에 다른 사람들이 동요하는 모습을 보면서 자기 효능감(self-efficacy)을 맛볼 수 있다. 아무에게도 영향력을 행사하지 못하고 자신의 삶과 환경을 통제하지도 못하면서 무력감에 시달리는 사람일수록 공격적인 발설로 자기 효능감을 느끼려 한다.

그런데 자기 효능감은 상대방의 반응에 좌우된다. 마구 욕을 퍼부었는데 상대방이 별로 개의치 않는다면, 계속할 마음이 사라질 것이다. 무시당했다는 생각에 오히려 자괴감에 빠질 수도 있다. 개인주의가 안착된 사회에서는 자신을 향한 비판에 대해 '그건 너의 생각'이라면서 넘겨 버리는 사람들이 많다. 말도 안 되는 욕설이나 험담이 날아 오면 제정신이 아닌 사람의 소행으로 웃어넘기거나 법적인 조치를 취할 것이다.

개인주의는 여러 속성을 지니고 있지만, 자신의 존재가치를 스스로 매긴다는 긍정적 측면이 있다. 한국에는 그런 의미에서의 개인주의가 뿌리내리지 못했다. 남에 대해 신경을 너무 곤두세운다. 그것은 두 가지 차원으로 나뉘는데, 한편으로 타인에게 필요 이상의 관심을 보이면서 참견하고 타인의 영역을 침범한다. 다른 한편으로 자기에 대한 타인의 평가와 반응에 너무 예민하다. 이 두 기지 특성이 인디넷 공간에서 맞물려 악플을 양산한다. 우선 다른 사람들에게 너무 쉽게 험담을 늘어놓고 당사자에게 악담을 던진다. 그렇게 약을 올리면 상대방이 발끈하거나 움츠러든다. 이따금 일파만파로 사회가 요동을 치기도 한다. 악플러 입장에서는 재미가 쏠쏠하다. 예상했던 피드백을 즉각적으로 받으면서 자기 효능감을 맛볼 수 있기 때문이다.

① 악플러는 자신의 말에 타인이 동요하는 것을 보면서 자기 효능감을 느낀다.

② 개인주의자는 악플에 무반응함으로써 악플러를 자괴감에 빠지게 할 수 있다.

③ 자신의 삶을 잘 통제하는 악플러일수록 타인을 더욱 엄격한 잣대로 비판한다.

④ 한국에서 악플이 양산되는 것은 한국인들이 타인에 대해 신경을 많이 쓰는 것과 관계가 있다.

05

2022 지방직(= 서울시) 9급

㉠~㉣의 고쳐 쓰기로 적절하지 않은 것은?

> 파놉티콘(panopticon)은 원형 평면의 중심에 감시탑을 설치해 놓고, 주변으로 빙 둘러서 죄수들의 방이 배치된 감시 시스템이다. 감시탑의 내부는 어둡게 되어 있는 반면 죄수들의 방은 밝아 교도관은 죄수를 볼 수 있지만, 죄수는 교도관을 바라볼 수 없다. 죄수가 잘못했을 때 교도관은 잘 보이는 곳에서 처벌을 가한다. 그렇게 수차례의 처벌이 있게 되면 죄수들은 실제로 교도관이 자리에 ㉠ 있을 때조차도 언제 처벌을 받을지 모르는 공포감에 의해서 스스로를 감시하게 된다. 이렇게 권력자에 의한 정보 독점 아래 ㉡ 다수가 통제된다는 점에서 파놉티콘의 디자인은 과거 사회 구조와 본질적으로 같았다.
>
> 현대사회는 다수가 소수의 권력자를 동시에 감시할 수 있는 시놉티콘(synopticon)의 시대가 되었다. 시놉티콘에 가장 크게 기여한 것은 인터넷의 ㉢ 동시성이다. 권력자에 대한 비판을 신변 노출 없이 자유롭게 표현할 수 있게 되었기 때문이다. 정보화 시대가 오면서 언론과 통신이 발달했고, ㉣ 특정인이 정보를 수용하고 생산하게 되었다. 그로 인해 사회에서 일어나는 일에 대한 비판적 인식 교류와 부정적 현실 고발 등 네티즌의 활동으로 권력자들을 감시하는 전환이 일어났다.

① ㉠을 '없을'로 고친다.
② ㉡을 '소수'로 고친다.
③ ㉢을 '익명성'으로 고친다.
④ ㉣을 '누구나가'로 고친다.

06

2023 지방직(= 서울시) 9급

다음 글에서 추론한 내용으로 적절하지 않은 것은?

> 프랑스에서 의무교육 제도를 실시하면서 정규학교에 입학하기 어려운 지적장애아, 학습부진아를 가려내고자 하였다. 이에 기초 학습 능력 평가를 목적으로, 1905년 최초의 IQ 검사가 이루어졌다. 이 검사를 통해 비로소 인간의 지능을 구체적으로 수치화하고 객관적으로 비교할 수 있게 되었다.
>
> 이후 오랫동안 IQ가 높으면 똑똑한 사람, 그렇지 않으면 머리가 좋지 않고 학습에도 부진한 사람으로 판단했다. 물론 IQ가 높은 아이는 그렇지 않은 아이에 비해 읽기나 계산 등 사고 기능과 관련된 과목에서 높은 성취도를 보이는 경우가 많다. 이는 IQ 검사가 기초 학습에 필요한 최소 능력인 언어 이해력, 어휘력, 수리력 등을 측정하기 때문이다. 학습의 기초 능력을 측정하는 IQ 검사에서 높은 점수를 받은 아이는 동일한 능력을 측정하는 학업 평가에서도 높은 점수를 받을 가능성이 크다. 하지만 문제는 IQ 검사가 인간의 지능 중 일부만을 측정한다는 점이다.

① 최초의 IQ 검사는 학습 능력이 우수한 아이를 고르기 위해 시행되었다.
② IQ 검사가 만들어지기 전에는 인간의 지능을 수치로 비교할 수 없었다.
③ IQ가 높은 아이라도 전체 지능은 높지 않을 수 있다.
④ IQ가 높은 아이가 읽기 능력이 좋을 확률이 높다.

07

2020 국가직 9급

다음 진행자 'A'의 대화 진행 전략으로 적절하지 않은 것은?

A: 여러분, 안녕하세요? 한 지방 자치 단체가 의료 취약 계층을 위한 의약품 공급 정보망 구축 사업을 진행해 오고 있는데요. 오늘은 그 관계자 한 분을 모시고 말씀을 들어 보기로 하겠습니다. 과장님, 안녕하세요?
B: 네, 안녕하세요.
A: 의약품 공급 정보망이라는 말이 다소 생소한데 이게 무슨 말인가요?
B: 네, 약국이나 제약 회사가 의약품을 저희에게 기탁하면, 이 약품을 필요한 사회 복지 시설이나 국내외 의료 봉사 단체에 무상으로 줄 수 있도록 연결하는 사이버상의 네트워크입니다.
A: 그렇군요. 그동안 이 사업에 성과가 있었다면 그럴 만한 이유가 있을 텐데요, 이에 대해 말씀해 주세요.
B: 그렇습니다. 약국이나 제약 회사에서는 판매되지 않은 의약품을 기탁하고 세금 혜택을 받습니다. 그리고 복지 시설이나 봉사 단체에서는 필요한 의약품을 무상으로 지원받을 수 있습니다.
A: 그렇군요. 혹시 이 사업에 걸림돌은 없나요?
B: 의약품을 의사의 처방에 따라서 주는 것이 아니라 수요자가 요구하면 주는 방식이어서 전문 의약품을 제공하는 과정에 어려움이 있습니다. 처방전 발급을 부탁할 수도 없고…….
A: 그러니까 앞으로 이런 문제를 해결하기 위한 제도 정비나 의료 전문가의 지원이 좀 더 필요하다는 말씀인 것 같군요. 끝으로 이 사업에 참여하려면 어떻게 해야 하나요?
B: 그건 생각보다 쉽습니다. 저희 홈페이지에 접속하셔서 회원으로 가입하시면 기부하실 때나 받으실 때나 모두 쉽게 참여하실 수 있습니다.
A: 네, 간편해서 좋군요. 모쪼록 이 의약품 공급 정보망 사업이 확대되어 국내외 의료 취약 계층에 많은 도움이 되기를 바랍니다. 감사합니다.

① 상대방의 말을 들었다는 반응을 보인다.
② 상대방의 대답에서 모순점을 찾아 논리적으로 대응한다.
③ 대화의 화제가 된 일을 홍보할 수 있는 대답을 유도한다.
④ 상대방의 말을 대화의 흐름에 맞게 해석하여 상대방의 말을 보충한다.

08

2021 국가직 9급

다음 글에서 추론한 내용으로 적절하지 않은 것은?

과학의 개념은 분류 개념, 비교 개념, 정량 개념으로 구분할 수 있다. 식물학과 동물학의 종, 속, 목처럼 분명한 경계를 가지고 대상들을 분류하는 개념들이 분류 개념이다. 어린이들이 맨 처음에 배우는 단어인 '사과', '개', '나무' 같은 것 역시 분류 개념인데, 하위 개념으로 분류할수록 그 대상에 대한 정보가 더 많이 전달된다. 또한, 현실 세계에 적용 대상이 하나도 없는 분류 개념도 있을 수 있다. 예를 들어 '유니콘'이라는 개념은 '이마에 뿔이 달린 말의 일종임' 같은 분명한 정의가 있기에 '유니콘'은 분류 개념으로 인정되는 것이다.

'더 무거움', '더 짧음' 등과 같은 비교 개념은 분류 개념보다 설명에 있어서 정보 전달에 더 효과적이다. 이것은 분류 개념처럼 자연의 사실에 적용되어야 하지만, 분류 개념과 달리 논리적 관계도 반드시 성립해야 한다. 예를 들면, 대상 A의 무게가 대상 B의 무게보다 더 무겁다면, 대상 B의 무게가 대상 A의 무게보다 더 무겁다고 말할 수 없는 것처럼 '더 무거움' 같은 비교 개념은 논리적 관계를 반드시 따라야 한다.

마지막으로 정량 개념은 비교 개념으로부터 발전된 것인데, 이것은 자연의 사실로부터 파악할 수 있는 물리량을 측정함으로써 만들어진다. 물리량을 측정하기 위해서는 몇 가지 규칙이 필요한데, 그 규칙에는 두 물리량의 크기를 비교하는 경험적 규칙과 물리량의 측정 단위를 정하는 규칙 등이 포함된다. 이러한 정량 개념은 자연에 의해서 주어지는 것이 아니라 우리가 자연현상에 수를 적용하는 과정에서 생겨나는 것이다. 정량 개념은 과학의 언어를 수많은 비교 개념 대신 수를 사용할 수 있게 하여 과학 발전의 기초가 되었다.

① '호랑나비'는 '나비'와 동일한 종에 속하지만, 나비에 비해 정보량이 적다.
② '용(龍)'은 현실 세계에 적용할 수 있는 지시물이 없더라도 분류 개념으로 인정된다.
③ '꽃'이나 '고양이'와 같은 개념은 논리적 관계를 따라야 하는 것은 아니기 때문에 비교 개념에 포함되지 않는다.
④ 물리량을 측정할 수 있는 'cm'나 'kg'과 같은 측정 단위는 자연현상에 수를 적용할 수 있게 해 주었다.

09

2022 국가직 9급

다음 글에 대한 이해로 적절하지 않은 것은?

> 아동이 부모의 소유물 또는 종족의 유지나 국가의 방위를 위한 수단으로 간주되었던 전근대사회에서는 아동의 권리에 대한 인식이 존재하지 않았다. 산업혁명으로 봉건 제도가 붕괴되고 자본주의가 탄생한 근대사회에 이르러 구빈법에 따른 국가 개입과 민간단체의 자발적인 참여로 아동보호가 시작되었다.
>
> 1922년 잽 여사는 아동권리사상을 담아 아동권리에 대한 내용을 성문화하였다. 이를 기초로 1924년 국제연맹에 서는 전문과 5개의 조항으로 된 「아동권리에 관한 제네바 선언」을 채택하였다. 여기에는 "아동은 물질적으로나 정신적으로 정상적인 발달을 위해 필요한 조건이 충족되어야 한다."라든지 "아동의 재능은 인류를 위해 쓰인다는 자각 속에서 양육되어야 한다." 등의 내용이 포함되었다.
>
> 그러나 여기에서도 아동은 보호의 객체로만 인식되었을 뿐 생존, 보호, 발달을 위한 적극적인 권리의 주체로 인식되지는 않았다. 최근에 와서야 국제사회의 노력에 힘입어 아동은 보호되어야 할 수동적인 존재에서 자신의 권리를 주장할 수 있는 능동적인 존재로 자리매김할 수 있게 되었다. 1989년 유엔총회에서 채택된 「아동권리협약」이 그것이다.
>
> 우리나라는 이를 토대로 2016년 「아동권리헌장」 9개 항을 만들었다. 이 헌장은 '생존과 발달의 권리', '아동이 최선의 이익을 보장받을 권리', '차별받지 않을 권리', '자신의 의견이 존중될 권리' 등 유엔의 「아동권리협약」의 네 가지 기본 원칙을 포함하고 있다. 또한 전문에는 아동의 권리와 더불어 "부모와 사회, 국가와 지방자치단체는 아동의 이익을 최우선으로 고려해야 하며, 다음과 같은 아동의 권리를 확인하고 실현할 책임이 있다."라고 명시하여 아동을 둘러싼 사회적 주체들의 책임을 명확히 하였다.

① 아동의 권리에 대한 인식은 근대 이후에 형성되었다.
② 「아동권리헌장」은 「아동권리협약」을 토대로 만들어졌다.
③ 「아동권리에 관한 제네바 선언」, 「아동권리협약」, 「아동권리헌장」에는 모두 아동의 발달에 대한 내용이 들어가 있다.
④ 「아동권리에 관한 제네바 선언」은 아동을 적극적인 권리의 주체로 인식함으로써 아동의 권리에 대한 진전된 성과를 이루었다.

10

2023 국가직 9급

(가)와 (나)에 들어갈 말로 가장 적절한 것은?

> 특정한 작업을 수행하기 위해 신체 근육의 특정 움직임을 조작하는 능력을 운동 능력이라고 한다. 언어에 관한 운동 능력은 '발음 능력'과 '필기 능력' 두 가지인데 모두 표현을 위한 능력이다.
>
> 말로 표현하기 위해서는 발음 능력이 필요한데, 이는 음성 기관을 움직여 원하는 음성을 만들어내는 능력이다. 이 능력은 영·유아기에 수많은 시행착오와 꾸준한 훈련을 통해 습득된다. 이렇게 발음 능력을 습득하면 음성 기관의 움직임은 자동화되어 음성 기관의 어느 부분을 언제 어떻게 움직일지를 화자가 거의 의식하지 않는다. 우리가 모어에 없는 외국어 음성을 발음하기 어려운 이유는 [(가)] 있기 때문이다.
>
> 글로 표현하기 위해서는 필기 능력이 필요하다. 필기에서는 글자의 모양을 서로 구별되게 쓰는 것은 기본이고 그 수준을 넘어서서 쉽게 알아볼 수 있는 모양으로 잘 쓰는 것도 필요하다. 글씨를 쓰기 위해 손을 놀리는 것은 발음을 하기 위해 음성 기관을 움직이는 것에 비해 상당히 의식적이라 할 수 있다. 그렇지만 개인의 의지와 관계없이 필체가 꽤 일정하다는 사실은 손을 놀리는 데에 [(나)] 의미한다.

① (가): 음성 기관의 움직임이 모어의 음성에 맞게 자동화되어
(나): 무의식적이고 자동적인 면이 있음을
② (가): 낯선 음성은 무의식적으로 발음하도록 훈련되어
(나): 유아기에 수행한 훈련이 효과적이지 않음을
③ (가): 음성 기관의 움직임이 모어의 음성에 맞게 자동화되어
(나): 유아기에 수행한 훈련이 효과적이지 않음을
④ (가): 낯선 음성은 무의식적으로 발음하도록 훈련되어
(나): 무의식적이고 자동적인 면이 있음을

[11~12] 다음 글을 읽고 물음에 답하시오.

저작권이란 저작물을 보호하기 위해 저작자에게 부여된 독점적 권리를 말한다. 저작권은 소유한 물건을 자기 마음대로 이용하거나 처분할 수 있는 권리인 소유권과는 구별된다. 소설책을 구매한 사람은 책에 대한 소유권은 획득했지만, 그렇다고 소설에 대한 저작권을 획득한 것은 아니다. 따라서 구매자는 다른 사람에게 책을 빌려줄 수는 있으나, 저작자의 허락 없이 그 소설을 상업적 목적으로 변형하거나 가공하여 유통할 수는 없다. 이는 책에 대해서는 물건에 대한 소유권인 물권법이, 소설에 대해서는 저작권법이 각각 적용되기 때문이다.

저작권법에서 보호하는 저작물은 남의 것을 베낀 것이 아니라 저작자 자신의 것이어야 한다. 그리고 저작물의 수준이 높아야 할 필요는 없지만, 저작권법에 의한 보호를 받을 가치가 있는 정도로 최소한의 창작성을 지니고 있어야 한다.

저작자란 사실상의 저작 행위를 하여 저작물을 생산해 낸 사람을 가리킨다. 직업적인 문인뿐만 아니라 저작 행위를 하면 누구든지 저작자가 될 수 있다. 자연인으로서의 개인뿐만 아니라 법인도 저작자가 될 수 있다. 그리고 저작물에는 1차적 저작물뿐만 아니라 2차적 저작물도 포함되므로 2차적 저작물의 작성자도 저작자가 될 수 있다. 그러나 저작을 하는 동안 옆에서 도와주었거나 자료를 제공한 사람 등은 저작자가 될 수 없다.

저작자에게 저작권이라는 권리를 부여하여 보호하는 이유는 저작물이 곧 문화 발전의 원동력이 되기 때문이다. 저작물이 많이 나와야 그 사회가 문화적으로 풍요로워질 수 있다. 또 다른 이유는 저작자의 창작 노력에 대해 적절한 보상을 해 줌으로써 창작 행위를 계속할 수 있는 동기를 제공하는 데 있다.

11

2017 교육행정직 9급

윗글을 통해 답을 확인할 수 없는 질문은?

① 저작권이란 무엇인가?
② 소유권을 분류하는 기준은 무엇인가?
③ 저작자의 저작권을 보호하는 목적은 무엇인가?
④ 저작권법의 보호를 받는 저작물의 요건은 무엇인가?

12

2017 교육행정직 9급

윗글에 대해 바르게 이해한 내용을 〈보기〉에서 고른 것은?

〈보기〉

ㄱ. 소설책을 구입하면 그 소설에 대한 저작권도 획득한다.
ㄴ. 상업적 목적을 위해 저작자 허락 없이 저작물을 변형하는 행위는 물권법에 저촉된다.
ㄷ. 저작자의 범위에는 창작 활동을 하는 법인도 포함된다.
ㄹ. 교수에게 연구 자료를 찾아 준 조교는 저작자가 될 수 없다.

① ㄱ, ㄴ　　② ㄱ, ㄹ
③ ㄴ, ㄷ　　④ ㄷ, ㄹ

13

2018 지방직 9급

다음 글에서 알 수 없는 것은?

되새김 동물인 무스(moose)의 경우, 위에서 음식물이 잘 소화되게 하려면 움직여서는 안 된다. 무스의 위는 네 개의 방으로 나누어져 있는데, 위에서 나뭇잎, 풀줄기, 잡초 같은 섬유질이 많은 먹이를 소화하려면 꼼짝 않고 한 곳에 가만히 있어야 하는 것이다. 한편, 미국 남서부의 사막 지대에 사는 갈퀴발도마뱀은 모래 위로 눈만 빼꼼 내놓고 몇 시간 동안이나 움직이지 않는다. 그렇게 있으면 따뜻한 모래가 도마뱀의 기운을 북돋아 준다. 곤충이 지나가면 도마뱀이 모래에서 나가 잡아먹을 수 있도록 에너지를 충전해 주는 것이다. 반대로 갈퀴발도마뱀의 포식자인 뱀이 다가오면, 그 도마뱀은 사냥할 기운을 얻기 위해 움직이지 않았을 때의 경험을 되살려 호흡과 심장 박동을 일시적으로 멈추고 죽은 시늉을 한다. 갈퀴발도마뱀은 모래 속에 몸을 묻고 움직이지 않기 때문에 수분의 손실을 줄이고 사막 짐승들의 끊임없는 위협에서 벗어날 수 있는 것이다.

① 무스가 움직이지 않는 것은 생존을 위한 선택이다.
② 무스는 소화를 잘 시키기 위해 식물을 가려먹는 습성을 가지고 있다.
③ 갈퀴발도마뱀은 움직이지 않는 방식으로 먹이를 구한다.
④ 갈퀴발도마뱀은 모래 속에 몸을 묻을 때 생존 확률을 높일 수 있다.

14

2019 지방직 9급

다음 글에서 추론한 바로 적절하지 않은 것은?

우리는 도시화, 산업화, 고도성장 과정에서 우리 경제의 뒷방살이 신세로 전락한 한국 농업의 새로운 가치에 주목해야 한다. 농업은 경제적 효율성이 뒤처져서 사라져야 할 사양 산업이 아니다. 전 지구적인 기후 변화와 식량 및 에너지 등 자원 위기에 대응하여 나라와 생명을 살릴 미래 산업으로서 농업의 전략적 가치가 크게 부각되고 있다. 농본주의의 기치를 앞세우고 농업 르네상스 시대의 재연을 통해 우리 경제가 당면한 불확실성의 터널을 벗어나야 한다.

우리는 왜 이런 주장을 하는가? 농업은 자원 순환적이고 환경 친화적인 산업이기 때문이다. 땅의 생산력에 기초해서 한계적 노동력을 고용하는 지연(地緣) 산업인 동시에 식량과 에너지를 생산하는 원천적인 생명 산업이기 때문이다. 물질적인 부의 극대화를 위해서 한 지역의 자원을 개발하여 이용한 뒤에 효용 가치가 떨어지면 다른 곳으로 이동하는 유목민적 태도가 오늘날 위기를 낳고 키워 왔는지 모른다. 급변하는 시대의 흐름에 부응하지 못하는 구시대의 경제 패러다임으로는 오늘날의 역사에 동승하기 어렵다. 이런 맥락에서, 지키고 가꾸어 후손에게 넘겨주는 정주민의 문화적 지속성을 존중하는 농업의 가치가 새롭게 조명받는 이유에 주목할 만하다. 과학 기술의 눈부신 발전 성과를 수용하여 새로운 상품과 시장을 창출할 수 있는 녹색 성장 산업으로서 농업의 잠재적 가치가 중시되고 있는 것이다.

① 고도성장을 도모하는 경제 정책을 추진하는 과정에서 농업 중심의 경제 패러다임을 지양하였다.
② 효율성을 중요한 가치로 내세우는 경제 시스템은 미래 사회를 대비하는 데 한계가 있다.
③ 유목 생활을 하는 민족에 비해 정주 생활을 하는 민족이 농업의 가치 증진에 더 기여할 수 있다.
④ 녹색 성장 산업으로서 농업의 효용성을 드높이기 위해서 과학 기술의 부작용을 성찰할 필요가 있다.

15

2020 지방직(= 서울시) 9급

다음 글을 통해 추론할 수 없는 것은?

자신의 신념과 일치하는 정보는 받아들이고 그렇지 않은 정보는 무시하는 경향을 확증 편향(confirmation bias)이라 한다. 자신의 믿음이나 견해와 일치하는 정보는 수용하고 그에 반대되는 정보는 무시하거나 부정하는 심리 경향이다. 사회 심리학자인 로버트 치알디니는 자신이 가진 기존의 견해와 일치하는 정보는 두 가지 이점을 가지고 있다고 한다. 첫째, 그러한 정보는 어떤 문제에 대해 더 이상 고민하지 않고 마음의 휴식을 취할 수 있게 해준다. 둘째, 그러한 정보는 우리를 추론의 결과에서 자유롭게 해준다. 즉 추론의 결과 때문에 행동을 바꿔야 할 필요가 없다. 첫째는 생각하지 않게 하고, 둘째는 행동하지 않게 함을 말한다.

일례로 특정 정치 성향을 가진 사람들을 대상으로 조사했을 때, 사람들은 반대당 후보의 주장에서는 모순을 거의 완벽하게 찾은 반면, 지지하는 당 후보의 주장에서는 모순을 절반 정도만 찾아냈다. 이 판단의 과정을 자기 공명 영상 장치로도 촬영했다. 그 결과, 자신이 동의하지 않는 정보를 접했을 때는 뇌 회로가 활성화되지 않았고, 자신이 동의하는 주장을 접했을 때는 긍정적인 반응을 보이면서 뇌 회로가 활성화되는 것을 확인할 수 있었다.

① 사람에게는 자신의 신념이나 행동을 바꾸려 하지 않는 경향이 있나.
② 사람에게는 정보를 객관적으로 판단하지 못하는 심리적 특성이 있다.
③ 사람에게는 지지자들의 말만을 듣고 자기 신념을 강화하는 경향이 있다.
④ 사람에게는 새로운 정보를 접했을 때 심리적 불안을 느끼는 특성이 있다.

16

2021 지방직(= 서울시) 9급

다음 글의 내용과 부합하는 것은?

미국의 어머니들은 자녀와 함께 놀이를 할 때 특정 사물에 초점을 맞추고 그 사물의 속성을 아이들에게 가르친다. 사물의 속성 자체에 관심을 기울이도록 훈련받은 아이들은 스스로 독립적인 행동을 하도록 교육받는다. 미국에서는 아이들에게 의사소통을 가르칠 때 자신의 생각을 분명하게 표현하고 말하는 사람의 입장에서 대화에 임해야 하며, 대화 과정에서 오해가 발생하면 그것은 말하는 사람의 잘못이라고 강조한다.

반면에 일본의 어머니들은 대상의 '감정'에 특별히 신경을 써서 가르친다. 특히 자녀가 말을 안 들을 때에 그러하다. 예를 들어 "네가 밥을 안 먹으면, 고생한 농부 아저씨가 얼마나 슬프겠니?", "인형을 그렇게 던져 버리다니, 저 인형이 울잖아. 담장도 아파하잖아." 같은 말들로 꾸중하는 모습을 자주 볼 수 있다. 다른 사람과의 관계에 초점을 맞춘 훈련을 받은 아이들은 자신의 생각을 드러내기보다는 행동에 영향을 받는 다른 사람들의 감정을 미리 예측하도록 교육받는다. 곧 일본에서는 아이들에게 듣는 사람의 입장에서 말할 것을 강조한다.

① 미국의 어머니는 듣는 사람의 입장, 일본의 어머니는 말하는 사람의 입장을 강조한다.
② 일본의 어머니는 사물의 속성을 아는 것이 관계를 아는 것보다 더 중요하다고 생각한다.
③ 미국의 어머니는 어떤 일을 있는 그대로 보지 말고 이면에 있는 감정을 읽어야 한다고 생각한다.
④ 미국의 어머니는 자녀가 독립적인 행동을 하도록 교육하며, 일본의 어머니는 자녀가 타인의 감정을 예측하도록 교육한다.

17

2021 국가직 9급

㉠~㉤의 전개 순서로 가장 자연스러운 것은?

> 폭설, 즉 대설이란 많은 눈이 시간적, 공간적으로 집중되어 내리는 현상을 말한다.
> ㉠ 그런데 눈은 한 시간 안에 5cm 이상 쌓일 수 있어 순식간에 도심 교통을 마비시키는 위력을 가지고 있다.
> ㉡ 또한, 경보는 24시간 신적설이 20cm 이상 예상될 때이다.
> ㉢ 다만, 산지는 24시간 신적설이 30cm 이상 예상될 때 발령된다.
> ㉣ 이때 대설의 기준으로 주의보는 24시간 새로 쌓인 눈이 5cm 이상이 예상될 때이다.
> ㉤ 이뿐만 아니라 운송, 유통, 관광, 보험을 비롯한 서비스 업종과 사회 전반에 영향을 미친다.

① ㉠-㉤-㉡-㉢-㉣
② ㉠-㉣-㉤-㉢-㉡
③ ㉣-㉡-㉢-㉠-㉤
④ ㉣-㉠-㉤-㉢-㉡

18

2017 민경채

다음 세 진술이 모두 거짓일 때, 유물 A~D 중에서 전시되는 유물의 총 개수는?

> • A와 B 가운데 어느 하나만 전시되거나, 둘 중 어느 것도 전시되지 않는다.
> • B와 C 중 적어도 하나가 전시되면, D도 전시된다.
> • C와 D 어느 것도 전시되지 않는다.

① 0개 ② 1개
③ 2개 ④ 3개

19

2017 민경채

다음 글의 A의 가설을 약화하는 것만을 〈보기〉에서 모두 고르면?

> 얼룩말의 얼룩무늬가 어떻게 생겨났는지는 과학계의 오랜 논쟁거리다. 월러스는 “얼룩말이 물을 마시러 가는 해질녘에 보면 얼룩무늬가 위장 효과를 낸다.”라고 주장했지만, 다윈은 “눈에 잘 띌 뿐”이라며 그 주장을 일축했다. 검은 무늬는 쉽게 더워져 공기를 상승시키고 상승한 공기가 흰 무늬 부위로 이동하면서 작은 소용돌이가 일어나 체온조절을 돕는다는 가설도 있다. 위험한 체체파리나 사자의 눈에 얼룩무늬가 잘 보이지 않는다거나, 고유의 무늬 덕에 얼룩말들이 자기 무리를 쉽게 찾는다는 견해도 있다.
>
> 최근 A는 실험을 토대로 새로운 가설을 제시했다. 그는 얼룩말과 같은 속(屬)에 속하는 검은 말, 갈색 말, 흰 말을 대상으로 몸통에서 반사되는 빛의 특성을 살펴보았다. 검정이나 갈색처럼 짙은 색 몸통에서 반사되는 빛은 수평 편광으로 나타났다. 수평 편광은 물 표면에서 반사되는 빛의 특성이기도 한데, 물에서 짝짓기를 하고 알을 낳는 말파리가 아주 좋아하는 빛이다. 편광이 없는 빛을 반사하는 흰색 몸통에는 말파리가 훨씬 덜 꼬였다. A는 몸통 색과 말파리의 행태 간에 상관관계가 있다고 생각하고, 말처럼 생긴 일정 크기의 모형에 검은색, 흰색, 갈색, 얼룩무늬를 입힌 뒤 끈끈이를 발라 각각에 말파리가 얼마나 꼬이는지를 조사했다. 이틀간의 실험 결과 검은색 말 모형에는 562마리, 갈색에는 334마리, 흰색에 22마리의 말파리가 붙은 데 비해 얼룩무늬를 가진 모형에는 8마리가 붙었을 뿐이었다. 이것은 실제 얼룩말의 무늬와 유사한 얼룩무늬가 말파리를 가장 덜 유인한다는 결과였다. A는 이를 바탕으로 얼룩말의 얼룩무늬가 말의 피를 빠는 말파리를 피하는 방향으로 진행된 진화의 결과라는 가설을 제시했다.

〈보기〉

> ㄱ. 실제 말에 대한 말파리의 행동반응이 말 모형에 대한 말파리의 행동반응과 다르다는 연구결과
> ㄴ. 말파리가 실제로 흡혈한 피의 99% 이상이 검은색이나 진한 갈색 몸통을 가진 말의 것이라는 연구결과
> ㄷ. 얼룩말 고유의 무늬 때문에 초원 위의 얼룩말이 사자 같은 포식자 눈에 잘 띈다는 연구결과

① ㄱ ② ㄷ
③ ㄱ, ㄴ ④ ㄴ, ㄷ

20

2018 민경채

다음 글의 내용이 참일 때, 가해자인 것이 확실한 사람(들)과 가해자가 아닌 것이 확실한 사람(들)의 쌍으로 적절한 것은?

폭력 사건의 용의자로 A, B, C가 지목되었다. 조사 과정에서 A, B, C가 각각 〈아래〉와 같이 진술하였는데, 이들 가운데 가해자는 거짓만을 진술하고 가해자가 아닌 사람은 참만을 진술한 것으로 드러났다.

〈아래〉

A: 우리 셋 중 정확히 한 명이 거짓말을 하고 있다.
B: 우리 셋 중 정확히 두 명이 거짓말을 하고 있다.
C: A, B 중 정확히 한 명이 거짓말을 하고 있다.

	가해자인 것이 확실	가해자가 아닌 것이 확실
①	A	C
②	B	없음
③	B	A, C
④	A, C	B

기출 품은 모의고사 | 5회

제한시간: 25분 ■ 시작시간: : ■ 종료시간: : 정답과 해설 ▶ P.37 ~ P.41

01

밑줄 친 부분을 〈공공언어 바로 쓰기 원칙〉에 따라 수정한 것으로 적절하지 않은 것은?

〈공공언어 바로 쓰기 원칙〉

㉠ 외국어 번역투를 순화하여 표현할 것
㉡ 맞춤법에 맞게 정확하게 표현할 것
㉢ 잉여적 표현을 피할 것
㉣ 부적절한 한자어들을 순화하여 표현할 것

① ㉠: '우리 기관은 의료 지원에 있어 본인 일부 부담제를 도입합니다.'에서 '의료 지원에 있어'를 '의료 지원에'로 수정한다.
② ㉡: '출연자는 로비나 외부로 출입을 삼가하여 주십시오.'에서 '삼가하여 주십시오'를 '삼가 주십시오'로 수정한다.
③ ㉢: '정기 대관 신청 승인 및 계약 안내 알림'에서 '안내 알림'을 '알림'으로 수정한다.
④ ㉣: '물품을 반출하려면 담당 직원에게 허가를 받아야 합니다.'에서 '반출하려면'을 '들이려면'으로 수정한다.

02

2020 6월 모의고사 변형

〈보기〉의 ㉠~㉢에 들어갈 말로 적절한 것은?

〈보기〉

중세 국어에서는 의문문의 종류에 따라 종결 어미나 보조사가 달리 쓰인다. 예를 들면 용언의 어간에 어미가 결합하여 서술어가 될 때 단순히 긍정이나 부정의 대답을 요구하는 판정 의문문에서는 종결 어미 '-녀', 어떤 사실에 대한 일정한 설명을 요구하는 설명 의문문에서는 종결 어미 '-뇨'가 쓰인다. 반면, 체언에 보조사가 결합하여 서술어가 될 때 판정 의문문에서는 보조사 '가', 설명 의문문에서는 보조사 '고'가 쓰인다. 그런데 주어가 2인칭일 때에는 의문문의 종류와 관계없이 종결 어미 '-ㄴ다'가 쓰인다. 중세 국어 의문문의 예는 아래와 같다.

• 이 일후미 [㉠]
  [이 이름이 무엇인가?]
• 네 엇뎨 아니 [㉡]
  [네가 어찌 안 가는가?]
• 그듸ᄂᆞᆫ 보디 [㉢]
  [그대는 보지 않는가?]

	㉠	㉡	㉢
①	므스고	가ᄂᆞ뇨	아니ᄒᆞᄂᆞᆫ다
②	므스고	가ᄂᆞᆫ다	아니ᄒᆞᄂᆞᆫ다
③	므스고	가ᄂᆞ뇨	아니ᄒᆞᄂᆞ녀
④	므스가	가ᄂᆞᆫ다	아니ᄒᆞᄂᆞᆫ다

03

2015 9월 모의고사 변형

다음은 '한글 맞춤법'의 일부를 정리한 것이다. 이와 관련한 내용으로 적절한 것은?

[제19항]
㉠ 어간에 '-이'가 붙어서 명사로 된 것과 '-이'가 붙어서 부사로 된 것은 그 어간의 원형을 밝히어 적는다.
예 먹이, 굳이, 같이

[제25항]
㉡ '-하다'가 붙는 어근에 '-히'나 '-이'가 붙어서 부사가 되는 경우에는 그 어근의 원형을 밝히어 적는다.
예 꾸준히, 깨끗이

① '급히 떠나다'의 '급히'는 ㉠의 '굳이'를 표기할 때 적용된 규정을 따른 것이군.
② '길이가 길다'의 '길이'는 ㉠의 '먹이'를 표기할 때 적용된 규정과 다른 것이군.
③ '고요히 길을 걸었다'의 '고요히'는 ㉡의 '꾸준히'를 표기할 때 적용된 규정을 따른 것이군.
④ '깊이 파다'의 '깊이'는 ㉡의 '깨끗이'를 표기할 때 적용된 규정을 따른 것이군.

04

2022 국가직 9급

다음 대화에서 나타난 '지민'의 의사소통 방식으로 가장 적절한 것은?

정수: 지난번에 너랑 같이 들었던 면접 전략 강의가 정말 유익했어.
지민: 그랬어? 나도 그랬는데.
정수: 특히 아이스크림 회사의 면접 내용이 도움이 많이 됐어.
지민: 맞아. 그중에서도 두괄식으로 답변하라는 첫 번째 내용이 정말 인상적이더라. 핵심 내용을 먼저 말하는 전략이 면접에서 그렇게 효과적일 줄 몰랐어.
정수: 어! 그래? 나는 두 번째 내용이 훨씬 더 인상적이었는데.
지민: 그랬구나. 하긴 아이스크림 매출 증가에 관한 통계 자료를 인용해서 답변한 전략도 설득력이 있었어. 하지만 초두 효과의 효용성도 크지 않을까 해.
정수: 그렇긴 해.

① 자신의 면접 경험을 예로 들어 상대방을 설득하고 있다.
② 상대방의 약점을 공략하며 상대방의 이견을 반박하고 있다.
③ 상대방의 견해를 존중하면서 자신의 의견을 제시하고 있다.
④ 상대방과의 갈등 해소를 위해 자신의 감정을 표현하고 있다.

05

2023 국가직 9급

다음 글을 이해한 내용으로 적절하지 않은 것은?

사람의 '지각과 생각'은 항상 어떤 맥락, 관점 혹은 어떤 평가 기준이나 가정하에서 일어난다. 이러한 맥락, 관점, 평가 기준, 가정을 프레임이라고 한다. 지각과 생각은 인간의 모든 정신 활동을 뜻한다. 따라서 우리의 모든 정신 활동은 진공 상태에서 일어나는 것이 아니라, 어떤 맥락이나 가정하에서 일어난다. 한마디로 우리가 프레임이라는 안경을 쓰고 세상을 보고 있음을 의미한다. 간혹 어떤 사람이 자신은 어떤 프레임의 지배도 받지 않고 세상을 있는 그대로, 객관적으로 본다고 주장한다면, 그 주장은 진실이 아닐 것이다.

① 인간의 정신 활동은 프레임 없이 일어나지 않는다.
② 프레임은 인간이 세상을 바라볼 때 어떤 편향성을 가지게 한다.
③ 인간의 지각과 사고를 확장하는 과정에서 프레임은 극복해야 할 대상이다.
④ 프레임은 인간의 정신 활동에 영향을 미치는 어떤 맥락이나 평가 기준이다.

06

2018 지방직 9급

다음 대화 상황에서 의사소통에 장애가 일어났다고 한다면, 그 이유로 가장 적절한 것은?

교사: 동아리 보고서를 오늘까지 내라고 하지 않았니?
학생1: 네, 선생님. 다정이가 다 가지고 있는데, 아직 안 왔어요.
교사: 이거, 큰일이네. 오늘이 마감인데.
학생1: 그러게요. 큰일이네요. 다정이가 집에도 없는 것 같아요.
학생2: 어떡해? 다정이 때문에 우리 모두 점수 깎이는 거 아니야? 네가 동아리 회장이니까 네가 책임져.
학생1: 아니, 뭐라고? 다정이가 보고서 작성하기로 지난 회의에서 결정한 거잖아.
교사: 자, 그만들 해. 이럴 때가 아니잖아. 어서 빨리 다정이한테 연락이나 해 봐. 지금 누구 잘잘못을 따질 상황이 아니야.
학생3: 제가 다정이 연락처를 아니까 연락해 볼게요.

① 교사가 권위적인 태도로 상황을 무마하려 하고 있다.
② 학생1이 자신의 책임을 면하기 위해 변명으로 일관함으로써 의사소통이 단절되고 있다.
③ 학생2가 대화 맥락을 고려하지 않고 끼어들어 책임을 언급함으로써 갈등이 생겨나고 있다.
④ 학생3이 본질과 관계없는 말을 언급함으로써 상황을 무마하려고 하고 있다.

07

2019 지방직 9급

다음 글쓴이의 입장에 부합하는 것은?

효(孝)가 개인과 가족, 곧 일차적인 인간관계에서 일어나는 행위를 규정한 것이라면, 충(忠)은 가족이 아닌 사람들과의 관계, 곧 이차적인 인간관계에서 일어나는 사회적 행위를 규정한 것이었다. 그런데 언제부터인가 우리는 효를 순응적 가치관을 주입하는 봉건 가부장제 사회의 유습이라고 오해하는가 하면, 충과 효를 동일시하는 오류를 저지르는 경향이 많아졌다. 다음을 보자.

"부모에게 효도하고 형제를 사랑하는 사람은 윗사람의 명령을 거역하는 경우가 드물다. 또 윗사람의 명령을 어기지 않는 사람은 난동을 일으키는 경우도 드물다. 군자는 근본에 힘쓴다. 근본이 확립되면 도가 생기기 때문이다. 효도와 우애는 인(仁)의 근본이다."

위 구절에 담긴 입장을 기준으로 보면 효는 윗사람에 대한 절대 복종으로 연결된다. 곧 종족 윤리의 기본이 되는 연장자에 대한 예우는 물론이고 신분 사회의 엄격한 상하 관계까지 포괄적으로 인정하는 것이다. 하지만 이 구절만을 근거로 효를 복종의 윤리라고 보는 것은 성급한 판단이다. 왜냐하면 원래부터 효란 가족 윤리 또는 종족 윤리로서 사회 윤리였던 충보다 우선시되었을 뿐만 아니라, 유교의 기본 입장은 설사 부모의 명령이라 하더라도 옳고 그름을 가리지 않는 맹목적인 복종은 그 자체가 불효라고 보았기 때문이다.

유교에서는 부모와 자식의 관계가 자연에 의해서 결정된다고 한다. 이 때문에 부모와 자식의 관계는 인위적으로 끊을 수 없다고 본다. 이에 비해 임금과 신하의 관계는 공동의 목표를 위한 관계로서 의리에 의해서 맺어진 관계로 본다. 의리가 맞지 않는다면 언제라도 끊을 수 있다고 생각하는 것이다.

① 효는 봉건 가부장제 사회에서 비롯한 일차적 인간관계이다.
② 효는 부모와 자식 간의 관계이므로 조건 없는 신뢰에 기초한 덕목이다.
③ 윗사람에 대한 복종을 절대시하지 않는 것이 유교적 윤리의 한 바탕이다.
④ 충의 도리를 다함으로써 효의 도리에 도달할 수 있다는 것이 인의 이치다.

08

2018 국가직 9급

다음 글의 중심 내용으로 가장 적절한 것은?

'언문'은 실용 범위에 제약이 있었는데, 이런 현실은 '언간'에도 적용된다. '언간' 사용의 제약은 무엇보다 이것을 주고받은 사람의 성별(性別)에서 뚜렷이 드러난다. 15세기 후반 이래로 숱한 언간이 현전하지만 남성 간에 주고받은 언간은 찾아보기 어렵다. 이는 남성 간에는 한문 간찰이 오간 때문이나 남성이 공적인 영역을 독점했던 당시의 현실을 감안하면 '언문'이 공식성을 인정받지 못했던 사실과 상통한다. 결국 조선시대에는 언간의 발신자나 수신자 어느 한쪽으로 반드시 여성이 관여하는 특징을 보인다고 할 수 있다.

이러한 사용자의 성별 특징으로 인하여 종래 '언간'은 '내간'으로 일컬어지기도 하였다. 그러나 이러한 명칭 때문에 내간이 부녀자만을 상대로 하거나 부녀자끼리만 주고받은 편지로 오해되어서는 안 된다. 16, 17세기의 것만 하더라도 수신자는 왕이나 사대부를 비롯하여 한글 해독 능력이 있는 하층민에 이르기까지 거의 전 계층의 남성이 될 수 있었기 때문이다. 한문 간찰이 사대부 계층 이상 남성만의 전유물이었다면 언간은 특정 계층에 관계없이 남녀 모두의 공유물이었다고 할 수 있다.

① 조선시대에는 언간의 발신자나 수신자 어느 한쪽으로 반드시 여성이 관여하는 특징을 보인다.
② 언간은 특정 계층과 성별에 관계없이 이용된 의사소통 수단이었다.
③ 사용자의 성별 특징으로 인해 '언간'은 '내간'으로 일컬어졌다.
④ '언문'과 마찬가지로 '언간'의 실용 범위에는 제약이 있었다.

09

2019 국가직 9급

다음 글의 글쓰기 전략으로 볼 수 없는 것은?

고전파 음악은 어떤 음악인가? 서양 음악의 뿌리는 종교 음악에서 비롯되었다. 바로크 시대까지는 음악이 종교에 예속되어 있었으며, 음악가들 또한 종교에 예속되어 있었다. 고전파는 이렇게 종교에 예속되었던 음악을, 음악을 위한 음악으로 정립하려는 예술 운동에서 출발하였다. 따라서 종레의 신을 위한 음악에서 탈피해 형식과 내용의 일체화를 꾀하고 균형 잡힌 절대 음악을 추구하였다. 즉 '신'보다는 '사람'을 위한 음악, '음악'을 위한 음악을 이루어 나가겠다는 굳은 결의를 보여 준 것이다.

또한 고전파 음악은 음악적 형식과 내용의 완숙을 이룬 음악이기도 하다. 이 시기에는 하이든, 모차르트, 베토벤 등 음악의 역사에서 가장 위대한 작곡가들이 배출되기도 하였다. 이때에는 성악이 아닌 기악만으로도 음악이 가능하게 되었으며, 교향곡의 기본을 이루는 소나타 형식이 완성되었다. 특히 옛 그리스나 로마 때처럼보다 정돈된 형식을 가진 음악을 해 보자고 주장하였기에 '옛것에서 배우자는 의미의 고전'과 '청정하고 우아하며 흐림 없음, 최고의 예술적 경지에 다다름으로서의 고전'을 모두 지향하게 되었다.

이렇듯 역사적으로 고전파 음악은 종교의 영역에서 음악 자체의 영역을 확보하였으며 최고 수준의 음악적 내용과 형식을 수립하였다. 고전파 음악이 서양 전통 음악 전체를 대표하게 된 것은 고전파 음악이 이룩한 역사적인 성과에서 비롯된 것일지도 모른다. 따라서 고전 음악의 개념을 이해하기 위해서는 고전파 음악의 성격과 특질에 대한 이해가 선행되어야 할 것이다.

① 고전파 음악이 지닌 음악사적 의의를 밝힌다.
② 고전파 음악의 음악가를 예시하여 이해를 돕는다.
③ 고전파 음악의 특징이 형식과 내용의 분리에 있음을 강조한다.
④ 질문을 통해 화제를 제시함으로써 호기심을 유발한다.

[10~11] 다음 글을 읽고 물음에 답하시오.

(가) 사람들이 모여 집단을 이루면, 그 집단은 완전히 무질서한 상태로 유지되는 것이 아니라, 행동 패턴이 생겨나고 여러 역할들이 정해진다. 아동들도 불과 세 번 정도 만난후부터는 앉는 자리, 가지고 노는 장난감, 활동하는 순서 등이 정해져서 집단의 규칙이 형성된다. 이러한 일련의 패턴을 집단의 사회적 구조라고 부르는데, 그것을 구성하는 주요 요소로는 규범, 역할, 지위를 들 수 있다.

(나) 규범은 집단의 모든 구성원의 행동에 관한 규칙과 기대를 말한다. 이것은 공식적인 집단에서는 토의나 토론과 같은 집단적 의사소통을 통해서 명시적으로 발전하기도 하고, 친구들 사이에서는 비공식적인 관행을 통해서 불문율로 자리 잡기도 한다.

(다) 사이먼(R. Simon)은 중학생 소녀 집단에서 연애에 관한 규범이 어떻게 형성되는지를 연구하였다. 그 결과에 따르면, 그들의 집단 내에서 연애는 중요하지만 인생을 송두리째 바쳐서는 안 된다는 보이지 않는 규범이 자연스럽게 형성되었다.

(라) 역할은 집단 내에서 각자가 마땅히 하여야 할 맡은 바 직책이나 임무에 따른 규칙과 기대이다. 규범이 집단 내 모든 구성원의 행동에 적용된다면, 역할은 해당 직책이나 임무를 맡은 사람에게만 적용된다. 역할은 어떤 집단에서는 계약서를 통해서 공식적으로 정해지기도 하고, 어떤 집단에서는 명시적으로 규정되지 않아 다소 애매한 경우도 있다.

(마) 지위는 집단 구성원의 사회적 위치를 말하는데 집단 내에서 각각의 지위에 부여되는 권위는 서로 동일하지 않다. 예를 들어, 회사의 사장은 가장 높은 지위를 가지고 가장 많은 월급을 받으며 회사의 주요 사안을 결정하는 데 가장 큰 권한을 지닌다. 반면에 비서는 더 낮은 지위를 가지고 더 적은 봉급을 받으며 더 적은 영향력을 지닌다.

10

2016 교육행정직 9급

윗글의 구조로 적절한 것은?

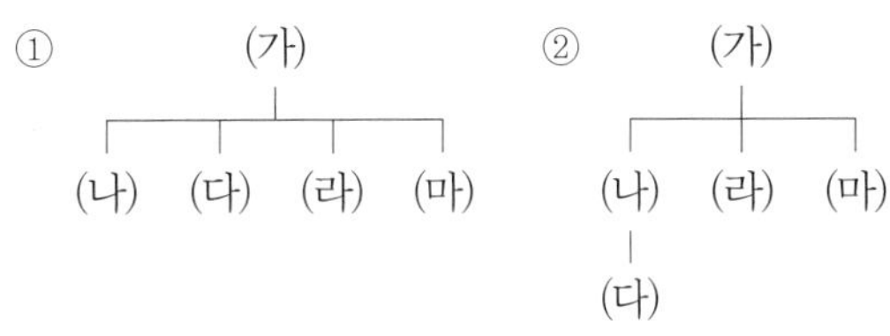

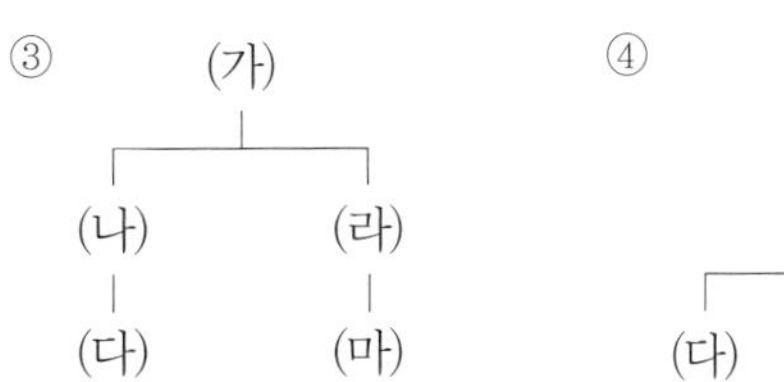

11

2016 교육행정직 9급

윗글의 내용과 일치하는 것은?

① 아동 집단의 사회적 구조는 외부로부터 주어진다.
② 규범은 집단의 모든 구성원의 행동을 이끄는 기제로 작용한다.
③ 역할은 계약서를 통해서만 규정되는 공식적인 규칙이다.
④ 집단 내에서 각각의 지위가 갖는 영향력은 다르지 않다.

12

2022 지방직(= 서울시) 9급

다음 글에서 추론할 수 있는 것만을 〈보기〉에서 모두 고르면?

컴퓨터에는 자유의지가 있을까? 나아가 컴퓨터에 도덕적 의무를 귀속시킬 수 있을까? 컴퓨터는 다양한 전기회로로 구성되어 있고, 물리법칙, 프로그래밍 방식, 하드웨어의 속성 등에 따라 필연적으로 특정한 초기 상태로부터 다음 상태로 넘어간다. 마찬가지로 두 번째 상태에서 세 번째 상태로 이동하고, 이러한 과정이 계속해서 이어진다. 즉 컴퓨터는 결정론적 법칙의 지배를 받는 시스템이라는 것이다. 그럼 이러한 시스템에는 자유의지가 있을까?

결정론적 법칙의 지배를 받는 시스템의 중요한 특징은 주어진 조건에 따라 결과가 하나로 고정된다는 점이다. 다시 말해, 이러한 시스템에는 항상 하나의 선택지만 있을 뿐이다. 그런 뜻에서 결정론적 지배를 받는다는 것과 자유의지를 가진다는 것은 양립할 수 없음이 분명하다. 어떤 선택을 할 때 그것과 다른 선택을 할 수도 있다는 것은 자유의지의 필요조건이기 때문이다. 결국 결정론적 법칙의 지배를 받는 시스템은 자유의지를 가지지 않는다. 또한 자유의지를 가지지 않는 시스템에 도덕적 의무를 귀속시킬 수 없음은 당연하다.

〈보기〉

ㄱ. 컴퓨터는 자유의지를 가지지 않으며 도덕적 의무의 귀속 대상일 수도 없다.
ㄴ. 도덕적 의무를 귀속시킬 수 있는 시스템은 결정론적 법칙의 지배를 받지 않는다.
ㄷ. 어떤 선택을 할 때 그것과 다른 선택을 할 수 없는 시스템은 자유의지를 가지지 않는다.

① ㄱ, ㄴ
② ㄱ, ㄷ
③ ㄴ, ㄷ
④ ㄱ, ㄴ, ㄷ

13

2023 지방직(= 서울시) 9급

다음 글에서 추론한 내용으로 적절하지 않은 것은?

우리는 개별적으로 고립된 채 살아가는 존재일 수 없다. 사회 속에서 여럿이 모여 '복수(複數)'의 상태로 살아갈 수 밖에 없는 존재라는 것이다. 복수의 상태로 살아가는 우리는 종(種)적인 차원에서 보면 보편적이고 동등한 존재이다. 그러나 우리는 각각 유일무이성을 지닌 '단수(單數)'이기도 하다. 즉 모든 인간은 개인으로서 고유한 인격체라는 특수성을 지닌다. 사회 속에서 우리는 보편적 복수성과 특수한 단수성을 겸비한 채 살아가고 있는 셈이다. 바로 이러한 이유로 우리는 다원적 존재이다. 이러한 존재들로 구성된 다원적 사회에서는 어떠한 획일화도 시도되어서는 안 된다. 우리가 이 같은 사회에서 살아가기 위해서는 타인을 포용하는 공존의 태도가 필요하다. 공동체 정화 등을 목적으로 개별적 유일무이성을 제거하는 것은 우리가 살아가는 사회의 다원성을 파괴하는 일이다.

① 우리는 고립된 상태에서 '단수'로 살아가는 존재가 아니다.
② 우리는 다원성을 지닌 존재로서 포용적으로 공존해야 한다.
③ 개인의 유일무이성을 보존하려는 제도는 개인의 보편적 복수성을 침해한다.
④ 개인의 특수한 단수성을 제거하려는 시도는 사회의 다원성을 파괴하는 결과로 이어질 수 있다.

14

2020 국가직 9급

다음 글을 바탕으로 ㉠을 이해할 때 가장 적절한 것은?

나는 ㉠ '연극에서의 관객의 공감'에 대해 강연한 일이 있다. 나는 관객이 공감하는 것을 직접 보여 주려고 시도했다. 먼저 나는 자원자가 있으면 나와서 배우처럼 읽어 주기를 청했다. 그리고 청중에게는 연극의 관객이 되어 들어 달라고 했다. 한 사람이 앞으로 나왔다. 나는 그에게 아우슈비츠를 소재로 한 드라마의 한 장면이 적힌 종이를 건네주었다. 자원자가 종이를 받아들고 그것을 훑어볼 때 청중들은 어수선했다. 그런데 자원자의 입에서 떨어진 첫 대사는 끔찍한 내용이었다. 아우슈비츠에 관한 적나라한 증언은 너무나 충격적이어서 청중들은 완전히 압도되었다. 자원자는 청중들의 얼어붙은 듯한 침묵 속에서 낭독을 계속했다. 자원자의 낭독은 세련되지도 능숙하지도 않았다. 그러나 관객들의 열렬한 공감을 이끌어 냈다. 과거 역사가 현재의 관객들에게 생생하게 공감되었다.

이것이 끝나고 이번에는 강연장에 함께 갔던 전문 배우에게 셰익스피어의 희곡 「헨리 5세」에서 발췌한 대사를 낭독해 달라고 부탁했다. 그 대본은 400년 전 아쟁쿠르 전투(백년 전쟁 당시 벌어졌던 영국과 프랑스의 치열한 전투)에서 처참하게 사망한 자들의 명단과 그 숫자를 나열한 것이었다. 그는 셰익스피어의 위대한 희곡임을 알아 보자 품위 있고 고풍스럽게 큰 목소리로 낭독했다. 그는 유려한 어조로 전쟁에서 희생된 이들의 이름을 읽어 내려갔다. 그러나 청중들은 듣는 둥 마는 둥 했다. 갈수록 청중들은 낭독자 따위는 안중에도 없다는 듯이 행동했다. 그들에게 아쟁쿠르 전투는 공감할 수 없는 것으로 분리된 것 같아 보였다. 앞서의 경우와는 전혀 다른 반응이었다.

① 배우의 연기력이 관객의 공감을 좌우한다.
② 비참한 죽음을 다룬 비극적인 소재는 관객의 공감을 일으킨다.
③ 훌륭한 고전이라고 해서 항상 청중의 공감을 불러일으킬 수 있는 것은 아니다.
④ 현재와 가까운 역사적 사실을 극화했다고 해서 관객의 공감 가능성이 커지지는 않는다.

15

2021 국가직 9급

다음 글의 설명 방식으로 적절하지 않은 것은?

빛 공해란 인공조명의 과도한 빛이나 조명 영역 밖으로 누출되는 빛이 인간의 건강하고 쾌적한 생활을 방해하거나 환경에 피해를 주는 상태를 말한다. 국제 과학 저널인 『사이언스 어드밴스』의 '전 세계 빛 공해 지도'에 따르면, 우리나라는 빛 공해가 심각한 국가이다. 빛 공해는 멜라토닌 부족을 초래해 인간에게 수면 부족과 면역력 저하 등의 문제를 유발하고, 농작물의 생산량 저하, 생태계 교란 등의 문제를 일으킨다.

① 빛 공해의 정의를 제시하고 있다.
② 빛 공해의 주요 요인인 인공조명의 누출 원인을 제시하고 있다.
③ 자료를 인용하여 빛 공해가 심각한 국가로 우리나라를 제시하고 있다.
④ 사례를 들어 빛 공해의 악영향을 제시하고 있다.

16

2023 국가직 9급

다음 글에서 추론한 내용으로 가장 적절한 것은?

> 공포의 상태와 불안의 상태를 구분하는 것은 쉽지 않다. 왜냐하면 두 감정을 함께 느끼거나 한 감정이 다른 감정을 유발할 때가 많기 때문이다. 가령, 무시무시한 전염병을 목도하고 공포에 빠진 사람은 자신도 언젠가 그 병에 걸릴지 모른다는 불안 상태에 빠지게 된다. 이처럼 두 감정은 서로 밀접하게 얽혀 있다는 점에서 혼동하기 쉽다. 하지만 두 감정을 야기한 원인을 따져 보면 두 감정을 명확하게 구분할 수 있다. 공포는 실재하는 객관적 위협에 의해 야기된 상태를 의미하고, 불안은 현재 발생하지 않았으며 미래에 일어날지 모르는 불명확한 위협에 의해 야기된 상태를 의미한다. 공포와 불안의 감정은 둘 다 자아와 관련되어 있지만 여기에서도 차이를 찾을 수 있다. 공포를 느끼는 것은 '나 자신'이 위험한 상황에 놓여 있다는 사실을 아는 것이고, 불안의 경험은 '나 자신'이 위해를 입을까 봐 걱정하는 것이다.

① 자신이 처한 위험한 상황을 정확히 인식하는 경우에는 공포감에 비해 불안감이 더 크다.

② 전기·가스 사고가 날까 두려워 외출하지 못하는 사람은 불안한 상태에 있는 것이다.

③ 시험에 불합격할 수 있다는 생각에 사로잡힌 사람은 공포감에 빠져 있는 것이다.

④ 과거에 큰 교통사고를 경험한 사람은 공포감은 크지만 불안감은 작다.

17

2022 국가직 9급

다음 글의 전개 순서로 가장 자연스러운 것은?

> (가) 이 기관을 잘 수리하여 정련하면 그 작동도 원활하게 될 것이요, 수리하지 아니하여 노둔해지면 그 작동도 막혀 버릴 것이니 이런 기관을 다스리지 아니하고야 어찌 그 사회를 고취하여 발달케 하리오.
>
> (나) 이러므로 말과 글은 한 사회가 조직되는 근본이요, 사회 경영의 목표와 지향을 발표하여 그 인민을 통합시키고 작동하게 하는 기관과 같다.
>
> (다) 말과 글이 없으면 어찌 그 뜻을 서로 통할 수 있으며, 그 뜻을 서로 통하지 못하면 어찌 그 인민들이 서로 이어져 번듯한 사회의 모습을 갖출 수 있으리오.
>
> (라) 그뿐 아니라 그 기관은 점점 녹슬고 상하여 필경은 쓸 수 없는 지경에 이를 것이니 그 사회가 어찌 유지될 수 있으리오. 반드시 패망을 면하지 못할지라.
>
> (마) 사회는 여러 사람이 그 뜻을 서로 통하고 그 힘을 서로 이어서 개인의 생활을 경영하고 보존하는 데에 서로 의지하는 인연의 한 단체라.
>
> – 주시경, 「대한국어문법 발문」에서 –

① (마) – (가) – (다) – (나) – (라)

② (마) – (가) – (라) – (다) – (나)

③ (마) – (다) – (가) – (라) – (나)

④ (마) – (다) – (나) – (가) – (라)

18

2021 국가직 5급

다음 글의 ㉠~㉤에 대한 판단으로 적절한 것은?

어떤 음성이나 부호가 무의미하다는 것은 '드룰'이나 '며문'과 같은 무의미한 음절들처럼 단순히 의미를 결여했다는 것으로 여겨진다. 그런데 철학자 A는 ㉠ 모든 의미 있는 용어는 그 용어가 지칭하는 대상이 존재한다고 여긴다. 그는 '비물질적 실체'와 같은 용어는 의미가 없다고 주장하는데, 그 이유는 오직 물질적 실체만이 존재하며 ㉡ '비물질적 실체'라는 용어가 지칭하는 대상이 존재하지 않는다는 것이다.

이에 철학자 B는 A의 입장이 터무니없다고 주장한다. ㉢ '비물질적 실체'라는 용어가 의미가 없다면, 우리는 비물질적 실체가 존재하는가에 대해 긍정도 부정도 할 수 없다. 그러나 ㉣ 우리는 그것이 존재하는가에 대해 긍정이나 부정을 할 수 있다. 실제로 ㉤ 우리의 어휘 중에는 의미를 지니고 그것이 지칭하는 대상이 존재하지 않는 용어들이 있다. 이 세상에 오직 물질적 실체만이 존재해서 비물질적 실체가 존재하지 않더라도 '비물질적 실체'라는 용어가 의미가 없다는 것은 지나친 주장이다.

① ㉠이 참이면, ㉤이 반드시 참이다.
② ㉠과 ㉢이 참이면, ㉤이 반드시 참이다.
③ ㉢과 ㉤이 참이면, ㉣이 반드시 거짓이다.
④ ㉠, ㉢, ㉣이 참이면, ㉡이 반드시 거짓이다.

19

2021 국가직 5급

다음 글의 〈논증〉을 강화하는 것만을 〈보기〉에서 모두 고르면?

우리에게는 어떤 행위를 해야만 하는지에 관한 도덕적 의무가 있는 것으로 보인다. 그럼, 어떤 믿음을 믿어야만 하는지에 관한 인식적 의무도 있을까? 이 물음을 해결하기 위해 먼저 도덕적 의무에 대해 생각해 보자. 우리가 어떤 행위 A에 대해 도덕적 의무를 갖는다면 우리는 A를 자신의 의지만으로 행할 수 있어야 한다. 물론 A는 행하기 힘든 것일 수도 있고, A를 행하지 않고 다른 행위를 했다고 비난받을 수도 있다. 그러나 우리에게 그 행위를 행할 능력이 아예 없다면 우리는 그 행위에 대해 의무를 갖지 않을 것이다. 인식적 의무의 경우도 마찬가지이다. 우리가 어떤 믿음에 대해 옳고 그름을 판단해야 하는 인식적 의무를 갖는다면 우리는 의지만으로 그 믿음을 가질 수도 있고 갖지 않을 수도 있어야 한다. 우리가 그 믿음을 갖는다면 인식적 의무를 다한 것이고, 갖지 않는다면 인식적 의무를 다하지 않은 것이다. 이런 생각에 기초해 우리에게 인식적 의무가 없다는 것을 다음과 같이 논증할 수 있다.

〈논증〉

전제 1: 만약 우리에게 인식적 의무가 있다면, 종종 우리는 자신의 의지만으로 어떤 믿음을 가질지 정할 수 있다.
전제 2: 대부분의 경우 우리는 자신의 의지만으로 결코 어떤 믿음을 가질지 정할 수 없다.
결론: 우리에게 인식적 의무가 없다.

〈보기〉

ㄱ. 인간에게 인식적 의무가 없다는 것과 어떤 경우에는 자신의 의지만으로 어떤 믿음을 가질지 정할 수 있다는 것은 양립할 수 없다. 가령 내 의지만으로 오늘 눈이 온다고 믿을 수 있다면, 그 믿음을 가져야 하는지 그렇게 하지 않아도 되는지를 나는 구분해야 한다.

ㄴ. 내 의지로는 믿고 싶지 않음에도 불구하고 믿을 수밖에 없는 경우들이 있다. 가령 나의 가장 친한 친구가 나의 차를 훔쳤다는 것을 증명하는 강력한 증거를 내가 확보했다고 하자. 이러한 상황에서 나는 나의 가장 친한 친구가 나의 차를 훔쳤다는 것을 믿고 싶지 않겠지만 결국 믿을 수밖에 없다. 왜냐하면 나에게는 그것을 증명하는 강력한 증거가 있기 때문이다.

ㄷ. 인간에게 인식적 의무가 있다는 것과 항상 우리가 자신의 의지만으로 어떤 믿음을 가질지 정할 수 있다는 것은 양립할 수 없다. 가령 오늘 나의 우울한 감정을 해소하기 위해 다음 주에 승진한다는 믿음을 가질 수 있다는 주장과 그러한 믿음에 대해 옳고 그름을 따져야 한다는 주장이 동시에 참일 수는 없다.

① ㄱ ② ㄴ ③ ㄱ, ㄴ ④ ㄱ, ㄷ

20

2021 국가직 5급

다음 글의 내용이 참일 때, 반드시 참인 것만을 〈보기〉에서 모두 고르면?

> 도청에서는 올해 새로 온 수습사무관 7명 중 신청자를 대상으로 요가 교실을 운영할 계획이다. 규정상 신청자가 3명 이상일 때에만 요가 교실을 운영한다. 새로 온 수습사무관 A, B, C, D, E, F, G와 관련해 다음과 같은 사실이 알려져 있다.
>
> • F는 신청한다.
> • C가 신청하면 G가 신청한다.
> • D가 신청하면 F는 신청하지 않는다.
> • A나 C가 신청하면 E는 신청하지 않는다.
> • G나 B가 신청하면 A나 D 중 적어도 한 명이 신청한다.

〈보기〉

ㄱ. 요가 교실 신청자는 최대 5명이다.
ㄴ. G와 B 중 적어도 한 명이 신청하는 경우에만 요가 교실이 운영된다.
ㄷ. A가 신청하지 않으면 F를 제외한 어떤 수습사무관도 신청하지 않는다.

① ㄱ　　② ㄷ
③ ㄱ, ㄴ　　④ ㄴ, ㄷ

기출 품은 모의고사 | 6회

제한시간: 25분 ■시작시간: : ■종료시간: :

정답과 해설 ▶ P.42~P.46

01

밑줄 친 부분을 〈공공언어 바로 쓰기 원칙〉에 따라 수정한 것으로 적절하지 않은 것은?

〈공공언어 바로 쓰기 원칙〉

㉠ 외국어 번역투를 순화하여 표현할 것
㉡ 맞춤법에 맞게 정확하게 표현할 것
㉢ 띄어쓰기에 맞게 정확하게 표현할 것
㉣ 부적절한 한자어들을 순화하여 표현할 것

① ㉠: '우리 기관의 직원들에 대한 설문 조사를 하였습니다.'에서 '직원들에 대한'을 '직원들에게'로 수정한다.
② ㉡: '두 나라의 미래지향적인 사항들을 구체화하기로 합의하였습니다.'에서 '구체화하기로'를 '구체화시키기로'로 수정한다.
③ ㉢: '계약 체결후 5일 이내에 계약보증금을 납부해야 합니다.'에서 '계약 체결후'를 '계약 체결 후'로 수정한다.
④ ㉣: '결론을 도출하기 어려운 경우가 있을 수 있습니다.'에서 '도출하기'를 '이끌어 내기'로 수정한다.

02

2022 수능 예시 지문 활용

다음 글을 읽고 추론한 내용으로 옳지 않은 것은?

둘 이상의 어근이 결합하여 형성된 단어를 합성어라고 한다. 합성어를 구성하는 어근들 간의 의미 관계에 따르면, 합성어는 대등 합성어와 종속 합성어로 나뉜다. 대등 합성어는 '높푸르다'처럼 두 어근의 의미가 동등한 관계를 보이는 합성어이다. 종속 합성어는 '산나물'처럼 선행 어근이 후행 어근을 의미상 수식하는 합성어이다. 대등 합성어와 종속 합성어는 합성어를 구성하는 어근들의 의미만으로 이들 합성어의 의미를 대체로 파악할 수 있다. 한편 어근들의 의미만으로는 합성어의 의미를 파악하기 어려워, 합성어를 구성하는 어근들 간의 의미 관계를 따지기 힘든 합성어를 융합 합성어라고 한다. 예를 들어, '가위바위보'는 '손을 내밀어 그 모양에 따라 순서나 승부를 정하는 방법'이라는 의미를 가지므로 융합 합성어이다.

그런데 여러 의미를 가지는 합성어는 그 의미에 따라 서로 다른 합성어의 유형에 속하는 경우도 있다. 가령 '찬밥'은 '지은 지 오래되어 식은 밥'이라는 의미를 가질 때에는 종속 합성어이고, '중요하지 아니한 하찮은 인물이나 사물'이라는 의미를 가질 때에는 융합 합성어이다.

① '비빔밥'은 종속 합성어의 예가 된다.
② '날뛰다'는 두 어근의 의미가 동등한 관계를 보이는 합성어이다.
③ '밤낮'은 서로 다른 합성어의 유형에 속하지 않는 단어이다.
④ '춘추'는 융합 합성어의 예가 된다.

03

2014 9월 모의고사 변형

다음은 표준 발음에 관한 인터넷 게시판의 질문과 답변이다. (가)에 들어갈 내용으로 적절한 것은?

> 질문: '앞앞이'는 [아바피]로 발음하는 게 맞나요? 같은 받침 'ㅍ'인데 [ㅍ]과 [ㅂ]으로 그 발음이 달라지는 이유가 궁금해요.
>
> 답변: '앞앞' 뒤에 모음으로 시작되는 형식 형태소(실제 의미를 가지고 있지 않고 문장에서 문법적 역할만 하는 경우)가 올 때는 마지막 받침 'ㅍ'을 ㉠ 제 음가대로 뒤 음절의 첫소리로 옮겨 발음합니다. 반면, '앞'과 '앞'이 결합한 '앞앞'처럼 받침이 있는 말 뒤에 모음 'ㅏ, ㅓ, ㅗ, ㅜ, ㅟ'들로 시작되는 실질 형태소(실제 의미를 가지고 문장에서 어휘적 의미의 역할을 하는 경우)가 오게 되면 그 받침을 ㉡ 대표음으로 바꾸어서 뒤 음절의 첫소리로 옮겨 발음합니다. 그래서 '앞앞이'는 [아바피]로 발음됩니다. ㉠과 ㉡에 해당하는 구체적인 예를 살펴보면 다음과 같습니다.
>
> (가)

① '무릎이야'는 ㉠에 해당하고 '무릎 아래'는 ㉡에 해당합니다.
② '서녘이나'는 ㉠에 해당하고 '서녘에서'는 ㉡에 해당합니다.
③ '겉으로'와 '겉아가미'는 모두 ㉠에 해당합니다.
④ '배꽃이'와 '배꽃 위'는 모두 ㉡에 해당합니다.

04

2018 지방직 9급

다음 글에서 알 수 없는 것은?

> 소설의 출현은 사적 생활이라는 개념의 출현과 밀접한 관련이 있다. 왜냐하면 소설 읽기와 쓰기에 있어 사적 생활은 필수적인 까닭이다. 어쩌면 사적 생산과 소비 형태 탓에 사생활은 소설이라는 장르의 태동 때부터 소설의 중심 주제였는지도 모른다. 혹은 이와는 반대로 사적 경험이라는 비교적 새로운 개념을 탐색해야 할 필요 탓에 소설이 생긴 것인지도 모른다. …… 사적 공간은 개인, 가족, 친구, 그리고 자기 자신 등과의 교류에 필요한 은밀한 공간이 실제 생활 속에 구현되도록 도왔다. 자기만의 내적인 것에 대한 추구는 사람들의 이상이 되었고 점점 그 중요성이 커지면서 사람들의 존재 방식과 글쓰기 행태에 변화를 요구하였다.
>
> 이전의 지배적 문학 형태인 서사시, 서정시, 희곡 등과는 달리 소설은 낭독하는 전통이 없었다. 또한 낭독을 이상으로 삼지도 않고, 청중의 참여를 전제로 하지도 않았다. 소설 장르는 여럿이 함께 모여 문학 작품을 감상하는 청중 개념의 붕괴와 밀접한 관련이 있다. 19세기는 르네상스 시대와 17세기와는 달리 공통의 규범과 가치를 나누는 단일 사회가 아니었다. 따라서 청중이 한자리에 모여 동일한 가치를 나누는 일이 점차 불가능해졌다. 혼자 소리 내지 않고 책을 읽기 시작했다는 것은 사람들이 이미 사적 생활에 상당한 의미를 두게 되었음을 뜻한다. ……
>
> 이러한 사적 경험으로서의 책 읽기에 대응되어 나타난 것이 사적인 글쓰기였다. 사적으로 글을 쓸 경우 작가는 이야기꾼, 음유 시인, 극작가들과 달리 청중들로부터 아무런 즉각적 반응도 얻을 수 없다. 인류학자, 언어학자들에 의하면 언어의 의미는 그것을 쓸 때의 상황에 크게 좌우된다고 한다. 그러나 글쓰기, 그중에도 특히 인쇄에 의해 복제된 글쓰기는 작가에게서 떨어져 나와 결국 아무에게도 속하지 않는 자율적 담론을 창조하게 되었다.

① 사적인 글쓰기의 출현으로 작가는 독자와 직접 소통할 수 있게 되었다.
② 자기만의 내적인 것에 대한 추구가 새로운 형태의 글쓰기를 요구하였다.
③ 소설은 사적 공간에서의 책 읽기와 글쓰기가 가능해진 시기에 출현하였다.
④ 희곡 작가는 낭독을 통해 청중들과 교류하며 공통의 규범과 가치를 나누고자 하였다.

05

2019 지방직 9급

다음 글의 제목으로 가장 적절한 것은?

계몽주의 사상가들은 명백히 모순되는 두 개의 견해를 취했다. 그들은 인간의 위치를 자연계 안에서 해명하려고 애썼다. 역사의 법칙이란 것을 자연의 법칙과 동일한 것으로 여겼다. 다른 한편, 그들은 진보를 믿었다. 그렇다면 그들이 자연을 진보하는 것으로, 다시 말해 끊임없이 어떤 목적을 향해서 전진하는 것으로 받아들인 데에는 어떤 근거가 있었던가? 헤겔은 역사는 진보하는 것이고 자연은 진보하지 않는 것이라고 뚜렷이 구분했다. 반면, 다윈은 진화와 진보를 동일한 것으로 주장함으로써 모든 혼란을 정리한 듯했다. 자연도 역사와 마찬가지로 진보하는 것으로 본 것이다. 그러나 이것은 진화의 원천인 생물학적인 유전(biological inheritance)을 역사에서의 진보의 원천인 사회적인 획득(social acquisition)과 혼동함으로써 훨씬 더 심각한 오해에 이를 수 있는 길을 열어 놓았다. 오늘날 그 둘이 분명히 구별된다는 것은 익히 알려진 것이다.

① 자연의 진보에 대한 증거
② 인간 유전의 사회적 의미
③ 역사의 법칙과 자연의 법칙
④ 진보와 진화에 관한 견해들

06

2018 국가직 9급

〈보기〉를 근거로 판단할 때, ㉠~㉣ 중 적절하지 않은 것은?

〈보기〉

통일성은 글의 내용이 하나의 주제로 긴밀하게 관련되는 특성을 말한다. 초고의 적절성을 평가할 때에는 글의 내용이 하나의 주제를 드러낼 수 있도록 선정되었는지, 그리고 중심 내용에 부합하는 하위 내용들로 선정되었는지를 검토한다.

사람들은 대개 수학 과목이 어렵다고 한다. 하지만 나는 수학 시간이 재미있다. ㉠ 바로 수업을 재미있게 진행하시는 수학 선생님 덕분이다. 수학 선생님은 유머로 딱딱한 수학 시간을 웃음바다로 만들곤 한다. ㉡ 졸리는 오후 시간에 뜬금없이 외국으로 수학여행을 가자고 하여 분위기를 부드럽게 만든 후 어려운 수학 문제를 쉽게 설명한 적도 있다. 그래서 우리 학교에서는 수학 선생님의 인기가 시들 줄 모른다. ㉢ 그리고 수학 선생님의 아들이 수학을 굉장히 잘한다는 소문이 나 있다. ㉣ 내 수학 성적이 좋아진 것도 수학 선생님의 재미있는 수업 덕택이다.

① ㉠ ② ㉡
③ ㉢ ④ ㉣

07

2019 국가직 9급

(가)를 바탕으로 (나)에 담긴 글쓴이의 생각을 적절히 추론한 것은?

(가) 철학사에서 합리론의 전통은 감각에 대해 매우 비판적이었다. 예컨대 플라톤은 감각이 보여 주는 세계를 끊임없이 변화하는, 전적으로 불안정한 세계로 간주하고 이에 근거하여 지식을 얻는 것은 불가능하다고 생각했다. 반대로 경험론자들은 우리의 모든 관념과 판단은 감각 경험에서 출발한다고 주장하면서 어떤 지식도 절대적으로 확실할 수는 없다고 결론짓는다.

(나) 모든 사람은 착시 현상 등을 경험해 본 적이 있기에 감각이 우리를 속일 수 있다는 것을 분명히 알고 있고 감각에 대한 어느 정도의 경계심을 지니고 있다. 하지만 그렇다고 해서 일상생활에서 자신의 감각을 신뢰하고 이에 따라 행동하는 것은 잘못이 아니다. 모든 감각적 정보를 검증 절차를 거친 후 받아들이다가는 정상적 생활을 영위하는 것 자체가 불가능해질 것이기 때문이다. 반대로, 실용적 기술 개발이나 평범한 일상적 행동과는 달리 과학적 연구는 상당한 정도의 정확성을 요구하므로 경험적 자료에 대해 어느 정도의 경계심을 유지하는 것도 당연하다.

① 실용적 기술을 개발하는 것은 일차적으로 경험론적 사고에 토대를 둔다.

② 세계는 끊임없이 변화하므로 일상생활에서는 합리론적 사고를 우선하여야 한다.

③ 과학 연구는 합리론을 버리고 철저히 경험론을 바탕으로 이루어져야 한다.

④ 감각에 대한 신뢰는 어느 분야에나 전적으로 차별 없이 요구된다.

[08~09] 다음 글을 읽고 물음에 답하시오.

오늘날에는 다양한 미감(美感)들이 공존하고 있다. 일상 세계에서는 '가벼운 미감'이 향유되는가 하면, 다른 한편에서는 전통예술과는 매우 다른 현대예술의 반미학적 미감 또한 넓게 ㉠ <u>표출되고</u> 있다. 그러면 이들 사이의 관계를 어떻게 받아들일 것인가?

먼저 순수예술의 미감에 대해서 생각해 보자. 현대예술은 의식보다는 무의식을, 필연보다는 우연을, 규제보다는 파격을, 인위성보다는 자연성을 내세운다. 따라서 얼핏 보면 전통예술과 현대예술은 서로 ㉡ <u>대립하는</u> 것처럼 보이지만, 이 둘은 겉보기와는 달리 상호 보완의 가능성을 품고 있다. 현대 예술이 주목하는 것들 또한 인간과 세계의 또 다른 본질적인 부분이기 때문이다. 실제로 이런 가능성이 ㉢ <u>실현되고</u> 있다. 오늘날 현대무용은 성립 시기에 배제했던 고전발레의 동작을 자기 속에 녹여 넣고 있으며, 현대음악도 전통적 리듬과 박자를 받아들여 풍성한 표현 형식을 얻고 있다.

순수예술의 미감과 일상적 미감의 관계도 마찬가지이다. 디지털카메라는 가벼운 미감의 확산에 큰 몫을 한다. 누구라도 예쁜 사진을 찍어서 일상을 작품으로 만들 수 있다. 물론 이것은 '요리사가 만든 제대로 된 요리가 아니라 냉장고에서 꺼내 데우기만 하면 되는 음식'이라는 비판을 받기도 하지만, 메모리카드가 실현시킨 촬영의 즉시성은 장차 사진예술의 감성과 내용을 넓히는 데 도움을 줄 수도 있다. 이런 추측의 근거는 무엇보다 현대 사진예술이 이미 일상을 소재로 활용하고 있을 뿐 아니라, 즉시성을 창조의 중요한 요소로 ㉣ <u>인정하고</u> 있기 때문이다.

08

2015 교육행정직 9급

〈보기〉는 윗글의 필자가 생각하는 미감들 사이의 관계를 나타낸 것이다. ⓐ와 ⓑ에 들어갈 부호로 적절한 것은?

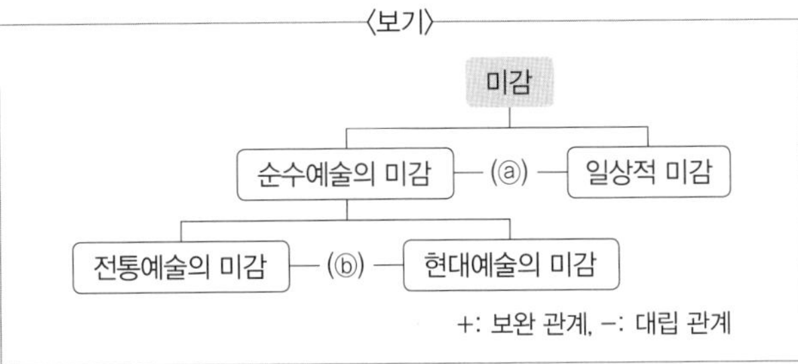

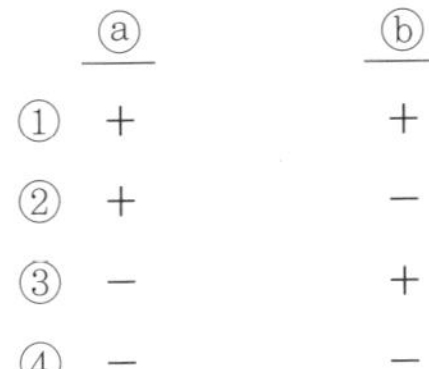

	ⓐ	ⓑ
①	+	+
②	+	−
③	−	+
④	−	−

09

2015 교육행정직 9급

문맥상 ㉠~㉣을 바꾸어 쓴 것으로 적절하지 않은 것은?

① ㉠: 나타나고
② ㉡: 맞서는
③ ㉢: 비롯되고
④ ㉣: 받아들이고

10

2021 지방직(= 서울시) 9급

다음 글의 결론으로 가장 적절한 것은?

인공지능(AI)은 비즈니스 패러다임을 획기적으로 바꾸고 있다. 인공지능은 생물학 분야에도 광범위하게 영향을 미칠 것이며, 애완동물이 인공지능(AI)으로 대체될 수도 있을 것이다. 인공지능(AI)은 스스로 수학도 풀고 글도 쓰고 바둑을 두며 사람을 이길 수도 있다. 어느 영화에서처럼 실제로 인간관계를 대신할 수도 있다. 인공지능(AI)은 배우면서 성장할 수도 있다. 인공지능(AI)이 사람보다 똑똑해질 수 있을지도 모른다.

인공지능(AI)이 사람보다 똑똑해질 수 있는지는 차치하고, 인공지능(AI)이 사람을 게으르게 만들 수도 있지 않을까? 이 게으름은 우리의 건강과 행복, 그리고 일상생활의 패턴을 바꿔 놓을 수도 있다.

인공지능(AI)이 앱을 통해 좀 더 편리한 삶을 제공하여 사람의 뇌를 어떻게 바꾸는지를 일상에서 보여 주는 대표적 사례가 바로 GPS다. 불과 몇 년 전만 해도 지도를 보고 스스로 거리를 가늠하고 도착 시간을 계산했던 운전자들은 이 내비게이션의 등장으로 어디에서 어떻게 가라는 기계 속 음성에 전적으로 의존하기 시작했다. 예전의 방식으로도 충분히 잘 찾아가던 길에서조차 습관적으로 내비게이션을 켠다. 이것이 없으면 자주 다니던 길도 제대로 찾지 못하고 멀쩡한 어른도 길을 잃는다.

이와 같이 기계에 의존해서 인간이 살아가는 사례는 오늘날 우리의 두뇌가 게을러진 것을 보여 주는 여러 사례 가운데 하나일 뿐이다. 삶을 더 편하게 해 준다며 지름길을 제시하는 도구들이 도리어 우리의 기억력과 창조력을 퇴보시키고 있다. 인간을 태만하고 나태하게 만들어 뇌의 가장 뛰어난 영역인 상상력을 활용하지 않도록 만드는 것이다.

① 인간의 인공지능(AI)에 대한 독립성은 지속적으로 증가하게 될 것이다.
② 인공지능(AI)으로 인해 인간의 두뇌가 게을러지는 부작용이 발생하게 될 것이다.
③ 인공지능(AI)은 인간을 능가하는 사고력을 가질 것이다.
④ 인공지능(AI)은 궁극적으로 상상력을 가지게 될 것이다.

11

2022 지방직(= 서울시) 9급

다음 글에 대한 이해로 적절하지 않은 것은?

르네상스가 일어나게 된 요인으로 많은 것들이 거론되어 왔지만, 의학사의 관점에서 볼 때 흥미롭고 논쟁적인 원인은 페스트이다. 페스트가 유럽의 인구를 격감시킴으로써 사회 경제 구조가 급변하게 되었고, 사람들은 재래의 전통이 지니고 있던 강력한 권위에 의문을 품기 시작했다. 예컨대 사람들은 이 무시무시한 질병을 예측하지 못한 기존의 의학적 전통을 불신하게 되었으며, 페스트로 인해 '사악한 자'들만이 아니라 '선량한 자'들까지 무차별적으로 죽는 것을 보고 이전까지 의심하지 않았던 신과 교회의 막강한 권위에 대해서도 회의하게 되었다.

속수무책으로 당할 수밖에 없었던 죽음에 대한 경험은 사람들을 여러 방향에서 변화시켰다. 사람들은 거리에 시체가 널려 있는 광경에 익숙해졌고, 인간의 유해에 대한 두려움 또한 점차 옅어졌다. 교회에서 제시한 세계관 및 사후관에 대한 신뢰가 떨어지고, 삶과 죽음 같은 인간의 본질적인 문제에 대해 새롭게 사유하기 시작했다. 중세의 지적 전통에 대한 의구심은 고대의 학문과 예술, 언어에 대한 재평가로 이어졌으며, 이에 따라 신에 대한 무조건적 찬양과 복종 대신 인간에 대한 새로운 관심과 사유가 활발해졌다.

이러한 움직임은 미술사에서 두드러지게 포착된다. 인간에 대한 관심의 증대에 따라 인체의 아름다움이 재발견되었고, 인체를 묘사하는 다양한 화법도 등장했다. 인체에 대한 관심은 보이는 부분뿐만 아니라 보이지 않는 부분에 대한 관심으로 이어졌다. 기존의 의학적 전통을 여전히 신봉하던 의사들에게 해부학적 지식은 불필요한 것으로 인식되었던 반면, 당시의 미술가들은 예술가이면서 동시에 해부학자이기도 할 만큼 인체의 내부 구조를 탐색하는 데 골몰했다.

① 전염병의 창궐은 르네상스의 발생을 설명하는 다양한 요인 가운데 하나이다.
② 페스트로 인한 선인과 악인의 무차별적인 죽음은 교회가 유지하던 막강한 권위를 약화시켰다.
③ 예술가들이 인체의 아름다움을 재발견함으로써 고대의 학문과 언어에 대한 재평가도 이루어졌다.
④ 르네상스 시기에 해부학은 의사들보다도 미술가들의 관심을 끌었다.

12

2023 지방직(= 서울시) 9급

㉠~㉣ 중 어색한 곳을 찾아 수정하는 방안으로 가장 적절한 것은?

조선 후기에 서학으로 불린 천주학은 '학(學)'이라는 말에서도 짐작할 수 있듯이 ㉠ <u>종교적인 관점에서보다 학문적인 관점에서</u> 받아들여졌다. 당시의 유학자 중 서학 수용에 적극적인 이들까지도 서학을 무조건 따르자고 ㉡ <u>주장하지는 않았는데</u>, 서학은 신봉의 대상이 아니라 분석의 대상이었기 때문이다. 그들은 조선 사회를 바로잡고 발전시키기 위해 새로운 학문과 지식이 필요하다고 생각했지만, 외부에서 유입된 사유 체계에는 양명학이나 고증학 등도 있어서 서학이 ㉢ <u>유일한 대안은 아니었다</u>. 그들은 서학을 검토하며 어떤 부분은 수용했지만, 반대로 어떤 부분은 ㉣ <u>지향했다</u>.

① ㉠: '학문적인 관점에서보다 종교적인 관점에서'로 수정한다.
② ㉡: '주장하였는데'로 수정한다.
③ ㉢: '유일한 대안이었다'로 수정한다.
④ ㉣: '지양했다'로 수정한다.

13

2023 국가직 9급

다음 글을 이해한 내용으로 적절한 것은?

디지털 트윈은 현실 세계와 똑같은 가상의 세계이다. 최근 주목받고 있는 메타버스와 개념은 유사하지만 활용 목적의 측면에서 구별된다. 메타버스는 가상 세계와 현실 세계가 융합된 플랫폼으로 이용자들에게 새로운 경제·사회·문화적 경험을 제공하는 데 목적을 둔다. 반면 디지털 트윈은 현실 세계에 존재하는 사물, 공간, 환경, 공정 등을 컴퓨터상에 디지털 데이터 모델로 표현하여 똑같이 복제하고 실시간으로 서로 반응할 수 있도록 한다. 그래서 디지털 트윈의 이용자는 가상 세계에서의 시뮬레이션을 통해 미래 상황을 예측할 수 있게 된다. 디지털 트윈에 대한 수요가 증가하면서 관련 시장도 확대되고 있으며, 국내외의 글로벌 기업들은 여러 산업 분야에서 디지털 트윈을 도입하여 사전에 위험 요소를 제거하고 수익 모델의 효율성을 높이고 있다. 디지털 트윈이 이렇게 주목받는 이유는 안정성과 경제성 때문인데 현실 세계를 그대로 옮겨 놓은 가상 세계에 데이터를 전송, 취합, 분석, 이해, 실행하는 과정은 실제 실험보다 매우 빠르고 정밀하며 안전할 뿐 아니라 비용도 적게 든다.

① 디지털 트윈을 활용함에 따라 글로벌 기업들의 고용률이 향상되었다.

② 디지털 트윈의 데이터 모델은 현실 세계의 각종 실험 모델보다 경제성이 낮다.

③ 디지털 트윈에서의 시뮬레이션으로 현실 세계의 위험 요소를 찾아내고 방지할 수 있다.

④ 디지털 트윈은 현실 세계의 이용자에게 새로운 문화적 경험을 제공하는 데 목적이 있다.

14

2018 지방직 9급

다음 글의 전개 순서로 가장 자연스러운 것은?

(가) 생명체들은 본성적으로 감각을 갖고 태어나지만, 그들 가운데 일부의 경우에는 감각으로부터 기억이 생겨나지 않는 반면 일부의 경우에는 생겨난다. 그리고 그 때문에 후자의 경우에 해당하는 생명체들은 기억 능력이 없는 것들보다 분별력과 학습력이 더 뛰어난데, 그중 소리를 듣는 능력이 없는 것들은 분별은 하지만 배움을 얻지는 못하고, 기억에 덧붙여 청각 능력이 있는 것들은 배움을 얻는다.

(나) 앞에서 말했듯이, 유경험자는 어떤 종류의 것이든 감각을 가지고 있는 사람들보다 더 지혜롭고, 기술자는 유경험자들보다 더 지혜로우며, 이론적인 지식들은 실천적인 것들보다 더 지혜롭다는 것이 일반적인 견해이다. 그러므로 지혜는 어떤 원리들과 원인들에 대한 학문적인 인식임이 분명하다.

(다) 하지만 발견된 다양한 기술 가운데 어떤 것들은 필요 때문에, 어떤 것들은 여가의 삶을 위해서 있으니, 우리는 언제나 후자의 기술들을 발견한 사람들이 전자의 기술들을 발견한 사람들보다 더 지혜롭다고 생각한다. 그 이유는 그들이 가진 여러 가지 인식은 유용한 쓰임을 위한 것이 아니기 때문이다. 그러므로 그런 종류의 모든 발견이 이미 이루어지고 난 뒤, 여가의 즐거움이나 필요, 그 어느 것에도 매이지 않는 학문들이 발견되었으니, 그 일은 사람들이 여가를 누렸던 여러 곳에서 가장 먼저 일어났다. 그러므로 이집트 지역에서 수학적인 기술들이 맨 처음 자리 잡았으니, 그곳에서는 제사장(祭司長) 가문이 여가의 삶을 허락받았기 때문이다.

(라) 인간 종족은 기술과 추론을 이용해서 살아간다. 인간의 경우에는 기억으로부터 경험이 생겨나는데, 그 까닭은 같은 일에 대한 여러 차례의 기억은 하나의 경험 능력을 만들어 내기 때문이다. 그리고 경험은 학문적인 인식이나 기술과 거의 비슷해 보이지만, 사실 학문적인 인식과 기술은 경험의 결과로서 사람들에게 생겨나는 것이다. 그 까닭은 폴로스가 말하듯 경험은 기술을 만들어 내지만, 무경험은 우연적 결과를 낳기 때문이다. 기술은, 경험을 통해 안에 쌓인 여러 관념들로부터 비슷한 것들에 대해 하나의 일반적인 관념이 생겨날 때 생긴다.

① (가)－(다)－(나)－(라)

② (가)－(다)－(라)－(나)

③ (가)－(라)－(나)－(다)

④ (가)－(라)－(다)－(나)

15

2019 지방직 9급

다음 글에 대한 이해로 적절하지 않은 것은?

그동안 나는 〈일 포스티노〉를 세 번쯤 빌려 보았다. 그 이유는 이 아름다운 영화 속에 아스라이 문학이 똬리를 틀고 앉아 있기 때문이다. 특히 시란 무엇인가에 대한 해답을 이처럼 쉽고도 절실하게 설명해 놓은 문학 교과서를 나는 아직까지 보지 못했다. 그래서 학생들에게 시를 가르칠 때 나는 종종 영화 〈일 포스티노〉를 활용한다. 수백 마디의 말보다 〈일 포스티노〉를 함께 보고 토론하는 것이 시의 본질에 훨씬 깊숙이, 훨씬 빨리 가 닿을 수 있다는 것을 경험하기도 했다.

시를 공부하면서 은유에 시달려 본 사람이라면 이 영화를 보고 수차례 무릎을 쳤을 것이다. 마리오 루폴로가 네루다에게 보내기 위해 고향의 여러 가지 소리를 녹음하는 인상적인 장면이 있다. 여기서 해변의 파도 소리를 녹음하는 것이 은유의 출발이라면 어부들이 그물을 걷어 올리는 소리를 담고자 하는 모습은 은유의 확장이라고 할 수 있다. 더 나아가 밤하늘의 별빛을 녹음하는 기막히게 아름다운 장면에 이르면 은유는 절정에 달한다. 더 이상의 구차한 설명이 필요하지 않다.

① 영화 〈일 포스티노〉는 시를 이해하는 데 도움이 되는 교과서와도 같다.
② 영화 〈일 포스티노〉의 인물들은 문학적 은유의 본질과 의미를 잘 알고 있다.
③ 시의 본질에 대해 질문하고 답을 얻기 위해 영화 〈일 포 스티노〉를 참고할 만하다.
④ 문학의 미적 자질과 영화 〈일 포스티노〉의 미적 자질 사이에서 공통점을 찾을 수 있다.

16

2018 국가직 9급

다음 글의 내용과 부합하는 것은?

동양의 음식 중에는 특별한 의미가 담긴 것들이 있다. 우리나라 대표적인 명절 음식 중 하나인 송편은 반달의 모습을 본뜬 음식으로 풍년과 발전을 상징한다. 『삼국사기』에 따르면, 백제 의자왕 때 궁궐 땅속에서 파낸 거북이 등에 쓰여 있는 '백제는 만월(滿月) 신라는 반달'이라는 글귀를 두고 점술사가 백제는 만월이라서 다음 날부터 쇠퇴하고 신라는 앞으로 크게 발전할 징표라고 해석했다고 한다. 결과적으로 점술가의 예언이 적중했다. 이때부터 반달은 더 나은 미래를 기원하는 뜻으로 쓰이며, 그러한 뜻을 담아 송편도 반달 모양의 떡으로 빚었다고 한다.

중국에서는 반달이 아닌 보름달 모양의 월병을 빚어 즐겨 먹었다. 옛날에 월병은 송편과 마찬가지로 제수 용품이었다. 점차 제례 음식으로서 위상을 잃었지만 모든 가족이 모여 보름달을 바라보면서 함께 나눠 먹는 음식으로 자리 잡았다. 이 때문에 보름달 모양의 월병은 둥근 원탁에 온가족이 모인 것을 상징한다. 한국에서 지역의 단합을 위해 수천 명 분의 비빔밥을 만들듯이 중국에서는 수천 명이 먹을 수 있는 월병을 만들 정도로 이는 의미 있는 음식으로 대접받고 있다.

① 『삼국사기』에 따르면 점술가의 예언 덕분에 신라가 크게 발전할 수 있었다.
② 중국의 월병은 한국에서 비빔밥을 만들어 먹는 것을 본떠 만든 음식이다.
③ 신라인들은 더 나은 미래를 기원하는 마음을 담아 송편을 빚었다.
④ 중국의 월병은 제수 음식으로서의 명맥을 유지하고 있다.

17

2019 국가직 9급

다음 글에 대한 설명으로 적절하지 않은 것은?

> 믿기 어렵겠지만 자장면 문화와 미국의 피자 문화는 닮은 점이 많다. 젊은 청년들이 오토바이를 타고 배달한다는 점에서 참으로 닮은꼴이다. 이사한다고 짐을 내려놓게 되면 주방 기구들이 부족하게 되고 이때 자장면은 참으로 편리한 해결책이다. 미국에서의 피자도 마찬가지다. 갑자기 아이들의 친구들이 많이 몰려왔을 때 피자는 참으로 편리한 음식이다.
>
> 남자들이 군에 가 훈련을 받을 때 비라도 추적추적 오게 되면 자장면 생각이 제일 많이 난다고 한다. 비가 오는 바깥을 보며 따뜻한 방에서 입에 자장을 묻히는 장면은 정겨울 수밖에 없다. 프로 농구 원년에 수입된 미국 선수들은 하루도 빠지지 않고 피자를 시켜 먹었다고 한다. 음식이 맞지 않는 탓도 있겠지만 향수를 달래고자 함이 아닐까?
>
> 싸게 먹을 수 있는 이국 음식이란 점에서 자장면과 피자는 특별한 의미를 갖는다. 외식을 하기엔 부담되고 한 번쯤 식단을 바꾸어 보고 싶을 즈음이면 중국식 자장면이나 이탈리아식 피자는 한국이나 미국의 서민에겐 안성맞춤이다. 그런데 한국에서나 미국에서나 변화가 생기기 시작했다. 한국에서는 피자 배달이 보편화되기 시작했다. 피자를 간식이 아닌 주식으로 삼고자 하는 아이들도 생겼다. 졸업식을 마치고 중국집으로 향하던 발걸음들이 이제 피자집으로 돌려졌다. 피자보다 자장면을 좋아하는 아이들을 찾아보기가 힘들어졌다.

① 피자는 쉽게 배달시켜 먹을 수 있는 편리한 음식이다.
② 자장면과 피자는 이국적인 음식이다.
③ 자장면과 피자는 값이 싸면서도 기분 전환이 되는 음식이다.
④ 자장면은 특별한 날에 어린이들에게 여전히 가장 사랑받는 음식이다.

18

2021 국가직 5급

다음 글의 내용이 참일 때 반드시 참인 것은?

> A, B, C, D는 출산을 위해 산부인과에 입원하였다. 그리고 이 네 명은 이번 주 월, 화, 수, 목요일에 각각 한 명의 아이를 낳았다. 이 아이들의 이름은 각각 갑, 을, 병, 정이다. 이 아이들과 그 어머니, 출생일에 관한 정보는 다음과 같다.
>
> - 정은 C의 아이다.
> - 정은 갑보다 나중에 태어났다.
> - 목요일에 태어난 아이는 을이거나 C의 아이다.
> - B의 아이는 을보다 하루 먼저 태어났다.
> - 월요일에 태어난 아이는 A의 아이다.

① 을, 병 중 적어도 한 아이는 수요일에 태어났다.
② 병은 을보다 하루 일찍 태어났다.
③ 정은 을보다 먼저 태어났다.
④ A는 갑의 어머니이다.

19

2021 국가직 5급

다음 대화의 ㉠과 ㉡에 들어갈 내용을 적절하게 짝지은 것은?

> 갑: 현재 개발 중인 백신 후보 물질 모두를 A~D그룹을 대상으로 임상실험을 한 결과, A그룹에서 항체를 생성한 후보 물질은 모두 B그룹에서도 항체를 생성했습니다. 후보 물질 모두를 대상으로 한 또 다른 실험에서는, D그룹에서 항체를 생성하지 않은 후보 물질은 모두 C그룹에서 항체를 생성했습니다.
> 을: 흥미롭네요. 제가 다른 실험의 결과도 들었는데, C그룹에서 항체를 생성했지만 B그룹에서는 항체를 생성하지 않은 후보 물질도 있다고 합니다.
> 갑: 그렇군요. 아, 그리고 추가로 임상실험이 진행 중입니다. 실험 결과는 다음의 둘 중 하나로 나올 예정입니다. 한 가지 경우는 "[㉠]"는 결과입니다.
> 을: 지금까지 우리가 언급한 실험 결과가 모두 사실이라면, 그 경우에는 C그룹에서만 항체를 생성하는 후보 물질이 있다는 결론이 나오는군요.
> 갑: 그리고 다른 한 경우는 "[㉡]"는 결과입니다.
> 을: 그 경우에는, D그룹에서 항체를 생성하는 후보 물질이 있다는 결론이 나오는군요.

① ㉠: B그룹에서 항체를 생성한 후보 물질은 없다.
   ㉡: C그룹에서 항체를 생성한 후보 물질은 모두 A그룹에서 항체를 생성했다.
② ㉠: B그룹에서 항체를 생성한 후보 물질은 없다.
   ㉡: D그룹에서 항체를 생성한 후보 물질은 모두 C그룹에서 항체를 생성했다.
③ ㉠: D그룹에서 항체를 생성한 후보 물질은 모두 A그룹에서 항체를 생성했다.
   ㉡: B그룹과 C그룹에서 항체를 생성한 후보 물질이 있다.
④ ㉠: D그룹에서 항체를 생성한 후보 물질은 모두 A그룹에서 항체를 생성했다.
   ㉡: C그룹에서 항체를 생성하지 않은 후보 물질이 있다.

20

2021 국가직 5급

다음 글의 내용이 참일 때, 반드시 참인 것만을 〈보기〉에서 모두 고르면?

> A아파트에는 이번 인구총조사 대상자들이 거주한다. A아파트 관리소장은 거주민 수지, 우진, 미영, 양미, 가은이 그 대상이 되었는지 궁금했다. 수지에게 수지를 포함한 다른 친구들의 상황을 물어보았는데 수지는 다음과 같이 답변하였다.
>
> • 나와 양미 그리고 가은 중 적어도 한 명은 대상이다.
> • 나와 양미가 모두 대상인 것은 아니다.
> • 미영이 대상이 아니거나 내가 대상이다.
> • 우진이 대상인 경우에만 양미 또한 대상이다.
> • 가은이 대상이면, 미영도 대상이다.

〈보기〉

ㄱ. 수지가 대상이 아니라면, 우진은 대상이다.
ㄴ. 가은이 대상이면, 수지와 우진 그리고 미영이 대상이다.
ㄷ. 양미가 대상인 경우, 5명 중 2명만이 대상이다.

① ㄱ　　② ㄴ
③ ㄱ, ㄷ　　④ ㄴ, ㄷ

기출 품은 모의고사 | 7회

제한시간: 25분 ■ 시작시간: : ■ 종료시간: :

정답과 해설 ▶ P.47 ~ P.51

01

밑줄 친 부분을 〈공공언어 바로 쓰기 원칙〉에 따라 수정한 것으로 적절하지 않은 것은?

〈공공언어 바로 쓰기 원칙〉

㉠ 부적절한 외래어들을 순화하여 표현할 것
㉡ 맞춤법에 맞게 정확하게 표현할 것
㉢ 띄어쓰기에 맞게 정확하게 표현할 것
㉣ 부적절한 한자어들을 순화하여 표현할 것

① ㉠: '국가 투자를 GDP 대비 3.23%에서 5% 수준으로 확대'에서 'GDP'를 '국내 총생산'으로 수정한다.
② ㉡: '외국인을 합법적으로 고용할 수 있읍니다.'에서 '있읍니다'를 '있습니다'로 수정한다.
③ ㉢: '외국인 불법 고용및 불법 체류자 신고'에서 '고용및'을 '고용 및'으로 수정한다.
④ ㉣: '누전 차단기가 작동하여'에서 '작동하여'를 '동작되어'로 수정한다.

02

2020 수능 변형

〈보기〉의 (A)에 들어갈 말로 적절한 것은?

〈보기〉

선생님: 음절은 발음할 수 있는 최소의 언어 단위인데, 음절의 유형은 크게 분류하면 '모음', '자음 + 모음', '모음 + 자음', '자음 + 모음 + 자음'이 있어요. 예를 들면 '꽃잎'은 음운 변동이 일어나 [꼰닙]으로 발음돼요. 이때 [닙]은 '자음 + 모음 + 자음'에 해당되며 음운의 첨가로 음절 유형이 바뀐 것이지요. 음운의 첨가 말고도 '국밥 → [국빱]'에서 '밥 → [빱]' 같이 음운이 교체되는 경우, '바느질(바늘 + 질)'에서 '늘 → 느'와 같이 음운이 탈락하는 경우, '좋고 → [조코]'에서 'ㅎ + ㄱ → ㅋ' 같이 음운이 축약되는 경우가 있을 수 있어요. 이제 아래 단어들을 탐구해 봅시다.

밥상(밥 + 상), 집일(집 + 일), 의복함(의복 + 함), 국물(국 + 물), 화살(활 + 살)

학생: (A)
선생님: 네, 맞아요.

① '밥상[밥쌍]'에서의 [쌍]은 첨가의 결과이고, 음절 유형이 단일어인 '상[상]'과 달라졌어요.
② '화살[화살]'에서의 [화]는 탈락의 결과이고, 음절 유형이 단일어인 '활[활]'과 같아요.
③ '의복함[의보캄]'에서의 [캄]은 축약의 결과이고, 음절 유형이 단일어인 '함[함]'과 달라졌어요.
④ '국물[궁물]'에서의 [궁]은 교체의 결과이고, 음절 유형이 단일어인 '국[국]'과 같아요.

03

2020 9월 모의고사 변형

〈보기〉의 ㉠과 ㉡을 모두 충족하는 예로 적절한 것은?

〈보기〉

국어에서 합성어와 파생어는 단순한 구성으로 만들어진 경우도 있지만 단어에 따라 매우 복잡한 구성으로 만들어진 경우도 있다.

'붙잡다'의 단순한 구성으로 만들어진 경우로 어간 '붙잡-'은 어근 '붙-'과 어근 '잡-'으로 나뉘고, '잡히다'의 어간 '잡히-'는 어근 '잡-'과 접사 '-히-'로 나뉜다. 이렇듯 어떤 말을 둘로 나누었을 때 나누어진 두 요소 각각을 직접 구성 요소라 하는데, 어근과 어근으로 분석되는 말을 합성어라 하고 어근과 접사로 분석되는 말을 파생어라 한다.

그런데 ㉠ 어간이 3개 이상의 구성 요소로 이루어진 경우는 매우 복잡한 구성으로 만들어진 경우로 이때 ㉡ 직접 구성 요소가 먼저 어근과 어근으로 분석되면 합성어이고 어근과 접사로 분석되면 파생어이다. 예컨대 '밀어붙이다'는 직접 구성 요소가 먼저 어근과 어근으로 분석되므로 합성어이다. 구성 요소는 어근과 접사들과 관련이 있고 어미와는 직접적인 관련이 없다.

① 밤새 거센 비바람이 내리쳤다.
② 책임을 남에게 떠넘기면 안 된다.
③ 차바퀴가 진흙 바닥에서 헛돌았다.
④ 거리에는 매일 많은 사람이 오간다.

04

2020 국가직 9급

㉠에 들어갈 주장으로 가장 적절한 것은?

경상 지역 방언을 쓰는 사람들은 대체로 'ㅓ'와 'ㅡ'를 구별하지 못한다. 이들은 '증표(證票)'나 '정표(情表)'를 구별하여 듣지 못할 뿐만 아니라 구별하여 발음하지 못하기 십상이다. 또 이들은 'ㅅ'과 'ㅆ'을 구별하지 못하는 경우가 많다. 따라서 이들은 '살밥을 많이 먹어서 쌀이 많이 쪘다' 고 말하든 '쌀밥을 많이 먹어서 살이 많이 쪘다'고 말하든 쉽게 그 차이를 알지 못한다. 한편 평안도 및 전라도와 경상도의 일부에서는 'ㅗ'와 'ㅓ'를 제대로 분별해서 발음하지 않는 경우가 종종 있다. 평안도 사람들의 'ㅈ' 발음은 다른 지역의 'ㄷ' 발음과 매우 비슷하다. 이처럼 [㉠]

① 우리말에는 지역마다 다양한 소리가 있다.
② 우리말은 지역에 따라 다양한 표준 발음법이 있다.
③ 우리말에는 지역에 따라 구별되지 않는 소리가 있다.
④ 자음보다 모음을 변별하지 못하는 지역이 더 많이 있다.

05

2022 국가직 9급

다음 문장이 들어가기에 가장 적절한 곳을 ㉠~㉣에서 고르면?

> 신분에 따라 문체를 고착화하는 것을 인정하지 않았던 것이다.

> 유럽이 교회로부터 정신적으로 해방된 것은 그리스와 로마의 고대 작가들에 대한 재발견을 통해서였다. (㉠) 그 이후 고대 작가들의 문체는 귀족 중심의 유럽 문화에서 모범으로 여겨졌다. (㉡) 이러한 상황은 대략 1770년대에 시작되는 낭만주의에서부터 변화하기 시작했다. (㉢) 이 낭만주의 시기에 평등과 민주주의를 꿈꿨던 신흥 시민계급은 문학에서 운문과 영웅적 운명을 귀족에게만 전속시키고 하층민에게는 산문과 우스꽝스러운 상황을 배정하는 전통 시학을 거부했다. (㉣) 고전 문학은 더 이상 문학의 규범이 아니었으며, 문학을 현실의 모방으로 인식하는 태도도 포기되었다.

① ㉠ ② ㉡
③ ㉢ ④ ㉣

06

2023 국가직 9급

다음 대화에 나타난 말하기 방식을 설명한 것으로 적절하지 않은 것은?

> 백 팀장: 이번 워크숍 장면을 사내 게시판에 올리는 게 좋겠어요. 워크숍 내용을 공유하면 좋을 것 같아서요.
> 고 대리: 전 반대합니다. 사내 게시판에 영상을 공개하는 것은 부담스러워요. 타 부서와 비교될 것 같기도 하고요.
> 임 대리: 저도 팀장님 말씀대로 정보를 공유한다는 취지는 좋다고 생각해요. 다만 다른 팀원들의 동의도 구해야 할 것 같고, 여러 면에서 우려되긴 하네요. 팀원들 의견을 먼저 들어 보고, 잘된 것만 시범적으로 한두 개 올리는 것이 어떨까요?

① 백 팀장은 팀원들에 대한 유대감을 드러내는 표현을 사용하며 자신의 바람을 전달하고 있다.
② 고 대리는 백 팀장의 제안에 반대하는 이유를 명시적으로 밝히며 백 팀장의 요청을 거절하고 있다.
③ 임 대리는 발언 초반에 백 팀장 발언의 취지에 공감하여 백 팀장의 체면을 세워 주고 있다.
④ 임 대리는 대화 참여자의 의견을 묻는 의문문을 사용하여 자신의 의견을 간접적으로 드러내고 있다.

07

2021 지방직(= 서울시) 9급

다음 글에서 추론할 수 있는 것은?

포도주는 유럽 문명을 대표하는 술이자 동시에 음료수다. 우리는 대개 포도주를 취하기 위해 마시는 술로만 생각하기 쉬우나 유럽에서는 물 대신 마시는 '음료수'로서의 역할이 크다. 유럽의 많은 지역에서는 물이 워낙 안 좋아서 맨 물을 그냥 마시면 위험하기 때문에 제조 과정에서 안전성이 보장된 포도주나 맥주를 마시는 것이다. 이런 용도로 일상적으로 마시는 식사용 포도주로는 당연히 고급 포도주와는 다른 저렴한 포도주가 쓰이며, 술이 약한 사람들은 여기에 물을 섞어서 마시기도 한다.

소비의 확대와 함께, 포도주의 생산을 다른 지역으로 확산시키려는 노력도 계속되어 왔다. 포도주 생산의 확산에서 가장 큰 문제는 포도 재배가 추운 북쪽 지역으로 확대되기 힘들다는 점이다. 자연 상태에서는 포도가 자라는 북방 한계가 이탈리아 정도에서 멈춰야 했지만, 중세 유럽에서 수도원마다 온갖 노력을 기울인 결과 포도 재배가 상당히 북쪽까지 올라갔다. 대체로 대서양의 루아르강 하구로부터 크림반도와 조지아를 잇는 선이 상업적으로 포도를 재배할 수 있는 북방한계선이다.

적정한 기온은 포도주 생산 가능 여부뿐 아니라 생산된 포도주의 질을 결정하는 중요한 요인이다. 너무 추운 지역이나 너무 더운 지역에서는 포도주의 품질이 떨어질 수밖에 없다. 추운 지역에서는 포도에 당분이 너무 적어서 그것으로 포도주를 담그면 신맛이 강하게 된다. 반면 너무 더운 지역에서는 섬세한 맛이 부족해서 '흐물거리는' 포도주가 생산된다(그 대신 이를 잘 활용하면 포르토나 셰리처럼 도수를 높인 고급 포도주를 만들 수 있다). 그러므로 고급 포도주 주요 생산지는 보르도나 부르고뉴처럼 너무 덥지도 않고 너무 춥지도 않은 곳이다. 다만 달콤한 백포도주의 경우는 샤토 디켐(Chateau d'Yquem)처럼 뜨거운 여름 날씨가 지속하는 곳에서 명품이 만들어진다.

포도주의 수요는 전 유럽적인 데 비해 생산은 이처럼 지리적으로 제한됐기 때문에 포도주는 일찍부터 원거리 무역 품목이 됐고, 언제나 고가품 취급을 받았다. 그런데 한 가지 기억해야 할 점은 이렇게 수출되는 고급 포도주는 오래된 포도주가 아니라 바로 그해에 만든 술이라는 점이다. 우리는 포도주는 오래될수록 좋아진다고 믿는 경향이 있지만, 대부분의 백포도주 혹은 중급 이하 적포도주는 시간이 지날수록 오히려 품질이 떨어진다. 시간이 흐를수록 품질이 개선되는 것은 일부 고급 적포도주에만 한정된 이야기이며, 그나마 포도주를 병에 담아 코르크 마개를 끼워 보관한 이후의 일이다.

① 고급 포도주는 모두 너무 덥지도 춥지도 않은 곳에서 재배된 포도로 만들어졌다.

② 루아르강 하구로부터 크림반도와 조지아를 잇는 선은 이탈리아보다 남쪽에 있을 것이다.

③ 유럽에서 일상적으로 마시는 식사용 포도주는 저렴한 포도주거나 고급 포도주에 물을 섞은 것이다.

④ 병에 담겨 코르크 마개를 끼운 고급 백포도주는 보관 기간에 비례하여 품질이 개선되지는 않을 것이다.

08

2022 지방직(= 서울시) 9급

다음 글에서 추론한 내용으로 가장 적절한 것은?

논리실증주의자들에 따르면, 만약 어떤 것이 과학일 경우 거기에서 사용되는 문장은 유의미하다. 그들은 유의미한 문장의 기준으로 소위 '검증 원리'라고 불리는 것을 제안했다. 검증 원리란, 경험을 통해 참이나 거짓을 검증할 수 있는 문장은 유의미하고 그렇지 않은 문장은 유의미하지 않다는 것이다. 다음 두 문장을 예로 생각해 보자.

(가) 달의 다른 쪽 표면에 산이 있다.
(나) 절대자는 진화와 진보에 관계하지만, 그 자체는 진화하거나 진보하지 않는다.

위 두 문장 중 경험을 통해 검증할 수 있는 것은 무엇인가? 비록 현실적으로 큰 비용이 들기는 하지만 (가)는 분명히 경험을 통해 진위를 밝힐 수 있다. 즉 우리는 (가)의 진위를 확정하기 위해서 무엇을 경험해야 하는지 알고 있다는 것이다. 이런 점에 근거하여 논리실증주의자들은 (가)는 검증할 수 있고, 유의미한 문장이라고 판단한다. 그럼 (나)는 어떠한가? 우리는 무엇을 경험해야 (나)의 진위를 확정할 수 있는가? 논리실증주의자들은 그런 것은 없다고 주장하고, 이에 (나)는 검증할 수 없고 과학에서 사용될 수 없는 무의미한 문장이라고 말한다.

① 논리실증주의자들에 따르면 무의미한 문장을 사용하는 것은 과학이 아니다.
② 논리실증주의자들에 따르면 과학의 문장들만이 유의미하다.
③ 검증 원리에 따르면 아직까지 경험되지 않은 것을 언급한 문장은 무의미하다.
④ 검증 원리에 따르면 거짓인 문장은 무의미하다.

09

2023 지방직 9급

(가)~(다)를 맥락에 따라 가장 자연스럽게 배열한 것은?

독서는 아이들의 전반적인 뇌 발달에 큰 영향을 미친다.

(가) 그에 따르면 뇌의 전두엽은 상상력을 관장하는데, 책을 읽으면 상상력이 자극되어 전두엽을 많이 사용하게 된다.
(나) A교수는 책을 읽을 때와 읽지 않을 때의 뇌 변화를 연구해서 세계적인 명성을 얻었다.
(다) 이처럼 책을 많이 읽으면 전두엽이 훈련되어 전반적인 뇌 발달의 가능성이 높아지는데, 그 결과는 교육 현장에서 실증된 바 있다.

독서를 많이 한 아이는 학교에서 더 좋은 성적을 낼 뿐 아니라 언어 능력도 발달한다는 사실이 밝혀진 것이다.

① (나)－(가)－(다)
② (나)－(다)－(가)
③ (다)－(가)－(나)
④ (다)－(나)－(가)

10

2023 지방직(= 서울시) 9급

다음 글을 이해한 내용으로 가장 적절한 것은?

『삼국사기』는 본기 28권, 지 9권, 표 3권, 열전 10권의 체제로 되어 있다. 이 중 열전은 전체 분량의 5분의 1을 차지하며, 수록된 인물은 86명으로, 신라인이 가장 많고, 백제인이 가장 적다. 수록 인물의 배치에는 원칙이 있는데, 앞부분에는 명장, 명신, 학자 등을 수록했고, 다음으로 관직에 있지는 않았으나 기릴 만한 사람을 실었다.

반신(叛臣)의 경우 열전의 끝부분에 배치되어 있다. 이들을 수록한 까닭은 왕을 죽인 부정적 행적을 드러내어 반면교사로 삼는 데에 있었으나, 그 목적에 부합하지 않는 내용이 있어 흥미롭다. 가령 고구려의 연개소문은 반신이지만, 당나라에 당당히 대적한 민족적 영웅의 모습도 포함되어 있다. 흔히 『삼국사기』에 대해, 신라 정통론에 기반해 있으며, 유교적 사관에 따라 당시의 지배 질서를 공고히 하고자 했다고 평가한다. 하지만 연개소문의 사례에서 볼 수 있듯 『삼국사기』는 기존 평가와 달리 다면적이고 중층적인 역사 텍스트라고 할 수 있다.

① 『삼국사기』 열전에 고구려인과 백제인도 수록되었다는 점은 이 책이 신라 정통론을 계승하지 않았다는 것을 보여준다.
② 『삼국사기』 열전에 수록된 반신 중에는 이 책에 대한 기존 평가를 다르게 할 수 있는 사례가 있다.
③ 『삼국사기』 열전에는 기릴 만한 업적이 있더라도 관직에 오르지 못한 사람은 수록되지 않았다.
④ 『삼국사기』의 체제 중에서 열전이 가장 많은 권수를 차지한다.

11

2019 국가직 9급

다음 글에 대한 설명으로 적절하지 않은 것은?

(가) 20세기 들어서 생태학자들은 지속성 농약이 자연 생태계에 어떤 악영향을 미치는지를 밝힐 수 있었다. 예컨대 제2차 세계대전 이후 전 세계에서 해충 구제용으로 널리 사용됨으로써 농업 생산량 향상에 커다란 기여를 한 디디티(DDT)는 유기 염소계 살충제의 대명사이다.

(나) 그렇지만 이 유기 염소계 살충제는 물에 잘 녹지 않고 자연에서 햇빛에 의한 광분해나 미생물에 의한 생물학적 분해가 거의 이루어지지 않는다. 그래서 디디티는 토양이나 물속의 퇴적물 속에 수십 년간 축적된다. 게다가 디디티는 지방에는 잘 녹아서 먹이사슬을 거치는 동안 지방 함량이 높은 동물 체내에 그 농도가 높아진다. 이렇듯 많은 양의 유기 염소계 살충제를 체내에 축적하게 된 맹금류는 물질대사에 장애를 일으켜서 껍질이 매우 얇은 알을 낳기 때문에, 포란 중 대부분의 알이 깨져 버려 멸종의 길을 걷게 된다.

(다) 디디티는 쉽게 분해되지 않기 때문에 한번 뿌려진 디디티는 물과 공기, 생물체 등을 매개로 세계 전역으로 퍼질 수 있다. 그래서 디디티에 한 번도 노출된 적이 없는 알래스카 지방의 에스키모 산모의 젖에서도 디디티가 검출되었고, 남극 지방의 펭귄 몸속에서도 디디티가 발견되었다. 이러한 생물 농축과 잔존성의 특성이 밝혀짐으로써 미국에서는 1972년부터 디디티 생산이 전면 중단되었고, 1980년대에 이르러서는 유기 염소계 농약의 사용이 대부분 금지되었다.

(라) 이와 같이 디디티의 생물 농축 현상에서처럼 생태학자들은 한 생물 종에 미치는 오염의 영향이 오랫동안 누적되면 전체 생태계를 훼손시킬 수 있다는 사실을 발견하였다. 그래서인지 최근 우리나라에서도 사소한 환경오염 행위가 장차 어떠한 재앙을 몰고 올 수 있는지에 대한 연구가 활발히 이루어지고 있다.

① (가)는 중심 화제를 소개하고, 핵심어를 제시함으로써 전개될 내용을 암시하고 있다.
② (나)는 디디티가 끼칠 생태계의 영향을 인과 분석의 방법으로 설명하고 있다.
③ (다)는 디디티의 악영향을 제시하고, 그것의 사용 금지를 주장하고 있다.
④ (라)는 환경오염에 대한 경각심을 암시적으로 드러내고 있다.

12

2019 국가직 9급

(가)와 (나)를 통해서 추정하기 어려운 내용은?

(가) 찬성공 형제께서 정경부인의 상(喪)을 당하였다. 부 윤공의 부인 이 씨가 우연히 언문 소설을 읽다가 그 소리가 밖으로 들렸다. 찬성공이 기뻐하지 않으며 제수를 계단 아래에 서게 하고, "부녀자의 무식을 심하게 책망할 필요는 없지만, 어찌 상중(喪中)에 있으면서 예의에 어긋난 책을 소리 내어 읽어서 스스로 평민과 같아지려 할 수 있는가?" 하고 꾸짖었다.

(나) 전기수: 늙은이가 동문 밖에 살면서 입으로 언문 소설을 읽었는데, 「숙향전」, 「소대성전」, 「심청전」, 「설인귀전」과 같은 전기소설이었다. …… 잘 읽었기 때문에 옆에서 구경하는 사람들이 빙 둘러섰다. 가장 재미있고 긴요하여 매우 들을 만한 구절에 이르면 갑자기 침묵하고 소리를 내지 않았다. 사람들이 다음 이야기를 듣고 싶어서 다투어 돈을 던졌다. 이를 바로 '요전법(돈을 요구하는 법)'이라 한다.

① 상층 남성들은 상중의 예법에 대해 매우 엄격하였다.
② 혼자 소설을 보면서 소리 내어 읽기도 하였다.
③ 하층에서도 소설을 창작하는 사람이 많았다.
④ 상층이 아닌 하층에서도 소설을 즐겼다.

13

2019 지방직 9급

다음 글에 대한 이해로 가장 적절한 것은?

책은 벗입니다. 먼 곳에서 찾아온 반가운 벗입니다. 배움과 벗에 관한 이야기는 『논어』의 첫 구절에도 있습니다. '배우고 때때로 익히니 어찌 기쁘지 않으랴. 벗이 먼 곳에서 찾아오니 어찌 즐겁지 않으랴.'가 그런 뜻입니다.

그러나 오늘 우리의 현실은 그렇지 못합니다. 인생의 가장 빛나는 시절을 수험 공부로 보내야 하는 학생들에게 독서는 결코 반가운 벗이 아닙니다. 가능하면 빨리 헤어지고 싶은 불행한 만남일 뿐입니다. 밑줄 그어 암기해야 하는 독서는 진정한 의미의 독서가 못 됩니다.

독서는 모름지기 자신을 열고, 자신을 확장하고, 자신을 뛰어넘는 비약이어야 합니다. 그렇기 때문에 독서는 삼독(三讀)입니다. 먼저 글을 읽고 다음으로 그 글을 집필한 필자를 읽어야 합니다. 그 글이 제기하고 있는 문제뿐만 아니라 필자가 어떤 시대, 어떤 사회에 발 딛고 있는지를 읽어야 합니다. 그리고 최종적으로 그것을 읽고 있는 독자 자신을 읽어야 합니다. 그렇게 함으로써 자신의 처지와 우리 시대의 문맥을 깨달아야 합니다.

① 독서는 타인의 경험이나 생각 등을 자기화(自己化)하는 과정이다.
② 반가운 벗과의 독서야말로 진정한 독자로 거듭날 수 있는 첩경(捷徑)이다.
③ 시대와 불화(不和)한 독자일수록 독서를 통해 자신의 위치를 발견하기 쉽다.
④ 자신이 배운 것을 제때에 적용하기 위해서는 친밀한 교우(交友) 관계가 중요하다.

[14~15] 다음 글을 읽고 물음에 답하시오.

우리는 거짓이 사실을 압도하는 사회에서 살고 있다. 사실에 사회적 맥락이 더해진 진실도 자연스레 설 자리를 잃었다. 2016년에 옥스퍼드 사전은 세계의 단어로 '탈진실'을 선정하며 탈진실화가 국지적 현상이 아니라 세계적으로 나타나는 시대적 특성이라고 진단했다. 탈진실의 시대가 시작된 것을 반증하기라도 하듯 '가짜 뉴스'가 사회적 논란거리로 떠올랐다.

가짜 뉴스의 정의와 범위에 대해선 의견이 여러 갈래로 나뉜다. 언론사의 오보에서부터 인터넷 루머까지 가짜 뉴스는 넓은 스펙트럼 안에서 혼란스럽게 사용되고 있다. 전문가들은 가짜 뉴스의 기준을 정하고 범위를 좁히지 않으면 비생산적인 논란만 가중될 수밖에 없다고 지적한다. 2017년 2월 한국언론학회와 한국언론진흥재단이 주최한 세미나에서는 가짜 뉴스를 '정치적·경제적 이익을 위해 의도적으로 언론 보도의 형식을 하고 유포된 거짓 정보'라고 정의하였다.

가짜 뉴스의 역사는 인류 커뮤니케이션의 역사만큼이나 길다. 백제 무왕이 지은 「서동요」는 선화 공주와 결혼하기 위해 그가 거짓 정보를 노래로 만든 가짜 뉴스였다. 1923년 관동 대지진이 났을 때 일본 내무성이 조선인에 대해 악의적으로 허위 정보를 퍼뜨린 일은 가짜 뉴스가 잔인한 학살로 이어진 사건이다. 이처럼 역사 속에서 늘 반복된 가짜 뉴스가 뜨거운 감자로 떠오른 것은 새삼스러운 것처럼 보이지만, 최근 일어나는 가짜 뉴스 현상을 돌아보면 이전의 사례와는 확연히 다른 점을 발견할 수 있다.

'21세기형 가짜 뉴스'의 특징은 논란의 중심에 글로벌 IT 기업이 있다는 점이다. 가짜 뉴스는 더 이상 동요나 입소문을 통해 퍼지지 않는다. 누구나 쉽게 이용하는 매체에 '정식 기사'의 얼굴을 하고 나타난다. 감쪽같이 변장한 가짜 뉴스들은 대중이 뉴스를 접하는 채널이 신문·방송 같은 전통적 매체에서 포털, SNS 등의 디지털 매체로 옮겨 가면서 쉽게 유통되고 확산된다.

㉠ <u>가짜 뉴스를 생산하는 이유는 '돈'이다</u>. 뉴스와 관련된 돈은 대부분 광고에서 발생한다. 모든 광고는 광고 중개 서비스를 통하는데, 광고주가 중개 업체에 돈을 지불하면 중개 업체는 금액에 따라 광고를 배치한다. 높은 조회수가 나오는 사이트일수록 높은 금액의 광고를 배치하는 식이다. 뉴스가 범람하는 상황에서 이용자는 선택과 집중을 할 수밖에 없다. 그 때문에 눈길을 끄는 뉴스가 잘 팔리는 뉴스가 된다. 가짜 뉴스는 선택받을 수 있는 조건을 정확히 알고 대중을 치밀하게 속인다. 어떤 식으로든 눈에 띄고 선택받아 '돈'이 되기 위해 비윤리적이어도 개의치 않고 자극적인 요소들을 자연스럽게 포함한다. 과정이야 어떻든 이윤만 내면 성공이기 때문이다. 이런 이유로 가짜 뉴스는 혐오나 선동과 같은 자극적 요소를 담게 되고, 이렇게 만들어진 가짜 뉴스는 사회 구성원들의 통합을 방해하고 극단주의를 초래한다.

14

2023 법원직 9급

㉠으로 인해 발생할 수 있는 사회적 문제로 가장 적절한 것은?

① 광고주와 중개 업체 사이에 위계 관계가 발생한다.
② 소비자가 선택과 집중을 통해 뉴스를 소비하게 된다.
③ 혐오와 선동을 담은 뉴스로 인해 극단주의가 발생한다.
④ 소비자가 높은 금액을 주고 읽어야 하는 가짜 뉴스가 생산된다.

15

2023 법원직 9급

윗글에 대한 설명으로 가장 적절하지 않은 것은?

① 가짜 뉴스의 기준과 범위를 정하기 어려운 이유를 제시하고 있다.
② 전문성을 가진 단체가 주최한 세미나에서 정의한 가짜 뉴스의 개념을 제시하고 있다.
③ 가짜 뉴스가 논란거리로 떠오르게 된 시대의 특성을 제시하고 있다.
④ 사용 매체의 변화로 인해 발생한 가짜 뉴스의 특징을 제시하고 있다.

[16~17] 다음 글을 읽고 물음에 답하시오.

프레임(frame)은 영화와 사진 등의 시각 매체에서 화면 영역과 화면 밖의 영역을 구분하는 경계로서의 틀을 말한다. 카메라로 대상을 포착하는 행위는 현실의 특정한 부분만을 떼어내 프레임에 담는 것으로, 찍은 사람의 의도와 메시지를 ㉠ 내포한다. 그런데 문, 창, 기둥, 거울 등 주로 사각형이나 원형의 형태를 갖는 물체들을 이용하여 프레임 안에 또 다른 프레임을 만드는 경우가 있다. 이런 기법을 '이중 프레이밍', 그리고 안에 있는 프레임을 '이차 프레임'이라 칭한다.

이차 프레임의 일반적인 기능은 크게 세 가지로 구분할 수 있다. 먼저, 화면 안의 인물이나 물체에 대한 시선 ㉡ 유도 기능이다. 대상을 틀로 에워싸기 때문에 시각적으로 강조하는 효과가 있으며, 대상이 작거나 구도의 중심에서 벗어나 있을 때도 존재감을 부각하기가 용이하다. 또한 프레임 내 프레임이 많을수록 화면이 다층적으로 되어, 자칫 밋밋해질 수 있는 화면에 깊이감과 입체감이 부여된다. 광고의 경우, 설득력을 높이기 위해 이차 프레임 안에 상품을 위치시켜 주목을 받게 하는 사례들이 있다.

다음으로, 이차 프레임은 작품의 주제나 내용을 암시하기도 한다. 이차 프레임은 시각적으로 내부의 대상을 외부와 분리하는데, 이는 곧잘 심리적 단절로 이어져 구속, 소외, 고립 따위를 ㉢ 환기한다. 그리고 이차 프레임 내부의 대상과 외부의 대상 사이에는 정서적 거리감이 조성되기도 한다. 어떤 영화들은 작중 인물을 문이나 창을 통해 반복적으로 보여주면서, 그가 세상으로부터 격리된 상황을 암시하거나 불안감, 소외감 같은 인물의 내면을 시각화하기도 한다.

마지막으로, 이차 프레임은 '이야기 속 이야기'인 액자형 서사 구조를 지시하는 기능을 하기도 한다. 일례로, 어떤 영화는 작중 인물의 현실 이야기와 그의 상상에 따른 이야기로 구성되는데, 카메라는 이차 프레임으로 사용된 창을 비추어 한 이야기의 공간에서 다른 이야기의 공간으로 들어가거나 빠져 나온다.

그런데 현대에 이를수록 시각 매체의 작가들은 이차 프레임의 ㉣ 범례에서 벗어나는 시도들로 다양한 효과를 끌어내기도 한다. 가령 이차 프레임 내부 이미지의 형체를 식별하기 어렵게 함으로써 관객의 지각 행위를 방해하여, 강조의 기능을 무력한 것으로 만들거나 서사적 긴장을 유발하기도 한다. 또 문이나 창을 봉쇄함으로써 이차 프레임으로서의 기능을 상실시켜 공간이나 인물의 폐쇄성을 드러내기도 한다. 혹은 이차 프레임 내의 대상이 그 경계를 넘거나 파괴하도록 하여 호기심을 자극하고 대상의 운동성을 강조하는 효과를 낳는 사례도 있다.

16

2023 법원직 9급

윗글을 이해한 내용으로 가장 적절한 것은?

① 프레임 밖의 영역에는 찍은 사람의 의도와 메시지가 담긴다.
② 이차 프레임 안의 대상과 밖의 대상 사이에는 거리감이 조성되기도 한다.
③ 이차 프레임 내 대상의 크기가 작을 경우에는 대상의 존재감이 강조되기 어렵다.
④ 이차 프레임 안의 화면을 식별하기 어렵게 만들 경우, 역설적으로 대상을 강조하는 효과가 발생한다.

17

2023 법원직 9급

문맥상 ㉠~㉣의 의미로 가장 적절하지 않은 것은?

① ㉠: 어떤 성질이나 뜻 따위를 속에 품음.
② ㉡: 사람이나 물건을 목적한 장소나 방향으로 이끎.
③ ㉢: 탁한 공기를 맑은 공기로 바꿈.
④ ㉣: 예시하여 모범으로 삼는 것.

18

2021 국가직 5급

다음 글의 내용이 참일 때, 반드시 참인 것만을 〈보기〉에서 모두 고르면?

철학과에서는 학생들의 수강 실태를 파악하여 향후 학과 교과목 개편에 반영할 예정이다. 실태를 파악한 결과, 〈논리학〉, 〈인식론〉, 〈과학철학〉, 〈언어철학〉을 모두 수강한 학생은 없었다. 〈논리학〉을 수강한 학생들은 모두 〈인식론〉도 수강하였다. 일부 학생들은 〈인식론〉과 〈과학철학〉을 둘 다 수강하였다. 그리고 〈언어철학〉을 수강하지 않은 학생들은 누구도 〈과학철학〉을 수강하지 않았다.

〈보기〉

ㄱ. 〈논리학〉을 수강하지 않은 학생이 있다.
ㄴ. 〈논리학〉과 〈과학철학〉을 둘 다 수강한 학생은 없다.
ㄷ. 〈인식론〉과 〈언어철학〉을 둘 다 수강한 학생이 있다.

① ㄱ　② ㄴ
③ ㄱ, ㄷ　④ ㄱ, ㄴ, ㄷ

19

2015 민경채

A사무관의 추론이 올바를 때, 다음 글의 빈칸에 들어갈 진술로 적절한 것만을 〈보기〉에서 모두 고르면?

A사무관은 인사과에서 인사고과를 담당하고 있다. 그는 올해 우수 직원을 선정하여 표창하기로 했으니 인사고과에서 우수한 평가를 받은 직원을 후보자로 추천하라는 과장의 지시를 받았다. 평가 항목은 대민봉사, 업무역량, 성실성, 청렴도이고 각 항목은 상(3점), 중(2점), 하(1점)로 평가한다. A사무관이 추천한 표창 후보자는 갑돌, 을순, 병만, 정애 네 명이며, 이들이 받은 평가는 다음과 같다.

	대민봉사	업무역량	성실성	청렴도
갑돌	상	상	상	하
을순	중	상	하	상
병만	하	상	상	중
정애	중	중	중	상

A사무관은 네 명의 후보자에 대한 평가표를 과장에게 제출하였다. 과장은 "평가 점수 총합이 높은 순으로 선발한다. 단, 동점자 사이에서는 ( )"라고 하였다.

A사무관은 과장과의 면담 후 이들 중 세 명이 표창을 받게 된다고 추론하였다.

〈보기〉

ㄱ. 두 개 이상의 항목에서 상의 평가를 받은 후보자를 선발한다.
ㄴ. 청렴도에서 하의 평가를 받은 후보자를 제외한 나머지 후보자를 선발한다.
ㄷ. 하의 평가를 받은 항목이 있는 후보자를 제외한 나머지 후보자를 선발한다.

① ㄱ　② ㄷ
③ ㄱ, ㄴ　④ ㄴ, ㄷ

20

2015 민경채

다음 글의 내용이 참일 때, 반드시 참인 것은?

> 도덕성에 결함이 있는 어떤 사람도 공무원으로 채용되지 않는다. 업무 능력을 검증받았고 인사추천위원회의 추천을 받았으며 공직관이 투철한, 즉 이 세 조건을 모두 만족하는 지원자는 누구나 올해 공무원으로 채용된다. 올해 공무원으로 채용되는 사람들 중에 봉사정신이 없는 사람은 아무도 없다. 공직관이 투철한 철수는 올해 공무원 채용 시험에 지원하여 업무 능력을 검증받았다.

① 만일 철수가 도덕성에 결함이 없다면, 그는 올해 공무원으로 채용된다.

② 만일 철수가 봉사정신을 갖고 있다면, 그는 올해 공무원으로 채용된다.

③ 만일 철수가 도덕성에 결함이 있다면, 그는 인사추천위원회의 추천을 받지 않았다.

④ 만일 철수가 올해 공무원으로 채용된다면, 그는 인사추천위원회의 추천을 받았다.

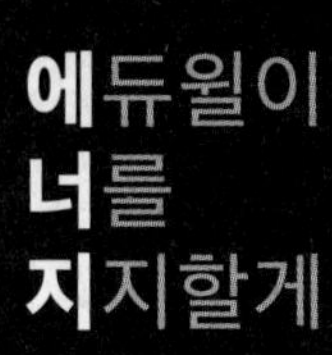

ENERGY

인생에 있어서 가장 큰 기쁨은
'너는 그것을 할 수 없다'라고 세상 사람들이 말하는
그 일을 성취시키는 일이다.

– 월터 배젓(Walter Bagehot)

기출 품은 모의고사 | 8회

제한시간: 25분 ■시작시간: : ■종료시간: :

정답과 해설 ▶ P.52 ~ P.56

01

밑줄 친 부분을 〈공공언어 바로 쓰기 원칙〉에 따라 수정한 것으로 적절하지 않은 것은?

〈공공언어 바로 쓰기 원칙〉

㉠ 띄어쓰기에 맞게 정확하게 표현할 것
㉡ 맞춤법에 맞게 정확하게 표현할 것
㉢ 잉여적 표현을 피할 것
㉣ 부적절한 한자어들을 순화하여 표현할 것

① ㉠: '첨부한 문서가 관련된 문서입니다.'에서 '문서입니다'를 '문서 입니다'로 수정한다.
② ㉡: '향토기업으로써 지역 발전에 의미를 더하게 될 것입니다.'에서 '향토기업으로써'를 '향토기업으로서'로 수정한다.
③ ㉢: '매 1년마다 같은 절차를 반복하고 있습니다'에서 '매 1년마다'를 '1년마다'로 수정한다.
④ ㉣: '이 문제점은 외국인인 경우가 많은 데 기인한 것으로 보인다.'에서 '많은 데 기인한'을 '많은 것 때문인'으로 수정한다.

02

2021 3월 모의고사 변형

[학습 활동]을 수행한 결과로 적절하지 않은 것은?

선생님: 어근에 접사가 붙는 경우를 파생하는 것이라고 배운 적이 있습니다. 형용사에 접사가 붙어 파생하는 파생법은 크게 접두사에 의한 파생법과 접미사에 의한 파생법으로 나누어 볼 수 있습니다. 일반적으로 접두사에 의한 파생법은 ㉠ 형용사 어근 앞에 뜻을 더하는 접사가 붙은 것이고, 접미사에 의한 파생법은 대체로 ㉡ 명사 어근 뒤에 어근의 품사를 형용사로 바꾸는 접사가 붙은 것입니다. 그럼 아래를 참고하여, [학습 활동]을 해결해 볼까요?

[접두사] 새-, 시-
예 새파랗다, 시꺼멓다
[접미사] -롭다, -되다, -답다, -스럽다
예 향기롭다, 거짓되다, 자랑스럽다

[학습 활동] 다음에서 ㉠, ㉡에 해당하는 예를 찾아보자.

나는 바닷가 산책로를 따라 걸었다. 바로 코끝에서 시퍼런 바닷물이 철썩거리고 있었다. 늘 걷던 길이 오늘따라 새롭게 느껴지는 것은 곧 이곳을 떠나야 한다는 사실 때문일 것이다. 여기 머문 지도 어느새 삼 년이 되어 간다. 돌이켜 보면 복된 나날이었다. 이웃들과 매일 정답게 인사를 주고받았으며, 어디서든 아이들의 사랑스러운 웃음소리를 들을 수 있었다.

① '시퍼런'은 접두사 '시-'가 형용사 어근 앞에 붙어 형성된 말의 활용형으로, ㉠에 해당하는 예이다.
② '새롭게'는 접두사 '새-'가 형용사 어근 앞에 붙어 형성된 말의 활용형으로, ㉠에 해당하는 예이다.
③ '복된'은 접미사 '-되다'가 명사 어근 뒤에 붙어 형성된 말의 활용형으로, ㉡에 해당하는 예이다.
④ '정답게'는 접미사 '-답다'가 명사 어근 뒤에 붙어 형성된 말의 활용형으로, ㉡에 해당하는 예이다.

03

2015 수능 변형

〈보기〉의 내용을 근거로 하여 잘못된 문장을 수정한 예로 적절하지 않은 것은?

〈보기〉

서술어의 자릿수는 문법적으로 정확하지 못한 문장을 수정하는 데 고려해야 할 중요한 기준이다. 서술어의 자릿수란 서술어가 반드시 갖추어야 하는 문장 성분의 수를 의미하는데, 여기서 반드시 갖추어야 하는 문장 성분이란 '주어, 서술어, 목적어, 보어, 필수적 부사어' 즉 필수적 성분들을 의미한다. 반대로 문장 성분들 중에서 서술어가 반드시 갖추지 않아도 되는 문장 성분을 수의적 성분이라고 한다. 이때 서술어를 제외하고 문장에 요구되는 필수적 성분의 개수가 서술어 자릿수가 되는데 국어에서 서술어 자릿수는 세 자리 서술어가 최대이다. 다음과 같은 예를 들 수 있다.

- 한 자리 서술어: 꽃이 피었다. (주어, 서술어)
- 두 자리 서술어: 고양이가 쥐를 잡았다. (주어, 목적어, 서술어)
- 세 자리 서술어: 동생은 나에게 책을 주었다. (주어, 필수적 부사어, 목적어, 서술어)

서술어가 요구하는 문장 성분이 빠져 있으면 문법적으로 정확하지 못한 문장이 되므로 그 성분을 보충하여야 한다.

① 그들은 양식이 다 떨어지자 식량 공급을 요청했다.
→ 그들은 양식이 다 떨어지자 정부에 식량 공급을 요청했다.

② 문제는 우리가 예의를 지키지 못하는 경우가 많다.
→ 문제는 우리가 예의를 지키지 못하는 경우가 많다는 사실이다.

③ 나는 오늘 점심을 먹으면서 내 친구를 소개하였다.
→ 나는 오늘 점심을 먹으면서 내 친구를 누나에게 소개하였다.

④ 우리는 전화위복의 계기로 삼아 지금보다 강해질 것이다.
→ 우리는 그 일을 전화위복의 계기로 삼아 지금보다 강해질 것이다.

04

2017 국가직(= 사회복지직) 9급

내용의 전개에 따라 바르게 배열한 것은?

(가) 사물은 저것 아닌 것이 없고, 또 이것 아닌 것이 없다. 이쪽에서 보면 모두가 저것, 저쪽에서 보면 모두가 이것이다.

(나) 그러므로 저것은 이것에서 생겨나고, 이것 또한 저것에서 비롯된다고 한다. 이것과 저것은 저 혜시(惠施)가 말하는 방생(方生)의 설이다.

(다) 그래서 성인(聖人)은 이런 상대적인 방법에 의하지 않고, 그것을 절대적인 자연의 조명(照明)에 비추어 본다. 그리고 커다란 긍정에 의존한다. 거기서는 이것이 저것이고 저것 또한 이것이다. 또 저것도 하나의 시비(是非)이고 이것도 하나의 시비이다. 과연 저것과 이것이 있다는 말인가. 과연 저것과 이것이 없다는 말인가.

(라) 그러나 그, 즉 혜시(惠施)도 말하듯이 삶이 있으면 반드시 죽음이 있고, 죽음이 있으면 반드시 삶이 있다. 역시 된다가 있으면 안 된다가 있고, 안 된다가 있으면 된다가 있다. 옳다에 의거하면 옳지 않다에 기대는 셈이 되고, 옳지 않다에 의거하면 옳다에 의지하는 셈이 된다.

① (가)－(나)－(다)－(라)
② (가)－(나)－(라)－(다)
③ (가)－(다)－(나)－(라)
④ (가)－(라)－(나)－(다)

05

2019 서울시(2월) 9급

〈보기〉의 지문은 설명문의 일종이다. 두괄식 설명문으로 구성하고자 할 때 논리적 전개에 가장 부합하게 배열한 것은?

〈보기〉

㉠ 문장을 구성하는 기본적인 언어 단위를 어절이라 한다. 띄어 쓴 문장 성분을 각각 어절이라고 하는데, 하나의 어절이 하나의 문장 성분이 되는 것은 문장 구성의 기본적인 성질이다.

㉡ 문장은 인간의 생각을 완결된 형태로 담을 수 있는 언어 단위이다. 문장은 일정한 구성 성분으로 이루어지는데, 맥락을 통해서 알 수 있을 경우에는 문장 성분을 생략할 수도 있다.

㉢ 띄어 쓴 어절이 몇 개 모여서 하나의 문장 성분이 되는 경우가 있다. '그 남자가 아주 멋지다.'라는 문장에서 '그 남자가'와 '아주 멋지다'는 각각 두 어절로 이루어져서 주어와 서술어 역할을 하고 있다.

㉣ 두 개 이상의 어절이 모여서 하나의 문장 성분을 이룬 것을 구(句)라고 한다. 절은 주어와 서술어를 갖고 있다는 점에서 구와 구별되지만, 독립적으로 사용되지 못한다는 점에서 문장과 구별된다.

① ㉠ – ㉡ – ㉣ – ㉢
② ㉠ – ㉣ – ㉢ – ㉡
③ ㉡ – ㉠ – ㉢ – ㉣
④ ㉡ – ㉢ – ㉠ – ㉣

06

2021 법원직 9급

다음 글을 읽고 이해한 내용으로 가장 적절한 것은?

미생물은 오늘날 흔히 질병과 연관된 것으로 여겨진다. 1762년 마르쿠스 플렌치즈는 미생물이 체내에서 증식함으로써 질병을 일으키고, 이는 공기를 통해 전염될 수 있다고 주장했으며, 모든 질병은 각자 고유의 미생물을 갖고 있다고 말했다. 그러나 유감스럽게도 그 주장에 대한 증거가 없었으므로 플렌치즈는 외견상 하찮아 보이는 미생물들도 사실은 중요하다는 점을 다른 사람들에게 납득시킬 수가 없었다. 심지어 한 비평가는 그처럼 어처구니없는 가설에 반박하느라 시간을 허비할 생각이 없다며 대꾸했다.

그런데 19세기 중반 들어 프랑스의 화학자 루이 파스퇴르에 의해 상황이 바뀌기 시작했다. 파스퇴르는 세균이 술을 식초로 만들고 고기를 썩게 한다는 사실을 연달아 증명한 뒤 만약 세균이 발효와 부패의 주범이라면 질병도 일으킬 수 있을 것이라고 주장했다. 이러한 배종설은 오랫동안 이어져 내려온 자연발생설에 반박하는 이론으로서 플렌치즈 등에 의해 옹호되었지만 아직 논란이 많았다. 사람들은 흔히 썩어가는 물질이 내뿜는 나쁜 공기, 즉 독기가 질병을 일으킨다고 생각했다. 1865년 파스퇴르는 이런 생각이 틀렸음을 증명했다. 그는 미생물이 누에에게 두 가지 질병을 일으킨다는 사실을 입증한 뒤, 감염된 알을 분리하여 질병이 전염되는 것을 막음으로써 프랑스의 잠사업을 위기에서 구했다.

한편 독일에서는 로베르트 코흐라는 내과 의사가 지역농장의 사육동물을 휩쓸던 탄저병을 연구하고 있었다. 때마침 다른 과학자들이 동물의 시체에서 탄저균을 발견하자, 1876년 코흐는 이 미생물을 쥐에게 주입한 뒤 쥐가 죽은 것을 확인했다. 그는 이 암울한 과정을 스무 세대에 걸쳐 집요하게 반복하여 번번이 똑같은 현상이 반복되는 것을 확인했고, 마침내 세균이 탄저병을 일으킨다는 결론을 내렸다. 배종설이 옳았던 것이다.

파스퇴르와 코흐가 미생물을 효과적으로 재발견하자 미생물은 곧 죽음의 아바타로 캐스팅되어 전염병을 옮기는 주범으로 여겨지기 시작했다. 탄저병이 연구된 뒤 20년에 걸쳐 코흐를 비롯한 과학자들은 한센병, 임질, 장티푸스, 결핵 등의 질병 뒤에 도사리고 있는 세균들을 속속 발견했다. 이러한 발견을 견인한 것은 새로운 도구였다. 이전에 있었던 렌즈를 능가하는 렌즈가 나왔고, 젤리 비슷한 배양액이 깔린 접시에서 순수한 미생물을 배양하는 방법이 개발되었으며, 새로운 염색제가 등장하여 세균의 발견과 확인을 도왔다.

세균을 확인하자 과학자들은 거두절미하고 세균을 제거하는 작업에 착수했다. 조지프 리스터는 파스퇴르에게서 영감을 얻어 소독 기법을 실무에 도입했다. 그는 자신의 스태프들에게 손과 의료 장비와 수술실을 화학적으로 소독하라고 지시함으로써 수많은 환자들을 극심한 감염으로부터 구해냈다. 또, 다른 과학자들은 질병 치료, 위생 개선, 식품 보존이라는 명분으로 세균 차단 방법을 궁리했다. 그리고 세균학은 응용 과학이 되어 미생물을 쫓아내거나 파괴하는 데 동원되었다. 과학자들은 미생물과의 전쟁을 선포하고, 병든 개인과 사회에서 미생물을 몰아내는 것을 목표로 삼은 것이다. 이렇게 미생물에 대한 인식이 형성되었으며 그 부정적 태도는 오늘날에도 지속되고 있다.

① 미생물이 질병을 일으킨다는 플렌치즈의 주장은 당시 모든 사람들의 긍정적 반응을 이끌었다.
② 플렌치즈는 썩어가는 물질이 내뿜는 독기가 질병을 일으킨다는 주장이 틀렸음을 증명하였다.
③ 코흐는 동물의 시체에서 탄저균을 발견한 후 미생물을 쥐에게 주입하는 실험을 실시하였다.
④ 파스퇴르는 프랑스의 잠사업과 환자들을 감염으로부터 보호하는 일에 긍정적인 영향을 미쳤다.

07

2020 지방직(= 서울시) 9급

다음 글의 ㉠~㉣에 대한 고쳐 쓰기 방안으로 적절하지 않은 것은?

현재 리셋 증후군이 인터넷 중독의 한 유형으로 ㉠ <u>꼽혀지고</u> 있다. 리셋 증후군 환자들은 현실에서 잘못을 하더라도 버튼만 누르면 해결될 수 있다고 생각해서 아무런 죄의식이나 책임감 없이 행동한다. ㉡ <u>'리셋 증후군'이라는 말은 1990년 일본에서 처음 생겨났는데, 국내에선 1990년대 말부터 쓰이기 시작했다.</u> 리셋 증후군 환자들은 현실과 가상을 구분하지 못하여 게임에서 실행했던 일을 현실에서 저지르고 뒤늦게 후회하는 경우가 많다. 특히, 이러한 특성을 지닌 청소년들은 무슨 일이든지 쉽게 포기하고 책임감 없는 행동을 하며, 마음에 들지 않는 사람이 있으면 ㉢ <u>막다른 골목으로 몰듯</u> 관계를 쉽게 끊기도 한다.

리셋 증후군은 행동 양상이 명확히 나타나지 않는 편이라 쉽게 판별하기 어렵고 진단도 쉽지 않다. ㉣ <u>이와 같이</u> 예방을 위해 지속적으로 주위 사람들과 대화를 나누고, 현실과 인터넷 공간을 구분하는 능력을 길러야 한다.

① 불필요한 이중 피동 표현으로 어법에 맞게 ㉠을 '꼽고'로 수정한다.
② 글의 맥락상 자연스럽지 않으므로 ㉡은 첫 번째 문장 뒤로 옮긴다.
③ 앞뒤 문맥을 고려할 때 ㉢은 '칼로 무를 자르듯'으로 수정한다.
④ 앞 문장과의 연결을 고려하여 ㉣을 '그러므로'로 수정한다.

08

2021 지방직(= 서울시) 9급

글의 통일성을 고려할 때 (가)에 들어갈 말로 가장 적절한 것은?

> 혼정신성(昏定晨省)이란 저녁에는 부모님의 잠자리를 봐 드리고 아침에는 문안을 드린다는 뜻으로 자식이 아침 저녁으로 부모의 안부를 물어 살핌을 뜻하는 말로 '예기(禮記)'의 '곡례편(曲禮篇)'에 나오는 말이다. 아랫목 요에 손을 넣어 방 안 온도를 살피면서 부모님께 문안을 드리던 우리의 옛 전통은 온돌을 통한 난방 방식과 관련 깊다. 온돌을 통한 난방 방식은 방바닥에 깔려 있는 돌이 열기로 인해 뜨거워지고, 뜨거워진 돌의 열기로 방바닥이 뜨거워지면 방 전체에 복사열이 전달되는 방법이다. 방바닥 쪽의 차가운 공기는 온돌에 의해 따뜻하게 데워지므로 위로 올라가고, 위로 올라간 공기가 다시 식으면 아래로 내려와 다시 데워져 위로 올라가는 대류 현상으로 인해 결국 방 전체가 따뜻해진다. 벽난로를 통한 서양식의 난방 방식은 복사열을 이용하여 상체와 위쪽 공기를 데우는 방식인데, 대류 현상으로 바닥 바로 위 공기까지는 따뜻해지지 않는다. 그 이유는 [(가)].

① 벽난로에 의한 난방은 방바닥의 따뜻한 공기가 위로 올라가 식으면 복사열로 위쪽의 공기만을 따뜻하게 하기 때문이다

② 벽난로에 의한 난방이 복사열에 의한 난방에서 대류 현상으로 인한 난방이라는 순서로 이루어졌기 때문이다

③ 대류 현상을 통한 난방 방식은 상체와 위쪽의 공기만 따뜻하게 하기 때문이다

④ 상체와 위쪽의 따뜻한 공기는 차가운 바닥으로 내려오지 않기 때문이다

09

2022 지방직(= 서울시) 9급

다음 대화에 대한 설명으로 가장 적절한 것은?

> A: 예은 씨. 오늘 회의 내용을 팀원들에게 공유해 주시면 좋겠네요.
> B: 네. 알겠습니다. 팀장님, 오늘 회의 내용을 요약 정리해서 메일로 공유하면 되겠지요?
> A: (고개를 끄덕이며) 맞습니다.
> B: 네. 그럼 회의 내용은 개조식으로 요약하고, 팀장님을 포함해서 전체 팀원에게 메일로 보내도록 하겠습니다.
> A: 예은 씨. 그런데 개조식으로 회의 내용을 요약하는 방식에는 문제가 있지 않을까요?
> B: (고개를 끄덕이며) 그렇겠네요. 개조식으로 요약할 경우 회의 내용이 과도하게 생략되어 이해가 어려울 수 있겠네요.

① A는 B에게 내용 요약 방식을 제안하고 있다.

② A와 B는 대화 중에 공감의 표지를 드러내며 상대방의 말을 듣고 있다.

③ B는 회의 내용 요약 방식에 대한 A의 문제 제기에 대해 자신이 다른 입장임을 드러내고 있다.

④ A는 개조식 요약 방식이 회의 내용을 과도하게 생략하여 이해에 어려움을 줄 수 있다고 명시하고 있다.

10

2018 국가직 9급

㉠~㉣의 예를 추가할 때 가장 적절한 것은?

논리학에서 비형식적 오류 유형에는 우연의 오류, 애매어의 오류, 결합의 오류, 분해의 오류 등이 있다.

우선 ㉠ 우연의 오류란 거의 대부분의 경우에 적용되는 일반적인 원리나 규칙을 우연적인 상황으로 인해 생긴 예외적인 특수한 경우에까지도 무차별적으로 적용할 때 생기는 오류이다. 그 예로 “인간은 이성적인 동물이다. 중증 정신 질환자는 인간이다. 그러므로 중증 정신 질환자는 이성적인 동물이다.”를 들 수 있다. ㉡ 애매어의 오류는 동일한 한 단어가 한 논증에서 맥락마다 서로 다른 의미를 지니는 것으로 사용될 때 생기는 오류를 말한다. “김 씨는 성격이 직선적이다. 직선적인 모든 것들은 길이를 지닌다. 고로 김 씨의 성격은 길이를 지닌다.”가 그 예이다. 한편 각각의 원소들이 개별적으로 어떤 성질을 지니고 있다는 내용의 전제로부터 그 원소들을 결합한 집합 전체도 역시 그 성질을 지니고 있다는 결론을 도출하는 경우가 ㉢ 결합의 오류이고, 반대로 집합이 어떤 성질을 지니고 있다는 내용의 전제로부터 그 집합의 각각의 원소들 역시 개별적으로 그 성질을 지니고 있다는 결론을 도출하는 경우가 ㉣ 분해의 오류이다. 전자의 예로는 “그 연극단 단원들 하나하나가 다 훌륭하다. 고로 그 연극단은 훌륭하다.”를, 후자의 예로는 “그 연극단은 일류급이다. 박 씨는 그 연극단 일원이다. 그러므로 박 씨는 일류급이다.”를 들 수 있다.

① ㉠ – 모든 사람은 죽는다. 소크라테스는 사람이다. 그러므로 소크라테스는 죽는다.
② ㉡ – 부패하기 쉬운 것들은 냉동 보관해야 한다. 세상은 부패하기 쉽다. 고로 세상은 냉동 보관해야 한다.
③ ㉢ – 미국 아이스하키 선수단이 이번 올림픽에서 금메달을 차지했다. 그러므로 미국 선수 각자는 세계 최고 기량을 갖고 있다.
④ ㉣ – 그 학생의 논술 시험 답안은 탁월하다. 그의 답안에 있는 문장 하나하나가 탁월하기 때문이다.

11

2019 국가직 9급

다음 글에서 〈보기〉가 들어가기에 가장 적절한 곳은?

〈보기〉

아침기도는 간략한 아침 뉴스로, 저녁기도는 저녁 종합 뉴스로 바뀌었다.

철학자 헤겔이 주장했듯이, 삶을 인도하는 원천이자 권위의 시금석으로서의 종교를 뉴스가 대체할 때 사회는 근대화된다. 선진 경제에서 뉴스는 이제 최소한 예전에 신앙이 누리던 것과 동등한 권력의 지위를 차지한다. 뉴스 타전은 소름이 돋을 정도로 정확하게 교회의 시간 규범을 따른다. (㉠) 뉴스는 우리가 한때 신앙심을 품었을 때와 똑같은 공손한 마음을 간직하고 접근하기를 요구하기도 한다. (㉡) 우리 역시 뉴스에서 계시를 얻기 바란다. (㉢) 누가 착하고 누가 악한지 알기를 바라고, 고통을 헤아려 볼 수 있기를 바라며, 존재의 이치가 펼쳐지는 광경을 이해하길 희망한다. (㉣) 그리고 이 의식에 참여하길 거부하는 경우 이단이라는 비난을 받기도 한다.

① ㉠ ② ㉡
③ ㉢ ④ ㉣

12

2023 국가직 9급

다음 글을 이해한 내용으로 가장 적절한 것은?

루카치는 그리스 세계를 신과 인간의 결합 정도를 가리키는 '총체성' 개념을 기준으로 세 시대로 구분하였다. 첫 번째 시대에서 후대로 갈수록 총체성의 정도는 낮아진다. 첫째는 총체성이 완전히 구현되어 있는 '서사시의 시대'이다. 호메로스의 『일리아드』와 『오디세이아』에서는 신과 인간의 세계가 하나로 얽혀 있다. 인간들이 그리스와 트로이 두 패로 나뉘어 전쟁을 벌일 때 신들도 인간의 모습을 하고 두 패로 나뉘어 전쟁에 참여했다. 둘째는 '비극의 시대'이다. 소포클레스나 에우리피데스의 비극에서는 총체성이 흔들려 신과 인간의 세계가 분리된다. 하지만 두 세계가 완전히 분리되지는 않고 신탁이라는 약한 통로로 이어져 있다. 비극에서 신은 인간의 행위에 직접 개입하지 않고 신탁을 통해서 자신의 뜻을 그저 전달하는 존재로 바뀐다. 셋째는 플라톤으로 대표되는 '철학의 시대'이다. 이 시대는 이미 계몽된 세계여서 신탁 같은 것은 신뢰할 수 없게 되었다. 신과 인간의 세계가 완전히 분리됨으로써 신의 세계는 인격적 성격을 상실하여 '이데아'라는 추상성의 세계로 바뀐다. 신의 세계와 인간의 세계는 그 사이에 어떤 통로도 존재할 수 없는, 절대적으로 분리된 세계가 되었다.

① 계몽사상은 서사시의 시대에서 철학의 시대로의 전환을 이끌었다.
② 플라톤의 이데아는 신탁이 사라진 시대의 비극적 세계를 표현한다.
③ 루카치는 각기 다른 기준에 따라 그리스 세계를 세 시대로 구분하였다.
④ 에우리피데스의 비극에 비해 『오디세이아』에서는 신과 인간의 결합 정도가 높다.

13

2018 서울시 9급(6월)

〈보기〉의 비판 대상으로 가장 옳지 않은 것은?

〈보기〉

폴 매카트니는 도축장의 벽이 유리로 되어 있다면 모든 사람이 채식주의자가 될 거라고 말한 적이 있다. 우리가 식육 생산의 실상을 안다면 계속해서 동물을 먹을 수 없으리라고 그는 믿었다. 그러나 어느 수준에서는 우리도 진실을 알고 있다. 식육 생산이 깔끔하지도 유쾌하지도 않은 사업이라는 것을 안다. 다만 그게 어느 정도인지는 알고 싶지 않다. 고기가 동물에게서 나오는 줄은 알지만 동물이 고기가 되기까지의 단계들에 대해서는 짚어 보려 하지 않는다. 그리고 동물을 먹으면서 그 행위가 선택의 결과라는 사실조차 생각하려 들지 않는 수가 많다. 이처럼 우리가 어느 수준에서는 불편한 진실을 의식하지만 동시에 다른 수준에서는 의식을 못하는 일이 가능할 뿐 아니라 불가피하도록 조직되어 있는 게 바로 폭력적 이데올로기다.

① 채식주의자
② 식육 생산의 실상
③ 동물을 먹는 행위
④ 폭력적 이데올로기

[14~15] 다음 글을 읽고 물음에 답하시오.

20세기의 두드러진 특징 중 하나는 세계 모든 나라에서 학교라 불리는 교육 기관들이 엄청나게 빠른 속도로 성장했으며, 각국의 학생들이 교육을 받기 위해 학교로 몰려들었다는 것이다. 예를 들어 한국의 대학생 수는 1945년 약 8000명이었지만, 2010년 약 350만 명으로 증가했다. 무엇이 학교를 이토록 팽창하게 만들었을까? ㉠ 학교 팽창의 원인은 학습 욕구 차원, 경제적 차원, 정치적 차원, 사회적 차원에서 설명될 수 있다.

먼저 학습 욕구 차원에서, 인간은 지적·인격적 성장을 위한 학습 욕구를 지니고 있다. 그리고 부모들은 자식의 지적·인격적 성장을 바라는 마음이 있다. 특히 한국인은 배움에 높은 가치를 부여하기 때문에, 한국 사회에서는 부모가 자식에게 최선의 배움의 기회를 제공하는 것이 부모가 자식에게 해 주어야 할 의무로 인식되는 경향이 있다. 이러한 학습에 대한 욕구가 학교를 팽창하게 만드는 요인 중 하나인 것이다.

다음으로 경제적 차원에서 학교는 산업사회가 성장하는 데 있어서 필수적인 인력 양성 기관의 역할을 담당하였다. 전통적인 농경사회에서는 특별한 기능이나 기술의 훈련이 필요하지 않았지만, 산업사회에서는 훈련받은 인재가 필요하였다. 이러한 산업사회의 과제를 해결하기 위한 기관이 학교였다. 산업 수준이 더욱 고도화됨에 따라 학교 교육의 기간도 장기화된다. 경제 규모의 확대와 산업 기술 수준의 향상은 학교를 팽창하게 만드는 요인 중 하나인 것이다.

다음으로 정치적 차원에서 학교는 국민통합을 이룰 수 있는 장치였다. 통일국가에서는 언어, 역사의식, 가치관, 국가 이념 등을 모든 국가 구성원들에게 가르쳐야 했다. 그리고 국민통합 교육은 사교육에 맡겨둘 수 없었다. 이러한 맥락에서 학교에서의 의무교육제도는 국민통합 교육을 위한 국가적 필요에 의해 시작된 것으로 볼 수 있다. 국민통합의 필요는 학교를 팽창하게 만드는 요인 중 하나인 것이다.

마지막으로 사회적 차원에서 학교의 팽창은 현대사회가 학력 사회로 변화된 데에 기인한다. 신분제도가 무너진 뒤 그 자리를 채운 학력제도에서, 학력은 각자의 능력을 판단하는 잣대로 활용되었다. 막스 베버는 그의 저서 《경제와 사회》에서 사회적으로 대접받고 높은 관직에 오르기 위해서 과거에는 명문가의 족보가 필요했지만, 오늘날에는 학력증명이 있어야 한다고 주장했다. 나아가 그는 높은 학력을 가진 사람은 사회경제적으로 높은 지위를 독점할 수 있다고 기술한 바 있다. 현대사회의 학력 사회로의 변모는 학교가 팽창하게 되는 요인 중 하나인 것이다.

14

2022 법원직 9급

윗글을 읽고 난 후, ㉠에 대해 보인 반응으로 가장 적절하지 않은 것은?

① 갑: 학습 욕구 차원에서, 인간은 자신의 내적 성장에 대한 욕구가 있기 때문일 거야.
② 을: 경제적 차원에서, 산업 기술 수준이 향상됨에 따라 필요한 훈련된 인력을 기르는 역할을 학교가 담당하기 때문일 거야.
③ 병: 정치적 차원에서, 국가의 가치관, 언어, 역사의식 등을 국가 구성원에게 가르치는 일이 학교를 통해 이루어지기 때문일 거야.
④ 정: 사회적 차원에서, 산업 수준이 더욱 고도화되면서 산업사회의 과제를 해결하기 위한 기관이 학교이기 때문일 거야.

15

2022 법원직 9급

윗글의 막스 베버와 〈보기〉의 A, B의 견해를 비교한 내용으로 가장 적절한 것은?

〈보기〉

학교 교육이 사회의 평등장치인가에 대해 사회학자 A와 B는 상반된 견해를 가진다. A는 학교가 학생들의 능력에 따라 성적을 주고, 그 성적에 따라 상급학년에 진급시키고 졸업시켜, 상급학교에 진학시키므로 학력은 개인의 능력에 따라 차별화된다고 본다. 또한 높은 학력을 통해 능력을 인정받은 개인은 희소가치가 높은 노동을 제공함으로써 높은 소득을 얻고 계층 상승을 이룰 수 있다고 본다.

반면, B는 상급학교의 진학은 개인의 능력만을 반영하지 않고 부모의 사회적 지위와 소득의 영향을 받는다고 본다. 또한 학교 교육을 통해 계층 상승을 이룰 수 있는 사람들은 대개 기존부터 중류층 이상이었던 사람들이라고 주장한다. 나아가 상류층일수록 학력이 낮아도 높은 지위에 쉽게 오르는 경향이 있다고 이야기한다.

① A와 달리, 막스 베버는 고학력을 취득한 사람이 저학력을 취득한 사람보다 능력이 뛰어나다고 생각한다.
② B와 달리, 막스 베버는 사회경제적으로 높은 지위를 차지하기 위해서 개인의 학력보다 부모의 지위가 중요하다고 생각한다.
③ A와 막스 베버는 모두 학력을 통해 높은 계층의 지위를 차지할 수 있다고 생각한다.
④ B와 막스 베버는 모두 높은 관직에 오르기 위해서는 명문가에서 태어나는 것이 뛰어난 학력을 가지는 것보다 중요하다고 생각한다.

[16~17] 다음 글을 읽고 물음에 답하시오.

미학이란 무엇인가? 미학이라는 학문의 이름에는 '미(美)' 자가 들어가니 아름다움에 대해 연구하는 학문이라는 말은 맞을 것이다. 그러나 그림도 아름답고, 음악도 아름답고, 꽃, 풍경, 석양 등 세상에 아름다운 것들이 수없이 많을 터인데, 그것들을 연구하는 사람들은 전부 미학을 한다고 할 수 있을까? 전통적으로 그림은 아름다운 것을 나타낸 것이라 생각되었고, 그런 그림들을 연구하는 학문으로 미술사학이란 것이 있는데, 그림은 아름답고 또 그것을 연구하기에 미술사학도 미학인가? 같은 방식으로 아름다운 음악작품들을 연구하는 음악사학이 있다면 이것도 미학인가?

'미술사학', '음악사학'이란 학문의 명칭에 주목한다면, 그속에 포함된 '사(史)'라는 글자에서 이러한 학문들은 그림의 역사, 음악의 역사를 연구하는 학문임을 알 수 있다. 그렇다면 미술사학이나 음악사학이 미학이 아니라면 모두 똑같이 아름다운 대상을 연구하는 학문임에도 이들 사이의 차이점은 무엇인가? 미학이나 미술사학, 음악사학이 모두 아름다운 대상을 연구한다는 점에는 마찬가지이지만, 그 차이점은 그것에 접근하는 방식, 다르게 말하면 그것들을 연구하는 방식이 다르기 때문이다. 미술사학은 화가 개인이나 화파 사이의 역사적 관계를 연구하는 학문이다. 이러한 연구 방식은 그림의 역사를 연구하는 것이기에 우리는 그러한 학문을 미술사학이라고 부르며, 이 같은 설명이 음악사학에도 적용될 것이다.

미학이 미술사학이나 음악사학이 아니라면 미학은 아름다운 대상을 역사적으로 연구하는 학문이 아니라는 점이 분명해진다. 그렇다면 미학은 아름다운 대상을 어떻게 연구하는 것인가? 결론부터 얘기한다면, 미학은 아름다운 대상을 철학적으로 연구하는 학문이다. 어떤 것을 철학적으로 연구한다는 것은 과연 어떻게 하는 것인가? 여기서 우리는 학문의 방법론을 생각해 볼 필요가 있다. 학문의 방법론은 학문을 하는 도구라고 생각할 수 있다. 미학과 미술사학의 차이는 미술작품을 철학과 역사라는 도구 중 어떤 도구를 가지고 연구하냐의 차이다.

다른 식으로 설명하자면 학문의 방법론은 학문의 대상을 보는 관점이라고 설명할 수 있다. 우리는 어떤 대상을 여러 관점에서 볼 수 있고, 이때 그 대상의 모습은 어떤 관점에서 보느냐에 따라 달라질 것이다. 이를 학문의 방법론에 적용한다면, 미술사학은 미술을 역사적 관점에서 보는 것이고, 미학은 미술을 철학적 관점에서 보는 것이다. 즉 두 학문은 [   ], 그것을 보는 관점이 다르기에 대상의 다른 특색을 연구하며, 그렇기 때문에 다른 학문이 되는 것이다.

16

2021 법원직 9급

윗글을 이해한 내용으로 가장 옳은 것은?

① 미술사학과 음악사학은 아름다운 대상에 접근하는 방식이 다르다.
② 미학과 미술사학은 서로 다른 도구를 가지고 아름다운 대상을 연구한다.
③ 그림, 음악 등의 아름다운 것을 연구하는 사람들은 모두 미학을 한다고 할 수 있다.
④ 미학과 음악사학은 각각 미술과 음악이라는 도구를 사용한다는 점에서 차이가 있다.

17

2021 법원직 9급

윗글의 빈칸에 들어갈 내용으로 가장 적절한 것은?

① 비슷한 특징이 있지만
② 연구 방법이 동일하지만
③ 같은 대상을 보고 있지만
④ 명칭에 있어서도 차이가 있지만

18

2015 민경채

다음 〈원칙〉을 바르게 적용한 것만을 〈보기〉에서 모두 고르면?

〈원칙〉

• 문장 X가 참일 경우 문장 Y는 반드시 참이지만 그 역은 성립하지 않는다면, 문장 Y의 확률은 문장 X의 확률보다 높다.
• 문장 X의 확률이 문장 Y의 확률보다 낮다면, 문장 X가 담고 있는 정보의 양은 문장 Y가 담고 있는 정보의 양보다 많다.

〈보기〉

ㄱ. "정상적인 주사위를 던질 때 3이 나올 것이다."는 "정상적인 동전을 던질 때 앞면이 나올 것이다."보다 더 많은 정보를 담고 있다.
ㄴ. "월성 원자력 발전소에 문제가 생기거나 고리 원자력 발전소에 문제가 생긴다."는 "월성 원자력 발전소에 문제가 생긴다."보다 더 많은 정보를 담고 있다.
ㄷ. "내년 예산에서는 국가균형발전 예산, 복지 예산, 에너지절감 관련 기술개발 예산이 모두 늘어난다."는 "내년 예산에서는 국가균형발전 예산, 에너지절감 관련 기술 개발 예산이 모두 늘어난다."보다 더 적은 정보를 담고 있다.

① ㄱ
② ㄴ
③ ㄱ, ㄷ
④ ㄴ, ㄷ

19

2015 민경채

다음 글의 내용이 참일 때, 반드시 참인 것은?

A교육청은 관할지역 내 중학생의 학력 저하가 심각한 수준에 달했다고 우려하고 있다. A교육청은 이러한 학력 저하의 원인이 스마트폰의 사용에 있다고 보고 학력 저하를 방지하기 위한 방안을 마련하기로 하였다. 자료 수집을 위해 A교육청은 B중학교를 조사하였다. 조사 결과에 따르면, B중학교에서 스마트폰을 가지고 등교하는 학생들 중에서 국어 성적이 60점 미만인 학생이 20명, 영어 성적이 60점 미만인 학생이 20명이었다. B중학교에 스마트폰을 가지고 등교하지만 학교에 있는 동안은 사용하지 않는 학생들 중에 영어 성적이 60점 미만인 학생은 없다. 그리고 B중학교에서 방과 후 보충수업을 받아야 하는 학생 가운데 영어 성적이 60점 이상인 학생은 없다.

① 이 조사의 대상이 된 B중학교 학생은 적어도 40명 이상이다.
② B중학교 학생인 성열이의 영어 성적이 60점 미만이라면, 성열이는 방과 후 보충 수업을 받아야 할 것이다.
③ B중학교 학생인 대석이의 국어 성적이 60점 미만이라면, 대석이는 학교에 있는 동안에 스마트폰을 사용할 것이다.
④ 스마트폰을 가지고 등교하더라도 학교에 있는 동안은 사용하지 않는 B중학교 학생 가운데 방과 후 보충 수업을 받아야 하는 학생은 없다.

20

2015 민경채

다음 글의 내용이 참일 때, 반드시 참인 것만을 〈보기〉에서 모두 고르면?

지혜로운 사람은 정열을 갖지 않는다. 정열을 가진 사람은 고통을 피할 수 없다. 정열은 고통을 수반하기 때문이다. 그런데 사랑을 원하는 사람은 정열을 가진 사람이다. 정열을 가진 사람은 행복하지 않다. 지혜롭지 않은 사람은 사랑을 원하면서 동시에 고통을 피하고자 한다. 그러나 지혜로운 사람만이 고통을 피할 수 있다.

〈보기〉

ㄱ. 지혜로운 사람은 행복하다.
ㄴ. 사랑을 원하는 사람은 행복하지 않다.
ㄷ. 지혜로운 사람은 사랑을 원하지 않는다.

① ㄱ
② ㄴ
③ ㄱ, ㄷ
④ ㄴ, ㄷ

기출 품은 모의고사 | 9회

제한시간: 25분 ■ 시작시간: : ■ 종료시간: :

정답과 해설 ▶ P.57 ~ P.61

1초 합격예측! 모바일 성적분석표

QR 코드로 접속하여 문제 풀이시간을 측정하고, 〈1초 합격예측 & 모바일 성적분석표〉 서비스를 통해 지금 바로! 실력을 점검해 보세요.
http://eduwill.kr/Uake

01

밑줄 친 부분을 〈공공언어 바로 쓰기 원칙〉에 따라 수정한 것으로 적절하지 않은 것은?

〈공공언어 바로 쓰기 원칙〉

㉠ 맞춤법에 맞게 정확하게 표현할 것
㉡ 띄어쓰기에 맞게 정확하게 표현할 것
㉢ 부적절한 외래어들을 순화하여 표현할 것
㉣ 부적절한 한자어들을 순화하여 표현할 것

① ㉠: '지역의 5대 기업 홍보관 설립'에서 작은따옴표(' ') 대신 큰따옴표(" ")로 수정한다.
② ㉡: '우리 시에서 청소년을 위한 사업을 시작하는 첫 해가 됩니다.'에서 '첫 해'를 '첫해'로 수정한다.
③ ㉢: '다양한 채널을 이용하여 제도를 운용하고 있습니다.'에서 '채널'을 '경로'로 수정한다.
④ ㉣: '택배 이용을 할 때는 선결제를 하고 이용해야 합니다.'에서 '선결제'를 '미리 결제'로 수정한다.

02

2017 6월 모의고사 변형

〈보기〉의 ㉠~㉡에 해당하는 예로 적절하지 않은 것은?

〈보기〉

관형절은 문장에서 체언을 수식하는 관형어가 절의 형식 즉 '주어+서술어'의 문장 형식으로 구성된 경우를 뜻한다. 이때 절을 포함하고 있는 전체 문장을 '안은문장'이라고 하고 안은문장에 포함된 문장 즉 절을 '안긴문장'이라고 한다. (가)~(다)는 관형절을 안은문장이고 [A]~[C]는 안긴문장인 관형절을 완결된 문장으로 바꾼 것이다. 이를 보면 (가)의 '동생', (나)의 '책', (다)의 '도서관'은 완결된 문장 [A], [B], [C]에서 뒤에 붙는 조사와 함께 각각 ㉠ 주어, ㉡ 목적어, 부사어로 기능을 하고 있다. 이와 같은 구성은 여러 문장에서 나타날 수 있다. 아래의 예를 통해 확인해 보자.

(가) 어제 책만 읽은 동생에게 오늘은 쉬라고 했다.
[A] 동생이 어제 책만 읽었다.
(나) 아이가 읽은 책은 동화책이다.
[B] 아이가 책을 읽었다.
(다) 형이 책을 읽은 도서관은 집 근처에 있다.
[C] 형이 도서관에서 책을 읽었다.

① ㉠ 어제 결혼한 그들에게 나는 미리 선물을 주었다.
누나를 많이 닮은 친구를 우리는 오늘도 만났다.
② ㉠ 나무로 된 탁자에 동생이 낙서를 하고 있다.
그들은 시대에 뒤떨어진 생각을 여전히 하고 있다.
③ ㉡ 두 사람이 어제 헤어진 공원이 지금 공사 중입니다.
나는 어제 부모님이 시키신 일을 오늘에야 다 끝냈다.
④ ㉡ 친구가 나에게 준 옷이 나는 마음에 든다.
누나는 털실로 짠 장갑도 내게 주었습니다.

03

2020 7월 모의고사 변형

〈보기 1〉을 참고하여 〈보기 2〉를 이해한 내용으로 적절하지 않은 것은?

〈보기 1〉

언어의 의미는 끊임없이 변화한다. 그런 과정에서 원래 가지고 있던 의미가 변하는 경우도 매우 흔히 접할 수 있다. 원래 '주책'은 '일정하게 자리 잡힌 주장이나 판단력'이라는 의미였다. 그런데 '주책없다'처럼 '주책'이 주로 '없다'와 함께 쓰이다 보니 부정적인 의미도 갖게 되었다. 즉, '주책'은 '일정한 줏대가 없이 되는 대로 하는 짓'이란 의미도 갖게 되어 '주책없다'와 '주책이다'가 같은 의미로 쓰이게 되었다. 한편 '에누리'는 상인과 소비자가 물건값을 흥정하는 상황에서 자주 쓰이다 보니 '값을 올리는 일'이라는 의미뿐만 아니라 '값을 내리는 일'이라는 의미로도 쓰이게 되었다. 이러한 언어의 변화 모습은 언어가 고정적으로 우리 삶 속에 위치하고 있는 것이 아니라 언중들의 언어 생활, 사회 변동 등과 함께 가변적으로 위치하고 있다는 것을 의미한다. 이는 언어가 언중들의 삶과 함께 호흡하며 역동적으로 움직이고 있음을 의미하는 것이다.

〈보기 2〉

ㄱ. 다른 사람의 말에 쉽게 흔들리는 것을 보니 그는 주책이 없구나.
ㄴ. 뜬금없이 그런 말을 하다니 그도 참 주책이다.
ㄷ. 에누리를 해 주셔야 다음에 또 오지요.

① ㄱ의 '주책'은 '일정하게 자리 잡힌 주장이나 판단력'의 의미로 쓰였군.
② ㄴ의 '주책'은 부정적인 의미로 쓰였군.
③ ㄴ의 '주책이다'는 '주책없다'로도 바꿔 쓸 수 있겠군.
④ ㄷ의 '에누리'는 '값을 올리는 일'의 의미로 쓰였군.

04

2019 서울시(6월) 9급

〈보기〉의 밑줄 친 어휘들 가운데 문맥적 의미가 다른 하나는?

〈보기〉

불문곡직하는 직설은 사람을 찌른다. 깜짝 놀라게 해서 제압하는 방식이다. 거기 비해 완곡함은 뜸을 들이면서 에두른다. 듣고 읽는 이가 비켜갈 <u>틈</u>을 준다. 그렇다고 완곡함이 곡필인 것도 아니다. 잘못된 길로 접어들도록 하는 게 아니라 화자와 독자의 교행이 이루어지는 <u>공간</u>을 준다. 곱씹어 볼 말이 사라지고 상상의 <u>여지</u>를 박탈하는 글이 군림하는 세상은 살풍경하다. 말과 글이 세상을 따라갈진대 세상을 갈아엎지 않고 말과 글이 세상과 함께 아름답기는 난망한 일인가. 아마 아닐 것이다. 막힐수록 옛것을 더듬으라고 했다. 물태와 인정이 극으로 나뉘는 <u>세상</u>에서 다산은 선인들이 왜 산을 바라보며 즐기되 그 흥취의 반을 항상 남겨 두는지 궁금했다. 그는 미인을 만났던 사람이 적어 놓은 글에서 그 까닭을 발견했다. 그가 본 글은 이러했다. '얼굴은 아름다웠으나 그 자태는 기록하지 않았다.'

① 틈 ② 공간
③ 여지 ④ 세상

05

2017 국가직 9급 추가

다음 글에 나타난 필자의 견해로 볼 수 없는 것은?

서양에서 주인공을 '히어로(hero)', 즉 '영웅'이라고 부른 것은 고대 서사시나 희곡의 소재가 되던 주인공들이 초인간적인 능력을 가진 인물들이었기 때문이다. 신화적 세계관 속에서 영웅들은 신과 밀접한 관계를 맺거나 신의 후손이기도 하였다.

신화와 달리 문학 작품은 인물의 행위를 단일한 것으로 통일시킨다. 영웅들의 초인간적이고 신적인 행위는 차차 문학 작품의 구조에 제한되어 훨씬 인간화되었다. 문학 작품의 통일된 구조에 적합하지 않은 것은 대폭 수정되거나 제거되는 수밖에 없었다.

아리스토텔레스는 비극이 '보통보다 우수한 인물'을 모방한다고 하였는데, 이는 문학의 인물이 신화의 영웅이 아닌 보통의 인간임을 지적한 것이다. 극의 주인공은 작품의 통일성을 기하는 데 기여하는 중심적인 인물이면 된다고 한 것으로 볼 수 있다.

낭만주의 및 역사주의 비평가들은 작중 인물을 실제 인물인 양 따로 떼어 내어, 그의 개인적인 역사를 재구성해 보려고도 하였다. 그들은 영웅이라는 표현 대신 '성격(인물, character)'이라는 개념을 즐겨 썼는데, 이 용어는 지금도 비평계에서 애용되고 있다.

① 영웅이라는 말은 고대의 예술적 조건과 자연스럽게 관련된다.
② 신화의 영웅은 문학 작품에 와서 점차 인간화되었다.
③ 아리스토텔레스가 말한 '보통보다 우수한 인물'은 신화적 영웅과 다르다.
④ 역사주의 비평가들은 작중 인물을 역사적 영웅으로 재평가하려고 했다.

06

2017 지방직 9급

밑줄 친 말에 대한 설명으로 적합한 것은?

하나의 패러다임의 형성은 당초에는 불완전하며, 다만 이후 연구의 방향을 제시하고 소수 특정 부분의 성공적인 결과를 약속할 수 있을 뿐이다. 그러나 패러다임의 정착은 연구의 정밀화, 집중화 등을 통하여 자기 지식을 확장해 가며 차츰 폭넓은 이론 체계를 구축한다.

이처럼 과학자들이 패러다임을 기반으로 하여 연구를 진척시키는 것을 쿤은 '정상 과학'이라고 부른다. 기초적인 전제가 확립되었으므로 과학자들은 이 시기에 상당히 심오한 문제의 작은 영역들에 집중함으로써, 그렇지 않았더라면 상상조차 못했을 자연의 어느 부분을 깊이 있게 탐구하게 된다. 그에 따라 각종 실험 장치들도 정밀해지고 다양해지며, 문제를 해결해 가는 특정 기법과 규칙들이 만들어진다. 연구는 이제 혼란으로서의 다양성이 아니라, 이론과 자연 현상을 일치시켜 가는 지식의 확장으로서의 다양성을 이루게 된다.

그러나 정상 과학은 완성된 과학이 아니다. 과학적 사고 방식과 관습, 기법 등이 하나의 기반으로 통일돼 있다는 것일 뿐 해결해야 할 과제는 무수하다. 패러다임이란 과학자들 사이의 세계관의 통일이지 세계에 대한 해석의 끝은 아닌 것이다.

그렇다면 <u>정상 과학의 시기</u>에는 어떤 연구가 어떻게 이루어지는가? 정상 과학의 시기에는 이미 이론의 핵심 부분들은 정립돼 있다. 따라서 과학자들의 연구는 근본적인 새로움을 좇아가지는 않으며, 다만 연구의 세부 내용이 좀 더 깊어지거나 넓어질 뿐이다. 이러한 시기에 과학자들의 열정과 헌신성은 무엇으로 유지될 수 있을까? 연구가 고작 예측된 결과를 좇아갈 뿐이고, 예측된 결과가 나오지 않으면 실패라고 규정되는 상태에서 과학의 발전은 어떻게 이루어지는가?

쿤은 이 물음에 대하여 '수수께끼 풀이'라는 대답을 준비한다. 어떤 현상의 결과가 충분히 예측된다 할지라도 정작 그 예측이 달성되는 세세한 과정은 대개 의문 속에 있게 마련이다. 자연 현상의 전 과정을 우리가 일목요연하게 알고 있는 것은 아니기 때문이다. 이론으로서의 예측 결과와 실제의 현상을 일치시켜 보기 위해서는 여러 복합적인 기기적, 개념적, 수학적인 방법이 필요하다. 이것이 수수께끼 풀이이다.

① 여러 가지 상반된 시각의 학설이 등장하여 이론이 다양해지고 풍성해진다.
② 과학적 패러다임의 정착으로 이론의 핵심 부분들이 정립되어 있다.
③ 이 시기의 패러다임의 형성은 처음에는 불완전하나 후속 연구를 통해 세계를 완전히 해석할 수 있는 과학으로 발전된다.
④ 예측된 결과만을 좇을 수밖에 없기 때문에 과학자들의 열정과 헌신성이 낮아진다.

07

2017 지방직 9급 추가

문맥에 따른 배열로 가장 적절한 것은?

(가) 그러나 사람들은 소유에서 오는 행복은 소중히 여기면서 정신적 창조와 인격적 성장에서 오는 행복은 모르고 사는 경우가 많다.

(나) 소유에서 오는 행복은 낮은 차원의 것이지만 성장과 창조적 활동에서 얻는 행복은 비교할 수 없이 고상한 것이다.

(다) 부자가 되어야 행복해진다고 생각하는 사람은 스스로 부자라고 만족할 때까지는 행복해지지 못한다.

(라) 하지만 최소한의 경제적 여건에 자족하면서 정신적 창조와 인격적 성장을 꾀하는 사람은 얼마든지 차원 높은 행복을 누릴 수 있다.

(마) 자기보다 더 큰 부자가 있다고 생각될 때는 여전히 불만과 불행에 사로잡히기 때문이다.

① (나)－(라)－(가)－(다)－(마)
② (나)－(가)－(마)－(라)－(다)
③ (다)－(마)－(라)－(나)－(가)
④ (다)－(라)－(마)－(가)－(나)

08

2017 지방직 9급 추가

㉠~㉢에 대한 설명으로 적절한 것은?

㉠ 르네상스 이래 화가들은 자신의 그림이 세상을 향한 창처럼 보이기를 바랐다. 그리하여 그림의 장면이나 주제를 하나의 고정된 시점에서 본 것처럼 그렸으며, 이러한 환영을 더욱 심화하기 위해 원근법적인 형태 묘사를 택했다. 그러나 1907년부터 피카소와 브라크는 전통적인 원근법의 관례를 버리고 리얼리티를 묘사하기 위한 새로운 방식을 실험하기 시작했다. 정물화에서 그들은 눈이 카메라 렌즈처럼 하나의 시점으로 세상을 인식한다는 기존의 믿음에 도전하여 뇌가 어떻게 다양한 시점과 연속적인 시간에 걸친 시각적인 정보를 점진적으로 축적해 나가는지를 보여 주고자 했다.

피카소와 브라크의 혁명적인 그림은 과거의 어떤 그림 과도 완전히 다르게 보이지만, 두 화가는 모두 ㉡ 세잔의 작업 방식에서 영향을 받았다. 과거의 화가들은 일관된 원근법 체계를 이용해 그림에 안정성과 깊이감을 부여하고자 했으나, 세잔은 회화적 공간을 의도적으로 왜곡하고 불안한 각도로 면을 기울여 안정적인 정물화에 역동감과 긴장감을 부여했다. 그는 정물의 적절한 위치를 찾기 위해 고심하며 매우 조심스럽게 화면을 구성했다. 다양한 각도와 시점을 미묘하게 결합하여 세잔은 세심하게 배열한 정물에 더욱 완벽한 시점을 부여하고자 노력했다.

세잔이 죽은 지 1년 후 파리에서 열린 세잔의 대규모 회고전은 피카소와 브라크에게 커다란 영향을 끼쳤으며, ㉢ 피카소와 브라크는 즉각 세잔의 발상을 도입하여 초기 입체주의 회화로 발전시켰다. 이들은 초기 정물화에 동시적인 시점의 결합 가능성을 지속적으로 실험했다. 피카소와 브라크는 사물의 형태를 파편화할 때까지 왜곡했으며, 그림을 그리는 동안 정물의 주위를 걸어 다니며 각 단계의 다양한 세부 사항을 관찰하는 것 같은 인상을 만들어 냈다. 결과적으로 이들의 그림은 시간과 공간에 따른 움직임의 감각을 만들어 냈다.

① ㉠과 달리 ㉡과 ㉢은 대상을 바라보는 관점의 다양성을 인정한다.
② ㉡과 달리 ㉠과 ㉢은 단일한 시간과 공간을 기준으로 대상을 파악한다.
③ ㉢과 달리 ㉠과 ㉡은 대상을 있는 그대로 묘사하는 것이 회화의 목적이라 여긴다.
④ ㉠, ㉡, ㉢은 모두 가까이 있는 대상은 크게, 멀리 있는 대상은 작게 표현하는 방식을 취한다.

09

2019 국가직 9급

두 사람의 대화에 적용된 공감적 듣기의 방법이 아닌 것은?

> "수빈 씨, 나 처음 한 프레젠테이션인데 엉망이었어."
> "정말? 무슨 일이 있었는지 자세히 말해 봐."
> "너무 긴장해서 팀장님 질문에 대답을 못했어."
> "팀장님 질문에 대답을 못했구나. 처음 하는 프레젠테이션이라 정아 씨가 긴장을 많이 했나 보다."

① 수빈은 정아의 말에 자신이 주의 집중하고 있음을 보여 주고 있다.
② 수빈은 정아가 계속 말을 할 수 있도록 격려하고 있다.
③ 수빈은 정아의 혼란스러운 감정을 정아 스스로 정리하게끔 도와주고 있다.
④ 수빈은 정아의 말을 자신의 처지로 바꾸어 의미를 재구성하고 있다.

10

2010 국가직 7급

다음 글에서 다루고 있는 내용이 아닌 것은?

> 『북학의』는 18세기 후반 사회적 위기에 직면한 조선을 개혁하려는 의도에서 쓴 책이다. 당시까지 조선 사회는 외국문화에 대해 굳게 문을 닫고 있었고 지식인은 자아도취에 빠져 백성들의 현실을 외면한 채 성리학 이론에만 깊이 매몰되어 있었다. 북경 사행길에서 새로운 세계를 접한 박제가는 후진 상태에 머물러 있는 조선 사회와 백성의 빈곤을 해결할 수 있는 대책을 정리하여 『북학의』를 완성했다.
>
> 『북학의』는 이후 '북학'이라는 학문이 조선의 시대사상으로 자리 잡는 데 기반이 되는 역할을 하였다. 박제가 외에도 박지원, 홍대용, 이덕무 등 북학의 중요성을 강조하는 학자 그룹이 나타나면서 북학은 시대사상으로 자리 잡았다. 폐쇄적인 사회의 문을 활짝 열고 이용후생(利用厚生)을 통한 백성들의 생활 안정과 부국을 강조했기 때문에 북학파 학자들을 일컬어 '이용후생 학파'라고도 부른다.
>
> 이들은 청나라 사행에서 견문한 내용을 국가 정책으로 발전시키고자 하였다. 건축 자재로서 벽돌의 이용, 교통수단으로서 선박과 수레의 적극적 활용, 비활동적인 한복의 개량, 대외무역 확대 등이 이들이 제시한 주요 정책들이었다. 그 바탕에는 사농공상으로 서열화된 직업의 귀천을 최대한 배제하고 상공업의 중흥을 강조해야 한다는 생각이 자리잡고 있었다.

① 『북학의』의 편찬 의도와 배경
② 『북학의』의 사상사적 의의
③ 북학파 학자들의 활동 내용
④ 북학파 학자들의 사대주의

11

2023 지방직(= 서울시) 9급

㉠~㉣의 말하기 방식을 설명한 내용으로 가장 적절한 것은?

> 김 주무관: AI에 대한 국민 이해도를 높이기 위해 설명회를 개최할 필요가 있다고 생각해요.
> 최 주무관: ㉠ 저도 요즘 그 필요성을 절감하고 있어요.
> 김 주무관: ㉡ 그런데 어떻게 준비해야 효과적으로 전달할 수 있을지 고민이에요.
> 최 주무관: 설명회에 참여할 청중 분석이 먼저 되어야겠지요.
> 김 주무관: 청중이 주로 어떤 분야에 관심이 있는지 알면 준비할 때 유용하겠네요.
> 최 주무관: ㉢ 그럼 청중의 관심 분야를 파악하려면 청중의 특성 중에서 어떤 것들을 조사하면 좋을까요?
> 김 주무관: ㉣ 나이, 성별, 직업 등을 조사할까요?

① ㉠: 상대의 의견에 대해 공감을 표현하고 있다.
② ㉡: 정중한 표현을 사용하여 직접 질문하고 있다.
③ ㉢: 자신의 반대 의사를 우회적으로 드러내고 있다.
④ ㉣: 의문문을 통해 상대의 의견을 반박하고 있다.

12

2023 지방직(= 서울시) 9급 변형

다음 글에서 추론한 내용으로 적절하지 않은 것은?

> 한글은 소리를 나타내는 표음문자여서 한국어 문장을 읽는 데 학습해야 할 글자가 적지만, 한자는 음과 상관없이 일정한 뜻을 나타내는 표의문자여서 한문을 읽는 데 익혀야 할 글자 수가 훨씬 많다. 이러한 번거로움에도 한글과 달리 한자가 갖는 장점이 있다. 한글에서는 동음이의어, 즉 형태와 음이 같은데 뜻이 다른 단어가 많아 글자만으로 의미를 파악하지 못하는 경우가 많다. 하지만 한자는 그렇지 않다. 예컨대, 한글로 '사고'라고만 쓰면 '뜻밖에 발생한 사건'인지 '생각하고 궁리함'인지 구별할 수 없다. 한자로 전자는 '事故', 후자는 '思考'로 표기한다. 그런데 한자는 문맥에 따라 같은 글자가 다른 뜻으로 쓰이지는 않지만 다른 문장성분으로 사용되기도 해 혼란을 야기한다. 가령 '애인'은 문맥에 따라 '애'가 '인'을 수식하는 관형어일 때도, '인'을 목적어로 삼는 서술어일 때도 있는 것이다.

① 한문은 한국어 문장보다 문장성분이 복잡하다.
② '정수'가 문맥상 '깨끗하게 한 물'일 때 '정'은 '수'를 수식한다.
③ '애인'에서 '애'의 문장성분이 바뀌더라도 '애'는 동음이의어가 아니다.
④ '의사'만으로는 '병을 고치는 사람'인지 '의로운 지사'인지 구별할 수 없다.

13

2017 지방직 9급

다음 글을 통해서 답을 찾을 수 없는 질문은?

> 해안에서 밀물에 의해 해수가 해안선에 제일 높게 들어온 곳과 썰물에 의해 제일 낮게 빠진 곳의 사이에 해당하는 부분을 조간대라고 한다. 지구상에서 생물이 살기에 열악한 환경 중 한 곳이 바로 이 조간대이다. 이곳의 생물들은 물에 잠겨 있을 때와 공기 중에 노출될 때라는 상반된 환경에 삶을 맞춰야 한다. 또한 갯바위에 부서지는 파도의 파괴력도 견뎌내야 한다. 또한 빗물이라도 고이면 민물이라는 환경에도 적응해야 하며, 강한 햇볕으로 바닷물이 증발하고 난 다음에는 염분으로 범벅된 몸을 추슬러야 한다. 이러한 극단적이고 변화무쌍한 환경에 적응할 수 있는 생물만이 조간대에서 살 수 있다.
>
> 조간대는 높이에 따라 상부, 중부, 하부로 나뉜다. 바다로부터 가장 높은 곳인 상부는 파도가 강해야만 물이 겨우 닿는 곳이다. 그래서 조간대 상부에 사는 생명체는 뜨거운 태양열을 견뎌 내야 한다. 중부는 만조 때에는 물에 잠기지만 간조 때에는 공기 중에 노출되는 곳이다. 그런데 물이 빠져 공기 중에 노출되었다 해도 파도에 의해 어느 정도의 수분은 공급된다. 가장 아래에 위치한 하부는 간조 시를 제외하고는 항상 물에 잠겨 있다. 땅 위 환경의 영향을 적게 받는다는 점에선 다소 안정적이긴 해도 파도의 파괴력을 이겨 내기 위해 강한 부착력을 지녀야 한다는 점에서 생존이 쉽지 않은 곳이다.
>
> 조간대에 사는 생물들은 불안정하고 척박한 바다 환경에 적응하기 위해 높이에 따라 수직으로 종이 분포한다. 조간대를 찾았을 때 총알고둥류와 따개비들을 발견했다면 그곳이 조간대에서 물이 가장 높이 올라오는 지점인 것이다. 이들은 상당 시간 물 밖에 노출되어도 수분 손실을 막기 위해 패각과 덮개 판을 꼭 닫은 채 물이 밀려올 때까지 버텨 낼 수 있다.

① 조간대에서 총알고둥류가 사는 곳은 어느 지점인가?
② 조간대의 중부에 사는 생물에는 어떠한 것이 있는가?
③ 조간대에서 높이에 따라 생물의 종이 수직으로 분포하는 이유는 무엇인가?
④ 조간대에 사는 생물들이 견뎌야 하는 환경적 조건에는 어떠한 것이 있는가?

[14~15] 다음 글을 읽고 물음에 답하시오.

기업은 다른 기업들과의 경쟁에서 이기고, 자신이 설정한 경영 목표를 달성하기 위해서 기업의 사업 내용과 목표 시장 범위를 결정하는데, 이를 기업전략이라고 한다. 즉 기업전략은 다양한 사업의 포트폴리오*를 전사적(全社的) 차원에서 어떻게 구성하고 조정할 것인가를 결정하는, 즉 참여할 사업을 결정하는 것이라고 할 수 있다.

기업전략의 구체적 예로 기업 다각화 전략을 들 수 있다. 기업 다각화 전략은 한 기업이 복수의 산업 또는 시장에서 복수의 사업을 영위하기 위한 전략으로, 제품 다각화 전략, 지리적 시장 다각화 전략, 제품 시장 다각화 전략으로 크게 구분된다. 이는 다시 제품이나 판매 지역 측면에서 관련된 사업에 종사하는 관련 다각화와 관련이 없는 사업에 종사하는 비관련 다각화로 구분된다. 리처드 러멜트는 미국의 다각화 기업을 구분하며, 관련 사업에서 70% 이상의 매출을 올리는 기업을 관련 다각화 기업, 70% 미만의 매출을 올리는 기업을 비관련 다각화 기업으로 명명했다.

기업 다각화는 범위의 경제성을 창출함으로써 수익 증대에 기여한다. 범위의 경제성이란 하나의 기업이 동시에 복수의 사업 활동을 하는 것이, 복수의 기업이 단일의 사업 활동을 하는 것보다 총비용이 적고 효율적이라는 이론이다. 범위의 경제성은 한 기업이 여러 제품을 동시에 생산할 때, 투입되는 요소 중 공통적으로 투입되는 생산요소가 존재하기 때문에 투입 요소 비용이 적게 발생한다는 사실을 통해 설명된다.

또한 다각화된 기업은 기업 내부 시장을 활용함으로써 새로운 가치를 창출할 수 있다. 여러 사업부에서 나오는 자금을 통합하여 활용할 수 있는 내부 자본시장을 갖추었을 뿐 아니라 여러 사업부에서 훈련된 인력을 전출하여 활용할 수 있는 내부 노동시장도 갖추었기 때문이다. 새로운 인력을 채용하여 교육시키는 데 많은 시간과 비용이 들어감을 고려하면, 다각화된 기업은 신규 기업에 비해 훨씬 우월한 위치에서 경쟁할 수 있다.

한편 다각화를 함으로써 기업은 사업 부문들의 경기 순환에서 오는 위험을 줄일 수 있다. 예를 들어 기업의 주력 사업이 반도체, 철강, 조선과 같이 불경기와 호경기가 반복적으로 순환되는 사업 분야일수록, 기업은 (a) 분야의 다각화를 함으로써 경기가 불안정할 때에도 자금 순환의 안정성을 비교적 (b)할 수 있다.

* 포트폴리오: 다양한 투자 대상에 분산하여 자금을 투입하여 운용하는 일

14

2022 법원직 9급

윗글의 문맥을 고려하여, 윗글의 a, b 부분에 들어갈 단어를 가장 적절하게 추론한 것은?

	a	b
①	비관련	확보
②	비관련	제거
③	관련	확보
④	관련	제거

15

2022 법원직 9급

윗글에 대한 이해로 가장 적절한 것은?

① 범위의 경제성에 의하면 한 기업이 제품A, 제품B를 모두 생산하는 것은, 서로 다른 두 기업이 각각 제품A, 제품B를 생산하는 것보다 비효율적이다.

② 다각화된 기업은 여러 사업부에서 나오는 자금을 통합하여 활용할 수 없다.

③ 신규 기업은 새로운 인력을 채용하고 교육하는 것에 부담이 있다.

④ 리처드 러멜트에 의하면, 관련 사업에서 50%의 매출을 올리는 기업은 관련 다각화 기업이다.

16

2016 교육행정직 9급

다음 글에 대한 반응으로 적절하지 않은 것은?

사람들은 물건이건 사회적 지위이건 일단 무엇인가를 소유하고 나면 갖고 있지 않을 때보다 그것을 더 높이 평가하는 성향이 있다. 행동경제학자 탈러(R. Thaler)는 이러한 현상을 '보유 효과'라고 명명했고 실험으로 이를 증명했다.

탈러는 실험 참가자를 3개 집단으로 나누어 첫 번째 집단은 커피 잔을 먼저 주고 나중에 초콜릿과 교환할 수 있게 했다. 두 번째 집단에는 첫 번째 집단과 반대로 초콜릿을 먼저 주면서 나중에 커피 잔과 교환할 기회를 부여했다. 세 번째 집단은 아무것도 주지 않고 커피 잔과 초콜릿 중에서 자신이 선호하는 것을 선택하도록 했다.

실험 결과, 첫 번째 집단의 89%는 커피 잔을 초콜릿과 교환하지 않았고, 두 번째 집단도 90%가 초콜릿을 커피잔과 바꾸지 않았다. 두 집단에서 커피 잔을 선택한 비율이 89%와 10%로 큰 격차를 나타낸 것은 보유 효과가 작용한 결과라 하겠다. 세 번째 집단은 거의 50%의 비율로 커피 잔과 초콜릿을 선택하여 소유물이 없는 상태에서는 보유 효과가 나타나지 않음을 보여 주었다.

한편, 존스(O. Jones)는 침팬지에게서도 보유 효과가 관찰된다는 논문을 발표하였다. 침팬지에게 땅콩버터와 주스를 제시하고 하나를 선택하게 했을 때 60%는 주스보다 땅콩버터를 골랐다. 그러나 땅콩버터를 가지고 있는 상태에서는 80%가 주스와 교환하지 않고 그대로 소유하여 땅콩버터 선호 비율이 20퍼센트포인트 높아졌다. 존스는 이를 침팬지에게서도 보유 효과가 나타난 것이라고 보았다.

① 보유 효과와 관련된 관용 표현으로는 '남의 떡이 더 커 보인다'를 들 수 있겠네.
② 보유 효과에 대한 침팬지 실험은 보유 효과가 인간에게만 나타나는 현상이 아닐 수 있음을 보여 주는군.
③ 보유 효과 실험에서 먼저 물건을 소유하도록 하는 것은 실험 결과에 영향을 주는 중요한 변수가 되겠네.
④ 보유 효과를 적용하면 '먼저 써 보시고 구매 결정은 나중에 하세요.'와 같은 상품 광고 문구를 만들 수 있겠군.

17

2015 교육행정직 9급

다음 글에서 알 수 있는 내용이 아닌 것은?

우리는 흔히 나무와 같은 식물이 대기 중에 이산화탄소로 존재하는 탄소를 처리해 주는 것으로 알고 있지만, 바다 또한 중요한 역할을 한다. 예를 들어 수없이 많은 작은 해양생물들은 빗물에 섞인 탄소를 흡수한 후에 다른 것들과 합쳐서 껍질을 만드는 데 사용한다. 결국 해양생물들은 껍질에 탄소를 가두어 둠으로써 탄소가 대기 중으로 다시 증발해서 위험한 온실가스로 축적되는 것을 막아 준다. 이들이 죽어서 바다 밑으로 가라앉으면 압력에 의해 석회석이 되는데, 이런 과정을 통해 땅속에 저장된 탄소의 양은 대기 중에 있는 것보다 수만 배나 되는 것으로 추정된다. 그 석회석 속의 탄소는 화산 분출로 다시 대기 중으로 방출되었다가 빗물과 함께 땅으로 떨어진다. 이 과정은 오랜 세월에 걸쳐 일어나는데, 이것이 장기적인 탄소 순환과정이다. 특별한 다른 장애 요인이 없다면 이 과정은 원활하게 일어나 지구의 기후는 안정을 유지할 수 있다.

그러나 불행하게도 인간의 산업 활동은 자연이 제대로 처리할 수 없을 정도로 많은 양의 탄소를 대기 중으로 방출한다. 영국 기상대의 피터 쿡스에 따르면, 자연의 생물권이 우리가 방출하는 이산화탄소의 영향을 완충할 수 있는 데에는 한계가 있기 때문에, 그 한계를 넘어서면 이산화탄소의 영향이 더욱 증폭된다. 지구 온난화가 걷잡을 수 없이 일어나게 되는 것은 두려운 일이다. 지구 온난화에 적응을 하지 못한 식물들이 한꺼번에 죽어 부패해서 그 속에 가두어져 있는 탄소가 다시 대기로 방출되면 문제는 더욱 심각해질 것이기 때문이다.

① 식물이나 해양생물은 기후 안정성을 유지하는 데에 기여한다.
② 생명체가 지니고 있던 탄소는 땅속으로 가기도 하고 대기로 가기도 한다.
③ 탄소는 화산 활동, 생명체의 부패, 인간의 산업 활동 등을 통해 대기로 방출된다.
④ 극심한 오염으로 생명체가 소멸되면 탄소의 순환 고리가 끊겨 대기 중의 탄소도 사라진다.

18

2016 민경채

다음 글의 논지를 비판하는 진술로 가장 적절한 것은?

> 자신의 스마트폰 없이는 도무지 일과를 진행하지 못하는 K의 경우를 생각해 보자. 그의 일과표는 전부 그의 스마트폰에 저장되어 있어서 그의 스마트폰은 적절한 때가 되면 그가 해야 할 일을 알려줄 뿐만 아니라 약속 장소로 가기 위해 무엇을 타고 어떻게 움직여야 할지까지 알려준다. K는 어릴 때 보통 사람보다 기억력이 매우 나쁘다는 진단을 받았지만 스마트폰 덕분에 어느 동료에게도 뒤지지 않는 업무 능력을 발휘하고 있다. 이와 같은 경우, K는 스마트폰 덕분에 인지능력이 보강된 것으로 볼 수 있는데, 그 보강된 인지 능력을 K 자신의 것으로 볼 수 있는가? 이 물음에 대한 답은 긍정이다. 즉 우리는 K의 스마트폰이 그 자체로 K의 인지능력 일부를 실현하고 있다고 보아야 한다. 그런 판단의 기준은 명료하다. 스마트폰의 메커니즘이 K의 손바닥 위나 책상 위가 아니라 그의 두뇌 속에서 작동하고 있다고 가정해 보면 된다. 물론 사실과 다른 가정이지만 만일 그렇게 가정한다면 우리는 필경 K 자신이 모든 일과를 정확하게 기억하고 있고 또 약속 장소를 잘 찾아간다고 평가할 것이다. 이처럼 '만일 K의 두뇌 속에서 일어난다면'이라는 상황을 가정했을 때 그것을 K 자신의 기억이나 판단이라고 인정할 수 있다면, 그런 과정은 K 자신의 인지 능력이라고 평가해야 한다.

① K가 자신이 미리 적어 놓은 메모를 참조해서 기억력 시험 문제에 답한다면 누구도 K가 그 문제의 답을 기억한다고 인정하지 않는다.
② K가 종이 위에 연필로 써가며 253×87 같은 곱셈을 할 경우 종이와 연필의 도움을 받은 연산 능력 역시 K 자신의 인지 능력으로 인정해야 한다.
③ K가 집에 두고 나온 스마트폰에 원격으로 접속하여 거기 담긴 모든 정보를 알아낼 수 있다면 그는 그 스마트폰을 손에 가지고 있는 것과 다름없다.
④ 스마트폰의 모든 기능을 두뇌 속에서 작동하게 하는 것이 두뇌 밖에서 작동하게 하는 경우보다 우리의 기억력과 인지 능력을 향상시키지 않는다.

19

2016 민경채

다음 논증에 대한 평가로 적절한 것만을 〈보기〉에서 모두 고르면?

> 합리적 판단과 윤리적 판단의 관계는 무엇일까? 나는 합리적 판단만이 윤리적 판단이라고 생각한다. 즉, 어떤 판단이 합리적인 것이 아닐 경우 그 판단은 윤리적인 것도 아니라는 것이다. 그 이유는 다음과 같다. 일단 ㉠ 보편적으로 수용될 수 있는 판단만이 윤리적 판단이다. 즉 개인이나 사회의 특성에 따라 수용 여부에서 차이가 나는 판단은 윤리적 판단이 아니라는 것이다. 그리고 ㉡ 모든 이성적 판단은 보편적으로 수용될 수 있는 판단이다. 예를 들어, "모든 사람은 죽는다."와 "소크라테스는 사람이다."라는 전제들로부터 "소크라테스는 죽는다."라는 결론으로 나아가는 이성적인 판단은 보편적으로 수용될 수 있는 것이다. 이러한 판단이 나에게는 타당하면서, 너에게 타당하지 않을 수는 없다. 이것은 이성적 판단이 갖는 일반적 특징이다. 따라서 ㉢ 보편적으로 수용될 수 있는 판단만이 합리적 판단이다. ㉣ 모든 합리적 판단은 이성적 판단이다라는 것은 부정할 수 없기 때문이다. 결국 우리는 ㉤ 합리적 판단만이 윤리적 판단이다라는 결론에 도달할 수 있다.

〈보기〉

ㄱ. ㉠은 받아들일 수 없는 것이다. '1+1=2'와 같은 수학적 판단은 보편적으로 수용될 수 있는 것이지만, 수학적 판단이 윤리적 판단은 아니기 때문이다.
ㄴ. ㉡과 ㉣이 참일 경우 ㉢은 반드시 참이 된다.
ㄷ. ㉠과 ㉢이 참이라고 할지라도 ㉤이 반드시 참이 되는 것은 아니다.

① ㄱ　　② ㄴ
③ ㄱ, ㄷ　　④ ㄴ, ㄷ

20

2016 민경채

다음 대화의 ㉠과 ㉡에 들어갈 말을 가장 적절하게 나열한 것은?

갑: A와 B 모두 회의에 참석한다면, C도 참석해.
을: C는 회의 기간 중 해외 출장이라 참석하지 못해.
갑: 그럼 A와 B 중 적어도 한 사람은 참석하지 못하겠네.
을: 그래도 A와 D 중 적어도 한 사람은 참석해.
갑: 그럼 A는 회의에 반드시 참석하겠군.
을: 너는 [㉠]고 생각하고 있구나?
갑: 맞아. 그리고 우리 생각이 모두 참이면, E와 F 모두 참석해.
을: 그래. 그 까닭은 [㉡] 때문이지.

① ㉠: B와 D가 모두 불참한다
　㉡: E와 F 모두 회의에 참석하면 B는 불참하기
② ㉠: B와 D가 모두 불참한다
　㉡: E와 F 모두 회의에 참석하면 B도 참석하기
③ ㉠: B가 회의에 불참한다
　㉡: B가 회의에 참석하면 E와 F 모두 참석하기
④ ㉠: D가 회의에 불참한다
　㉡: B가 회의에 불참하면 E와 F 모두 참석하기

기출 품은 모의고사 | 10회

제한시간: 25분 ■ 시작시간: : ■ 종료시간: :

정답과 해설 ▶ P.62 ~ P.66

01

밑줄 친 부분을 〈공공언어 바로 쓰기 원칙〉에 따라 수정한 것으로 적절하지 않은 것은?

〈공공언어 바로 쓰기 원칙〉

㉠ 문장 부호 규정에 맞게 정확하게 표현할 것
㉡ 띄어쓰기에 맞게 정확하게 표현할 것
㉢ 부적절한 외래어들을 순화하여 표현할 것
㉣ 잉여적 표현을 피할 것

① ㉠: '진행 날짜: 10. 28.~29.'에서 원칙과 허용 규정 중 원칙에 맞게 '물결표(~)'를 '붙임표(-)'로 수정한다.
② ㉡: '김처장은 주요 분야별로 추진 방안을 보고하였다.'에서 '김처장'을 '김 처장'으로 수정한다.
③ ㉢: '글로벌 스탠다드에 맞는 사업이 필요함'에서 '글로벌 스탠다드'를 '국제 표준'으로 수정한다.
④ ㉣: '공사로 인해 출입문이 개방중입니다.'에서 '공사로 인해'를 '공사로'로 수정한다.

02

〈보기〉의 ㉠과 ㉡에 들어갈 말로 바르게 짝지어진 것은?

〈보기〉

중세 국어에서는 객체를 높이기 위해 선어말 어미를 사용했는데, 이 선어말 어미는 음운 조건에 따라 다음과 같이 다양한 형태로 실현되었다.

어간 말음 조건	형태	용례
'ㄱ, ㅂ, ㅅ, ㅎ'일 때	-ᄉᆞᆸ-	돕ᄉᆞᆸ고
'ㄷ, ㅈ, ㅊ'일 때	-ᄌᆞᆸ-	묻ᄌᆞᆸ고
모음이나 'ㄴ, ㅁ, ㄹ'일 때	-ᅀᆞᆸ-	보ᅀᆞᆸ고

객체 높임 선어말 어미 뒤에 모음으로 시작하는 어미가 오면, 객체 높임 선어말 어미는 '-ᄉᆞᄫ-, -ᄌᆞᄫ-, -ᅀᆞᄫ-'으로 실현되었다.

• 아래 문장에서 객체 높임의 대상은 [㉠]이다.
 - 王(왕)이 부텻긔 더옥 敬信(경신)ᄒᆞᆫ ᄆᆞᅀᆞᄆᆞᆯ 내ᅀᆞᄫᅡ
 [왕이 부처께 더욱 공경하고 믿는 마음을 내어]

• 어간 '듣-'과 어미 '-ᄋᆞ며' 사이에 객체 높임 선어말 어미가 결합하면 다음과 같이 활용했다.
 - 내 아래브터 부텻긔 이런 마ᄅᆞᆯ 몯 [㉡]
 [내가 예전부터 부처께 이런 말을 못 들으며]

	㉠	㉡
①	王(왕)	듣ᄌᆞᄫᆞ며
②	王(왕)	듣ᄉᆞᄇᆞ며
③	부텨	듣ᄌᆞᄫᆞ며
④	부텨	듣ᄌᆞᄇᆞ며

03

2016 6월 모의고사 변형

〈보기〉의 선생님의 설명을 바탕으로 할 때, ㉠에 들어갈 말로 적절하지 않은 것은?

〈보기〉

학생: '되어요, 돼요, 되요' 중에서 어느 게 맞는지 궁금해요.
선생님: "어간 모음 'ㅚ' 뒤에 '-어'가 붙어서 'ㅙ'로 줄어지는 것은 'ㅙ'로 적는다."라는 맞춤법 규정에 따르면 '되어요'는 어간 '되-'에 '-어요'가 결합된 것이므로 '돼요'로 줄어들 수 있어. 그러니까 '되어요, 돼요'는 맞는 말이지만 '되요'는 틀린 말이지. '(바람을) 쐬다, (턱을) 괴다, (나사를) 죄다, (어른을) 뵈다, (명절을) 쇠다' 등도 이 규정에 따라 적으면 돼.
학생: 아, 그러면 [㉠]

① '쐬어라'는 '쐬-'와 '-어라'가 결합된 것이므로 '쐐라'로 줄어들 수 있겠네요.
② '괴-'와 '-느냐'가 결합될 때는 '어'가 들어갈 수 없으므로 '괘느냐'는 틀린 말이겠네요.
③ '좨도'는 '죄-'와 '-어도'가 결합된 말이 줄어든 것이겠네요.
④ '쇠-'가 '-어서'와 결합되면 '쇄서'로 줄어들 수 있겠네요.

04

2018 교육행정직 9급

다음 글에 대한 이해로 가장 적절한 것은?

영미법계에서는 배심 재판을 받을 권리가 국민의 기본권으로 인정된다. 특히 형사 사건에서 배심 재판은 개인의 자유를 구속하는 국가 권력을 제한하는 중요한 수단이라 보아 왔다. 배심 재판은 법률가가 아닌 일반인들 가운데서 12명을 배심원으로 뽑아 법정의 심리를 참관하게 한 뒤, 그들로 하여금 사실을 판단하고 법적 결정을 하도록 하는 제도이다. 배심원들은 비공개로 토의와 투표를 진행하여 피고인이 유죄인지 무죄인지를 결정하는 평결을 내린다. 이때 투표 결과는 만장일치여야 하며, 법관은 이 평결을 받아들여 판결하는 것이 원칙이다. 이처럼 법률적 소양이 없는 배심원들이 판단하도록 하는 데 대하여, 법과 유리된 결과가 나올 수 있다는 비판이 제기된다. 이런 견해에 맞서 신선한 사고, 국민의 법 감정 등이 일정 부분 반영되는 순기능이 있다는 반론도 있다.

① 평결에 이르는 과정은 공개한다.
② 변호사는 배심원으로 선정되지 않는다.
③ 법관이 피고인의 유죄 여부를 평결한다.
④ 평결은 다수결로 결정하는 것이 원칙이다.

05

2021 지방직(= 서울시) 9급

(가)~(라)에 들어갈 말로 가장 적절한 것은?

> 정철, 윤선도, 황진이, 이황, 이조년 그리고 무명씨. 우리말로 시조나 가사를 썼던 이들이다. 황진이는 말할 것도 없고 무명씨도 대부분 양반이 아니었겠지만 정철, 윤선도, 이황은 양반 중에 양반이었다. (가) 그들이 우리말로 작품을 썼던 걸 보면 양반들도 한글 쓰는 것을 즐겨 했다는 것을 부정할 수는 없다. (나) 허균이나 김만중은 한글로 소설까지 쓰지 않았던가. (다) 이들이 특별한 취향을 가진 소수의 양반이었다면 이야기는 달라진다. 우리말로 된 문학 작품을 만들겠다는 생각을 가진 특별한 양반들을 제외하고 대다수 양반들은 한문을 썼기 때문에 한글을 모를 수도 있었기 때문이다. 실학자 박지원이 당시 양반 사회를 풍자한 작품『호질』은 한문으로 쓰여 있다. (라) 한 가지 분명한 것은 양반 대부분이 한글을 이해하지 못하는 상황이었다면 정철도 이황도 윤선도도 한글로 작품을 쓰지는 않았을 것이란 사실이다.

	(가)	(나)	(다)	(라)
①	그런데	게다가	그렇지만	그러나
②	그런데	그리고	그래서	또는
③	그리고	그러나	하지만	즉
④	그래서	더구나	따라서	하지만

06

2017 지방직 9급

다음의 개요를 기초로 하여 글을 쓸 때, 주제문으로 가장 적절한 것은?

> 서론: 최근의 수출 실적 부진 현상
> 본론: 수출 경쟁력의 실태 분석
> 1. 가격 경쟁력 요인
>   ㄱ. 제조 원가 상승
>   ㄴ. 고금리
>   ㄷ. 환율 불안정
> 2. 비가격 경쟁력 요인
>   ㄱ. 기업의 연구 개발 소홀
>   ㄴ. 품질 개선 부족
>   ㄷ. 판매 후 서비스 부족
>   ㄹ. 납기의 지연
> 결론: 분석 결과의 요약 및 수출 경쟁력 향상 방안 제시

① 정부가 수출 분야 산업을 적극 지원해야 한다.

② 내수 시장의 기반을 강화하는 데 역량을 모아야 한다.

③ 기업이 연구 개발비 투자를 늘리고 품질 향상에 많은 노력을 기울여야 한다.

④ 수출 경쟁력을 좌우하는 요인을 분석한 후 그에 맞는 방안을 마련해야 한다.

07

2017 국가직 추가 9급

다음 글을 고쳐 쓰기 위한 방안으로 적절하지 않은 것은?

> 산업 폐기물 처리장이 들어서게 될 지역 주민들도 그 시설의 필요성은 인정하고 있다. ㉠그리고 그런 시설이 자기 고장에 들어서는 것을 받아들이려는 사람은 많지 않다. ㉡그 필요성은 인정하지만, 내 고장에는 안 된다는 것이다. 이러한 태도는 공공의 이익을 외면하는 ㉢지역 이기주의에 다름 아니다. 잊지 말아야 할 사실은 폐기물 처리장 건설을 뒤로 미루면 그로 인한 피해가 결국 ㉣우리 모두에게 돌아온다. 나와 내 이웃이 공존할 수 있는 사회를 만들기 위해서는 지역 이기주의를 타파해야 한다.

① ㉠은 앞뒤 문장을 자연스럽게 연결하기 위해 '그러나'로 바꾼다.
② ㉡은 주제와 상관없는 내용이므로 문단의 통일성을 위해 삭제한다.
③ ㉢은 우리말답지 않은 표현으로 '지역 이기주의이다'로 순화한다.
④ ㉣은 주어와 호응하지 않으므로 '우리 모두에게 돌아온다는 것이다'로 고친다.

08

2016 지방직 9급

토론자들의 주장을 가장 적절하게 분석한 것은?

> 사회: 최근 보이스피싱 범죄가 모든 금융권으로 확산되면서 피해액이 늘어나고 있습니다. 이에 금융 당국이 은행에도 일부 보상 책임을 지게 하는 방안을 검토하는 것으로 알려지고 있습니다. 이에 대해 어떻게 생각하십니까?
> 영수: 개인들이 자신의 정보를 잘못 관리한 책임까지 은행에서 진다는 것은 문제가 있습니다. 도와드릴 수 있다면 좋겠지만, 은행 입장에서도 한계가 있는 부분이 있어 안타까울 뿐입니다.
> 민수: 소비자들이 자신의 개인 정보 관리에 다소 부주의함이 있다는 것은 인정합니다. 그러나 개인의 부주의를 얘기하는 것보다는 정부가 근본적인 해결책을 모색하는 것이 더욱 시급합니다.

① 영수와 달리, 민수는 보이스피싱 피해에 대한 책임을 소비자에게만 전가해서는 안 된다고 생각한다.
② 영수와 민수는 보이스피싱 범죄의 확산에 대한 일차적 책임이 은행과 정부에 있다고 생각한다.
③ 영수와 민수는 보이스피싱 범죄로 인한 피해를 방지하기 위해 은행에서 노력하고 있다고 생각한다.
④ 영수는 보이스피싱 범죄를 근본적으로 해결하기 위해 은행의 역할을, 민수는 정부의 역할을 강조한다.

09

2017 지방직 9급 추가

다음 글에서 '칸트'의 견해로 볼 수 없는 것은?

> 칸트는 계몽이란 인간이 자신의 과오로 인한 미성년 상태로부터 벗어나는 것이라고 했다. 이때 '미성년 상태'는 타인의 지도 없이는 스스로의 이성을 사용할 수 없는 상태를 뜻하며, 이를 벗어나는 데 필요한 것은 용기를 내어 스스로의 이성을 사용하려고 하는 것이다.
>
> 칸트에 의하면 계몽은 두 가지 양상으로 이루어진다. 하나는 개인적 계몽으로 각자 스스로 미성년 상태를 벗어나서 이성 능력을 발휘하는 것이다. 하지만 모든 사람이 개인적 계몽을 이룰 수 있는 것은 아니다. 미성년 상태는 편하다. 이 상태의 개인은 스스로 생각하고 판단함으로써 저지를지 모르는 실수의 위험을 과장해서 생각한다. 한 개인이 실수의 두려움으로 인해 미성년 상태에 머무르기를 선택하면 편안함에 대한 유혹과 실수에 대한 공포심을 극복하며 스스로를 계몽하기는 힘들다.
>
> 대중 일반의 계몽은 이보다는 쉽게 이루어질 수 있다. 어느 시대에나 개인적 계몽에 성공한 독립적인 정신의 사상가들이 있기 마련이고, 이들은 편안함에 안주하며 두려움의 방패 뒤에 도피하려는 사람들의 의식을 일깨워 자각의 계기를 제공해 줄 수 있다. 개인적 계몽에 성공한 이들에게 자신의 생각을 표현하고 발표하는 자유가 주어진다면 계몽 정신은 자연스레 널리 전파될 것이고 사람들은 독립에의 공포심에서 벗어나 스스로 생각하는 성년 단계로 진입하게 될 것이다.
>
> 칸트는 대중 일반의 계몽을 위해 필요한 이성의 사용을 이성의 공적 사용이라 일컫는다. 이성의 사용은 사적 사용과 공적 사용으로 구분된다. 이성의 사적 사용은 각자가 개인이나 소규모 공동체의 이익을 위해 이성을 사용하는 것을 말한다. 그러나 한 개인이 몸담고 있는 공동체의 범위를 벗어나 세계 시민의 한 사람으로서 그리고 학자로서 글을 통해 자신의 생각을 대중에게 전달하게 되면 그는 이성을 공적으로 사용하는 것이 된다.

① 개인적 계몽을 모든 사람이 이룰 수 있는 것은 아니다.
② 대중 일반의 계몽을 위한 이성의 사용을 이성의 공적 사용이라 불렀다.
③ 미성년 상태에서 벗어나기 위해서는 스스로의 이성을 사용하려고 해야 한다.
④ 개인적 계몽을 이룬 이들에게 자유가 주어진다면 독립에 대한 공포심에 빠지게 된다.

10

2016 지방직 9급

밑줄 친 부분과 가장 유사한 속성을 지닌 현대인의 삶의 태도는?

> 근대 이후 인간들은 불안감과 고독감에서 벗어나기 위해 <u>자신에게 주어진 자유로부터 도피하려는 경향</u>을 보인다. 그 중 하나가 복종을 전제로 하는 권위주의적 양태이다. 이는 개인적 자아의 독립을 포기하고 자기 이외의 어떤 존재에 종속되고자 하는 것으로, 사라진 제1차적 속박 대신에 새로운 제2차적 속박을 추구하는 양상을 띤다. 이것은 때로 상대방을 자신에게 복종시킴으로써 심리적 안정과 만족을 얻으려는 형태로 나타나기도 한다. 일견 대립적으로 보이는 이 두 형태는 불안감과 고독감으로부터 벗어나기 위한 권위주의적 양상이라는 점에서는 동일한 것이다.

① 소속된 집단의 이익이나 정의보다는 개인의 이익이나 행복만을 추구하는 태도
② 집안에서 어떤 일을 결정할 때 부모나 어른의 의견보다는 아이들의 요구를 먼저 고려하는 태도
③ 어떤 상황에 대해 자신의 견해를 가지기보다는 언론 매체의 의견을 무비판적으로 수용하는 태도
④ 직업을 통해서 얻는 삶의 만족보다는 취미 활동을 통해서 얻는 삶의 즐거움을 더 중시하는 태도

11

2016 국가직 9급

글의 제목으로 가장 적절한 것은?

> 평화로운 시대에 시인의 존재는 문화의 비싼 장식일 수 있다. 그러나 시인의 조국이 비운에 빠졌거나 통일을 잃었을 때 시인은 장식의 의미를 떠나 민족의 예언가가 될 수 있고, 민족혼을 불러일으키는 선구자적 지위에 놓일 수도 있다. 예를 들면 스스로 군대를 가지지 못한 채 제정 러시아의 가혹한 탄압 아래 있던 폴란드 사람들은 시인의 존재를 민족의 재생을 예언하고 굴욕스러운 현실을 탈피하도록 격려하는 예언자로 여겼다. 또한 통일된 국가를 가지지 못하고 이산되어 있던 이탈리아 사람들은 시성 단테를 유일한 '이탈리아'로 숭앙했고, 제1차 세계 대전 때 독일군의 잔혹한 압제하에 있었던 벨기에 사람들은 베르하렌을 조국을 상징하는 시인으로 추앙하였다.

① 시인의 생명(生命)
② 시인의 운명(運命)
③ 시인의 사명(使命)
④ 시인의 혁명(革命)

12

2017 국가직 9급 추가

다음 글의 중심 내용으로 가장 적절한 것은?

> 책 없이도 인간은 기억하고 생각하고 상상하고 표현한다. 그런데 책과 책 읽기는 인간이 이 능력을 키우고 발전시키는 데 중대한 차이를 가져온다. 책을 읽는 문화와 책을 읽지 않는 문화는 기억, 사유, 상상, 표현의 층위에서 상당히 다른 개인들을 만들어 내고, 상당한 질적 차이를 가진 사회적 주체들을 생산한다. 누구도 맹목적인 책 예찬자가 될 필요는 없다. 그러나 중요한 것은 인간을 더욱 인간적이게 하는 소중한 능력들을 지키고 발전시키기 위해서는 책은 결코 희생할 수 없는 매체라는 사실이다. 그 능력의 지속적 발전에 드는 비용은 싸지 않다. 무엇보다도 책 읽기는 손쉬운 일이 아니다. 거기에는 상당량의 정신 에너지가 투입돼야 하고, 훈련이 요구되고, 읽기의 즐거움을 경험하는 정신 습관의 형성이 필요하다.

① 인간의 기억과 상상
② 독서의 필요성과 어려움
③ 맹목적인 책 예찬론의 위험성
④ 책 읽기 능력 개발에 드는 비용

13

2017 국가직 9급 추가

㉠~㉢에 들어갈 적절한 접속어를 순서대로 나열한 것은?

> 역사의 연구는 개별성을 추구하는 것이라고 할 수가 있다. [㉠] 구체적인 과거의 사실 자체에 대해 구명(究明)을 꾀하는 것이 역사학인 것이다. [㉡] 고구려가 한족과 투쟁한 일을 고구려라든가 한족이라든가 하는 구체적인 요소들을 빼 버리고, 단지 "자주적 대제국이 침략자와 투쟁하였다."라고만 진술해 버리는 것은 한국사일 수가 없다. [㉢] 일정한 시대에 활약하던 특정한 인간 집단의 구체적인 활동을 서술하지 않는다면 그것을 역사라고 말할 수 없는 것이다.

	㉠	㉡	㉢
①	즉	가령	요컨대
②	가령	한편	역시
③	이를테면	역시	결국
④	다시 말해	만약	그런데

14

2016 법원직 9급

'정보의 파편화 현상으로 정보에서 소외되는 개인'을 주제로 글을 쓰려고 한다. 글의 논지와 응집성을 고려하여 (가)~(바)를 순서대로 나열한 것으로 가장 적절한 것은?

(가) 지식과 정보는 넘쳐나는데 소외는 극심해지고, 제도는 비약적으로 발전되는데 개인은 한없이 왜소해지는 건 그 때문이다.
(나) 네티즌들의 글쓰기나 블로그의 글들이 그 점을 잘 보여 준다.
(다) 요즘처럼 지식 검색과 프레젠테이션이 횡행하는 시대에는 정보와 정보 사이를 연결하는 능력이 현저하게 부족하다.
(라) 그런 한에선 아무리 지식이 많다 한들 그저 파편적인 정보에 불과할 뿐 어떤 의미나 맥락 속으로 들어가지 못한다.
(마) 이를테면, 소통보다는 독백에 더 가까운 글쓰기 방식이라 할 수 있다.
(바) 거기서는 전체적인 맥락을 짚기보다는 일면에 대한 과도한 집착, 감정의 적나라한 노출이 일반적인 패턴이다.

① (가)－(마)－(나)－(다)－(라)－(바)
② (가)－(라)－(바)－(다)－(나)－(마)
③ (다)－(나)－(바)－(마)－(라)－(가)
④ (다)－(가)－(나)－(라)－(바)－(마)

15

2016 국가직 9급

다음 글의 필자가 궁극적으로 강조하는 내용으로 가장 적절한 것은?

로마는 '마지막으로 보아야 하는 도시'라고 합니다. 장대한 로마 유적을 먼저 보고 나면 다른 관광지의 유적들이 상대적으로 왜소하게 느껴지기 때문일 것입니다. 로마의 자부심이 담긴 말입니다. 그러나 나는 당신에게 제일 먼저 로마를 보라고 권하고 싶습니다. 왜냐하면 로마는 문명이란 무엇인가라는 물음에 대해 가장 진지하게 반성할 수 있는 도시이기 때문입니다. 문명관(文明觀)이란 과거 문명에 대한 관점이 아니라 우리의 가치관과 직결되어 있는 것입니다. 그리고 과거 문명을 바라보는 시각은 그대로 새로운 문명에 대한 전망으로 이어지기 때문입니다.

① 여행할 때는 로마를 가장 먼저 보는 것이 좋다.
② 문명을 반성적으로 볼 수 있는 가치관이 필요하다.
③ 문화 유적에 대한 로마인의 자부심은 본받을 만하다.
④ 과거 문명에서 벗어나 새로운 문명을 창조해야 한다.

[16~17] 다음 글을 읽고 물음에 답하시오.

기술적 대상들의 진화는 과진화 현상들을 나타낸다. 과진화는 각각의 기술적 대상을 지나치게 전문화하고, 활용이나 제작 조건들에서 돌발하는 사소한 변화에도 적응하지 못하게 만든다. 기술적 대상의 본질을 구성하는 도식은 사실 두 가지 방식으로 적응할 수 있다. 우선, 그 도식은 생산될 때 주어진 물질적이고 인간적인 조건들에 적응할 수 있다. 각 대상은 자신을 구성하는 재료들의 전기적, 역학적, 화학적 특성들을 최상으로 활용할 수 있다. 그 다음, 그 도식은 해야 할 일에 적응할 수 있다. 그래서 추운 나라에서 사용하기 좋은 배기펌프는 더운 나라에는 적합하지 않을 수 있고 그 역도 마찬가지다. 또 높은 고도에 적합하게 만들어진 비행기는 낮은 고도에서 잠깐씩 작동해야 할 때, 특히 이·착륙해야 할 때는 곤란을 겪을 수 있다. 제트 엔진은 그 추진 원리 때문에 매우 높은 고도에서는 프로펠러 엔진보다 우수하지만 매우 낮은 고도에서는 사용하기 어렵게 된다. 제트 비행기가 도달한 엄청난 속도는 땅에 접근할 때는 오히려 아주 무력한 특성이 되는 것이다. 제트 엔진의 사용과 짝을 이루는 양력표면(揚力表面)의 축소는 매우 빠른 속도로(거의 프로펠러 비행기의 순항 속도로) 착륙할 수밖에 없도록 만드는데, 이는 또한 아주 긴 착륙 트랙을 필요로 한다.

벌판 한 가운데 착륙할 수 있었던 초기 비행기들은 현대 비행기들보다 기능적으로 과적응(suradaptation)하는 것이 덜했다. 기능적인 과적응을 멀리 끌고 가자면 생물학에서 공생과 기생 사이에 단계적으로 진행하는 도식들에 가깝다고 볼 수 있다. ((A)) 매우 빠른 어떤 소형비행기들은 비행을 가능하게 하는 더 커다란 날개가 있어야만 쉽게 이륙할 수 있고, 다른 어떤 비행기들은 상승추진력을 증가시키기 위해서 로켓을 사용하기도 한다. 수송 글라이더 자체가 과진화한 기술적 대상의 한 예다. 그것은 화물 수송기나 예선(曳船) 없는 항공 수송선(輸送船)에 지나지 않는다는 점에서 진정한 글라이더와는 매우 다른 것이다. 진정한 글라이더는 가볍게 시동을 건 다음에 공기의 흐름을 활용하면서 자기 고유의 수단들을 통해 이륙할 수 있기 때문이다. 이 자율적인 글라이더는 엔진 없는 비행에 아주 섬세하게 적응했다고 할 수 있다.

((B)) 수송 글라이더는 기술적 총체의 비대칭적인 두 부분들 중 단지 한쪽만을 맡고 있는 것에 불과한 것이고, 나머지 다른 반쪽을 맡고 있는 예선(曳船) 또한 자기 역량에 상응하는 화물을 그 자신만으로는 실어 나를 수 없다는 점에서 잘 적응하지 못한 것이라 할 수 있다.

((C)) 과진화의 두 유형이 있다고 할 수 있다. 하나는 기술적 대상의 분할이나 자율성의 상실 없이 정해진 조건들에 섬세하게 적응하는 것에 속하고, 다른 하나는 원래의 단일한 존재가 예인(曳引)하는 것과 예인되는 것으로 나뉘는 경우처럼, 기술적 대상이 분할되는 것에 해당한다. 전자의 경우에는 대상의 자율성이 보존되지만, 후자의 경우에는 희생된다.

16

2016 법원직 9급

윗글의 내용과 다른 것은?

① 초기 비행기들은 현대 비행기들에 비해 기능적으로 과적응되어 있었다.

② 높은 고도에 적합하게 만들어진 비행기는 낮은 고도에서 잠깐 작동해야 할 때 곤란할 수 있다.

③ 과진화는 기술적 대상을 지나치게 전문화하여, 사소한 변화에도 적응하지 못하게 만들 수 있다.

④ 과진화의 유형 중 기술적 대상이 분할되는 경우는 대상의 자율성이 보존되지 않는다.

17

2016 법원직 9급

빈칸 (A)~(C)에 들어갈 말을 순서대로 적은 것은?

① 예컨대 – 따라서 – 반면

② 예컨대 – 반면 – 따라서

③ 반면 – 예컨대 – 따라서

④ 반면 – 따라서 – 예컨대

18

2016 민경채

다음 논증에 대한 평가로 적절한 것만을 〈보기〉에서 모두 고르면?

집단 내지 국가의 청렴도를 평가하는 잣대로 종종 공공 물품을 사적으로 사용하는 정도가 활용된다. 이와 관련하여 M시의 경우 회사원들이 사내용 물품을 개인적인 용도로 사용하는 정도가 꽤 높은 것으로 밝혀졌다. 이는 M시의 대표적 회사 A에서 직원 200명을 대상으로 회사물품을 사적인 용도로 사용한 적이 있는지를 설문조사해 본 결과에 따른 것이다. 조사 결과 '늘 그랬다'는 직원은 5%, '종종 그랬다'는 직원은 15%, '가끔 그랬다'는 직원은 35%, '어쩌다 한두 번 그랬다'는 직원은 25%, '전혀 그런 적이 없다'는 직원은 10%, 응답을 거부한 직원은 10%였다. 설문조사에 응한 직원들 중에서 가끔이라도 사용한 적이 있다고 답한 직원의 비율이 절반을 넘었다. 따라서 M시의 회사원들은 낮은 청렴도를 가졌다고 평가할 수 있다.

〈보기〉

ㄱ. 설문조사에 응한 회사 A의 직원들 중 회사물품에 대한 사적 사용 정도를 실제보다 축소하여 답한 직원들이 많다는 사실은 위 논증의 결론을 강화한다.
ㄴ. M시에 있는 또 다른 대표적 회사 B에서 동일한 설문 조사를 했는데 회사 A에서와 거의 비슷한 결과가 나왔다는 사실은 위 논증의 결론을 강화한다.
ㄷ. M시에 있는 대부분의 회사들에 비해 회사 A의 직원들이 회사물품을 사적으로 사용한 정도가 심했던 것으로 밝혀졌다는 사실은 위 논증의 결론을 약화한다.

① ㄱ ② ㄷ
③ ㄱ, ㄴ ④ ㄱ, ㄴ, ㄷ

19

2016 민경채

갑~병의 주장의 관계에 대한 평가로 적절한 것만을 〈보기〉에서 모두 고르면?

갑: 어떠한 경우에도 자살은 옳지 않은 행위이다. 신의 뜻에 어긋날 뿐만 아니라 공동체에 해악을 끼치기 때문이다. 자살은 사회로부터 능력 있는 사람들을 빼앗아가는 행위이다. 물론 그러한 행위는 공동체에 피해를 주는 것이다. 따라서 자살은 죄악이다.

을: 자살하는 사람은 사회에 해악을 끼치는 것이 아니다. 그는 단지 선을 행하는 것을 멈추는 것일 뿐이다. 사회에 선을 행해야 한다는 우리의 모든 의무는 상호성을 함축한다. 즉 나는 사회로부터 혜택을 얻으므로 사회의 이익을 증진시켜야 한다. 그러나 내가 만약 사회로부터 완전히 물러난다면 그러한 의무를 계속 짊어져야 하는 것은 아니다.

병: 인간의 행위는 자신에게만 관련된 것과 타인이 관련된 것으로 구분될 수 있다. 원칙적으로 인간은 타인에게 해가 되지 않는 한 원하는 것은 무엇이든지 행할 수 있다. 다만 타인에게 해악을 주는 행위만이 도덕적 비판의 대상이 된다고 할 수 있다. 이러한 원칙은 자살의 경우에도 적용된다.

〈보기〉

ㄱ. 갑의 주장은 을의 주장과 양립할 수 없다.
ㄴ. 을의 주장은 병의 주장과 양립할 수 있다.
ㄷ. 자살이 타인이 아닌 자신에게만 관련된 행위일 경우 병은 갑의 주장에 찬성할 것이다.

① ㄱ ② ㄷ
③ ㄱ, ㄴ ④ ㄴ, ㄷ

20

2016 민경채

다음 글에서 밑줄 친 결론을 이끌어 내기 위해 추가해야 할 전제만을 〈보기〉에서 모두 고르면?

이미지란 우리가 세계에 대해 시각을 통해 얻는 표상을 가리킨다. 상형문자나 그림문자를 통해서 얻은 표상도 여기에 포함된다. 이미지는 세계의 실제 모습을 아주 많이 닮았으며 그러한 모습을 우리 뇌 속에 복제한 결과이다. 그런데 우리의 뇌는 시각적 신호를 받아들일 때 시야에 들어온 세계를 한꺼번에 하나의 전체로 받아들이게 된다. 즉 대다수의 이미지는 한꺼번에 지각된다. 예를 들어 우리는 새의 전체 모습을 한꺼번에 지각하지 머리, 날개, 꼬리 등을 개별적으로 지각한 후 이를 머릿속에서 조합하는 것이 아니다.

표음문자로 이루어진 글을 읽는 것은 이와는 다른 과정이다. 표음문자로 구성된 문장에 대한 이해는 그 문장의 개별적인 문법적 구성요소들로 이루어진 특정한 수평적 연속에 의존한다. 문장을 구성하는 개별 단어들, 혹은 각 단어를 구성하는 개별 문자들이 하나로 결합되어 비로소 의미 전체가 이해되는 것이다. 비록 이 과정이 너무도 신속하고 무의식적으로 이루어지기는 하지만 말이다. 알파벳을 구성하는 기호들은 개별적으로는 아무런 의미도 가지지 않으며 어떠한 이미지도 나타내지 않는다. 일련의 단어군은 한꺼번에 파악될 수도 있겠지만, 표음문자의 경우 대부분 언어는 개별 구성요소들이 하나의 전체로 결합되는 과정을 통해 이해된다.

남성적인 사고는, 사고 대상 전체를 구성요소 부분으로 분해한 후 그들 각각을 개별화시키고 이를 다시 재조합하는 과정으로 진행된다. 그에 비해 여성적인 사고는, 분해되지 않은 전체 이미지를 통해서 의미를 이해하는 특징을 지닌다. 그림문자로 구성된 글의 이해는 여성적인 사고 과정을, 표음문자로 구성된 글의 이해는 남성적인 사고 과정을 거친다. 여성은 대체로 여성적 사고를, 남성은 대체로 남성적 사고를 한다는 점을 고려할 때 <u>표음문자 체계의 보편화는 여성의 사회적 권력을 약화시키는 결과를 낳게 된다</u>.

〈보기〉

ㄱ. 그림문자를 쓰는 사회에서는 남성의 사회적 권력이 여성의 그것보다 우월하였다.
ㄴ. 표음문자 체계는 기능적으로 분화된 복잡한 의사소통을 가능하도록 하였다.
ㄷ. 글을 읽고 이해하는 능력은 사회적 권력에 영향을 미친다.

① ㄱ　　② ㄴ
③ ㄷ　　④ ㄴ, ㄷ

기출 품은 모의고사 | 11회

제한시간: 25분 ■ 시작시간: : ■ 종료시간: :

정답과 해설 ▶ P.67 ~ P.71

01

밑줄 친 부분을 〈공공언어 바로 쓰기 원칙〉에 따라 수정한 것으로 적절하지 않은 것은?

〈공공언어 바로 쓰기 원칙〉

㉠ 문장 부호 원칙에 맞게 정확하게 표현할 것
㉡ 띄어쓰기에 맞게 정확하게 표현할 것
㉢ 부적절한 한자어들을 순화하여 표현할 것
㉣ 올바른 높임 표현을 사용하여 표현할 것

① ㉠: '(처분 행위가 완료(소유권 이전 등기 완료)되는 시점)'에서 바깥에 있는 괄호를 '대괄호[ ]'로 수정한다.
② ㉡: '도시 철도 승·하차 질서를 확립하는 것에 적극적으로 협조해 주시기 바랍니다.'에서 '승·하차'를 '승하차'로 수정한다.
③ ㉢: '우리 부가 소관하는 행사가 진행되었습니다.'에서 '소관하는'을 '맡은'으로 수정한다.
④ ㉣: '이번 행사에 우리 부가 선정된 것을 알고 계실 것입니다.'는 권위적인 느낌이 나는 표현이므로 '있으시죠?'와 같이 친근한 표현으로 수정한다.

02

2021 10월 모의고사 변형

〈보기〉의 ㉠과 ㉡에 들어갈 말로 바르게 짝지어진 것은?

〈보기〉

탐구 주제: 훑다는 어떤 과정을 거쳐서 훌따로 발음될까?
[자료]

(1) 종성의 'ㄲ, ㅋ, ㅅ, ㅆ, ㅈ, ㅊ, ㅌ, ㅍ'은 어말 또는 자음 앞에서 각각 대표음 'ㄱ, ㄷ, ㅂ'으로 발음한다.
(2) 어말 또는 자음 앞에서 음절 종성에 두 개의 자음이 놓이면 두 개의 자음 중 하나만 발음한다.
(3) 종성의 'ㄱ, ㄷ, ㅂ' 뒤에 연결되는 'ㄱ, ㄷ, ㅂ, ㅅ, ㅈ'은 된소리로 발음한다.
(4) 갈다[갈다], 날겠다[날겓따], 거칠더라도[거칠더라도]

탐구 과정

가설 1: 어간의 종성에서 탈락이 일어난 후에 어미의 초성에서 교체가 일어난다.
→ '[자료] (4)'에서 확인되듯이, 어간이 [㉠] 끝날 때 그 어간 바로 뒤에 오는 어미의 초성에서는 된소리되기가 일어나지 않음.

가설 2: 어간의 종성과 어미의 초성에서 교체가 일어난 후에 어간의 종성에서 탈락이 일어난다.
→ '[자료] (1)'의 현상이 어간 종성에서 일어나 어간 종성의 'ㅌ'이 [㉡], '[자료] (3)'의 현상이 일어날 수 있음. 이후 '[자료] (2)'의 현상이 일어났다고 볼 수 있음.

탐구 결과: '가설 1'을 기각하고 '가설 2'를 받아들인다.

	㉠	㉡
①	ㄷ으로	ㄷ이 탈락된 후
②	ㄷ으로	탈락하게 된 후
③	ㄹ로	ㄷ으로 교체된 후
④	ㄹ로	탈락하게 된 후

03

2019 7월 모의고사 변형

〈보기〉의 ㉠, ㉡에 해당하는 예로 적절한 것은?

〈보기〉

국어에서 'ㄴ'과 'ㄹ' 소리를 연달아 내는 것은 어려운 일이다. 그래서 유음 'ㄹ'과 비음 'ㄴ'이 연쇄적으로 발음될 때 앞의 유음 'ㄹ'의 영향을 받아 뒤의 'ㄴ'이 'ㄹ'로 교체되는 순행적 유음화가 일어나고, 반대로 'ㄴ'과 유음 'ㄹ'이 연쇄적으로 발음될 때 뒤의 'ㄹ'의 영향을 받아 앞의 'ㄴ'이 'ㄹ'로 교체되는 ㉠ 역행적 유음화가 일어난다. 그런데 표면적으로 순행적 유음화나 역행적 유음화가 일어날 조건이 충족된다고 하더라도 용언의 활용이나 합성어, 파생어 형성 과정에서 순행적 유음화가 아닌 'ㄹ' 탈락이 일어나기도 하고, 역행적 유음화가 아닌 'ㄹ'이 비음인 'ㄴ'의 영향을 받아 'ㄴ'으로 교체되는 ㉡ 'ㄹ'의 비음화가 일어나기도 한다.

	㉠	㉡
①	산란기	표현력
②	줄넘기	입원료
③	결단력	생산량
④	의견란	향신료

04

2016 국가직 9급

다음 글을 읽고 추론한 내용으로 가장 적절한 것은?

한 연구원이 어떤 실험을 계획하고 참가자들에게 이렇게 설명했다.

"여러분은 지금부터 둘씩 조를 지어 함께 일을 하게 됩니다. 여러분의 파트너는 다른 작업장에서 여러분과 똑같은 일을, 똑같은 노력을 기울여 할 것입니다. 이번 실험에 대한 보수는 각 조당 5만 원입니다."

실험 참가자들이 작업을 마치자 연구원은 참가자들을 세 부류로 나누어 각각 2만 원, 2만 5천 원, 3만 원의 보수를 차등 지급하면서, 그들이 다른 작업장에서 파트너가 받은 액수를 제외한 나머지 보수를 받은 것으로 믿게 하였다.

그 후 연구원은 실험 참가자들에게 몇 가지 설문을 했다. '보수를 받고 난 후에 어떤 기분이 들었는지, 나누어 받은 돈이 공정하다고 생각하는지'를 묻는 것이었다. 연구원은 설문을 하기 전에 3만 원을 받은 참가자가 가장 행복할 것이라고 예상했다. 그런데 결과는 예상과 달랐다. 3만 원을 받은 사람은 2만 5천 원을 받은 사람보다 덜 행복해했다. 자신이 과도하게 보상을 받아 부담을 느꼈기 때문이다. 2만 원을 받은 사람도 덜 행복해한 것은 마찬가지였다. 받아야 할 만큼 충분히 받지 못했다고 생각했기 때문이다.

① 인간은 공평한 대우를 받을 때 더 행복해한다.
② 인간은 남보다 능력을 더 인정받을 때 더 행복해한다.
③ 인간은 타인과 협력할 때 더 행복해한다.
④ 인간은 상대를 위해 자신의 몫을 양보했을 때 더 행복해한다.

[05~06] 다음 글을 읽고 물음에 답하시오.

아들러는 우월성이란 개념을 자기완성 혹은 자아실현이란 의미로 사용하였다. 아들러는 인간의 자기 신장, 성장, 능력을 위한 모든 노력의 근원이 열등감이라고 말했다. 그러나 '인간이 추구하는 궁극적인 목적은 무엇인가?', '삶의 일관성과 통일성을 부여하는 것은 무엇인가?', '인간은 단지 열등감의 해소만을 추구하는가?', '인간은 단지 타인을 능가하기 위해서만 동기화되는가?' 이러한 질문들에 대해 아들러는 1908년까지는 '공격성'으로, 1910년경에는 '힘에 대한 의지'로, 그 후부터는 '우월성 추구'라는 개념으로 설명했다.

우월성의 추구는 삶의 기초적인 사실로 모든 인간이 문제에 직면하였을 때 부족한 것은 보충하며, 낮은 것은 높이고, 미완성의 것은 완성하며, 무능한 것은 유능한 것으로 만드는 경향성이다. 즉 우월성의 추구는 모든 사람의 선천적인 경향성으로 일생을 통해 환경을 적절히 통제하며 동기의 지침이 되어 심리적인 활동은 물론 행동을 안내한다. 아들러는 우월성의 추구를 모든 인생의 문제 해결의 기초에서 볼 수 있으며 사람들이 인생의 문제에 부딪히는 양식에서 나타난다고 하였다. 출생에서 사망에 이르기까지 우월성 추구의 노력은 인간을 현 단계에서 보다 넓은 단계의 발달로 이끌어 준다. 모든 욕구는 완성을 위한 노력에서 비롯되기 때문에 분리된 욕구란 존재하지 않는다.

우월성 추구는 그 자체가 수천 가지 방법으로 나타날 수 있으며, 모든 사람들은 자신의 성취나 성숙을 추구하는 일정한 노력의 형태를 가지고 있다고 한다. 우월성의 추구는 다음과 같은 특징들로 설명된다.

첫째, 우월성의 추구는 유아기의 무능과 열등에 뿌리를 두고 있는 기초적 동기이다. 둘째, 이 동기는 정상인과 비정상인에게 공통적으로 존재한다. 셋째, 추구의 목표는 긍정적 또는 부정적 방향이 있다. 긍정적 방향은 개인의 우월성을 넘어서 사회적 관심, 즉 타인의 복지를 추구하며, 건강한 성격이다. 부정적 방향은 개인적 우월성, 즉 이기적 목표만을 추구하며, 이를 신경증적 증상으로 본다. 넷째, 우월성의 추구는 많은 힘과 노력을 소모하는 것이므로 긴장이 해소되기보다는 오히려 증가한다. 다섯째, 우월성의 추구는 개인 및 사회 수준에서 동시에 일어난다. 즉 개인의 완성을 넘어서 문화의 완성도 도모한다는 것이다. 이러한 관점에서 아들러는 개인과 사회의 관계를 갈등하는 관계가 아니라 조화로운 관계로 파악하였다.

이러한 특징을 통해 우월성의 추구가 건전하게 이루어진 성격에 사회적 관심을 가미하고 있음을 이해할 수 있다. 즉 사회적 관심을 가진 바람직한 생활 양식을 바탕으로 한 우월성 추구가 건강한 삶이라고 할 수 있다.

05

2017 법원직 9급

윗글의 내용 전개에 대한 설명으로 가장 적절한 것은?

① 다양한 사례를 분류하여 나열하고 있다.
② 하나의 개념을 다양한 관점에서 설명한다.
③ 중심 대상의 개념을 밝히고 특징을 설명한다.
④ 서로 다른 관점을 절충하면서 결론을 이끌어낸다.

06

2017 법원직 9급

윗글에 대한 설명으로 가장 적절한 것은?

① 우월성을 추구할수록 긴장이 이완된다.
② 인간은 현재보다 나은 상태를 추구한다.
③ 우월성 추구가 개인의 우월성에 한정한다면 건강한 성격으로 발현된다.
④ 우월성 추구는 개인적 수준에서 달성된 후에 사회적 수준으로 나아간다.

07

2017 서울시 9급

문맥상 다음 ㉠에 들어갈 문장으로 가장 적절한 것은?

> 인간의 역사가 발전과 변화의 가능성을 내포하고 있는 반면, 자연사는 무한한 반복 속에서 반복을 반복할 뿐이다. 그런데 마르크스는 「1844년의 경제학 철학 수고」 말미에, “역사는 인간의 진정한 자연사이다”라고 적은 바 있다. 또한 인간의 활동에 대립과 통일이 있듯이, 자연의 내부에서도 대립과 통일은 존재한다. [㉠] 마르크스의 진의(眞意) 또한 인간의 역사와 자연사의 변증법적 지양과 일여(一如)한 합일을 지향했다는 것에 있을 것이다.

① 즉 인간과 자연은 상호 간에 필연적으로 경쟁할 수밖에 없다.
② 따라서 인간의 역사와 자연의 역사를 이분법적 대립 구도로 파악하는 것은 위험하다.
③ 즉 자연이 인간의 세계에 흡수·통합됨으로써 인간의 역사가 시작된다.
④ 그러나 인간사를 연구하는 일은 자연사를 연구하는 일보다 많은 노력이 요구된다.

08

2018 서울시(6월) 9급

〈보기〉에 대한 설명으로 가장 옳은 것은?

〈보기〉

> 화랑도(花郞道)란, 신라 때의 청소년들이 자신의 마음과 몸을 닦고 목숨을 바쳐 나라를 지키려는 우리 고유의 정신적 흐름을 말한다. 그리고 이를 실천하기 위하여 조직된 단체를 화랑도(花郞徒)라 한다. 그 사회의 중심인물이 되기 위하여 마음과 몸을 단련하고, 올바른 사회생활의 규범을 익히며, 나라가 어려운 시기에 처할 때 싸움터에서 목숨을 바치려는 기풍은 고구려나 백제에도 있었지만, 특히 신라에서 가장 활발하였다.
>
> – 변태섭, 「화랑도」 중에서 –

① 용어 정의를 통해 독자의 이해를 돕고 있다.
② 자신의 체험담을 제시하여 독자의 이해를 돕고 있다.
③ 반론을 위한 전제를 제시하여 독자의 이해를 돕고 있다.
④ 통계적 사실이나 사례 제시를 통해 독자의 이해를 돕고 있다.

09

2016 지방직 9급

다음 글에 대한 설명으로 적절하지 않은 것은?

> 어떤 사회적 현상을 설명할 때, 상징적 행동을 배제하게 되면 남는 것은 실용성과 관련된 설명뿐이다. 그러나 아메리카에서 시가가 유행하는 현상에 대해서는 그런 기능적 설명이 통하지 않는다. 가령, 사람들이 여전히 담배를 피우고 싶어 하기 때문에 그런 현상이 생긴다는 주장을 들어 보자. 일견 수긍되는 점이 있다. 사람들의 흡연 욕구가 여전하다는 것은 전혀 틀린 말이 아니기 때문이다. 그러나 그것만으로는 아메리카 사회가 시가를 피우는 사람들에게는 관대하고, 궐련을 피우는 사람들에게는 관대하지 않은 까닭을 설명할 수가 없다.
>
> 궐련을 피우는 사람들은 이제 공공건물 앞의 보도에 한데 모여서 흡연을 해야 하는 신세가 되었다. 그들 사이에 즉각적 연대감을 형성하면서 말이다. 그런 그들에게 더러 경멸의 눈길을 보내는 사람들도 있지만, 대부분의 사람들은 그들에게 관심을 보이지 않는다. 그들이 공공건물 밖에서 흡연을 하는 한, 남에게 해가 될 게 전혀 없다고 생각하기 때문이다. 그런데 시가를 피우는 사람들의 사정은 전혀 다르다. 그들은 저녁 식사가 끝날 즈음에, 또는 파티 도중에 전리품을 자랑하듯이 당당하게 시가를 꺼내어 입에 문다. 그들의 행동에 눈살을 찌푸리는 사람은 아무도 없다.
>
> 어찌하여 이런 차별이 생긴 것일까? 연기를 삼키지 않기 때문에 시가가 몸에 덜 해롭다는, 일반적 주장은 설득력이 없다. 연기를 들이마시지 않고 뱉어 내는 것은 간접흡연의 피해를 줄이기는커녕, 오히려 실내 공기를 더욱 심하게 오염시키기 때문이다. 그렇다면 진짜 이유는 무엇일까? 가장 설득력 있는 설명은 다음과 같다. 먼저 보건 당국에서 국민 건강을 위한 캠페인의 일환으로 궐련과의 투쟁을 선포했다. 그러자 궐련은 죽음의 상징이 되었고, 그 캠페인은 상류층 사람들 사이에 즉각적 반향을 불러일으켰다. 이제 최고급 레스토랑에서는 아무도 궐련을 피우지 않지만, 싸구려 술집에는 여전히 궐련 연기가 자욱하다.

① 자문자답 형식을 사용하여 독자의 흥미를 유발하고 있다.
② 난해한 용어의 정의를 제시하여 독자의 이해를 돕고 있다.
③ 자신과 다른 견해를 일부 인정하면서도 그 한계를 지적하고 있다.
④ 다른 현상과의 비교를 통해 특정 현상에 담긴 의미를 밝히려 한다.

10

2017 지방직 9급

'시'에 대한 견해 중에서 밑줄 친 칸트의 입장과 부합하는 것은?

> 미적인 것이란 내재적이고 선험적인 예술 작품의 특성을 밝히는 데서 더 나아가 삶의 풍부하고 생동적인 양상과 가치, 목표를 예술 형식으로 변환한 것이다. 미(美)는 어떤 맥락으로부터도 자율적이기도 하지만 타율적이다. 미에 대한 자율적 견해를 지닌 <u>칸트</u>도 일견 타당하지만, 미를 도덕이나 목적론과 연관시킨 톨스토이나 마르크스도 타당하다. 우리가 길을 지나다 이름 모를 곡을 듣고서 아름답다고 느끼는 것처럼 순수미의 영역이 없는 것은 아니다. 하지만 그 곡이 독재자를 열렬히 지지하기 위한 선전곡이었음을 안 다음부터 그 곡을 혐오하듯 미(美) 또한 사회 경제적, 문화적 맥락의 영향을 받기도 한다.

① 시는 정제된 시어와 운율을 통하여 감상해야 한다.
② 시는 사회의 모순을 고발할 수 있고, 개혁의 전망도 제시할 수 있다.
③ 시를 읽으면 시인과의 대화를 통해 정서적 성장을 도모할 수 있다.
④ 시를 감상하기 위해서는 당시의 사회 상황을 알아야 한다.

11

2017 지방직 9급 추가

다음 글의 전개 방식에 대한 설명으로 적절한 것은?

> 유럽의 18~19세기는 혁신적 지성의 열기로 가득 찬 시대였다. 혁신적 지성은 정치적, 경제적, 사회적 여건의 성숙과 더불어 서양 근대 사회의 확립에 주도적 역할을 하였다. 수많은 개혁 사상과 혁명 사상의 제공자는 물론이요, 실천 면에서도 개혁가와 혁명가는 지성인 출신이었다. 그들은 새로운 미래를 제시하고, 그것을 뒷받침할 이데올로기를 마련하고, 그것을 실현할 구체적인 방안을 제시하는 동시에, 현실의 모순을 과감하게 비판하고 몸소 실천에 뛰어들기도 하였다.
>
> 하지만 20세기에 이르러 사태는 달라지기 시작하였다. 근대 사회 성립에 주도적 역할을 담당했던 혁신적 지성은 그 혁신적 성격과 개혁적 정열을 점차로 상실하고, 직업적이고 기술적인 지성으로 변모하였다. 이는 근대 사회가 완성되고 성숙함에 따른 당연한 귀결일지도 모르며, 오늘날 고도로 발달한 서구 사회에 직업적이고 기술적인 지성이 필요 불가결하기도 하다. 그러나 지성이 고도로 발달한 사회에서 직업적이고 전문적인 지식과 기술을 제공하는 것으로 만족할 것인가의 문제는 다시 한 번 생각해 봄직하다.
>
> 만일 서구 사회가 현재에 안주하고 현상 유지를 계속할 수가 있다면 문제는 다르다. 그러나 그것은 사회의 전면적인 침체를 가지고 올 것이며, 그것은 또한 불길한 몰락의 징조일지도 모른다.
>
> 현재의 모순과 문제를 파헤치고 이를 개혁하여 새로운 미래로 나아가는 구체적 방안을 모색하는 임무는 누가 져야 할 것인가? 그것은 역시 지성의 임무이다. 지성은 거의 영구불변의 기능이라고 할 수 있는 문화 창조의 기능을 가져야 한다. 현대의 지성은 전문 지식과 기술을 제공하는 데 그치지 말고, 현실을 비판하며 실현 가능한 구체적 방안을 모색하여 새로운 미래를 제시하는 혁신적 성격을 상실해서는 안 될 것이다.

① 자신의 주장을 밝히고 이와 상반된 견해를 반박하고 있다.
② 상호 대립된 견해를 제시하고 자신의 입장을 밝히고 있다.
③ 용어에 대한 개념 차이를 밝히며 자신의 주장을 펼치고 있다.
④ 시대적 변천 양상을 살피면서 바람직한 방향을 제시하고 있다.

12

2016 국가직 9급

㉠~㉣을 고친 내용으로 적절하지 않은 것은?

자본주의 체제에서 모든 계층의 사람이 똑같이 많이 벌고 잘살기를 바랄 수는 없다. 어느 정도의 소득 격차는 경쟁을 유발하는 동기가 될 수 있다는 것을 부인할 수 없다. ㉠따라서 우리와 같은 양극화 현상의 심화 추세를 그대로 방치한 채 자연 치유되도록 기다릴 수만은 없다. 그동안 단편적인 대책이 나오기는 했으나 ㉡떡 먹은 입 쓸어 치듯 개선은 되지 않고 오히려 악화되어 가고 있음이 역력히 드러나고 있다.

과거의 실패를 거울삼아 저소득층 소득 향상을 통한 근본적인 빈부 격차 개선책을 제시하여 빈자에게 희망을 불어넣어야 한다. 그렇다고 고소득자와 대기업을 욕하거나 ㉢경원되어서는 안 된다. 무엇보다 기업 투자와 내수 경기를 일으키는 일이 긴요하다. 그래야 일자리가 생기고 서민 소득도 늘어나게 된다. ㉣또한 자본의 원활한 흐름을 위해 고소득층의 해외 소비 활동도 촉진해야 한다. 그리고 세제 개혁을 통한 재분배 정책을 추진할 필요가 있다. 세제만큼 유효한 재분배 정책 수단도 없다. 동시에 장기적인 관점에서 각 부문의 양극화 개선을 위해 경제 체질과 구조 개선을 서두르지 않으면 안 된다.

① ㉠ – 문맥에 맞도록 '그러나'로 수정한다.
② ㉡ – 의미가 통하도록 '아랫돌 빼서 윗돌 괴듯'으로 수정한다.
③ ㉢ – 어법에 맞도록 '경원을 사서는'으로 수정한다.
④ ㉣ – 문단의 통일성에 어긋나므로 삭제한다.

13

2016 국가직 9급

다음 대담에 대한 설명으로 적절하지 않은 것은?

진행자: 오늘은 우리의 전통 선박에 대해 재미있게 설명한 책인 『우리나라 배』에 대해 교수님과 이야기를 나눠 보겠습니다. 김 교수님, 우리나라 전통 선박에 담긴 선조들의 지혜를 설명한 책 내용이 참 흥미롭던데요, 구체적인 사례 하나만 소개해 주시겠습니까?
김 교수: 판옥선에 담긴 선조들의 지혜를 소개해 드릴까 합니다. 혹시 판옥선에 대해 들어 보셨나요?
진행자: 자세히는 모르지만 임진왜란 때 사용된 선박이라고 들었습니다.
김 교수: 네, 판옥선은 임진왜란 때 활약한 전투함인데, 우리나라 해양 환경에 적합한 평저 구조로 만들어졌습니다.
진행자: 아, 그렇군요. 교수님, 평저 구조가 무엇인지 말씀해 주시겠습니까?
김 교수: 네, 그건 밑 부분이 넓고 평평하게 만든 구조입니다. 그 때문에 판옥선은 수심이 얕은 바다에서는 물론, 썰물 때에도 운항이 가능했죠. 또한 방향 전환도 쉽게 할 수 있었습니다.
진행자: 결국 섬이 많고 수심이 얕으면서 조수 간만의 차가 큰 우리나라 바다 환경에 적합한 구조라는 말씀이시군요?
김 교수: 네, 그렇습니다.
진행자: 선조들의 지혜가 참 대단합니다. 이런 특징을 가진 판옥선이 전투 상황에서는 얼마나 위력적이었는지 궁금한데, 더 설명해 주시겠습니까?

① 진행자는 김 교수에게 추가 설명을 요청하고 있다.
② 김 교수는 진행자의 의견에 동조하며 자신의 견해를 수정하고 있다.
③ 김 교수는 진행자의 부탁에 따라 소개할 내용을 선정하여 제시하고 있다.
④ 진행자는 김 교수의 설명을 듣고 자신의 이해가 맞는지 질문을 하고 있다.

14

2010 국가직 9급

다음 글의 전개 순서로 가장 자연스러운 것은?

㉠ 이 세상에서 가장 결백하게 보이는 사람일망정 스스로나 남이 알아차리지 못하는 결함이 있을 수 있고, 이 세상에서 가장 못된 사람으로 낙인이 찍힌 사람일망정, 결백한 사람에서마저 찾지 못할 아름다운 인간성이 있을지도 모른다.

㉡ 소설만 그런 것이 아니다. 우리의 의식 속에는 은연중 이처럼 모든 사람을 좋은 사람과 나쁜 사람 두 갈래로 나누는 버릇이 도사리고 있다. 그래서인지 흔히 사건을 다루는 신문 보도에는 모든 사람이 '경찰' 아니면 도둑놈인 것으로 단정한다. 죄를 저지른 사람에 관한 보도를 보면 마치 그 사람이 죄의 화신이고, 그 사람의 이력이 죄만으로 점철되었고, 그 사람의 인격에 바른 사람으로서의 흔적이 하나도 없는 것으로 착각하게 된다.

㉢ 이처럼 우리는 부분만을 보고, 또 그것도 흔히 잘못 보고 전체를 판단한다. 부분만을 제시하면서도 보는 이가 그것이 전체라고 잘못 믿게 만들 뿐만이 아니라, '말했다'를 '으스댔다', '우겼다', '푸념했다', '넋두리했다', '뇌까렸다', '잡아뗐다', '말해서 빈축을 사고 있다' 같은 주관적 서술로 감정을 부추겨서, 상대방으로 하여금 이성적인 사실 판단이 아닌 감정적인 심리 반응으로 얘기를 들을 수밖에 없도록 만든다.

㉣ '춘향전'에서 이도령과 변학도는 아주 대조적인 사람들이었다. 흥부와 놀부가 대조적인 것도 물론이다. 한 사람은 하나부터 열까지가 다 좋고, 다른 사람은 모든 면에서 나쁘다. 적어도 이 이야기에 담긴 '권선징악'이라는 의도가 사람들을 그렇게 믿게 만든다.

① ㉠ – ㉡ – ㉢ – ㉣
② ㉣ – ㉡ – ㉢ – ㉠
③ ㉠ – ㉢ – ㉣ – ㉡
④ ㉣ – ㉢ – ㉡ – ㉠

15

2017 지방직 9급 추가

㉠~㉢에 들어갈 말을 바르게 연결한 것은?

많은 사람들에게 유일한 현실은 '타이타닉 호'라는 배뿐입니다. 타이타닉 호 속에는 판에 박은 일상사가 있습니다. [㉠] 선원은 엔진에 연료를 넣지 않으면 안 되고, 배가 전진하기 위해서는 온갖 기계를 확실히 관리하지 않으면 안 됩니다. 모두 각자 일상사를 가지고 있고 그것을 계속하는 사람이 현실주의자입니다.

누군가가 "엔진을 멈추어야 한다."라고 말하면, 그것은 비현실주의적입니다. 왜냐하면 타이타닉 호라는 배는 전진하도록 되어 있어서 전진하지 않으면 저마다의 일거리가 없어지기 때문입니다. 오늘날 세계 경제에 퍼져 있는 현실주의는 바로 그러한 현실주의라고 생각됩니다. 현실주의적인 경제학자가 타이타닉 호에 "전속력으로!"라는 명령을 하려고 합니다. 이것이 타이타닉 호의 논리입니다.

이 논리는 타이타닉 호가 전 세계라는 점을 전제로 성립합니다. 마찬가지로 경제학자의 논리도 세계 경제 시스템 이외에 아무런 현실이 없다고 한다면 합리적인 논리라고 할 수 있습니다. [㉡] 타이타닉 호의 바깥에는 바다가 있고 빙산이 있습니다. 세계 경제의 바깥에는 재난이 있습니다. 바로 이것이 문제입니다. 여기서 타이타닉 호의 비유가 갖는 한계를 알 수 있는데, 타이타닉 호의 경우는 하나의 빙산이 있고, 장래에 배가 거기에 부딪힌다는 것입니다. 그러나 우리들의 세계 경제 시스템은 장래에 빙산이 기다리고 있는 게 아닙니다. 재난은 이미 시작되었습니다. [㉢] 차례차례 빙산에 부딪히고 있는 중입니다.

	㉠	㉡	㉢
①	그리고	그러면	만약
②	그리고	그렇지만	만약
③	예를 들면	그러면	말하자면
④	예를 들면	그렇지만	말하자면

16

2016 지방직 9급

다음 글의 제목으로 가장 적절한 것은?

어느 대학의 심리학 교수가 그 학교에서 강의를 재미없게 하기로 정평이 나 있는, 한 인류학 교수의 수업을 대상으로 실험을 계획했다. 그 심리학 교수는 인류학 교수에게 이 사실을 철저히 비밀로 하고, 그 강의를 수강하는 학생들에게만 사전에 몇 가지 주의 사항을 전달했다. 첫째, 그 교수의 말 한 마디 한 마디에 주의를 집중하면서 열심히 들을 것. 둘째, 얼굴에는 약간 미소를 띠면서 눈을 반짝이며 고개를 끄덕이기도 하고 간혹 질문도 하면서 강의가 매우 재미있다는 반응을 겉으로 나타내며 들을 것.

한 학기 동안 계속된 이 실험의 결과는 흥미로웠다. 우선 재미없게 강의하던 그 인류학 교수는 줄줄 읽어 나가던 강의 노트에서 드디어 눈을 떼고 학생들과 시선을 마주치기 시작했고 가끔씩은 한두 마디 유머 섞인 농담을 던지기도 하더니, 그 학기가 끝날 즈음엔 가장 열의 있게 강의하는 교수로 면모를 일신하게 되었다. 더욱더 놀라운 것은 학생들의 변화였다. 처음에는 실험 차원에서 열심히 듣는 척하던 학생들이 이 과정을 통해 정말로 강의에 흥미롭게 참여하게 되었고, 나중에는 소수이긴 하지만 아예 전공을 인류학으로 바꾸기로 결심한 학생들도 나오게 되었다.

① 학생 간 의사소통의 중요성
② 교수 간 의사소통의 중요성
③ 언어적 메시지의 중요성
④ 공감하는 듣기의 중요성

17

2016 지방직 9급

다음 글의 중심 내용으로 가장 적절한 것은?

영어에서 위기를 뜻하는 단어 'crisis'의 어원은 '분리하다'라는 뜻의 그리스어 '크리네인(Krinein)'이다. 크리네인은 본래 회복과 죽음의 분기점이 되는 병세의 변화를 가리키는 의학 용어로 사용되었는데, 서양인들은 위기에 어떻게 대응하느냐에 따라 결과가 달라진다고 보았다. 상황에 위축되지 않고 침착하게 위기의 원인을 분석하여 사리에 맞는 해결 방안을 찾을 수 있다면 긍정적 결과가 나올 수 있다는 것이다. 한편, 동양에서는 위기(危機)를 '위험(危險)'과 '기회(機會)'가 합쳐진 것으로 해석하여, 위기를 통해 새로운 기회를 모색하라고 한다. 동양인들 또한 상황을 바라보는 관점에 따라 위기가 기회로 변모될 수도 있다고 본 것이다.

① 위기가 아예 다가오지 못하게 미리 대처해야 한다.
② 위기 상황을 냉정하게 판단하고 긍정적으로 받아들인다.
③ 위기가 지나갔다고 해서 반드시 기회가 오는 것은 아니다.
④ 욕심에서 비롯된 위기를 통해 자신의 상황을 되돌아봐야 한다.

18

2016 민경채

그린 포럼의 일정을 조정하고 있는 A 행정관이 고려해야 할 사항들이 다음과 같을 때, 반드시 참이라고는 할 수 없는 것은?

- 포럼은 개회사, 발표, 토론, 휴식으로 구성하며, 휴식은 생략할 수 있다.
- 포럼은 오전 9시에 시작하여 늦어도 당일 정오까지는 마쳐야 한다.
- 개회사는 포럼 맨 처음에 10분 또는 20분으로 한다.
- 발표는 3회까지 계획할 수 있으며, 각 발표시간은 동일하게 40분으로 하거나 동일하게 50분으로 한다.
- 각 발표마다 토론은 10분으로 한다.
- 휴식은 최대 2회까지 가질 수 있으며, 1회 휴식은 20분으로 한다.

① 발표를 2회 계획한다면, 휴식을 2회 가질 수 있는 방법이 있다.

② 발표를 2회 계획한다면, 오전 11시 이전에 포럼을 마칠 방법이 있다.

③ 발표를 3회 계획하더라도, 휴식을 1회 가질 수 있는 방법이 있다.

④ 각 발표를 50분으로 하더라도, 발표를 3회 가질 수 있는 방법이 있다.

19

2023 국가직 5급

다음 글의 빈칸에 들어갈 내용으로 적절하지 않은 것은?

△△부에서는 국가 간 정책 교류를 위해 사무관 A~E 중 UN에 파견할 사무관을 선정하기로 했다. 파견 여부를 정하기 위해 다음의 기준을 세웠다.

- A를 파견하면 B를 파견한다.
- B를 파견하면 D를 파견하지 않는다.
- C를 파견하면 E를 파견하지 않는다.
- D를 파견하지 않으면 C를 파견한다.
- E를 파견하지 않으면 D를 파견한다.

위의 기준으로는 사무관 세 명의 파견 여부가 확정되지만 두 명의 파견 여부는 확정되지 않는다. 하지만 "[ ]"를 기준으로 추가하면, 모든 사무관의 파견 여부를 확정할 수 있다.

① A를 파견하지 않으면 C를 파견한다.

② B를 파견하지 않으면 C를 파견한다.

③ C를 파견하지 않으면 D를 파견하지 않는다.

④ C를 파견하지 않으면 E를 파견하지 않는다.

20

2023 국가직 5급

다음 글의 내용이 참일 때 반드시 참인 것은?

> 영어 회화가 가능한 갑순과 을돌, 중국어 회화가 가능한 병수와 정희를 다음 〈배치 원칙〉에 따라 총무부, 인사부, 영업부, 자재부에 각 한 명씩 모두 배치하기로 하였다. 네 명 중 병수를 제외한 나머지는 신입사원이고, 갑순만 공인노무사 자격증을 갖고 있다.
>
> **〈배치 원칙〉**
>
> - 총무부와 인사부 중 한 곳에는 공인노무사 자격증을 갖고 있는 사원을 배치한다.
> - 영업부와 자재부 중 한 곳에만 중국어 회화 가능자를 배치한다.
> - 정희를 인사부에도 자재부에도 배치하지 않는다면, 영업부에 배치한다.
> - 영업부와 자재부 중 한 곳에만 신입사원을 배치한다.
>
> 이 원칙에 따라 부서를 배치한 결과 일부 사원의 부서만 결정되었다. 이에 다음의 원칙을 추가하였다.
>
> **〈추가 원칙〉**
>
> - 인사부와 영업부에 같은 외국어 회화를 할 수 있는 사원들을 배치한다.
>
> 그 결과 〈배치 원칙〉을 어기지 않으면서 위 네 명의 배치를 다 결정할 수 있었다.

① 〈배치 원칙〉만으로 배치된 갑순의 부서는 영업부이다.
② 〈배치 원칙〉만으로 배치된 을돌의 부서는 자재부이다.
③ 〈배치 원칙〉과 〈추가 원칙〉에 따라 최종적으로 배치된 병수의 부서는 자재부이다.
④ 〈배치 원칙〉과 〈추가 원칙〉에 따라 최종적으로 배치된 정희의 부서는 인사부이다.

기출 품은 모의고사 | 12회

제한시간: 25분 ■시작시간: : ■종료시간: :

정답과 해설 ▶ P.72~P.76

01

밑줄 친 부분을 〈공공언어 바로 쓰기 원칙〉에 따라 수정한 것으로 적절하지 않은 것은?

〈공공언어 바로 쓰기 원칙〉

㉠ 띄어쓰기에 맞게 정확하게 표현할 것
㉡ 부적절한 한자어들을 순화하여 표현할 것
㉢ 외래어를 순화하여 표현할 것
㉣ 명사를 나열하는 것을 피할 것

① ㉠: '나로호가 성공적으로 발사 될 경우'에서 '발사 될'을 '발사될'로 수정한다.
② ㉡: '도지사 지시 사항 통보'에서 '통보'를 '알림'으로 수정한다.
③ ㉢: '수소 연료 전지 클러스터 조성'에서 '클러스터'를 '연구 기관'으로 수정한다.
④ ㉣: '홍수 방지 대책 마련을 위해'를 '홍수를 방지할 대책을 마련하기 위해'로 수정한다.

02

〈보기〉를 참조하여 단어의 발음을 설명한 내용으로 적절하지 않은 것은?

〈보기〉

국어에서는 앞말에 자음이 오고 뒤에 모음이 올 때 연음이 일어난다. 연음은 앞 음절의 종성에 있던 자음이 모음으로 시작하는 뒤 음절의 초성으로 옮겨 가 발음되는 현상이다. 이때 뒤에 오는 모음이 문법적 의미를 갖는 형식 형태소가 오냐 어휘적 의미를 갖는 실질 형태소가 오냐에 따라 앞의 자음이 연음되는 형태가 달라지게 된다. 뒤에 모음으로 시작하는 형식 형태소가 오면 앞말의 자음이 곧바로 연음이 일어나지만, 뒤에 'ㅏ, ㅓ, ㅗ, ㅜ, ㅟ'들로 시작되는 실질 형태소가 올 때에는 '홑옷[호돋]'처럼 앞말의 자음에 음절의 끝소리 규칙이 먼저 적용된 후 연음이 일어난다. 이때 음절의 끝소리 규칙이란 종성의 자음이 대표음으로 바뀌어 발음되는 형상을 말한다. 학자에 따라 앞말의 자음이 곧바로 연음되는 경우를 '연음'으로 설명하고 앞말의 자음에 음절의 끝소리 규칙이나 종성의 겹자음 중 하나가 탈락하는 현상(자음군 단순화) 등이 먼저 적용된 후 자음이 모음으로 넘어가는 경우를 '절음'으로 표현을 달리하여 설명하기도 한다.

① '밭은소리'는 용언의 활용형인 '밭은'과 명사 '소리'가 결합된 단어이므로 [바든소리]로 발음한다.
② '낱'에 조사 '으로'가 붙으면 [나트로]라고 발음하지만, 어근 '알'이 붙으면 [나달]로 발음한다.
③ '앞어금니'는 어근 '앞'과 '어금니'가 결합된 단어이므로 [아버금니]로 발음한다.
④ '겉웃음'은 '웃-'이 어근이고, '-음'이 접사이므로 [거두슴]으로 발음한다.

03

2017 3월 모의고사 변형

〈보기〉의 ⓐ, ⓑ가 사용된 예를 ㉠~㉤에서 바르게 고른 것은?

〈보기〉

선생님: 여러분이 헷갈려 하는 것들 중 ⓐ 용언의 어간과 결합하는 명사형 어미 '-(으)ㅁ', '-기'와 ⓑ 어근과 결합하여 명사를 만드는 접미사 '-이', '-음', '-기'가 있어요. 이때 '-(으)ㅁ', '-기'의 경우는 어미와 접미사의 형태가 같으므로 특히 구분이 쉽지 않죠. 따라서 둘을 잘 구분할 필요가 있어요. 둘을 구분해 보자면 어미는 용언의 품사를 바꾸지 않으며, 어미가 결합해 활용된 용언은 문장 속에서 서술하는 기능이 유지되고 용언을 수식하는 기능을 하는 부사, 부사어의 수식을 받을 수 있어요. 한편 접미사가 결합하여 만들어진 명사는 명사 등 체언을 수식하는 기능을 하는 관형사, 관형어의 수식을 받을 수 있어요.

- 세상은 홀로 ㉠ 살기가 어렵다.
- 형은 충분히 ㉡ 잠으로써 피로를 풀었다.
- 날씨가 더워 시원한 ㉢ 얼음이 필요하다.
- 우리에게 건전한 ㉣ 놀이 문화가 필요하다.
- 이곳은 풍경이 매우 ㉤ 아름답기로 유명하다.

	ⓐ	ⓑ
①	㉠, ㉡	㉢, ㉣, ㉤
②	㉠, ㉤	㉡, ㉢, ㉣
③	㉢, ㉣	㉠, ㉡, ㉤
④	㉠, ㉡, ㉤	㉢, ㉣

[04~05] 다음 글을 읽고 물음에 답하시오.

병원, 정신병자 수용소, 감옥, 병영, 공장으로 이루어진 푸코의 규율사회는 더 이상 오늘의 사회가 아니다. 규율사회는 이미 오래전에 사라졌고 그 자리에 완전히 다른 사회가 들어선 것이다. 그것은 피트니스 클럽, 오피스 빌딩, 은행, 공항, 쇼핑몰, 유전자 실험실로 이루어진 사회이다. 21세기의 사회는 규율사회에서 성과사회로 변모했다. 이 사회의 주민도 더 이상 "복종적 주체"가 아니라 "성과주체"라고 불린다. 그들은 자기 자신을 경영하는 기업가이다. 정상적인 것과 비정상적인 것을 갈라놓는 규율 기관들의 장벽은 이제 거의 고대의 유물처럼 느껴질 지경이다. 권력에 대한 푸코의 분석은 규율사회가 성과사회로 변모하면서 일어난 심리적·공간구조적 변화를 설명하지 못한다. 자주 사용되는 "통제사회"와 같은 개념 역시 이러한 변화를 이해하는 데 적절한 것이 못 된다. 그런 개념 속에는 지나치게 많은 부정성이 담겨 있기 때문이다.

규율사회는 부정성의 사회이다. 이러한 사회를 규정하는 것은 금지의 부정성이다. '~해서는 안 된다'가 여기서는 지배적인 조동사가 된다. '~해야 한다'에도 어떤 부정성, 강제의 부정성이 깃들어 있다. 성과사회는 점점 더 부정성에서 벗어난다. 점증하는 탈규제의 경향이 부정성을 폐기하고 있다. 무한정한 '할 수 있음'이 성과사회의 긍정적 조동사이다. "예스 위 캔"이라는 복수형 긍정은 이러한 사회의 긍정적 성격을 정확하게 드러내 준다. 이제 금지 명령, 법률의 자리를 프로젝트, 이니셔티브, 모티베이션이 대신한다. 규율사회에서는 여전히 '노'가 지배적이었다. 규율사회의 부정성은 광인과 범죄자를 낳는다. 반면 성과사회는 우울증 환자와 낙오자를 만들어낸다.

규율사회에서 성과사회로의 패러다임 전환은 하나의 층위에서만큼은 연속성을 유지한다. 사회적 무의식 속에는 분명 생산을 최대화하고자 하는 열망이 숨어 있다. 생산성이 일정한 지점에 이르면 규율의 기술이나 금지라는 부정적 도식은 곧 그 한계를 드러낸다. 생산성의 향상을 위해서 규율의 패러다임은 '성과의 패러다임' 내지 '할 수 있음'이라는 긍정의 도식으로 대체된다. 생산성이 일정한 수준에 도달하면 금지의 부정성은 그 이상의 생산성 향상을 가로막는 걸림돌로 작용하기 때문이다. 능력의 긍정성은 당위의 부정성보다 훨씬 더 효율적이다. 따라서 사회적 무의식은 당위에서 능력으로 방향을 전환하게 된다. 성과주체는 복종적 주체보다 더 빠르고 더 생산적이다. 그렇다고 능력이 당위를 지워버리는 것은 아니다. 성과주체는 규율에 단련된 상태를 유지한다. 그는 규율 단계를 졸업한 것이다. 능력은 규율의 기술과 당위의 명령을 통해 도달한 생산성의 수준을 더욱 상승시킨다. 생산성 향상이란 측면에서 당위와 능력 사이에는 단절이 아니라 연속적 관계가 성립한다.

성과주체는 노동을 강요하거나 심지어 착취하는 외적인 지배기구에서 자유롭다. 그는 자기 자신의 주인이자 주권자이다. 그는 자기 외에 그 누구에게도 예속되어 있지 않은 것이다. 그 점에서 성과주체는 복종적 주체와 구별된다. 그러나 지배기구의 소멸은 자유로 이어지지 않는다. 소멸의 결과는 자유와 강제가 일치하는 상태이다. 그리하여 성과주체는 성과의 극대화를 위해 강제하는 자유 또는 자유로운 강제에 몸을 맡긴다. 과다한 노동과 성과는 자기 착취로까지 치닫는다. 자기 착취는 자유롭다는 느낌을 동반하기 때문에 타자의 착취보다 더 효율적이다. 착취자는 동시에 피착취자이다. 가해자와 피해자는 더 이상 분리되지 않는다. 이러한 자기 관계적 상태는 어떤 역설적 자유, 자체 내에 존재하는 강제구조로 인해 폭력으로 돌변하는 자유를 낳는다. 성과사회의 심리적 질병은 바로 이러한 역설적 자유의 병리적 표출인 것이다.

04

2017 법원직 9급

윗글에 대한 설명으로 가장 적절한 것은?

① 통념의 문제점을 지적하고 절충적 대안을 내세우고 있다.
② 한 견해의 관점에서 일관되게 다른 견해를 비판하고 있다.
③ 글쓴이의 관점을 명시한 뒤 그 관점에서 현상을 해석하고 있다.
④ 현실 인식과 그 대응 방식에 나타난 변화를 통시적으로 서술하고 있다.

05

2017 법원직 9급

윗글의 내용과 일치하지 않는 것은?

① 성과주체는 복종적 주체가 지닌 당위의 명령에서 완전히 자유로운 존재이다.
② '할 수 있다'는 능력의 긍정성이 '해야 한다'는 당위의 부정성보다 생산성을 향상시킨다.
③ 과다한 성과를 요구하는 사회에서는 자신의 의지에 의한 노동일지라도 자기 착취로 이어지기까지 한다.
④ 규율사회에서 성과사회로의 패러다임의 전환은 생산을 최대화하고자 하는 사회적 무의식과 연관되어 있다.

06

2012 지방직 9급

다음 글의 연결 순서로 가장 자연스러운 것은?

(가) "인력이 필요해서 노동력을 불렀더니 사람이 왔더라."라는 말이 있다. 인간을 경제적 요소로만 단순하게 생각했으나, 이에 따른 인권문제, 복지문제, 내국인과 이민자와의 갈등 등이 수반된다는 말이다. 프랑스처럼 우선 급하다고 이민자를 선별하지 않고 받으면 인종 갈등과 이민자의 빈곤화 등 많은 사회비용이 발생한다.

(나) 이제 다문화 정책의 패러다임을 전환해야 한다. 한국에 들어온 다문화가족을 적극적으로 지원해야 한다. 다문화가족과 더불어 살면서 다양성과 개방성을 바탕으로 상생의 발전을 도모해야 한다. 그리고 결혼 이민자만 다문화가족으로 볼 것이 아니라 외국인 근로자와 유학생, 북한 이탈 주민까지 큰 틀에서 함께 보는 것도 필요하다.

(다) 다문화 정책의 핵심은 두 가지이다. 첫째, 새로운 사회에 적응하려는 의지가 강해서 언어 배우기, 일자리, 문화 이해에 매우 적극적인 태도를 지닌 좋은 인력을 선별해서 입국하도록 하는 것이다. 둘째, 이민자가 새로운 사회에 잘 정착할 수 있도록 사회통합에 주력해야 하는 것이다. 해외 인구 유입 초기부터 사회 비용을 절약할 수 있는 사람들을 들어오게 하는 것이 중요하기 때문이다.

(라) 이미 들어온 이민자에게는 적극적인 지원을 해야 한다. 언어와 문화, 환경이 모두 낯선 이민자에게는 이민 초기에 세심한 배려가 필요하다. 특히 중요한 것은 다문화가족이 그들이 가지고 있는 강점을 활용하여 취약 계층이 아닌 주류층으로 설 수 있도록 지원해야 한다. 뿐만 아니라 이민자에 대한 지원 시기를 놓치거나 차별과 편견으로 내국인에게 증오감을 갖게 해서는 안 된다.

① (라)－(나)－(다)－(가)
② (다)－(나)－(라)－(가)
③ (라)－(다)－(나)－(가)
④ (다)－(가)－(라)－(나)

07

2014 국가직 7급

다음 글의 내용과 일치하지 않는 것은?

우리는 도구를 사용하고, 다양한 종류의 음식을 먹는 본능과 소화력을 갖췄다. 어떤 동물은 한 가지 음식만 먹는다. 이렇게 음식 하나에 모든 것을 거는 '단일 식품 식생활'은 도박이다. 그 음식의 공급이 끊기면 그 동물도 끝이기 때문이다.

400만 년 전, 우리 인류의 전 주자였던 오스트랄로피테쿠스는 고기를 먹었다. 한때 오스트랄로피테쿠스가 과일만 먹었을 것이라고 믿은 적도 있었다. 따라서 오스트랄로피테쿠스 속과 사람 속을 가르는 선을 고기를 먹는지 여부로 정했었다. 그러나 남아프리카공화국의 한 동굴에서 발견된 200만 년 된 유골 4구의 치아에서는 이와 다른 증거가 발견됐다. 인류학자 맷 스폰하이머와 줄리아 리소프는 이 유골의 치아 사기질의 탄소 동위 원소 구성 중 13C의 비율이 과일만 먹은 치아보다 열대 목초를 먹은 치아와 훨씬 더 가깝다는 것을 발견했다. 식생활 동위 원소는 체내 조직에 기록되기 때문에 이 발견은 오스트랄로피테쿠스가 상당히 많은 양의 풀을 먹었거나 이 풀을 먹은 동물을 먹었다는 추측을 가능케 한다. 그런데 같은 치아에서 풀을 씹어 먹을 때 생기는 마모는 전혀 보이지 않았기 때문에 오스트랄로피테쿠스 식단에서 풀을 먹는 동물이 큰 부분을 차지했다는 결론을 내릴 수 있다.

오래전에 멸종되어 260만 년이라는 긴 시간을 땅속에 묻혀 있던 동물의 뼈 옆에서는 석기들이 함께 발견되기도 한다. 이 뼈와 석기가 들려주는 이야기는 곧 우리의 이야기다. 어떤 뼈에는 이로 씹은 흔적 위에 도구로 자른 흔적이 겹쳐 있다. 그 반대의 흔적이 남은 뼈들도 있다. 도구로 자른 흔적 다음에 날카로운 이빨 자국이 남은 경우다. 이런 것은 무기를 가진 인간이 먼저 먹고 동물이 이빨로 뜯어 먹은 것이다. 우리의 사냥 역사는 정말 먼 옛날까지 거슬러 올라간다. 15만 세대 정도다.

① 한 가지 음식만 먹고 사는 동물은 멸종될 위험이 있다.
② 육식 여부는 현재도 오스트랄로피테쿠스 속과 사람 속을 구분하는 중요한 기준이다.
③ 석기와 함께 발굴된 동물 뼈의 흔적을 통해 인간이 오래전부터 사냥을 했음을 알 수 있다.
④ 발굴된 유골의 치아 상태 조사를 통해 오스트랄로피테쿠스가 초식 동물을 먹었을 것이라 추측할 수 있다.

08

2023 국가직 9급

다음 글의 내용과 부합하지 않는 것은?

몽유록(夢遊錄)은 '꿈에서 놀다 온 기록'이라는 뜻으로, 어떤 인물이 꿈에서 과거의 역사적 인물을 만나 특정 사건에 대한 견해를 듣고 현실로 돌아온다는 특징이 있다. 이때 꿈을 꾼 인물인 몽유자의 역할에 따라 몽유록을 참여자형과 방관자형으로 구분할 수 있다. 참여자형에서는 몽유자가 꿈에서 만난 인물들의 모임에 초대를 받고 토론과 시연에 직접 참여한다. 방관자형에서는 몽유자가 인물들의 모임을 엿볼 뿐 직접 그 모임에 참여하지는 않는다. 16~17세기에 창작되었던 몽유록에는 참여자형이 많다. 참여자형에서는 몽유자와 꿈속 인물들이 동질적인 이념을 공유하고 현실의 고통스러운 문제에 대해 의견을 나누며 비판적 목소리를 낸다. 그러나 주로 17세기 이후에 창작된 방관자형에서는 몽유자가 꿈속 인물들과 함께 현실을 비판하는 것이 아니라 구경꾼의 위치에 서 있다. 이 시기의 몽유록이 통속적이고 허구적인 성격으로 변모하는 것은 몽유자의 역할 변화와 무관하지 않다.

① 몽유자가 꿈속 인물들의 모임에 직접 참여하는지, 참여하지 않는지에 따라 몽유록의 유형을 나눌 수 있다.
② 17세기보다 나중 시기의 몽유록에서는 몽유자가 현실을 비판하는 경향이 강하게 나타난다.
③ 몽유자가 모임의 구경꾼 역할을 하는 몽유록은 통속적이고 허구적인 성격이 강하다.
④ 몽유자가 꿈속 인물들과 함께 현실을 비판하는 몽유록은 참여자형에 해당한다.

09

2008 지방직 9급

다음 글을 읽고 난 후의 반응으로 적절한 것은?

> 텔레비전은 어른이나 아이 모두 함께 보는 매체이다. 더구나 텔레비전을 보고 이해하는 데는 인쇄 문화처럼 어려운 문제 해득력이나 추상력이 필요 없다. 그래서 아이들은 어른에게서보다 텔레비전이나 컴퓨터에서 더 많은 것을 배운다. 이 때문에 오늘날의 어린이나 젊은이들에게서 어른에 대한 외포나 존경을 찾는 것은 쉽지 않은 일이다. 전통적인 역할과 행동을 기대하는 어른들이 어린이나 젊은이의 불손, 거만, 경망, 무분별한 '반사회적' 행동에 대해 불평하게 되는 것도 이런 이유 때문일 것이다.

① 전자미디어가 정보 사회를 선도해 나가는군.
② 전자미디어가 인간을 쓸데없는 노동에서 해방시켜 주는군.
③ 전자미디어는 사회 체제에 크고 작은 변화를 유발하는군.
④ 전자미디어는 인간이 자신의 필요성을 충족시키기 위해서 발명하였군.

10

2008 지방직 9급

다음 글의 필자가 말하고자 하는 취지에 가장 알맞은 것은?

> 우리네 학교 교육은, 그러니까 시작하던 그때부터 우리말과 우리 삶을 떠나 있었습니다. 학교에 가서 교육을 받는다는 것은 언제나 우리말과 우리 삶을 버리고 떠나는 것이었으므로, 교육을 많이 받으면 받을수록 우리말과 우리 얼로부터 멀어지고 육신마저 집과 고향을 멀리 떠나게 마련이었습니다. 제 것을 버리고 무시하고 떠나게 만드는 것이야말로 우리 교육이 오래도록 걸어온 길이었기에, 학교 교육을 받은 시간의 길이와 내 것을 버리고 떠나간 마음과 공간의 거리가 늘 비례했습니다. 높은 학교까지 가서 많이 배운 사람은 반드시 고향을 버리고 멀리 떠나가 살아야 마땅한 것으로 여기다 보니 어쩌다가 그런 사람이 고향으로 돌아와 살고자 하면 모두들 업신여겼습니다. 쓸모없이 버려진 사람으로 보고 그의 공부가 헛되었다고 안타까워했습니다. 참으로 서글픈 교육의 역사입니다.

① 올바른 교육은 언제나 우리 삶과 일정한 거리를 유지해야 한다.
② 올바른 교육은 제 것보다 남의 것을 받아들이는 것을 중시해야 한다.
③ 올바른 교육을 받은 사람은 누구나 고향에 돌아와 봉사해야 한다.
④ 올바른 교육은 모름지기 자기 것에 바탕을 두어야 한다.

11

2010 국가직 7급

다음 글의 중심 생각으로 가장 적절한 것은?

바야흐로 "21세기는 문화의 세기가 될 것이다."라는 전망과 주장은 단순한 바람의 차원을 넘어서 보편적 현상으로 인식되고 있다. 이러한 현상은 세계 질서가 유형의 자원이 힘이 되었던 산업 사회에서 눈에 보이지 않는 무형의 지식과 정보가 경쟁력의 원천이 되는 지식 정보사회로 재편되는 것과 맥을 같이 한다.

지금까지의 산업 사회에서 문화와 경제는 각각 독자적 영역을 유지해 왔다. 그러나 지식 정보사회에서는 경제 성장에 따라 소득 수준이 향상되고 교육 기회가 확대되면서 물질적 풍요를 뛰어넘는 삶의 질을 고민하게 되었고, 모든 재화와 서비스를 선택할 때 기능성을 능가하는 문화적·미적 가치를 고려하게 되었다. 뿐만 아니라 정보 통신이 급격하게 발달함에 따라 세계 각국의 다양한 문화를 보다 빠르게 수용하면서 문화적 욕구와 소비를 가속화시켰고, 그 상황 속에서 문화와 경제는 서로 도움이 되는 보완적 기능을 하게 되었다.

이제 문화는 배부른 자나 유한계급의 전유물이 아니라 생활 그 자체가 되었다. 고급문화와 대중문화의 경계가 무너지고 장르 간 구분이 모호해지면서 서로 다른 문화가 뒤섞여 새로운 문화가 생겨나고 있다. 이렇게 해서 나타나는 퓨전 문화가 대중적 관심을 끌고 있는 가운데, 이율배반적인 것처럼 보였던 문화와 경제의 공생 시대가 열린 것이다. 특히 경제적 측면에서 문화는 고전 경제학에서 말하는 생산의 3대 요소인 토지·노동·자본을 대체하는 생산 요소가 되었을 뿐만 아니라 경제적 자본 이상의 주요한 자본이 되고 있다.

① 21세기는 지식과 정보가 경쟁력의 원천이 되는 지식 정보 사회로 재편되었다.
② 고급문화와 대중문화의 경계가 무너지고 퓨전 문화가 새로이 등장하게 되었다.
③ 문화와 경제는 서로 간에 도움이 되는 상생의 기능을 하게 되었다.
④ 정보 통신의 급격한 발달은 문화적 욕구와 소비를 가속화시켰다.

12

2009 지방직 7급

다음 글의 내용과 관련이 가장 적은 것은?

해방 직후 문단에는 식민지 시대 문학의 청산과 새로운 민족 문학의 건설이라는 두 가지 과제가 제기되고 있었다. 문단의 정비를 이루면서 대부분의 문학인들이 식민지 시대의 문화적 체험에 대한 반성과 함께 민족 문학으로서의 한국 문학의 새로운 진로를 모색하는 데에 관심을 집중하게 된 것이다. 문학인들은 누구보다도 먼저 식민지 시대 문학의 청산을 강조하면서 일본의 강압적인 통치 아래 이루어진 민족정신의 위축을 벗어나 민족 문학의 방향을 바로잡고자 노력한다. 일본 제국주의 문화의 모든 잔재를 청산하기 위해서는 철저한 자기반성과 비판에 근거하여 민족 주체를 확립하지 않으면 안 된다는 주장도 등장한다. 이 같은 움직임은 일본의 식민지 정책에 의해 강요된 민족 문화의 왜곡을 바로잡지 않고는 새로운 민족 문화의 건설을 생각할 수 없다는 인식이 당시 문단에 널리 일반화되고 있음을 말해 주는 것이다.

① 해방 직후 문단의 과제는 식민지 문학의 청산과 새로운 민족 문학의 건설이었다.
② 식민지 문학의 청산은 식민지 시대의 문화적 체험에 대한 자기 반성에서 비롯되었다.
③ 새로운 민족 문학 건설은 민중 문학으로서의 특성에 대한 진로 모색에 관심을 집중했다.
④ 민족 문화의 왜곡은 바로잡아야 한다는 것이 당시 문단의 일반적 인식이었다.

13

2010 국가직 7급

다음 글의 내용과 일치하지 않는 것은?

화성 신도시는 1794년(정조 18년) 1월부터 1796년(정조 20년) 10월까지 국력을 기울여 진행된 호대한 건설사업의 결과로 탄생하였다. 전성기를 맞이한 조선의 경제적 능력과 문화적 역량이 남김없이 투입된 이 신도시는 조선 사회와 문화의 발전 성과가 반영된 첨단의 계획도시로서, 정조로서는 즉위 이래 품어온 오랜 숙원과 꿈의 실현을 위한 기반을 마련한 것이었다.

화성은 정조의 장기적 정국 구상에 따라 건설되었다. 죄인이 되어 횡사한 사도세자의 아들이었기에 정조의 왕권은 명분적 약점을 안고 있었으며, 정조는 국왕으로서의 정통성이 도전 받는 불안정한 정국 속에서 갖은 정치적 파란을 겪어야만 하였다. 그러나 즉위 12년 만에 노론·소론·남인의 3당 연립정권을 출범시켜 정국 안정을 이루어 내고, 이제는 정국 주도의 자신감 위에 오랫동안 꿈꾸던 사도세자의 추숭(追崇) 사업을 본격화하게 된다.

① 화성 신도시 건설에는 조선의 경제력과 문화적 역량이 고스란히 투입되었다.
② 화성 신도시는 정조의 강력한 의지에 따라 건설되었다.
③ 화성 신도시는 조선의 문화 발전 성과가 반영된 첨단의 계획도시로 건설되었다.
④ 화성 신도시 건설은 사도세자의 유지를 받들어 이루어졌다.

14

2011 국가직 9급

다음 글의 필자 생각에 부합하지 않는 것은?

조금 예민한 문제이지만 외몽고와 내몽고라는 용어도 문제가 있다. 외몽고는 중국을 중심으로 바깥쪽이라는 뜻이고, 내몽고는 중국의 안쪽에 있다는 말이다. 이러한 영토 내지는 귀속 의식을 벗어나서 객관적으로 표현한다면 북몽골, 남몽골로 구분하는 것이 더 낫다. 그러나 이렇게 하면 중국과의 불화는 불을 보듯이 뻔하다. 중국의 신강도 '새 영토'라는 뜻이므로 지나치게 중화주의적이다. 그곳에 살고 있는 사람들의 고유 전통을 완전히 무시한 것이기도 하다. 미국과 캐나다, 그리고 호주의 원주민 보호 구역 역시 '보호'라는 의미를 충족하지 못한다. 수용 지역이라고 하는 것이 더욱 객관적이다. 그러나 그렇게 한다면 외교적인 부담을 피할 길이 없다. 이처럼 예민한 지명 문제는 학계의 목소리로 남겨 두는 것이 좋다.

① 정부는 외몽고를 북몽골로 불러야 한다.
② 지명 문제로 외교 마찰을 빚는 것은 바람직하지 않다.
③ 외몽고, 내몽고, 신강 등과 같은 표현은 객관적인 표현이라 할 수 없다.
④ 외교적 마찰이 예상되는 지명 문제에 대해서는 학계에서 논의하는 것이 좋다.

15

2012 지방직 9급

다음 글의 주된 논지는?

> 당신이 미국 중앙정보국의 직원인데, 어느 날 테러 용의자를 체포했다고 가정하자. 이 사람은 뉴욕 맨해튼 중심가에 대규모 시한폭탄을 설치한 혐의를 받고 있다. 시한폭탄이 터질 시각은 다가오는데 용의자는 입을 열지 않고 있다. 당신은 고문을 해서라도 폭탄이 설치된 곳을 알아내겠는가, 아니면 고문은 원칙적으로 옳지 않으므로 고문을 하지 않겠는가? 공리주의자들은 고문을 해서라도 폭탄이 설치된 곳을 알아내어, 무고한 다수 시민의 생명을 구해야 한다고 주장할 것이다. 공리주의는 최대 다수의 최대 행복을 추구하기 때문이다. 이 경우에는 이 주장이 일리가 있을 수 있다. 그러나 공리주의가 모든 경우에 항상 올바른 해답을 줄 수 있는 것은 아니다. 구명보트를 타고 바다를 표류하던 4명의 선원이 그들 중 한 사람을 죽여서 그 사람의 고기를 먹으면 나머지 세 사람이 살 수 있다. 실제로 이런 일이 일어났고, 살아남은 세 사람은 재판을 받았다. 당신은 이 경우에도 다수의 생명을 구하기 위해 한 사람의 목숨을 희생한 행위가 정당했다고 주장하겠는가? 뉴욕의 시한폭탄 문제도 그리 간단치만은 않다. 폭탄이 설치된 곳이 한적한 곳이라 희생자가 몇 명 안 될 것으로 예상되는 경우에도 당신은 고문에 찬성하겠는가? 체포된 사람이 테러리스트 자신이 아니라 그의 어린 딸이라도, 그 딸이 폭탄의 위치를 알고 있다면 당신은 고문에 찬성하겠는가?

① 다수의 행복을 위해서 소수의 희생이 필요할 때가 있다.
② 인간의 생명은 어떤 경우에도 존중되어야 한다.
③ 고문이 정당화되는 경우도 있을 수 있다.
④ 공리주의가 절대선일 수 없는 것은 소수의 이익이라 하더라도 무시할 수 없는 것도 있기 때문이다.

16

2013 국가직 7급

다음 설명을 통해 알 수 있는 것은?

> 동의보감에서는 인간을 생식(生殖)을 할 수 있는 자와 그렇지 못한 자로 대별하였다. 남자 16세 이상, 여자 14세 이상의 성인과 그렇지 못한 소아의 구분이 그것으로, 남자는 16세 이상이 되어야 정(精)을 생산할 수 있고 여자의 경우 14세 이상이어야 월경을 통해 임신할 수 있는 능력이 형성되기 때문이다. 생식을 통해 후세를 이어 갈 수 있는 인간만이 참된 인간으로 정의된 것이다.
>
> 여기서 남정(男精)과 모혈(母血)의 개념이 중요하게 대두된다. 이러한 남녀의 구분법은 단순히 생리적인 성 차이를 드러낼 뿐만 아니라 생식을 중시한 표현이었다. 남정의 개념이 생식 가능한 남자를 중심에 놓고 있는 것처럼, 모혈 역시 생식 가능한 여성만을 고려한 표현이다. 이에 따라 남성에게는 정(精)이, 여성에게는 혈(血)과 자궁(子宮)이 중요한 기능으로 파악되었다.

① 혼인이라는 사회적 의례가 매우 중요하다.
② 성인이라 하여도 자녀를 생산할 수 없다면 진정한 인간이 될 수 없다.
③ 인간의 사회적 중요도는 성인 남자 → 성인 여자 → 어린이의 순서이다.
④ 동의보감에서는 질병의 원인에 따라 병을 분류한다.

17

2014 국가직 9급

다음 발표에서 사용한 전략이 아닌 것은?

여러분은 지금부터 제 질문에 "받아들일 만하다!"와 "불공정하다!"의 두 가지 대답 중 하나만을 선택할 수 있습니다.

첫 번째 질문은 다음에 관한 내용입니다. 어떤 자동차가 매우 잘 팔려서 물량이 부족한 상황입니다. 이에 한 자동차 대리점은 지금까지와는 달리 상품 안내서에 표시된 가격에 20만 원을 덧붙여서 팔기로 했습니다. 자동차 대리점의 결정은 받아들일 만한 것일까요, 아니면 불공정한 것일까요?

두 번째 질문은 다음과 같습니다. 어떤 자동차가 매우 잘 팔려서 물량이 부족한 상황입니다. 20만 원 할인된 가격으로 차를 팔아 왔던 한 자동차 대리점이 할인을 중단하고 원래 가격대로 팔기로 했습니다. 이러한 결정은 받아들일 만한 것일까요, 아니면 불공정한 것일까요? 실제로 캐나다에서 130명을 상대로 이러한 질문을 했습니다. 그 결과에 따르면, 첫 번째 질문에 불공정하다고 답한 응답자는 71%인 반면, 두 번째 질문에 불공정하다고 답한 응답자는 42%에 불과합니다. 두 경우 모두 가격을 20만 원 올렸는데, 이러한 차이가 발생한 이유는 무엇일까요? 이에 대해 노벨 경제학상을 받은 대니얼 카너먼은 가격을 올리는 방식에 대해 정반대의 생각을 하기 때문이라고 했습니다. 기존의 가격에서 인상하는 것은 손해로, 할인을 없애는 것은 이득을 볼 기회를 잃어버리는 것으로 여긴다는 것입니다.

① 전문가의 견해를 인용하고 있다.
② 물음을 통해 청중의 주의를 환기하고 있다.
③ 구체적인 사례와 조사 결과를 제시하고 있다.
④ 매체의 특성을 고려해 발표 내용을 조절하고 있다.

18

2023 국가직 5급

다음 글의 내용이 참일 때 반드시 참이라고는 할 수 없는 것은?

사무관 갑, 을, 병, 정, 무는 각 부처에 배치될 예정이다. 하나의 부처에 여러 명의 사무관이 배치될 수는 있지만, 한 명의 사무관이 여러 부처에 배치되는 일은 없다. 이들은 다음과 같이 예측하였다.

갑: 내가 환경부에 배치되면, 을 또한 환경부에 배치된다.
을: 내가 환경부에 배치되면, 병은 통일부에 배치된다.
병: 갑이 환경부에 배치되지 않으면, 무와 내가 통일부에 배치된다.
정: 병이 통일부에 배치되지 않고 갑은 환경부에 배치된다.
무: 갑이 통일부에 배치되고 정은 교육부에 배치된다.

발표 결과 이들 중 네 명의 예측은 옳고 나머지 한 명의 예측은 그른 것으로 드러났다.

① 갑은 통일부에 배치된다.
② 을은 환경부에 배치된다.
③ 병은 통일부에 배치된다.
④ 정은 교육부에 배치된다.

19

2024 국가직 5급

다음 글의 내용이 참일 때 반드시 참인 것은?

A회사에서는 사내 부서 대항 바둑 대회를 열었다. 4강전에 대표를 진출시킨 부서는 인사부, 연구부, 자재부, 영업부이다. 부서 대표로 4강전에 진출한 이는 갑, 을, 병, 정의 네 사람이다. 진행 방식은 다음과 같다. 4강전 두 경기의 승자는 결승에서 맞붙어 우승자를 결정하고, 4강전의 패자는 3~4위전에서 맞붙어 3위를 결정한다. 모든 경기는 단판제로 진행되며 무승부는 없다. 4강전 이후 경기 결과는 다음과 같다.

- 갑의 전적은 1승 1패이다.
- 정은 을을 이겼다.
- 병은 갑을 이긴 적이 없고 을을 이긴 적도 없다.
- 연구부가 우승했다.
- 영업부는 2패를 기록했다.
- 인사부와 연구부는 대결하지 않았다.

① 갑은 2위이고 을은 3위이다.
② 을과 정은 결승전에서 대결했다.
③ 병은 영업부이고 정은 자재부이다.
④ 3~4위전에서 자재부와 영업부가 대결했다.

20

2024 국가직 5급

다음 글의 ㉠과 ㉡에 대한 평가로 적절한 것만을 〈보기〉에서 모두 고르면?

문장이란 단어들로 이루어진 연쇄이다. 문법적인 연쇄의 조건을 완전하게 제시하기란 쉽지 않지만 적어도 다음 두 가지를 유의해야 한다. 첫째, ㉠ <u>'문법적인'이라는 개념은 '의미가 있는'이라는 개념과 동일시될 수 없다</u>. 아래의 (1)과 (2)는 둘 다 무의미하지만, (1)은 (2)와 달리 문법적이다.

(1) 색깔 없는 녹색 관념들이 모질게 잔다.
(2) 모질게 없는 잔다 관념들이 색깔 녹색.

아마도 한국어 화자라면 (1)을 자연스럽게 읽겠지만 (2)는 아무 관계 없이 나열된 단어들을 읽을 때처럼 읽을 것이며, (2)보다는 (1)을 훨씬 더 쉽게 기억할 것이다.

둘째, ㉡ <u>특정 언어에서 '문법적인'이라는 개념은 '그 언어에서의 사용 빈도에 대한 통계적 순위에서 상위에 있는'이라는 개념과 동일시될 수 없다</u>. 한국어 화자가 현실의 담화 상황에서 듣거나 보았을 가능성이 거의 없다는 점에서 (1)과 (2)는 통계적인 측면에서 차이가 없다. 그러나 (1)과 (2)는 문법적인가에서 차이가 난다. 다른 예를 보자. 실제 한국어 사용에서 "나는 산더미 같이 큰 … 보았다."의 줄임표 자리에 '빈대를'이나 '그러나'가 출현할 빈도는 사실상 0이다. 그렇지만 줄임표 자리에 전자를 넣으면 문법적 연쇄가, 후자를 넣으면 비문법적 연쇄가 만들어진다. 빈도에 의존하는 것은 문법적 연쇄와 비문법적 연쇄 사이의 차이를 선명하게 제시하고는 싶으나 언어의 현실이 너무 복잡해서 완벽하게 제시할 수 없는 벽에 부딪힌 언어학자가 채택한 편의적인 방법일 뿐이다. 실제 언어에서 어떤 연쇄의 사용 빈도가 높은가 낮은가는 그 연쇄가 문법적인가 그렇지 않은가와 별개인 것으로 나타난다.

〈보기〉

ㄱ. 문장의 사용 빈도와 그 문장을 기억하기 쉬운가는 서로 상관관계가 없는 것으로 밝혀진다면, ㉠은 약화된다.
ㄴ. 사용 빈도에 대한 통계적 순위에서 하위에 있는 어떤 문장이 무의미함에도 불구하고 문법적이라면, ㉡은 강화된다.
ㄷ. 특정 언어에서 기존에 문법적이지만 무의미하다고 여겨지던 문장이 일정 시간이 흐른 후 의미도 있으면서 문법적인 문장으로 그 언어의 화자들에게 받아들여지는 현상이 다수 발견된다면, ㉠과 ㉡은 둘 다 약화된다.

① ㄱ ② ㄴ
③ ㄱ, ㄷ ④ ㄴ, ㄷ

기출 품은 모의고사 | 13회

제한시간: 25분 ■ 시작시간: : ■ 종료시간: :

정답과 해설 ▶ P.77 ~ P.80

01

밑줄 친 부분을 〈공공언어 바로 쓰기 원칙〉에 따라 수정한 것으로 적절하지 않은 것은?

〈공공언어 바로 쓰기 원칙〉

㉠ 부적절한 외래어들을 순화하여 표현할 것
㉡ 단어의 호응을 고려하여 정확하게 표현할 것
㉢ 띄어쓰기에 맞게 정확하게 표현할 것
㉣ 부적절한 한자어들을 순화하여 표현할 것

① ㉠: '행정 정책의 패러다임이 바뀔 수 있다.'에서 '패러다임'을 '체계' 또는 '방식'으로 수정한다.
② ㉡: '이번 정책은 여러 면에서 불편함이 많았다.'에서 '불편함이 많았다.'를 '불편함이 컸다.'로 수정한다.
③ ㉢: '문어발 식 확장을 멈추어야 한다.'에서 '문어발 식'을 '문어발식'으로 수정한다.
④ ㉣: '주변에 있는 쓰레기통을 고정해 두고'에서 '고정해 두고'를 '결박하고'로 수정한다.

02

2022 6월 모의고사 변형

다음 글을 읽고 밑줄 친 부분의 예로 바른 것은?

용언은 활용하면서 여러 형태를 보인다. 규칙 활용과 같이 일정한 형태의 활용 형태를 보이기도 하고 불규칙 활용과 같이 변칙을 보이며 활용을 하기도 한다. 한편 용언이 활용할 때 음운 변동이 나타나는 경우에는 그 결과가 활용형의 표기에 반영되기도 한다. 예를 들어 '자다'의 활용 정보는 '자[자], 자니[자니]'처럼 제시되는데 이때의 활용형 '자'는 '자다'의 어간 '자-'가 어미 '-아'와 결합할 때 동일 모음의 탈락이 일어나 '자'로 실현된 결과가 활용형의 표기에 반영된 것이다. 이와는 달리 '좋다'는 좋아[조:아], 좋으니[조:으니]가 활용 정보에 제시되는데 이는 음운 변동의 결과가 활용형의 표기에 반영되지 않은 것이다. 즉 활용 정보에 나타나는 활용형 '자'와 '좋아'의 표기는 한글 맞춤법의 원리에 따른 것임을 확인할 수 있다. 따라서 한글 맞춤법에서 제시하는 원리에 맞게 활용 형태의 표기를 잘 선택하여야만 어문 규정에 맞는 언어생활을 할 수 있는 것이다.

① 물고기를 많이 잡으면 요리를 하자.
② 벽돌을 쌓아서 집을 만들었다.
③ 다리를 펴도 공간이 남는다.
④ 밥을 많이 먹어도 배가 고프더라.

03

2020 10월 모의고사 변형

다음 글을 읽고 알 수 없는 것은?

> 사동 표현은 주어가 남에게 동작을 하도록 시키는 뜻을 나타내는 것으로, 파생적 사동과 통사적 사동으로 구분될 수 있다. 우선 파생적 사동은 사동 접사 '-이-, -히-, -리-, -기-, -우-, -구-, -추-' 등이 붙어 만들어지는데, '높이다', '좁히다', '울리다', '옮기다', '비우다' 등이 그 예이다. 다만 일부 용언은 사동 접사의 결합에 제약이 있기도 하다. 예컨대 '(회사에) 다니다', '(손을) 만지다'와 같이 어간이 'ㅣ'로 끝나는 동사, '(형과) 만나다', '(원수와) 맞서다'와 같이 특정한 상대 등을 필수적으로 요구하는 동사, '(돈을) 주다'와 같이 주거나 받는 뜻을 가진 동사 등은 대개 사동 접사가 결합되지 못한다. 한편 사동 표현은 '먹게 하다', '잡게 하다'와 같이 '-게 하다'에 의해 만들어지기도 하는데 이를 통사적 사동이라 한다.

① '철수가 동생에게 밥을 먹이다'에서 '먹이다'는 사동 접사가 결합한 경우이다.
② '민수가 공을 던지다'에서 '던지다'는 사동 접사가 결합하기 어려운 경우이다.
③ '병사들이 적과 싸우다'에서 '싸우다'는 사동 접사가 결합한 경우이다.
④ '엄마가 동생에게 옷을 입게 하다'는 통사적 사동이 쓰인 경우이다.

04

2020 지방직(=서울시) 7급

㉠~㉣의 전개 순서로 가장 자연스러운 것은?

> 1900년대 이후로 다른 문자를 지양하고 한글로만 문자 생활을 영위하고자 하는 경향이 나타났다.
> ㉠ 이에 따라 각급 학교 교재에 한자는 괄호 안에 넣는 조치를 취했다.
> ㉡ 그 과정에서 그들이 가장 고심했던 일은 우리말 어휘의 반 이상을 차지하는 한자어를 어떻게 처리하느냐 하는 것이었다.
> ㉢ 한글학회의 『큰사전』에서는 모든 단어의 표제어는 한글로 적었고 괄호 속에 한자, 로마자 등 다른 문자를 병기하였다.
> ㉣ 이로 인해 1930년대 이후에 우리 어문 연구가들은 맞춤법과 외래어 표기법을 제정하고 표준어를 사정하였으며 이를 바탕으로 사전 편찬 사업을 추진했다.

① ㉡-㉠-㉢-㉣
② ㉡-㉢-㉠-㉣
③ ㉣-㉡-㉢-㉠
④ ㉣-㉢-㉠-㉡

05

2019 국가직 7급

다음 글에서 추론한 내용으로 가장 적절한 것은?

> 애리조나주 북부의 나바호 인디언과 유럽계 미국인은 오랜 세월에 걸쳐 서로의 시간 개념을 적응시키고자 노력해 왔다. 나바호인에게 시간은 공간과 같다. 즉 지금 여기만이 실재하며 미래라는 것은 현실감을 거의 주지 못한다. 나바호 마을에서 성장한 나의 옛 친구는 그 점을 다음과 같이 표현했다.
>
> "자네도 알다시피 나바호인은 말[馬]을 사랑하고 경마로 내기하기를 즐기지. 그런데 만약 나바호인에게 '자네 지난 독립기념일에 플래그스태프에서 경주를 온통 휩쓸었던 내 말을 기억하지?' 하고 물었을 때, '그럼, 기억하고말고.' 하면서 그 말을 아주 잘 알고 있다는 듯이 끄덕인다 해도 그에게 다시, '그 말을 다음 가을에 자네에게 주겠네.' 하고 말하면 그는 낙담한 표정으로 돌아서서 가버릴 것이네. 그러나 만약 '내가 방금 타고 온 저 비루먹은 말 알지? 영양실조에다 안짱다리인 저 늙은 말을 해진 안장과 함께 자네에게 줄게. 저놈을 타고 가게나.' 하고 말하면, 그 나바호인은 희색이 만면하여 악수를 청한 다음 자신의 새 말에 올라타서 사라질 것이네. 나바호인은 눈앞에 보이는 선물만을 실감할 뿐, 장래의 이익에 대한 약속은 고려할 가치조차 느끼지 못하는 것이지."

① 나바호인은 기억력이 좋아서 기념일에 선물을 잘 챙긴다.
② 나바호인은 지금 여기만이 실재한다는 인식으로 약속을 잘 지키지 않는다.
③ 나바호인은 앞으로 투자 가치가 있는 마을 구획정리 사업에는 긍정적이지 않다.
④ 나바호인은 기마민족으로 말에 대한 애착이 강하고 말을 최상의 선물로 간주한다.

06

2019 지방직 7급

다음을 고려한 보고서 작성 방안으로 적절하지 않은 것은?

> • 주제: 주거지의 관광 명소화에 따른 문제점과 개선 방안
> • 목적: 북촌 한옥 마을, 이화 마을 등의 주거 지역에 관광객이 몰리면서 기존 거주민의 쾌적한 주거 환경이 위협받는 문제에 대한 개선 방안을 마련하고자 한다.

① 외국의 유사한 정책 사례를 조사하고 시사점을 도출한다.
② 대상 지역에 주소지를 둔 관광 업체의 경영 실태 및 매출 실적을 분석한다.
③ 전문가 자문 회의와 주민 토론회를 열어 개선 방안에 대한 다양한 의견을 수렴한다.
④ 대상 지역 주민들과의 면담을 통해 피해 사례를 조사하고 일정한 기준에 따라 유형화한다.

07

2019 서울시 7급

〈보기〉의 ㉠~㉣에 들어갈 말로 가장 옳은 것은?

〈보기〉

> 예배당에 가서 찬미하고 기도하다가 기도하는 중간에 갑자기 나는 '혹시 아저씨도 예배당에 오지 않았나?' 하는 생각이 나서 눈을 뜨고 고개를 들어 남자석을 바라보았습니다. [㉠] 하, 바로 거기에 아저씨가 와 앉아 있겠지요. [㉡] 아저씨는 어른이면서도 눈 감고 기도하지 않고 우리 아이들처럼 눈을 번히 뜨고 여기저기 두리번두리번 바라봅니다. 나는 얼른 아저씨를 알아보았는데 아저씨는 나를 못 알아보았는지 내가 빙그레 웃어 보여도 웃지도 않고 멀거니 보고만 있겠지요. [㉢] 나는 손을 흔들었지요. [㉣] 아저씨는 얼른 고개를 숙이고 말더군요.

	㉠	㉡	㉢	㉣
①	그런데	그랬더니	그래	그러니까
②	그런데	그래	그랬더니	그러니까
③	그랬더니	그런데	그래	그러니까
④	그랬더니	그런데	그러니까	그래

08

2019 국가직 7급

다음 글의 내용과 일치하는 것은?

> 엄마가 아이에게 하는 "지금 뭐 하니?"라는 말의 의미는 상황에 따라 달라질 수 있다. 아이가 컴퓨터로 학교 숙제를 하고 있다면 엄마의 말은 단순한 질문이 될 수 있지만, 게임에 열중하고 있다면 질책이 될 수 있다. 여러 가지 상황을 가정하면 엄마의 말은 더 다양한 의미로 이해될 수도 있다. 예를 들어 엄마도 컴퓨터를 좀 쓰자는 제안의 기능을 수행할 수도 있고, 심부름을 해 달라는 요청의 기능을 수행할 수도 있고, 식사 시간이 되었으니 밥을 먹으러 나오라는 명령의 기능을 수행할 수도 있다. 이처럼 같은 말도 상황에 따라 의미가 다르게 해석되기 때문에 우리가 주고받는 말은 일정한 상황을 전제하지 않고서는 제대로 이해되지 않는다. 상황에 따른 의미의 해석이 제대로 이루어지지 않으면 여러 가지 오해와 갈등이 생기기 십상이다.

① 같은 의미라도 어감의 차이는 생길 수 있다.
② 같은 말이라도 억양에 따라 의미가 다를 수 있다.
③ 같은 발화라도 상황에 따라 기능이 다를 수 있다.
④ 발화 의미를 해석할 때에는 문자 텍스트 그 자체를 우선시 해야 한다.

09

2020 지방직(= 서울시) 7급

다음 글에 대한 이해로 적절한 것은?

> 생산량이나 소득처럼 겉보기에 가장 간단할 것 같은 경제학적 개념도 이끌어 내는 데 각종 어려움이 따른다. 거기에 수많은 가치 판단이 들어가기 때문이다. 생산량 통계에 가사노동을 포함하지 않는 것이 한 예이다. 숫자 자체에 이의를 제기하지 않더라도 생산량이나 소득 통계가 생활수준을 정확히 나타낸다고 말하기는 어렵다. 특히, 가난한 나라보다 식량, 주거, 의료 서비스 등 기본적 필요를 충족한 상태인 부유한 나라들은 더욱 그렇다.
>
> 또 구매력, 노동 시간, 생활수준을 결정하는 비금전적인 요인, 비합리적인 소비 행위, 위치재 등이 초래하는 차이도 고려해야 한다. 행복측정 연구는 이런 문제들을 피하려고 노력하지만, 그 연구에는 더 심각한 문제들이 있다. 행복은 그 자체로 측정이 어렵다는 점과 다양한 선호의 문제가 개입된다는 점 때문이다. 행복은 가치의 영역으로서 그에 대해 부여하는 우리의 관념과 욕망, 선호의 지점이 각기 다를 뿐만 아니라 비금전적인 요인 등 복잡한 차이가 존재하므로 행복측정 연구와 같은 영역은 그 대상을 측정하는 것이 그만큼 어려워진다.
>
> 물론 이렇게 문제가 있다고 해서 경제학에서 숫자를 사용하면 안 된다는 말이 아니다. 생산량, 성장률, 실업률, 불평등 수준 등에 관한 주요 숫자를 모르고서는 우리는 실제 세상의 경제를 제대로 이해할 수 없다. 그렇지만 이 숫자들이 무엇을 말해 주고, 무엇을 말해 주지 않는지를 항상 명심해야 한다.

① 행복측정 연구에서 측정의 어려움은 선호의 문제로 보완될 수 있다.
② 사람들의 생활수준을 측정하는 것은 가난한 나라보다 부유한 나라에서 더 어렵다.
③ 가치 판단은 측정이 불가능하기 때문에 경제학적 개념을 추출하는 데 어려움을 초래한다.
④ 경제학에서 사용하는 숫자는 객관성이 부족하기 때문에 실제 경제를 이해하는 데 도움이 되지 않는다.

10

2019 지방직 7급

다음 글에서 결론적으로 주장하는 바로 가장 적절한 것은?

> 사회 관계망 서비스(SNS)는 개인의 알 권리를 충족하거나 사회적 정의 실현을 위해 생각과 정보를 공유할 수 있도록 돕는다는 면에서 긍정적인 가치를 인정받는다. 그러나 도덕적 응징이라는 미명하에 개인의 신상 정보를 무차별적으로 공개하는 범법 행위가 확산되면서 심각한 사회 문제가 일고 있는 것이 사실이다. 법적 처벌이 어렵다면 도덕적으로 응징해서라도 죄를 물어야 한다는 누리꾼들의 요구가, '모욕죄'나 '사이버 명예 훼손죄' 등으로 처벌될 수 있는 범죄 행위 수준의 과도한 행동으로 이어지는 경우를 우려해야 하는 상황인 것이다.
>
> 특히 사회적 비난이 집중된 사건의 경우, 공익을 위한다는 생각으로 사건의 사실 여부를 제대로 확인하지도 않은 채 개인 신상 정보부터 무분별하게 유출하는 행위가 끊이지 않고 있어 문제의 심각성이 커지고 있다. 그로 인해 개인의 사생활 침해와 인격 훼손은 물론, 개인 정보가 범죄에 악용되는 부작용이 발생하고 있다. 따라서 사회 관계망 서비스를 이용하여 정보를 공유할 때에는, 개인의 사생활을 침해하거나 인격을 훼손하는 정보를 유출하는 것은 아닌지 각별한 주의를 기울일 필요가 있다.

① 정보 공유를 통해 사회 정의를 실현할 수 있다.
② 정보 유출로 공공의 이익이 훼손되는 경우는 없다.
③ 공유된 정보는 사실 관계를 확인할 수 있어야 한다.
④ 정보 공유 과정에서 개인의 인권이 침해당해서는 안 된다.

11

2019 서울시 7급

〈보기〉 글의 서술 방식으로 가장 옳은 것은?

〈보기〉

> 이러한 음악의 한배를 있게 한 실제적 기준은 호흡이었다. 즉, 숨을 들이쉬고 내쉼이 한배의 틀이 된 것이었다. 이를 기준으로 해서 이루어진 방법을 선인들은 양식척(量息尺)이라고 불렀다. '숨을 헤아리는 자(尺)'라는 의미로 명명된 이 방법은 우리 음악에서 한 배와 이에 근거한 박절을 있게 한 이론적 근거가 되었다. 시계가 없었던 당시에 선인들은 건강한 사람의 맥박의 6회 뜀을 한 호흡(一息)으로 계산하여 1박은 그 반인 3맥박으로 하였다. 그러니까 한 호흡을 2박으로 하여 박자와 한배의 기준으로 삼았던 것이다. 반면 서양인들은 우리와 달리 음악적 시간을 심장의 고동에서 구하여 이를 기준으로 하였다. 즉, 맥박을 기준으로 하여 템포를 정하였다. 건강한 성인은 보통 1분에 70회 전후로 맥박이 뛴다고 한다. 이에 의해 그들은 맥박 1회를 1박의 기준으로 하였고, 1분간에 70박 정도 연주하는 속도를 그들 템포의 기본으로 하였다. 그래서 1분간 울리는 심장 박동에 해당하는 빠르기가 바로 '느린 걸음걸이의 빠르기'인 안단테로 이들의 기준적 빠르기 말이 되었다.

① 주장을 먼저 제시한 뒤 다양한 실례를 들어 타당성을 증명하고 있다.
② 서로 대립되는 두 견해를 제시하고 검토한 뒤 제3의 견해를 도출하고 있다.
③ 대상의 특성을 분석한 뒤 대조하여 대상의 특징을 제시하고 있다.
④ 구체적인 사례를 먼저 제시한 뒤 통념을 반박하여 해결책을 모색하고 있다.

12

2020 지방직(= 서울시) 7급

다음 글에서 추론한 것으로 가장 적절한 것은?

> 현재 약 7,000개의 언어가 있지만, 그 본질은 다르지 않다. 인간이 언어를 가지게 된 것이 대략 6만 년 전인데, 그동안 많은 언어가 분기하고 사멸하였다. 오늘날의 모든 언어는 나름대로 특별한 역사를 갖는다. 언어는 살아 있는 생명체와 같아서 지금 이 시간에도 변화는 계속되고 있다. 개별 언어들은 발음과 규칙, 그리고 의미의 세밀한 변화를 현재 진행형으로 겪고 있다. 또한 '피진(pidgin)'과 같이 의사소통의 편의를 위해 급조된 언어도 있는데, 이 언어를 사용하는 집단의 후대는 자연스럽게 '크리올(creole)'과 같은 새로운 언어를 탄생시키기도 한다. 피진과 크리올은 비교적 근래에 형성된 것이므로 그 변화의 역사적 과정을 살필 수 있다. 이를 통해 고대의 언어들이 명멸하는 과정도 이와 유사했을 것이라고 짐작할 수 있다.
>
> 언어 중에는 영어와 같이 국제적으로 세력을 얻어 글로벌 시대에 의사소통의 가교 역할을 하는 언어도 있다. 이러한 언어들을 '링구아 프랑카(lingua franca)'라고 부른다. 과거에 서양에서는 그리스어나 라틴어가, 동양에서는 한자가 그 역할을 수행하기도 했다. 그러나 지금과 같은 글로벌 사회에서는 미디어나 교통수단의 발달에 힘입어 현재의 국제 통용어로 사용되는 영어가 과거의 국제 통용어들보다 훨씬 많은 힘을 발휘하고 있다.

① 교류와 소통이 증가하면 언어의 분기와 사멸의 속도가 빨라질 것이다.
② 그리스어나 라틴어는 서양의 다른 언어보다 발음, 규칙, 의미가 쉽게 변하지 않는다.
③ 국제사회에서 영향력이 강한 나라가 등장하면 그 나라의 언어가 링구아 프랑카가 될 수 있다.
④ '어리다'의 의미가 '어리석다'에서 '나이가 적다'로 변화한 것은 피진에서 크리올로 변화한 사례이다.

13

2019 국가직 7급

다음 글의 주장으로 가장 적절한 것은?

> 사람은 일곱 자의 몸뚱이를 지니고 있지만 마음과 이치를 제하고 나면 귀하다 할 만한 것은 없다. 온통 한 껍데기의 피고름이 큰 뼈 덩어리를 감싸고 있을 뿐이다. 배고프면 밥 먹고 목마르면 물 마신다. 옷을 입을 줄도 알고 음탕한 욕심을 채울 줄도 안다. 가난하고 천하게 살면서 부귀를 사모하고, 부귀하게 지내면서 권세를 탐한다. 성날 때는 싸우고 근심이 생기면 슬퍼한다. 궁하게 되면 못하는 짓이 없고, 즐거우면 음란해진다. 무릇 백 가지 하는 바가 한결같이 본능에 따르니, 늙어 죽은 뒤에야 그만둘 따름이다. 그렇다면 이를 짐승이라 말하여도 괜찮을 것이다.

① 근심과 슬픔은 늙기 전까지 끊이지 않는다.
② 빈부 격차는 인간 삶의 지향성에 영향을 준다.
③ 마음으로 본능을 다스리는 삶의 자세가 필요하다.
④ 자연의 이치를 알고자 하는 욕구는 사람에게 본능적이다.

[14~15] 다음 글을 읽고 물음에 답하시오.

반려동물을 키우는 가구가 늘어나는 만큼 불법 유기되는 동물의 수가 급증하고 있고, 이에 따른 사회적 문제 역시 늘어나고 있다. 농림축산식품부에 따르면 2016년 유기 동물 보호 센터의 운영비용이 약 114억 원으로 전년 대비 17%가량 증가했다.

한 설문 조사 결과, 반려동물을 포기하는 이유에는 장기간 부재(25.9%), 경제적 문제(11.6%) 등이 있다고 나타났다. 반려동물을 키울 수 없는 이와 같은 사정을 고려했을 때, 반려동물 주인에게 반려동물을 버리지 말고 무조건 키워야 한다고 강요할 수 없다는 의견이 있다. 그래서 양육이 어려워진 반려동물을 보호소에 위탁하면 정부에서 입양처를 연결해 주는 반려동물 인수제의 도입이 필요하다는 주장이 제기되고 있다. 반려동물의 양육을 합법적으로 포기할 수 있는 절차를 마련하여, 불법 유기로 인해 발생할 수 있는 사회적 문제를 예방하자는 취지이다.

그러나 한편에서는 반려동물에 대한 인식이 개선되지 않은 채로 반려동물 인수제가 시행되면 오히려 반려동물 주인들에게 법적, 양심적 면죄부를 주어 반려동물의 양육을 쉽게 포기하는 풍토가 생길 수 있다고 주장한다. 지금도 동물 보호소의 많은 동물들이 예산과 공간의 부족으로 안락사 당하고 있는데, 반려동물 인수제가 시행되면 보호소의 동물들이 더욱 증가하여 이를 관리하는 문제가 심화될 수 있다는 것이다. 그러므로 반려동물 인수제의 시행보다는 반려동물을 가족처럼 여기는 사회적 분위기 조성이 선행되어야 한다는 주장이 있다.

반려동물 인수제의 시행을 주장하는 입장과 이로 인해 발생할 수 있는 문제점을 제기하는 입장이 팽팽하게 맞서고 있는 가운데, 반려동물 인수제에 대한 사회적 논의가 활발하게 진행되고 있다.

14

2018 고1 3월 학력평가 변형

글의 제목으로 가장 적절한 것은?

① 반려동물 인수제와 그 찬반 양상
② 불법 유기 동물이 사회에 끼치는 악영향
③ 책임감 있는 반려동물 양육의 필요성
④ 반려동물이 야기하는 경제적 문제

15

2018 고1 3월 학력평가 변형

글의 전개 방식에 대한 설명으로 가장 적절한 것은?

① 문제에 대해 상충하는 두 관점을 제시하고 이로부터 절충안을 도출하고 있다.
② 실생활에서 볼 수 있는 상황을 가정하여 글의 이해를 돕고 있다.
③ 상황의 심각성을 보여 주기 위해 정부 기관 출처의 자료를 사용하고 있다.
④ 관용적인 표현을 통해 주장을 효과적으로 전달하고 있다.

[16~17] 다음 글을 읽고 물음에 답하시오.

최근 우리 지역에서 어린이 통학 버스에서 하차하던 어린이가 오토바이에 치여 다치는 사고가 일어났다. 이와 같은 사고가 발생한 원인은 무엇일까? 운전자에게도 잘못이 있겠지만 어린이 통학 버스에 주의를 기울이지 못한 오토바이 운전자의 잘못이 크다고 할 수 있다. 얼마 전 ○○신문에 보도된 어린이 통학 버스 관련 설문 조사 결과에 따르면, 조사 대상 중 65%에 이르는 사람들이 어린이 통학 버스에 특별히 주의를 기울이지 않는다고 응답을 했는데, 이로 보아 어린이 통학 버스 안전사고를 줄이기 위해서는 사람들의 안전 의식 수준이 높아져야 한다는 것을 알 수 있다.

2015년 1월부터 어린이 통학 버스의 안전 관리가 강화된 법이 시행되고 있다. 이 법에서는 어린이 통학 버스 운전자와 운영자에 대한 안전 교육의 의무화, 보호자 탑승 의무화 등을 규정하고 있다. 그리고 통학 버스 승하차 시 어린이의 안전을 위해 어린이 통학 버스가 정차한 차로와 옆 차로를 통행하는 자동차는 일시 정지해 안전을 확인한 후 서행해야 한다는 내용도 포함하고 있다. 이와 같이 법규가 마련되어 있음에도 어린이 통학 버스 안전사고가 줄지 않고 있는 이유는 무엇일까? 그 까닭은 많은 사람들이 어린이 통학 버스 안전사고에 주의를 기울여야 하는 법 규정을 지키지 않고 있기 때문이다.

어린이 통학 버스 안전사고에 대한 사람들의 의식 수준을 높이기 위해서는 안전 교육의 대상을 일반 운전자에게까지 확대하고 그 내용도 강화해야 한다. 그런데 이와 같은 교육이 마련되더라도 참여하는 사람이 적으면 교육의 효과를 기대할 수 없다. 따라서 교육에 적극적으로 참여하려는 태도가 필요하다. 그리고 일상에서도 어린이 통학 버스 안전사고에 대해 보다 많은 관심과 주의를 기울여야 한다. 어린이 통학 버스 안전사고는 주로 오전 8~10시, 오후 4~6시에 일어난다고 한다. 이에 유의하여 어린이 통학 버스를 만나면 어린이가 안전하게 승하차할 수 있도록 안전 확인 후 통과하기, 주변을 살펴서 안전을 확보해 주기, 같이 길 건너 주기 등을 실천해야 한다.

16

2017 고3 10월 학력평가 변형

글의 서술 방식에 대한 설명으로 적절하지 않은 것은?

① 글의 신뢰도를 높이기 위해 언론 매체의 자료를 인용하였다.
② 문제의 심각성을 인지시키기 위해 실제 사례를 이야기하고 있다.
③ 묻고 답하는 형식으로 글을 전개하고 있다.
④ 주장을 효과적으로 전달하기 위해 관용적 표현을 사용하고 있다.

17

2017 고3 10월 학력평가 변형

글의 주장으로 가장 적절한 것은?

① 어린이 통학 버스 안전사고에 대한 사람들의 관심이 필요하다.
② 오토바이 사용자의 안전 의식 수준이 높아져야 한다.
③ 어린이 통학 버스 안전사고를 줄이기 위한 법의 제정이 필요하다.
④ 안전사고 관련 법의 준수율을 올리기 위해 강력한 처벌이 제도적으로 준비되어야 한다.

18

2014 민경채

다음 글의 ㉠을 〈보기〉에 올바르게 적용한 것은?

뇌의 특정 부위에 활동이 증가하면 산소를 수송하는 헤모글로빈의 비율이 그 부위에 증가한다. 헤모글로빈이 많이 공급된 부위는 주변에 비해 높은 자기 신호 강도를 갖는다. 우리는 피실험자가 지각, 운동, 언어, 기억, 정서 등 다양한 수행 과제에 관여하는 때와 그렇지 않을 때의 두뇌 각 부위의 자기 신호 강도를 비교 측정함으로써, 각 수행 과제를 관장하는 두뇌 영역을 추정할 수 있다. 이 방법을 '기능자기공명영상법' 즉 'fMRI'라 한다. 이 영상법을 이해하는 데 중요한 논리 중에 하나는 ㉠ 차감법이다. 피실험자가 과제 P를 수행할 때 두뇌의 자기 신호 강도 양상을 X라고 하자. 그 피실험자가 다른 사정이 같고 과제 P를 수행하지 않을 때 두뇌의 자기 신호 강도 양상을 Y라고 하자. 여기서 과제 P를 수행하지 않는다는 말, 예컨대 오른손으로 도구를 사용하는 과제를 수행하지 않는다는 말은 도구를 사용하지 않을 뿐만 아니라 오른손도 움직이지 않는다는 뜻이다. 이제 수행 과제 P를 관장하는 두뇌 영역을 알고 싶다면 우리는 양상 X에서 양상 Y를 차감하면 될 것이다.

〈보기〉

피실험자가 누워 아무 동작도 하지 않는 상태를 '알파'라고 하자. 그가 알파 상태에 있을 때 두뇌의 자기 신호 강도 양상은 A이다. 그가 알파 상태에서 벗어나 단순히 왼손만을 움직일 때 두뇌의 자기 신호 강도 양상은 B이다. 그가 알파 상태에서 벗어나 단순히 오른손만 움직일 때 두뇌의 자기 신호 강도 양상은 C이다. 그가 알파 상태에서 벗어나 왼손으로 도구를 사용하는 것만 할 때 두뇌의 자기 신호 강도 양상은 D이다.

① 피실험자가 손으로 도구를 사용하지도 않고 단순한 손동작도 하지 않을 때 두뇌의 자기 신호 강도는 0이다.
② 왼손의 단순한 움직임을 관장하는 두뇌 영역을 알고 싶다면 양상 C에서 양상 B를 차감하면 된다.
③ 오른손의 단순한 움직임을 관장하는 두뇌 영역을 알고 싶다면 양상 C에서 양상 A를 차감하면 된다.
④ 왼손으로 도구를 사용하는 과제를 관장하는 두뇌 영역을 알고 싶다면 양상 D에서 양상 B를 차감하면 된다.

19

2014 민경채

다음을 참이라고 가정할 때, 반드시 참인 것만을 〈보기〉에서 모두 고르면?

- A, B, C, D 중 한 명의 근무지는 서울이다.
- A, B, C, D는 각기 다른 한 도시에서 근무한다.
- 갑, 을, 병 각각의 두 진술 중 하나는 참이고 다른 하나는 거짓이다.
- 갑은 "A의 근무지는 광주이다."와 "D의 근무지는 서울이다."라고 진술했다.
- 을은 "B의 근무지는 광주이다."와 "C의 근무지는 세종이다."라고 진술했다.
- 병은 "C의 근무지는 광주이다."와 "D의 근무지는 부산이다."라고 진술했다.

〈보기〉

ㄱ. A의 근무지는 광주이다.
ㄴ. B의 근무지는 서울이다.
ㄷ. C의 근무지는 세종이다.

① ㄱ ② ㄷ
③ ㄱ, ㄴ ④ ㄱ, ㄴ, ㄷ

20

2014 민경채

다음 글의 ㉠~㉤ 사이의 관계를 바르게 기술한 것은?

> ㉠ 지구에서 유전자가 자연발생할 확률은 $1/10^{100}$보다 작지만, 지구 외부 우주에서 유전자가 자연발생할 확률은 $1/10^{50}$보다 크다. 유전자가 자연발생하지 않았다면 생명체도 자연발생할 수 없다. 그런데 생명체가 자연발생하였다는 것이 밝혀졌다. 따라서 ㉡ 유전자는 자연발생했다. ㉢ 지구에서 유전자가 자연발생할 확률이 지구 외부 우주에서 유전자가 자연발생할 확률보다 작으며 유전자가 자연발생하였다면, 유전자가 우주에서 지구로 유입되었을 가능성이 크다. 이를 볼 때, ㉣ 유전자는 우주에서 지구로 유입되었을 가능성이 크다고 판단할 수 있다. 왜냐하면 ㉤ 지구에서 유전자가 자연발생할 확률은 지구 외부 우주에서 유전자가 자연발생할 확률보다 훨씬 작다는 것이 참이기 때문이다.

① ㉡이 참이면, ㉤은 반드시 참이다.
② ㉤이 참이면, ㉠은 반드시 참이다.
③ ㉠, ㉡이 모두 참이면, ㉢은 반드시 참이다.
④ ㉠, ㉡, ㉢이 모두 참이면, ㉣은 반드시 참이다.

기출 품은 모의고사 | 14회

⏱ 제한시간: 25분　■ 시작시간:　:　■ 종료시간:　:　정답과 해설 ▶ P.81 ~ P.85

1초 합격예측! 모바일 성적분석표

QR 코드로 접속하여 문제 풀이시간을 측정하고, 〈1초 합격예측 & 모바일 성적분석표〉 서비스를 통해 지금 바로! 실력을 점검해 보세요.
http://eduwill.kr/xske

01

밑줄 친 부분을 〈공공언어 바로 쓰기 원칙〉에 따라 수정한 것으로 적절하지 않은 것은?

〈공공언어 바로 쓰기 원칙〉

㉠ 띄어쓰기에 맞게 정확하게 표현할 것
㉡ 부적절한 외래어들을 순화하여 표현할 것
㉢ 부적절한 한자어들을 순화하여 표현할 것
㉣ 잉여적 표현을 피할 것

① ㉠: '기호순에 따라 표시하시오.'에서 '기호순'을 '기호 순'으로 수정한다.
② ㉡: '시장의 리더십이 필요한 때입니다.'에서 '리더십'을 '지도력, 통솔력'으로 수정한다.
③ ㉢: '시간이 정해지면 통보해 알려 드리겠습니다.'에서 '통보해 알려 드리겠습니다.'를 '알려 드리겠습니다.'로 수정한다.
④ ㉣: '불법 행위를 근절해야 합니다.'에서 '근절해야 합니다.'를 '없애야 합니다.'로 수정한다.

02

다음 글을 통해 추론할 수 없는 것은?

국어사적 사실이 현대 국어의 일관되지 않은 현상을 이해하는 데 도움이 되는 경우가 많다. 예를 들어 'ㄹ'로 끝나는 명사 '발', '솔'이 '발가락', '소나무'와 같은 합성어들에서는 받침 'ㄹ'의 모습이 일관되지 않는데, 이를 이해하기 위해서는 이들 단어의 옛 모습을 알아야 한다.

'소나무'에서는 '발가락'에서와는 달리 받침 'ㄹ'이 탈락하였고, 모두 'ㄹ' 받침의 명사가 결합한 합성어인데 왜 이러한 차이를 보이는 것일까? 이러한 차이는 현대 국어의 규칙만으로는 설명할 수 없다.

'발가락'은 중세 국어에서 대부분 '밠 가락'으로 나타난다. 중세 국어에서 'ㅅ'은 관형격 조사로 사용되었으므로 '밠 가락'은 구로 파악된다. 이는 '밠 엄지 가락(엄지발가락)'과 같은 예를 통해 잘 알 수 있다. 이후 'ㅅ'은 점차 관형격 조사의 기능을 잃고 합성어 내부의 사이시옷으로만 흔적이 남았는데, 이에 따라 중세 국어 '밠 가락'은 현대 국어 '발가락[발까락]'이 되었다.

'소나무'는 중세 국어에서 명사 '솔'에 '나무'의 옛말인 '나모'가 결합하고 'ㄹ'이 탈락한 합성어 '소나모'로 나타난다. 중세 국어에서는 현대 국어와 달리 명사와 명사가 결합하여 합성어가 될 때 'ㄴ, ㄷ, ㅅ, ㅈ' 등으로 시작하는 명사 앞에서 받침 'ㄹ'이 탈락하는 규칙이 있었기 때문에 '솔'의 'ㄹ'이 탈락하였다.

① '바느질'의 경우도 '소나무'의 경우와 같은 경우로 볼 수 있겠군.
② '솔방울'의 경우도 '발가락'의 경우와 같은 경우로 볼 수 있겠군.
③ '아드님'의 경우 'ㄴ, ㄷ, ㅅ, ㅈ' 등으로 시작하는 명사 앞에서 받침 'ㄹ'이 탈락한 경우에 해당하겠군.
④ '쌀가루'의 경우 중세 국어에서 명사와 명사가 결합하여 합성어가 될 때 만들어진 단어로 볼 수 있겠군.

03

다음 글을 통해 알 수 없는 것은?

다의어에서 기본이 되는 의미를 중심적 의미라 하고, 중심적 의미로부터 확장된 의미를 주변적 의미라 한다. 만약 단어가 하나의 의미만을 가지고 그 의미가 다른 의미로 확장되지 않았다면, 그 하나의 의미를 중심적 의미로 볼 수 있다. 합성 명사의 두 어근에도 중심적 의미나 주변적 의미가 나타날 수 있다. 그런데 자립적으로 쓰일 때에는 하나의 의미만을 가지고 있어 사전에서 뜻풀이가 하나밖에 없는 단어가 합성 명사의 어근으로 쓰일 때 주변적 의미를 새롭게 가지게 되는 경우도 있다. 가령 '매섭게 노려보는 눈'을 뜻하는 합성 명사 '도끼눈'은 '도끼'와 '눈'으로 분석되는데, '매섭거나 날카로운 것'이라는 '도끼'의 주변적 의미는 '도끼'가 자립적으로 쓰일 때 가지고 있던 의미라고 보기 어렵다. 이처럼 단어가 결합하는 과정에서 의미적인 부분이 생겨나거나 사라지는 경우는 우리 주변 여러 단어들에서 확인해 볼 수 있다.

① '아이들이 흐르는 물에 손을 씻었다'에서 '손'은 중심적 의미로 쓰인 경우에 해당한다.
② '길을 걷던 철수는 발을 멈추었다'에서 '발'은 주변적 의미로 쓰인 경우에 해당한다.
③ '철수는 낯선 공간에서 칼잠을 잤다'에서 '칼'은 '칼'이 자립적으로 쓰일 때 가지고 있던 의미로 쓰인 경우가 아니다.
④ '종이를 여러 겹 잘라 붙여 종이호랑이를 만들었다'에서 '호랑이'는 자립적으로 쓰일 때 가지고 있던 의미로 쓰인 경우가 아니다.

04

2019 지방직 7급

다음 글의 내용에 부합하지 않는 것은?

한국 전통 건축의 특징 중 하나는 여러 건물들이 일정한 축이나 질서에 의해 배치되고, 그 중간 부분에 크고 작은 마당들이 있다는 것이다. 그리고 마당으로부터의 시선이 마루를 거쳐 방으로 연결되고, 다시 창호를 통해 저 멀리의 들과 강과 산으로 이어진다. 한국 전통 건축은 결코 자연을 소유하려 하지 않는다. 자연을 있는 그대로 두고 열려진 건축 공간을 통해 정원처럼 즐기는 방식을 취한다. 그것은 자연을 정복하려는 중국 전통 건축이나, 자연을 소유하려는 일본 전통 건축의 특징과 명확히 구별되는 것이다.

한국 전통 건축물이 왜소하거나 초라해 보인다고 말하는 경우는 대개 외형적인 크기와 넓이 그리고 장식적 요소에만 집착하기 때문이다. 한국 전통 건축은 '겸손의 건축'이다. 자연과 인간은 하나라는 생각을 바탕으로, 자연을 침해하면서까지 건축물을 두드러지게 하지 않는다는 것이 한국 전통 건축의 기본 철학이다. 더 나아가 건축물도 자연의 일부라고 생각해서, 인간이 잠시 그 품에 머물렀다가 사라지는 것이 옳다는 철학도 한국 전통 건축에 반영되어 있다. 그래서 사람들은 처음부터 산과 들을 제압하는 거대한 건축물을 짓지 않으려고 했으며, 그 형태 또한 인위적인 직선을 배제하고 자연계의 곡선을 따르는 것을 즐겼다.

① 한국의 전통 가옥은 방의 창문을 통해 자연의 풍경을 감상할 수 있는 구조로 이루어져 있다.
② 한국 전통 건축은 자연을 소유의 대상으로 삼지 않는다는 면에서 일본 전통 건축과 다르다.
③ 한국 전통 건축에서 자연을 압도하는 건축을 추구하지 않은 것은 건축물을 자연의 일부로 여긴 까닭이다.
④ 한국 전통 건축의 조형미를 직선보다 곡선에서 찾은 것은 한국 전통 건축의 철학을 잘못 이해한 결과이다.

05

2019 서울시 7급

〈보기〉에 이어질 내용으로 가장 적절한 것은?

〈보기〉

미디어의 첫 혁명이라고 불릴 수 있는 인쇄술의 발전은 지식 제도 면에서 몇 가지 중요한 변화를 가져왔다. 그 가운데 가장 현저한 변화는 학교와 교사의 기능에서 생겨났다. 다시 말해서, 학교와 교사 없이도 독학을 할 수 있는 '책'이 나왔던 것이다. 독서에 의한 학습이 이루어짐으로써 학교 제도, 또는 기억이라는 개인의 습관에 대한 의존도가 낮아지게 되었다. 기억의 관습에 가한 변화는 인쇄술 발달이 가져온 중요한 업적이다.

인쇄술의 발달로 당연히 책이 양산되고 책값 역시 저렴해졌을 뿐 아니라, 주해자/주석자의 중요성은 반감된 채 다양한 책들이 서점과 서가에 등장하게 되었다. 그 결과 여러 텍스트를 대조하고 비교할 수 있는 기회가 많아졌으며, 자연스레 지식 사회에 대한 비판과 검증이 가능해졌다.

① 독점적인 학설이나 학파의 전횡도 줄어들 수밖에 없었고, 특정 학설의 권위주의적인 행보도 긴 생명을 가질 수 없게 되었다.

② 교사의 권위는 책의 내용을 쉽게 설명해 줌으로써 독서를 용이하게 해 주는 방식으로 더욱 공고해졌다.

③ 독서 대중의 비판과 검증에 대응하기 위해 지식 사회는 지식의 독점과 권력화에 매진하게 되었다.

④ 저자의 권위가 높아짐으로써 책의 내용을 있는 그대로 받아들이는 수동적인 독서 대중이 탄생하였다.

06

2020 지방직(= 서울시) 7급

㉠~㉣에 들어갈 내용으로 적절하지 않은 것은?

• 제목: 인터넷 범죄 증가의 원인
  1. 국가적 측면: [㉠] 때문에 인터넷 범죄를 처벌하는 관련 규정이 신속하게 제정되지 않는다.
  2. 개인적 측면
     (1) [㉡] 때문에 개인 컴퓨터의 백신 프로그램 설치가 미흡하다.
     (2) [㉢] 때문에 인터넷상에서 개인 신상 정보 취급이 소홀하게 다루어진다.
  3. 기술적 측면: [㉣] 때문에 컴퓨터 보안 프로그램 개발이 미흡하다.

① ㉠: 인터넷 범죄 처벌 규정의 제정 과정이 지나치게 복잡하기

② ㉡: 인터넷 사용 시 백신 프로그램을 중요하게 생각하지 않기

③ ㉢: 자신의 개인 정보는 범죄에 이용되지 않을 것이라고 안이하게 생각하기

④ ㉣: 컴퓨터 판매량을 늘리기 위한 인프라가 제대로 구축되어 있지 않기

07

2019 국가직 7급

밑줄 친 곳에 들어갈 말로 가장 적절한 것은?

> 기자: ______________________________
> 작가: 내가 작품을 쓰면서 취재에 상당한 시간을 할애했던 것은 작품이 가지고 있는 리얼리티를 살려 놓아야 독자들의 공감대를 넓힐 수 있다고 생각했기 때문이에요. 소설이 아무리 허구적 장르라 해도 사실성에 근거해야 비로소 생동감과 개연성을 확보하기에 습작 시절부터 취재를 우선시했지요. 전집에 실린 「○○기행」, 「○○를 찾아서」 같은 단편들도 거의 취재를 통해서 얻어 낸 자료를 가지고 쓴 작품들이에요. 그렇게 하고 나니 리얼리티가 살아나는 것을 느낄 수 있었고 작품이 힘을 얻을 수 있었지요. 그것은 분명 작가 수업에도 보탬이 됐고 공감을 얻는 데도 기여를 했다고 봐요.

① 선생님은 작품을 쓰면서 언제부터 취재를 하시는지요?
② 선생님의 이번 신작에서 리얼리티가 강조된 이유는 무엇인지요?
③ 선생님의 작품 중 독자들의 공감을 얻은 작품은 어떤 것들인지요?
④ 선생님이 작품 활동에서 취재에 주력하시는 이유가 무엇인지요?

08

2019 지방직 7급

㉠~㉣에 들어갈 말로 가장 적절한 것은?

> 근대 국가가 형성되면서 언어의 단일화를 이루기 위한 언어 정책이 [㉠]되었다. 러시아의 경우가 대표적인데, 당시 러시아 사회는 칭기즈 칸의 침략 후 문장어와 방언 사이의 [㉡]가 컸다. 표트르 대제는 불가리아 문장어를 버리고 모스크바어를 [㉢]으로 한 러시아어 표준어 정책을 강력하게 실시했다. 이때부터 푸시킨을 비롯한 국민적 작가에 의해 러시아의 문예어가 발달하기 시작했다. 이렇게 서양에서 봉건제가 붕괴되고 민주 의식이 [㉣]되면서 표준어가 결정되고 국민 문예가 성립하는 과정을 거쳤다. 한 나라의 표준어 형성, 나아가 국어의 통합은 이렇게 문예 작품의 발달과 밀접하게 관련을 맺고 있는 것이다.

	㉠	㉡	㉢	㉣
①	시행	격차	기반	고양
②	시행	편차	기반	지양
③	중단	격차	방식	지양
④	중단	편차	방식	고양

09

2019 서울시 7급

〈보기 1〉에 이어질 글을 〈보기 2〉에서 찾아 순서대로 바르게 나열한 것은?

〈보기 1〉

구글은 몇 년 전부터 독감 관련 검색어에 대한 연구를 실시했다.

〈보기 2〉

(가) 다시 말해 독감과 관련된 단어 검색량을 보면, 실제 독감 환자 수, 독감 유행지역 등을 예측할 수 있다는 뜻이다.
(나) 그리고 이러한 패턴을 미국 질병통제예방센터데이터와 비교해 보았더니, 검색 빈도와 독감 증세를 보인 환자 수 사이에 매우 밀접한 상관관계가 있다는 사실을 발견했다.
(다) 이는 검색 빈도수가 개인의 생활을 반영한다는 평범한 사실을 보여 주지만, 여기에 개인의 유전정보와 진료 정보 등이 합쳐지면 세계 시민의 보건복지에 크게 기여할 수 있다는 것이 구글의 주장이다.
(라) 그 결과, 매년 독감 시즌마다 특정 검색어(독감 이름, 독감 예방법 등) 패턴이 눈에 띄게 증가하는 것을 발견했다.

① (가)–(나)–(라)–(다)
② (가)–(라)–(나)–(다)
③ (라)–(가)–(나)–(다)
④ (라)–(나)–(가)–(다)

10

2020 지방직(= 서울시) 7급

다음 글에서 추론한 내용으로 적절하지 않은 것은?

금융 회사와 은행 상당수가 파랑을 상징색으로 쓰고 있다. 파랑의 긍정적 속성에는 정직과 신뢰가 있다. 파랑을 사용한 브랜드는 친근성과 전문성이 높아 보인다. 또한 파랑은 테크놀로지 업계에서 선호하는 색이다. 파랑은 소통의 색으로서 소셜 미디어와 잘 어울린다. 페이스북, 트위터, 링크드인의 색을 생각해 보라. 파랑을 상징색으로 사용한 브랜드가 파랑의 긍정적인 가치로 드러날 경우도 있지만, 그렇지 못할 경우에 차갑고 불친절하고 무심한 느낌의 부정적인 가치로 나타나기도 한다.

파랑은 기업의 단체복에 자주 사용한다. 약간 어두운 톤의 파란색은 친근하고 진지하며 품위 있는 분위기를 전달한다. 어두운 파란색 단체복은 약간의 보수성과 전통을, 밝은 파란색 단체복은 친근한 소통과 창의적인 사고를 표현한다. 이 색은 교복에도 적합하다. 톤을 잘 선택하면 파랑은 집중에 도움을 주고 차분하게 해 주며 활발한 토론과 의견 교환에 도움을 준다.

① 브랜드의 로고를 만들 때 색이 주는 효과를 고려해야 한다.
② 테크놀로지 업계에서 브랜드에 파란색을 써서 성공한 것은 우연한 선택의 결과로 봐야 한다.
③ 색을 효과적으로 사용하려면 색이 주는 긍정적 속성을 잘 파악해야 한다.
④ 색의 톤에 따라 전달하는 분위기가 다르니, 인테리어에 쓸 때 파랑이 지닌 다양한 톤을 알아봐야 한다.

11

2019 국가직 7급

다음 글의 내용으로 적절하지 않은 것은?

20대의 체험은 40대의 체험을 못 따르고, 40대의 체험은 70대의 체험을 못 당할 것이다. 그러므로 장자(莊子)도 소년(少年)은 대년(大年)을 못 따른다고 했다. 그러나 인간이 장수를 한들 몇백 년을 살 것인가. 수백 년 수천 년의 체험은 오직 독서를 통해서만 얻을 것이니, 연령이 문제가 아니라 독서가 문제인 것이다.

책이 너무 많아 일생을 읽어도 부족하다고 걱정할지 모른다. 그러나 내 눈을 꼭 한번 거쳐야 될 필요가 있는 서적이란 열 손가락을 넘지 아니할 것이다. 박학다식이니 박람강기니 하여 널리 알고 많이 기억하지 못하는 것을 걱정할 필요는 없다. 때로는 이것이 오히려 글 쓰는 데 지장이 될 수 있다. 잡박한 지식의 무질서한 기억은 우리의 총명을 혼미하게 할 수도 있기 때문이다.

① 널리 알고 많이 기억하는 것이 글쓰기에 방해가 될 수도 있다.
② 70대의 독서가 20대의 독서보다 글쓰기에 더 도움이 된다.
③ 인간의 체험에는 한계가 있으므로 독서가 중요하다.
④ 자신에게 필요한 독서를 해야 한다.

12

2019 지방직 7급

다음은 안중근 의사의 재판 기록 중 최후 진술의 일부분이다. 이에 대한 이해로 가장 적절한 것은?

앞에서 검찰관의 논고와 변호사의 변론을 들으니, 모두들 이등(伊藤)의 시정 방침은 완전무결한데, 내가 그것에 대하여 오해를 하고 있다고 말했는데, 이것은 그 내용을 잘 알지 못하고 하는 말들이다. 이등의 시정 방침은 결코 완비된 것이 아닐진대 어찌 오해라고 할 수 있겠는가? 나는 이등의 시정 방침이라는 것들을 잘 알고 있으나, 이등이 한국에서 주재하며 대한 정책으로 무엇을 했는지는 자세히 말할 시간이 없으므로 그 줄거리만을 말하고자 한다. …(중략)… 이와 같이 오늘 내가 말한 여러 계급의 인사들에게 다시 물어봐도 모두 동양의 평화를 희망하고 있다는 것을 알 수 있을 줄 안다. 그와 동시에 간신 이등을 얼마나 증오하고 있는지 그 정도를 짐작할 수 있으리라고 생각한다. 일본인도 그러하거늘, 하물며 한국인으로서는 자기의 친척과 지기(知己)의 죽임을 당하는 마당에 어찌 증오해 마지않을 수 있겠는가. 따라서 내가 이등을 죽인 것도 전에 말한 바와 같이 의병 중장의 자격으로 한 것이지 결코 자객으로서 한 것은 아니다. 한국과 일본 두 나라의 친선을 저해하고 동양의 평화를 어지럽힌 장본인은 바로 이등이므로, 나는 한국의 의병 중장의 자격으로서 그를 제거한 것이다.

① 안중근 의사는 검찰관의 논고를 듣기도 전에 최후 진술을 하고 있다.
② 안중근 의사는 이등을 제거한 자신의 행위가 잘못되었음을 시인하고 있다.
③ 안중근 의사는 이등의 시정 방침이 완벽하지만 동양 평화에 기여하지 못한다고 생각하고 있다.
④ 안중근 의사는 여러 일본인의 의견을 언급하면서 이등을 제거한 행위의 정당성을 역설하고 있다.

[13~14] 다음 글을 읽고 물음에 답하시오.

우리 학교에서는 한 달에 한 번씩 봉사의 날을 지정하여 학급별로 학교 주변의 환경을 정화하는 봉사 활동을 실시해 왔다. 그러나 이러한 운영 방식에 대한 학생들의 개선 요구가 제기되면서 봉사의 날 운영 방식을 동아리별 봉사 활동으로 전환하는 것이 대안으로 제시되었다. 이로 인해 학교 구성원들 사이에서 봉사의 날 운영 방식에 대한 논의가 한창이다.

우리 학급 학생들을 대상으로 인터뷰를 해 본 결과 실제로 학생들 대다수가 현행 봉사의 날 운영 방식에 대해 만족하지 않았다. 학생들은 그 이유로 참여 의지가 떨어진다는 점을 들었다. 이러한 결과를 바탕으로 할 때 환경 정화 활동과 같이 개인의 의사를 반영하지 않은 획일적인 방식은 학생들의 자발적 참여를 유도하기 어렵다고 할 수 있다. 학생들은 동아리별 봉사 활동의 장점으로 진로와 관심사를 반영한 봉사 활동을 할 수 있다는 점을 언급했다. 동아리별 봉사 활동은 진로와 관심사가 비슷한 학생들이 모인 동아리를 기반으로 하기 때문에 동아리의 특색을 살린 봉사 활동을 할 수 있다. 그 결과 학생들은 획일적인 봉사 활동에서 벗어나 보다 다양한 봉사 활동을 계획하고 실행할 수 있다. 동아리 활동이 위축될 수 있다는 일부 학생들의 우려도 있지만, 이 방식은 현행 봉사의 날 운영 방식에 대한 학생들의 불만을 해소할 수 있는 효과적인 대안이 될 수 있다.

청소년기는 육체적, 심리적, 사회적으로 중요한 변화가 나타나고 성장이 이루어지는 시기이다. 청소년기에 수행하는 봉사 활동은 청소년들에게 나눔과 배려의 정신을 길러 줄 뿐만 아니라, 스스로 성장할 수 있는 기회를 제공한다는 점에서 의의가 있다.

13

2018 수능 변형

글의 핵심 주장으로 가장 적절한 것은?

① 학교의 위생과 미관을 위해 환경 정화 운동을 실시해야 한다.
② 학생들의 참여율을 높이기 위해 봉사의 날 운영 방식을 개선해야 한다.
③ 진로와 관심사가 비슷한 사람들을 모아 동아리 활동을 실시해야 한다.
④ 위축된 동아리 활동을 격려하기 위한 제도가 필요하다.

14

2018 수능 변형

글에 대한 설명으로 적절하지 않은 것은?

① 현 상황의 문제점을 보여 주기 위해 구체적인 설문 조사 결과를 인용하였다.
② 사안이 지니는 의의를 언급하며 문제에 중요성을 피력하고 있다.
③ 주장의 정당성을 높이기 위해 입장이 동일한 사람이 다수 있음을 밝히고 있다.
④ 개선안이 실현되었을 때의 장점을 밝히며 설득하고 있다.

[15~16] 다음 글을 읽고 물음에 답하시오.

정부는 국민 생활에 영향을 미치는 활동의 총체인 정책의 목표를 효과적으로 달성하기 위해 정책 수단의 특성을 고려하여 정책을 수행한다. 정책 수단은 강제성, 직접성, 자동성, 가시성의 네 가지 측면에서 다양한 특성을 갖는다. 강제성은 정부가 개인이나 집단의 행위를 제한하는 정도로서, 유해 식품 판매 규제는 강제성이 높다. 직접성은 정부가 공공 활동의 수행과 재원 조정부는 국민 생활에 영향을 미치는 활동의 총체인 정책의 목표를 효과적으로 달성하기 위해 정책 수단의 특성을 고려하여 정책을 수행한다. 정책 수단은 강제성, 직접성, 자동성, 가시성의 네 가지 측면에서 다양한 특성을 갖는다. 강제성은 정부가 개인이나 집단의 행위를 제한하는 정도로서, 유해 식품 판매 규제는 강제성이 높다. 직접성은 정부가 공공 활동의 수행과 재원 조달에 직접 관여하는 정도를 의미한다. 정부가 정책을 직접 수행하지 않고 민간에 위탁하여 수행하게 하는 것은 직접성이 낮다. 자동성은 정책을 수행하기 위해 별도의 행정 기구를 설립하지 않고 기존의 조직을 활용하는 정도를 말한다. 전기 자동차 보조금 제도를 기존의 시청 환경과에서 시행하는 것은 자동성이 높다. 가시성은 예산 수립 과정에서 정책을 수행하기 위한 재원이 명시적으로 드러나는 정도이다. 일반적으로 사회 규제의 정도를 조절하는 것은 예산 지출을 수반하지 않으므로 가시성이 낮다.

정책 수단 선택의 사례로 환율과 관련된 경제 현상을 살펴보자. 외국 통화에 대한 자국 통화의 교환 비율을 의미하는 환율은 장기적으로 한 국가의 생산성과 물가 등 기초 경제 여건을 반영하는 수준으로 수렴된다. 그러나 단기적으로 환율은 이와 괴리되어 움직이는 경우가 있다. 만약 환율이 예상과는 다른 방향으로 움직이거나 또는 비록 예상과 같은 방향으로 움직이더라도 변동 폭이 예상보다 크게 나타날 경우 경제 주체들은 과도한 위험에 노출될 수 있다. 환율이나 주가 등 경제 변수가 단기에 지나치게 상승 또는 하락하는 현상을 오버슈팅(overshooting)이라고 한다. 이러한 오버슈팅은 물가 경직성 또는 금융 시장 변동에 따른 불안 심리 등에 의해 촉발되는 것으로 알려져 있다. 여기서 물가 경직성은 시장에서 가격이 조정되기 어려운 정도를 의미한다.

15

2018 수능 변형

글의 내용과 부합하지 않는 것은?

① 정책의 목표를 효과적으로 달성하기 위해서, 정부는 정책 수단의 특성을 고려해야 한다.
② 장기적 관점에서 환율은 해당 국가의 경제 수준에 맞게 조정될 것이다.
③ 오버슈팅이 크게 발생할 경우 경제 주체들에게는 오히려 기회가 될 수 있다.
④ 금융 시장의 급격한 변동은 오버슈팅을 유발할 수도 있다.

16

2018 수능 변형

글을 통해 추론할 수 있는 내용이 아닌 것은?

① 국가 차원의 사업을 시행하기 위해 국민들에게 세금을 추가적으로 걷었다면 이는 가시성이 낮은 정책으로 볼 수 있다.
② 새로운 감염병의 대두로 특별관리본부를 신설했다면 이는 자동성이 낮은 경우이다.
③ 고속도로의 보수 공사를 민간 업체에 맡기지 않고 정부기관이 직접 시행했다면 이는 직접성이 높은 경우일 것이다.
④ 호흡기에 유해한 방향제 성분의 규제는 강제성이 높은 경우라고 볼 수 있다.

17

2016 고1 9월 학력평가 변형

다음 글의 내용과 일치하지 않는 것은?

기술의 발전에 따라 기술이 인류의 생존 자체를 위협할 수도 있다는 점에서 기술을 바라보는 새로운 철학적 관점이 등장하였다. 20세기에 이르러 독일의 철학자 하이데거를 필두로 기술의 진정한 본질은 무엇인지, 기술은 인간에게 어떤 존재적 의미와 가치를 지니는지 등에 대한 진지한 철학적 고민이 시작된 것이다. 하이데거는 기술을 도구로 파악하였지만, 그 기술은 인간이 세계의 사물들과 교섭하는 창구로서 사물들의 존재 의미를 구성하는 능력을 지닌 비중립적 존재임을 강조한다. 하이데거에 따르면 거대한 우주를 관측할 때 우리는 전파 망원경 같은 도구를 통해 세계에 대한 정보를 얻게 되는데, 이때 도구가 세계와 어떻게 관계를 맺는가에 따라 우리가 갖는 세계에 대한 존재론적 의미가 달라진다는 것이다.

가령 맨눈으로 황금빛 보름달을 관찰하는 경우, 천체 망원경으로 달의 운동을 관측하는 경우, 그리고 특수 기능의 전파 망원경으로 달을 구성하는 물질들의 성분을 관측하는 경우, 이때 각각의 도구를 통해 드러나는 달의 존재 의미는 달라진다. 첫 번째 달은 시적인 존재로서의 의미를, 두 번째 달은 지구 주위를 도는 위성으로서의 존재 의미를 갖게 된다. 하지만 세 번째 달은 특정한 광물질의 보고(寶庫)로서의 존재 의미를 갖게 된다. 이렇게 기술은 세계의 존재론적 의미를 새롭게 구성하는 능력을 가지고 있다고 하이데거는 주장한다.

이처럼 하이데거는, 기술은 더 이상 인간과 세계에 중립적으로 작용하는 단순한 도구가 아니며, 인간과 세계의 관계를 왜곡시키거나 변형시킬 수 있는 힘을 가지고 있다고 보았다. 그는 기술이 더 이상 인간을 위한 도구가 아니라, 인간으로 하여금 세계를 특정한 방식으로 보도록 압박하는 존재일 수 있음을 경고하고 있다.

① 어떤 도구를 통해 세계를 관찰하느냐에 따라 인간이 가지는 세계의 의미가 달라질 수 있다.
② 하이데거는 기술이 발전할수록 점점 인간에게 도움을 주는 도구라고 정의하였다.
③ 하이데거의 관점에서, 기술은 인간에게 중립적이지 않은 존재이다.
④ 기술의 계속된 발전은 기술에 대한 새로운 관점을 등장시키게 되었다.

18

2014 민경채

다음 글에서 추론할 수 있는 것을 〈보기〉에서 모두 고르면?

수학을 이해하기 위해서는 연역적인 공리적 증명 방법에 대해 정확히 이해할 필요가 있다. 우리는 2보다 큰 짝수들을 원하는 만큼 많이 조사하여 각각이 두 소수(素數)의 합이라는 것을 알아낼 수 있다. 그러나 이러한 과정을 통해 얻은 결과를 '수학적 정리'라고 말할 수 없다. 이와 비슷하게, 한 과학자가 다양한 크기와 모양을 가진 1,000개의 삼각형의 각을 측정하여, 측정 도구의 정확도 범위 안에서 그 각의 합이 180도라는 것을 알아냈다고 가정하자. 이 과학자는 임의의 삼각형의 세 각의 합이 180도가 확실하다고 결론 내릴 것이다. 그러나 이러한 측정의 결과는 근삿값일 뿐이라는 문제와, 측정되지 않은 어떤 삼각형에서는 현저하게 다른 결과가 나타날지도 모른다는 의문이 남는다. 이러한 과학자의 증명은 수학적으로 받아들일 수 없다. 반면에, 수학자들은 모두 의심할 수 없는 공리들로부터 시작한다. 두 점을 잇는 직선을 하나만 그을 수 있다는 것을 누가 의심할 수 있는가? 이와 같이 의심할 수 없는 공리들을 참이라고 받아들이면, 이로부터 연역적 증명을 통해 나오는 임의의 삼각형의 세 각의 합이 180도라는 것이 참이라는 것을 받아들여야만 한다. 이런 식으로 증명된 결론을 수학적 정리라고 한다.

〈보기〉

ㄱ. 연역적으로 증명된 것은 모두 수학적 정리이다.
ㄴ. 연역적으로 증명된 수학적 정리를 거부하려면, 공리 역시 거부해야 한다.
ㄷ. 어떤 삼각형의 세 각의 합이 오차 없이 측정되었다면, 그 결과는 수학적 정리로 받아들일 수 있다.

① ㄱ ② ㄴ
③ ㄱ, ㄷ ④ ㄴ, ㄷ

19

2014 민경채

복지사 A의 결론을 이끌어내기 위해 추가해야 할 두 전제를 〈보기〉에서 고르면?

> 복지사 A는 담당 지역에서 경제적 곤란을 겪고 있는 아동을 찾아 급식 지원을 하는 역할을 담당하고 있다. 갑순, 을순, 병순, 정순이 급식 지원을 받을 후보이다. 복지사 A는 이들 중 적어도 병순은 급식 지원을 받게 된다고 결론 내렸다. 왜냐하면 갑순과 정순 중 적어도 한 명은 급식 지원을 받는데, 갑순이 받지 않으면 병순이 받기 때문이었다.

〈보기〉

ㄱ. 갑순이 급식 지원을 받는다.
ㄴ. 을순이 급식 지원을 받는다.
ㄷ. 을순이 급식 지원을 받으면, 갑순은 급식 지원을 받지 않는다.
ㄹ. 을순과 정순 둘 다 급식 지원을 받지 않으면, 병순이 급식 지원을 받는다.

① ㄱ, ㄴ
② ㄱ, ㄹ
③ ㄴ, ㄷ
④ ㄴ, ㄹ

20

2014 민경채

다음 빈칸에 들어갈 말로 가장 적절한 것은?

> A국 정부는 유전 관리 부서 업무에 적합한 민간경력자 전문관을 한 명 이상 임용하려고 한다. 그런데 지원자들 중 갑은 경쟁국인 B국에 여러 번 드나든 기록이 있다. 그래서 정보 당국은 갑의 신원을 조사했다. 조사 결과 갑이 부적격 판정을 받는다면, 그는 전문관으로 임용되지 못할 것이다. 한편, A국 정부는 임용 심사에서 지역과 성별을 고려한 기준도 적용한다. 동일 지역 출신은 두 사람 이상을 임용하지 않는다. 그리고 적어도 여성 한 명을 임용해야 한다. 이번 임용 시험에 응시한 여성은 갑과 을 둘밖에 없다. 또한 지원자들 중에서 병과 을이 동일 지역 출신이므로, 만약 병이 임용된다면 을은 임용될 수 없다. 그런데 (   ) 따라서 병은 전문관으로 임용되지 못할 것이다.

① 갑이 전문관으로 임용될 것이다.
② 을이 전문관으로 임용되지 못할 것이다.
③ 갑은 조사 결과 부적격 판정을 받을 것이다.
④ 병이 전문관으로 임용된다면, 갑도 전문관으로 임용될 것이다.

기출 품은 모의고사 | 15회

제한시간: 25분 ■ 시작시간: : ■ 종료시간: : 정답과 해설 ▶ P.86 ~ P.90

1초 합격예측! 모바일 성적분석표

QR 코드로 접속하여 문제 풀이시간을 측정하고, 〈1초 합격예측 & 모바일 성적분석표〉 서비스를 통해 지금 바로! 실력을 점검해 보세요.
http://eduwill.kr/JLke

01

밑줄 친 부분을 〈공공언어 바로 쓰기 원칙〉에 따라 수정한 것으로 적절하지 않은 것은?

〈공공언어 바로 쓰기 원칙〉

㉠ 문장 부호를 정확하게 사용할 것
㉡ 띄어쓰기에 맞게 정확하게 표현할 것
㉢ 부적절한 외래어들을 순화하여 표현할 것
㉣ 부적절한 한자어들을 순화하여 표현할 것

① ㉠: '분리수거는 항상 해야 한다. 그리고 규정에 맞게 해야 한다.'에서 '그리고' 뒤에 쉼표를 찍어 '그리고,'와 같이 수정한다.
② ㉡: '밤 부터 많은 비가 내릴 것으로 예상됩니다.'에서 '밤 부터'를 '밤부터'로 수정한다.
③ ㉢: '다양한 상황을 모니터링하고 있습니다.'에서 '모니터링하고'를 '관찰하고, 지켜보고'로 수정한다.
④ ㉣: '상황에 맞는 적의 조치를 취한 후'에서 '적의 조치'를 '적절한 조치'로 수정한다.

02

2022 10월 모의고사 변형

다음 글을 통해 추론할 수 없는 것은?

우선 현대 국어에서 음절의 끝소리 규칙은 음절의 끝에 'ㄱ, ㄴ, ㄷ, ㄹ, ㅁ, ㅂ, ㅇ' 이외의 다른 하나의 자음이 오면 평파열음인 'ㄱ, ㄷ, ㅂ' 중 하나로 바뀌는 현상을 말한다. '밖 → [박]', '꽃 → [꼳]', '잎 → [입]'이 그 예이다. 한편 15세기 국어의 음절의 끝소리 규칙은 음절의 끝에서 발음될 수 없는 자음이 음절의 끝에 오면 'ㄱ, ㄷ, ㅂ, ㅅ' 중 하나로 바뀌는 현상으로, '곶 → 곳', '빛 → 빗'이 그 예이다. 이는 음절 끝에서 발음될 수 있는 자음이 'ㄱ, ㄴ, ㄷ, ㄹ, ㅁ, ㅂ, ㅅ, ㆁ'으로 제한된 것과 관련이 있다.

다음으로 비음화는 평파열음이 비음 앞에서 동일한 조음 위치의 비음으로 바뀌는 현상이다. '국물 → [궁물]', '받는 → [반는]', '입는 → [임는]'은 현대 국어에서 비음화가 일어난 예이다. 이때 'ㄱ'과 'ㅇ'은 둘 다 연구개음, 'ㄷ'과 'ㄴ'은 둘 다 치조음, 'ㅂ'과 'ㅁ'은 둘 다 양순음으로 조음 위치가 같다는 것을 알 수 있다. 15세기 국어에서 비음화는 현대 국어에서만큼 활발하게 일어나지 않았고, 'ㄷ'의 비음화가 일어난 경우가 대부분이었다. '묻노라 → 문노라'는 용언의 활용형에서 'ㄷ'의 비음화가 일어난 예이다. 한편 15세기 국어에서 비음화는 현대 국어에서와 마찬가지로 음절의 끝소리 규칙이 일어난 후 실현되기도 했다. '븥ᄂᆞᆫ → 븓ᄂᆞᆫ → 븐ᄂᆞᆫ', '낳ᄂᆞ니 → 낟ᄂᆞ니 → 난ᄂᆞ니'는 음절의 끝소리 규칙으로 'ㅌ', 'ㅎ'이 'ㄷ'으로 바뀐 후 비음화가 실현된 예이다. 그런데 현대 국어에서와 달리 15세기 국어에서는 'ㅂ'의 비음화는 드물게 확인되고, 'ㄱ'의 비음화는 일어나지 않았다.

① '낮'이라는 글자는 현대 국어와 중세 국어에서 다르게 평파열음화가 되었겠군.
② '시냇물'은 받침 'ㅅ'에 평파열음화가 일어나 '시낻물'과 같이 'ㄷ'으로 바뀌고 이 'ㄷ'이 비음화에 의해 '[시냄물]'과 같이 발음되겠군.
③ '국물'을 '[궁물]'과 같이 발음하는 비음화는 15세기 국어에서는 확인할 수 없었겠군.
④ 15세기에 비해 현대 국어에서 비음화가 활발히 일어났겠군.

03

2015 수능 변형

〈보기 1〉의 학생 의견과 관련된 한글의 제자 원리를 〈보기 2〉에서 찾아 바르게 짝지은 것은?

〈보기 1〉

학습 활동: 오늘날 우리가 한글을 사용하면서 생각한 바를 각자 정리하여 발표해 봅시다.

- 학생 1: 자음인 초성자의 'ㄱ'의 글자 모양이 그 소리를 낼 때 혀뿌리가 목구멍을 막는 모양과 관련된다니 한글은 정말 대단해요.
- 학생 2: 훈민정음에서 모음의 기본자로 'ㆍ, ㅡ, ㅣ'를 제시하고 있고 이 모음들을 결합하여 여러 다른 모음을 만들고 있어요. 휴대 전화 자판 중에도 이 모음의 기본자에 해당하는 3개의 자판이 있어요. 이 자판을 이용해 다른 모음자를 입력할 수 있어서 참 편리해요.
- 학생 3: 〈예사소리 ㄱ〉 – 〈거센소리 ㅋ〉 – 〈된소리 ㄲ〉의 관계가 〈A〉 – 〈A에 획 추가〉 – 〈AA〉로 글자 모양에 나타나 있어서 참 체계적인 문자인 것 같아요.
- 학생 4: 기본자인 'ㅁ'과 'ㅁ'에 획 추가, 즉 가획해서 만든 자음자들은 '□' 모양을 공통으로 포함하고 있는데, 이때 포함된 '□' 모양은 이들 자음자들의 공통된 소리 특징을 반영한 것이에요.

〈보기 2〉

한글의 제자 원리
가. 초성자와 중성자의 기본자는 상형의 원리로 만들었다.
나. 기본자에 가획하여 새로운 초성자를 만들었다.
다. 초성자를 나란히 써서 또 다른 초성자로 사용하였다.
라. 기본자 외의 8개 중성자는 기본자를 합하여 만들었다.

① 학생 1 – 가, 나
② 학생 2 – 다, 라
③ 학생 3 – 나, 다
④ 학생 4 – 나, 라

04

2020 지방직 7급

다음 발화에 나타난 주장으로 가장 적절한 것은?

신어(新語)에 대해 말할 때, 보통 유행어나 비속어, 은어와 같은 한정된 대상을 떠올리는 경우가 많습니다. 그런데 신어 연구의 대상은 특정한 범주의 언어, 소수 집단의 언어에 한정되지 않습니다. 어려운 전문 용어는 의사소통의 효율성이나 교육적 목적을 위해 순화된 신어로 대체할 필요가 있는데, 특히, 상당수의 전문 용어는 신어에 대한 정책적인 고려가 필요해 보입니다. 예를 들어 '좌창(痤瘡)'이라는 의학 용어를 대체한 '여드름'은 일상생활뿐만 아니라 전문 분야에서도 신어로 자리를 잡았습니다. 이와 같은 신어는 전문 용어의 순화에도 일정한 역할을 하고 있습니다. 이는 신어 연구가 단지 새로운 어휘와 몇 가지 주제를 나열하는 연구를 넘어서 한국어 조어론 전반에 대한 연구로 확장되어야 하는 이유이기도 합니다. 이러한 신어의 영역은 대중이 생산하는 '자연 발생적 신어'의 영역과 더불어 '인위적인 신어'의 영역으로 논의되어야 합니다.

① 신어에서 비속어나 은어가 빠져야 한다.
② 신어는 연구 대상과 영역을 확장해야 한다.
③ 자연 발생적인 신어에 대한 정책적 고려가 필요하다.
④ 신어는 의사소통의 효율성을 위해 그 범주를 특정해야 한다.

05

2019 국가직 7급

다음 글의 내용으로 적절하지 않은 것은?

우리나라를 비롯해 동양에는 빛과 그림자의 대비를 사실적으로 표현하는 명암법이 존재하지 않았다는 점이 새삼 흥미롭게 다가온다.

단원 김홍도의 〈씨름〉을 보자. 어디에도 그림자는 없다. 숨바꼭질하는 아이들이 꼭꼭 숨어 버린 것처럼 모든 그림자가 다 사라져 버렸다. 이처럼 선묘에 의지해 대상을 나타내는 우리의 전통 회화에서는 그림자 표현을 찾아보기 어렵다. 동양 회화는 명암을 의도적으로 외면하는 경향이 있다. 빛과 그림자를 통해 그림의 사실성을 높이고 사물의 물리적인 실재감을 높이는 것은 선의 맛을 중시하여 정신성을 극대화해 온 동양 회화의 전통과 배치되기 때문이다.

하지만 현상의 원리로서 음양의 조화를 추구해 온 역사가 시사하듯 물리적인 빛과 그림자를 그리지는 않았어도 그 조화와 원리에 대한 관념은 화포에 진하게 물들어 있다. 사실의 묘사보다 정신의 표현을 중시한 까닭에 동양회화에서 빛과 그림자는 이처럼 정신의 현상으로 녹아 있다고 할 수 있다.

그럼에도 조선 후기에 들어서면 명암 표현이 어렴풋이 시도되는데, 이는 북경으로부터 명암법, 원근법 등에 기초한 서양 화법이 우리나라로 흘러들어 왔기 때문이다. 김두량의 〈견도(犬圖)〉, 이희영의 〈견도(犬圖)〉 등 일부 화인들의 그림에서 그 흔적을 찾아볼 수 있다.

① 동양 회화는 정신성을 추구하기 위하여 사실성과 거리를 두었다.
② 회화에서 명암은 사물의 실재감을 높이는 데 중요한 역할을 한다.
③ 김홍도의 〈씨름〉과 김두량의 〈견도〉는 다른 명암법을 사용하고 있다.
④ 선의 맛을 중시한 전통 때문에 동양 회화에서는 명암 표현을 찾기가 어렵다.

06

2019 지방직 7급

다음은 신문 기사의 일부이다. 〈보기〉를 참고할 때 ㉠~㉣에 대한 설명으로 가장 적절한 것은?

㉠ 별 헤는 밤

㉡ – 울산과 부산서 11·12일 별 축제 열려 –

㉢ 11일과 12일 저녁 울산과 부산에서 가을밤 별자리를 관찰할 수 있는 축제가 잇따라 펼쳐진다.
㉣ 울산광역시와 한국천문연구원은 11일 오후 5시부터 한국우주전파관측망(KVN) 울산전파천문대에서 '울산전파 천문대와 함께하는 대한민국 별 축제'를 연다. 이 축제는 울산광역시 생활과학교실과 한국아마추어천문학회가 주관해 2010년부터 해마다 여는, 청소년을 위한 과학 문화 축제이다. …(하략)

– ○○신문, 20○○. ○○. ○○. –

〈보기〉

신문 기사에서 '전문'은 기사의 내용을 요약하여 제시한 부분으로, 대체로 육하원칙에 의거하여 기사 내용의 뼈대를 제공한다. 이는 본문을 요약하는 전문, 배경을 설명하는 전문, 여론을 환기하는 전문, 결과를 제시하는 전문 등으로 나눌 수 있다.

① ㉠: 기사 내용을 요약 제시한 전문이다.
② ㉡: 사건의 결과와 함께 원인을 제시한다.
③ ㉢: 육하원칙의 몇몇 요소로 기사의 요지를 제시한다.
④ ㉣: 대중의 관심을 환기하는 전문에 해당한다.

07

2020 지방직(= 서울시) 7급

다음 글에 대한 이해로 적절하지 않은 것은?

우리 헌법에는 신체의 자유, 거주·이전의 자유, 직업의 자유, 주거의 자유, 통신의 자유 등 명시적으로 개별적인 기본권을 정하고 있다. 하지만 인간의 삶에 필요한 자유가 특정 시점을 기준으로 모두 구체적인 이름을 띠고 있을 수는 없다. 그런 이유로 인간이 살아가면서 발견하게 될 자유도 헌법상 보장되는 장치를 할 필요가 있어서 헌법 제37조 제1항에 "국민의 자유와 권리는 헌법에 열거되지 아니한 이유로 경시되지 아니한다."라고 정함으로써 모든 영역에 걸쳐 자유를 보장하고 있다.

그런데 자유는 무한하지도 않고, 방임도 아니다. 이런 자유는 타인의 자유와 권리를 침해하지 않는 범위 내에서 인정되며, 공동체의 존속과 발전을 침해하지 않는 범위 내에서 향유할 수 있는 것이다. 우리 헌법이 규율하는 공동체 질서 내에서의 자유는 어디까지나 공동체의 존속, 안전, 평화, 그리고 타인과 더불어 살아가는 상생을 전제로 하는 것이다.

헌법에서 보장하는 자유도 이러한 범위에서 제한을 받는 것이기는 하지만 국가안전보장, 질서유지, 공공복리라는 가치들이 있기만 하면 국민의 자유가 마음대로 제한될 수 있는 것은 아니다. 이런 가치에 의해 자유를 제한하는 경우에도 과잉금지원칙이 적용되고 기본권의 본질적인 내용은 침해할 수 없다.

① 인간의 자유는 공동체의 존속과 발전을 침해하지 않는 범위 내에서 향유할 수 있다.
② 헌법 제37조 제1항은 헌법에 열거되지 않은 자유에 대해서 보장하는 장치를 마련하고 있다.
③ 헌법에 명시된 자유 외에 새롭게 발견하게 될 자유를 제한할 경우에 과잉금지원칙을 적용한다.
④ 자유는 무한하지도 않고, 방임도 아니므로 특정 시점을 기준으로 구체적인 이름을 부여할 필요가 있다.

08

2019 국가직 7급

다음 글에서 알 수 없는 것은?

팰림시스트(palimpsest)란 원래 양피지 위에 글자가 여러 겹 겹쳐서 보이는 것을 일컫는다. 종이가 발명되기 전에는 양피지에 글을 썼는데 양피지는 귀했기 때문에 이를 재활용하기 위해 이미 쓰여 있는 글자를 지우고 그 위에 다시 글자를 쓰는 일이 빈번했다. 이로 인해 이전에 쓴 글자 위로 새로 쓴 글자가 중첩되어 보이는 현상이 벌어졌다. 건축에서는 이러한 팰림시스트를 오래된 역사적 흔적이 현재의 공간에 영향을 미칠 때 그것을 은유적으로 설명하기 위해 원용하고 있다.

가장 손쉬운 예로 서울 강북의 복잡한 도로망을 들 수 있다. 조선 시대 한양에는 상하수도 시설이 부재하였다. 하지만 물은 인간 생활에 가장 필요한 기본 요건인바, 물을 효율적으로 사용하기 위해 이 당시 주거들은 한강의 지류 하천을 따라서 형성될 수밖에 없었다. 실개천 주변으로 주거들이 들어서게 되고 그 옆으로 사람과 말들이 지나다니면서 자연 발생적으로 도로가 만들어지게 되었다. 수변(水邊) 공간에서 일상생활을 영위하고 하천을 상하수도 시설처럼 사용하는 커뮤니티가 자연스럽게 형성되었다고 볼 수 있다.

그러나 이후 인구 밀도가 높아지면서 위생 문제가 심각해지고, 동시에 자동차가 급증하여 자동차 도로를 확보하는 것이 도시 형성의 필수 조건으로 부각되면서 하천 주변은 상당 부분 자동차 도로로 바뀌었다. 강북의 도로망 가운데 많은 부분이 구불구불한 자연 하천과도 같은 모습을 갖게 된 것은 이러한 연유에서이다. 산업화 이후 대형 간선도로의 등장이 본격화되면서 하천을 중심으로 형성되었던 기존 커뮤니티는 간선도로에 의해 나눠지게 된 것이다.

① 팰림시스트는 종이가 발명되기 이전, 양피지를 재활용하면서 빚어진 현상을 말한다.
② 하천이 커뮤니티의 중심이었던 과거와 달리 지금은 간선도로가 커뮤니티를 나누고 있다.
③ 도시 주거의 기본 요건 중 하나가 상하수도 시설이기 때문에 하천 주변이 자동차 도로가 된 것은 필연적이다.
④ 강북의 복잡한 도로망은 상하수도 시설이 없었던 시절의 흔적이 현재의 공간에 영향을 미친 팰림시스트의 예이다.

09

2019 지방직 7급

다음 글에 대한 추론으로 적절하지 않은 것은?

인류 역사는 끊임없이 변화를 거듭해 왔다. 그 변화의 굽이들 속에서 사람들의 세계관이나 가치관 또한 다양하게 바뀌었다. 어느 세기에는 종교적 믿음이 모든 것을 지배하기도 했고, 어느 때는 이성이 가장 중요한 위치를 차지했으며, 또 어느 시점에서는 전 인류가 기계 문명을 근간으로 한 산업화를 지향하기도 했다. 그리고 21세기가 되었다. 이 세기는 첨단 과학과 정보 통신 기술의 비약적인 발달로 과거 그 어느 때보다 변화의 진폭이 클 것으로 예상되었으며 변화된 모습이 실로 드러나고 있다. 이러한 지속적인 변화의 배경에는 늘 인간의 열망과 상상력이 가로놓여 있었다.

과학 기술의 진보와 이에 발맞춘 눈부신 문명의 진전 과정에서 인간의 열망과 상상력이 우선하였다. 과연 인간이 욕망하지 않고 상상하지 않았다면 이 문명 세계의 많은 것들을 창조하고 혁신할 수 있었을까? 하늘을 날고 싶어 하는 욕망이 없었다면 비행기는 발명되지 못했을 것이며, 좀 더 빠른 이동 수단을 원하지 않았다면 자동차는 나오지 않았을 것이다. 이제껏 상상력은 인류 문명을 가동시켜 온 원동력이었으며 현재 또한 그러하다.

그런 가운데 21세기 디지털 테크놀로지와 신과학들은 이러한 상상력의 위상을 다시 생각하게 한다. 사람들이 실현이 불가능하다고 여겨 공상 수준에 그쳤던 일들이 실로 구현되는 상황이 펼쳐지곤 한다. 3D, 아바타, 사이보그, 가상현실, 인공 생명, 유전 공학, 나노 공학 등 21세기 최첨단 과학 기술에 힘입어 상상력의 지평이 넓어졌다. 과거 시대들이 무엇인가를 상상하고 그것을 만들어 가는 기술을 개발하는 시간들이었다면, 21세기는 상상하는 것을 곧 이루어 낼 수 있는 시대가 된 것이다.

① 현재의 인간이 추구하는 가치를 불변의 절대적 가치로 인정할 수는 없다.
② 인류 역사의 변화 과정에서 인간의 열망과 상상력이 끼친 영향이 크다.
③ 인류 역사의 변화 중에도 인간의 상상력을 바탕으로 실현된 세계의 모습은 변함이 없었다.
④ 21세기에 접어들어 과학 기술과 상상력의 위상 관계에 변화가 일고 있다.

10

2020 지방직(= 서울시) 7급

㉠과 ㉡에 대한 진술 방식으로 적절하지 않은 것은?

㉠ 예술의 본질은 무엇인가를 표현하는 것이다. 이 말은 예술이 ㉡ 과학과 마찬가지로 일종의 설명적 기능을 하고 있다는 것이다. 예술가는 자신의 언어를 통해서 대상에 대한 자신의 생각이나 느낌을 전달한다. 특히 낭만적인 예술가들은 예술의 기능을 본질적으로 표현에 있다고 보고, 예술의 기능이 과학의 기능과 질적으로 다르지 않다고 하였다. 과학이나 예술은 다 같이 우리들이 경험하고 있는 사물 현상에 질서를 주는 방법이라는 것이다. 과학이나 예술의 목적이 진리를 밝히는 데 있으며, 그들의 언어가 갖는 의미는 그 언어가 가리키는 지시 대상에서 찾아진다는 것이다.

그러나 예술의 언어가 과학의 언어처럼 지시적 기능을 갖고 있다는 사실은 예술에 대한 오해에서 비롯된 것이다. 다빈치의 「모나리자」는 모나리자라는 여인을 모델로 했다고 하더라도, 그러한 인물을 지시하고 표현했기 때문에 예술이 되는 것은 아니다. 이 예술 작품은 실재 인물과 상관없이 표현의 결과물로서 존재한다. 이처럼 예술 작품은 의미를 갖는 언어 뭉치로서 존재하는 것이다. 예술이 '말할 수 없는 것을 말하는 것'이라는 견해도 여기에서 비롯된다.

① ㉠에 대한 예시를 들고 있다.
② ㉠에 대한 개념을 밝히고 있다.
③ ㉠과 ㉡의 공통점을 기술하고 있다.
④ ㉠과 ㉡을 인과적으로 분석하고 있다.

11

2020 지방직(= 서울시) 7급

㉠과 ㉡에 대한 글쓴이의 견해로 적절하지 않은 것은?

'대중예술'이라는 용어는 다소 모호하게 사용된다. 이 용어는 19세기부터 쓰였고, 오늘날에는 대중매체 예술뿐 아니라 서민들이 향유하는 예술에도 적용된다. 이 용어의 사용과 관련하여 제기되는 비판과 의문은, 예술이란 용어 자체가 이미 고유한 미적 가치를 함축하고 있기 때문에 대중예술이라는 개념은 본질적으로 모순이며 범주상의 오류라는 것이다. 이 같은 논쟁은 고급 예술과 대중예술 사이의 위계적 이분법 아래에 예술 대 엔터테인먼트라는 대립이 존재함을 알려 준다.

대중예술과 마찬가지로 엔터테인먼트는 고급 문화와 대비하여 저급한 것으로 널리 규정되어 왔다. 결과적으로 엔터테인먼트와 대중예술에 관한 이론은 대개 두 입장 사이에 놓인다. ㉠ 첫 번째 입장은 엔터테인먼트가 고급 문화를 차용해서 타락시키는 것이라고 주장하면서, 엔터테인먼트를 고급 문화에 전적으로 의존하고, 종속되며 그것에서 파생되는 것으로 간주한다. ㉡ 두 번째 입장은 엔터테인먼트를 고급 문화와 동떨어진 영역, 즉 고급 문화에 도전함으로써 대립적인 태도를 유지하면서 엔터테인먼트 자체의 자율적 규칙, 가치, 원리와 미적 기준을 갖고 있는 것으로 규정한다.

첫 번째 입장은 다양한 가치를 이상적인 진리 안에 종속시킴으로써, 예술의 형식과 즐거움의 미적 가치에 대한 어떠한 상대적 자율성도 인정하지 않는다. 두 번째 입장은 대중예술에 대한 극단적 자율성을 주장하는 것으로서, 고급 예술이 대중예술에 대하여 휘두르고 있는 오래된 헤게모니의 흔적을 제대로 평가하지 않을 뿐 아니라 고급 예술과 대중예술 사이의 관계를 설명하지 못한다.

① ㉠은 고급 문화와 엔터테인먼트 사이의 위계성을 설명하지 못한다.
② ㉠은 대중예술과 엔터테인먼트에 비해 고급 예술과 고급 문화의 우월성을 강조한다.
③ ㉡은 고급 예술과 대중예술 사이의 관계성을 설명하지 못한다.
④ ㉡은 고급 예술과 고급 문화에 대해 대중예술과 엔터테인먼트의 독자성을 강조한다.

12

2019 국가직 7급

다음 글의 내용에 부합하지 않는 것은?

세계 각국의 정부와 기업에 미래 전략을 연구하는 부서가 급증하고 있다. 미래에 대한 다양한 정보를 수집하면 의사 결정의 질을 높일 수 있다는 인식하에 이들은 의사 결정 지원 시스템과 미래 예측 시스템을 지속적으로 개선하고 있다. 그렇지만 빠른 변화와 복합적인 세계화로 미래에 대한 정보를 판단하는 것은 점점 어려워지고 있다.

그 결과, 기관은 컴퓨터 시스템에 더욱 의존하게 되었으며, 빅데이터와 연결된 인공지능을 의사 결정에 적극적으로 이용하게 되었다. 이러한 현상을 증폭시킨 것이 적시에 지식을 제공해 의사 결정에 도움을 주는 집단 지성 시스템이다. 이는 인간의 두뇌, 지식 정보 시스템 등의 개체들이 협력이나 경쟁을 통해 기존의 지적 수준을 뛰어넘는 새로운 지성을 얻는 시스템을 의미한다. 예를 들어 집단 지성 시스템을 활용하면 재해 예방 및 대응에 관한 의사 결정 과정에서 재해를 예측하고, 재해에 대응하고, 재해로부터 회복하는 복원 시스템을 수립할 수 있다.

그러기에 미래 전략을 수립하고 분별 있는 결정을 내리기 위해 의사 결정자들은 미래학자에게서 단순히 전망 보고나 브리핑을 받는 데서 그치지 않고, 그들과 정기적으로 장기적인 사안을 논의할 수 있어야 한다. 이러한 장기적 관점의 논의 과정이야말로 빠르고 정확한 의사 결정 수립에 필수적이기 때문이다. 입법부에 미래위원회가 설립되고 정부 지도자 의사 결정 과정에 미래학자가 참여하는 이유가 여기에 있다.

① 기관은 미래에 대한 정보를 판단하기 위해 컴퓨터 시스템을 활용하고 있다.
② 미래학자가 의사 결정 과정에 참여하는 주된 의의는 미래 예측 시스템의 경쟁력을 제고하기 위해서이다.
③ 정부와 기업의 의사 결정자들은 의사 결정의 질을 높이기 위해서 미래 예측 능력을 개선해야 한다고 생각한다.
④ 발생 가능한 재해를 예측하고 이에 대응하기 위한 복원 시스템을 수립하는 데 집단 지성 시스템을 이용할 수 있다.

13

2016 고1 9월 학력평가 변형

다음 글을 읽고 추론한 것으로 옳지 않은 것은?

> 한옥 공간은 막히지 않고 순환한다. 이 방에서 저 방으로 가는 길은 좁은 복도 하나가 아니라 여러 갈래이며 그 형식도 여러 가지이다. 때로는 그 길이 방끼리 통하기도 하고 마당과 대청마루를 건너기도 한다. 막으면 방이 되지만 그 막음이란 것이 콘크리트 벽처럼 앙다문 것이 아니어서 언제든지 틀 수 있다. 방과 방 사이에 문이 난 경우도 제법 많아 문을 트면 길이 나게 되는 것이다. 이처럼 한옥은 사방으로 적당히 뚫려 있고 적당히 막혀 있다.
>
> 한옥 공간이 순환한다는 것은 시작과 끝이 없고 하나로 '통(通)'한다는 뜻이다. '원(圓)'은 완전 도형이라 해서 동서양 모두에서 최고의 상태로 간주했는데 한옥에서는 이를 공간에 적용해서 막힘 없이 둥글둥글 도는 동선 구조로 만들어 냈다. '원'에 '통'을 결합해서 '원통'한 공간으로 만들어 낸 경우는 한옥밖에 없다. 원통은 원처럼 둥글어서 통한다는 뜻이다. 다시 말해 뒤돌아서는 일 없이 직각으로만 꺾다 보면 처음 출발했던 곳으로 되돌아올 수 있다는 의미이다. 가령 대청으로 오르면 방으로 들어간 뒤 옆방으로 이어 가거나 방 밖으로 빠져나오는 식으로 다시 대청 앞으로 돌아올 수 있다는 것이다. '원'한 공간은 자연히 '통'하게 되어 있으니, 한옥은 '원'이라는 것에서 기하학적 형상을 읽은 것이 아니라 '통'하는 가능성을 읽은 것이다.

① 한옥의 구조에 대한 사상적 배경이 나타나 있겠군.
② 한옥의 공간은 고정적이지 않고 변용이 가능한 형식이겠군.
③ 한 방향으로만 회전하더라도 한옥 구조를 모두 돌아보는 것이 가능하겠군.
④ 원통형으로 지은 한옥은 모든 방들이 중심으로부터 동일한 거리에 존재하겠군.

[14~15] 다음 글을 읽고 물음에 답하시오.

> 기존 범죄학의 큰 흐름들은 범죄를 억제하려는 그동안의 법체계와 정책의 근간이 되어 왔다. 하지만 1970년대 이후 이러한 시도들의 범죄 감소 효과에 대한 비판이 일면서, 환경에 의한 범죄 유발 요인과 환경 개선을 통한 범죄 기회의 감소 효과 등을 연구하는 '환경 범죄학'이 주목받기 시작했다. 이러한 가운데 건축학이나 도시 설계 전문가들은 범죄의 원인과 예방의 해법을 환경과 디자인에서 찾아야 한다고 주장했다. 바로 '셉테드(CPTED)'라 불리는 범죄 예방 설계가 그것이다. 셉테드는 건축 설계나 도시 계획 등을 통해 대상 지역의 방어적 공간 특성을 높여, 범죄 발생 가능성을 줄이고 지역 주민들이 안전감을 느끼도록 하여 궁극적으로 삶의 질을 향상시키는 종합적인 범죄 예방 전략을 의미한다.
>
> 셉테드는 다음의 원리로 이루어진다. 우선 '자연적 감시의 원리'는 공간과 시설물에 대한 가시권을 확보하고 잠재적 범죄자의 은폐 장소를 최소화시킴으로써 내부인이나 외부인의 행동을 주변 사람들이 자연스럽게 관찰할 수 있게 만드는 것이다. 다음으로 '접근 통제의 원리'는 보행로, 조경, 문 등을 통해 사람들의 통행을 일정한 경로로 유도하여 허가받지 않은 사람들의 출입을 통제하거나 차단하는 것을 말한다. '영역성의 원리'는 안과 밖이라는 공간 영역을 조성하여 외부인의 침범 기준을 명확히 확립하는 것을 말한다. 이 외에도 공공장소 및 시설에 대한 내부인들의 활발한 사용을 유도하여 그 근방의 범죄를 감소시킨다는 '활동의 활성화 원리', 공공장소와 시설물이 처음 설계된 대로 지속적으로 유지 및 관리되어야 한다는 '유지 및 관리의 원리'가 있다. 이 모든 원리는 범죄 예방의 전략과 목표를 범죄자 개인이 아닌 도시 및 건축 환경의 설계와 계획에 두고 있다는 점에서 공통적이다.
>
> 우리나라는 2005년 즈음부터 셉테드를 도입하여 도시 설계와 건축물에 범죄 예방 설계 활용을 본격화하기 시작했다. 그동안의 법과 정책, 그리고 셉테드가 동시에 강화된다면 좀 더 안전한 사회를 만들 수 있을 것이다.

14

2018 고1 9월 학력평가 변형

글의 내용과 부합하는 것은?

① 기존에 존재하던 범죄학의 흐름을 계승하여 만들어진 것이 '셉테드'이다.

② 셉테드는 범죄의 원인과 예방법을 환경과 디자인에서 찾고자 한 노력의 산물이다.

③ 잠재적 범죄자가 숨어 있을 법한 공간이 줄어들 경우 범죄를 부추기는 효과가 날 수 있다.

④ 특정 시설을 이용하는 인원이 많아질수록 범죄 발생 확률이 높아진다.

15

2018 고1 9월 학력평가 변형

글을 읽고 추론한 것으로 적절하지 않은 것은?

① 기존의 범죄학들이 효과적으로 범죄를 예방했다면 셉테드가 등장하지 않았을 수도 있겠군.

② 시설물의 한쪽 벽에 전면 유리창을 채용하여 내부에 대한 가시성을 확보할 경우 범죄율의 하락에 일조하겠군.

③ 유지, 관리가 허술한 폐공장의 경우 범행 장소가 될 확률이 높아지겠군.

④ 셉테드가 기존의 법과 정책을 완전히 대체할 수 있겠군.

[16~17] 다음 글을 읽고 물음에 답하시오.

현대 사회에서 개인은 소비자로서 여러 가지 제품을 구매한다. 그런데 소비자 개인의 가치관, 구매하려는 제품의 특징, 그리고 구매와 관련된 상황에 따라 제품에 기울이는 소비자의 관심이 달라진다. 이를 설명하기 위한 개념으로 대표적인 것이 소비자의 '관여도'이다.

관여도란 주어진 상황에서 특정 제품에 대해 개인이 자신과의 관련성을 지각하는 정도를 의미한다. 소비자의 관여도를 결정하는 요인에는 '개인적 요인', '제품에 의한 요인', '상황적 요인'이 있다. 개인적 요인은 개인에게 국한되는 성향이나 자아 정체성 등을 의미하는데, 이는 쉽게 변하지 않는 특징을 가진다. 소비자는 이 요인을 통해 의미를 부여한 특정 제품에 지속적으로 높은 관여도를 가지게 된다. 예를 들어 품위 있는 겉모습을 중시하는 성향을 지닌 소비자는 자신의 품위를 충분히 드러낼 수 있다고 의미를 부여한 특정 의류에 지속적으로 높은 관여도를 유지한다. 다음으로 제품에 의한 요인은 특정 제품이 지닌 특징을 의미하는데, 이 특징은 대다수의 소비자들이 가지고 있는 욕구를 충족시킬 수 있는 것이다. 따라서 소비자들은 제품의 이러한 특징으로 인해 이 제품에 높은 관여도를 가지게 된다. 예를 들어 실용성을 극대화하여 제작된 특정 주방 기기가 있다고 한다면, 실용성을 추구하는 대다수의 소비자들은 이 제품이 자신들의 욕구를 충족시켜 줄 수 있다고 생각하여 해당 제품에 높은 관여도를 가지게 된다. 마지막으로 상황적 요인은 소비자가 제품의 구매와 관련된 특정 상황을 의미하는데, 상황은 끊임없이 변화하기 때문에 상황적 요인은 개인적 요인에 비해 지속적이지 않다. 예를 들어 평소 오디오에 관심이 없던 소비자가 가족들을 위해 오디오를 구매해야 하는 상황에 놓이게 되면 오디오에 대한 관여도는 일시적으로 높아진다.

이와 같은 요인들이 상호 작용하여 결정되는 소비자 관여도는 제품에 대해 소비자가 자신과의 관련성을 인지하는 척도이다. 그러므로 소비자에게 제품을 판매하는 사람들의 입장에서는 소비자 관여도가 중요한 기준이 될 수밖에 없다. 즉 제품 판매자들은 더 많은 소비자들에게 자신들의 제품을 판매하기 위해 소비자 관여도를 바탕으로 제품들을 분류하고 이에 따라 판매 전략을 세운다.

16

2018 고1 11월 학력평가 변형

글의 내용과 가장 부합하는 것은?

① 개인적 요인에 의한 관여도는 비교적 쉽게 변하는 편이다.
② 개인의 성향을 통해 형성된 관여도와 달리 제품의 특성으로 인해 형성된 관여도는 다수의 소비자에게 유사한 영향을 준다.
③ 상황적 요인은 개인적 요인과 달리 형성된 이후 해당 관여도의 지속성이 높은 편이다.
④ 제품 판매자들은 소비자들의 관여도 형성을 주도하기 위해 판매 전략을 세우게 된다.

17

2018 고1 11월 학력평가 변형

글의 서술 방식으로 적절하지 않은 것은?

① 특정 개념에 영향을 주는 요인들을 세부적으로 분류하여 설명하고 있다.
② 예시를 사용하여 독자의 이해를 돕고 있다.
③ 개념에 대한 설명뿐만 아니라, 해당 개념이 지니는 가치에 대해서도 이야기하고 있다.
④ 구체적인 수치를 통해 전문적인 개념을 설명하고 있다.

18

2014 민경채

다음 글의 입장을 강화하는 내용으로 가장 적절한 것은?

고대사회를 정의하는 기준 중의 하나로 '생계경제'가 사용되곤 한다. 생계경제 사회란 구성원들이 겨우 먹고 살 수 있는 정도의 식량만을 확보하고 있어서 식량 자원이 줄어들게 되면 자동적으로 구성원 전부를 먹여 살릴 수 없게 되고, 심하지 않은 가뭄이나 홍수 등의 자연재해에 의해서도 유지가 어렵게 될 수 있는 사회를 의미한다. 그러므로 고대사회에서의 삶은 근근이 버텨가는 것이고, 그 생활은 기아와의 끊임없는 투쟁이다. 왜냐하면 그 사회에서는 기술적인 결함과 그 이상의 문화적인 결함으로 인해 잉여식량을 생산할 수 없기 때문이다.

고대사회에 대한 이러한 견해보다 더 뿌리 깊은 오해도 없다. 소위 생계경제의 성격을 지닌 것으로 간주되는 많은 고대사회들, 예를 들어 남아메리카에서는 종종 공동체의 연간 필요 소비량에 맞먹는 잉여 식량을 생산했다는 점에 주의를 기울일 필요가 있다. 기아와의 끊임없는 투쟁을 의미하는 생계경제가 고대사회를 특징짓는 개념이라면 오히려 프롤레타리아가 기아에 허덕이던 19세기 유럽 사회야말로 고대사회라고 할 수 있을 것이다. 사실상 생계경제라는 개념은 서구의 근대적인 이데올로기의 영역에 속하는 것으로 결코 과학적 개념도구가 아니다. 민족학을 위시한 근대 과학이 이토록 터무니없는 기만에 희생되어 왔다는 것은 역설적이며, 더군다나 산업 국가들이 이른바 저발전 세계에 대한 전략의 방향을 잡는 데 기여했다는 사실은 두렵기까지 하다.

① 고대사회가 경제적으로 풍요로웠던 것은 생계경제 체제 때문이었다.
② 산업사회로 이행하면서 경제적 잉여가 발생하였고 계급이 형성되었다.
③ 자연재해나 전쟁으로 인해 고대사회는 항상 불안정한 상황에 처해 있었다.
④ 고대사회에서 존재하였던 축제는 경제적인 잉여를 해소하는 기제로 작용했다.

19

2014 민경채

다음 글의 가설 A, B에 대한 평가로 가장 적절한 것은?

> 진화론에서는 인류 진화 계통의 초기인 약 700만 년 전에 인간에게 털이 거의 없어졌다고 보고 있다. 털이 없어진 이유에 대해서 학자들은 해부학적, 생리학적, 행태학적 정보들을 이용하는 한편 다양한 상상력까지 동원해서 이와 관련된 진화론적 시나리오들을 제안해 왔다.
>
> 가설 A는 단순하게 고안되어 1970년대 당시 많은 사람들이 고개를 끄덕였던 설명으로, 현대적 인간의 출현을 무자비한 폭력과 투쟁의 산물로 설명하던 당시의 모든 가설을 대체할 수 있을 정도로 매력적으로 보였다. 이 가설에 따르면 인간은 진화 초기에 수상생활을 시작하였다. 인간 선조들은 수영을 하고 물속에서 아기를 키우는 등 즐거운 활동을 하기 위해서 수상생활을 하였다. 오랜 물속 생활로 인해 고대 초기 인류들은 몸의 털이 거의 없어졌다. 그 대신 피부 아래에 지방층이 생겨났다.
>
> 그 이후에 나타난 가설 B는 인간의 피부에 털이 없으면 털에 사는 기생충들이 감염시키는 질병이 줄어들기 때문에 생존과 생식에 유리하다고 주장하였다. 털은 따뜻하여 이나 벼룩처럼 질병을 일으키는 체외 기생충들이 살기에 적당하기 때문에 신체에 털이 없으면 그러한 병원체들이 자리 잡기 어렵다는 것이다. 이 가설에 따르면 인간이 자신을 더 효과적으로 보호할 수 있는 의복이나 다른 수단들을 활용할 수 있었을 때 비로소 털이 없어지는 진화가 가능하다. 옷이 기생충에 감염되면 벗어서 씻어 내면 간단한데, 굳이 영구적인 털로 몸을 덮을 필요가 있겠는가?

① 인간 선조들의 화석이 고대 호수 근처에서 가장 많이 발견되었다는 사실은 가설 A를 약화한다.
② 털 없는 신체나 피하 지방 같은 현대 인류의 해부학적 특징들을 고래나 돌고래 같은 수생 포유류들도 가지고 있다는 사실은 가설 A를 약화한다.
③ 호수나 강에는 인간의 생존을 위협하는 수인성 바이러스가 광범위하게 퍼져 있었으며 인간의 피부에 그에 대한 방어력이 없다는 사실은 가설 A를 약화한다.
④ 열대 아프리카 지역에서 고대로부터 내려온 전통 생활을 유지하고 있는 주민들이 옷을 거의 입지 않는다는 사실은 가설 B를 강화한다.

20

2023 국가직 7급

다음 글의 (가)와 (나)에 들어갈 말을 적절하게 짝지은 것은?

> 갑은 국민 개인의 삶의 질을 1부터 10까지의 수치로 평가하고 이 수치를 모두 더해 한 국가의 행복 정도를 정량화한다. 예를 들어, 삶의 질이 모두 5인 100명의 국민으로 구성된 국가의 행복 정도는 500이다.
>
> 갑은 이제 국가의 행복 정도가 클수록 더 행복한 국가라고 하면서 어느 국가가 더 행복한 국가인지까지도 서로 비교하고 평가할 수 있다고 주장한다. 하지만 갑의 주장은 받아들이기 어렵다. 행복한 국가라면 그 국가의 대다수 국민이 높은 삶의 질을 누리고 있다고 보는 것이 일반적인 직관인데, 이 직관과 충돌하는 결론이 나오기 때문이다. 예를 들어, A국과 B국의 행복 정도를 비교하는 다음의 경우를 생각해 보자. [(가)], B국에서 가장 높은 삶의 질을 지닌 국민이 A국에서 가장 낮은 삶의 질을 지닌 국민보다 삶의 질 수치가 낮다. 그러면 갑은 [(나)]. 그러나 이러한 결론에 동의할 사람은 거의 없을 것이다.

① (가): A국의 행복 정도가 B국의 행복 정도보다 더 크지만
(나): B국이 A국보다 더 행복한 국가라고 말해야 할 것이다
② (가): A국의 행복 정도가 B국의 행복 정도보다 더 크지만
(나): A국이 B국보다 더 행복한 국가라고 말해야 할 것이다
③ (가): A국의 행복 정도와 B국의 행복 정도가 같지만
(나): B국이 A국보다 더 행복한 국가라고 말해야 할 것이다
④ (가): B국의 행복 정도가 A국의 행복 정도보다 더 크지만
(나): B국이 A국보다 더 행복한 국가라고 말해야 할 것이다

기출 품은 모의고사 | 16회

제한시간: 25분 ■시작시간: : ■종료시간: :

정답과 해설 ▶ P.91 ~ P.95

01

밑줄 친 부분을 〈공공언어 바로 쓰기 원칙〉에 따라 수정한 것으로 적절하지 않은 것은?

〈공공언어 바로 쓰기 원칙〉

㉠ 부적절한 한자어들을 순화하여 표현할 것
㉡ 띄어쓰기에 맞게 정확하게 표현할 것
㉢ 부적절한 외래어들을 순화하여 표현할 것
㉣ 잉여적 표현을 피할 것

① ㉠: '조사 대상 기관에 포함 요망'에서 '포함 요망'을 '포함하기 바람'으로 수정한다.
② ㉡: '심사에 필요한 구비 서류를 준비해야 합니다.'에서 '구비 서류'를 '구비서류'로 수정한다.
③ ㉢: '불법적인 자료를 다운로드하지 않도록 주의해야 합니다.'에서 '다운로드하지'를 '내려받지'로 수정한다.
④ ㉣: '무분별하게 반입되어 들여오는 물품들을 조사해야 합니다.'에서 '반입되어 들여오는'을 '들여오는'으로 수정한다.

02

2023 수능 변형

다음 밑줄 친 ㉠에 대한 설명으로 바르지 않은 것은?

합성 명사는 직접 구성 요소가 모두 어근인 명사이다. 여기서 직접 구성 요소는 단어를 가장 크게 나누었을 때 나누어진 단위를 의미한다. 복합어로 구성된 합성 명사로 예를 들어 보자면 '갈비찜'을 그 예로 들 수 있다. '갈비찜'의 직접 구성 요소 즉 가장 크게 이 단어를 나눈다면 '갈비'와 '찜'이다. 그런데 '갈비찜'을 '갈비'와 '찜'만으로 나누게 되면 크게는 나누었으되 단어를 세밀히 분석하기에는 부족함이 많을 수 밖에 없다. 따라서 세밀히 분석해 볼 수 있는 단위가 필요하고 그것이 형태소이다. 형태소는 의미를 유지하는 최소 단위로 형태소 분석은 단어를 어근과 접사, 어미 등과 같이 더 세밀한 단위까지 나누어 보는 것을 말한다. 만약 '갈비찜'을 형태소 단위까지 분석하면 '갈비'는 의미를 유지하는 범위 내에서 더 이상 분석하기 어렵지만 '찜'은 얼마든지 더 세밀한 분석이 가능하다. 즉 '찌-', '-ㅁ'이라는 형태소로 분석할 수 있는 것이다. 이처럼 합성 명사 내부에 복합어가 있을 때, ㉠합성 명사를 형태소 단위까지 분석하면 합성 명사의 내부 구조를 세밀히 알 수 있다.

① '통조림'은 직접 구성 요소로 나누어 보면 '통'과 '조림'으로 나눌 수 있다.
② '통조림'을 형태소 분석을 통해 분석해 보면 '토', 'ㅇ'과 '조리', 'ㅁ'을 생각해 볼 수 있다.
③ '눈웃음'을 직접 구성 요소로 나누어 보면 '눈'과 '웃음'으로 나눌 수 있다.
④ '눈웃음'을 형태소 분석을 통해 분석해 보면 '눈'과 '웃', '음'을 생각해 볼 수 있다.

03

2017 7월 모의고사 변형

〈보기〉의 훈민정음을 바탕으로 중세 국어의 특징을 탐구한 내용으로 적절하지 않은 것은?

〈보기〉

㉠ 나랏 말ᄊᆞ미 中듕國귁에 달아 文문字쫑와로 서르 ᄉᆞᄆᆞᆺ디 아니ᄒᆞᆯᄊᆡ 이런 젼ᄎᆞ로 어린 百ᄇᆡᆨ姓셩이 ㉡ 니르고져 홇 ㉢ 배 이셔도 ᄆᆞᄎᆞᆷ내 제 ᄠᅳ들 시러 ㉣ 펴디 몯홇 노미 하니라 내 이ᄅᆞᆯ 爲윙ᄒᆞ야 어엿비 너겨 새로 스믈여듧 字쫑ᄅᆞᆯ ᄆᆡᇰᄀᆞ노니 사ᄅᆞᆷ마다 ᄒᆡ여 수ᄫᅵ 니겨 날로 ᄡᅮ메 便뼌安한킈 ᄒᆞ고져 홇 ᄯᆞᄅᆞ미니라

[현대어 풀이]

우리나라의 말이 중국과 달라 문자와 서로 통하지 아니하여서 이런 까닭으로 어리석은 백성이 말하고자 하는 바가 있어도 마침내 제 뜻을 능히 펴지 못하는 사람이 많다. 내가 이것을 위하여 가엾게 여겨 새로 스물여덟 자를 만드니, 모든 사람들로 하여금 쉽게 익혀 날마다 쓰는 데 편하게 하고자 할 따름이다.

① ㉠의 'ㅅ'은 현대 국어의 '의'에 해당하는 관형격 조사로 쓰였군.

② ㉡의 '고져'는 현대 국어의 '고자'에 해당하는 연결 어미로 쓰였군.

③ ㉢의 눈에 보이지 않는 주격 조사가 모음으로 끝나는 체언에 결합했음을 알 수 있군.

④ ㉣과 현대 국어의 '펴지'를 비교해 보니 'ㄷ'과 'ㅣ'가 만나 'ㅈ'으로 바뀌는 구개음화 현상이 아직 일어나지 않았음을 알 수 있군.

04

2019 지방직 7급

다음 글에 대한 이해로 적절하지 않은 것은?

다음 세대에 자신의 모어(母語)를 전달하지 않고자 하는 행위를 '언어 자살(language suicide)'이라고 한다. 언어 자살은 명백한 외부의 강압이 없으며 비교적 단기간에 집단적으로 이루어진다는 특징이 있다. 가령, 멕시코 정부에서 공식적으로 토토낙어 사용을 금지하는 정책을 취하지 않고 지역 문화를 존중하는 태도를 보였는데도 이 지역 사람들은 모어 대신 스페인어를 사용했다. 이러한 언어 교체 현상을 멕시코 정부가 부추겼다고 보기는 어렵다. 연구에 의하면 언어 자살은 '정체성 상실, 사회 붕괴, 세대 간 문화적 연속성의 결여' 등이 앞서거니 뒤서거니 하는 원인이자 결과이자 배경이다. '나는 부모님들처럼 이렇게 살지는 않겠어.'라는 집단적 자각이 한 세대로 하여금 단체로 모어 사용을 그만두게 할 수도 있는 셈이다.

① 부모 세대와 다르게 살겠다는 자식 세대의 집단적 자각은 언어 자살의 원인이 될 수 있다.

② 멕시코 정부의 공식적인 언어 정책이 특정 지역의 언어 교체 현상을 유도했다고 보기 어렵다.

③ 모어를 계승하려는 언중의 의지가 언어 자살 현상의 발생 가능성에 변수가 될 수 있다.

④ 서구 열강들의 식민지 지배 전략 가운데 언어 말살 정책은 언어 자살 현상의 대표적 사례이다.

05

2018 국가직 7급

다음 글을 바탕으로 추론한 생각 중 적절하지 않은 것은?

> 소쉬르는 언어를, 기호의 형식에 상응하는 기표(記標)와 기호의 의미에 상응하는 기의(記意)의 기호적 조합이라고 전제한다. 예를 들어 '흑연과 점토의 혼합물을 구워 만든 가느다란 심을 속에 넣고, 겉은 나무로 둘러싸서 만든 필기도구'라는 의미를 표시하는 기표는 한국어에서 '연필'이다. 그런데 '연필'의 기의에 대응되는 영어 기표는 'pencil'이다. 각기 다른 기표가 동일한 기의를 표현한 것이다. 소쉬르는 이처럼 하나의 기의가 서로 다른 기표에 대응되는 것을 두고 기호적 관계가 자의적이라고 주장하는 한편, 이러한 자의성은 사회적 약속과 문화적 약호(code)에 따라 조율된다고 보았다.

① 표준어로 '부추'에 상응하는 표현이 지역에 따라 달리 나타나는 현상에서 기호의 자의성을 엿볼 수 있겠군.
② 어떤 개념을 새롭게 표현한 단어가 널리 쓰이려면 그 개념을 쓰는 사회 성원들의 공통된 합의가 필요하겠군.
③ 같은 종교를 믿으면서 문화적 약호가 유사한 지역에서는 같은 기표에 대응되는 개념이 비슷할 가능성이 높겠군.
④ 사랑이나 진리와 같이 사회 문화적으로 보편적인 개념을 지시하는 각각의 기표들에서 유사한 형식을 도출할 수 있겠군.

06

2018 지방직 7급

다음 글의 전개 순서로 가장 자연스러운 것은?

> (가) 미술 작품에 등장하는 동물은 그 성격에 따라 나누어 보면 종교적·주술적인 동물, 신을 위한 동물, 인간을 위한 동물로 구분할 수 있다. 물론 이 구분은 엄격한 것이 아니므로 서로의 개념을 넘나들기도 하며, 여러 뜻을 동시에 갖기도 한다.
>
> (나) 인류가 남긴 수많은 미술 작품을 살펴보다 보면 다양한 동물들이 등장하고 있음을 알 수 있다. 미술 작품 속에 등장하는 동물에는 일상에서 흔히 접할 수 있는 개나 고양이, 꾀꼬리 등도 있지만 해태나 봉황 등 인간의 상상에서 나온 동물도 적지 않음을 알 수 있다.
>
> (다) 종교적·주술적인 성격의 동물은 가장 오랜 연원을 가진 것으로, 사냥 미술가들의 미술에 등장하거나 신앙을 목적으로 형성된 토템 등에서 확인할 수 있다. 여기에 등장하는 동물들은 대개 초자연적인 강대한 힘을 가지고 인간 세계를 지배하거나 수호하는 신적인 존재이다. 인간의 이지가 발달함에 따라 이들의 신적인 기능은 점차 감소되어, 결국 이들은 인간에게 봉사하는 존재로 전락하고 만다.
>
> (라) 동물은 절대적인 힘을 가진 신의 위엄을 뒷받침하고 신을 도와 치세(治世)의 일부를 분담하기 위해 이용되기도 한다. 이 동물들 역시 현실 이상의 힘을 가지며 신성시되는 것이 보통이지만, 이는 어디까지나 신의 권위를 강조하기 위한 것에 지나지 않는다. 이들은 신에게 봉사하기 위해서 많은 동물 중에서 특별히 선택된 것들이다. 그리하여 그 신분에 알맞은 모습으로 조형화되었다.

① (가)-(나)-(라)-(다)
② (가)-(다)-(나)-(라)
③ (나)-(가)-(다)-(라)
④ (나)-(다)-(라)-(가)

07

2018 서울시 7급(6월)

〈보기〉의 내용을 이해한 것으로 가장 옳은 것은?

〈보기〉

예술 작품이 그렇게 보여야 하는, 또는 그렇게 존재해야 하는 특별한 방식 같은 것이 존재하지 않는다는 것, 다시 말해, 간단한 손도구도 예술 작품이 될 수 있고, 상품 상자나 쓰레기 더미나 한 줄의 벽돌, 속옷 무더기, 도살된 동물 등도 예술 작품이 될 수 있다는 것을 예술의 역사가 입증하였을 때, 예술의 본성이 철학적 의식에 충분히 다가갈 수 있게 되었다. 20세기 말경이 되어서야 이것이 충분하게 인식되었다. 그리고 이런 일이 벌어졌을 때, 철학적 미술사가 종말에 이르게 되었다.

① 예술은 눈으로 확인할 수 있는 속성만으로 그 지위와 의미가 파악된다.
② 예술이 추구하는 진정한 목표를 바탕으로 작품을 창작하거나 비평해야 한다.
③ 예술의 종말이라는 비관적 관점에서 예술의 위기와 무능력이 나타난다.
④ 예술가가 만들지 않은 대상도 의미를 부여하면 예술품이 될 수 있다.

08

2017 국가직(= 사회복지직) 9급

필자의 견해로 볼 수 없는 것은?

우리는 우리가 생각한 것을 말로 나타낸다. 또 다른 사람의 말을 듣고, 그 사람이 무슨 생각을 가지고 있는가를 짐작한다. 그러므로 생각과 말은 서로 떨어질 수 없는 깊은 관계를 가지고 있다.

그러면 말과 생각이 얼마만큼 깊은 관계를 가지고 있을까? 이 문제를 놓고 사람들은 오랫동안 여러 가지 생각을 하였다. 그 가운데 가장 두드러진 것이 두 가지 있다. 그 하나는 말과 생각이 서로 꼭 달라붙은 쌍둥이인데 한 놈은 생각이 되어 속에 감추어져 있고 다른 한 놈은 말이 되어 사람 귀에 들리는 것이라는 생각이다. 다른 하나는 생각이 큰 그릇이고 말은 생각 속에 들어가는 작은 그릇이어서 생각에는 말 이외에도 다른 것이 더 있다는 생각이다.

이 두 가지 생각 가운데서 앞의 것은 조금만 깊이 생각해 보면 틀렸다는 것을 즉시 깨달을 수 있다. 우리가 생각한 것은 거의 대부분 말로 나타낼 수 있지만, 누구든지 가슴속에 응어리진 어떤 생각이 분명히 있기는 한데 그것을 어떻게 말로 표현해야 할지 애태운 경험을 가지고 있을 것이다. 이것 한 가지만 보더라도 말과 생각이 서로 안팎을 이루는 쌍둥이가 아님은 쉽게 판명된다.

인간의 생각이라는 것은 매우 넓고 큰 것이며 말이란 결국 생각의 일부분을 주워 담는 작은 그릇에 지나지 않는다. 그러나 아무리 인간의 생각이 말보다 범위가 넓고 큰 것이라고 하여도 그것을 가능한 한 말로 바꾸어 놓지 않으면 그 생각의 위대함이나 오묘함이 다른 사람에게 전달되지 않기 때문에 생각이 형님이요, 말이 동생이라고 할지라도 생각은 동생의 신세를 지지 않을 수가 없게 되어 있다. 그러니 말을 통하지 않고는 생각을 전달할 수가 없는 것이다.

① 말은 생각보다 범위가 좁다.
② 말은 생각을 나타내는 매개체이다.
③ 말과 생각은 불가분의 관계에 놓여 있다.
④ 말을 통하지 않고도 얼마든지 생각을 전달할 수 있다.

09

2018 국가직 7급

진행자의 말하기 방식에 대한 이해로 가장 적절한 것은?

진행자: 최근 사회적으로 이슈가 되고 있는 노키즈 존(No Kids Zone)에 대한 의견을 들어 보겠습니다. 먼저, 한국대학교 홍○○ 교수입니다. 안녕하세요? 우선 노키즈 존이 정확하게 뭔가요?

홍 교수: 사업체마다 조금씩 다르긴 하겠지만 특정 연령 이하 아이들의 출입을 제한하는 공간을 말합니다.

진행자: 공공 목적을 가진 곳에서는 그럴 수도 있겠다 싶지만, 상업 시설에서도 그런가요?

홍 교수: 네. 음식점이나 카페 같은 곳도 해당됩니다. 서비스의 형평성 문제나 불만으로 인해 전체 매출에 좋지 않은 영향을 끼치는 걸 미연에 방지하고자 하는 거죠.

진행자: 아, 어린이 동반 손님을 받다 보면 오히려 다른 손님들을 더 많이 못 받을 수 있다?

홍 교수: 네. 아무래도 경영을 하시는 분 입장에서는 그런 취지겠죠.

진행자: 피해가 발생하니까 이런 생각을 하시는 것이겠지만 언뜻 특정인들을 위한 전용 버스 운행과 같이 또 다른 차별의 예를 떠올리게 하네요.

홍 교수: 많은 분들이 걱정하는 것도 그 부분입니다. 한국 사회가 시장주의 위주로 성장해 오면서 특정 집단에 대한 차별 같은 부분은 깊이 생각해 오지 못한 것은 아닌가 합니다.

진행자: 네, 그렇군요. 물론 특정 집단의 차별에 대해 일부 사람들 때문에 피해를 경험했던 분들은 다른 생각을 하실 수도 있을 것 같습니다. 교수님, 오늘 말씀 감사합니다.

① 상대방의 발언에 적극 동조하며 다음 인터뷰를 기약한다.
② 예상되는 반론 가능성을 차단하며 자기의 주장을 관철한다.
③ 사례를 언급하며 상대방이 생각을 더 할 수 있도록 유도한다.
④ 지속적인 질문을 통해 상대방의 태도에 문제가 있음을 환기시킨다.

10

2018 지방직 7급

다음 글을 읽은 후의 반응으로 가장 적절한 것은?

역사드라마는 역사적 인물이나 사건 혹은 역사적 시간이나 공간에 대한 작가의 단일한 재해석 또는 상상이 아니라 현재를 살아가는 시청자에 의해 능동적으로 해석되고 상상됨으로써 다중적으로 수용된다는 점에서 과거와 현재의 대화라는 역사의 속성을 견지한다. 이는 곧 과거의 시공간을 배경으로 한 텔레비전 역사드라마가 현재를 지향하고 있음을 의미한다. 그래서 역사적 시간과 공간적 배경 속에 놓여 있는 등장인물과 지금 현재를 살아가는 시청자들이 대화를 나누기도 하고, 시청자들이 역사드라마를 주제로 삼아 사회적 담론의 장을 열기도 한다.

① 현재와 밀접하게 관련되는 소재로만 역사드라마를 만들어야겠군.
② 역사드라마를 통해 시청자들이 사회적 화젯거리를 만들 수 있겠군.
③ 작가가 강조하는 역사적 교훈을 배우기 위해 역사드라마를 시청해야겠군.
④ 부정적인 평가를 받는 인물은 역사드라마에서 항상 악인으로만 그려지겠군.

11

2018 서울시 7급(6월)

〈보기〉의 ㉠, ㉡에 들어갈 단어로 가장 옳은 것은?

〈보기〉

민주주의에서 '사회적 합의'는 만장일치의 개념이 아니라, 여러 대안들 간의 경쟁을 통해 다수 의사를 만들어 내는 과정과 그 결과를 말한다. 과거 권위주의 정부도 사회적 합의라는 말을 많이 썼지만, 그때의 사회적 합의란 정부가 일방적으로 제시하는 것이었다. 따라서 권위주의 정부는 대개의 경우 경제 발전과 같은 거시적 성과를 통해 사후적으로 정당성의 취약함을 보완하면서 사회적 갈등을 억압하고자 했다. 민주주의가 권위주의와 다른 것은 사회적 갈등을 억압하지 않는다는 것, 다시 말해 갈등을 정치의 틀 안으로 통합하면서 사회적 합의를 만들어 간다는 데 있다.

그러므로 사회적 [㉠]을(를) 정치의 틀 안으로 가져오고 이를 진지하게 다뤄야 할 공동체 전체의 문제로 전환해 정치적 결정을 위한 [㉡](으)로 만드는 것이 정당의 역할이다.

	㉠	㉡
①	문제	합의
②	갈등	성과
③	갈등	의제
④	의제	문제

12

2018 서울시 7급(3월)

〈보기〉를 읽고 조선후기 방각본 소설에 대해 추론한 것으로 가장 적절하지 않은 것은?

〈보기〉

방각본 소설은 작품을 나무판에 새긴 뒤 그것을 종이로 찍어낸 소설책을 말한다. 주로 민간인이 돈을 벌기 위해 만들었다. 방각본 소설은 종이와 나무의 공급이 비교적 원활하고, 인구가 많아 독자의 수요가 많은 서울과 전주 지역에서 주로 간행되었다. 그 중 서울에서 간행된 것을 경판본, 전주에서 간행된 것을 완판본이라고 부른다. 안성에서 간행된 것도 있으나 그 대부분은 경판을 안성에서 찍어낸 것이다.

① 한 작품당 여러 판본이 만들어졌을 것이다.
② 방각본 소설책은 제작된 지역에서만 유통되었을 것이다.
③ 이익 산출이 중요하기 때문에 제작비용에 민감했을 것이다.
④ 분량이 긴 작품은 품과 제작비용이 많이 들어 새기기 어려웠을 것이다.

13

2018 국가직 7급

다음 글에서 추론한 내용으로 적절하지 않은 것은?

범죄 용의자의 용모를 파악하기 위해 눈, 코, 입 등 얼굴 각 부분의 인상을 조립하면 하나의 얼굴 사진이 만들어진다. 이렇게 만들어진 사진을 몽타주 사진이라고 부른다. 몽타주는 '조립'을 의미하는 프랑스어이므로 몽타주 사진을 '조립된 사진'이라고 바꿔 부를 수 있다. 이처럼 몽타주에서는 각각의 이미지들이 결합되어 새로운 인상을 창조한다. 예술가들은 이러한 몽타주의 효과를 다양한 예술적 시도를 위해 사용해 왔다. 몽타주 효과는 특히 영화에서 자주 응용되며, 몽타주에 관한 이론은 영화 이론의 하나로 받아들여지곤 한다. 그 이유는 영화 자체가 몽타주에 의해 성립되는 예술이기 때문이다. 대부분의 영화에서는 따로따로 찍은 장면을 이어 붙이는 조립의 과정이 필수적이다. 예를 들어 영화에서 슬픈 장면 뒤에 등장하는 무표정한 얼굴은 슬픔을 억누르고 있는 얼굴처럼 느껴진다. 그런데 같은 무표정한 얼굴이라 해도 앞에 어떤 장면을 배치하는가에 따라 그 얼굴이 드러내는 감정은 얼마든지 다르게 받아들여질 수 있다. 이러한 몽타주를 통해 영화 특유의 시간 감각이 발생한다. 이를테면 우리가 영화를 볼 때 영화 속 침묵이 유난히 더 길게 느껴진다면, 이는 영화의 장면 조립을 통해 창조된 새로운 시간 감각 때문이다. 영화 이론가들은 이러한 영화 특유의 세계를 다루는 이론, 즉 조립에 의해 탄생하는 영화의 세계에 관한 이론을 몽타주 이론이라고 부른다.

① 몽타주 효과는 이미지들의 결합으로 생겨나는 인상의 새로움을 의미한다.
② 동일한 장면이라 해도 그 배치에 따라 의미가 다르게 받아들여질 수 있다.
③ 몽타주 이론은 이어 붙인 장면들을 통해 창조되는 영화의 시간 감각을 다룬다.
④ 표정 연기의 실감을 극대화하여 영상미를 창출함으로써 몽타주의 효과가 생겨난다.

[14~15] 다음 글을 읽고 물음에 답하시오.

서양 철학은 존재에 대한 물음에서 시작되었다. 고대 그리스 철학자 파르메니데스는 있는 것은 있고 없는 것은 없다고 말했다. [(ㄱ)] 그는 어떤 존재가 있다가 없어지고 없다가 있게 되는 일은 불가능하다며 존재의 생성과 변화, 소멸을 부정했다. 그에게 존재는 영원하며 절대적이고 불변성을 가지는 것이었다. [(ㄴ)] 이에 반해 헤라클레이토스는 존재의 생성과 변화를 긍정했다. [(ㄷ)] 존재에 대한 두 철학자의 견해는 플라톤의 이데아론에 영향을 주었다. 플라톤은 존재를 끊임없이 변하는 존재와 영원히 변하지 않는 존재로 나누었다. 그는 우리가 경험하는 현실 세계의 존재는 변한다고 생각했다. 그리고 현실 세계에 존재하는 모든 것의 근원을 이데아로 상정하고 이데아를 영원하고 불변하는 존재, 그 자체로 완전한 진리로 여겼다. 반면에 현실 세계의 존재는 이데아를 모방한 것일 뿐 이데아와 달리 불완전하다고 보았다. [(ㄹ)] 또한 감각을 통해 인식할 수 있는 현실 세계의 존재와 달리 이데아는 오직 이성에 의해서만 인식할 수 있다는 이성 중심의 사유를 전개했다. 플라톤의 이러한 철학적 견해는 이후 서양 철학의 주류가 되었다.

14

2019 고1 9월 학력평가 변형

글의 내용과 부합하지 않는 것은?

① 파르메니데스는 존재의 생성 및 변화, 소멸을 모두 부정했다.

② 헤라클레이토스는 존재의 변화에 있어 파르메니데스와 반대의 입장을 취했다.

③ 플라톤의 철학은 파르메니데스의 영향은 받았지만 헤라클레이토스의 영향은 받지 않았다.

④ 이데아는 감각을 통해 인식할 수 없다는 것이 플라톤의 주장이었다.

15

2019 고1 9월 학력평가 변형

(ㄱ)~(ㄹ) 중, 〈보기〉가 들어가기에 가장 적절한 곳은?

〈보기〉

그는 존재하는 모든 것이 변화의 과정 중에 있으며 끊임없이 생성과 소멸을 반복하는 것이라고 생각했다.

① (ㄱ)　　② (ㄴ)
③ (ㄷ)　　④ (ㄹ)

[16~17] 다음 글을 읽고 물음에 답하시오.

얼마 전 라디오 방송에서, 전 세계 바다에 떠 있는 플라스틱 쓰레기양이 무려 1억 6천만 톤 이상이라는 말을 들었다. 그동안 우리는 얼마나 많은 플라스틱을 쓰고 버려왔던 것일까? 일주일간 나의 생활을 돌아보았더니, 패스트푸드점 음식, 편의점 도시락을 이용하면서 플라스틱으로 만든 용기, 뚜껑, 일회용 숟가락, 빨대를 버리고 있었으며 매일 마시고 버리는 생수병만 해도 적지 않았다.

매년 세계에서 바다로 배출하는 플라스틱 쓰레기양은 대략 800만 톤이며, 5mm 미만 크기의 미세 플라스틱 수는 플랑크톤 수의 180배이다. 이 가운데는 바다로 유입된 플라스틱 쓰레기가 햇빛과 파도에 부서져 생긴 것도 있고 우리가 의식하지 못한 채 바다로 흘려보낸 미세 플라스틱도 있다. 치약, 세정제의 원료로 쓰인 미세 플라스틱과 합성 섬유로 만들어진 옷을 세탁할 때마다 떨어져 나오는 미세 플라스틱 또한 방류수를 통해 바다로 흘러들어가고 있다. 바다 속의 미세 플라스틱은 해양 생물의 먹이가 되면서 먹이 사슬 과정에서 농축되어 수산물을 섭취하는 우리의 건강에 해를 끼친다.

해양 오염 상황을 개선하기 위해서는 바다로 흘러가는 플라스틱 쓰레기양을 줄이려는 노력이 필요하다. 우선 다회용 식기를 제공하는 매장을 이용하고 개인 컵을 휴대하여 일회용 플라스틱 사용을 줄여야 한다. 또, 다른 소재가 부착되어 있거나 잔여물이 남은 플라스틱의 경우 재활용률이 낮으므로 요구르트, 컵 커피 같은 플라스틱 포장 상품을 이용할 때에는 알루미늄 뚜껑 부분을 제거한 뒤 세척해서 버릴 필요가 있다.

16 2019 고1 6월 학력평가 변형

글의 논지 전개 방식으로 적절한 것은?

① 주장을 펼치기에 앞서, 현재 문제 상황의 심각성을 보여주기 위해 설문 조사를 시행하고 이 결과를 구체적인 수치와 함께 제시하고 있다.

② 질문의 형식을 통해 글에 대한 독자들의 흥미를 유발하고 있다.

③ 문제 상황을 해결할 수 있는 방안과, 해당 방안이 실행되었을 경우의 생길 장점들을 제시하고 있다.

④ 문제를 일으키는 원인을 세부적으로 분류하며 각 원인별로 현재 상황에 얼마나 영향력을 가지고 있는지 분석하고 있다.

17 2019 고1 6월 학력평가 변형

글의 견해와 부합하는 것은?

① 플라스틱 쓰레기를 직접적으로 버리지 않는다면 플라스틱 문제가 발생하지 않는다.

② 플랑크톤 수가 기하급수적으로 증가하여 해양 생태계를 망가뜨리고 있다.

③ 플라스틱 문제를 해결하기 위해 정부 차원에서 산업 폐기물과 관련된 규제를 만들어야 한다.

④ 개인적인 수준에서도 플라스틱 문제를 해결하기 위해 실천할 수 있는 것들이 많다.

18

2023 국가직 7급

다음 글의 (가)와 (나)에 들어갈 말을 〈보기〉에서 골라 적절하게 짝지은 것은?

고대 철학자 A가 궁극적인 목적으로 삼았던 것은 행복한 삶이었다. 그런데 A가 가진 행복 개념은 현대인들이 가지고 있는 행복 개념과 다소 차이가 있다. 우리가 일상적으로 '행복'이라는 말을 사용할 때는 단순히 주관적 심리 상태를 지칭하는 경우가 많다. 하지만 A는 행복이 주관적 심리 상태만으로는 충분하지 않고, 그런 심리 상태를 뒷받침하는 객관적 조건이 반드시 갖추어져 있어야 한다고 생각했다. 요컨대, A가 사용한 행복 개념에 따르면, (가) . 그러나 A는 행복이 주관적 심리 상태만으로는 충분하지 않다고 하더라도, 주관적 심리 상태가 행복의 필수 조건임은 부정할 수 없다고 보았다. 따라서 A에게는 (나) .

〈보기〉

ㄱ. 자신이 행복하다고 느끼고 있으면서도 행복하지 않은 경우란 있을 수 없다
ㄴ. 자신이 행복하다고 느끼고 있으면서도 행복하지 않은 경우가 있을 수 있다
ㄷ. 자신이 행복하지 않다고 느끼고 있으면서도 행복한 경우란 있을 수 없다

	(가)	(나)
①	ㄱ	ㄴ
②	ㄱ	ㄷ
③	ㄴ	ㄱ
④	ㄴ	ㄷ

19

2023 국가직 7급

다음 글에서 추론할 수 있는 것만을 〈보기〉에서 모두 고르면?

진수는 병원에서 급성 중이염을 진단 받고, 항생제 투여 결과 이틀 만에 크게 호전되었다. 진수의 중이염 증상이 빠르게 호전된 것을 '항생제 투여 때문'이라고 답하는 것은 자연스러운 설명이다. 그런데 이것이 좋은 설명이 되려면, 그러한 증상의 치유에 항생제의 투여가 관련되어 있음을 보여 줄 필요가 있다.

확률의 차이는 이러한 관련성을 보여 주는 한 가지 방식이다. 예컨대 급성 중이염 증상에 대해 항생제 투여 없이 그대로 자연 치유에 맡기는 경우, 그 증상이 치유될 확률이 20%라고 하자. 이를 기준으로 삼아서 항생제 투여가 급성 중이염의 치유에 대해 갖는 긍정적 효과와 부정적 효과를 구분할 수 있다. 가령 항생제 투여를 할 경우에 그 확률이 80%라면, 이는 항생제 투여가 급성 중이염의 치유에 긍정적 효과가 있음을 보여 주는 것이다. 거꾸로, 급성 중이염의 치유를 위해 개발 과정에 있는 신약을 투여했더니 그 확률이 10%라는 조사 결과가 있다면, 이는 신약 투여가 급성 중이염의 치유에 부정적 효과가 있음을 보여 주는 것이다. 물론 두 경우 모두, 급성 중이염의 치유에 투여된 약 이외의 다른 요인이 개입하지 않았다는 점이 보장되어야 한다.

〈보기〉

ㄱ. 투여된 약이 증상의 치유에 어떠한 효과도 없다는 것을 보이기 위해서는, 약을 투여하더라도 증상이 치유될 확률에 변화가 없을 뿐 아니라 약의 투여 이외의 다른 요인이 개입되지 않았다는 것이 밝혀져야 한다.
ㄴ. 투여된 약이 증상의 치유에 긍정적인 효과가 있다는 것을 보이기 위해서는 증상이 치유될 확률이 약의 투여 이전보다 이후에 더 높아지는 것을 보이는 것으로 충분하다.
ㄷ. 약 투여 이외의 다른 요인이 개입되지 않았다고 전제할 경우에, 투여된 약이 증상의 치유에 긍정적인 효과가 없다는 것을 보이기 위해서는 증상이 치유될 확률이 약의 투여 이전보다 이후에 더 낮아지는 것을 보이는 것이 필요하다.

① ㄱ
② ㄴ
③ ㄱ, ㄷ
④ ㄴ, ㄷ

20 2023 국가직 7급

다음 갑～정의 논쟁에 대한 분석으로 적절한 것만을 〈보기〉에서 모두 고르면?

갑: 우리는 보통 인간이나 동물이 어떤 특성을 지니고 있어서 그에 부합하는 도덕적 지위를 갖는다고 생각한다. 의식이 바로 그런 특성이다. 나는 인공지능 로봇도 같은 방식으로 그 도덕적 지위를 결정해야 한다고 생각한다. 그래서 우리는 그런 로봇에게 의식이 있는지를 따져 봐야 할 것이다. 나는 인공지능 로봇이 의식을 갖는다고 생각한다.

을: 도덕적 지위를 결정하는 기준에 대해서는 나도 갑과 생각이 같다. 하지만 나는 바로 그런 이유에서 인공지능 로봇에게 도덕적 지위를 부여할 수 없다고 생각한다. 로봇은 기계이므로 의식을 갖는 것이 가능하지 않기 때문이다.

병: 나는 인공지능 로봇에게 의식이 있는지 없는지가 그것에게 도덕적 지위를 부여하느냐 마느냐를 결정하는 근거가 될 수 없다고 생각한다. 인공지능 로봇에게 의식이 있을 수도 있겠지만, 인간의 필요에 의해서 만든 도구적 존재에게 도덕적 지위를 부여하는 것은 말이 안 된다.

정: 어떤 존재의 도덕적 지위는 우리가 그 존재와 어떤 관계를 맺고 있는지에 따라 결정된다. 우리가 로봇과 가족이나 친구와 같은 유의미한 관계를 맺고 있다면, 인공지능 로봇이 의식을 갖지 않는 경우라 해도, 로봇에게 도덕적 지위를 부여해야 한다.

〈보기〉

ㄱ. 을과 정은 인공지능 로봇에게는 의식이 없다고 생각한다.
ㄴ. 인공지능 로봇에게 의식이 있어도 도덕적 지위를 부여할 수 없다고 생각하는 사람이 있다.
ㄷ. 인공지능 로봇에게 실제로 의식이 있다고 밝혀진다면, 네 명 중 한 명은 인공지능 로봇에게 도덕적 지위를 부여해야 하는가에 대한 입장을 바꿔야 한다.

① ㄱ　　② ㄴ
③ ㄱ, ㄷ　　④ ㄴ, ㄷ

기출 품은 모의고사 | 17회

제한시간: 25분 ■시작시간: : ■종료시간: :

정답과 해설 ▶ P.96 ~ P.100

01

밑줄 친 부분을 〈공공언어 바로 쓰기 원칙〉에 따라 수정한 것으로 적절하지 않은 것은?

〈공공언어 바로 쓰기 원칙〉

㉠ 명사나 명사형의 표현이 나열되는 것을 수정할 것
㉡ 띄어쓰기에 맞게 정확하게 표현할 것
㉢ 부적절한 한자어들을 순화하여 표현할 것
㉣ 단어의 의미를 고려하여 정확하게 표현할 것

① ㉠: '단순 업무 효율성 향상에만 집중한 결과입니다.'에서 '단순 업무 효율성 향상에만'을 '단순히 업무 효율성을 향상하는 데에만'으로 수정한다.
② ㉡: '제10차 교육을 참여하지 못한 인원은 재교육에 참여해야 합니다.'에서 '재교육'을 '재 교육'으로 수정한다.
③ ㉢: '적절한 근거를 바탕으로 도출했습니다.'에서 '도출했습니다'를 '이끌어 냈습니다'로 수정한다.
④ ㉣: '기간 내에 서류를 접수하지 않은 응시자는 시험을 볼 수 없습니다.'에서 '접수하지'를 '제출하지'로 수정한다.

02

2022 7월 모의고사 변형

다음 글을 읽고 알 수 없는 것은?

접속 조사는 둘 또는 그 이상의 단어나 구를 같은 자격으로 이어 주는 조사이다. 접속 조사는 주로 체언과 결합하며, 이때 나열된 단어나 구들이 하나의 명사구가 되어 동일한 문장 성분으로 기능한다.

접속 조사에는 '와/과, (이)랑, (이)며, 하고' 등이 있다. 이 중 '와/과, (이)랑, (이)며'는 '봄에 개나리와 철쭉꽃과 진달래가 핀다.'에서처럼 결합하는 체언의 음운 환경에 따라 바뀌어 나타난다. 즉, 앞 음절이 모음으로 끝나면 '와, 랑, 며'가 쓰이고 앞 음절이 자음으로 끝나면 '과, 이랑, 이며'가 쓰인다. 접속 조사는 체언이 나열될 때 마지막 체언에까지 결합할 수 있어서 '삼촌하고 이모하고 다 직장에 갔어요.'와 같이 쓰일 수 있다. 그런데 부사격 조사에도 '와/과'가 있기 때문에 접속 조사 '와/과'와 구분해야 한다. '나는 꽃과 나무를 사랑한다.'에서 접속 조사 '과'가 쓰인 '꽃과'는 생략해도 문장이 성립된다. 이와 달리 '나는 누나와 눈이 닮았다.'에서 부사격 조사와 결합한 '누나와'는 문장에서 반드시 필요한 필수적 부사어로, 생략할 수 없다.

① '철수와 영희는 학생이다.'에서 '와'는 접속 조사이다.
② '나는 어제 밥이며 빵이며 떡이며 다 먹었다.'에서 '(이)며'는 접속 조사이다.
③ '삼촌은 어제 조카들과 놀았다.'에서 '과'는 접속 조사이다.
④ '민수는 영희와 같은 대학교에 입학했다.'에서 '와'는 접속 조사가 아니다.

03

2021 3월 모의고사 변형

다음 글의 내용과 맞지 않는 설명은?

국어의 로마자 표기는 국어의 표준 발음법에 따라 적는 것을 원칙으로 한다. 다음은 국어의 로마자 표기법의 일부를 정리한 것이다.

1. 표기 일람

(1) 모음

ㅏ	ㅗ	ㅜ	ㅣ	ㅐ	ㅕ	ㅛ	ㅘ
a	o	u	i	ae	yeo	yo	wa

– 장모음의 표기는 따로 하지 않는다.

(2) 자음

ㄱ	ㄷ	ㅂ	ㅅ	ㅁ	ㅇ	ㄹ
g, k	d, t	b, p	s	m	ng	r, l

– ‘ㄱ, ㄷ, ㅂ’은 모음 앞에서는 ‘g, d, b’로, 자음 앞이나 어말에서는 ‘k, t, p’로 적는다.

– ‘ㄹ’은 모음 앞에서는 ‘r’로, 자음 앞이나 어말에서는 ‘l’로 적는다. 단, ‘ㄹㄹ’은 ‘ll’로 적는다.

2. 표기상의 유의점

– 음운 변화가 일어날 때에는 변화의 결과에 따라 적는다.

– 고유 명사는 첫 글자를 대문자로 적는다.

– 예사소리가 된소리로 변하는 된소리되기는 표기에 반영하지 않는다.

① ‘철수는 민수에게 경고했다.’에서 ‘경고’를 로마자로 적으면 ‘kyeonggo’가 된다.

② ‘영희는 압구정에 산다.’에서 ‘압구정’은 ‘Apgujeong’이 된다.

③ ‘라면은 국물이 맛있다.’에서 ‘국물’은 ‘gungmul’이 된다.

④ ‘아비(아버지)를 애비로 잘못 쓰면 안 된다.’에서 ‘애비’는 ‘aebi’로 적는다.

04

2018 국가직 7급

다음은 선조 28년 7월에 사헌부에서 올린 보고문이다. 이를 통해 추론할 수 있는 사헌부의 견해로 적절하지 않은 것은?

우리나라는 여러 대 태평을 누리는 동안 문물은 융성하고 교화의 도구는 남김없이 모두 갖추어졌습니다. 선비들은 예법으로 자신을 단속했고, 백성들은 충과 효에 스스로 힘썼습니다. 관혼상제의 법도는 옛날보다 못하지 않았고, 임금을 버리고 어버이를 무시하는 말은 세상에 용납되지 않았습니다. 그러므로 효도로 다스리는 세상에서 윤리에 죄를 얻는 사람이 거의 없었습니다.

난리[임진왜란]를 겪은 뒤로는 금방(禁防)이 크게 무너져 불온한 마음을 품는가 하면, 법도에 벗어나는 말을 외치기도 합니다. 오직 제 몸의 우환만 알고, 부모의 기른 은혜를 까맣게 잊은 나머지 저 들판과 진펄에 매장되지 못한 시신이 버려져 있는가 하면, 상복을 입은 자가 고깃국을 먹는 것을 가리지 않았습니다. 식견이 있는 사람도 이렇게 하거늘, 무지한 이들이야 어떠하겠습니까? 효자의 집안에서 충신을 찾을 수 있는 법인데, 그 어버이를 이처럼 박대한다면 의리를 따라 나라를 위해 죽는 사람은 눈을 씻고 보아도 찾을 수 없을 것입니다.

① 효를 실천하지 않는 이가 나라를 위해 희생할 리 없다.

② 시신을 매장하지 않는 장례 방식이 임진왜란 이후 생겨났다.

③ 전란 이후에 사람들 사이에서 중요한 법도가 무시되고 있다.

④ 무지한 이들은 식견 있는 이들에 비해 윤리적 과오에 더 취약하다.

05

2018 지방직 7급

다음 글에서 토의 참여자의 말하기 방식에 대한 이해로 가장 적절한 것은?

> 사회자: 우리나라의 교통 체증 문제는 매우 심각합니다. 이에 대한 해결방안을 마련하고자 여러 분야의 권위자를 모셨습니다. 각자의 의견을 말씀해 주시겠습니까?
> 김 국장: 교통 체증 문제는 승용차 10부제 실시로 해결할 수 있지 않을까요?
> 윤 사장: 그것은 사업자 입장에서 아주 불만스러운 제도입니다. 재정이 좋은 사업자는 번호판이 다른 차를 하나 더 구입하면 되겠지만, 영세한 사업자들은 그렇게 하기 힘듭니다.
> 박 위원: 버스 전용 차로제가 어떨까요? 이 제도가 잘 활용되면 승용차 이용자도 출퇴근 시간에 대중교통 수단을 이용할 것입니다.
> 김 국장: 승용차 10부제가 실시되면 대중교통을 이용하는 사람이 늘 것으로 기대됩니다. 승용차 이용을 제한하지 않고서는 교통 체증 문제를 해결하기 어렵습니다.
> 윤 사장: 자본주의 국가에서 재산권의 침해가 과연 옳은지 생각해 봐야 합니다.
> 사회자: 서로 주장을 조금씩 양보하면 어떨까요? 예를 들어, 승용차 10부제에서 상업용은 제외하는 방안이 그것입니다.
> 윤 사장: 상업용 승용차가 따로 있는 것은 아니지요. 사업하는 사람이 타고 다니는 승용차는 어떤 의미에서 다 상업용이지요.
> 김 국장: 어려움을 같이 감수해야 합니다. 모두 손해를 보지 않겠다고 한다면 어떤 해결방안도 찾기 어렵습니다.
> 박 위원: 두 분 말씀 모두 일리가 있다고 생각합니다. 대중교통 이용이 승용차 이용보다 훨씬 편리하다고 생각하면 굳이 승용차를 이용하지 않을 것입니다. 명절 귀성길에 시행했던 고속버스 전용 차로제의 효과가 그것을 증명합니다.
> 사회자: 버스 전용 차로제에 대해서는 이의가 없군요. 이번 토의는 좋은 방안을 생각해 보자는 데 그 의의를 두었습니다. 승용차 10부제와 같이 미진한 안건에 대해서는 다음번에 논의하도록 하겠습니다. 감사합니다.

① 사회자: 참여자의 의견을 수용하여 주제를 전환하고 있다.
② 김 국장: 상대방의 주장을 수긍하면서도 자신의 생각을 적극적으로 관철하고자 한다.
③ 윤 사장: 당면한 문제점을 부각하면서 타협의 가능성을 열어 놓고 있다.
④ 박 위원: 참여자의 의견을 경청하며 구체적인 대안을 제시하고 있다.

06

2018 서울시 7급(3월)

〈보기〉에 나타난 설명 방식으로 가장 옳지 않은 것은?

〈보기〉

> 필로티(pilotis) 문제가 아니라 왜 필로티 건축인가를 물어야 한다. 이는 주차 문제와 관련이 있다. 소형 주택·상가에서 법정 주차대수를 맞추려면 대지 내에 빼곡히 주차면을 만들어야 한다. 반면에 상부 건물은 대지 경계선으로부터 띄워야 하므로 1층을 필로티로 하여 차가 삐죽 나오도록 하는 것은 논리적 귀결이다. 세월호 평형수가 저렴하도록 반(半)강제된 여객 운임과 관련이 있듯이 필로티에 대한 선호 또한 저렴 주택, 나아가 저렴 도시와 관련이 깊다. 다세대·다가구 주택은 단독주택용 필지에 부피 늘림만 허용한 1970, 80년대 주택공급정책의 결과다. 공공에서 책임져야 할 주차·도로·녹지를 모두 개별 대지 안에서 해결하려니 설계는 퍼즐 풀기가 되었고 이때 필로티는 모범답안이었다.

① 현상 이면의 구조적 문제를 파악하고 있다.
② 인과관계를 통해 사회 현상을 설명한다.
③ 반복되는 사회적 문제를 환기한다.
④ 유추를 통해 해결 방안을 제시한다.

07

2018 국가직 7급

다음 글에서 추론할 수 있는 정약용의 생각으로 가장 적절한 것은?

> 다산 정약용은 『목민심서』에서 공직자들의 절용(節用), 즉 아껴 쓰기를 강조했다. 다산이 말한 절용은 듣기에는 매우 간단한 것 같지만 실제로는 실천하기 어려운 것이었다. 자기 돈은 절용하기 쉽지만 정부 돈은 함부로 쓰기 십상이다. 또한 정책 과정에서 온갖 비리가 발생하기도 한다. 그렇기에 절용은 공직자가 지켜야 할 가장 중요한 덕목이다. 다산은 유배지에서 아들에게 "내가 오랫동안 귀양 살면서 너희에게 유산으로 남겨 줄 재산이 없다. 다만 너희에게 글자 두 자를 유산으로 남겨 준다. 하나는 근(勤)이요, 하나는 검(儉)이다. 너희가 근검 두 글자를 제대로 실천하려고 하면 논 100마지기 200마지기보다 좋다."는 내용의 편지를 보냈다. 청렴해야 자애로울 수 있고 자애로운 것이야말로 백성을 사랑하는 것이니, 다산은 백성을 통치하려면 먼저 절용에 힘쓰라고 말한 것이다. 다산이 말한 청심(淸心)은 맑은 마음, 깨끗한 마음을 의미하는데 이는 공직자의 기본이다. 공직자는 대가성이 없고 법적 처벌을 면할 수 있다 해서 적은 돈이라도 받아서는 안 된다. 다산은 청렴이 천하의 큰 장사라 말했다. 청렴이야말로 가장 큰 이익이 남는 일임을 역설적으로 표현한 것이다. 그래서 다산은 청렴한 사람이 진짜 욕심쟁이라고 했다. 최고의 지위까지 오르려는 공직자는 청렴해야만 그 목표를 이룰 수 있다. 다산은 사람들이 청렴하지 못한 이유를 지혜가 모자란 데서 찾았다. 다산의 청렴 사상은 '청렴한 사람은 청렴함을 편안하게 여기고, 지혜로운 사람은 청렴함을 이롭게 여긴다.'(廉者安廉 知者利廉)는 말로 요약된다. 공자는 목표가 인(仁)인 반면 다산은 목표가 청렴이었다. 인은 너무 높은 성현의 이야기이므로 일반인이 인의 경지에 이르기 힘드니 한 단계 낮추어 청렴을 이야기한 것이다.

① 공직자들은 금품과 선물을 법으로 정한 한도 내에서 주고받아야 한다.
② 관리들이 청렴하고 자애로우면 백성들이 인을 이룰 수 있게 된다.
③ 자손에게 물질적 재산을 남겨 주는 공직자는 청렴하다고 할 수 없다.
④ 지혜로운 관리는 청렴함을 통해 자신에게 이익이 되는 결과를 얻을 수 있다.

08

2018 국가직 7급

다음 글에서 알 수 있는 것은?

> 우리가 들은 특정 소리는 머릿속에 존재하는 어휘 목록 속에서 어떻게 의도된 단어에 접속하여 그 의미만을 활성화할 수 있는 것일까? 즉 우리가 어떤 단어를 들었을 때, 그 단어와 다른 모든 단어들이 구별되는 과정을 거치지 않고서도 어떻게 해당 단어의 의미가 정확하게 활성화될 수 있을까? 마슬렌 윌슨(Marslen Wilson)은 어떤 단어를 듣고 인식하는 데 필요한 조건에 관련된 실험을 진행했다. 그는 실험을 통해 앞부분이 같은 다른 단어들과 구별되는 지점까지 들어야 비로소 어떤 단어가 인식된다는 것을 알아냈다. 예를 들어 'slander'는 /d/를 들었을 때 비로소 앞부분이 같은 다른 단어들과 확실하게 구별되며, 이 지점에 도달하기 전까지는 'slant'와 구별되지 않는다. 여기서 청각 체계로 들어온 소리가 머릿속 어휘 목록의 해당 항목에 접속할 뿐만 아니라 그것을 활성화한다는 점이 중요하다. 이러한 과정은 금고를 열기 위한 숫자 조합의 원리와 유사하다. 숫자 조합 자물쇠의 회전판을 올바른 순서로 회전시킬 때, 모든 숫자를 끝까지 회전시키지 않고도 맞아떨어질 수 있다. 이와 유사하게, 특정 소리 연속체를 요구하는 신경 회로들은 진행 중인(하지만 아직 완전히 진행되지 않은) 소리의 연속체로 인해 활성화될 수 있다. 그에 따르면 /slan/은 'slander'와 'slant'에 관련되는 신경 회로들 전부를 활성화할 것이다.

① 머릿속에 저장된 단어들에, 청각 체계로 들어온 음성 신호가 접속하여 의미가 활성화된다.
② 'slander'와 'slant'의 의미를 서로 구별하기 위해서는 각 단어의 발음을 끝까지 들어야 한다.
③ 어떤 단어를 머릿속 어휘 목록에서 선택하여 발화하는 과정은 숫자 조합 자물쇠의 원리로 설명할 수 있다.
④ 특정 단어와 관련되는 신경 회로는 그 단어와 소리가 유사한 다른 단어들이 구별될 때까지 활성화되지 않는다.

09

2018 국가직 7급

다음 글의 내용에 부합하지 않는 것은?

검증되지 않은 지식은 인간의 의식 공간에서 믿음의 체계를 구성한다. 믿음의 체계는 허구를 기초로 해서라도 성립될 수 있는 것이라는 점에서 사실의 체계와 구별된다. 물론 이 말은 스스로 허구라고 믿으면서도 그것을 가지고 자신의 의식 공간에서 믿음의 체계를 구성한다고 하는 얘기가 아니다. 어떤 사람이 허구임을 인정한 것이라면 이는 그 사람의 의식 공간에서는 어떠한 영향력도 행사할 수 없을 것이기 때문이다. 따라서 개인의 의식 공간에서 구성된 사실의 체계에 동원된 지식이나 믿음의 체계에 동원된 지식이나 모두 다 그 사람에게 있어서는 사실이 아니면 안 된다. 믿음의 체계를 구성하는 데 사용된 지식이라고 하더라도 그러한 체계를 구성해 갖추고 있는 사람에게 그것은 사실로 받아들여지는 지식이어야 하는 것이다. 일단 사실임이 전제되지 않는 것은 한 사람의 의식공간에서 일정한 영역을 확보하지 못할 것이기 때문이다.

하나하나의 지식을 놓고 볼 때는 그것이 믿음의 체계를 구성하는 검증되지 않은 지식인지 아니면 사실의 체계를 구성하는 검증된 지식인지 구별해 볼 수 있다. 그러나 이들이 총체적으로 작용해서 이루어지는 인간의 의식 세계는 저러한 두 가지 체계가 서로 분명하게 구별되지 않고 뒤엉켜 있다. 그러므로 의식 세계에서 사실의 체계와 믿음의 체계를 확실하게 구분해 낼 수는 없을 것이다.

① 믿음의 체계는 검증되지 않은 지식이 인간의 의식 공간에 구성한 것이다.
② 어떤 이가 믿음의 체계에 포함시킨 지식이라면 그 지식은 그가 사실로 수긍한 것이다.
③ 검증된 지식과 검증되지 않은 지식의 변별이 인간의 의식 세계에서는 명확하지 않다.
④ 검증되지 않은 지식이라도 한 사람에게 사실로 인정되면 사실의 체계를 구성할 수 있다.

10

2018 지방직 7급

(가)를 바탕으로 할 때, (나)에 나타난 사랑의 모습으로 적절하지 않은 것은?

(가) 근대적 연애에서 자기 의사를 중시하는 대등한 개인의 만남과 둘 사이에 타오르는 감정의 비중이 부각된다. 특히 상대방의 모습이 불러일으키는 열정은 결정적으로 중요하다. 전통 사회의 남녀 관계에서 가족 사이의 약속, 상대방에 대한 의존 가능성, 서로의 처지와 상황에 대한 비교 같은 외적 기준이 중시되었던 것과 구별되는 특징이라 할 수 있다.

(나) 옳다, 그렇다. 나는 영채를 구원할 의무가 있다. 영채는 나의 은사의 따님이요, 또 은사가 내 아내로 허락하였던 여자라. 설혹 운수가 기박하여 일시 더러운 곳에 몸이 빠졌다 하더라도 나는 그를 건져 낼 책임이 있다. 내가 먼저 그를 찾아다니지 못한 것이 도리어 한이 되고 죄송하거늘, 이제 그가 나를 찾아왔으니 어찌 모르는 체하고 있으리요. 나는 그를 구원하리라. 구원하여서 사랑하리라. 처음에 생각하던 대로, 만일 될 수만 있으면 나의 아내를 삼으리라. 설혹 그가 기생이 되었다 하더라도 원래 양반의 집 혈속이요, 또 어려서 가정의 교훈을 많이 받았으니 반드시 여자의 아름다운 점을 구비하였으리라. 또 만일 기생이라 하면 인정과 세상도 많이 알았을지요, 시와 노래도 잘할지니, 글로 일생을 보내려는 나에게는 가장 적합하다 하고 형식은 가만히 눈을 떴다. 멍하니 모기장을 바라보고 모기장 밖에서 앵앵하는 모기의 소리를 듣다가 다시 눈을 감으며 싱긋 혼자 웃었다. 아까 영채의 태도는 과연 아름다웠다. 눈썹을 짓고, 향수 내 나는 것이 좀 불쾌하기는 하였으나 그 살빛과 눈찌와 앉은 태도가 참 아름다웠다. 더구나 그 이야기할 때에 하얀 이빨이 반작반작하는 것과 탄식할 때에 잠깐 몸을 틀며 보일 듯 말 듯 양미간을 찌그리는 것이 못 견디리만큼 어여뻤다. 아까 형식은 너무 감격하여 미처 영채의 얼굴과 태도를 자세히 비평할 여유가 없었거니와 지금 가만히 생각하니 영채의 일언 일동과 옷고름 맨 모양까지도 어여뻐 보인다. 형식은 눈을 감고 한번 더 영채의 모양을 그리면서 싱긋 웃었다. 도리어 저 김장로의 딸 선형이도 그 얌전한 태도에 이르러서는 영채에게 및지 못한다 하였다. 선형의 얼굴과 태도도 얌전치 아니함이 아니지마는 영채에 비기면 변화가 적고 생기가 적다 하였다.

– 이광수, 「무정」 –

① 영채가 형식에게 원하는 것이 형식의 보호라면, 이를 근대적 사랑이라 보기 어렵다.
② 은사가 아내로 허락하였다는 점을 먼저 생각하는 것을 보면 형식의 영채에 대한 감정은 근대적 사랑이라 보기 어렵다.
③ 자신의 처지에 비추어 시와 노래에 능한 영채의 장점을 호평하는 형식의 생각은 열정과 연결시킬 수 있다.
④ 영채의 외모와 행동을 떠올리며 미소 짓는 장면에서 영채에 대한 형식의 열정을 찾을 수 있다.

11

2018 지방직 7급

다음 글에 대한 이해로 적절한 것은?

이산화탄소와 온실효과가 처음부터 자연에 해가 되었던 것은 아니었다. 오히려 온실효과는 지구의 환경을 생태계에 적합하도록 해 주었다. 만약 자연적인 온실효과가 없다면 지구 표면에서 복사된 열이 모두 외계로 방출되어 지구의 온도는 지금보다 평균 3, 4도 정도 낮아져서 생물들이 살아갈 수 없게 될 것이다. 그런데 화석연료의 사용이 늘어나면서 대기 중에 이산화탄소가 너무나 많아져서 지구 온난화 현상이 생기는 것이 문제이다.

특히 이산화탄소는 공기 중에 50~200년이나 체류하기 때문에 그 효과가 크다. 이산화탄소 외에도 온실효과를 일으키는 기체로는 프레온, 아산화질소, 메탄, 수증기 등이 있다. 프레온은 전자 제품을 생산할 때 세척제 혹은 냉장고의 냉매로 쓰인다. 아산화질소와 메탄은 공장과 자동차의 배기가스에서 생긴다. 수증기도 지구 온난화에 영향을 미치기는 하지만 그 양은 자연 생태계가 조절하고 있어서 별 문제가 되지는 않는다.

① 프레온, 아산화질소, 메탄 등의 기체는 지구 온난화에 직접적인 영향이 없다.
② 자연적인 온실효과 때문에 지구 표면에서 복사된 열이 모두 외계로 방출된다.
③ 이산화탄소는 공기 중에 체류하는 기간이 길어서 지구온난화 방지에 도움을 준다.
④ 수증기도 이산화탄소처럼 온실효과를 나타내지만 지구온난화에 미치는 영향은 작다.

12

2018 지방직 7급

다음 글에 대한 이해로 적절하지 않은 것은?

요트 중에서도 엔진과 선실을 갖추지 않은 1~2인용 딩기(dinghy)는 단연 요트의 백미라고 할 수 있다. 딩기는 엔진이 없기에 오로지 바람에 의지해 나아가는 요트다. 그러므로 배 다루는 기술도 중요하지만 바람과 조화를 이루고 그 바람을 어떻게 타느냐에 따라 속도가 달라진다.

배는 바람을 받고 앞으로 전진하는 게 상식이다. 그러나 요트는 맞바람이 불어도 거뜬히 전진할 수 있다. 도대체 요트에 어떤 비밀이 숨어 있는 걸까? 해답은 삼각형 모양의 지브세일(jib sail)에 숨어 있다. 바람에 평행하게 맞춘 돛이 수직 방향으로 부풀어 오르면 앞뒤로 공기의 압력이 달라진다.

요트의 추진력은 돛이 바람을 받을 때 생기는 풍압과 양력에 의하여 생긴다. 따라서 요트의 추진 원리를 이해하기 위해서는 풍압이 추진력의 주(主)가 되는 풍하범주(風下帆舟)와, 양력이 주(主)가 되는 풍상범주(風上帆舟)를 구분하여야 한다.

요트가 바람을 뒤쪽에서 받아 주행하는 풍하범주의 경우에는 바람에 의한 압력이 돛을 경계로 하여 풍상 측에서 높고 풍하 측에서 낮게 된다. 따라서 압력이 높은 풍상 측에서 압력이 낮은 풍하 측으로 나아가려는 힘이 발생하는데 이 힘을 총합력이라고 한다. 이 총합력의 힘은 평행사변형 법칙에 의하여 요트를 앞으로 추진시키는 전진력과 옆으로 밀리게 하는 횡류력으로 분해될 수 있다. 센터보드나 킬(keel)과 같은 횡류방지장치에 의하여 횡류를 방지하면서 전진력을 이용하여 앞으로 나아갈 수 있게 된다.

요트가 바람을 거슬러 올라가는 풍상범주의 경우는 비행기 날개에서 양력이 발생하여 비행기가 뜨게 되는 원리와 동일한 원리에 의하여 요트가 추진하게 된다. 베르누이의 정리에 의하면 유체의 속도가 빠르면 압력이 낮아지고, 속도가 느리면 압력이 높아진다. 비행기 날개와 비슷한 모양을 하고 있는 돛의 주위에 공기가 흐를 때 돛을 경계로 하여 풍상 측의 공기 속도는 느려지고 풍하 측의 공기 속도는 빨라진다. 그러므로 베르누이의 정리에 의하여 풍하 측으로 흡인력이 발생하게 되는데 이것이 총합력이 된다. 이 총합력은 풍하범주의 경우와 마찬가지로 전진력과 횡류력으로 분해된다. 횡류력은 요트를 옆 방향으로 미는 힘으로서 센터보드 등의 횡류방지장치에 의하여 상쇄된다. 따라서 요트는 전진력에 의하여 앞으로 나아갈 수 있게 된다.

① 딩기는 순풍이 불 때는 횡류력으로, 역풍이 불 때는 전진력으로 나아간다.
② 센터보드나 킬로 인해 요트는 옆으로 가지 않고 앞으로 나아갈 수 있게 된다.
③ 풍하범주는 풍압이 추진력의 주(主)가 되며, 풍상범주는 양력이 추진력의 주가 된다.
④ 요트가 바람을 등지고 갈 때는 풍압에 의존하고, 맞바람을 받고 갈 때는 양력에 의존하게 된다.

13

2017 고3 7월 학력평가 변형

다음 글을 논리적 순서에 맞게 배열한 것은?

(가) 주택 화재 예방과 피해 경감을 위해 주택 주민들은 우선 정부의 법령에 따라 소화기, 단독경보형감지기와 같은 기초 소방 시설을 설치하고, 사용법을 익힌 후 작동 여부를 확인해야 한다. 그리고 전기 시설 관련 안전 교육을 통해 전열기나 난방기 등을 올바르게 사용하는 습관을 길러야 한다. 또한 이웃과의 협의를 통해 주택 주변에 CCTV를 설치하여 담뱃불이나 방화로 인한 화재 발생에 대비하고, 지정된 기초 소방 시설 외에도 누전 경보기, 피난 사다리 등의 다양한 시설도 준비할 필요가 있다.

(나) 주택 화재는 누전, 전기용품의 부주의한 취급 등의 전기적 요인과 담뱃불, 방화 등에 의해 주로 발생한다. 화재 발생 시 주택의 경우에는 소방 시설이 제대로 갖추어져 있지 않고, 건물 간의 간격도 좁아서 인근 건물로 화재가 확산되기 쉽다. 또한 도로가 협소하기 때문에 소방차의 진입이 어려워 피해가 커질 수밖에 없다. 특히 심야나 새벽에 발생한 화재는 다른 때보다 더 심각한 피해를 초래한다.

(다) 최근 3년간 발생한 전체 화재 중 주택 화재의 발생 건수가 1/5 정도 차지한다. 그런데 주택 화재로 인한 사망자의 비율은 전체 화재 사망자의 절반 정도이다. 이는 주택 화재가 발생하면 매우 심각한 피해로 이어질 수 있다는 것을 의미한다.

(라) 최근에 정부는 이러한 주택 화재의 예방과 피해 경감을 위해 이미 시행하고 있는 다른 나라의 사례를 참고하여 기초 소방 시설 의무 설치에 관한 법령을 제정했다. 이른바 '소방 시설 설치·유지 및 안전 관리에 관한 법률'이 그것인데, 이는 소화기 비치 및 단독경보형감지기 설치를 의무화하는 내용을 담고 있다. 또한 정부는 주민들의 자율적인 안전 관리를 촉진하기 위한 시책을 지방자치단체가 조례로 정하도록 했으며, 건물 사이의 일정한 거리 확보에 관한 기준을 강화하고, 소방 도로 확보를 위한 법 개정도 추진하고 있다.

① (다)-(나)-(라)-(가)
② (다)-(라)-(가)-(나)
③ (라)-(나)-(가)-(다)
④ (라)-(가)-(나)-(다)

[14~15] 다음 글을 읽고 물음에 답하시오.

니체의 철학적 관점에서 예술을 이해한 표현주의 화가들은 예술의 목적을 대상의 재현이 아니라 인간의 감정과 충동을 표현하는 것으로 생각했다. [(ㄱ)] 그들은 사실주의 미학에서 이성보다 열등한 것이라고 여겼던 감정을 존재의 본질을 드러내는 것으로 보았다. 그들이 생각하는 인간의 감정은 시시각각 변화하며 생성과 소멸을 반복하는 것이었기에 그림을 그리는 동안에도 매 순간 변화하는 감정을 중시했다. [(ㄴ)] 그래서 대상의 비례와 고유한 형태를 왜곡하고, 색채도 실제보다 더 강하게 과장해서 그리거나 대비되는 원색을 대담하게 사용하는 등의 방법을 통해 자신의 감정과 충동을 표현했다. 또한 원근법에 얽매이지 않는 화면 구성을 보임으로써 작품에서 드러나는 공간이 현실 공간의 재현이 아니라 화가 자신의 감정을 표현하기 위한 상징과 의미를 생산하는 공간이라는 인식을 드러냈다.

표현주의 화가들은 이성과 합리성의 가치를 추구하던 당시 사회의 분위기에 반발하며 예술가로서의 감정적, 주관적인 표현을 예술이 추구해야 하는 가치로 보았다. [(ㄷ)] 이렇듯 화가의 내면을 적극적으로 표현했던 표현주의는 니체의 철학을 근거로 예술에 대한 새로운 해석을 보여 주었다고 할 수 있다. [(ㄹ)]

14

2019 고1 9월 학력평가 변형

글의 내용과 부합하는 것은?

① 표현주의 화가들은 대상의 재현을 예술의 가장 중요한 목적으로 삼았다.
② 사실주의 미학에서는 감정을 이성보다 중요하게 여기지 않았다.
③ 표현주의 작품들은 사실주의 미학에 비해 대비되는 원색의 사용이 적었다.
④ 표현주의 화가들이 등장한 당시의 사회는 자유와 주관성을 추구하던 분위기였다.

15

2019 고1 9월 학력평가 변형

다음 문장이 지문에 들어간다고 할 때, 가장 적절한 곳은?

> 그들은 자유로운 형태와 색채로 자신들이 가지고 있던 내면의 불안, 공포, 고뇌 등을 예술로써 극복하려고 노력하면서 강한 생명력이라는 가치를 보여 주었다.

① (ㄱ)　② (ㄴ)
③ (ㄷ)　④ (ㄹ)

[16~17] 다음 글을 읽고 물음에 답하시오.

17세기 초부터 유입되기 시작한 서학(西學) 서적에 담긴 서양의 과학 지식은 당시 조선의 지식인들에게 적지 않은 지적 충격을 주며 사상의 변화를 이끌었다. 하지만 19세기 중반까지 서양 의학의 영향력은 천문·지리 지식에 비해 미미하였다. 일부 유학자들이 서양 의학 서적들을 읽었지만, 이에 대해 논평을 남긴 인물은 극히 제한적이었다.

이런 가운데 18세기 실학자 이익은 주목할 만한 인물이다. 그는 『서국의(西國醫)』라는 글에서 아담 샬이 쓴 『주제군징(主制群徵)』의 일부를 채록하면서 자신의 생각을 제시하였다. 『주제군징』에는 당대 서양 의학의 대변동을 이끈 근대 해부학 및 생리학의 성과나 그에 따른 기계론적 인체관은 담기지 않았다. 대신 기독교를 효과적으로 전파하기 위해 신의 존재를 증명하려 했던 로마 시대의 생리설, 중세의 해부 지식 등이 실려 있었다. 한정된 서양 의학 지식이었지만 이익은 그 우수성을 인정하고 내용을 부분적으로 수용하였다. 뇌가 몸의 운동과 지각 활동을 주관한다는 아담 샬의 설명에 대해, 이익은 몸의 운동을 뇌가 주관한다는 것은 긍정하였지만, 지각 활동은 심장이 주관한다는 전통적인 심주지각설(心主知覺說)을 고수하였다.

이익 이후에도 서양 의학이 조선 사회에 끼친 영향은 두드러지지 않았다. 당시 유학자들은 서양 의학의 필요성을 느끼지 못하였고, 의원들의 관심에서도 서양 의학은 비껴나 있었다. 당시에 전해진 서양 의학 지식은 내용 면에서도 부족했을 뿐 아니라, 지구가 둥글다거나 움직인다는 주장만큼 충격적이지는 않았다. 서양 해부학이 야기하는 윤리적 문제도 서양 의학의 영향력을 제한하는 요인으로 작용하였으며, 서학에 대한 조정(朝廷)의 금지 조치도 걸림돌이었다. 그러던 중 19세기 실학자 최한기는 당대 서양에서 주류를 이루고 있던 최신 의학 성과를 담은 홉슨의 책들을 접한 후 해부학 전반과 뇌 기능을 중심으로 문제의식을 본격화하였다. 인체에 대한 이전 유학자들의 논의가 도덕적 차원에 초점이 있었던 것과 달리, 그는 지각적, 생리적 기능에 주목하였다.

16

2019 고3 9월 모의평가 변형

글의 내용으로 적절하지 않은 것은?

① 서양 의학의 초기 영향력은 다른 분야의 서양 지식에 비해 두드러지지는 않았다.
② 아담 샬의 서적에 담긴 의학적 지식은 의학의 전파를 목적으로 실린 것은 아니었다.
③ 이익은 인체의 운동 및 지각 활동을 심장이 주관한다고 생각하였다.
④ 서양의 지식들은 조선 정부의 제재 대상이었다.

17

2019 고3 9월 모의평가 변형

글의 서술 방식으로 적절한 것은?

① 특정 개념에 대해 상반되는 이론을 제시하며 이들 사이의 차이점을 제시하고 있다.
② 특정 개념에 대한 논의가 어떻게 전파되고 유행되었는지, 여러 나라의 경우를 비교하여 보여 주고 있다.
③ 특정 개념이 사회에 끼친 영향의 양상이 '시간'의 흐름에 따라 어떻게 변화하고 있는지를 서술하고 있다.
④ 특정 개념에 대한 각각의 이론들이 지닌 문제점을 보여주며 어떻게 보완할 수 있는지에 대해 논의하고 있다.

18

2023 국가직 7급

다음 글의 내용이 참일 때, 반드시 참인 것만을 〈보기〉에서 모두 고르면?

갑은 〈공직 자세 교육과정〉, 〈리더십 교육과정〉, 〈글로벌 교육과정〉, 〈직무 교육과정〉, 〈전문성 교육과정〉의 다섯 개 과정으로 이루어진 공직자 교육 프로그램에 참여할 것을 고려하고 있다. 갑이 〈공직 자세 교육과정〉을 이수한다면 〈리더십 교육과정〉도 이수한다. 또한 갑이 〈글로벌 교육과정〉을 이수한다면 〈직무 교육과정〉과 〈전문성 교육과정〉도 모두 이수한다. 그런데 갑은 〈리더십 교육과정〉을 이수하지 않거나 〈전문성 교육과정〉을 이수하지 않는다.

〈보기〉

ㄱ. 갑은 〈공직 자세 교육과정〉을 이수하지 않거나 〈글로벌 교육과정〉을 이수하지 않는다.
ㄴ. 갑이 〈직무 교육과정〉을 이수하지 않는다면 〈글로벌 교육과정〉도 이수하지 않는다.
ㄷ. 갑은 〈공직 자세 교육과정〉을 이수하지 않는다.

① ㄱ　　② ㄷ
③ ㄱ, ㄴ　　④ ㄴ, ㄷ

19

2023 국가직 7급

다음 글에서 갑이 새롭게 입수한 '정보'로 적절한 것은?

> 월요일부터 목요일까지 하루에 한 차례씩 시험 출제 회의가 열렸다. 회의에 참석한 시험위원들에 관한 자료를 정리하던 주무관 갑은 다음의 사실을 파악하였다.
>
> - 월요일에 참석한 시험위원은 모두 수요일에도 참석했다.
> - 화요일에 참석한 시험위원은 누구도 수요일에는 참석하지 않았다.
> - 수요일에 참석한 시험위원 중 적어도 한 사람은 목요일에도 참석했다.
>
> 갑은 이 사실에 새롭게 입수한 '정보'를 더하여 "월요일에는 참석하지 않았지만 목요일에는 참석한 시험위원이 적어도 한 사람은 있다."는 것을 알아내었다.

① 월요일에 참석하지 않은 시험위원이 적어도 한 사람은 있다.
② 화요일에 참석하지 않은 시험위원이 적어도 한 사람은 있다.
③ 수요일에 참석한 시험위원 중 적어도 한 사람은 목요일에 참석하지 않았다.
④ 월요일에 참석한 시험위원 중에는 목요일에 참석한 시험위원은 없다.

20

2023 국가직 7급

다음 글의 내용이 참일 때, 반드시 참인 것만을 〈보기〉에서 모두 고르면?

> 국제해양환경회의에 5명의 대표자가 참석하여 A, B, C, D 4개 정책을 두고 토론회를 열었다. 대표자들은 모두 각 정책에 대해 찬반 중 하나의 입장을 분명하게 표명했으며, 각자 하나 이상의 정책에 찬성하고 하나 이상의 정책에 반대한 것으로 드러났다. 그들의 입장을 정리한 결과는 다음과 같다.
>
> - A에 찬성하는 대표자는 2명이다.
> - A에 찬성하는 대표자는 모두 B에 찬성한다.
> - B에 찬성하는 대표자 중에 C에 찬성하는 사람과 반대하는 사람은 동수이다.
> - B와 D에 모두 찬성하는 대표자는 아무도 없다.
> - D에 찬성하는 대표자는 2명이다.
> - D에 찬성하는 대표자는 모두 C에 찬성한다.

〈보기〉

> ㄱ. 3개 정책에 반대하는 대표자가 있다.
> ㄴ. B에 찬성하는 대표자는 2명이다.
> ㄷ. C에 찬성하는 대표자가 가장 많다.

① ㄱ　② ㄴ
③ ㄱ, ㄷ　④ ㄱ, ㄴ, ㄷ

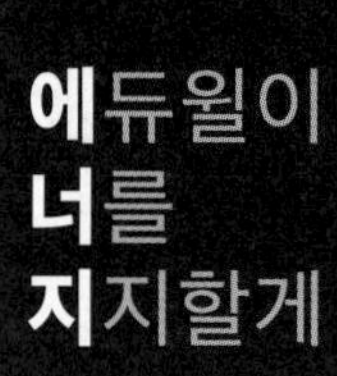

ENERGY

끝이 좋아야 시작이 빛난다.

– 마리아노 리베라(Mariano Rivera)

여러분의 작은 소리
에듀윌은 크게 듣겠습니다.

본 교재에 대한 여러분의 목소리를 들려주세요.
공부하시면서 어려웠던 점, 궁금한 점,
칭찬하고 싶은 점, 개선할 점, 어떤 것이라도 좋습니다.

에듀윌은 여러분께서 나누어 주신 의견을
통해 끊임없이 발전하고 있습니다.

에듀윌 도서몰 book.eduwill.net
- 부가학습자료 및 정오표: 에듀윌 도서몰 → 도서자료실
- 교재 문의: 에듀윌 도서몰 → 문의하기 → 교재(내용, 출간) / 주문 및 배송

2025 에듀윌 9급공무원 기출 품은 모의고사 국어

발 행 일	2025년 1월 5일 초판
편 저 자	배영표
펴 낸 이	양형남
펴 낸 곳	(주)에듀윌
I S B N	979-11-360-3575-2
등록번호	제25100-2002-000052호
주 소	08378 서울특별시 구로구 디지털로34길 55 코오롱싸이언스밸리 2차 3층

www.eduwill.net
대표전화 1600-6700

9급공무원 공개경쟁채용 필기시험 답안지

컴퓨터용 사인펜으로 마킹하고 지우개로 지워서 사용하세요!

컴퓨터용 흑색사인펜만 사용

책 형

【필적감정용 기재】
*아래 예시문을 옮겨 적으시오
본인은 ○○○(응시자성명)임을 확인함

기 재 란

성 명	
자필성명	본인 성명 기재
응시직렬	
응시지역	
시험장소	

응 시 번 호						
	⓪	⓪	⓪	⓪	⓪	⓪
	①	①	①	①	①	①
	②	②	②	②	②	②
	③	③	③	③	③	③
	④	④	④	④	④	④
	⑤	⑤	⑤	⑤	⑤	⑤
⑥	⑥	⑥	⑥	⑥	⑥	⑥
⑦	⑦	⑦	⑦	⑦	⑦	⑦
	⑧	⑧	⑧	⑧	⑧	⑧
	⑨	⑨	⑨	⑨	⑨	⑨

생 년 월 일					
⓪	⓪	⓪	⓪	⓪	⓪
	①	①	①	①	①
	②		②	②	②
	③		③	③	③
	④		④		④
⑤	⑤		⑤		⑤
⑥	⑥		⑥		⑥
⑦	⑦		⑦		⑦
⑧	⑧		⑧		⑧
⑨	⑨		⑨		⑨

※시험감독관 서명
(성명을 정자로 기재할 것)

문번	연습용				문번	연습용				문번	연습용				문번	연습용				문번	연습용			
1	①	②	③	④	1	①	②	③	④	1	①	②	③	④	1	①	②	③	④	1	①	②	③	④
2	①	②	③	④	2	①	②	③	④	2	①	②	③	④	2	①	②	③	④	2	①	②	③	④
3	①	②	③	④	3	①	②	③	④	3	①	②	③	④	3	①	②	③	④	3	①	②	③	④
4	①	②	③	④	4	①	②	③	④	4	①	②	③	④	4	①	②	③	④	4	①	②	③	④
5	①	②	③	④	5	①	②	③	④	5	①	②	③	④	5	①	②	③	④	5	①	②	③	④
6	①	②	③	④	6	①	②	③	④	6	①	②	③	④	6	①	②	③	④	6	①	②	③	④
7	①	②	③	④	7	①	②	③	④	7	①	②	③	④	7	①	②	③	④	7	①	②	③	④
8	①	②	③	④	8	①	②	③	④	8	①	②	③	④	8	①	②	③	④	8	①	②	③	④
9	①	②	③	④	9	①	②	③	④	9	①	②	③	④	9	①	②	③	④	9	①	②	③	④
10	①	②	③	④	10	①	②	③	④	10	①	②	③	④	10	①	②	③	④	10	①	②	③	④
11	①	②	③	④	11	①	②	③	④	11	①	②	③	④	11	①	②	③	④	11	①	②	③	④
12	①	②	③	④	12	①	②	③	④	12	①	②	③	④	12	①	②	③	④	12	①	②	③	④
13	①	②	③	④	13	①	②	③	④	13	①	②	③	④	13	①	②	③	④	13	①	②	③	④
14	①	②	③	④	14	①	②	③	④	14	①	②	③	④	14	①	②	③	④	14	①	②	③	④
15	①	②	③	④	15	①	②	③	④	15	①	②	③	④	15	①	②	③	④	15	①	②	③	④
16	①	②	③	④	16	①	②	③	④	16	①	②	③	④	16	①	②	③	④	16	①	②	③	④
17	①	②	③	④	17	①	②	③	④	17	①	②	③	④	17	①	②	③	④	17	①	②	③	④
18	①	②	③	④	18	①	②	③	④	18	①	②	③	④	18	①	②	③	④	18	①	②	③	④
19	①	②	③	④	19	①	②	③	④	19	①	②	③	④	19	①	②	③	④	19	①	②	③	④
20	①	②	③	④	20	①	②	③	④	20	①	②	③	④	20	①	②	③	④	20	①	②	③	④

응시자 준수사항

□ 답안지 작성요령

※다음 사항을 준수하지 않을 경우에 발생하는 불이익은 응시자의 귀책사유가 되므로 기재된 내용대로 이행하여 주시기 바랍니다.

1. **득점은 OCR 스캐너 판독결과에 따라 산출합니다.** 모든 기재 및 표기사항은 **"컴퓨터용 흑색 사인펜"을 사용**하여 **반드시 〈보기〉의 올바른 표기 방식으로 답안을 작성**해야 합니다.
   이를 준수하지 않아 발생하는 불이익(득점 불인정 등)은 응시자 본인 책임입니다.
   특히, 답란을 전부 채우지 않고 점만 찍어 표기한 경우, 번짐 등으로 두 개 이상의 답란에 표기된 경우, **농도가 옅은 컴퓨터용 사인펜을 사용하여 답안을 흐리게 표기**한 경우 등에는 불이익(득점 불인정 등)을 받을 수 있으니 유의하시기 바랍니다.
   〈보기〉 올바른 표기: ● 잘못된 표기: ⓥ ⊗ ◐ ⊙ ◍ ◟ ◟ ◉ ③

2. **적색볼펜, 연필, 샤프펜 등 펜의 종류와 상관없이 예비표기를 하여 중복 답안으로 판독된 경우에는 불이익을 받을 수 있으므로 각별히 주의**하시기 바랍니다.

3. 답안지를 받으면 상단에 인쇄된 **성명, 응시직렬, 응시지역, 시험장소, 응시번호, 생년월일**이 **응시자 본인 정보와 일치하는지 확인**하시기 바랍니다.
   가. **(책　　형)** 응시자는 **시험 시작 전** 감독관 지시에 따라 **문제책 앞면에 인쇄된 책형**을 **확인**한 후, **답안지 책형란에 해당 책형(1개)을 "●"**로 **표기**하여야 합니다.
   ※ **책형 및 인적사항을 기재하지 않을 경우 불이익(당해시험 무효 처리 등)을 받을 수 있습니다.**
   나. **(필적감정용 기재) 예시문**과 **동일한 내용**을 **본인의 필적**으로 직접 **작성**해야 합니다.
   다. **(자필성명)** 본인의 한글성명을 **정자로 직접 기재**하여야 합니다.
   라. **(교체답안지 작성)** 답안지를 교체하면 반드시 **교체답안지 상단 책형란에 해당 책형(1개)을 "●"로 표기하고,** 필적감정용 기재란, 성명, 응시직렬, 응시지역, 시험장소, 응시번호, 생년월일을 빠짐없이 **작성(표기)**해야 하며, 작성한 답안지는 **1인 1매**만 유효합니다.

4. 시험이 시작되면 **문제책 편철과 표지의 과목순서의 일치 여부, 문제 누락 · 파손 등 문제책 인쇄상태를 반드시 확인하여야 합니다.**

5. **답안은 반드시 문제책 표지의 과목순서에 맞추어 표기**하여야 하며, 과목 순서를 바꾸어 표기한 경우에도 **문제책 표지의 과목순서대로 채점**되므로 각별히 유의하시기 바랍니다.
   – **선택과목이 있는 행정직군 응시자는 본인의 응시표에 인쇄된 선택과목 순서에 따라 제4과목과 제5과목의 답안을 표기**하여야 합니다. 원서접수 시 선택한 과목이 아닌 다른 과목을 선택하여 답안을 표기하거나, 선택과목 순서를 바꾸어 표기한 경우에도 **응시표에 기재된 선택과목 순서대로 채점**되므로 유의하시기 바랍니다.

6. 답안을 매 문항마다 반드시 **하나의 답만**을 골라 그 숫자에 "●"로 표기해야 하며, **답안을 잘못 표기하였을 경우에는 답안지를 수정하거나 교체하여 작성할 수 있습니다.**
   – 표기한 답안을 수정하는 경우에는 **응시자 본인이 가져온 수정테이프만을 사용**하여 해당 부분을 완전히 지우고 부착된 수정테이프가 떨어지지 않도록 눌러 주어야 합니다**(수정액 또는 수정스티커 등은 사용 불가).**
   – **불량 수정테이프의 사용과 불완전한 수정**처리로 인해 발생하는 **문제**는 **응시자 본인에게 책임이 있음**을 유념하시기 바랍니다.

7. 답안지는 **훼손 · 오염되거나 구겨지지 않도록 주의**해야 하며, 특히 **답안지 상단의 타이밍 마크(▌▌▌▌▌)를 절대 훼손해서는 안됩니다.**

□ 부정행위 등 금지

※다음 사항을 위반한 경우에는 공무원임용시험령 제51조(부정행위자 등에 대한 조치)에 따라 그 시험의 정지, 무효, 합격취소, 5년간 공무원임용시험 응시자격정지 등의 불이익 처분을 받게 됩니다.

1. 시험시작 전까지 문제내용을 보아서는 안됩니다.

2. 시험시간 중 일체의 **통신기기**(휴대폰, 태블릿PC, 스마트시계, 이어폰, 등) 및 **전자기기**(전자계산기, 전자사전 등)를 **소지할 수 없습니다.**

3. 응시표 출력사항 외 시험과 관련된 내용이 인쇄 또는 메모된 응시표를 시험시간 중 소지하고 있는 경우 당해시험 무효 처분을 받을 수 있으며, 특히 부정한 자료로 판단되는 경우에는 **5년간 공무원 임용시험 응시자격 정지 처분**을 받을 수 있습니다.

4. **시험종료 후에도 계속하여 답안지를 작성하거나, 시험감독관의 답안지 제출 지시에 불응할 경우에는 무효처분을 받게 됩니다.**
   – 답안, 책형 및 인적사항 등 모든 기재(표기) 사항 작성은 시험종료 전까지 해당 시험실에서 완료하여야 하며, 특히 답안지 교체 작성 시 누락되는 항목이 없도록 유의하시기 바랍니다.

5. 답안 기재가 끝났더라도 시험종료 후 **시험감독관의 지시가 있을 때까지 퇴실할 수 없으며, 사용한 모든 답안지는 반드시 제출해야 합니다.**

6. 그 밖에 **공고문의 응시자 준수사항**이나 **시험감독관의 정당한 지시** 등을 따르지 않을 경우 부정행위자로 간주될 수 있습니다.

에듀윌에서 꿈을 이룬 합격생들의 진짜 합격스토리

에듀윌 강의·교재·학습시스템의 우수성을
합격으로 입증하였습니다!

김○은 국가직 9급 일반행정직 최종 합격

에듀윌만의 탄탄한 커리큘럼 덕분에 공시 3관왕 달성

혼자서 공부하다 보면 지금쯤 뭘 해야 하는지, 내가 잘하고 있는지 걱정이 될 때가 있는데 에듀윌 커리큘럼은 정말 잘 짜여 있어 고민할 필요 없이 그대로 따라가면 되는 시스템이었습니다. 커리큘럼이 기본이론-심화이론-단원별 문제풀이-기출 문제풀이-파이널로 풍부하게 구성되어 인강만으로도 국가직, 지방직, 군무원 3개 직렬에 충분히 합격할 수 있었습니다. 혼자 공부하다 보면 내 위치를 스스로 가늠하기 어려운데, 매달 제공되는 에듀윌 모의고사를 통해서 제 수준이 어느 정도인지 파악할 수 있어서 좋았습니다.

신○은 국가직 9급 일반행정직 최종 합격

에듀윌 교수님들의 열정적인 강의는 업계 최고 수준!

에듀윌 교수님들의 강의가 열정적이어서 좋았습니다. 타사의 유명 행정법 강사분의 강의를 잠깐 들은 적이 있었는데, 그분이 기대만큼 좋지 못해서 열정적인 강의의 에듀윌로 돌아온 적이 있습니다. 그리고 수험생들은 금전적으로 좀 어려움이 있을 수밖에 없는데 에듀윌이 타사보다는 가격 대비 강의가 매우 뛰어나다고 생각합니다. 에듀윌 모의고사도 좋았습니다. 내가 맞혔는데 남들이 틀린 문제나 남들은 맞혔는데 내가 틀린 문제를 분석해줘서 저의 취약점을 알게 되고, 공부 방법에 변화를 줄 수 있는 계기를 마련해 줍니다. 에듀윌의 꼼꼼한 모의고사 시스템 덕분에 효율적인 공부를 할 수 있었습니다.

김○경 지방직 9급 사회복지직 최종 합격

초시생도 빠르게 합격할 수 있는 에듀윌 공무원 커리큘럼

에듀윌 공무원 커리큘럼은 기본 강의, 심화 강의, 문제풀이 강의가 참 적절하게 배분이 잘 되어 있었어요. 그리고 제가 공무원 시험에 대해서 하나도 몰랐는데 커리큘럼을 따라만 갔는데 바로 시험을 치를 수 있는 실력이 만들어진다는 것이 너무 신기한 경험이었습니다. 에듀윌 공무원 교재도 너무 좋았습니다. 기본서가 충실하게 만들어져 있어서 기본서만 봐도 기초를 쌓을 수 있었습니다. 그리고 기출문제집이나 동형 문제집도 문제 분량이 굉장히 많았어요. 이러한 꼼꼼한 교재 구성 덕분에 40대에 공부를 다시 시작했음에도 빠르게 합격할 수 있었어요.

다음 합격의 주인공은 당신입니다!

더 많은
합격스토리

2025

에듀윌 9급공무원 기출 품은 모의고사

국어

정답과 해설

eduwill

2025

에듀윌 9급공무원 기출 품은 모의고사

국어

SPEED CHECK

빠른 정답표

2025 9급공무원
기출 품은 모의고사
국 어

2025 출제예상문제

1	2	3	4	5
②	②	②	③	③
6	7	8	9	10
①	③	③	③	④
11	12	13	14	15
②	②	①	②	②
16	17	18	19	20
③	④	④	③	①

인사혁신처 예시문제 1차

1	2	3	4	5
②	②	③	①	④
6	7	8	9	10
②	③	③	④	②
11	12	13	14	15
③	①	③	④	②
16	17	18	19	20
③	①	④	②	①

인사혁신처 예시문제 2차

1	2	3	4	5
②	②	③	④	④
6	7	8	9	10
③	②	③	①	①
11	12	13	14	15
④	①	②	①	①
16	17	18	19	20
②	③	④	④	①

기출 품은 모의고사 1회

1	2	3	4	5
①	④	②	①	②
6	7	8	9	10
③	③	③	④	②
11	12	13	14	15
④	④	①	②	①
16	17	18	19	20
②	④	④	②	④

기출 품은 모의고사 2회

1	2	3	4	5
②	①	①	③	③
6	7	8	9	10
②	①	②	②	③
11	12	13	14	15
④	③	③	②	①
16	17	18	19	20
②	②	②	①	①

기출 품은 모의고사 3회

1	2	3	4	5
③	①	④	③	①
6	7	8	9	10
③	④	③	④	③
11	12	13	14	15
②	④	①	④	③
16	17	18	19	20
②	③	④	③	③

기출 품은 모의고사 4회

1	2	3	4	5
①	③	④	③	②
6	7	8	9	10
①	②	①	④	①
11	12	13	14	15
②	④	②	④	④
16	17	18	19	20
④	③	④	①	②

기출 품은 모의고사 5회

1	2	3	4	5
④	②	③	③	③
6	7	8	9	10
③	③	②	③	②
11	12	13	14	15
②	④	③	③	②
16	17	18	19	20
②	④	④	②	③

기출 품은 모의고사 6회				
1	2	3	4	5
②	③	①	①	④
6	7	8	9	10
③	①	①	③	②
11	12	13	14	15
③	④	③	④	②
16	17	18	19	20
③	④	①	④	③

기출 품은 모의고사 7회				
1	2	3	4	5
④	④	②	③	④
6	7	8	9	10
①	④	①	①	②
11	12	13	14	15
③	③	①	③	①
16	17	18	19	20
②	③	④	①	③

기출 품은 모의고사 8회				
1	2	3	4	5
①	②	②	②	③
6	7	8	9	10
④	①	④	②	②
11	12	13	14	15
①	④	①	④	③
16	17	18	19	20
②	③	①	④	④

기출 품은 모의고사 9회				
1	2	3	4	5
①	③	④	④	④
6	7	8	9	10
②	③	①	④	④
11	12	13	14	15
①	①	②	①	③
16	17	18	19	20
①	④	①	④	④

기출 품은 모의고사 10회				
1	2	3	4	5
①	③	①	②	①
6	7	8	9	10
④	②	①	④	③
11	12	13	14	15
③	②	①	③	②
16	17	18	19	20
①	②	④	③	③

기출 품은 모의고사 11회				
1	2	3	4	5
④	③	①	①	③
6	7	8	9	10
②	②	①	②	①
11	12	13	14	15
④	③	②	②	④
16	17	18	19	20
④	②	④	④	④

기출 품은 모의고사 12회				
1	2	3	4	5
③	①	④	③	①
6	7	8	9	10
④	②	②	③	④
11	12	13	14	15
③	③	④	①	④
16	17	18	19	20
②	④	②	②	②

기출 품은 모의고사 13회				
1	2	3	4	5
④	③	③	③	③
6	7	8	9	10
②	③	③	②	④
11	12	13	14	15
③	③	③	①	③
16	17	18	19	20
④	①	③	④	④

기출 품은 모의고사 14회				
1	2	3	4	5
①	④	④	④	①
6	7	8	9	10
④	④	①	④	②
11	12	13	14	15
②	④	②	①	③
16	17	18	19	20
①	②	②	③	③

기출 품은 모의고사 15회				
1	2	3	4	5
①	②	③	②	③
6	7	8	9	10
③	④	③	③	④
11	12	13	14	15
①	②	④	②	④
16	17	18	19	20
②	④	④	③	④

기출 품은 모의고사 16회				
1	2	3	4	5
②	②	③	④	④
6	7	8	9	10
③	④	④	③	②
11	12	13	14	15
③	②	④	③	③
16	17	18	19	20
②	④	④	①	④

기출 품은 모의고사 17회				
1	2	3	4	5
②	③	①	②	④
6	7	8	9	10
④	④	①	④	③
11	12	13	14	15
④	①	①	②	③
16	17	18	19	20
③	③	③	④	④

2025

에듀윌 9급공무원 기출 품은 모의고사

국어 | 정답과 해설

정답과 해설 SPECIAL TEST

2025 출제예상문제

기출문제편 ▶ P.14

I 문항 분석

문항	정답	영역
1	②	문법 > 현대 문법 > 공공언어 바로 쓰기
2	②	문법 > 현대 문법 > 통사론
3	②	문법 > 현대 문법 > 형태론
4	③	독해 > 독해 비문학 > 일치/불일치
5	③	독해 > 독해 비문학 > 일치/불일치
6	①	독해 > 독해 비문학 > 밑줄/괄호
7	③	독해 > 독해 비문학 > 주제 찾기
8	③	독해 > 독해 비문학 > 일치/불일치
9	③	독해 > 독해 비문학 > 전개 순서
10	④	독해 > 독해 비문학 > 일치/불일치
11	②	독해 > 독해 비문학 > 주제 찾기
12	②	독해 > 독해 비문학 > 글/문단/문장 수정
13	①	독해 > 독해 비문학 > 주제 찾기
14	②	독해 > 독해 비문학 > 어휘 의미 파악
15	②	독해 > 독해 비문학 > 주제 찾기
16	③	독해 > 독해 비문학 > 밑줄/괄호
17	④	독해 > 독해 비문학 > 밑줄/괄호
18	④	독해 > 독해 비문학 > 논리형
19	③	독해 > 독해 비문학 > 논리형
20	①	독해 > 독해 비문학 > 논리형

영역별 출제 비중

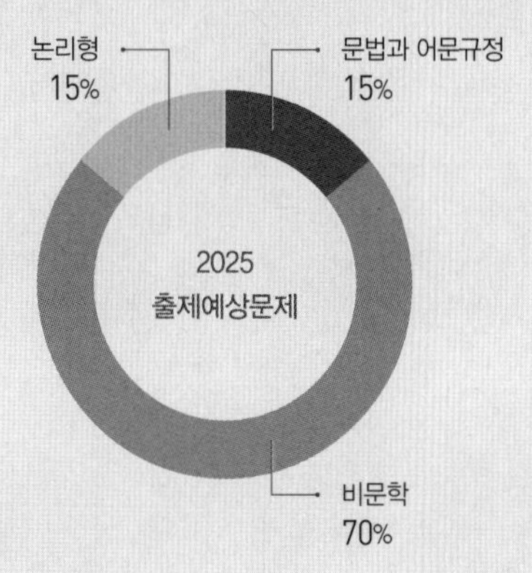

맞힌 문항 수	/20문항
점수	/100점

I 취약영역 체크

문법과 어문 규정	/3
비문학	/14
논리형	/3

➡ 나의 취약영역: ____________

中

01 개념 카테고리 문법 > 현대 문법 > 공공언어 바로 쓰기 답 ②

| 정답해설 | ② '-여'는 '그 수를 넘음'의 뜻을 더하는 접미사로 붙여 쓰고, '회'는 의존 명사이므로 띄어 쓴다.

| 오답해설 | ① '정차하다'와 '멈추다'는 의미가 중복된다. 따라서 '멈추다'를 사용한다.

③ 한자어 '요망'을 고유어 '바람'으로 수정하는 것은 적절하다.

④ 외래어 '매뉴얼'을 '설명서, 안내서' 등으로 수정하는 것은 적절하다.

中

02 개념 카테고리 문법 > 현대 문법 > 통사론 답 ②

| 정답해설 | ② '것'은 관형어의 수식을 필수적으로 요구하는 의존 명사이다. 따라서 그 앞에 쓰인 관형어 '먹을'은 문장에서 필수적으로 쓰인 것으로 볼 수 있는 경우이다.

| 오답해설 | ① 체언 '철수'가 그대로 관형어로 쓰인 경우로 체언 '집'을 수식하고 있다.

③ '우리의'의 '의'는 관형격 조사이다.

④ '영희의 옷'은 소유주와 대상의 관계로 볼 수 있는 경우이다.

더 알아보기

관형어의 성립

관형사	철수가 새 책상을 샀다.
체언+관형격 조사 '의'	나의 소원은 비밀이다.
체언 자체(관형격 조사 생략)	철수 동생
용언의 어간+관형사형 어미 '-(으)ㄴ, -는, -(으)ㄹ, -던'	자는 사람 깨우지 마라.

中

03 개념 카테고리 문법 > 현대 문법 > 형태론 답 ②

| 정답해설 | ② '보였다'의 경우 '보이었다'가 축약된 형태로, 이때 '보이-'가 어간이고 '-었-'이 과거 시제 선어말 어미에 해당한다. 따라서 '-였-'이 사용된 경우로 볼 수 없다. '-였-'은 어간 '하-' 뒤에 쓰일 수 있는 선어말 어미이다.

| 오답해설 | ① '입다'는 어간 말음이 자음 'ㅂ'이므로 현재 시제 선어말 어미 '-는-'이 사용되고, '가다'는 어간 말음이 모음 'ㅏ'이므로 현재 시제 선어말 어미 '-ㄴ-'이 사용된다.

③ '잡았었다'에 결합한 '-았었-'의 경우 형태적으로 시제 선어말 어미가 두 개 결합한 것으로 보이는 경우에 해당한다.

④ '나는 내일 미국에 간다'의 경우 시제 선어말 어미는 '-ㄴ-'으로 현재이지만 문장의 맥락을 살펴보면 미래가 된다. 따라서 시제 선어말 어미와 문장에서의 시제가 일치하지 않는 경우의 예가 된다.

中

04 개념 카테고리 독해 > 독해 비문학 > 일치/불일치 답 ③

| 정답해설 | ③ 산불은 이상 고온 현상이 아닌 건조함으로 인해 발생한다. 첫째 단락의 "강수량이 감소하여 가뭄이 발생하고, 대규모 산불이 일어나기도 한다."라는 문장을 통해 확인할 수 있다. 고온 현상으로 인해 산불이 더 많이 발생할 거라고 보기에는 어렵다.

| 오답해설 | ① 무역풍은 동쪽의 표층수를 서쪽으로 밀어내는 역할을 하므로 무역풍이 강해질 경우 동쪽의 표층수는 그 양이 더 적어질 것이다.

② 무역풍이 약해지면 엘니뇨가 발생하고 이는 인도네시아 지역의 강수량을 감소시킨다.

④ 무역풍이 표층수를 밀어내야 그 자리에 용승이 생기는데, 무역풍이 충분히 표층수를 밀어내지 못하면 용승 역시 약해질 것이다.

中

05 개념 카테고리 독해 > 독해 비문학 > 일치/불일치 답 ③

| 정답해설 | ③ "혼합된 물감의 색은 감법 혼합으로 인해 그리 밝지 않았다."라는 문장을 통해 감법 혼합은 색을 어둡게 한다는 사실을 확인할 수 있다.

| 오답해설 | ① 모네는 '순간적인 광경'을 그리려고 시도했다. 짧은 시간의 광경을 담으려고 한 그의 시도는 시간의 흐름을 반영하려 한 것과는 거리가 멀다.

② 시냐크의 그림이 "크게 밝아 보이지는 않았다."라는 문장에서 그가 원래 의도한 바가 어두운 그림이 아님을 알 수 있다.

④ 글의 마지막 부분의 "인상주의(모네)와 신인상주의(시냐크) 화가들의 노력은 한계에 부딪혔다."라는 문장을 통해 그들의 의도가 성공적으로 이루어지지 않았음을 알 수 있다.

中

06 개념 카테고리 독해 > 독해 비문학 > 밑줄/괄호 답 ①

| 정답해설 | 〈보기〉는 시적 공간이라는 개념에 대해 이야기하고 있다. 〈보기〉에서 시적 공간에 대한 정의가 언급되고 있는 점, '여러 장치'라는 표현이 주어진 지문에서 등장한다는 점 등을 생각했을 때, ① (ㄱ)에 오는 것이 문맥상 가장 적절하다.

| 오답해설 | ② 시적 공간에 담긴 의미를 설명하고 있는 부분이다.

③ 시적 공간과 시인이 지닌 연관성에 대해 언급하고 있는 부분이다.

④ 시적 공간과 독자가 지닌 인식에 대해 언급하고 있는 부분이다.

中

07 개념 카테고리 독해 > 독해 비문학 > 주제 찾기 답 ③

| 정답해설 | ③ 제시문 마지막의 "전자 상거래 과정에서 일어나는 청소년의 피해를 줄이기 위해서는 청소년이 전자 상거래 과정에서 유의해야 할 점을 숙지할 수 있게 해 주어야 한다."라는 문장에서 글쓴이가 피해의 원인을 청소년의 지식 부족 때문이라고 생각함을 알 수 있다.

| 오답해설 | ① 청소년들이 전자 상거래에서 현금 거래를 한다는 점이 피해 청소년의 수를 증가시키는 것과 관련이 있긴 하지만 전자 상거래 피해의 직접적인 원인이라고는 볼 수 없다.
② 제시문 내에서 청소년의 전자 상거래를 법적으로 제한해야 한다는 의견은 확인할 수 없다.
④ 청소년의 피해를 줄이기 위해 청소년에게 관련 내용들을 숙지시켜야 한다는 점이 글쓴이의 주장이다.

中

08 개념 카테고리 독해 > 독해 비문학 > 일치/불일치 답 ③

| 정답해설 | ③ 둘째 단락에서 구독경제를 정기 배송 모델, 무제한 이용 모델, 장기 렌털 모델의 세 가지 유형으로 나누어 설명하고 있다.
| 오답해설 | ① 제시문에서는 구독경제라는 경제 모델 하나만 제시되고 있다.
② 제시문에 구독경제의 장점은 언급되고 있지만 단점은 언급되고 있지 않다.
④ 제시문에 구체적인 수치는 제시되고 있지 않다.

中

09 개념 카테고리 독해 > 독해 비문학 > 전개 순서 답 ③

| 정답해설 | 제시문은 현대 철학자 알랭 바디우의 이론을 설명하고 있는 글이다. (라)에서는 알랭 바디우의 이름 앞에 '현대 철학자'라는 수식어가 붙어 설명해 주고 있다. 그러므로 (라)가 가장 먼저 오는 것이 좋다. 또한 (라)는 의문형 문장으로 끝이 나는데, (나)의 '이에 대해'라는 표현이 이 의문형 문장과 호응이 가장 좋다. (나)에서는 사건과 진리라는 용어가 언급되는데, (가)와 (다)에서는 사건에 대한 추가적인 설명이 언급되고 있다. 이 중 (다)에서는 예시까지 언급되고 있는데, 이를 고려하면 (나) 이후 (가)와 (다)가 순서대로 와 예시가 가장 마지막에 위치하는 것이 좋다. 따라서 적절한 순서는 ③ '(라) – (나) – (가) – (다)'이다.

中

10 개념 카테고리 독해 > 독해 비문학 > 일치/불일치 답 ④

| 정답해설 | ④ 학생들의 급식 메뉴 직접 선정에 대한 문제점으로 언급된 것은 선정 시간이 오래 걸린다는 것이다. 하지만 이에 대한 보완 계획은 언급되고 있지 않다. 급식 메뉴 선정 횟수를 늘린다는 계획이 언급되고는 있지만 이 계획이 현재 문제점에 대한 보완이라고 보기는 어렵다.
| 오답해설 | ① 첫째 단락에 학생들의 만족도를 높이고 잔반을 줄이기 위함이라는 이유가 언급되고 있다.
② 첫째 단락에서 1달에 1번씩 학생들이 직접 급식 메뉴를 선정한다는 것과 이번에 3학년 7반이 선정한 메뉴 등을 구체적으로 설명하고 있다.
③ 둘째 단락에서 급식 메뉴 선정에 시간이 오래 걸린다는 점을 실제 참여 학생의 의견을 인용하여 설명하고 있다.

下

11 개념 카테고리 독해 > 독해 비문학 > 주제 찾기 답 ②

| 정답해설 | ② 제시문은 학생들이 급식 메뉴를 직접 선정하게 된 이유와 그 시행 내용, 학생들의 후기와 후속 계획에 대해 이야기하고 있다. 이런 전반적인 내용을 고려하면 이 글의 제목으로는 '학생들이 직접 선정하는 급식 메뉴'가 적절하다.
| 오답해설 | ① 잔반이 환경 문제를 유발한다는 언급은 있지만 글의 중심 내용으로는 언급되고 있지 않다. 급식 메뉴 직접 선정의 목적 정도로만 언급되고 있다.
③ 급식실의 청결 등에 대한 이야기는 언급되고 있지 않다.
④ 급식 메뉴를 선정함에 있어 영양사 선생님의 조언을 얻었다는 정도로만 언급되고 있다. 글의 중심 내용으로 보기는 어렵다.

中

12 개념 카테고리 독해 > 독해 비문학 > 글/문단/문장 수정 답 ②

| 정답해설 | ② 제시문은 '주남 저수지에 사는 백조들의 모습과 상태'를 서술한 글이다. ㉣은 '백조들의 모습과 상태'에 해당하지 않으므로 삭제한다.
| 오답해설 | ① ㉢은 '백조들의 모습'에 해당한다. '경계할 만한 대상'을 꼭 밝힐 필요는 없다.
③ ㉥은 ㉠과 내용상 중복되지 않는다.
④ 백조가 저수지를 떠난 뒤의 풍경은 '백조들의 모습과 상태'에 해당하지 않는다.

中

13 개념 카테고리 독해 > 독해 비문학 > 주제 찾기 답 ①

| 정답해설 | 제시문은 '신문이 사실과 진실을 보도하는 것은 당연한 일이다. 이런 진실 보도를 위해 글쓰기 준칙을 강조하기도 한다. 하지만 진실 보도를 막으려는 구속과 외압이 있게 마련이다. 따라서 신문은 이러한 외압으로부터 자유로워야 진실된 보도를 할 수 있다.'와 같이 요약할 수 있다. 따라서 이 글의 요지(말이나 글 따위에서 핵심이 되는 중요한 내용)로는 ① '진실 보도를 위하여 구속과 억압의 논리로부터 자유로워야 한다.'가 적절하다.

中

14 개념 카테고리 독해 > 독해 비문학 > 어휘 의미 파악 답 ②

| 정답해설 | 제시문의 '걷다'는 '어떠한 방향으로 나아가다.'의 의미이다. 따라서 ②의 '걷다'와 의미가 같다.
| 오답해설 | ①, ④의 '걷다'는 '어떤 곳을 다리를 번갈아 움직여 위치를 옮기다.'의 의미이다.
③의 '걷다'는 '전문직에 종사하다.'의 의미이다.

中

15 개념 카테고리 독해 > 독해 비문학 > 주제 찾기 답 ②

| 정답해설 | ② 제시문은 우리가 비극을 왜 즐기는지에 대한 이유를 '아리스토텔레스, 니체'의 견해를 통해 답하고 있다. 따라서 '비극을 즐기는 이유'가 이 글의 제목으로 적절하다.

中

16 개념 카테고리 독해 > 독해 비문학 > 밑줄/괄호 답 ③

| 정답해설 | ③ 맥락을 보면 우리가 문학에서 비극을 즐기는 이유를 아리스토텔레스의 의견을 통해 제시하고 있다. 따라서 '이'는 '우리가 문학에서 비극을 즐기는 이유'이다.

| 오답해설 | ①, ②, ④ 모두 '문학 속 비극'에 해당한다.

中

17 개념 카테고리 독해 > 독해 비문학 > 밑줄/괄호 답 ④

| 정답해설 | "이 항해술은 전쟁 수행과 관련해서 부분적인 도움을 줄 뿐이다."에서 마젤란의 죽음은 '부분'으로 '전체'를 해결하려고 했기 때문이라는 것을 알 수 있다. 즉, 마젤란은 항해술이 전쟁을 승리하는 데 있어 부분이라는 것을 알고 나머지 부족한 부분을 결합하여 완성했어야 한다. 따라서 '둘 이상의 조직이나 기구 따위를 하나로 합침'의 의미인 ④ '통합'이 들어가는 것이 적절하다.

上

18 개념 카테고리 독해 > 독해 비문학 > 논리형 답 ④

| 정답해설 | 제시문에서는 사람 몸니와 사람 머릿니가 언제 분화되었는지를 추정하고 있다. 추정의 근거로는 두 이의 염기서열 차이를 사용하고 있다.

ㄱ: 염기서열의 변화가 일정하게 축적되어야만 그 축적된 양으로 변화가 일어나기 시작한 시점을 역산할 수 있다. 만약 그 변화가 일정하지 않다면 역산할 수 없을 것이다. 따라서 제시문의 논증을 강화한다.

ㄴ: 제시문에서는 염기서열의 차이를 곧 '얼마나 오래전에 분화되었는가'의 척도로 보고 있다. 이 논리대로라면, 침팬지 이와 사람 머릿니의 염기서열 차이가 사람 몸니와 사람 머릿니의 차이보다 작다면, 이는 사람과 침팬지가 분화되기도 전에 사람 몸니와 사람 머릿니가 분화되었다는 것을 의미한다. 이런 결과는 약 12만 년 전에 사람이 의복류에 적응하며 사람 머릿니가 사람 몸니로 분화했다고 주장하는 제시문과 모순되는 결과이다. 따라서 제시문의 논증을 약화한다.

ㄷ: 제시문에서는 침팬지와 사람이 분기되는 것과 침팬지 이와 사람 머릿니가 분기된 것을 동일한 시점으로 보고 있다. 이 시점에 50만 년이라는 차이가 발생한다면 제시문의 논증은 약화된다.

中

19 개념 카테고리 독해 > 독해 비문학 > 논리형 답 ③

| 정답해설 | 주어진 조건들 중에 정보를 확정해 주는 명제가 없다. 선택지에서도 이러한 명제를 찾을 수 없으므로 확정된 정보를 찾으려 하기보다는, 각 상황을 대입해 보며 정보를 정리한다.

다은이 프로젝트에 참여하지 않으면 조건 1의 대우에 의해 가은이 프로젝트에 참여하지 않는다. 가은이 프로젝트에 참여하지 않으면 조건 3에 의해 마은이 프로젝트에 참여한다.

반대로 마은이 프로젝트에 참여하지 않으면 조건 3에 의해 가은이 프로젝트에 참여하게 된다. 가은이 프로젝트에 참여하면 조건 1에 의해 다은이 프로젝트에 참여한다. 따라서 ③ 다은이 프로젝트에 참여하거나 마은이 프로젝트에 참여한다는 것은 반드시 참이다.

| 오답해설 | ① 가은이 프로젝트에 참여하지 않으면 조건 3에 의해 마은이 프로젝트에 참여한다. 그러나 마은의 프로젝트 참여로부터 나은의 프로젝트 참여를 이끌어 낼 수 있는 조건이 없으므로 반드시 참이라고 볼 수 없다.

② 다은의 프로젝트 참여로부터 이어질 수 있는 조건이 없다. 마은의 프로젝트 참여를 이끌어 낼 수도 없으므로 반드시 참이라고 볼 수 없다.

④ 마은이 참여하지 않을 때 라은도 참여하지 않아야 ④가 참임을 보일 수 있다. 조건 3에 의해 마은이 프로젝트에 참여하지 않으면 가은이 프로젝트에 참여한다. 가은이 프로젝트에 참여하면 조건 1에 의해 나은이 프로젝트에 참여한다. 그러나 나은의 프로젝트 참여로부터 라은이 참여하지 않는 것을 이끌어 낼 수 있는 조건이 없으므로 반드시 참이라고 볼 수 없다.

上

20 개념 카테고리 독해 > 독해 비문학 > 논리형 답 ①

| 정답해설 | ㄱ: 제시문 후반부의 '도덕적인 사람은 행복할 것이며'라는 표현과 ㄱ의 표현이 모순된다. ㄱ이 참이라면 제시문의 논증은 약화될 것이다.

| 오답해설 | ㄴ: 제시문 후반부의 '도덕적인 것은 이익이 되는 것이다'라는 명제의 이를 ㄴ이라고 볼 수 있다. 주어진 명제가 참이더라도 그 명제의 이가 참이라고 말할 수는 없으므로 추론될 수 없다.

ㄷ: 제시문에서 눈과 귀는 '혼'을 언급하기 위한 도입 소재로 볼 수 있다. 이후의 논증은 '혼'의 상태에서 시작하고 있으므로, 눈과 귀의 기능 수행 여부는 도덕적인 것과 관련이 없다. 논증을 강화하지도, 약화하지도 않는다.

정답과 해설 PART 01

인사혁신처 예시문제 1차

기출문제편 ▶ P.24

영역별 출제 비중

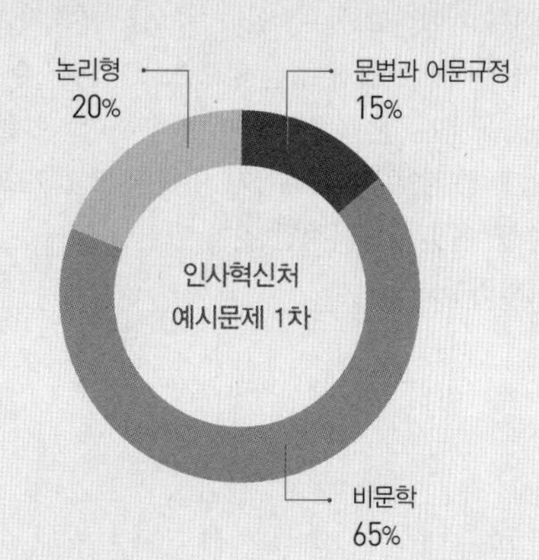

맞힌 문항 수	/20문항
점수	/100점

I 문항 분석

문항	정답	영역
1	②	문법 > 현대 문법 > 공공언어 바로 쓰기
2	②	문법 > 현대 문법 > 형태론
3	③	문법 > 현대 문법 > 통사론
4	①	독해 > 독해 비문학 > 밑줄/괄호
5	④	독해 > 독해 비문학 > 논리형
6	②	독해 > 독해 비문학 > 문학 이론
7	③	독해 > 독해 비문학 > 전개 순서
8	③	독해 > 독해 비문학 > 개요 수정
9	④	독해 > 독해 비문학 > 밑줄/괄호
10	②	독해 > 독해 비문학 > 문학 이론
11	③	독해 > 독해 비문학 > 어휘 의미 파악
12	①	독해 > 독해 비문학 > 논리형
13	③	독해 > 독해 비문학 > 글/문단/문장 수정
14	④	독해 > 독해 비문학 > 밑줄/괄호
15	②	독해 > 독해 비문학 > 일치/불일치
16	③	독해 > 독해 비문학 > 어휘 의미 파악
17	①	독해 > 독해 비문학 > 화법 지문
18	④	독해 > 독해 비문학 > 논리형
19	②	독해 > 독해 비문학 > 어휘 의미 파악
20	①	독해 > 독해 비문학 > 논리형

I 취약영역 체크

문법과 어문 규정	/3
비문학	/13
논리형	/4

➡ **나의 취약영역:** ____________

中

01 개념 카테고리 문법 > 현대 문법 > 공공언어 바로 쓰기 답 ②

| 정답해설 | ② 원칙을 보면 대등한 것끼리 접속할 때는 구조가 같은 표현을 사용하라고 언급하고 있다. 따라서 '표준적인 언어 생활을 확립하고'에 맞는 구조는 '일상적인 국어 생활을 향상하기'가 되어야 한다. '표준적인 언어 생활을 확립하고 일상적인 국어 생활을 향상하기 위해'로 수정해야 한다.

| 오답해설 | ① 원칙을 보면 중복되는 표현을 삼가라고 언급하고 있다. '안내 알림'의 경우 모두 '알린다'는 의미가 있으므로 '안내' 정도로 표현하는 것이 적절하다.

③ 원칙을 보면 주어와 서술어를 호응시키라고 언급하고 있다. '본원'이 하고 있는 행위는 표준 정보를 제공하고 있는 것이지 제공되고 있는 것이 아니다. 따라서 '표준 정보를 제공하고 있습니다'가 적절한 표현이다.

④ 원칙을 보면 필요한 문장 성분이 생략되지 않도록 하라고 언급하고 있다. '개선하다'는 '~가 ~을 개선하다'의 구성이 되어야 하므로 목적어를 정확하게 제시해 주어야 한다. '의약품 용어를 일반 국민도 알기 쉬운 표현으로 개선하여'와 같이 목적어를 넣어 표현하는 것이 적절하다.

中

02 개념 카테고리 문법 > 현대 문법 > 형태론 답 ②

| 정답해설 | ② '흰머리'는 '흰+머리'의 구성이다. 이때 '흰'은 용언 '희다'의 관형사형이며, 용언의 어간이 아니다.

| 오답해설 | ① 제시문을 보면 앞 성분이 뒤 성분을 수식하는 경우가 종속합성어라고 언급하고 있다. 따라서 '큰아버지'는 '큰'이 '아버지'를 수식하는 경우에 해당하므로 종속합성어이다.

③ 제시문에서 합성명사의 예로 '젊은이'를 제시하고 있다. 따라서 '늙은이' 역시 합성어에 해당한다는 것을 알 수 있다. 그리고 첫째 단락에서 어휘 의미를 띤 요소끼리 결합한 단어를 합성어라고 한다고 언급하고 있다. 따라서 '늙은이'는 어휘 의미를 지닌 두 요소가 결합해 이루어진 단어라는 것을 알 수 있다.

④ 둘째 단락에서 용언 어간과 명사의 결합은 국어 문장 구성에 없는 단어 배열법이고 이를 비통사적 합성어라고 언급하고 있다. 따라서 동사 '먹다'의 어간인 '먹'과 명사 '거리'가 결합한 '먹거리'는 비통사적 합성어에 해당한다.

더 알아보기

합성어의 종류

(1) 통사적 합성어: 두 어근의 결합 방식이 우리말의 일반적인 단어 배열 방법과 일치하는 합성어

합성 방법	예
명사+명사	손발, 밤낮, 손등, 코웃음
관형어+체언	첫사랑, 군밤, 새해, 어린이
부사+부사	곧잘, 이리저리
부사+용언	잘나다, 못나다
체언+(조사 생략)+용언	힘들다, 장가가다, 본받다, 값싸다
용언+연결 어미+용언	들어가다, 돌아가다, 뛰어가다
한자어의 결합이 우리말 어순과 일치하는 경우	북송(北送), 전진(前進)

(2) 비통사적 합성어: 두 어근의 결합 방식이 우리말의 일반적인 단어 배열 방법과 일치하지 않는 합성어

합성 방법	예
용언+(관형사형 전성 어미 생략)+체언	꺾쇠, 감발, 덮밥, 접칼
용언+(연결 어미 생략)+용언	여닫다, 우짖다, 검푸르다, 뛰놀다, 오가다
부사+체언	부슬비, 산들바람
우리말 어순과 다른 경우 (한자어에서 많이 나타나는 구성임)	독서(讀書), 급수(給水), 등산(登山)

下

03 개념 카테고리 문법 > 현대 문법 > 통사론 답 ③

| 정답해설 | 제시문에서 존경의 대상과 긴밀한 관련을 가지는 인물이나 사물 등을 높이는 '간접존경'을 언급하고 있다. 선택지 ③의 경우에는 이런 간접존경을 찾기 어렵다.

| 오답해설 | ① 직접존경의 대상인 '고모'와 긴밀한 관련을 가지는 '자식'을 높이고 있으므로 간접존경에 해당한다.

② 직접존경의 대상인 '할머니'와 긴밀한 관련을 가지는 '다리'를 높이고 있으므로 간접존경에 해당한다.

④ 직접존경의 대상인 '할아버지'와 긴밀한 관련을 가지는 '수염'을 높이고 있으므로 간접존경에 해당한다.

中

04 개념 카테고리 독해 > 독해 비문학 > 밑줄/괄호 답 ①

| 정답해설 | ㉠ 문제의 현실성은 당대의 공론장에서 기꺼이 논의해 볼 만한 의제를 산출해낼 때 확보된다고 설명하고 있다. 따라서 남이냐 북이냐라는 민감한 주제를 격화된 이념 대립의 공론장에 던진다고 언급하고 있으므로 ㉠에 들어갈 말은 '문제의 현실성'이 된다.

㉡ 세계의 현실성은 우리가 살고 있는 입체적인 시공간에서 특히 의미 있는 한부분을 도려내어 서사의 무대로 삼을 경우 확보된다고 설명하고 있다. 따라서 작품의 시공간으로 당시 남한과 북한을 선택하고 동서 냉전 시대의 보편성과 한반도 분단 체제의 특수성을 포괄한다고 언급하고 있으므로 ㉡에 들어갈 말은 '세계의 현실성'이 된다.

㉢ 해결의 현실성은 한 사회가 완강하게 구조화하고 있는 가능한 것과 불가능한 것의 좌표를 흔들면서 특정한 선택지를 제출할 때 확보된다고 설명하고 있다. 따라서 주인공이 남과 북 모두를 거부하고 자살을 선택하여 이원화된 이데올로기를 근저에서 흔들었다고 언급하고 있으므로 ㉢에 들어갈 말은 '해결의 현실성'이 된다.

中

05 개념 카테고리 독해 > 독해 비문학 > 논리형 답 ④

| 정답해설 | 만약 'A면 B이다'라는 명제가 주어질 때 이 명제가 참이라면 'B가 아니면 A가 아니다'라는 설명은 항상 참이 된다. 이처럼 후건을 부정하여 전건을 부정하는 것을 '대우'라고 한다. 명제가 참이라면 대우는 항상 참이 된다.

제시된 진술과 대우를 이용하여 조건을 정리해 보면 다음과 같다.

- 오 주무관이 회의에 참석하면, 박 주무관도 참석한다.
- 박 주무관이 회의에 참석하지 않으면, 오 주무관도 참석하지 않는다.
- 박 주무관이 회의에 참석하면 홍 주무관도 참석한다.
- 홍 주무관이 회의에 참석하지 않으면, 박 주무관도 회의에 참석하지 않는다.
- 홍 주무관이 회의에 참석하지 않으면, 공 주무관도 참석하지 않는다.
- 공 주무관이 회의에 참석하면, 홍 주무관도 회의에 참석한다.

④ 홍 주무관이 회의에 참석하지 않으면, 박 주무관도 회의에 참석하지 않는다. 박 주무관이 회의에 참석하지 않으면, 오 주무관도 참석하지 않는다는 것을 알 수 있다.

| 오답해설 | ① 공 주무관이 회의에 참석하면, 홍 주무관도 회의에 참석하는 것은 확실히 알 수 있다. 하지만 박 주무관이 참석하는지는 확실히 알 수 없다.

② 오 주무관이 회의에 참석하면, 박 주무관이 참석한다. 박 주무관이 참석하면, 홍 주무관도 참석한다는 것을 알 수 있다. 따라서 홍 주무관이 참석하지 않는다는 설명은 적절하지 않다.

③ 박 주무관이 회의에 참석하지 않으면 오 주무관도 회의에 참석하지 않는다는 것은 알 수 있다. 하지만 공 무주관이 참석하는지는 정확히 알 수 없다.

中

06 개념 카테고리 독해 > 독해 비문학 > 문학 이론 답 ②

| 정답해설 | ② 셋째 단락을 보면 "시인은 3연까지 치달아 온 극한의 위기를 담담히 대면한 채~현실을 새롭게 규정한다."라고 설명하고 있다. 따라서 시인은 투사가 처한 현실적 조건을 외면하지 않고 새롭게 인식한다는 설명은 적절하다.

| 오답해설 | ① 투사가 처한 극한의 상황이 뚜렷한 계절의 변화로 드러난다는 근거는 찾기 어렵다.

③ 투사와 시인이 반목과 화해를 거듭한다고 볼 수 있는 근거는 찾기 어렵다.

④ 셋째 단락을 보면 "인간과 역사에 대한 희망을 놓지 않으려는 시인의 안간힘으로 보인다."라고 설명하고 있다. 따라서 '냉엄한 현실에 절망하는 시인의 면모'라는 설명은 적절하지 않다.

下

07 개념 카테고리 독해 > 독해 비문학 > 전개 순서 답 ③

| 정답해설 | (라)에서 드라마 제작자가 시청자를 사로잡기 위해 스토리텔링 전략이 필요하다고 언급하고 있다. (나)에서는 스토리텔링 전략에서 해야 할 일을 언급하고 있으므로 순서적으로 (라)가 (나)보다 앞선 내용임을 알 수 있다. (가)에서 '다음으로'라는 순서를 알려 주는 표현을 쓰며 스토리텔링 전략의 다음 순서를 설명하고 있다. 따라서 (나) 뒤에 (가)가 와야 함을 알 수 있다. 그리고 (가)에서 인물 창조를 해야 한다고 설명하고 있고 (다)에서는 인물 창조라는 표현을 받고 있으므로 (가) 뒤에 (다)와 와야 함을 알 수 있다. 따라서 최종 순서는 ③ '(라)–(나)–(가)–(다)'임을 알 수 있다.

下

08 개념 카테고리 독해 > 독해 비문학 > 개요 수정 답 ③

| 정답해설 | ③ 〈지침〉에서 본론은 각 장의 하위 항목끼리 대응되도록 작성하라고 지시하고 있다. 따라서 ㉢과 관련된 하위 항목은 '2. 사회복지 담당 공무원의 인력 부족'이다. 이 하위 항목에서 제시하고 있는 원인에 대한 해소 방안이 ㉢에 들어갈 내용이 된다. 따라서 '사회복지 업무 경감을 통한 공무원 직무 만족도 증대'는 ㉢에 들어갈 내용이 될 수 없음을 알 수 있다. 특히 '복지 사각지대의 발생 원인과 해소 방안'이 제목인 글에서 '공무원 직무 만족도 증대'는 주제와 관련 없는 내용이다.

| 오답해설 | ① 〈지침〉에서 서론은 중심 소재의 개념 정의와 문제 제기를 하라고 제시하고 있다. 서론의 '1'이 '복지 사각지대의 정의'이므로 '2'는 '복지 사각지대의 발생에 따른 사회 문제의 증가'가 들어가는 것이 적절하다.

② 〈지침〉에서 본론은 각 장의 하위 항목끼리 대응되도록 작성하라고 지시하고 있다. ㉡과 관련된 하위 항목은 '1. 사회적 변화를 반영하여 기존 복지 제도의 미비점 보완'이다. 따라서 이와 관련하여 원인을 생각해 보면 '사회적 변화를 반영하지 못한 기존 복지 제도의 한계'가 들어가는 것이 적절하다.

④ 〈지침〉에서 결론은 기대 효과와 향후 과제를 작성하라고 하였다. 결론의 '2'의 내용이 향후 과제에 해당하는 내용이므로 ㉣은 '기대 효과'와 관련된 내용이어야 한다. 따라서 '복지 혜택의 범위 확장을 통한 사회 안전망 강화'가 들어가는 것이 적절하다.

中

09 개념 카테고리 독해 > 독해 비문학 > 밑줄/괄호 답 ④

| 정답해설 | ④ 제시문에 따르면 실험에서 참가자는 따돌림을 당했고 그때 전두엽의 전대상피질 부위가 활성화된다는 것을 확인했다고 언급하고 있다. 이는 인간이 물리적 폭력을 당할 때 활성화되는 뇌의 부위이므로 따돌림을 당할 때와 물리적 폭력을 당할 때의 심리적 상태는 서로 다르지 않다는 것을 알 수 있다.

| 오답해설 | ① 물리적 폭력이 뇌 전두엽의 전대상피질 부위를 활성화하는 것은 맞다. 하지만 이 내용은 따돌림을 당할 때와 물리적 폭력을 당할 때의 심리적 상태가 서로 다르지 않다는 것을 설명하기 위함이지 제시문 전체의 결론이라고 할 수는 없다.

② 물리적 폭력이 피해자의 개인적 경험을 사회적 문제로 전환한다는 근거는 확인하기 어렵다.

③ 따돌림이 피해자에게 물리적 폭력과 다르지 않다고 설명하고 있을 뿐 따돌림이 물리적 폭력보다 더 심각한 부정적 영향을 미친다는 근거는 찾기 어렵다.

中

10 개념 카테고리 독해 > 독해 비문학 > 문학 이론 답 ②

| 정답해설 | ② 둘째 단락을 보면 '그들의 목표는 상실한 원점을 회복하는 것'이라고 언급되고 있고 셋째 단락을 보면 "박 진사의 집으로 표상되는 유년의 과거는 이상적 원점의 구실을 한다. 박 진사의 죽음은 그들에게 고향의 상실을 상징한다."라고 언급하고 있다. 따라서 영웅소설의 주인공과「무정」의 이형식이 그들의 이상적 원점을 상실했다는 설명은 적절하다.

| 오답해설 | ①「무정」은 회귀의 크로노토프를 부정한다는 것은 적절한 설명이다. 하지만 둘째 단락을 보면 고소설은 주인공이 도달해야 할 종결점을 다시 도래할 과거로서의 미래로 언급하고 있다. 따라서 회귀의 크로노토프를 부정하지 않는다는 것을 알 수 있다.

③ 셋째 단락을 보면 "두 사람의 결합이 이상적 상태의 고향을 회복할 수 있는 유일한 방법이겠지만, 그들은 끝내 결합하지 못한다."라고 언급하고 있다. 따라서 만약 이형식이 박영채와 결합했다면 미래로서의 종결점이 아니라 이상적 상태의 고향을 회복하게 되는 것으로 생각해 볼 수 있다.

④ 둘째 단락을 보면 원점을 회복하는 것을 "가정소설에서라면 가장을 중심으로 가족 구성원들이 평화롭게 공존하는 가정이다."라고 언급하고 있다. 따라서 원점으로의 복귀를 거부하는 것이 아니라 원점을 회복하는 경우로 볼 수 있다.

中

11 개념 카테고리 독해 > 독해 비문학 > 어휘 의미 파악 답 ③

| 정답해설 | ③ 제시문의 '돌아가다'는 '원래의 있던 곳으로 다시 가거나 다시 그 상태가 되다.'의 의미이다. 따라서 문맥상 '그는 잃어버린 동심으로 돌아가고 싶었다.'의 '돌아가다'가 같은 의미로 쓰인 경우로 볼 수 있다.

| 오답해설 | ① '일이나 형편이 어떤 상태로 끝을 맺다.'의 의미이다.

② '차례나 몫, 승리, 비난 따위가 개인이나 단체, 기구, 조직 따위의 차지가 되다.'의 의미이다.

④ '돈이나 물건 따위의 유통이 원활하다.'의 의미이다.

上

12 개념 카테고리 독해 > 독해 비문학 > 논리형 답 ①

| 정답해설 | ① (가)의 '노인복지 문제에 관심이 있는 사람 중 일부는 일자리 문제에 관심이 있는 사람이 아니다.'는 노인복지 문제에 관심이 있는 사람 중 일자리 문제에 관심이 있는 사람이 있고 관심이 없는 사람이 있다는 의미가 성립한다. 따라서 노인복지 문제에 관심이 있는 사람 중 일부는 일자리 문제에 관심이 없다는 것을 알 수 있다. 그리고 (나)의 논리는 대우로 설명해 보면 '일자리 문제에 관심이 없는 사람은 모두 공직에 관심이 없는 사람이다.'가 된다. 따라서 (가)와 (나) 두 논리를 결합하면 '노인복지 문제에 관심이 있는 사람 중 일부는 일자리 문제에 관심이 없다. → 일자리 문제에 없는 사람은 모두 공직에 관심이 없는 사람이다.'의 논리가 성립한다. 즉, 노인복지 문제에 관심이 있는 사람 중 일부는 공직에 관심이 있는 사람이 아니라는 것을 알 수 있다.

中

13 개념 카테고리 독해 > 독해 비문학 > 글/문단/문장 수정 답 ③

| 정답해설 | ③ 둘째 단락에서 현재 기준에서는 질병 치료를 목적으로 개발한 신약만 승인받을 수 있다고 설명하고 있다. 따라서 질병으로 본 탓에 노화를 멈추는 약은 승인받을 수 없었다는 설명은 적절하지 않다. 오히려 ㉢의 설명과 같이 질병으로 보지 않은 탓에 노화를 멈추는 약을 승인받을 수 없었다는 설명이 적절하다.

| 오답해설 | ① 수명을 늘리는 것과 관련된 설명을 하는 글이므로 단순히 담담히 죽음의 시간을 기다린다는 설명보다는 죽음의 시간을 지연시킨다는 설명이 더욱 적절하다.

② 젊음을 유지한 채 수명을 늘리는 것과 관련이 되어야 하므로 노화가 진행되기 전의 신체를 노화가 진행된 신체로 되돌린다는 설명은 적절하지 않다. ㉡과 같이 노화가 진행된 상태를 진행되기 전의 상태로 되돌린다는 설명이 적절하다.

④ 노화 문제를 해결하고자 하는 글이므로 노화가 더디게 진행되는 사람들의 유전자 자료를 데이터화하여 그들에게서 노화를 촉진시키는 생리적 특징을 추출할 필요는 없을 것이다. 오히려 노화를 지연시키는 특징을 추출하는 것이 적절한 설명이다.

上

14 개념 카테고리 독해 > 독해 비문학 > 밑줄/괄호 답 ④

| 정답해설 | ㉠은 사람들은 자신의 언어에 얽매인 채 세계를 경험하고 특정 현상과 관련된 단어가 많을수록 해당 언어권의 화자들은 그 현상에 대해 심도 있게 경험한다는 것이다.

ㄱ: 눈을 가리키는 단어를 4개 지니고 있는 이누이트족이 1개 지니고 있는 영어 화자들보다 눈을 넓고 섬세하게 경험한다는 것을 알 수 있다. 따라서 이 의견은 ㉠을 강화한다.

ㄴ: 수를 세는 단어가 3개뿐인 피라하족이 세 개 이상의 대상을 모두 많다고 인식하는 것은 언어에 얽매인 채 세계를 경험하는 경우이므로 ㉠을 강화한다.

ㄷ: 색채 어휘가 적은 자연언어 화자들이 색채 어휘가 많은 자연언어 화자들에 비해 색채를 구별하는 능력이 뛰어나다는 설명이므로 ㉠과 대비되는 설명이라는 것을 알 수 있다. 따라서 이 의견은 ㉠을 약화한다.

中

15 개념 카테고리 독해 > 독해 비문학 > 일치/불일치 답 ②

| 정답해설 | ② 둘째 단락에 따르면 한국 건국신화에서 신은 인간들의 왕이 되고자 하고 인간 여성과의 결합을 통해 자식을 낳음으로써 결핍을 메우고자 한다고 언급하고 있다. 따라서 신이 인간을 위해 지상에 내려와 왕이 된다는 설명은 적절하지 않다.

| 오답해설 | ①, ④ 셋째 단락에서 다른 나라의 신화들은 신과 인간의 관계가 한국 신화와 달리 위계적이고 종속적이라고 설명하고 있다.

③ 첫째 단락에서 한국 신화에서 신은 인간과의 결합을 통해 결핍을 해소함으로써 완전한 존재가 된다고 설명하고 있다.

中

16 개념 카테고리 독해 > 독해 비문학 > 어휘 의미 파악 답 ③

| 정답해설 | ③ 인간이었던 주인공이 신적 존재로 바뀌게 되는 것이므로 '복귀하다'는 어색한 표현이다. '거듭나다'가 문맥상 더욱 적절하다.

| 오답해설 | ①, ②, ④ 맥락적으로 '견주다'는 '비교하다'로, '바라다'는 '희망하다'로, '퍼지다'는 '분포되다'로 바꿔 쓸 수 있다.

中

17 개념 카테고리 독해 > 독해 비문학 > 화법 지문 답 ①

| 정답해설 | ① '을'의 경우 마스크를 쓰지 않는 행위를 윤리적 차원에서만 접근하지 말고, 문화적 차원에서도 고려할 필요가 있다고 이야기하고 있다. 따라서 화제에 대해 남들과 다른 측면에서 탐색하고 있다고 볼 수 있다.

| 오답해설 | ② '갑'은 자신의 의견이 반박되자 "보편적 상식 아닐까?"와 같이 질문을 던지고 있다. 하지만 화제를 전환한다고 볼 수는 없다.

③ 논점에 대한 찬반 입장이 바뀌는 사람은 찾기 어렵다.

④ 사례의 공통점을 종합하여 자신의 주장을 강화하는 사람은 찾기 어렵다.

中

18 개념 카테고리 독해 > 독해 비문학 > 논리형 답 ④

| 정답해설 | ④ 둘째 단락을 보면 앳킨슨은 스톤헨지를 세운 사람들을 '야만인'으로 묘사하며 이들이 과학적 사고를 할 줄 모른다고 주장했다는 것을 알 수 있다. 따라서 스톤헨지가 세워졌던 기원전 3,000년경 인류에게 천문학 지식과 같은 과학적 지식이 있었다는 증거가 발견되면 앳킨슨의 주장은 약화될 수밖에 없을 것이다.

| 오답해설 | ① 호킨스의 주장과 제사를 연관할 만한 내용은 찾기 어렵다.

② 첫째 단락을 보면 호일은 스톤헨지가 일종의 연산장치라는 주장을 하였다는 것을 알 수 있다. 따라서 스톤헨지 건설 당시의 사람들이 숫자를 사용하였다는 증거가 발견되면 호일의 주장은 오히려 강화될 것이다.

③ 셋째 단락을 보면 글쓴이는 스톤헨지 건설 당시의 사람들이 우리와 같은 과학적, 기술적 개념적 틀을 갖지 못하였다고 생각하고 있는 것을 알 수 있다. 따라서 스톤헨지 유적지에서 수학과 과학에 관련된 신석기시대 기록물이 발견되면 글쓴이의 주장은 약화될 것이다.

上

19 개념 카테고리 독해 > 독해 비문학 > 어휘 의미 파악 답 ②

| 정답해설 | 문맥적으로 보자면 ㉠은 호일, 톰, 호킨스이고 ㉡은 스톤헨지 건설 당시의 사람들이다. 그리고 ㉢은 호킨스를 옹호하는 학자들이고 ㉣은 스톤헨지 건설 당시의 사람들이다. 따라서 지시 대상이 같은 것은 ② '㉡, ㉣'이다.

上

20 개념 카테고리 독해 > 독해 비문학 > 논리형 답 ①

| 정답해설 | 제시문에 의하면 문학을 좋아하는 사람은 모두 자연의 아름다움을 좋아하는 사람이다. 이에 대한 대우, 즉 '자연의 아름다움을 좋아하지 않는 사람은 문학을 좋아하지 않는 사람이다'는 논리적으로 성립한다. 하지만 대우가 아닌 단순 역은 논리적으로 참으로 성립하지 않는다. 즉, '자연의 아름다움을 좋아하는 사람은 모두 문학을 좋아하는 사람이다'가 성립하지 않는 것이다. 따라서 선택지 ①과 같이 '자연의 아름다움을 좋아하는 사람은 모두 문학을 좋아하는 사람이다'의 논리를 추가하면 문학을 좋아하는 사람과 자연을 좋아하는 사람이 같은 사람임을 알 수 있게 된다. 따라서 자연의 아름다움을 좋아하는 일부 사람(어떤 사람)은 예술을 좋아하고, 이때 자연을 좋아하는 일부 사람은 당연히 문학을 좋아하는 사람이 된다. 즉, 예술을 좋아하는 일부 사람(어떤 사람)은 문학을 좋아하는 사람이라는 논리가 성립하게 되는 것이다.

정답과 해설 PART 01

인사혁신처 예시문제 2차

기출문제편 ▶ P.33

영역별 출제 비중

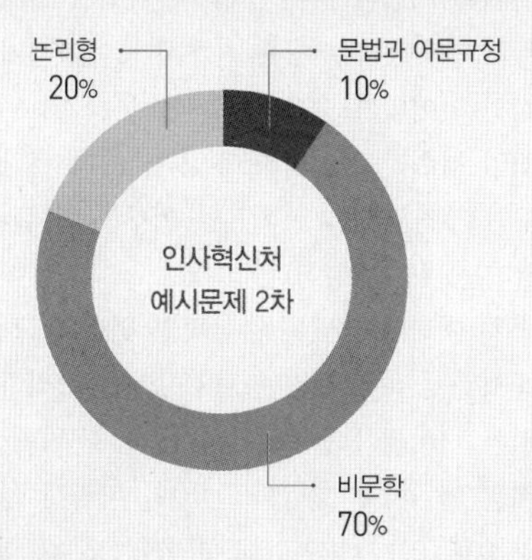

맞힌 문항 수	/20문항
점수	/100점

I 문항 분석

문항	정답	영역
1	②	문법 > 현대 문법 > 공공언어 바로 쓰기
2	②	독해 > 독해 비문학 > 일치/불일치
3	③	독해 > 독해 비문학 > 주제 찾기
4	④	문법 > 현대 문법 > 언어와 국어
5	④	독해 > 독해 비문학 > 주제 찾기
6	③	독해 > 독해 비문학 > 밑줄/괄호
7	②	독해 > 독해 비문학 > 전개 순서
8	③	독해 > 독해 비문학 > 일치/불일치
9	①	독해 > 독해 비문학 > 일치/불일치
10	①	독해 > 독해 비문학 > 밑줄/괄호
11	④	독해 > 독해 비문학 > 일치/불일치
12	①	독해 > 독해 비문학 > 어휘 의미 파악
13	②	독해 > 독해 비문학 > 논리형
14	①	독해 > 독해 비문학 > 논리형
15	①	독해 > 독해 비문학 > 논리형
16	②	독해 > 독해 비문학 > 밑줄/괄호
17	③	독해 > 독해 비문학 > 일치/불일치
18	④	독해 > 독해 비문학 > 밑줄/괄호
19	④	독해 > 독해 비문학 > 논리형
20	①	독해 > 독해 비문학 > 일치/불일치

I 취약영역 체크

문법과 어문 규정	/2
비문학	/14
논리형	/4

➡ 나의 취약영역: ________

中

01 개념 카테고리 문법 > 현대 문법 > 공공언어 바로 쓰기 답 ②

| 정답해설 | ② 수정된 문장인 "시장은 건설업계 관계자들과 시민의 안전에 관하여 논의하였다."의 경우 시장과 건설업계 관계자들이 한 팀이고 이들이 시민의 안전에 관하여 논의하였다는 의미도 있을 수 있고, 건설업계 관계자들과 시민이 한 팀이고 이들의 안전에 관하여 시장과 생략된 다른 대상이 논의하였다는 의미도 있을 수 있다. 따라서 수정된 문장이 중의적이므로 원칙을 충족하지 못한다.

| 오답해설 | ① '선출되다'는 목적어를 요구하지 않는 서술어이다. 따라서 '~을/를 선출되었다'는 잘못된 표현이다. 그리고 '선출되다'의 '-되-'는 피동 접미사이므로 '선출되다'는 피동사가 된다. 피동사의 경우 일반적으로 목적어를 요구하지 않는 경우가 많다. 따라서 '~을/를'과 관련되게 서술어를 수정하면 '선출하다'가 맞는 표현이 된다. 그리고 만약 '선출되다'와 관련되게 수정하면 목적어를 삭제하여 '~이/가 선출되다'의 구성으로 바꾸어야 한다.

③ "5킬로그램 정도의 금 보관함"의 경우는 '5킬로그램'이 수식하는 대상이 금이냐 보관함이냐에 따라 금이 5킬로그램이라는 의미도 있고 보관함이 5킬로그램이라는 의미도 있다. 따라서 표현을 좀 더 명확하게 바꾼 '금 5킬로그램 정도를 담은 보관함'은 바르게 수정한 경우이다.

④ 대등하게 이어진 문장의 경우 앞 문장의 구조와 뒤에 오는 문장의 구조가 일치할 때 더욱 적절한 문장이 된다. 따라서 '~을/를 ~하고 ~을/를 ~해야 한다'의 구성이 더욱 적절하다.

中

02 개념 카테고리 독해 > 독해 비문학 > 일치/불일치 답 ②

| 정답해설 | ② 제시문에서 '역병(疫病)'은 사람이 고된 일을 치르듯[役] 병에 걸려 매우 고통스러운 상태라고 설명하고 있으므로 '고통의 정도'에 주목하여 붙여진 이름으로 봐야 한다.

| 오답해설 | ① '온역(溫疫)'에 들어 있는 '온(溫)'은 이 병을 일으키는 계절적 원인과 관련된다고 설명하고 있으므로 '질병의 원인'에 주목하여 붙여진 이름이다.

③ '당독역(唐毒疫)'은 오랑캐처럼 사납고[唐], 독을 먹은 듯 고통스럽다[毒]는 의미가 들어가 있다고 설명하고 있으므로 질병의 고통스러운 정도에 주목하여 붙여진 이름이다.

④ '마진(痲疹)' 따위의 병명은 피부에 발진이 생기고 그 모양이 콩 또는 삼씨 모양인 것을 강조한 말로 설명하고 있으므로 질병으로 인해 몸에 나타난 증상에 주목하여 붙여진 이름이다.

中

03 개념 카테고리 독해 > 독해 비문학 > 주제 찾기 답 ③

| 정답해설 | ③ 제시문에서 삶을 살아가면서 돈에 대한 욕망이나 성적 욕망만이라도 잘 다스릴 수 있다면 낭패를 당하거나 망신을 당할 일이 거의 없을 것이라고 설명하고 있다. 그리고 이것들을 제대로 통제하고 조절할 수 있다면 좋은 삶을 살 수 있다고 플라톤은 말하고 있다. 따라서 '성공적인 삶을 살려면 재물욕과 성욕을 잘 다스려야 한다.'가 중심 내용으로 적절하다.

| 오답해설 | ① 재물욕과 성욕은 통제하기 어려운 욕망인 것은 사실이지만 과거나 지금이나 가장 '강한' 욕망이라는 근거는 찾기 어렵다.

② 제시문에서 재물이 적다고 남을 속이거나 거짓말을 하는 것은 아니며, 나이가 적다고 해서 성적 욕망을 쉽게 통제할 수 없는 것은 아니라고 언급하고 있다. 따라서 재물이 많으면서 나이가 많은 자가 무조건 좋은 삶을 살 수 있는 것은 아니다.

④ 잘 살기 위해서는 살면서 가장 중요한 것이 무엇인지 알아야 한다는 설명은 제시문에서 확인하기 어렵다.

中

04 개념 카테고리 문법 > 현대 문법 > 언어와 국어 답 ④

| 정답해설 | ④ 제시문에서 랑그는 머릿속에 내재되어 있는 추상적인 언어의 모습으로, 특정한 언어공동체가 공유하고 있는 기호체계를 가리키고 반면에 파롤은 구체적인 언어의 모습으로, 의사소통을 위해 랑그를 사용하는 개인적인 행위라고 설명하고 있다. 그리고 자기 모국어에 대해 사람들이 내재적으로 가지고 있는 지식이 언어능력이고, 사람들이 실제로 발화하는 행위가 언어수행이라고 언급하고 있다. 따라서 랑그가 언어능력에 대응한다면, 파롤은 언어수행에 대응한다는 것을 알 수 있다.

| 오답해설 | ① 랑그는 머릿속에 내재되어 있는 추상적인 언어의 모습으로, 특정한 언어공동체가 공유하고 있는 기호체계를 가리키고 반면에 파롤은 구체적인 언어의 모습으로, 의사소통을 위해 랑그를 사용하는 개인적인 행위라고 설명하고 있다. 따라서 랑그를 악보에 비유하고, 파롤을 실제 연주에 비유하는 것은 적절하다.

② 랑그는 머릿속에 내재되어 있는 추상적인 언어의 모습으로, 특정한 언어공동체가 공유하고 있는 기호체계를 가리키고 반면에 파롤은 구체적인 언어의 모습으로, 의사소통을 위해 랑그를 사용하는 개인적인 행위라고 설명하고 있다. 따라서 랑그를 여러 상황에도 불구하고 변하지 않고 기본을 이루는 언어의 본질적인 모습으로 설명하는 것은 적절하다.

③ 랑그는 머릿속에 내재되어 있는 추상적인 언어의 모습으로, 특정한 언어공동체가 공유하고 있는 기호체계를 가리키고 반면에 파롤은 구체적인 언어의 모습으로, 의사소통을 위해 랑그를 사용하는 개인적인 행위라고 설명하고 있다. 따라서 실제로 발음되는 제각각의 소리값이 파롤이라고 설명하는 것은 적절하다.

中

05 개념 카테고리 독해 > 독해 비문학 > 주제 찾기 답 ④

| 정답해설 | ④ 제시문에서 판타지에서는 이미 알고 있는 것보다 새로운 것이 더 중요한 의미를 갖는다고 언급하고 있다. 그리고 SF에서는 어떤 새로운 것이 등장했을 때 그 낯섦을 인정하면서도 동시에 그것을 자신이 이미 알고 있던 인식의 틀로 끌어들여 재조정하는 과정이 요구된다고 언급하고 있다. 따라서 판타지는 알고 있는 것보다 새로운 것이 더 중요하고, SF는 알고 있는 것과 새로운 것 사이의 재조정이 필요한 장르라는 것은 핵심 논지로 적절하다.

| 오답해설 | ① 판타지에서 낯선 괴물이 나오면 사람들은 '저게 뭐지?'하면서도 그 낯섦을 그대로 받아들인다고 언급하고 있으므로 새로운 것에 의해 알고 있는 것이 바뀌는 장르로 볼 수 있다. 반면 SF에서는 '그런 괴물이 어떻게 존재할 수 있지?'라고 의심하고 물어야 한다고 언급하면서 SF에서는 인물과 독자들이 작가의 경험적 환경을 공유하기 때문에 괴물은 절대로 자연스럽지 않다고 설명하고 있다. 따라서 SF는 새로운 것에 의해 알고 있는 것이 바뀌는 장르로 보기는 어렵다.

② 판타지에서는 이미 알고 있는 것보다 새로운 것이 더 중요한 의미를 갖는다고 언급하고 있다. 그리고 SF에서는 어떤 새로운 것이 등장했을 때 그 낯섦을 인정하면서도 동시에 그것을 자신이 이미 알고 있던 인식의 틀로 끌어들여 재조정하는 과정이 요구된다고 하였다. 따라서 새로운 것을 그대로 인정하는 장르는 판타지이고 둘 사이의 재조정이 필요한 장르는 SF라는 것을 알 수 있다.

③ 판타지에서는 이미 알고 있는 것보다 새로운 것이 더 중요한 의미를 갖는다고 언급하고 있다. 그리고 SF에서는 어떤 새로운 것이 등장했을 때 그 낯섦을 인정하면서도 동시에 그것을 자신이 이미 알고 있던 인식의 틀로 끌어들여 재조정하는 과정이 요구된다고 하였다. 따라서 판타지는 알고 있는 것보다 새로운 것이 더 중요하고, SF는 새로운 것을 낯섦을 인정하면서 동시에 그것을 자신이 이미 알고 있던 인식의 틀로 끌어들여 재조정하는 과정이 요구되는 장르라는 것을 알 수 있다.

中

06 개념 카테고리 독해 > 독해 비문학 > 밑줄/괄호 답 ③

| 정답해설 | ③ 제시문에서 셔우드 숲을 한 바퀴 돌고 로빈후드를 만났다고 하는 국왕 에드워드는 1307년에 즉위하여 20년간 재위한 2세일 가능성이 있다고 언급하고 있으므로 로빈후드 이야기의 시대적 배경은 14세기 전반일 가능성이 가장 크다.

下

07 개념 카테고리 독해 > 독해 비문학 > 전개 순서 답 ②

| 정답해설 | 제시문 중 앞에 제시되는 맥락에서 몽골 고원과 연해주 지역에 사는 매들이 인기가 있었다고 언급하고 있다. 그리고 (나)에서 일본이 이 매를 구하기 위해 한반도와의 교류가 필요하였으나 임진왜란으로 인하여 교류는 단절되었다고 언급하고 있다. (가)에서 조선과 일본의 단절된 관계는 1609년 기유조약이 체결되면서 회복되었고 그 중심에 대마도가 있었다고 언급하고 있다. (다)에서 대마도를 매개로 한 조선과 일본의 이러한 외교관계에 매 교역이 자리하고 있었다고 언급하고 있다. 따라서 적절한 순서는 ② '(나) – (가) – (다)'이다.

中

08 개념 카테고리 독해 > 독해 비문학 > 일치/불일치 답 ③

| 정답해설 | ③ 제시문에서 이와 같은 셈법, 즉 '0' 개념이 들어오기 전 셈법의 흔적을 현대 언어에서도 찾을 수 있다고 하였고 그 예로 'quinze jours'를 들고 있다.

| 오답해설 | ① 둘째 단락에서 '0' 개념은 13세기가 되어서야 유럽으로 들어왔다고 언급하고 있으나, 유럽에서 발명되었다는 근거는 찾기 어렵다.

② 첫째 단락에서 "『성경』에서 3일이라고 한 것은 예수의 신성성을 부각하기 위한 것일까?"라며 의문을 제시하고 있으나 『성경』에서 예수의 신성성을 부각하기 위해 그의 부활 시점을 활용하였다는 근거는 찾기 어렵다.

④ 셋째 단락에서 'pentaeteris'를 언급하며 "시간적으로는 동일한 기간이지만 시간을 셈하는 방식에 따라 마지막 날과 해가 달라진 것이다."라고 설명하고 있다.

中

09 개념 카테고리 독해 > 독해 비문학 > 일치/불일치 답 ①

| 정답해설 | ① 셋째 단락에서 인간의 인두는 여섯 번째 목뼈에까지 이른다고 하였고, 개의 경우는 두 번째 목뼈를 넘지 않는다고 하였다. 따라서 개의 인두 길이는 인간의 인두 길이보다 짧다는 것을 알 수 있다.

| 오답해설 | ② 둘째 단락에 따르면 침팬지가 인간과 98%를 공유하고 있는 것은 게놈이다.

③ 제시문에서 녹색원숭이가 침팬지와 의사소통을 할 수 있다는 근거는 찾기 어렵다.

④ 셋째 단락에 따르면 초당 십여 개의 소리를 만들어 낼 수 있는 것은 인간이다.

中

10 개념 카테고리 독해 > 독해 비문학 > 밑줄/괄호 답 ①

| 정답해설 | (가)의 '소리'는 인간의 소리를 의미한다.

① ㉠은 '침팬지는 고통, 괴로움, 기쁨 등의 감정을 표현할 때 각각 다른 소리를 낸다'의 '소리'이므로 침팬지의 소리에 해당한다는 것을 알 수 있다.

| 오답해설 | ②, ③, ④ 인간의 소리를 의미한다.

中

11 개념 카테고리 독해 > 독해 비문학 > 일치/불일치 답 ④

| 정답해설 | ④ 제시문에서 작품의 규모가 커서 분량이 많은 경우에는 생산 비용이 올라가 책값이 비싸지기 때문에 자연스럽게 분량이 적은 작품을 선호하였다고 하였고 이에 따라 방각본 출판에서는 규모가 큰 작품을 기피하였다고 언급하고 있다. 반면 한 작품의 분량이 많아서 여러 책으로 나뉘어 있으면 그만큼 세책료를 더 받을 수 있으니, 세책업자들은 스토리를 재미나게 부연하여 책의 권수를 늘리기도 했다고 언급하고 있다. 따라서 한 편의 작품이 여러 권의 책으로 나뉘어 있는 대규모 작품들은 방각본 출판업자들보다 세책업자들이 선호하였다는 내용은 적절하다.

| 오답해설 | ① 둘째 단락에서 한 작품의 분량이 많아서 여러 책으로 나뉘어 있으면 그만큼 세책료를 더 받을 수 있으니, 세책업자들은 스토리를 재미나게 부연하여 책의 권수를 늘리기도 했다고 하였으므로 분량이 많은 작품은 책값이 비쌌기 때문에 세책가에서 취급하지 않았다는 내용은 적절하지 않다.

② 세책업자들이 분량이 많은 책을 선호한 것은 맞지만 세책업자가 구비할 책을 선정할 때 시장성이 좋은 작품보다 분량이 적은 작품을 우선하였다는 근거는 찾기 어렵다.

③ 첫째 단락에서 방각본 출판에서는 규모가 큰 작품을 기피하였으며, 일단 선택된 작품에도 종종 축약적 윤색이 가해지고는 하였다고 하였으므로 방각본 출판업자들이 책의 판매 부수를 올리기 위해 원본의 내용을 부연하여 개작하기도 하였다는 내용은 적절하지 않다.

中

12 개념 카테고리 독해 > 독해 비문학 > 어휘 의미 파악 답 ①

| 정답해설 | ① ㉠의 '올라가다'는 '값이나 통계 수치, 온도, 물가가 높아지거나 커지다.'의 의미이다. 따라서 '습도가 올라가다'의 '올라가다'가 같은 의미이다.

| 오답해설 | ② '죽다'를 비유적으로 이르는 말이다.

③ '지방 부서에서 중앙 부서로, 또는 하급 기관에서 상급 기관으로 자리를 옮기다.'의 의미이다.

④ '지방에서 중앙으로 가다.'의 의미이다.

中

13 개념 카테고리 독해 > 독해 비문학 > 논리형 답 ②

| 정답해설 | 갑: 오늘날 사회는 계급 체계가 인간의 생활을 전적으로 규정하지 않는다고 보며 이제는 계급이 없는 보다 유동적인 사회 질서가 새로 정착되었다고 보고 있다.

을: 오늘날 세계화와 시장 규제 완화로 인해 빈부 격차가 심화되고 계급 불평등이 더 고착되었다고 보고 있다.

병: 사회 계급은 아직도 일생에 걸쳐 개인의 삶에 큰 영향을 미친다고 보고 있다.

ㄴ. 을의 주장과 병의 주장은 대립하지 않는다.

| 오답해설 | ㄱ, ㄷ. 갑과 을, 갑과 병의 주장은 대립한다.

中

14 개념 카테고리 독해 > 독해 비문학 > 논리형 답 ①

| 정답해설 | ① 축구를 잘하는 사람은 모두 머리가 좋으므로 축구를 잘하는 어떤 사람 역시 머리가 좋다. 그리고 그 어떤 사람은 키가 작다. 그러므로 축구를 잘하는 어떤 사람은 머리도 좋고 키도 작은 사람이 된다. 따라서 머리가 좋은 어떤 사람은 키가 작은 사람이다. 이는 키가 작은 어떤 사람은 머리가 좋다는 의미와 같다.

上

15 개념 카테고리 독해 > 독해 비문학 > 논리형 답 ①

| 정답해설 | ① ㉠에서 유행지각, 깊은 사고, 협업 세 요소 모두에서 목표를 달성하는 것은 마케팅 프로젝트가 성공적이기 위해 필수적이라고 언급하고 있다. 따라서 지금까지 성공한 프로젝트가 유행지각, 깊은 사고 그리고 협업 모두에서 목표를 달성했다면, ㉠은 강화된다.

| 오답해설 | ② ㉠에서 유행지각, 깊은 사고, 협업 세 요소 모두에서 목표를 달성하는 것은 마케팅 프로젝트가 성공적이기 위해 필수적이라고 언급하고 있다. 따라서 성공하지 못한 프로젝트에서 유행지각, 깊은 사고 그리고 협업 중 하나 이상에서 목표를 달성하는 데 실패한 사례가 있다면, ㉠은 오히려 강화된다.

③ ㉠에서 유행지각, 깊은 사고, 협업 세 요소 모두에서 목표를 달성하는 것은 마케팅 프로젝트가 성공적이기 위해 필수적이라고 언급하고 있다. 따라서 유행지각, 깊은 사고 그리고 협업 중 하나 이상에서 목표를 달성하는 데 실패했지만 성공한 프로젝트가 있다면, ㉠은 약화된다.

④ ㉡에서 유행지각, 깊은 사고, 협업 세 요소 모두에서 목표를 달성했다고 해서 마케팅 프로젝트가 성공한 것은 아니라고 언급하고 있다. 따라서 유행지각, 깊은 사고 그리고 협업 모두에서 목표를 달성했지만 성공하지 못한 프로젝트가 있다면, ㉡은 강화된다.

中

16 개념 카테고리 독해 > 독해 비문학 > 밑줄/괄호 답 ②

| 정답해설 | ㉠의 주장은 혈거와 소거가 기후에 따라 다른 자연환경에 적응해 발생했다는 것이다.

ㄱ: 우기에 비가 넘치는 산간 지역에서는 고상식 주거 건축물 유적만 발견되었다.

ㄷ: 여름에는 고상식 건축물에서, 겨울에는 움집형 건축물에서 생활한 집단의 유적이 발견되었다.

이 두 사례는 모두 주거 건축물이 기후와 자연환경에 적응하고 있는 모습을 보여 준다. 따라서 ㉠을 강화하는 경우가 된다.

| 오답해설 | ㄴ: 움집형 집과 고상식 집이 공존해 있는 주거 양식을 보여 주는 집단의 유적지가 발견되었다. 이 사례에서 건축물이 기후와 자연환경에 적응하고 있는 모습을 찾기 어렵다.

上

17 개념 카테고리 독해 > 독해 비문학 > 일치/불일치 답 ③

| 정답해설 | ③ (나)는 종래의 국문학의 정의를 기본 전제로 하되, 일부 한문문학을 국문학으로 인정하자고 주장하는 경우이다. 이는 국문학을 꼭 한글로 쓴 문학만으로 규정하지 않는 견해이다. 따라서 표기문자와 상관없이 그 나라의 문화를 잘 표현한 문학을 자국문학으로 인정하는 것이 보편적인 관례라면 (나)의 주장은 강화된다.

| 오답해설 | ① (가)는 국문학에서 한문으로 쓰인 문학을 배제하자는 주장이다. 따라서 국문으로 쓴 작품보다 한문으로 쓴 작품이 해외에서 문학적 가치를 더 인정받는다면 (가)의 주장은 약화된다.

② (가)는 국문학에서 한문으로 쓰인 문학을 배제하자는 주장이다. 따라서 국문학의 정의를 '그 나라 사람들의 사상과 정서를 그 나라 말과 글로 표현한 문학'으로 수정하면 (가)의 주장은 강화된다.

④ (나)는 종래의 국문학의 정의를 기본 전제로 하되, 일부 한문문학을 국문학으로 인정하자고 주장하는 경우이다. 따라서 훈민정음 창제 이후에도 차자표기로 된 문학작품이 다수 발견되더라도 (나)의 주장은 약화되지 않는다.

中

18 개념 카테고리 독해 > 독해 비문학 > 밑줄/괄호 답 ④

| 정답해설 | 맥락에 맞게 ㉠~㉥을 정리하면 다음과 같다.

㉠: 한문으로 쓰여진 문학
㉡: 국문학
㉢: 순(純)국문학
㉣: 준(準)국문학
㉤: 순(純)국문학
㉥: 준(準)국문학

따라서 ④ '㉢, ㉤'이 순국문학으로 동일하다.

上

19 개념 카테고리 독해 > 독해 비문학 > 논리형 답 ④

| 정답해설 | 조건을 정리하면 다음과 같다.

• 갑과 을 중 적어도 한 명은 〈글쓰기〉를 신청한다.
• 을이 〈글쓰기〉를 신청하면 병은 〈말하기〉와 〈듣기〉를 신청한다. 이를 후건 부정(대우)하면 병이 〈말하기〉와 〈듣기〉를 신청하지 않으면 을이 〈글쓰기〉를 신청하지 않는다.
• 병이 〈말하기〉와 〈듣기〉를 신청하면 정은 〈읽기〉를 신청한다. 이를 후건 부정(대우)하면 정이 〈읽기〉를 신청하지 않으면 병이 〈말하기〉와 〈듣기〉를 신청하지 않는다.
• 정이 〈읽기〉를 신청하지 않는다.

따라서 정이 〈읽기〉를 신청하지 않았으므로 병이 〈말하기〉와 〈듣기〉를 신청하지 않는다. 그리고 병이 〈말하기〉와 〈듣기〉를 신청하지 않았으므로 을이 〈글쓰기〉를 신청하지 않는다. 갑과 을 중 적어도 한 명은 〈글쓰기〉를 신청해야 하므로 갑이 ④ '〈글쓰기〉'를 신청해야 한다.

中

20 개념 카테고리 독해 > 독해 비문학 > 일치/불일치 답 ①

| 정답해설 | ① 첫째 단락에서 언어의 형식적 요소에는 '음운', '형태', '통사'가 있으며, 언어의 내용적 요소에는 '의미'가 있다고 하였으므로 언어는 형식적 요소가 내용적 요소보다 다양하다.

| 오답해설 | ② 둘째 단락에서 각각에 해당하는 음운론, 문법론, 의미론은 서로 관련된다고 하였으므로 언어의 형태 탐구는 의미 탐구와 관련되지 않는다는 설명은 적절하지 않다.

③ 둘째 단락에서 화자의 측면에서 언어를 발신하는 경우에는 의미론에서 문법론을 거쳐 음운론의 방향으로, 청자의 측면에서 언어를 수신하는 경우에는 반대의 방향으로 작용한다고 하였으므로 의사소통의 첫 단계는 언어의 형식을 소리로 전환하는 것이라는 설명은 적절하지 않다.

④ 둘째 단락에서 화자의 측면에서 언어를 발신하는 경우에는 의미론에서 문법론(형태론 및 통사론 포괄)을 거쳐 음운론의 방향으로, 청자의 측면에서 언어를 수신하는 경우에는 반대의 방향으로 작용한다고 하였으므로 언어를 발신하고 수신하는 과정에서 통사론은 활용되지 않는다는 설명은 적절하지 않다.

더 알아보기

담화의 구성 요소

구성 요소	설명
화자(말하는 이, 필자)와 청자(듣는 이, 독자)	• 이야기에서 반드시 있어야 하는 요소 • 독백인 경우는 말하는 이와 듣는 이가 동일하다고 볼 수 있음
전언(내용, 발화)	• 말하는 이와 듣는 이가 주고받는 정보, 주로 발화로 실현됨 • 말하는 이의 느낌, 생각, 믿음 등이 포함됨
장면(맥락)	• 이야기가 이루어지는 시간적, 공간적 상황 • 이야기의 흐름이나 의미 해석에 결정적인 역할을 함 • 앞이나 뒤에 오는 다른 말들(맥락)이 장면이 되기도 함

기출 품은 모의고사 1회

기출문제편 ▶ P.42

영역별 출제 비중

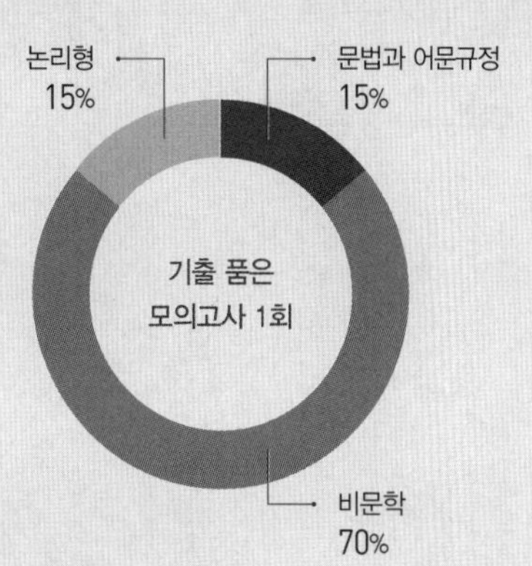

맞힌 문항 수	/20문항
점수	/100점

문항 분석

문항	정답	영역
1	①	문법 > 현대 문법 > 공공언어 바로 쓰기
2	④	문법 > 현대 문법 > 형태론
3	②	문법 > 현대 문법 > 통사론
4	①	독해 > 독해 비문학 > 일치/불일치
5	②	독해 > 독해 비문학 > 일치/불일치
6	③	독해 > 독해 비문학 > 주제 찾기
7	③	독해 > 독해 비문학 > 화법 지문
8	③	독해 > 독해 비문학 > 일치/불일치
9	④	독해 > 독해 비문학 > 주제 찾기
10	②	독해 > 독해 비문학 > 문학 이론
11	④	독해 > 독해 비문학 > 일치/불일치
12	④	독해 > 독해 비문학 > 일치/불일치
13	①	독해 > 독해 비문학 > 일치/불일치
14	②	독해 > 독해 비문학 > 밑줄/괄호
15	①	독해 > 독해 비문학 > 일치/불일치
16	②	독해 > 독해 비문학 > 일치/불일치
17	④	독해 > 독해 비문학 > 전개 순서
18	④	독해 > 독해 비문학 > 논리형
19	②	독해 > 독해 비문학 > 논리형
20	④	독해 > 독해 비문학 > 논리형

취약영역 체크

문법과 어문 규정	/3
비문학	/14
논리형	/3

➡ 나의 취약영역: ____________

下

01 개념 카테고리 문법 > 현대 문법 > 공공언어 바로 쓰기 답 ①

출제예상 TIP 공공언어 바로 쓰기에서 제시하고 있는 띄어쓰기 관련 단어들을 잘 정리해 둘 필요가 있다.

| 정답해설 | ① '의심스럽다'는 'ㅂ불규칙 활용'을 하는 단어이다. 따라서 활용 과정에서 'ㅂ'이 '우'로 바뀌게 되므로 '의심스럽+ㄴ'은 '의심스러운'이 된다.

| 오답해설 | ② '가량'은 '정도'의 뜻을 더하는 접미사이므로 '1/2'과 붙여 적는다.

③ '게재되어 있다'와 같은 한자어적 표현을 '나와 있습니다'로 쉽고 정확하게 수정하는 것은 적절하다.

④ '글로벌 네트워크'와 같은 외래어적 표현을 '국제적 연결망'으로 쉽고 정확하게 수정하는 것은 적절하다.

中

02 개념 카테고리 문법 > 현대 문법 > 형태론 답 ④

출제예상 TIP 통사적 합성어와 비통사적 합성어의 개념, 차이점 등을 잘 정리해 둘 필요가 있다.

| 정답해설 | ④ '바로잡다'는 부사 '바로'가 '용언' '잡다'를 수식하는 구성으로 통사적 합성어이다.

| 오답해설 | ① 제시문에서 '높푸르다'는 비통사적 합성어로 설명하고 있다. 반면 용언이 연결 어미로 이어지는 구성은 통사적 합성어라고 설명하고 있으므로 '높푸르다'는 용언이 연결 어미로 이어지지 않는 구성이라는 것을 알 수 있다.

② 제시문에서 주어나 목적어 뒤에 서술어가 결합하는 것은 통사적 합성어라고 하였다.

③ 제시문에서 명사가 명사를 수식하는 구성은 통사적 합성어라고 하였다.

中

03 개념 카테고리 문법 > 현대 문법 > 통사론 답 ②

출제예상 TIP 능동문과 피동문의 차이점과 피동 접미사의 사용 등을 잘 정리해 둘 필요가 있다.

| 정답해설 | ② ㉡의 조건은 접사 '-하-'를 접사 '-받-', '-되-', '-당하-' 등으로 교체하는 방법이다. 예를 들어 '체포하다'와 같이 접사 '-하-'가 붙는 경우를 '체포되다'와 같이 접사 '-되-'로 교체하는 방법이다. 따라서 선택지에서 제시하고 있는 문장과는 관련이 없다.

| 오답해설 | ① '잡아먹히다'의 '히'는 동사 어근에 피동 접사 '-이-', '-히-', '-리-', '-기-'를 결합하는 방법 중 '-히-'를 사용한 경우이므로 ㉠에 해당하는 예이다.

③ '밝혀지다(밝히어지다)'의 '아/어지다'는 동사 어간에 '-아지-/-어지-'를 결합하는 방법 중 '어지다'를 사용한 경우이므로 ㉢에 해당하는 예이다.

④ '날씨가 풀리다'의 능동은 '(~이) 날씨를 풀다'에 해당한다. 따라서 자연적으로 발생하는 사태를 표현할 때에는 피동문에 대응하는 능동문을 상정하기 어렵다는 것을 알 수 있다. 따라서 ㉣에 해당하는 예이다.

中

04 개념 카테고리 독해 > 독해 비문학 > 일치/불일치 답 ①

| 정답해설 | ① 셋째 단락에 따르면 그리스인들은 그리스 전역, 이탈리아 남부와 시실리, 지중해의 다른 해안으로 퍼져 나갔지만 그들은 통일된 정부를 두거나 제국을 만들려 하지 않고 도시 국가 형태의 폴리스를 만들었다고 하였다. 따라서 이탈리아 지역에도 폴리스가 있었음을 알 수 있다.

| 오답해설 | ② 셋째 단락에서 어느 폴리스도 도시 국가 이상으로 커 나가지 않았다고 하였다.

③ 셋째 단락에서 고대 그리스인들은 통일된 정부를 두려 하거나 제국을 만들려 하지 않았다고 하였다.

④ 첫째 단락에서 폴리스들은 공통의 언어, 문화, 종교를 바탕으로 서로 동류의식을 가졌다고 하였다.

中

05 개념 카테고리 독해 > 독해 비문학 > 일치/불일치 답 ②

| 정답해설 | ② 아테네는 시민들이 아고라 광장에 모두 모여 공적인 문제에 대해 투표하는 직접 민주주의 방식을 취했고, 도시 국가 이상으로 커 나가지 않았으므로, 〈보기〉의 대의제 민주주의로 나아가지 않았음을 추론할 수 있다.

| 오답해설 | ① 둘째 단락에서 아테네는 인구의 일부만이 시민이었으며, 아무런 권리가 없는 노예들도 매우 많았고 여자들도 정치적 권리가 없었다고 하였다. 따라서 신분과 성별에 관계없이 모두 투표권을 가졌다는 것은 틀린 추론이다.

③ 둘째 단락에서 아테네는 대의원들이 아닌, 시민들이 아고라 광장에 모두 모여 국정을 결정했다고 하였으므로 틀린 추론이다.

④ 둘째 단락에서 아테네는 국가를 통치하는 지도자를 시민이 선출한다고 하였으므로 틀린 추론이다.

中

06 개념 카테고리 독해 > 독해 비문학 > 주제 찾기 답 ③

| 정답해설 | ③ 첫째 단락 "우리에게 친숙한 동물들의 사소한 행동을 살펴보면 그들이 자신의 환경을 개조한다는 것을 알 수 있다."와 둘째 단락 "인간도 생명체이다. 더 잘 살기 위해서는 환경에 순응할 수만은 없다."를 통해 '생명체는 환경을 능동적으로 변형한다.'라는 주장을 확인할 수 있다.

中

07 개념 카테고리 독해 > 독해 비문학 > 화법 지문 답 ③

| 정답해설 | ③ B는 고객이 '동일한 사업적 효과가 있을지 궁금하다고 말한 것'을 근거로 고객의 답변이 완곡하게 거절하는 의사 표현이라고 판단하고 있다. 이는 B가 "보통 그런 상황에서는 완곡하게 거절하는 의사 표현이라 볼 수 있어요."라고 말한 부분에서 알 수 있다.

| 오답해설 | ① A는 고객의 답변을 부정적으로 보고 있지 않았으므로 연락을 기다리고 있다. 반면 B는 고객의 답변을 '완곡하게 거절하는 의사 표현'으로 보고 있다. 즉 제안서 승낙이라는 의미로 이해하고 있지 않다.

② A는 동일한 사업적 효과가 있을지 궁금하다는 고객의 말을 부정적 평가라고 판단하지 않고 있다.

④ A는 "표정도 좋고 박수도 ~ 부드러웠고요."와 같은 비언어적 표현을 근거로 고객의 답변을 완곡한 거절이 아닌 승낙으로 해석한다.

中

08 개념 카테고리 독해 > 독해 비문학 > 일치/불일치 답 ③

| 정답해설 | ③ "무대연출 작업 중에서 ~ 저작권을 부여하는 것은 매우 흔치 않은 경우이고, 후발 창작을 방해하는 요소로 작용할 수도 있다."라고 하였으므로, 독보적인 무대연출 작업에 저작권을 부여한다고 해서 후발 창작에 방해가 되지는 않는다는 이해는 적절하지 않다.

| 오답해설 | ① "창작적인 표현을 도용당했는지 밝혀야 하는데, 이것이 쉽지 않다."라고 언급하고 있다.

② "자신의 저작권을 침해당했다고 주장하기 위해서는 우선 그가 유효한 저작권을 소유하고 있어야 한다."라고 언급하고 있다.

④ 제시문의 끝부분 "저작권법은 창작자에게 ~ 이루는 것이 목표다."를 통해 알 수 있다.

中

09 개념 카테고리 독해 > 독해 비문학 > 주제 찾기 답 ④

| 정답해설 | ④ 마지막 단락의 "'나'에게 얼마나 필요한가에 대한 고민 없이 ~ 골칫덩이가 될 수 있다."를 통해 건강한 소비를 위해서는 구매하려는 상품의 사용가치가 합리적인 과정을 거쳐 결정된 것인지 곰곰이 생각해봐야 한다는 내용의 글임을 알 수 있다.

中

10 개념 카테고리 독해 > 독해 비문학 > 문학 이론 답 ②

| 정답해설 | ② 둘째 단락에서 "차람은 소설을 소유하고 있는 사람에게 직접 빌려서 보는 것으로, 알고 지내던 개인들 사이에서 이루어졌다."라고 하였다. 하지만 이들 사이에 대가가 지불되었는지는 알 수 없다.

| 오답해설 | ① 첫째 단락의 "구연에 의한 유통은 ~ 돈을 벌던 전문적 직업인이었다."에서 확인할 수 있다.

③ 첫째 단락의 "이 방식은 문헌에 의한 유통에 비해 ~ 한계가 있었다."에서 확인할 수 있다.

④ 둘째 단락의 "세책가에서는 소설을 구매하는 것보다 ~ 성행하게 되었다."에서 확인할 수 있다.

中

11 개념 카테고리 독해 > 독해 비문학 > 일치/불일치 답 ④

| 정답해설 | ④ 셋째 단락의 "현대 사회에서 민주적 토론은 ~ 퇴보했다."와 넷째 단락의 전반적인 내용을 통해 민주적 토론이 감소한 이유를 생각해 볼 수 있다.

| 오답해설 | ① 첫째 단락의 "공공 영역은 일반적 쟁점에 대한 ~ 역할을 한다."와 둘째 단락의 "17세기와 18세기 유럽 도시의 ~ 공공 영역을 찾았다."를 통해 살롱 문화에서 비판적 토론이 허용되었음을 알 수 있다.

②, ③ 넷째 단락의 "미디어가 점차 상업화되면서 ~ 선호하게 되었다."를 통해 공익 광고의 영역, 공공 영역은 오히려 '침식당하고 있음'을 알 수 있다.

中

12 개념 카테고리 독해 > 독해 비문학 > 일치/불일치 답 ④

| 정답해설 | ④ 복지 공감 지도로 복지 혜택에 대한 수급자들의 개별 만족도를 파악할 수 있다는 내용은 제시문에서 찾기 어렵다.

| 오답해설 | ① 첫째 단락에서 ○○시는 빅데이터 기반의 맞춤형 복지 서비스 분석 사업을 수행했고, 복지 기관 접근성 분석을 통해 취약 지역 지원 방안을 제시했다고 하였다.

② 셋째 단락의 "도보로 약 15분 내 위치한 수급자에게 복지 혜택이 집중되고 있는 것도 확인했다."를 통해 알 수 있다.

③ 셋째 단락의 마지막 문장 "이에 교통이나 ~ 증설할 계획을 수립했다."를 통해 알 수 있다.

中

13 개념 카테고리 독해 > 독해 비문학 > 일치/불일치 답 ①

| 정답해설 | ① 둘째 단락의 "시스템은 불안정하고 완벽하지 않기 때문에"를 통해 보잉은 시스템의 불완전성을 고려하고 있음을 알 수 있고, "에어버스의 아버지라고 불리는 베테유는 "인간은 실수할 수 있는 존재"라고 전제한다."에서 에어버스는 인간의 실수 가능성을 고려하고 있음을 알 수 있다.

| 오답해설 | ② 베테유는 인간이 실수할 수 있는 존재라고 전제한다. 하지만 보잉의 경우 조종사의 판단이 컴퓨터의 판단보다 우선시되어야 한다는 언급만 있을 뿐 인간이 실수가 없는 존재라고 생각하는지는 제시문의 내용만으로는 판단할 수 없다.

③ 에어버스의 조종사는 항공기 운항에서 자동조종시스템에 의해 통제되는 대상이다.

④ 첫째 단락의 "전 세계를 대표하는 ~ 자동조종시스템의 활용 정도에 있다."를 통해 보잉과 에어버스 모두 자동조종시스템을 활용하되 그 정도(최종 통제 권한)에 차이가 있음을 알 수 있다.

中

14 개념 카테고리 독해 > 독해 비문학 > 밑줄/괄호 답 ②

| 정답해설 | ② 필자는 관리들이 간악하게 되는 이유에 대해 나열하고 있다. 그중 '자신이 범한 과오를 감추고 남의 잘못을 드러내는 것'은 제시문에 나타나 있지 않으므로 필자의 견해로 볼 수 없다.

| 오답해설 | ① "노력을 조금 들였는데도 효과가 신속하면 간악하게 되며"를 통해 확인할 수 있다.

③ "자신은 그 자리에 오랫동안 있는데 자신을 감독하는 사람이 자주 교체되면 간악하게 되며"를 통해 확인할 수 있다.

④ "아래에 자신의 무리는 많은데 윗사람이 외롭고 어리석으면 간악하게 되며"를 통해 확인할 수 있다.

下

15 개념 카테고리 독해 > 독해 비문학 > 일치/불일치 답 ①

| 정답해설 | ① '숲의 25% 이상', '전체 농토의 2/3' 등의 통계 수치를 활용하여 논거의 타당성 및 객관성, 설득력을 높이고 있다.

| 오답해설 | ② 이론적 근거의 나열은 제시문에서 찾을 수 없다.

③ 전문 용어의 뜻을 풀이하는 부분은 제시문에서 찾을 수 없다.

④ 중앙아메리카의 환경 파괴 사례 등이 제시되었을 뿐, 예측할 수 없는 결과를 나열했다고 보기는 어렵다.

中

16 개념 카테고리 독해 > 독해 비문학 > 일치/불일치 답 ②

| 정답해설 | ② 제시문의 중반 부분에 "고갱은 그가 본 인생과 예술 전부에 대해 철저하게 불만을 느꼈다."라고 하였으며, 뒤따르는 문장인 "그는 더 단순하고 더 솔직한 어떤 것을 열망했고"를 통해 고갱이 예술의 단순하지 못하고 솔직하지 못한 부분에 불만을 느꼈음을 알 수 있다. 즉 고갱은 예술 전부에 대해 불만을 느꼈으므로 예술의 하나인 인상주의에 대해서도 불만을 느꼈을 것이다. 그리고 그 불만은 단순하고 솔직하지 못한 것에 있었을 것이다.

| 오답해설 | ① 세잔은 입체주의로, 고흐는 표현주의로, 고갱은 프리미티비즘으로 해결 방법을 모색하였으므로 글의 내용과 부합한다.

③ "반 고흐는 인상주의가 시각적 인상에만 집착하여 빛과 색의 광학적 성질만을 탐구한 나머지 미술의 강렬한 정열을 상실하게 될 위험에 처했다고 느꼈다."를 통해 글의 내용과 부합함을 알 수 있다.

④ "세잔이 사라졌다고 느낀 것은 균형과 질서의 감각이다."와 인상주의자들을 예로 든 부분에서 글의 내용과 부합함을 알 수 있다.

中

17 개념 카테고리 독해 > 독해 비문학 > 전개 순서 답 ④

| 정답해설 | (가)는 고통을 주던 한반도의 지정학적 조건이 이제 희망의 조건이 되고 있다고 설명하며, 우리가 나아가야 할 길을 언급하고 있다. 반면 (나)는 수난과 비극의 역사를 겪었던 우리 민족을 언급하고 있으므로 맥락적으로 (나)가 먼저 와야 한다. (라)의 '그 아픔'은 (나)에 언급된 '아픔'과 이어지는 표현으로서, (라)는 불행한 역사를 겪었던 우리도 현재 세계 경제의 3대 축으로 떠오르고 있다는 언급을 하며 현재의 상황을 말하고 있다. 따라서 현재의 상황을 통해 나아가야 할 길을 제시하고 있는 (가)가 (라)보다 뒤에 와야 한다. (다) 역시 경제 강국을 건설하고 있는 우리의 상황을 언급하고 있으므로 (가)를 맨 뒤에 두고 ④ '(나) – (라) – (다) – (가)'의 순서로 전개해야 한다.

中

18 개념 카테고리 독해 > 독해 비문학 > 논리형 답 ④

| 정답해설 | 모든 조건이 참이므로, 해당 내용들을 정리하면 다음과 같다.

조건 1에 의해, 회의는 월~일 사이에 개최된다.

조건 2와 3에 의해, 월요일에는 회의를 개최하지 않으므로 화요일과 목요일에 개최함을 알 수 있다.

조건 4에 의해, 금요일에 개최하지 않으면 화, 수에도 개최하지 않아야 한다. 그러나 화요일에 개최하므로 금요일에도 개최함을 알 수 있다. 다만, 수요일에 대해선 확정할 수 없다. 화요일만 개최하더라도 모순이 없기 때문이다.

따라서 확정된 요일이 화, 목, 금이므로 회의를 반드시 개최해야 하는 날 수는 총 ④ '3'일이다.

上

19 개념 카테고리 독해 > 독해 비문학 > 논리형 답 ②

| 정답해설 | 제시문에서는 파충류들이 부화하는 과정에서의 온도와 성별의 연관성에 대해 이야기하고 있다.

ㄴ: 물질 B는 단백질의 종류에 따라 A가 되어 암컷과 연관성을 지닐 수도, C가 되어 수컷과 연관성을 지닐 수도 있다. 그러나 단순히 B의 농도만 이야기해서는 〈가설〉을 강화하지도, 약화하지도 못한다.

| 오답해설 | ㄱ: 수컷과 관련성이 높은 것은 물질 C이다. 물질 C는 B가 단백질 '나'에 의해 변한 것이므로, '나'의 양이 많다는 것은 〈가설〉을 강화하는 사례이다.

ㄷ: 물질 A는 암컷과 관련성이 높다. 물질 A의 농도를 높였을 때 암컷이 생산되었다는 것은 〈가설〉을 강화하는 사례이다.

上

20 개념 카테고리 독해 > 독해 비문학 > 논리형 답 ④

| 정답해설 | 제시문은 과학과 예술이 무관하다는 주장을 반박하는 글이다. 글 중반부의 "그러나 이렇게 과학과 예술을 대립시키는 태도는 과학과 예술의 특성을 지나치게 단순화하는 것이다."를 통해 확인할 수 있다. 글 전반부의 내용을 논지로 착각하지 않도록 유의해야 한다.

ㄴ: 과학자의 입장에서 과학과 예술이 유사함을, 즉 관련이 있음을 이야기하고 있다. 제시문의 논지를 지지한다.

ㄷ: 화가의 입장에서 예술이 과학과 유사함을, 즉 관련이 있음을 이야기하고 있다. 제시문의 논지를 지지한다.

| 오답해설 | ㄱ: 과학과 예술의 차이에 대한 내용이다. 제시문의 논지와는 관련이 없다.

정답과 해설 PART 02

기출 품은 모의고사 2회

기출문제편 ▶ P.51

영역별 출제 비중

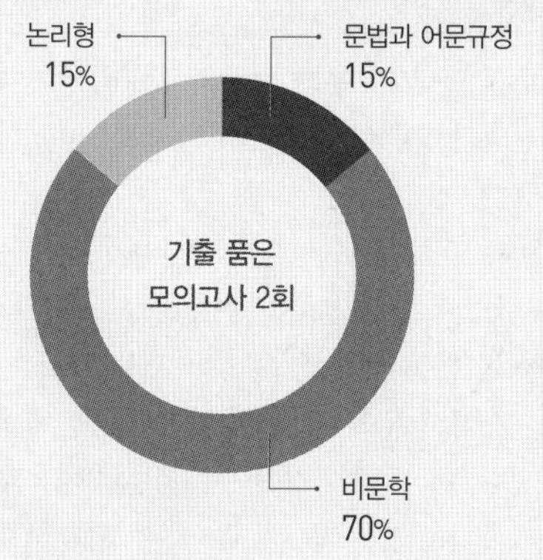

맞힌 문항 수	/20문항
점수	/100점

문항 분석

문항	정답	영역
1	②	문법 > 현대 문법 > 공공언어 바로 쓰기
2	①	문법 > 현대 문법 > 통사론
3	①	문법 > 고전 문법 > 훈민정음과 고전 문법
4	③	독해 > 독해 비문학 > 밑줄/괄호
5	③	독해 > 독해 비문학 > 일치/불일치
6	②	독해 > 독해 비문학 > 화법 지문
7	①	독해 > 독해 비문학 > 일치/불일치
8	②	독해 > 독해 비문학 > 일치/불일치
9	②	독해 > 독해 비문학 > 일치/불일치
10	③	독해 > 독해 비문학 > 어휘 의미 파악
11	④	독해 > 독해 비문학 > 주제 찾기
12	③	독해 > 독해 비문학 > 일치/불일치
13	③	독해 > 독해 비문학 > 주제 찾기
14	②	독해 > 독해 비문학 > 화법 지문
15	①	독해 > 독해 비문학 > 일치/불일치
16	②	독해 > 독해 비문학 > 개요 수정
17	②	독해 > 독해 비문학 > 전개 순서
18	②	독해 > 독해 비문학 > 논리형
19	①	독해 > 독해 비문학 > 논리형
20	①	독해 > 독해 비문학 > 논리형

취약영역 체크

문법과 어문 규정	/3
비문학	/14
논리형	/3

➡ 나의 취약영역: ____________

下

01 개념 카테고리 문법 > 현대 문법 > 공공언어 바로 쓰기 답 ②

출제예상 TIP 공공언어 바로 쓰기에서 제시하고 있는 맞춤법 관련 단어들을 잘 정리해 둘 필요가 있다.

| 정답해설 | ② 기간의 의미를 갖는 '간'은 접사이므로 앞말과 붙여 써야 한다. 따라서 '2개월간'으로 써야 한다.

| 오답해설 | ① '개수'의 '개'와 '수'는 모두 한자어이므로 사이시옷을 붙이지 않는다. 따라서 '개수'가 맞는 표현이다.

③ '금일'과 같은 한자어적 표현을 '오늘'로 쉽고 정확하게 표현하는 것은 적절하다.

④ '약'과 '여' 모두 정확하지 않은 수나 범위를 나타낼 때 쓰는 표현이다. 따라서 둘 중 하나만 사용해야 한다.

上

02 개념 카테고리 문법 > 현대 문법 > 통사론 답 ①

출제예상 TIP 부정문의 종류와 쓰임에 대해 잘 정리해 둘 필요가 있다.

| 정답해설 | ① '고요하다'는 형용사이다. 따라서 '-지 않다'의 부정을 사용하였지만 '단순 부정'의 의미를 갖는다.

| 오답해설 | ② '발달하다'는 동사이다. 따라서 조건에 맞지 않는다.

③ '아버지'는 유정물에 해당하므로 조건에 맞지 않는다.

④ '저'는 유정물에 해당하므로 조건에 맞지 않는다.

中

03 개념 카테고리 문법 > 고전 문법 > 훈민정음과 고전 문법 답 ①

출제예상 TIP 현대의 높임법과 중세의 높임법을 비교하여 정리해 둘 필요가 있다.

| 정답해설 | ① ㉠의 문장에서 '스승님'을 높이기 위해 '보숩고져'와 같이 객체 높임의 선어말 어미 '-숩-'을 쓰고 있다. 따라서 어휘적 수단이 아닌 문법적 수단으로써 객체를 높이고 있다는 것을 알 수 있다.

| 오답해설 | ② '舍利弗(사리불)'은 문장에서 부사어, 즉 '객체'로 쓰이고 있고 객체를 높이기 위해 문법적 수단인 조사 '씌'를 쓰고 있다.

③ 조사 '씌'와 동사 '숣노니'는 모두 부사어인 '세존'을 높이고 있다.

④ 조사 '께'는 '이모님'을 높이기 위해 쓰고 있고 '모시다'는 '어머님'을 높이기 위해 쓰고 있다. 따라서 '께'와 '모시고'가 높이는 대상은 서로 다르다.

中

04 개념 카테고리 독해 > 독해 비문학 > 밑줄/괄호 답 ③

| 정답해설 | ③ 빈칸에는 예상 독자 분석이 중요한 이유가 들어가야 한다. 빈칸 다음 문장에서 독자의 수준에 비해 너무 어렵게 쓰면 독자가 글을 이해하기 어렵게 된다고 하였으므로 독자가 잘 이해할 수 있는 글을 쓰기 위해 독자 분석이 중요함을 알 수 있다. 따라서 필자의 메시지를 독자에게 효과적으로 전달하는 데 도움이 되기 때문에 독자 분석이 중요하다고 정리할 수 있다.

| 오답해설 | ④ 독자의 배경지식 수준을 고려해야 한다는 설명은 예상 독자 분석이 중요한 이유와 닿아 있다. 하지만 독자의 배경지식 수준을 고려해야 글의 목적과 주제가 결정된다는 근거는 찾기 어렵다.

中

05 개념 카테고리 독해 > 독해 비문학 > 일치/불일치 답 ③

| 정답해설 | ③ 둘째 단락의 "혹자는 사람이 개입되는 것은 ~ 모두 그릇된 것이다."를 통해 글쓴이의 견해에 부합하지 않음을 확인할 수 있다.

| 오답해설 | ① 둘째 단락의 "사물 인터넷을 제대로 이해하려면 ~ 공통점을 인식하는 것이 더 중요하다."를 통해 확인할 수 있다.

② 첫째 단락의 "이제는 전원이 있었던 ~ 네트워크로 연결되는 것이다."를 통해 확인할 수 있다.

④ 첫째 단락의 "이제는 전원이 있었던 ~ 네트워크로 연결되는 것이다."와 둘째 단락의 "이제는 사물 각각이 컴퓨터가 되고, ~ 소통하는 것이다."를 통해 확인할 수 있다.

中

06 개념 카테고리 독해 > 독해 비문학 > 화법 지문 답 ②

| 정답해설 | ② 제시된 토의에서 사회자는 토의를 진행할 뿐 발표자 간의 이견을 조정하여 의사결정을 유도하고 있지는 않다.

| 오답해설 | ① '통일 시대의 남북한 언어가 나아갈 길'이라는 학술적인 주제에 대해 '최 교수'와 '정 박사'가 발표 형식으로 토의를 진행하고 있다.

③ 두 발표자는 주제에 대한 자신의 견해를 밝혀 청중에게 정보를 제공하고 있다.

④ "두 분의 말씀 잘 들었습니다. ~ 말씀하셨는데요."를 통해 청중 A가 발표 내용을 확인하였음을 알 수 있다. 또한 "통일 시대에 ~ 있을까요?"를 통해 주제와 관련된 질문을 하고 있음을 알 수 있다.

中

07 개념 카테고리 독해 > 독해 비문학 > 일치/불일치 답 ①

| 정답해설 | ① 셋째 단락의 "문화 전파의 기제를 설명하는 이론으로는 밈 이론보다 의사소통 이론이 더 적절해 보인다."를 통해 확인할 수 있다.

| 오답해설 | ② 넷째 단락의 "수신자가 발신자가 전해 준 정보에다 자신의 생각을 덧붙였기 때문인데"를 통해 문화 수용 과정에서 수용 주체의 주관이 개입한다는 것을 알 수 있다.

③ 둘째 단락의 "밈 역시 유전자와 마찬가지로 공동체 내에서 복제를 통해 확산된다."를 통해 특정 공동체의 문화가 다른 공동체로 복제를 통해 전파되는 것은 '밈 이론'이라는 것을 알 수 있다.

④ 넷째 단락은 '의사소통 이론'의 예이다. 따라서 '요크셔 푸딩 요리법'의 경우는 의사소통 이론에 의해 설명될 수 있다.

中

08 개념 카테고리 독해 > 독해 비문학 > 일치/불일치 답 ②

| 정답해설 | ② 첫째 단락의 "지구를 중심으로 공전하는 원 궤도에 중심을 두고 있는 원, 즉 주전원(周轉圓)을 따라"를 통해 '주전원'이 '천동설'과 관련된 개념임을 알 수 있다.

| 오답해설 | ① 첫째 단락의 "모든 천체는 ~ 천동설이 정설로 자리 잡고 있었다."를 통해 알 수 있다.

③ 첫째 단락의 "우주의 중심은 지구이며, ~ 지구의 주위를 공전한다는 천동설"과 둘째 단락의 "태양을 우주의 중심에 둔 코페르니쿠스의 지동설"을 통해 알 수 있다.

④ 둘째 단락의 "코페르니쿠스의 지동설은 ~ 수학적으로 단순하게 설명하였다."를 통해 확인할 수 있다.

中

09 개념 카테고리 독해 > 독해 비문학 > 일치/불일치 답 ②

| 정답해설 | ② 첫째 단락에서는 '빅데이터의 개념'에 대해 설명하고 있고, 둘째 단락에서는 '한 집단의 구성원의 몸무게와 키의 데이터'를 사례로 들어 '빅데이터의 특성'에 대해 설명하고 있다.

| 오답해설 | ① 제시문에서 '빅데이터에 대한 다양한 견해'는 확인할 수 없다.

③ '빅데이터의 적용 원리'는 서술되어 있지만, '동작 원리'를 이론적으로 증명하고 있지는 않다.

④ '빅데이터의 장단점'은 제시되지 않았다.

中

10 개념 카테고리 독해 > 독해 비문학 > 어휘 의미 파악 답 ③

| 정답해설 | ③ '추출하다'는 전체 속에서 어떤 물건, 생각, 요소 따위를 뽑아내는 것을 의미하고, '섞다'는 두 가지 이상의 것을 한데 합치는 것을 의미한다. 따라서 ㉢ '추출할'을 '섞을'로 바꿔 쓰는 것은 적절하지 않다.

| 오답해설 | ① ㉠ 내포되다: 어떤 성질이나 뜻 따위가 속에 품어지다.

② ㉡ 수록되다: 어떤 자료가 찾아져 모여 기록되다.

④ ㉣ 연결하다: 사물과 사물 또는 현상과 현상이 서로 이어지거나 관계를 맺다.

中

11 개념 카테고리 독해 > 독해 비문학 > 주제 찾기 답 ④

| 정답해설 | ④ 둘째 단락 "런던에 전시한 ~ 다양함을 의미한다."를 통해 '복제본도 원본과는 다른 별개의 예술적 특성을 담보할 수 있다.'라는 주제를 확인할 수 있다.

| 오답해설 | ① 사진의 경우, 복제본도 원본과 마찬가지로 예술적 가치를 지닐 수 있다고 하였다.

② 모든 예술적 매체의 특성이라기보다는 '사진'과 관련된 특성으로 보는 것이 적절하다.

③ 둘째 단락의 "사진의 경우, 작가가 재현적 특질을 선택하고 변형할 수 있는 방법이 다양함을 의미한다."를 통해 복제본의 재현적 특질을 변형하는 방법이 다양하다는 것을 확인할 수 있다.

中

12 개념 카테고리 독해 > 독해 비문학 > 일치/불일치 답 ③

| 정답해설 | ③ '단호한 반응'은 '다른 사람의 권리를 침해하지 않으면서 자신의 권리를 존중하고 지키는 것'이다. 그리고 '상대방을 존중'하면서도 '자신의 의견을 내세울 수 있는 것'이다. 따라서 상대방을 존중하면서 자신의 의견을 분명하게 내세우고 있는 ③이 가장 적절하다.

| 오답해설 | ① 자신의 의견이 반영되어 있지 않다.

② 상대방의 의사를 존중하고 있지 않다.

④ 자신의 의사를 정확하게 제시하고 있지 않다.

中

13 개념 카테고리 독해 > 독해 비문학 > 주제 찾기 답 ③

| 정답해설 | ③ 셋째 단락 둘째 줄을 보면 "혐오는 자연 발생한 게 아니라 사회적으로 형성된 감정이다."라고 언급하고 있다. 즉 글쓴이는 혐오가 어떤 원인에 의해 만들어진 것이라고 보고 있는 것이다. 또한 증상을 관찰하는 일에만 매몰되면 곤란하다고 언급하였으므로, 표면적으로 드러나는 증상이 아닌 근본 원인을 찾아야 한다는 것이 주제임을 알 수 있다.

| 오답해설 | ① 셋째 단락을 보면 "각종 혐오는 자연 발생한 게 아니라 사회적으로 형성된 감정"이라고 언급하고 있다. 즉 어떤 원인에 의해 만들어진 것이 혐오라는 견해를 보이고 있다.

② 둘째 단락의 "이 대답들은 분명 선량한 마음에서 나온 것이다. 하지만 문제의 성격을 오인하게 만들 수 있다."를 통해 선량한 마음으로만 바라볼 일은 아니라는 것을 알 수 있다.

④ 둘째 단락의 "혐오나 증오라는 특정 감정에 집착해선 안 된다는 것이다."를 통해 혐오라는 감정에 집중하면 안 된다는 것을 알 수 있다.

中

14 개념 카테고리 독해 > 독해 비문학 > 화법 지문 답 ②

| 정답해설 | ② 정민이는 과거의 자신의 경험을 말해 주며 상수가 스스로 문제를 해결할 수 있도록 도와주고 있다.

| 오답해설 | ① 정민이와 상수가 갈등을 겪고 있는 것은 아니다.

③ 정민이가 상대방의 약점을 비판하면서 자신의 장점을 부각하는 부분은 없다.

④ 정민이가 상대방이 하는 말의 타당성을 평가하는 부분은 없다.

中

15 개념 카테고리 독해 > 독해 비문학 > 일치/불일치 답 ①

| 정답해설 | ① '각 소리가 지닌 특성'이 아닌 '대응되는 소리가 규칙적이냐 규칙적이지 않냐'에 따라 철자 읽기의 명료성 수준이 달라지게 된다.

| 오답해설 | ② 둘째 단락을 통해 확인할 수 있다.

③ 첫째 단락을 통해 확인할 수 있다.

④ 첫째 단락에 따르면 영어는 스페인어에 비해 한 글자에 대응되는 소리가 규칙적이지 못하여 음운 처리 규칙에 적용되지 않는 예외들이 많다고 볼 수 있다.

中

16 개념 카테고리 독해 > 독해 비문학 > 개요 수정 답 ②

| 정답해설 | (가): 자기 친구의 일을 언급하며 '자전거 사고로 인한 머리 부상'이라는 주제에 대한 청자의 관심을 유발하고 주의를 환기하고 있다.

(다): 청자가 자전거를 타는 경우를 언급하며 청자와의 관련성을 설명하고 있다.

(나): '헬멧'이라는 해결 방안을 제시하고 있다.

(라): 뇌손상과 신체 피해를 75% 줄일 수 있다는 구체적 수치를 언급하며 청자에게 어떤 도움이 되는지를 구체화하고 있다.

(마): 자전거 탈 때는 꼭 헬멧을 쓰라는 특정 행동을 요구하고 있다.

中

17 개념 카테고리 독해 > 독해 비문학 > 전개 순서 답 ②

| 정답해설 | ② "기업들이 빅데이터의 가치를 받아들이기 시작했다는 뜻이다. 여기에는 기업들이 데이터를 바라보는 시각이 변한 측면도 있다."에서 기업들이 기존의 방식과 현재 빅데이터를 바라보는 시각에 차이가 있음을 알 수 있다. 따라서 기존의 방식과 관련된 (가)가 먼저 나오고, '그런 기존의 노력[(가)의 내용]'에 아쉬운 점이 많았다는 (다)가 이어져야 한다. 그리고 '그런 상황[(다)에서 예로 든 상황]'에서 SNS나 스마트폰 등 새로운 데이터 소스로부터 궁금증과 답답함을 해결할 수 있다는 것을 알게 되었다는 (나)가 순차적으로 연결되어야 자연스럽다.

上

18 개념 카테고리 독해 > 독해 비문학 > 논리형 답 ②

| 정답해설 | ② 주어진 조건들 중 비교적 간단하게 검증할 수 있는 조건 3부터 확인한다. 정이 위촉되지 않으므로 조건 2의 대우에 의해 병도 위촉되지 않는다. 병이 위촉되지 않으므로, 조건 1에 의해 갑과 을이 모두 위촉되는 경우는 없다. 다만 적어도 한 명은 위촉되어야 하므로 둘 중 한 명만이 위촉될 것이다. 이를 표로 정리하면 다음과 같다.

구분	갑	을	병	정
경우 1	○	×	×	×
경우 2	×	○	×	×

ㄷ: 갑이나 을 중 하나는 반드시 위촉되어야 한다. 갑이 위촉되지 않으면 을이 위촉된다. 반드시 참이다.

| 오답해설 | ㄱ: 병이 위촉되지 않는 것이 확실하므로 거짓이다.

ㄴ: 정이 위촉되지 않는 것은 확실하나, 을의 위촉 여부에 대해서는 확실하지 않으므로 반드시 참이라고 볼 수 없다. (ㄱ, ㄴ, ㄷ 순으로 검증한다면, 이 시점에서 ㄷ이 반드시 참이어야 함을 알 수 있다.)

上

19 개념 카테고리 독해 > 독해 비문학 > 논리형 답 ①

| 정답해설 | ① 뉴욕시의 인구는 약 900만 명이다. ㉢을 강화하기 위해서는 쥐 역시 실제로 900만 마리 존재해야 한다. 그러나 (가)에 따르면 30만 마리의 쥐만 존재하고 있는 것으로 추정된다. 이는 ㉢을 약화하는 정보이다.

| 오답해설 | ② ㉠은 특정 면적(1에이커)과 쥐의 개체수에 관한 내용이다. 반면 (나)는 가구 수와 쥐의 개체수에 관한 내용이다. 서로 관련이 없으므로, 강화하지도 약화하지도 않는다.

③ ㉢을 강화하기 위해서는 사람 한 명당 쥐가 한 마리 존재해야 한다. 그러나 (다)의 내용은 이와 무관하다. 따라서 (다)는 ㉢을 강화하지도 약화하지도 않는다.

④ ㉡을 강화하기 위해서는 뷜터가 살던 당시 런던에 쥐가 4천만 마리 존재해야 한다. 그러나 (라)의 내용은 이와 무관하다. 따라서 (라)는 ㉡을 강화하지도 약화하지도 않는다.

中

20 개념 카테고리 독해 > 독해 비문학 > 논리형 답 ①

| 정답해설 | 결론부터 거슬러 가며 짚어 보면 효과적으로 검증할 수 있다. 제시된의 결론은 '아테나는 행복하다'이다. 그리고 바로 직전 문장에서 행복의 조건으로 '아름답고 훌륭한 자는 행복하다'를 언급하고 있다. 정리하면, 아테나는 아름답고 훌륭해야 한다.

훌륭함의 조건 역시 바로 직전 문장에서 언급되고 있다. 덕을 가진 자는 훌륭하며, 아테나는 덕을 가졌다. 다시 말하면, 아테나는 훌륭하다. 따라서 아테나가 아름답다는 것만 증명하면 된다.

아름다움의 조건은 첫 문장에서 확인할 수 있다. 젊고 섬세하고 유연하면 아름답다. 이 중에서 아테나는 이미 섬세하고 유연함을 갖추었으므로, 젊음만 충족하면 된다. ① 'ㄱ'에서 이를 확인할 수 있다.

정답과 해설 PART 02

기출 품은 모의고사 3회

기출문제편 ▶ P.61

영역별 출제 비중

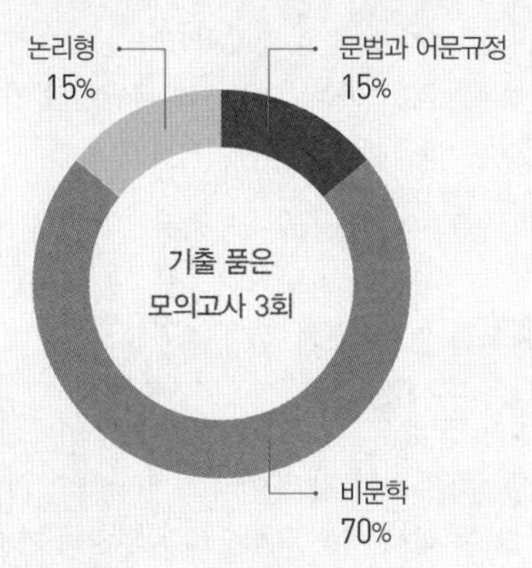

맞힌 문항 수	/20문항
점수	/100점

| 문항 분석

문항	정답	영역
1	③	문법 > 현대 문법 > 공공언어 바로 쓰기
2	①	문법 > 현대 문법 > 형태론
3	④	문법 > 어문 규정 > 한글맞춤법
4	③	독해 > 독해 비문학 > 일치/불일치
5	①	독해 > 독해 비문학 > 화법 지문
6	③	독해 > 독해 비문학 > 일치/불일치
7	④	독해 > 독해 비문학 > 화법 지문
8	③	독해 > 독해 비문학 > 개요 수정
9	④	독해 > 독해 비문학 > 밑줄/괄호
10	③	독해 > 독해 비문학 > 밑줄/괄호
11	②	독해 > 독해 비문학 > 일치/불일치
12	④	독해 > 독해 비문학 > 일치/불일치
13	①	독해 > 독해 비문학 > 일치/불일치
14	④	독해 > 독해 비문학 > 주제 찾기
15	③	독해 > 독해 비문학 > 화법 지문
16	②	독해 > 독해 비문학 > 화법 지문
17	③	독해 > 독해 비문학 > 밑줄/괄호
18	④	독해 > 독해 비문학 > 논리형
19	③	독해 > 독해 비문학 > 논리형
20	③	독해 > 독해 비문학 > 논리형

| 취약영역 체크

문법과 어문 규정	/3
비문학	/14
논리형	/3

➡ 나의 취약영역: ____________

下

01 개념 카테고리 문법 > 현대 문법 > 공공언어 바로 쓰기 답 ③

출제예상 TIP 공공언어 바로 쓰기에서 제시하고 있는 부적절한 외래어 관련 단어들을 잘 정리해 둘 필요가 있다.

| 정답해설 | ③ '이메일'과 같은 외래어 표현을 수정하는 것은 적절하다. 다만 '인터넷 우편'보다는 '전자 우편'으로 수정해야 한다.

| 오답해설 | ① '2025. 11. 2'를 문장 부호 원칙에 따라 '2025. 11. 2.'로 수정해야 한다. 이때 '.'는 '년, 월, 일'을 대신하는 표현이므로 생략하면 안 된다.

② '각'은 관형사이므로 뒷말과 띄어 써야 한다. 따라서 '각 1부씩'과 같이 써야 한다.

④ '기간'과 '동안'은 의미가 중복되므로 둘 중 하나를 사용해야 한다. 따라서 '행사 기간에'로 수정하는 것은 적절하다.

中

02 개념 카테고리 문법 > 현대 문법 > 형태론 답 ①

출제예상 TIP 동사와 형용사의 구분 방법에 대해 잘 정리해 둘 필요가 있다.

| 정답해설 | ① 제시문에서 '있다'는 동사인 경우와 형용사인 경우가 있다고 하였다. 그리고 동사인 경우와 형용사인 경우 모두 관형사형 어미 '-는'과 결합한다고 언급하고 있다. 따라서 관형사형 어미 '-는'과 결합 가능하다는 기준으로 '있다'를 '동사'로 분류하는 것은 옳지 않다.

| 오답해설 | ② 제시문에서 상태 변화를 나타내는 품사를 '동사'라고 언급하고 있다. 그리고 동사는 원칙적으로 선어말 어미 '-ㄴ/는-'과 결합하여 쓰일 수 있으므로 옳다.

③ 제시문에서 '없다'는 형용사이고 반의어인 형용사 '있다'와 동일한 활용 양상을 보여 준다고 하였다.

④ 제시문에서 형용사는 원칙적으로 명령형·청유형 종결 어미와 결합하여 쓰이지 않는다고 하였다.

中

03 개념 카테고리 문법 > 어문 규정 > 한글맞춤법 답 ④

출제예상 TIP 어문 규정의 한글맞춤법을 미리 정리하는 것보다는 문제에서 제시되는 내용을 선택지에 적용하는 연습을 많이 해야 한다.

| 정답해설 | ④ ㉣은 'ㅣ' 뒤에 '-어'가 와서 'ㅕ'로 줄 적에는 준 대로 적는다는 규정이다. 예를 들어 '(숨겨 둔 선물이) 보이었다'에서 '보이었다'가 '보였다'로 준 경우를 들 수 있다. '(전기선을) 이었다'를 '이였다'로 적는 경우는 '이'가 그대로 있으므로 'ㅣ'와 '-어'를 줄여 적은 경우가 아니다. 따라서 조건에 맞지 않는 예가 된다.

| 오답해설 | ① ㉠의 조건은 'ㅐ, ㅔ' 뒤에 '-어, -었-'이 어울려 줄 적에는 준 대로 적는 경우이므로 '개'의 'ㅐ'와 '-었'이 준 '갰다'는 조건에 맞는 예가 된다.

② ㉡의 조건은 제35항 모음 'ㅗ, ㅜ'로 끝난 어간에 '-아/-어, -았-/-었-'이 어울려 'ㅘ/ㅝ, ㅘㅆ/ㅝㅆ'으로 될 적에는 준 대로 적는 경우이므로 '꼬'의 'ㅗ'와 '아'가 준 '꽈'는 조건에 맞는 예가 된다.

③ ㉢의 조건은 제35항[붙임2] 'ㅚ' 뒤에 '-어, -었-'이 어울려 'ㅙ, ㅙㅆ'으로 될 적에도 준 대로 적는 경우이므로 '되'의 'ㅚ'와 '었'이 준 '됐다'는 조건에 맞는 예가 된다.

中

04 개념 카테고리 독해 > 독해 비문학 > 일치/불일치 답 ③

| 정답해설 | ③ 제시문에 동조 현상에 영향을 미치는 요인을 서로 비교해 그 강도의 차이를 가늠하는 내용도 없고, '우매한 조직'에 대해 나와 있지도 않다.

| 오답해설 | ① 둘째 단락의 "집단의 구성원 수가 많거나 ~ 동조 현상은 강하게 나타난다."를 통해 알 수 있다.

② 첫째 단락의 "어떤 집단이 그 구성원들을 이끌어 ~ 그는 집단에서 배척당하기 쉽다."를 통해 알 수 있다.

④ 둘째 단락의 "정보가 부족하여 어떤 판단을 내리기 어려운 상황일수록", "특정 정보를 제공하는 사람의 권위와 지위, 그에 대한 신뢰도가 높을 때도 동조 현상은 강하게 나타난다."를 통해 알 수 있다.

中

05 개념 카테고리 독해 > 독해 비문학 > 화법 지문 답 ①

| 정답해설 | ① 진행자는 홍 교수의 이야기에 자신의 의견을 덧붙여 문제 해결을 위해 필요한 것을 추가적으로 제시하며 인터뷰를 마무리하고 있다. 따라서 상대방의 의견이 합리적이지 않음을 지적한다는 설명은 적절하지 않다.

| 오답해설 | ② 홍 교수가 제시한 도로교통공단의 통계에 대하여 진행자는 "아무래도 고령화 사회로 진입하다 보니 전체 운전자 중에서 고령 운전자에 해당하는 비율이 늘었기 때문인 것 같은데요."라며 자기 나름대로의 해석을 제시하였다.

③ 진행자는 "그렇다고 해도 무작정 운전면허를 반납하라고만 할 수는 없을 테고, 뭔가 보완책이 있나요?"라며 홍 교수에게 '고령자의 운전면허 자진 반납 제도'의 보완책에 대한 정보를 추가적으로 요구하였다.

④ 진행자는 "고령 운전자에 의한 교통사고가 심각한가요? 뒷받침할 만한 자료가 있나요?"라며 '고령자의 운전면허 자진 반납 제도'의 시행 배경에 대한 객관적인 근거를 요구하였다.

中

06 개념 카테고리 독해 > 독해 비문학 > 일치/불일치 답 ③

| 정답해설 | ③ 둘째 단락을 보면 "이러한 존재가 어떤 존재일지 지금은 정확하게 상상하기 어렵지만"이라고 언급하고 있다. 따라서 '신체적 결함을 다양한 과학 기술을 이용해 보완하여 기술적 한계를 극복한 새로운 인간형의 탄생에 귀결될 것'을 정확하게 상상하기는 어려울 것이다.

| 오답해설 | ① 첫째 단락을 보면 "'포스트휴먼'은 그 기본적인 능력이 근본적으로 현재의 인간을 넘어서기 때문에 현재의 기준으로는 더 이상 인간이라 부를 수 없는 존재"라는 표현이 나온다. 또한 둘째 단락을 통해 포스트휴먼이 현재의 인간보다 지능, 건강 수명, 감정 등에서 뛰어나다는 것을 알 수 있다. 따라서 이러한 포스트휴먼의 뛰어난 능력 때문에 포스트휴먼 사회에서는 인간에 대한 개념이 새로 구성될 것으로 추론할 수 있다.

② 첫째 단락을 보면 "'포스트휴먼'은 그 기본적인 능력이 근본적으로 현재의 인간을 넘어서기 때문에"라고 하였고, 둘째 단락을 보면 "이러한 존재가 어떤 존재일지 지금은 정확하게 상상하기 어렵지만"이라고 언급하고 있다. 따라서 포스트휴먼은 인간의 현재 상태를 뛰어넘는 능력을 가진 새로운 존재일 것이지만 그 형태가 어떠할지는 아직 정확하게 알 수 없는 것이다. 즉 그 가능성이 열려 있다.

④ 셋째 단락을 보면 포스트휴먼과 관련된 설명이 모두 과학 기술의 발전과 관련된다는 것을 알 수 있다. 따라서 포스트휴먼은 과학 기술의 발전 양상에 따른 영향을 현재의 인간보다 더 크게 받을 것임을 추론할 수 있다.

中

07 개념 카테고리 독해 > 독해 비문학 > 화법 지문 답 ④

| 정답해설 | ④ 반대 측은 학교 폭력의 방관자 범위를 규정하기가 애매하기 때문에 학교 폭력을 방관한 학생에게 책임을 물을 수 없다는 뜻에서 "과연 누구까지를 학교 폭력의 방관자라고 규정 지을 수 있을까요?"라고 언급하고 있다. 즉 반대 측은 논제에 의문을 제기하여 주장을 강화하고 있다.

| 오답해설 | ① 찬성 측이 친숙한 상황에 빗대어 견해를 펼친 부분은 없다.

② 찬성 측이 자신의 경험을 제시한 부분은 없다.

③ 반대 측이 윤리적 방법으로 해결책을 제시한 부분은 없다. 오히려 학교 폭력에 대한 개입과 방관은 개인의 자율적 의지에 따라야 하는 것으로 보고 있다.

中

08 개념 카테고리 독해 > 독해 비문학 > 개요 수정 답 ③

| 정답해설 | (가)에서는 유전자 변형 농작물에 대한 두 입장을 소개하고 있다. (나)는 그중 '실질적 동등성의 입장'에 대해, (다)는 '사전 예방 원칙의 입장'에 대해 이야기하고 있다. (라)는 (나)와 (다)를 요약하며 글쓴이의 주장을 이야기하는 결론 부분에 해당한다. 따라서 이 글은 ③의 구조로 쓰였다고 보는 것이 적절하다.

中

09 개념 카테고리 독해 > 독해 비문학 > 밑줄/괄호 답 ④

| 정답해설 | ④ ㉡에서는 유전자 변형 농작물은 유전자 재조합이라는 신기술로 만들어진 완전히 새로운 농작물이므로 육종 농작물과는 엄연히 다르다고 하였다.

| 오답해설 | ① ㉠과 ㉡은 유전자 변형 농작물이 육종으로 만들어진 농작물과 같은 성격인지에 대해 상반된 주장을 하고 있다.

② (나)와 (다)의 마지막 문장을 통해 모두 안전성 확보를 기본으로 두고 있음을 알 수 있다.

③ ㉠은 유전자 변형 농작물이 육종 농작물과 같은 성격이기 때문에 안전하다고 보고 있다.

中

10 개념 카테고리 독해 > 독해 비문학 > 밑줄/괄호 답 ③

| 정답해설 | ③ ㉢ '강도'는 '과민 반응한 면역계와 죽기 살기로 싸운 바이러스'에 해당하므로 '치명적 바이러스'로 볼 수 있다.

| 오답해설 | ① ㉠ '좀도둑'은 인체가 아직 과민 반응을 일으키기 전의 바이러스를 뜻한다. 따라서 '계절 독감'에 해당한다.

② 작은 인기척만으로도 충분히 도둑을 도망가게 할 수 있었는데도 ㉡ '몽둥이'를 들고 도둑과 싸우려 들다 도둑을 강도로 돌변하게 하였다. 따라서 이는 '면역계의 과민 반응'에 해당한다.

④ 비록 바이러스는 면역계와의 싸움에서 승리했지만 그로 인해 숙주 또한 죽어 버렸다. 이는 곧 바이러스의 사멸을 의미한다. 따라서 ㉣ '승리의 대가'는 '바이러스도 숙주와 함께 사멸'에 해당한다.

中

11 개념 카테고리 독해 > 독해 비문학 > 일치/불일치 답 ②

| 정답해설 | ② 첫째 단락의 "유럽연합에서의 공용어 개념도 ~ 다 배워야 하는 것은 아니다."를 통해 유럽연합이 복수의 공용어를 지정한 이유가 공무상 편리함을 주기 위함이라는 것을 알 수 있다.

| 오답해설 | ① 첫째 단락의 "모든 외교관들이 이 공용어들을 전부 다 잘해야 하는 것은 아니다."를 통해 유엔에서 근무하는 외교관들이 유엔의 공용어를 다 구사하지 않아도 된다는 것을 알 수 있다.

③ 둘째 단락의 "우리가 영어를 한국어와 함께 ~ 망상에 불가하다."를 통해 영어를 공용어로 지정하는 것이 곧 한국인들이 영어를 다 잘하게 되는 것은 아니라는 것을 알 수 있다.

④ 제시문에서 언급한 내용이 아니다.

中

12 개념 카테고리 독해 > 독해 비문학 > 일치/불일치 답 ④

| 정답해설 | ④ "참석 학생들은 1일 시의원이 되어 ~ 표결 처리하였다."를 보면 청소년 의회 교실은 '의원 선서 → 자유 발언 → 관련 조례안 상정 → 찬반 토론 → 전자 투표'의 순서로 진행되었음을 알 수 있다. 따라서 '관련 조례안 상정'과 '자유 발언'의 순서를 바꾸어야 적절하다.

| 오답해설 | ① "여기에 참여할 수 있는 대상은 A시에 있는 학교에 재학 중인 만 19세 미만의 청소년이다."라고 하였다.

② "이 조례에 따르면 시의회 의장은 ~ 교육 내용이 포함된다."를 통해 확인할 수 있다.

③ 여섯 번째 문장과 일곱 번째 문장 "시의회 의장은 고유 권한으로 본회의장 시설 사용이 가능하도록 지원할 수 있다. ~ 의회 교실을 운영하였다."를 통해 확인할 수 있다.

中

13 개념 카테고리 독해 > 독해 비문학 > 일치/불일치 답 ①

| 정답해설 | ① "집단으로 모인 사람들이 자신들의 감성을 침묵하게 하고 ~ 희극이 발생한다고 보았다."를 통해 희극은 관객의 감성 표출이 지양된다는 것을 알 수 있다.

| 오답해설 | ② "희극의 발생 조건에 대하여 베르그송은 집단, 지성, 한 개인의 존재 등을 꼽았다."에서 확인할 수 있다.

③ "웃음을 유발하는 단순한 형태의 ~ 신체적인 결함이나 성격적인 결함을 들 수 있다."를 통해 확인할 수 있다.

④ "한 인물이 우리에게 희극적으로 보이는 것은 ~ 정신의 활동에는 힘을 쓰지 않는 경우이다."를 통해 확인할 수 있다.

中

14 개념 카테고리 독해 > 독해 비문학 > 주제 찾기 답 ④

| 정답해설 | ④ 제시문의 핵심은 '일방적인 기준 설정의 문제점'을 지적하는 것이다. 따라서 여러 요소를 종합적으로 고려하지 않고 설정 온도를 일률적으로 높이는 것은 제시문의 시사점으로 적절하지 않다.

中

15 개념 카테고리 독해 > 독해 비문학 > 화법 지문 답 ③

| 정답해설 | ③ ㉢은 문제를 '자신의 탓'으로 돌릴 것을 요구하고 있다. 하지만 B는 "네 목소리가 작아서 내용이 잘 안 들렸는데"라고 말하며 잘못을 A의 탓으로 돌리고 있으므로 적절하지 않다.

| 오답해설 | ① ㉠은 '겸손하게 말할 것'을 요구하고 있다. A의 칭찬에 대해 B는 "아직도 여러모로 부족한 부분이 많습니다."라며 겸손하게 말하고 있다.

② ㉡은 '상대방이 부담을 갖지 않도록 말할 것'을 요구하고 있다. 늦어서 미안하다는 A에게 B는 "쇼핑하면서 기다리니 시간 가는 줄 몰랐어요."라며 A의 부담을 줄여 주며 말하고 있다.

④ ㉣은 '동의하는 부분을 찾아 인정해 준 다음에 자신의 의견을 말할 것'을 요구하고 있다. B는 A의 의견에 "그거 좋은 생각이네."라고 먼저 동의를 한 다음에 "하지만 ~"이라며 자신의 의견을 말하고 있다.

> **더 알아보기**
>
> **공손성의 원리**
> - 요령의 격률: 상대방에게 부담이 되는 표현을 최소화, 상대방에게 혜택을 주는 표현을 최대화
> - 관용의 격률: 화자 자신에게 부담을 주는 표현을 최대화, 화자 자신에게 혜택을 주는 표현을 최소화
> - 찬동의 격률: 다른 사람에 대한 비방을 최소화, 다른 사람에 대한 칭찬을 극대화
> - 겸양의 격률: 화자 자신에 대한 비방을 극대화, 화자 자신에 대한 칭찬을 최소화
> - 동의의 격률: 화자 자신의 의견과 다른 사람의 의견 사이의 일치점을 극대화, 화자 자신의 의견과 다른 사람의 의견 사이의 다른 점을 최소화

中

16 개념 카테고리 독해 > 독해 비문학 > 화법 지문 답 ②

| 정답해설 | ② "이미 여러 연구를 통해 입증된 바 있습니다."라고만 하였을 뿐이고 연구의 출처를 밝히고 있지 않다.

| 오답해설 | ① "실제로 골프장이 ~ 제가 확인했습니다."를 통해 알 수 있다.

③ "○○군에서도 ~ 참고해 보시기 바랍니다."를 통해 알 수 있다.

④ "물론, 이윤을 추구하는 골프장의 ~ 보완책도 필요합니다."를 통해 알 수 있다.

中

17 개념 카테고리 비문학 > 독해 비문학 > 밑줄/괄호 답 ③

| 정답해설 | ③ 〈보기〉의 '삶을 위한 것'이 '당위성'을 의미하므로 서구 과학이 아닌 동양 학문과 관련된 부분에 들어가야 한다는 것을 알 수 있다. 또 ㉢ 앞에 '동양의 학문에서는 당위성과 사실성이 하나의 체계 속에 자연스럽게 서로 연결되고 있음을 볼 수 있다'와 〈보기〉의 '이것은 논리의 결함에서 오는 것이 아니라'가 자연스럽게 연결됨을 알 수 있다. 따라서 〈보기〉의 위치는 '㉢'이 자연스럽다.

上

18 개념 카테고리 독해 > 독해 비문학 > 논리형 답 ④

| 정답해설 | 1,000번의 신용카드 거래 중에서 999건은 정당한 거래, 1건은 사기 거래이다. A는 이 999건의 정당한 거래 중에서 약 10건(엄밀하게는 $999 \times 0.01 = 9.99$건)을 사기 거래로 오판한다. 또한 1건의 사기 거래 중 0.01건은 정당한 거래로 오판한다.

ㄴ: 거래의 시행 횟수가 늘어나더라도 판단 비율은 그대로 유지된다. 사기 거래를 정당한 거래로 오판하는 경우는 1,000건 중 0.01건, 동일한 상황에서 정당한 거래를 사기 거래로 오판하는 경우는 10건이다. 시행 횟수와 무관하게 전자가 후자보다 항상 적다. 바른 판단이다.

ㄷ: 카드는 해당 거래가 사기 거래로 판단되면 정지된다. 1,000번의 거래에서 사기 거래로 판단되는 경우는 10건이 오판, 1건이 올바른 판단이다. 50%보다 훨씬 크므로 A는 폐기되어야 한다. 바른 판단이다.

| 오답해설 | ㄱ: 사기 거래임에도 불구하고 정당한 거래로 오판하는 경우가 있다. 바른 판단이 아니다.

上

19 개념 카테고리 독해 > 독해 비문학 > 논리형 답 ③

| 정답해설 | ③ 중국의 문서에 쓸 수 없던 글자가 다라니경에서 발견되었다면, 이는 다라니경이 중국에서 인쇄된 물건이 아니라는 근거가 된다. ㉠을 약화하는 증거로 적절하다.

| 오답해설 | ① 다라니경의 원전과 그 한역은 ㉠과는 관련이 없다. ㉠을 약화하지도, 강화하지도 않는다.

② 이는 오히려 신라가 당나라의 정책을 자발적으로 수용한다는 근거가 된다. 즉, 『삼국사기』의 내용으로 ㉠을 반박하는 것과 동일한 경우가 된다. ㉠을 강화하지 않는다.

④ 제시문에서 종이의 종류는 언급되지 않았다. ㉠을 강화하지도, 약화하지도 않는다.

上

20 개념 카테고리 독해 > 독해 비문학 > 논리형 답 ③

| 정답해설 | 제시문에서 카나리아에 대한 정보를 얻을 수 있다. 어린 수컷 카나리아는 어릴 때에는 울음소리를 내지 못하나, 성장하며 수컷에게만 있는 기관 A가 점점 발달하고, 해당 기관에서 분비되는 물질 B의 분비량도 증가하게 된다. 이로 인해 수컷 카나리아는 지저귀는 소리를 내려 시도하지만, 아직 종 특유의 소리를 낼 수는 없다. 그러나 점점 시간이 지나며 종 특유의 소리를 내게 된다. 이는 주변을 통해 학습할 수 없는 경우에도 동일한 결과를 낸다. 과학자들은 이러한 이유로 물질 B가 종 특유의 소리를 내는 뇌의 특정 부분을 발달시킨다고 설명한다.

ㄱ: 수컷에게는 기관 A가 있기에 물질 B가 생성되고, 이 물질 B가 종 특유의 소리의 원인이 된다. 암컷 카나리아에게 물질 B를 주입한 것으로 종 특유의 소리를 이끌어냈다면, 이는 ㉠을 지지한다고 볼 수 있다.

ㄴ: 물질 B가 뇌에 영향을 주어야 종 특유의 소리가 발현된다. 이 영향을 막은 것으로 종 특유의 소리를 억제했다면 이는 ㉠을 지지한다고 볼 수 있다.

| 오답해설 | ㄷ: 기관 A가 없다면 물질 B가 생성될 수 없다. 그럼에도 불구하고 종 특유의 소리가 발현되었다면 이는 ㉠이 아니라는 증거가 된다. ㉠을 지지한다고 볼 수 없다.

정답과 해설 PART 02

기출 품은 모의고사 4회

기출문제편 ▶ P.71

영역별 출제 비중

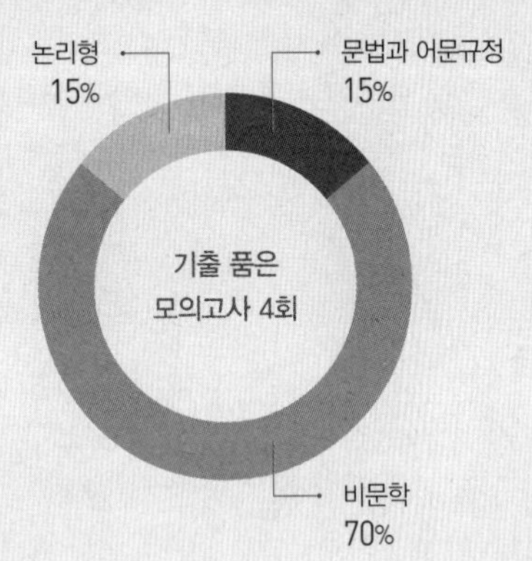

맞힌 문항 수	/20문항
점수	/100점

문항 분석

문항	정답	영역
1	①	문법 > 현대 문법 > 공공언어 바로 쓰기
2	③	문법 > 현대 문법 > 형태론
3	④	문법 > 현대 문법 > 통사론
4	③	독해 > 독해 비문학 > 일치/불일치
5	②	독해 > 독해 비문학 > 글/문단/문장 수정
6	①	독해 > 독해 비문학 > 일치/불일치
7	②	독해 > 독해 비문학 > 화법 지문
8	①	독해 > 독해 비문학 > 일치/불일치
9	④	독해 > 독해 비문학 > 일치/불일치
10	①	독해 > 독해 비문학 > 밑줄/괄호
11	②	독해 > 독해 비문학 > 일치/불일치
12	④	독해 > 독해 비문학 > 일치/불일치
13	②	독해 > 독해 비문학 > 일치/불일치
14	④	독해 > 독해 비문학 > 일치/불일치
15	④	독해 > 독해 비문학 > 일치/불일치
16	④	독해 > 독해 비문학 > 일치/불일치
17	③	독해 > 독해 비문학 > 전개 순서
18	④	독해 > 독해 비문학 > 논리형
19	①	독해 > 독해 비문학 > 논리형
20	②	독해 > 독해 비문학 > 논리형

취약영역 체크

문법과 어문 규정	/3
비문학	/14
논리형	/3

➡ 나의 취약영역: ______________

下

01 개념 카테고리 문법 > 현대 문법 > 공공언어 바로 쓰기 답 ①

출제예상 TIP 공공언어 바로 쓰기에서 제시하고 있는 부적절한 한자어 관련 단어들을 잘 정리해 둘 필요가 있다.

| 정답해설 | ① 모음이나 'ㄴ' 받침 뒤에 오는 한자어 '렬/률'은 '열/율'로 바꾸어 써야 한다. 따라서 '인'의 'ㄴ' 뒤에 오는 '률'은 '율'로 적어야 한다. '승인율'이 맞는 표현이다.

| 오답해설 | ② '고용 현황'은 사전에 등재된 한 단어가 아니다. 따라서 '고용'과 '현황'을 띄어 써야 한다.

③ '로드맵'과 같은 외래어적 표현을 '밑그림'으로 쉽고 정확하게 표현하는 것은 바르다.

④ 한자어를 쉬운 말로 순화하는 것은 바르다.

中

02 개념 카테고리 문법 > 현대 문법 > 형태론 답 ③

출제예상 TIP 국어에서 접미사의 여러 쓰임을 잘 정리해 둘 필요가 있다.

| 정답해설 | ③ 제시문에서 '먹이다'는 사동의 의미를 갖는 경우의 예로 설명되고 있다. 따라서 피동의 접미사가 결합된 경우가 아니다.

| 오답해설 | ① '잡다'의 어간은 '잡-'이고 '잡다'의 어근 '잡-'에 접미사 '-히-'가 결합한 '잡히다'의 어간은 '잡히-'이다. 따라서 기존의 어간 '잡-'과 구별된다.

② '길이'의 '-이'는 동사나 형용사의 어근에 붙어 명사를 만드는 접미사이다. 따라서 제시문에서 언급한 것처럼 서술어로 기능하지 못한다.

④ '흐르다'는 목적어를 요구하지 않는 '자동사'이다. 따라서 제시문에서 언급한 것처럼 피동의 의미를 더하는 접미사와 결합하지 않는다.

더 알아보기

접사

- 접사
  - 품사의 전성 여부에 따라
    - 한정적 접사
    - 지배적 접사
  - 위치에 따라
    - 접두사
    - 접미사

- 한정적 접사: 어근과 결합하여 그 뜻을 한정함으로써 뜻만 첨가해 주는 접사
- 지배적 접사: 어근과 결합하여 품사를 바꾸어 주는 접사
- 접두사: 어근 앞에 놓이는 접사를 '접두사'라고 한다. 접두사는 대부분 특정한 뜻을 더하거나 강조(한정적 접사)하면서 새로운 말을 만들어 내며, 품사를 바꾸는 것(지배적 접사)도 극소수 존재한다.
- 접미사: 어근 뒤에 놓이는 접사를 '접미사'라고 한다. 접미사는 어근에 뜻을 더하는 한정적 기능뿐만 아니라 어근의 품사를 바꾸는 지배적 기능도 하면서 새로운 말을 만들어 낸다. 접두사에 비해 그 수와 분포가 매우 다양하다. 접미사에 의한 파생어가 많을 때는 접미사의 원형을 밝혀 적고(규칙적 접미사), 그렇지 않은 경우에는 원형을 밝히지 않는다(불규칙적 접미사).

中

03 개념 카테고리 문법 > 현대 문법 > 통사론 답 ④

출제예상 TIP 어미와 관련된 세부적인 내용을 모두 정리하려고 하지 말고 핵심 내용 정도만 정리해야 한다. 핵심 내용을 바탕으로 문제에서 제시하는 세부 내용을 이해하는 연습을 해야 한다.

| 정답해설 | ④ 이 문장은 맥락적으로 보자면 '(너는) 그 일이 그리도 기쁘더냐'와 같이 2인칭 주어가 쓰이고 있다고 볼 수 있다. 그리고 실제로 기뻤는지를 묻고 있으므로 수사 의문문의 쓰임으로 볼 수도 없다. ㉣의 예로 적절한 표현은 '기어이 우승한 그날, 우리 어찌 아니 기쁘더냐?' 정도가 될 수 있다.

| 오답해설 | ① 미래의 일인 시험이지만 그것을 안 시점이 과거이므로 맞는 예가 된다.

② 1인칭 주어가 사용되고 있고 본인만이 느껴 알 수 있는 감정이나 감각을 표현하는 형용사인 '놀랍다'가 쓰이고 있으므로 맞는 예가 된다.

③ 2인칭 주어가 사용되고 있고 의문문이 사용되었으며 본인만이 느껴 알 수 있는 감정이나 감각을 표현하는 형용사인 '밉다'가 쓰이고 있으므로 맞는 예가 된다.

中

04 개념 카테고리 독해 > 독해 비문학 > 일치/불일치 답 ③

| 정답해설 | ③ 첫째 단락의 "자신의 삶과 환경을 통제하지도 못하면서 ~ 자기 효능감을 느끼려 한다."를 통해 악플러들이 자신의 삶을 잘 통제하는 사람들이 아님을 알 수 있다.

| 오답해설 | ① 첫째 단락의 "자신이 올린 글 ~ 효능감을 맛볼 수 있다."에서 근거를 찾을 수 있다.

② 둘째 단락의 전반적인 내용을 통해 악플에 무반응하게 되면 악플러들은 자신이 무시당했다는 생각에 오히려 자괴감에 빠질 수도 있음을 알 수 있다.

④ 셋째 단락의 "한국에는 그런 의미에서의 개인주의가 뿌리내리지 못했다. ~ 신경을 너무 곤두세운다."에서 근거를 찾을 수 있다.

中

05 개념 카테고리 독해 > 독해 비문학 > 글/문단/문장 수정 답 ②

| 정답해설 | ② 다수의 죄수를 소수의 교도관이 통제한다는 맥락이므로 통제되는 대상은 '소수'가 아닌 '다수'가 맞는 표현이다.

| 오답해설 | ① 죄수들은 교도관을 볼 수 없으므로 교도관이 없을 때에도 교도관이 보고 있다는 공포감을 느끼게 된다. 따라서 '있을'이 아닌 '없을'이 맥락상 더욱 적절한 표현이다.

③ ㉢ 다음 문장에서 '신변 노출 없이 자유롭게 표현할 수 있게 되었다'는 내용이 있으므로 '익명성'이 더욱 적절한 표현이다.

④ 둘째 단락은 시놉티콘의 시대에 대한 설명으로, 다수가 소수의 권력자를 동시에 감시할 수 있는 경우를 설명하고 있다. 따라서 감시하는 주체는 '특정인'이 아니라 '누구나가'와 같은 다수로 보는 것이 좋다.

中

06 개념 카테고리 독해 > 독해 비문학 > 일치/불일치 답 ①

| 정답해설 | ① 첫째 단락의 "정규학교에 입학하기 어려운 ~ IQ 검사가 이루어졌다."를 통해 지적장애아, 학습부진아를 가려내고자 IQ 검사가 이루어졌음을 알 수 있다.

| 오답해설 | ② 첫째 단락의 "이 검사를 통해 비로소 ~ 비교할 수 있게 되었다."를 통해 확인할 수 있다.

③ 둘째 단락의 마지막 문장인 "하지만 문제는 IQ 검사가 인간의 지능 중 일부만을 측정한다는 점이다."를 통해 확인할 수 있다.

④ 둘째 단락의 "물론 IQ가 높은 아이는 그렇지 않은 ~ 보이는 경우가 많다."에서 확인할 수 있다.

中

07 개념 카테고리 독해 > 독해 비문학 > 화법 지문 답 ②

| 정답해설 | ② 'A'와 'B'의 대화에서 'A'가 상대방의 대답에서 모순점을 찾아 논리적으로 대응하는 부분은 찾기 어렵다.

| 오답해설 | ① "그렇군요.", "네, 간편해서 좋군요." 등에서 확인할 수 있다.

③ "이 사업에 참여하려면 어떻게 해야 하나요?" 등의 질문을 통해 대화의 화제가 된 일을 홍보할 수 있는 대답을 유도하고 있다.

④ "그러니까 앞으로 이런 ~ 좀 더 필요하다는 말씀인 것 같군요."라는 부분을 통해 확인할 수 있다.

中

08 개념 카테고리 독해 > 독해 비문학 > 일치/불일치 답 ①

| 정답해설 | ① 첫째 단락의 "하위 개념으로 분류할수록 그 대상에 대한 정보가 더 많이 전달된다."를 통해 하위 개념인 '호랑나비'가 상위 개념인 '나비'보다 정보량이 더 많다는 것을 알 수 있다.

| 오답해설 | ② 첫째 단락의 "현실 세계에 적용 대상이 하나도 없는 분류 개념도 있을 수 있다."를 통해 알 수 있다.

③ 둘째 단락에서 '비교 개념'은 논리적 관계를 반드시 따라야 한다고 설명하고 있다. 하지만 '꽃', '고양이'는 논리적 관계를 따라야 하는 것이 아니다. 따라서 비교 개념에 포함되지 않는 것들이다.

④ 셋째 단락의 내용을 통해 확인할 수 있다.

中

09 개념 카테고리 독해 > 독해 비문학 > 일치/불일치 답 ④

| 정답해설 | ④ 셋째 단락의 "여기(제네바 선언)에서도 아동은 보호의 객체로만 인식되었을 뿐 ~ 적극적인 권리의 주체로 인식되지는 않았다."를 보면 「아동권리에 관한 제네바 선언」이 아동을 적극적인 권리의 주체로 인식했다는 이해는 적절하지 않다.

| 오답해설 | ① 첫째 단락의 "근대사회에 이르러 ~ 아동보호가 시작되었다."를 통해 확인할 수 있다.

② 넷째 단락의 "우리나라는 이(아동권리협약)를 토대로 2016년 「아동권리헌장」 9개 항을 만들었다."를 통해 알 수 있다.

③ 둘째 단락의 '정상적인 발달', 셋째 단락의 '발달을 위한 적극적인 권리의 주체', 넷째 단락의 '생존과 발달의 권리'를 통해 확인할 수 있다.

中

10 개념 카테고리 독해 > 독해 비문학 > 밑줄/괄호 답 ①

| 정답해설 | (가)의 앞부분을 보면 모어의 경우 "음성 기관의 어느 부분을 언제 어떻게 움직일지를 화자가 거의 의식하지 않는다."라고 언급하며 '자동화'되어 있음을 설명하고 있다. 반면, 모어에 없는 외국어 음성은 발음하기 어렵다고 '자동화' 맥락 바로 뒤에서 설명하고 있으므로 이는 모어의 '자동화'와 관련이 있다고 볼 수 있다. 따라서 "음성 기관의 움직임이 모어의 음성에 맞게 자동화되어"가 (가)에 들어갈 말로 적절하다.

(나)의 앞부분을 보면 글씨를 쓰는 것은 상당히 의식적이라 할 수 있으나 "개인의 의지와 관계없이 필체가 꽤 일정하다는 사실"을 언급하고 있다. 따라서 (나)에는 "무의식적이고 자동적인 면이 있음을"이 들어가야 한다.

中

11 개념 카테고리 독해 > 독해 비문학 > 일치/불일치 답 ②

| 정답해설 | ② 제시문에서 '소유권 분류 기준'에 대해 언급한 부분은 없다.

| 오답해설 | ① 첫째 단락에서 저작권이란 저작물을 보호하기 위해 저작자에게 부여된 독점적 권리를 말한다고 하였다.

③ 넷째 단락에서 저작자의 저작권을 보호하는 이유는 저작물이 문화 발전의 원동력이 되고, 창작 행위를 계속할 수 있는 동기를 제공하기 위함이라고 하였다.

④ 둘째 단락에서 저작권법의 보호를 받는 저작물은 남의 것을 베낀 것이 아니라 저작자 자신의 것이어야 하고, 저작권법에 의한 보호를 받을 가치가 있는 정도로 최소한의 창작성을 지니고 있어야 한다고 하였다.

中

12 개념 카테고리 독해 > 독해 비문학 > 일치/불일치 답 ④

| 정답해설 | ㄷ. 셋째 단락에서 "자연인으로서의 개인뿐만 아니라 법인도 저작자가 될 수 있다."라고 하였으므로 옳은 내용이다.

ㄹ. 셋째 단락에서 "저작을 하는 동안 옆에서 도와주었거나 자료를 제공한 사람 등은 저작자가 될 수 없다."라고 하였으므로 옳은 내용이다.

| 오답해설 | ㄱ. 첫째 단락에서 소설책을 구매한 사람은 책에 대한 소유권을 획득한 것이지, 저작권을 획득한 것은 아니라고 하였으므로 틀린 내용이다.

ㄴ. 첫째 단락에서 소설을 상업적 목적으로 변형하거나 가공하여 유통하는 행위는 저작권법이 적용된다고 하였으므로 틀린 내용이다.

中

13 개념 카테고리 독해 > 독해 비문학 > 일치/불일치 답 ②

| 정답해설 | ② 무스가 식물을 가려먹는 습성을 가지고 있다는 내용은 찾을 수 없다.

| 오답해설 | ① 무스는 음식물을 잘 소화하기 위해 움직이지 않으며 이는 생존과 연관되는 문제이다.

③, ④ 갈퀴발도마뱀은 모래 속에 몸을 묻고 움직이지 않는 방법으로 먹이를 사냥할 에너지를 충전하고, 다른 짐승들의 위협에서 벗어난다.

中

14 개념 카테고리 독해 > 독해 비문학 > 일치/불일치 답 ④

| 정답해설 | ④ 글쓴이는 과학 기술의 눈부신 발전 성과를 수용하여 새로운 상품과 시장을 창출할 수 있는 녹색 성장 산업으로서 농업의 잠재적 가치가 중시되고 있다고 하였다. '과학 기술의 부작용에 대한 성찰'은 제시문에서 언급되지 않았다.

| 오답해설 | ① 첫째 단락의 "우리 경제의 뒷방살이 신세로 전락한 한국 농업의 새로운 가치에 주목해야 한다."를 통해 추론할 수 있다.

② 둘째 단락의 "효용 가치가 떨어지면 다른 곳으로 ~ 오늘날의 역사에 동승하기 어렵다."를 통해 추론할 수 있다.

③ 둘째 단락의 "정주민의 문화적 지속성을 존중하는 농업의 가치가 새롭게 조명받는 이유에 주목할 만하다."를 통해 추론할 수 있다.

中

15 개념 카테고리 독해 > 독해 비문학 > 일치/불일치 답 ④

| 정답해설 | ④ '새로운 정보'를 접했을 때 심리적 불안을 느끼는 것이 아니라 '자신의 신념과 일치하지 않는 정보'를 접했을 때 그 정보를 받아들이지 않는 것이다.

| 오답해설 | ① 첫째 단락의 "자신의 신념과 ~ 확증 편향이라 한다."를 통해 알 수 있다.

② 첫째 단락의 "자신의 믿음이나 ~ 부정하는 심리 경향이다."와 둘째 단락의 "그 결과 ~ 확인할 수 있었다."를 통해 확인할 수 있다.

③ 둘째 단락의 "사람들은 반대당 후보의 주장에서는 ~ 절반 정도만 찾아냈다."를 통해 확인할 수 있다.

中

16 개념 카테고리 독해 > 독해 비문학 > 일치/불일치 답 ④

| 정답해설 | ④ 첫째 단락의 "독립적인 행동을 하도록 교육받는다."를 통해 미국의 어머니는 자녀가 독립적인 행동을 하도록 교육함을 알 수 있다. 또한 둘째 단락의 "다른 사람들의 감정을 미리 예측하도록 교육받는다."를 통해 일본의 어머니는 자녀가 타인의 감정을 예측하도록 교육함을 알 수 있다.

| 오답해설 | ① 첫째 단락의 "말하는 사람의 입장에서 대화에 임해야 하며"를 통해 미국의 어머니는 말하는 사람의 입장을, 둘째 단락의 "일본에서는 아이들에게 듣는 사람의 입장에서 말할 것을 강조한다."를 통해 일본의 어머니는 듣는 사람의 입장을 강조한다는 것을 알 수 있다.

② 둘째 단락의 "다른 사람과의 관계에 초점을 맞춘 훈련을 받은 아이들은"을 통해 일본의 어머니는 관계에 초점을 맞추고 있다는 것을 알 수 있다.

③ 둘째 단락의 "일본의 어머니들은 대상의 '감정'에 특별히 신경을 써서 가르친다."를 통해 '이면에 있는 감정'에 초점을 두는 쪽은 일본의 어머니들이라는 것을 알 수 있다.

中

17 개념 카테고리 독해 > 독해 비문학 > 전개 순서 답 ③

| 정답해설 | 도입에서 '대설'을 언급하고 있고, '대설'을 받는 표현이 ㉣에 있으므로 ㉣이 처음에 와야 한다. 또한 ㉣은 24시간을 기준으로 설명하고 있고 ㉡이 24시간 기준의 설명을 이어 가고 있으므로 ㉣ 다음에 ㉡이 와야 한다. 또한 ㉢의 '다만'으로 이어지는 내용은 ㉡ 뒤에 오는 것이 적절하다. ㉠과 ㉤은 대설의 영향력을 설명하고 있다. 따라서 전개 순서는 ③ '㉣-㉡-㉢-㉠-㉤'이 적절하다.

上

18 개념 카테고리 독해 > 독해 비문학 > 논리형 답 ④

| 정답해설 | 모든 진술이 거짓임에 유의한다. 각 진술들을 부정형으로 정리하면 다음과 같다.

1. A와 B 둘 다 전시된다.
2. B와 C 중 적어도 하나는 전시되고, D는 전시되지 않는다.
   (*조건문을 부정할 경우 전건은 참이 되고, 후건은 거짓이 되는 것에 유의한다.)
3. C와 D 중 적어도 하나는 전시된다.

조건 1에 의해 A, B 둘 다 전시됨을 알 수 있다. 또한 조건 3에 의해 C나 D 중에서 적어도 하나는 전시가 되어야 하는데, 조건 2에서 D가 전시되지 않는다는 정보를 얻을 수 있으므로 C가 전시되어야 한다. 정리하면, A, B, C 총 ④ '3개'가 전시된다.

上

19 개념 카테고리 독해 > 독해 비문학 > 논리형 답 ①

| 정답해설 | A의 가설은 글 후반부에서 확인할 수 있다. 말의 피를 빠는 말파리를 피하기 위해 얼룩무늬가 생겨났다는 가설이다.

ㄱ: A가 진행한 실험은 결국 말 그 자체가 아니라 말 모형으로 진행한 실험이다. 말 모형에 대한 말파리의 행동반응이 실제 말과 다르다면 실험으로 지지되던 가설이 약화된다.

| 오답해설 | ㄴ: 말파리가 얼룩무늬가 아닌 다른 말의 피를 더 많이 흡혈했다면, 이는 얼룩무늬가 말파리를 피할 수 있다는 의미로도 볼 수 있다. A의 가설을 강화한다.

ㄷ: A의 가설 속 얼룩무늬는 말파리와 관련된 것이지, 사자와 같은 포식자와는 관련이 없다. A의 가설을 강화하지도, 약화하지도 않는다.

上

20 개념 카테고리 독해 > 독해 비문학 > 논리형 답 ②

| 정답해설 | 진술을 검증했을 때 반드시 거짓인 경우 가해자인 것이 확실하고, 반드시 참인 경우 가해자가 아닌 것이 확실하다. 참, 거짓 둘 다 가능한 경우는 어느 쪽도 확실하지 않게 된다.

먼저, A와 B의 진술이 명확하게 배치되므로 최소한 둘 중 한 명은 가해자임을 알 수 있다. 또한 C의 참, 거짓은 A, B의 참, 거짓 여부에 따라 결정된다. 이에 따라 가능한 경우의 수를 따져보면 다음과 같다.

구분	A	B	C
경우 1	참	거짓	참
경우 2	거짓	거짓	거짓
경우 3	거짓	참	(B와 모순)

경우 3에서 알 수 있듯이 B가 참일 경우 남은 A, C가 거짓을 이야기해야 한다. 그러나 이 경우 C의 진술과 모순된다. B는 무조건 거짓을 말하는 가해자로 확정 지을 수 있다.

그러나 경우 1과 경우 2는 모순 없이 성립한다. 즉 A, C는 어느 쪽으로도 확정 지을 수 없다.

정답과 해설 PART 02

기출 품은 모의고사 5회

기출문제편 ▶ P.81

영역별 출제 비중

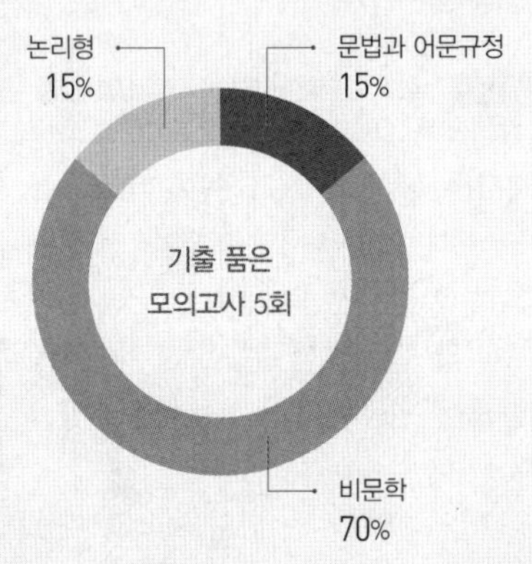

맞힌 문항 수	/20문항
점수	/100점

문항 분석

문항	정답	영역
1	④	문법 > 현대 문법 > 공공언어 바로 쓰기
2	②	문법 > 고전 문법 > 훈민정음과 고전 문법
3	③	문법 > 어문 규정 > 한글맞춤법
4	③	독해 > 독해 비문학 > 화법 지문
5	③	독해 > 독해 비문학 > 일치/불일치
6	③	독해 > 독해 비문학 > 화법 지문
7	③	독해 > 독해 비문학 > 일치/불일치
8	②	독해 > 독해 비문학 > 주제 찾기
9	③	독해 > 독해 비문학 > 일치/불일치
10	②	독해 > 독해 비문학 > 개요 수정
11	②	독해 > 독해 비문학 > 일치/불일치
12	④	독해 > 독해 비문학 > 일치/불일치
13	③	독해 > 독해 비문학 > 일치/불일치
14	③	독해 > 독해 비문학 > 일치/불일치
15	②	독해 > 독해 비문학 > 일치/불일치
16	②	독해 > 독해 비문학 > 일치/불일치
17	④	독해 > 독해 비문학 > 전개 순서
18	④	독해 > 독해 비문학 > 논리형
19	②	독해 > 독해 비문학 > 논리형
20	③	독해 > 독해 비문학 > 논리형

취약영역 체크

문법과 어문 규정	/3
비문학	/14
논리형	/3

➡ **나의 취약영역:** ____________

中

01 개념 카테고리 문법 > 현대 문법 > 공공언어 바로 쓰기 답 ④

출제예상 TIP 공공언어 바로 쓰기에서 제시하는 외국어 번역투 관련 표현들을 미리 잘 정리해 두어야 한다.

| 정답해설 | ④ '반출하다'는 '운반하여 내다.'의 의미이므로 '내가려면'으로 수정하는 것이 적절하다.

| 오답해설 | ① '~에 있어'는 일본어 번역투 표현이다. 따라서 맥락에 맞게 '의료 지원에'로 수정해야 한다.

② '삼가하다'는 바르지 못한 표현이다. '삼가다'가 바른 표현이다. 따라서 '삼가 주십시오'가 바른 표현이다.

③ '안내'와 '알림'은 의미가 중복된다. 따라서 '알림' 하나만 사용하는 것이 적절하다.

上

02 개념 카테고리 문법 > 고전 문법 > 훈민정음과 고전 문법 답 ②

출제예상 TIP 중세 국어에서의 의문문의 쓰임을 잘 정리해 두어야 한다.

| 정답해설 | 현대어 해석으로 보자면 ㉠ '이 이름이 무엇인가?'는 설명 의문문에 해당한다. 따라서 '고'를 붙이는 것이 적절하므로 '므스고'가 들어가야 한다. ㉡ '네가 어찌 안 가는가?'는 2인칭에 해당하므로 '-ㄴ다'를 붙이는 것이 적절하다. 따라서 '가ᄂᆞᆫ다'가 들어가야 한다. ㉢ '그대는 보지 않는가' 역시 2인칭에 해당하므로 '-ㄴ다'를 붙이는 것이 적절하다. 따라서 '아니ᄒᆞᄂᆞᆫ다'가 들어가야 한다.

더 알아보기

중세 국어의 의문문과 종결 어미

(1) 판정 의문문: '가', '니여' 등 주로 '아/어' 형을 사용하여 묻는다.

예 • 이 ᄯᆞ리 너희 죵가(이 딸이 너희 종인가?) -『월인석보 8.94』-

• 앗가ᄫᆞᆫ ᄠᅳ디 잇ᄂᆞ니여(아까운 뜻이 있느냐?) -『석보상절 6.25』-

(2) 설명 의문문: '고', '뇨' 등 주로 '오' 형을 사용하여 묻는다.

예 • 얻논 藥이 므스것고(얻는 약이 무엇인가?) -『월인석보 21.215』-

• 究羅帝 이제 어듸 잇ᄂᆞ뇨(구라제가 지금 어디 있느냐?) -『월인석보 9.36』-

(3) 주어가 2인칭인 경우의 의문문: 주로 '-ㄴ다' 형을 사용하여 묻는다. 'ㅭ다' 형도 있었다.

예 • 네 모ᄅᆞ던다(네가 몰랐더냐?) → 판정 의문문 -『월인석보 21.195』-

• 네 엇뎨 안다(네가 어찌 아는가?) → 설명 의문문 -『월인석보 23.74』-

• 네 엇던 혜ᄆᆞ로 나ᄅᆞᆯ 免케 ᄒᆞᇙ다(네가 어떤 생각으로 나를 면하게 하겠느냐?) → 설명 의문문 -『월인석보 21.56』-

中

03 개념 카테고리 문법 > 어문 규정 > 한글맞춤법 답 ③

출제예상 TIP 한글맞춤법 관련 내용을 문제에 적용하는 연습을 해 둘 필요가 있다.

| 정답해설 | ③ '고요히'는 '고요하다'와 같이 '-하다'가 붙는 어근에 '-히'가 결합한 경우이므로 '꾸준히'와 같은 조건이 적용된 경우로 볼 수 있다.

| 오답해설 | ① ㉠의 조건은 어간에 '-이'가 붙어서 명사로 된 것과 '-이'가 붙어서 부사로 된 것은 그 어간의 원형을 밝히어 적는 경우이다. 하지만 '급히'는 '-이'가 아니라 '-히'가 붙은 경우이므로 조건에 맞지 않는다. 따라서 '굳이'와 같은 조건이 적용된 경우로 볼 수 없다.

② '길이'는 어간에 '-이'가 붙어서 명사로 된 경우이다. 따라서 '먹이'와 같은 규정이 적용된 경우로 볼 수 있다.

④ ㉡의 조건은 '-하다'가 붙는 어근에 '-히'나 '-이'가 붙어서 부사가 되는 경우에는 그 어근의 원형을 밝히어 적는 경우이다. '깊이'의 경우 '-하다'가 붙는 경우가 아니므로 조건에 맞지 않는다. 따라서 '깨끗이'와 같은 조건이 적용된 경우로 볼 수 없다.

中

04 개념 카테고리 독해 > 독해 비문학 > 화법 지문 답 ③

| 정답해설 | ③ 지민은 면접 전략 강의의 첫 번째 내용을 가장 인상적이라고 생각한 자신과 다른 의견을 보인 정수의 의견을 존중하며 "그랬구나. 하긴 아이스크림 매출 증가에 관한 통계 자료를 인용해서 답변한 전략도 설득력이 있었어."라고 동의한 후에 "하지만 초두 효과의 효용성도 크지 않을까 해."라며 자신의 의견을 제시하고 있다. 이는 공손성의 원리 중 '동의의 격률'에 해당한다.

| 오답해설 | ① 자신의 면접 경험을 예로 들어 정수를 설득하고 있지 않다.

② 지민이 정수의 약점을 공략하는 부분은 찾기 어렵다.

④ 상대방인 정수와의 갈등이 드러나지 않는다. 그리고 지민이 갈등 해소를 위해 자신의 감정을 표현하는 부분은 찾기 어렵다.

中

05 개념 카테고리 독해 > 독해 비문학 > 일치/불일치 답 ③

| 정답해설 | ③ 제시문에서 인간은 프레임을 바탕으로 지각하고 생각한다고 언급하고 있다. 그러나 이런 프레임을 극복해야 하는 부정적인 대상으로 설명하고 있지는 않다.

| 오답해설 | ① "우리의 모든 정신 활동은 ~ 어떤 맥락이나 가정하에서 일어난다."를 통해 인간의 정신 활동은 프레임 없이 일어나지 않음을 알 수 있다.

② "한마디로 우리가 프레임이라는 안경을 쓰고 세상을 보고 있음을 의미한다."를 통해 확인할 수 있다.

④ "이러한 맥락, 관점, 평가 기준, 가정을 프레임이라고 한다."를 통해 확인할 수 있다.

中

06 개념 카테고리 독해 > 독해 비문학 > 화법 지문 답 ③

| 정답해설 | ③ 학생2는 문제 해결을 위한 대화의 맥락을 고려하지 않고 끼어들어 동아리 회장에게 책임을 묻고 있다. 이로 인해 갈등이 생겨나고 있으므로 옳은 내용이다.

| 오답해설 | ① 교사는 권위적인 태도를 보이지 않았고, 상황을 해결하기 위해 노력하고 있다.

② 학생1은 사실을 말하고 있을 뿐, 책임을 면하기 위해 변명으로 일관하고 있지 않다.

④ 학생3은 본질과 관계없는 말을 하지 않았고, 문제 해결을 위해 노력하고 있다.

中

07 개념 카테고리 독해 > 독해 비문학 > 일치/불일치 답 ③

| 정답해설 | ③ 셋째 단락의 마지막 부분인 "유교의 기본 입장은 설사 부모의 명령이라 하더라도 옳고 그름을 가리지 않는 맹목적인 복종은 그 자체가 불효라고 보았기 때문이다."를 통하여 윗사람에 대한 복종을 절대시하지 않는 것이 유교적 윤리의 한 바탕임을 확인할 수 있다.

| 오답해설 | ① 첫째 단락의 "그런데 언제부터인가 우리는 효를 ~ 봉건 가부장제 사회의 유습이라고 오해하는가 하면"을 통해 글쓴이의 입장에 부합하지 않음을 알 수 있다.

② 셋째 단락의 "옳고 그름을 가리지 않는 맹목적인 복종은 그 자체가 불효라고 보았기 때문이다."를 통해 효가 조건 없는 신뢰에 기초하지 않는다는 것을 추론할 수 있다.

④ 제시문에서 확인할 수 없는 내용이다.

中

08 개념 카테고리 독해 > 독해 비문학 > 주제 찾기 답 ②

| 정답해설 | ② 제시문의 중심 내용은 둘째 단락에 나와 있다. '언간', 즉 '내간'이 부녀자의 전유물이 아닌 왕을 비롯한 전 계층의 남녀 모두의 공유물이었다는 것이 제시문의 중심 내용이고, 이를 둘째 단락 마지막 부분에 "언간은 특정 계층에 관계없이 남녀 모두의 공유물이었다고 할 수 있다."라고 정리하여 제시하였다.

| 오답해설 | ①, ③, ④ 제시문에서 언급하고는 있지만 글의 내용 전체를 포괄하는 중심 내용으로 보기는 어렵다.

中

09 개념 카테고리 독해 > 독해 비문학 > 일치/불일치 답 ③

| 정답해설 | ③ 첫째 단락의 "종래의 신을 위한 음악에서 탈피해 형식과 내용의 일체화를 꾀하고 균형 잡힌 절대 음악을 추구하였다."를 통해 형식과 내용의 '분리'가 아닌 형식과 내용의 '일체화'를 꾀하는 것이 고전파 음악의 특징임을 알 수 있다.

| 오답해설 | ① 첫째 단락 마지막 부분 "'신'보다는 '사람'을 위한 음악, ~ 보여 준 것이다.", 둘째 단락 처음 부분 "또한 고전파 음악은 ~ 완숙을 이룬 음악이기도 하다." 등을 통해 고전파 음악이 지닌 음악사적 의의를 밝히고 있다.

② 둘째 단락에서 "이 시기에는 하이든, 모차르트, 베토벤 등 ~ 위대한 작곡가들이 배출되기도 하였다."라고 하여 예를 들어 이해를 돕고 있다.

④ 첫째 단락 시작 부분 "고전파 음악은 어떤 음악인가?"를 보면 질문을 통해 화제를 제시함으로써 호기심을 유발한다는 것을 알 수 있다.

中

10 개념 카테고리 독해 > 독해 비문학 > 개요 수정 답 ②

| 정답해설 | (가)에서 집단의 사회적 구조를 구성하는 주요 요소로 '규범, 역할, 지위'를 이야기하였다. 그에 대한 세부 내용으로 (나)에서는 '규범'의 의미, (라)에서는 '역할'의 의미, (마)에서는 '지위'의 의미에 대해 말하고 있다. (다)에서는 사이먼의 '규범'에 대한 연구를 서술하고 있으니 전체적인 구조는 ②로 보는 것이 적절하다.

中

11 개념 카테고리 독해 > 독해 비문학 > 일치/불일치 답 ②

| 정답해설 | ② (나)에서 '규범은 집단의 모든 구성원의 행동에 관한 규칙과 기대를 말한다'라고 하였으므로 옳은 내용이다.

| 오답해설 | ① (가)에서 '아동들도 불과 세 번 정도 만난 후부터는 앉는 자리, 가지고 노는 장난감, 활동하는 순서 등이 정해져서 집단의 규칙이 형성된다'라고 하였으므로 아동 집단의 사회적 구조는 내부에서 형성되는 것을 알 수 있다.

③ (라)에서 '역할은 어떤 집단에서는 계약서를 통해서 공식적으로 정해지기도 하고, 어떤 집단에서는 명시적으로 규정되지 않아 다소 애매한 경우도 있다'라고 하였으므로 선택지의 내용은 틀린 설명이다.

④ (마)에서 집단 내에서 각각의 지위에 부여되는 권위는 서로 동일하지 않다고 하였으므로 선택지의 내용은 틀린 설명이다.

中

12 개념 카테고리 독해 > 독해 비문학 > 일치/불일치 답 ④

| 정답해설 | ㄱ: 둘째 단락의 "결정론적 법칙의 지배를 받는 시스템은 자유의지를 가지지 않는다. 또한 자유의지를 가지지 않는 시스템에 도덕적 의무를 귀속시킬 수 없음은 당연하다."를 통해 컴퓨터는 자유의지가 없으므로 도덕적 의무의 귀속 대상일 수 없음을 알 수 있다.

ㄴ, ㄷ: 둘째 단락 넷째 줄에서 "결정론적 지배를 받는다는 것과 자유의지를 가진다는 것은 양립할 수 없음이 분명하다."라고 언급하였다. 따라서 도덕적 의무를 귀속시킬 수 있는 시스템은 자유의지가 있는 경우로 결정론적 법칙의 지배를 받지 않는다. 그리고 다른 선택을 할 수 없는 경우는 자유의지가 없는 경우로 볼 수 있다.

中

13 개념 카테고리 독해 > 독해 비문학 > 일치/불일치 답 ③

| 정답해설 | ③ 인간은 보편적 복수성을 지니면서 동시에 개별적 유일무이성을 함께 갖는다. 따라서 둘은 서로 상충하는 관계가 아니다. 개인의 유일무이성을 보존하려는 제도가 개인의 보편적 복수성을 침해한다는 내용은 확인할 수 없다.

| 오답해설 | ① "우리는 개별적으로 고립된 채 살아가는 존재일 수 없다."에서 알 수 있다.

② "우리가 이 같은 사회에서 ~ 타인을 포용하는 공존의 태도가 필요하다."에서 확인할 수 있다.

④ "공동체 정화 등을 ~ 사회의 다원성을 파괴하는 일이다."에서 확인할 수 있다.

中

14 개념 카테고리 독해 > 독해 비문학 > 일치/불일치 답 ③

| 정답해설 | ③ 첫째 단락에서 자원자가 아우슈비츠 소재의 드라마를 낭독할 때는 관객들의 공감을 이끌어 냈지만, 둘째 단락에서 전문 배우가 셰익스피어의 위대한 희곡을 낭독할 때는 관객들의 공감을 이끌어 내지 못했다. 이를 바탕으로 관객의 공감과 감동은 훌륭한 고전인지 아닌지 또는 화법에 전문성이 있는지 없는지와는 크게 관련이 없음을 알 수 있다.

中

15 개념 카테고리 독해 > 독해 비문학 > 일치/불일치 답 ②

| 정답해설 | ② 빛 공해의 주요 요인으로 인공조명의 누출을 들고 있으나 누출 원인은 제시문만으로 알 수 없다.

| 오답해설 | ① "빛 공해란 ~ 상태를 말한다."라는 문장에서 빛 공해의 정의를 제시하고 있다.

③ 『사이언스 어드밴스』의 '전 세계 빛 공해 지도'를 인용하여 빛 공해가 심각한 나라로 우리나라를 제시하였다.

④ "멜라토닌 부족을 초래해 ~ 문제를 일으킨다."에서 사례를 들어 빛 공해의 악영향을 제시하고 있다.

中

16 개념 카테고리 독해 > 독해 비문학 > 일치/불일치 답 ②

| 정답해설 | ② "불안은 현재 발생하지 않았으며 ~ 불명확한 위협에 의해 야기된 상태를 의미한다."를 통해 불안이 아직 일어나지 않은 상황과 관련됨을 알 수 있다. 따라서 '전기·가스 사고가 날까 두려워 외출하지 못하는 사람'은 아직 일어나지 않은 일에 '불안'을 느끼는 사람이라고 볼 수 있다.

| 오답해설 | ① "공포를 느끼는 것은 '나 자신'이 위험한 상황에 놓여 있다는 사실을 아는 것이고"를 통해 자신이 처한 위험한 상황을 정확히 인식하는 경우에는 '공포감'이 더 클 수 있음을 알 수 있다.

③ 아직 일어나지 않은 일을 걱정하는 것은 '불안'과 관련이 있다. 따라서 시험에 불합격할 수 있다는 생각에 사로잡힌 사람은 '불안감'에 빠져 있는 것이다.

④ 과거에 큰 교통사고를 경험한 사람은 실재하는 경험이 있었으므로 공포감이 크고 미래에 다시 교통사고를 당할 수 있다는 생각에 사로잡힐 수 있으므로 불안감도 클 것이다.

中

17 개념 카테고리 독해 > 독해 비문학 > 전개 순서 답 ④

| 정답해설 | ④ '(마)－(다)－(나)－(가)－(라)'의 순서로 전개되는 글이다.

(마): 사회는 여러 사람이 '그 뜻을 통하고' 서로 의지하는 단체이다.

(다): 그런 '통함'이 있으려면 '말과 글'이 필수적이다.

(나): '이런 말과 글'은 인민을 통합시키고 작동하게 하는 '기관'과 같다.

(가): '이 기관'을 '잘 수리하고 정련하여야' 작동도 원활하게 되며 사회도 발달하게 된다.

(라): '그 기관'을 '잘 수리하고 정련하지 못하면' 필경 쓸 수 없는 지경에 이르게 되고 사회는 패망하게 된다.

上

18 개념 카테고리 독해 > 독해 비문학 > 논리형 답 ④

| 정답해설 | ㉠~㉤을 정리하면 다음과 같다.

㉠	모든 의미 있는 용어 → 존재
㉡	비물질적 실체 → ~존재
㉢	비물질적 실체 의미 없다면 → ~긍정, ~부정
㉣	비물질적 실체 → 긍정, 부정
㉤	어떤 비물질적 실체 → 의미 & ~존재

㉢을 반대해석한다면 '비물질적 실체의 의미가 있다면 그것에 대한 긍정이나 부정을 할 수 있다'이다. 이는 ㉣의 입장과 동일하며, 이를 ㉠과 결부하면 '의미가 있는 비물질적 실체를 지칭하는 용어는 존재한다'는 결론으로 이어진다. 이는 ㉡과 반대의 입장이므로, ④ '㉠, ㉢, ㉣이 참이면, ㉡이 반드시 거짓'이라는 진술은 적절하다.

| 오답해설 | ①, ② '모든 의미 있는 용어는 그 용어가 지칭하는 대상이 존재한다'는 ㉠과 '우리의 어휘 중에는 의미를 지니고 그것이 지칭하는 대상이 존재하지 않는 용어들이 있다'는 ㉤은 서로 반대 관계의 입장이다. 따라서 ㉠이 참이라면 ㉤은 거짓이다.

③ ㉤은 모든이 아닌 어떤이다. 즉 전칭이 아닌 특칭에 해당하는 경우이다. 그렇기에 ㉢을 확정해 줄 수 없다. 따라서 ㉣이 참인지 거짓인지는 알 수 없다.

上

19 개념 카테고리 독해 > 독해 비문학 > 논리형 답 ②

| 정답해설 | 제시문에서 "우리가 어떤 행위 A에 대해 도덕적 의무를 갖는다면 우리는 A를 자신의 의지만으로 행할 수 있어야 한다."라고 하였다. 또한 "우리가 어떤 믿음에 대해 옳고 그름을 판단해야 하는 인식적 의무를 갖는다면 우리는 의지만으로 그 믿음을 가질 수도 있고 갖지 않을 수도 있어야 한다."라고 언급하였다.

이에 대한 〈논증〉은 다음과 같다.

전제 1: 종종 우리는 자신의 의지만으로 어떤 믿음을 가질지 정할 수 있다.

전제 2: 대부분의 경우 우리는 자신의 의지만으로 결코 어떤 믿음을 가질지 정할 수 없다.

결론: 우리에게 인식적 의무는 없음을 말한다.

ㄴ. 내 의지로는 믿고 싶지 않음에도 불구하고 믿을 수밖에 없는 경우들이 있다는 내용은 전제 2에 부합한다. 대부분의 경우 우리는 자신의 의지만으로 결코 어떤 믿음을 가질지 정할 수 없다는 말은 믿고 싶지 않음에도 믿을 수밖에 없다는 내용을 함의하고 있기 때문이다. 따라서 전제를 강화하므로 〈논증〉을 강화하는 경우이다.

| 오답해설 | ㄱ. 인간에게 인식적 의무가 없다는 것과 어떤 경우에는 자신의 의지만으로 어떤 믿음을 가질지 정할 수 있다는 것은 양립할 수 없다고 하였다. 양립할 수 없다는 말은 둘 중 하나만 존재하는 것은 가능하다는 것이다.

인식적 의무 ×	믿음 정할 수 ○
인식적 의무 ○	믿음 정할 수 ×

이는 우리에게 인식적 의무가 없다는 결론에 부합하지 않는다. (※ ㄱ부터 판단했다면, ㄱ이 배제되므로, 남은 선택지는 ㄴ 혹은 ㄴ, ㄷ이다. 따라서 ㄷ만을 판단하면 된다.)

ㄷ. 인간에게 인식적 의무가 있다는 것과 항상 우리가 자신의 의지만으로 어떤 믿음을 가질지 정할 수 있다는 것은 양립할 수 없다고 하였다. ㄱ과의 차이는 항상이라는 전칭을 사용하였다.
그러나 이 역시 인식적 의무가 있으면 믿음을 가질지 정할 수 없고, 인식적 의무가 없다면 믿음을 정할 수 있다는 말이 된다.

인식적 의무 ×	믿음 정할 수 ○
인식적 의무 ○	믿음 정할 수 ×

이는 우리에게 인식적 의무가 없다는 결론에 부합하지 않는다.

上

20 개념 카테고리 독해 > 독해 비문학 > 논리형 답 ③

| 정답해설 | 1. F는 신청한다.
2. C → G
3. D → ~F
4. A∨C → ~E
5. G∨B → A∨D
1과 3을 결합하면 F가 신청하므로 D는 신청하지 않음을 알 수 있다.
5의 대우는 ~ D & ~A → (~B & ~G)이다.
D가 신청하지 않으므로 B와 G는 신청하지 않을 것이다.
4와 5의 대우를 이용하여 A가 신청하는 경우, 신청하지 않는 경우의 수를 작성해 보면 다음과 같다.

경우의 수	A	B	C	D	E	F	G
1	×	×	×	×		○	×
2	○			×	×	○	

ㄱ. 경우의 수 2에서 남은 B, C, G가 모두 신청한다면 최대 5명이므로 적절하다.

ㄴ. 경우의 수 2에서 G와 B가 모두 신청하지 않는 경우를 상정해 보면 C가 신청해야만 요가 교실이 운영된다. 2에 따르면 C가 신청한다면 G 또한 신청하므로 G와 B가 모두 신청하지 않을 경우 요가 교실은 운영되지 않는다. 따라서 G와 B 중 한 명은 신청해야 요가 교실이 운영된다.

| 오답해설 | ㄷ. 경우의 수 1과 같이 E는 신청할 수도 있기에 거짓이다.

정답과 해설 PART 02

기출 품은 모의고사 6회

기출문제편 ▶ P.91

영역별 출제 비중

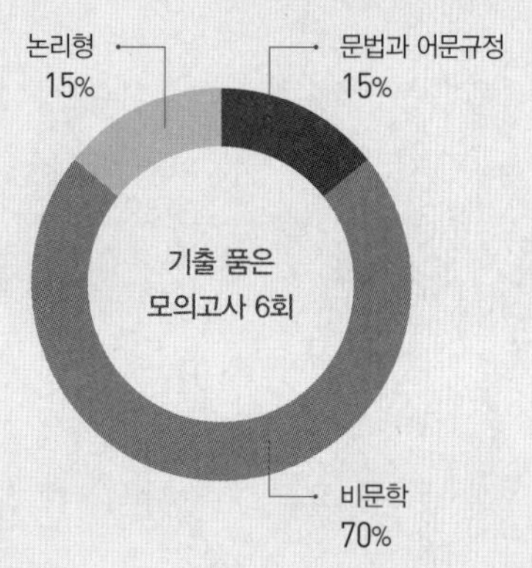

맞힌 문항 수	/20문항
점수	/100점

Ⅰ문항 분석

문항	정답	영역
1	②	문법 > 현대 문법 > 공공언어 바로 쓰기
2	③	문법 > 현대 문법 > 형태론
3	①	문법 > 현대 문법 > 음운론
4	①	독해 > 독해 비문학 > 문학 이론
5	④	독해 > 독해 비문학 > 주제 찾기
6	③	독해 > 독해 비문학 > 밑줄/괄호
7	①	독해 > 독해 비문학 > 일치/불일치
8	①	독해 > 독해 비문학 > 개요 수정
9	③	독해 > 독해 비문학 > 어휘 의미 파악
10	②	독해 > 독해 비문학 > 주제 찾기
11	③	독해 > 독해 비문학 > 일치/불일치
12	④	독해 > 독해 비문학 > 글/문단/문장 수정
13	③	독해 > 독해 비문학 > 일치/불일치
14	④	독해 > 독해 비문학 > 전개 순서
15	②	독해 > 독해 비문학 > 일치/불일치
16	③	독해 > 독해 비문학 > 일치/불일치
17	④	독해 > 독해 비문학 > 일치/불일치
18	①	독해 > 독해 비문학 > 논리형
19	④	독해 > 독해 비문학 > 논리형
20	③	독해 > 독해 비문학 > 논리형

Ⅰ취약영역 체크

문법과 어문 규정	/3
비문학	/14
논리형	/3

➡ **나의 취약영역:** ____________

中

01 개념 카테고리 문법 > 현대 문법 > 공공언어 바로 쓰기 답 ②

출제예상 TIP 접미사 '-시키다'와 같이 문법 이론과 관련된 내용을 공공언어 바로 쓰기에 적용하는 연습이 필요하다.

| 정답해설 | ② '~하다'를 쓰기에 적합한 맥락에 '~시키다'를 쓰는 것은 적절하지 않다. 따라서 '구체화하기로'가 적절한 표현이다.

| 오답해설 | ① '~에 대한/대하여'는 영어 번역투 표현이다. 따라서 맥락에 맞게 '직원들에게'로 수정해야 한다.

③ '후'는 명사이므로 앞말과 띄어 써야 한다. 따라서 '계약 체결 후'와 같이 써야 한다.

④ '도출하다'와 같은 한자어적 표현을 '이끌어 내다'로 쉽고 정확하게 표현하는 것은 적절하다.

中

02 개념 카테고리 문법 > 현대 문법 > 형태론 답 ③

출제예상 TIP 합성어의 종류 중 대등, 종속, 융합 합성어의 개념을 잘 정리해 둘 필요가 있다.

| 정답해설 | ③ '밤낮'은 밤과 낮을 아울러 이르는 말일 때는 '대등 합성어'가 되지만 밤과 낮을 가리지 않는다는 의미로 쓰일 때는 '융합 합성어'가 된다. 따라서 서로 다른 합성어의 유형에 속하는 단어이다.

| 오답해설 | ① '비빔밥'은 선행 어근인 '비빔'이 후행 어근인 '밥'을 의미상 수식하는 합성어이므로 종속 합성어의 예가 된다.

② '날뛰다'는 '높푸르다'처럼 두 어근 '날'과 '뛰(다)'의 의미가 동등한 관계를 보이는 합성어이므로 대등 합성어의 예가 된다.

④ '춘추'는 한자로 보면 '봄가을'을 의미해야 하지만 어른의 나이를 높여 이르는 말로 쓰이는 경우 융합 합성어의 예가 된다.

中

03 개념 카테고리 문법 > 현대 문법 > 음운론 답 ①

출제예상 TIP 연음과 관련된 음운론 개념을 잘 정리해 둘 필요가 있다.

| 정답해설 | ① '무릎이야'는 [무르피야]로 발음된다. '이야'가 문장에서 문법적 역할을 하는 형식 형태소이므로 '릎'의 'ㅍ'이 뒤에 모음으로 옮겨 발음된다. 반면 '무릎 아래'는 [무르바래]로 발음된다. '아래'가 문장에서 실제 의미를 가지고 어휘적 역할을 하는 실질 형태소이므로 '릎'의 'ㅍ'이 대표음인 'ㅂ'으로 바뀌어 뒤로 옮겨 발음된다.

| 오답해설 | ② '이나, 에서' 모두 문법적 역할을 하는 형식 형태소이므로 'ㅋ'이 뒤로 옮겨 [서녀키나], [서녀케서]로 발음된다. 따라서 둘 다 ㉠에 해당한다.

③ '으로'는 문법적 역할을 하는 형식 형태소이다. 따라서 'ㅌ'이 뒤로 옮겨 [거트로]로 발음된다. ㉠에 해당한다. 반면 '아가미'는 어휘적 역할을 하는 실질 형태소이므로 '겉'의 'ㅌ'이 대표음인 'ㄷ'으로 바뀌어 [거다가미]로 발음된다. ㉡에 해당한다.

④ '이'는 문법적 역할을 하는 형식 형태소이다. 따라서 'ㅊ'이 뒤로 옮겨 [배꼬치]로 발음된다. ㉠에 해당한다. 반면 '위'는 어휘적 역할을 하는 실질 형태소이므로 '꽃'의 'ㅊ'이 대표음인 'ㄷ'으로 바뀌어 [배꼬뒤]로 발음된다. ㉡에 해당한다.

中

04 개념 카테고리 독해 > 독해 비문학 > 문학 이론 답 ①

| 정답해설 | ① 셋째 단락의 "사적으로 글을 쓸 경우 작가는 이야기꾼, 음유 시인, 극작가들과 달리 청중들로부터 아무런 즉각적 반응도 얻을 수 없다."를 통해 사적인 글쓰기의 출현으로 작가가 독자와 직접 소통할 수 있게 되었다는 내용이 적절하지 않음을 알 수 있다.

| 오답해설 | ② 첫째 단락의 "자기만의 내적인 것에 대한 추구는 ~ 사람들의 존재 방식과 글쓰기 행태에 변화를 요구하였다."를 통해 확인할 수 있다.

③ 첫째 단락의 "소설의 출현은 사적 생활이라는 개념의 출현과 ~ 소설 읽기와 쓰기에 있어 사적 생활은 필수적인 까닭이다."를 통해 확인할 수 있다.

④ 둘째 단락의 "이전의 지배적 문학 형태인 서사시, 서정시, 희곡 등과는 달리 소설은 낭독하는 전통이 없었다."를 통해 확인할 수 있다.

中

05 개념 카테고리 독해 > 독해 비문학 > 주제 찾기 답 ④

| 정답해설 | ④ 글쓴이는 계몽주의 사상가인 헤겔과 다윈 등을 소개하며 진보와 진화에 대해 다양한 견해를 설명하고 있다. 따라서 글의 제목으로 '진보와 진화에 관한 견해들'이 가장 적절하다.

中

06 개념 카테고리 독해 > 독해 비문학 > 밑줄/괄호 답 ③

| 정답해설 | 〈보기〉에 따르면 통일성은 글의 내용이 하나의 주제로 긴밀하게 관련되는 특성을 말한다. 따라서 하나의 주제로 연결되지 않는 내용은 수정하거나 삭제해야 한다.

③ ㉢은 '나는 수학 시간이 재미있다.'라는 중심 내용과 관련이 없는 내용이다. 따라서 삭제하는 것이 자연스럽다.

| 오답해설 | ① ㉠은 '나'가 수학 시간이 재미있는 이유를 설명하고 있다.

② ㉡은 수학 선생님이 수업을 재미있게 진행하는 사례를 설명하고 있다.

④ ㉣은 수학 선생님이 수업을 재미있게 진행해 주신 덕분에 나에게 일어난 긍정적 변화를 설명하고 있다.

中

07 개념 카테고리 독해 > 독해 비문학 > 일치/불일치 답 ①

| 정답해설 | ① (나)의 마지막 부분 "실용적 기술 개발이나 평범한 일상적 행동과는 달리 과학적 연구는 ~ 경계심을 유지하는 것도 당연하다."를 통해 실용적 기술 개발은 경험적 자료에 대해 경계심을 유지해야 하는 과학적 연구와 다르다는 것을 알 수 있다. 이것은 실용적 기술 개발은 경험론적 사고에 토대를 둔다는 의미로 생각해 볼 수 있다.

| 오답해설 | ②, ③ (나)의 마지막 부분 "실용적 기술 개발이나 평범한 일상적 행동과는 달리 과학적 연구는 ~ 경계심을 유지하는 것도 당연하다."를 통해 일상생활도 실용적 기술 개발과 같이 경험론적 사고에 토대를 둔다는 것을 알 수 있다. 또한 과학 연구는 경험적 자료에 대해 경계심을 유지해야 하는 것임을 알 수 있다.

④ (나)의 앞부분 "모든 사람은 착시 현상 ~ 어느 정도의 경계심을 지니고 있다."를 통해 감각에 대한 경계심이 존재함을 알 수 있다.

中

08 개념 카테고리 독해 > 독해 비문학 > 개요 수정 답 ①

| 정답해설 | 둘째 단락에서 '전통예술'과 '현대예술'은 상호 보완의 가능성을 품고 있다고 하였고 셋째 단락에서 '순수예술의 미감'과 '일상적 미감'의 관계도 마찬가지라 하였다. 따라서 ① ⓐ와 ⓑ 모두 '+'의 관계이다.

下

09 개념 카테고리 독해 > 독해 비문학 > 어휘 의미 파악 답 ③

| 정답해설 | ③ '실현되다'는 '꿈, 기대 따위가 실제로 이루어지다'를 의미하고 '비롯되다'는 '처음으로 시작되다'를 뜻한다. ㉢ 뒤를 보면 전통예술과 현대예술의 상호 보완이 이미 이루어진 것이 제시되었으므로, 처음으로 시작된다는 의미의 '비롯되다'로 바꿔 쓰는 것은 문맥상 적절하지 않다.

中

10 개념 카테고리 독해 > 독해 비문학 > 주제 찾기 답 ②

| 정답해설 | ② 마지막 단락의 "이와 같이 기계에 의존해서 인간이 살아가는 사례는 오늘날 우리의 두뇌가 게을러진 것을 보여 주는 여러 사례 가운데 하나일 뿐이다."에서 인공지능으로 인해 인간의 두뇌가 게을러지는 부작용을 언급하고 있다. 따라서 '인공지능(AI)으로 인해 인간의 두뇌가 게을러지는 부작용이 발생하게 될 것이다.'가 글의 결론으로 가장 적절하다.

| 오답해설 | ① 내비게이션의 사례를 통해 인간은 인공지능에 매우 의존적이라는 것을 알 수 있다.

③ 첫째 단락의 "인공지능(AI)이 사람보다 똑똑해질 수 있을지도 모른다."를 통해 추측할 수 있지만 글의 결론으로는 적절하지 않다.

④ 제시문에서 알 수 없는 내용이다.

中

11 개념 카테고리 독해 > 독해 비문학 > 일치/불일치 답 ③

| 정답해설 | ③ 예술가들이 인체의 아름다움을 재발견함으로써 고대의 학문과 언어에 대한 재평가가 이루어졌다는 언급은 찾을 수 없다. 글의 맥락을 보면 고대의 학문과 예술, 언어에 대한 재평가가 이루어지면서 인체의 아름다움이 재발견되었다는 것을 알 수 있다. 따라서 선후 관계가 바뀌어야 적절한 이해가 된다.

| 오답해설 | ① 첫째 단락의 "르네상스가 일어나게 된 요인으로 ~ 논쟁적인 원인은 페스트이다."를 통해 알 수 있다.

② 첫째 단락의 "페스트로 인해 '사악한 자'들만이 아니라 ~ 신과 교회의 막강한 권위에 대해서도 회의하게 되었다."를 통해 알 수 있다.

④ 셋째 단락의 "기존의 의학적 전통을 여전히 ~ 인체의 내부 구조를 탐색하는 데 골몰했다."를 통해 알 수 있다.

下

12 개념 카테고리 독해 > 독해 비문학 > 글/문단/문장 수정 답 ④

| 정답해설 | ④ "어떤 부분은 수용했지만, 반대로 어떤 부분은" 뒤의 맥락에 해당하므로 '수용하지 않았다'와 관련이 있어야 한다. 따라서 '어떤 목표로 뜻이 쏠리어 향하다.'의 의미인 '지향하다'보다는 '더 높은 단계로 오르기 위하여 어떠한 것을 하지 아니하다.'의 의미인 '지양하다'가 적절하다.

| 오답해설 | ① '학(學)'이라는 말에서 짐작할 수 있다고 하였으므로 종교적인 관점보다는 학문적인 관점에서 받아들여졌음을 알 수 있다.

② "서학은 신봉의 대상이 아니라 분석의 대상"이었다고 하였으므로 무조건 따르자고 주장하지는 않았다는 맥락이 적절하다.

③ 외부에서 유입된 사유 체계에는 양명학이나 고증학 등도 있었다고 하였으므로 유일한 대안은 아니라는 맥락이 적절하다.

中

13 개념 카테고리 독해 > 독해 비문학 > 일치/불일치 답 ③

| 정답해설 | ③ "디지털 트윈의 이용자는 ~ 예측할 수 있게 된다."와 "국내외의 글로벌 기업들은 ~ 효율성을 높이고 있다."를 통해 디지털 트윈을 활용하여 현실 세계의 위험 요소를 찾아내고 방지할 수 있음을 알 수 있다.

| 오답해설 | ① 글로벌 기업들의 고용률에 대한 내용은 확인할 수 없다.

② "디지털 트윈이 이렇게 주목받는 이유는 ~ 비용도 적게 든다."를 통해 디지털 트윈의 데이터 모델이 현실 세계의 각종 실험 모델보다 경제성이 높음을 알 수 있다.

④ 이용자들에게 새로운 문화적 경험을 제공하는 데 목적이 있는 것은 '메타버스'이다.

中

14 개념 카테고리 독해 > 독해 비문학 > 전개 순서 답 ④

| 정답해설 | 선택지를 통해 (가)가 가장 먼저 나오고 그다음으로 (다) 혹은 (라)가 오는 것을 알 수 있다. (다)에서는 기술에 대한 분석을 하고 있으나 (가)에 기술에 대한 서술이 없고, (라)에서는 (가)에서 나눈 두 분류 중 후자로 인간을 분류하고 있다. 따라서 (가) 뒤에 (라)가 오는 것이 적절하다. (다)의 내용은 (라)에서 말한 내용 중 '기술'과 연결이 되며, (나)는 앞서 이야기했던 내용들을 정리하고 있다. 따라서 ④ '(가)－(라)－(다)－(나)'로 이어지는 것이 문맥상 가장 자연스럽다.

中

15 개념 카테고리 독해 > 독해 비문학 > 일치/불일치 답 ②

| 정답해설 | ② 글쓴이는 영화의 장면을 통해 '은유'에 대해 설명하였을 뿐, 영화 속 인물들이 문학적 은유의 본질과 의미를 잘 알고 있는지는 알 수 없다.

| 오답해설 | ① "시란 무엇인가에 대한 해답을 이처럼 쉽고도 절실하게 설명해 놓은 문학 교과서를 나는 아직까지 보지 못했다."를 통해 확인할 수 있다.

③ "수백 마디의 말보다 〈일 포스티노〉를 함께 보고 토론하는 것이 ~ 있다는 것을 경험하기도 했다."를 통해 확인할 수 있다.

④ "이 아름다운 영화 속에 아스라이 문학이 똬리를 틀고 앉아 있기 때문이다."를 통해 확인할 수 있다.

中

16 개념 카테고리 독해 > 독해 비문학 > 일치/불일치 답 ③

| 정답해설 | ③ 첫째 단락을 보면 점술가의 예언이 적중하였다고 나온다. 즉 점술가의 예언대로 백제는 멸망하고 신라는 크게 발전하여 삼국을 통일하게 된다. 이때(점술가의 예언이 적중한 이후인 '백제가 멸망하고 신라가 삼국을 통일한 이후')부터 더 나은 미래를 기원하는 뜻으로 송편을 빚었다고 언급되어 있다. 이는 신라인들이 더 나은 미래를 기원하는 마음을 담아 송편을 빚었다고 볼 수 있다.

| 오답해설 | ① 점술가가 신라의 발전을 예언하기는 했지만 점술가의 예언 덕분에 신라가 발전했다는 근거는 찾기 어렵다.

② 중국의 월병이 한국에서 비빔밥을 만들어 먹는 것을 본떠 만든 음식이라는 언급은 제시문에서 찾을 수 없다.

④ 둘째 단락의 "점차 제례 음식으로서 위상을 잃었지만"이라는 진술을 통해 중국의 월병이 제수 음식으로서의 명맥을 유지하고 있지 못함을 알 수 있다.

中

17 개념 카테고리 독해 > 독해 비문학 > 일치/불일치 답 ④

| 정답해설 | ④ 셋째 단락 마지막 부분 "중국집으로 향하던 ~ 찾아보기가 힘들어졌다."를 통해 요즘은 특별한 날에 자장면보다 피자를 먹는 경우가 있고, 아이들이 자장면보다 피자를 더 좋아한다는 것을 알 수 있다.

| 오답해설 | ① 첫째 단락을 통해 피자는 쉽게 배달시켜 먹을 수 있는 편리한 음식이라는 것을 알 수 있다.

② 셋째 단락 앞부분 "싸게 먹을 수 있는 이국 음식이라는 점에서 ~ 특별한 의미를 갖는다."를 통해 자장면과 피자가 이국적인 음식이라는 것을 알 수 있다.

③ 둘째 단락 마지막 부분 "향수를 달래고자 함이 아닐까?"와 셋째 단락 앞부분 "싸게 먹을 수 있는 ~ 자장면과 피자는 특별한 의미를 갖는다."를 통해 자장면과 피자는 값이 싸면서도 기분 전환이 되는 음식이라는 것을 알 수 있다.

上

18 개념 카테고리 독해 > 독해 비문학 > 논리형 답 ①

| 정답해설 | 제시문의 조건으로 파악할 수 있는 정보는 아래와 같다.

1. 정은 C의 아이이다.
2. 정은 갑보다 나중에 태어났다.
3. 목요일에 태어난 아이는 을이거나 C의 아이이다.
4. B의 아이는 을보다 하루 먼저 태어났다.
5. 월요일에 태어난 아이는 A의 아이이다.

4에 의해 B의 아이는 ~을이라는 것을 알 수 있다. 또한 을은 최소 월요일에 태어날 수는 없다는 결론이 도출된다. 따라서 D의 아이가 을임을 알 수 있다.

• 을이 목요일에 태어난 경우

구분	월	화	수	목
A	○	×	×	×
B	×	×	○	×
C(정)	×	○	×	×
D(을)	×	×	×	○

• 정이 목요일에 태어난 경우

구분	월	화	수	목
A	○	×	×	×
B	×	○	×	×
C(정)	×	×	×	○
D(을)	×	×	○	×

① 정이 목요일에 태어난 경우, 을은 자연스럽게 수요일에 태어난다. 을이 목요일에 태어난 경우 B가 병의 어머니여야만 한다. A가 병의 아이라고 한다면 다음과 같은 표가 만들어진다.

구분	월	화	수	목
A(병)	○	×	×	×
B(갑)	×	×	○	×
C(정)	×	○	×	×
D(을)	×	×	×	○

정은 갑보다 나중에 태어났다는 2의 조건에 위배된다. 따라서 을이 목요일에 태어난 경우 B는 반드시 병의 어머니이다. 따라서 수요일에 태어난 아이는 병일 수밖에 없다.

| 오답해설 | ② 을이 목요일에 태어난 경우, 정이 목요일에 태어난 경우 모두 B의 아이가 병이어야 한다. 그러나 A, B는 누구의 어머니인지 판단할 수 없다. B가 갑의 어머니일 수 있다.

③ 정이 목요일에 태어난 경우 을이 정보다 먼저 태어난다.

④ A, B는 누구의 어머니인지 판단할 수 없다. B가 갑의 어머니일 수 있다.

上

19 개념 카테고리 독해 > 독해 비문학 > 논리형 답 ④

| 정답해설 | 1. A그룹에서 항체를 생성한 후보 물질은 모두 B그룹에서도 항체를 생성하였다.

A → B

2. D그룹에서 항체를 생성하지 않은 후보 물질은 모두 C그룹에서 항체를 생성하였다.

~D → C

3. C그룹에서 항체를 생성했지만 B그룹에서는 항체를 생성하지 않은 후보 물질도 있다.

∃C & ~B

이 경우에는 C그룹에서만 항체를 생성하는 후보 물질이 있다는 결론이 도출된다.

∴ ~A&~B&C&~D

㉠ D그룹에서 항체를 생성한 후보 물질은 모두 A그룹에서 항체를 생성했다. D → A

이 명제에 대한 대우는 ~A → ~D

A	B	C	D
×	×	○	×

㉡ C그룹에서 항체를 생성하지 않은 후보 물질이 있다.

~C일 때 2의 대우에 의해

~C → D가 나오므로 D그룹에서 항체를 생성하는 후보 물질이 있다는 결론이 나온다는 설명에 부합한다.

| 오답해설 | ①, ② ㉠ B그룹에서 항체를 생성한 후보 물질은 없다.

~B

1의 대우 ~B → ~A 의해 ~A가 된다.

A	B	C	D
×	×	○	?

그러나 이를 바탕으로 D그룹에서 항체를 생성하는 후보 물질이 있다는 결론을 도출할 수 없다.

주어진 조건으로 새로운 결론을 도출할 수 없다.

③ ㉡ B그룹과 C그룹에서 항체를 생성한 후보 물질이 있다는 조건이 추가된다 해도 D그룹에서 항체를 생성하는 후보 물질이 있다는 결론을 도출할 수 없다.

上

20 개념 카테고리 독해 > 독해 비문학 > 논리형 답 ③

| 정답해설 | 1. 나(수지)와 양미 그리고 가은 중 적어도 한 명은 대상이다.

수∨양∨가

2. 나(수지)와 양미가 모두 대상인 것은 아니다.

~(수&양) = ~수 ∨ ~양

3. 미영이 대상이 아니거나 내(수지)가 대상이다.

~미 ∨ 수 = 미 → 수 = ~수 → ~미

4. 우진이 대상인 경우에만 양미 또한 대상이다.

우 → 양

5. 가은이 대상이면, 미영도 대상이다.

가 → 미

ㄱ. 수지가 대상이 아니라면 3에 따라 수지가 대상이 아니므로 미영은 대상이 아니다.

5의 대우는 ~미→~가 이므로 미영이 대상이 아니라면 가은 또한 대상이 아니다. 나(수지)와 가은이 모두 대상이 아니므로 1에 의거하여 양미는 대상이다. 양미가 대상이기에 4에 의거하여 우진은 대상이다.

수	우	미	양	가
×	○	×	○	×

ㄷ. 양미가 대상이라면 4에 의거하여 우진 역시 대상이다. 또한 2를 참고할 때 수지는 대상이 아님을 알 수 있다. 3의 대우를 적용하면 미영 역시 대상이 아니며, 5에 따라 미영이 대상이 아니므로 가은도 대상이 아니다.

수	우	미	양	가
×	○	×	○	×

| 오답해설 | ㄴ. 가은이 대상이라면 5에 의거하여 미영도 대상이다. 3에 따라 수지 역시 대상이다. 수지가 대상이라면 양미는 대상이 될 수 없다. 그러나 우진이 대상인지에 대한 정보는 판단할 수 없다.

수	우	미	양	가
○	?	○	×	○

기출 품은 모의고사 7회

기출문제편 ▶ P.101

영역별 출제 비중

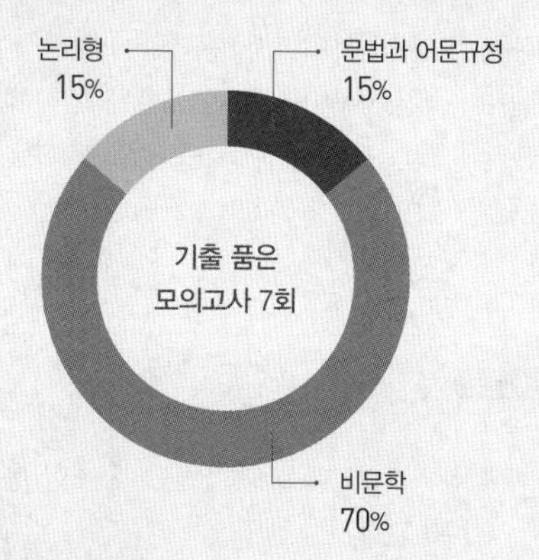

맞힌 문항 수	/20문항
점수	/100점

문항 분석

문항	정답	영역
1	④	문법 > 현대 문법 > 공공언어 바로 쓰기
2	④	문법 > 현대 문법 > 음운론
3	②	문법 > 현대 문법 > 형태론
4	③	독해 > 독해 비문학 > 밑줄/괄호
5	④	독해 > 독해 비문학 > 밑줄/괄호
6	①	독해 > 독해 비문학 > 화법 지문
7	④	독해 > 독해 비문학 > 일치/불일치
8	①	독해 > 독해 비문학 > 일치/불일치
9	①	독해 > 독해 비문학 > 전개 순서
10	②	독해 > 독해 비문학 > 일치/불일치
11	③	독해 > 독해 비문학 > 일치/불일치
12	③	독해 > 독해 비문학 > 일치/불일치
13	①	독해 > 독해 비문학 > 일치/불일치
14	③	독해 > 독해 비문학 > 밑줄/괄호
15	①	독해 > 독해 비문학 > 일치/불일치
16	②	독해 > 독해 비문학 > 일치/불일치
17	③	독해 > 독해 비문학 > 일치/불일치
18	④	독해 > 독해 비문학 > 논리형
19	①	독해 > 독해 비문학 > 논리형
20	③	독해 > 독해 비문학 > 논리형

취약영역 체크

문법과 어문 규정	/3
비문학	/14
논리형	/3

➡ 나의 취약영역: ________

下

01 개념 카테고리 문법 > 현대 문법 > 공공언어 바로 쓰기 답 ④

| 정답해설 | ④ '기계 따위가 작용을 받아 움직이다'라는 뜻의 단어는 '동작되다'보다 '작동하다'가 더욱 적절하다.

| 오답해설 | ① 외래어인 'GDP'를 '국내 총생산'으로 수정하는 것은 적절하다.

② 종결 어미 '읍니다'는 맞춤법에 맞지 않으므로 '습니다'로 수정해야 한다.

③ 접속 부사 '및'은 앞말과 띄어 써야 한다. 따라서 '고용 및'으로 수정해야 한다.

中

02 개념 카테고리 문법 > 현대 문법 > 음운론 답 ④

출제예상 TIP 음절의 개념을 잘 정리해 둘 필요가 있다.

| 정답해설 | ④ '궁'은 '국'의 받침 'ㄱ'이 'ㅇ'으로 교체된 결과이고 '자음+모음+자음'의 음절 유형이다. 이는 '국'과 음절 유형이 일치한다.

| 오답해설 | ① '상'이 '쌍'으로 바뀐 것은 'ㅅ → ㅆ'과 같은 교체의 결과이다. 그리고 '쌍'과 '상'은 모두 '자음+모음+자음'의 음절 유형이다.

② '화살'은 '활+살'의 구성이므로 '활'에서 'ㄹ'이 탈락하여 '화'가 되었다. 그리고 '화'는 '자음+모음'의 음절 유형이고 '활'은 '자음+모음+자음'의 음절 유형이다.

③ '캄'의 'ㅋ'은 'ㄱ'과 'ㅎ'이 결합하여 축약된 결과이다. 그리고 '캄'과 '함'은 모두 '자음+모음+자음'의 음절 유형이다.

中

03 개념 카테고리 문법 > 현대 문법 > 형태론 답 ②

출제예상 TIP 직접 구성 요소의 개념과 적용 방법에 대해 잘 정리해 둘 필요가 있다.

| 정답해설 | ② '떠넘기면'의 기본형은 '떠넘기다'이다. 이를 분석해 보면 '뜨어넘기다'로 '뜨-(어근)', '-어(어미)', '넘-(어근)', '-기-(접사)', '-다(어미)'가 되고 직접 구성 요소는 '뜨(어)+넘기(다)'의 구성이 되므로 '어근+어근'의 구성인 합성어이면서 3개 이상의 구성 요소로 이루어져 있다는 것을 알 수 있다.

| 오답해설 | ① '내리치다'를 분석해 보면 '내리-(어근)', '치-(어근)', '-다(어미)'가 되고 직접 구성 요소는 '내리+치(다)'의 구성이 되므로 '어근+어근'의 구성인 합성어이면서 2개의 구성 요소로 이루어져 있다는 것을 알 수 있다.

③ '헛돌았다'의 기본형은 '헛돌다'이다. 이를 분석해 보면 '헛-(접사)', '돌-(어근)', '-다(어미)'가 되고 직접 구성 요소는 '헛+돌(다)'의 구성이 되므로 '어근+접사'의 구성인 파생어이면서 2개의 구성 요소로 이루어져 있다는 것을 알 수 있다.

④ '오간다'의 기본형은 '오가다'이다. 이를 분석해 보면 '오-(어근)', '가-(어근)', '-다(어미)'가 되고 직접 구성 요소는 '오+가(다)'의 구성이 되므로 '어근+어근'의 구성인 합성어이면서 2개의 구성 요소로 이루어져 있다는 것을 알 수 있다.

더 알아보기

합성어와 파생어

(1) 합성어

어깨+동무, 앞+뒤, 작(은)+아버지, 뛰(어)+나다, 학+교, 코+(웃-+-음)

- '작은아버지'에서 '작은'은 어간 '작-'에 관형사형 전성 어미 '-은'이 결합된 형태이므로 '작은아버지'는 합성어로 본다.
- '학교'는 한자어끼리의 결합이므로 합성어로 본다.
- '코웃음'의 '-음'은 접미사이지만 결합 방식이 '(코웃)+-음'이 아닌 '코+(웃음)'이므로 합성어로 본다.

(2) 파생어

풋-+사랑, 치-+솟(다), 잡+-히(다), (평+화)+-적, (공+부)+-하다
새큼(어근)+달큼(어근)+-하-(파생 접사)+-다(굴절 접사)

- '새큼달큼하다'의 경우 결합 방식이 '(새큼달큼)+-하다'이므로 파생어로 본다.

中

04 개념 카테고리 독해 > 독해 비문학 > 밑줄/괄호 답 ③

| 정답해설 | ③ 경상도 지역에서 'ㅓ'와 'ㅡ', 'ㅅ'과 'ㅆ'을 구별하지 못하는 경우와 평안도와 전라도 그리고 경상도 일부 지역에서 'ㅗ'와 'ㅓ'를 제대로 분별해서 발음하지 않는 경우, 평안도 사람들의 'ㅈ' 발음이 다른 지역의 'ㄷ' 발음과 매우 비슷한 경우를 제시하며, 지역에 따라 특정 자음과 모음의 소리가 구별되지 않는 경우가 있음을 말하고 있다.

中

05 개념 카테고리 독해 > 독해 비문학 > 밑줄/괄호 답 ④

| 정답해설 | ④ ㉣의 앞 문장 "이 낭만주의 시기에 ~ 전통 시학을 거부했다."는 제시된 문장인 "신분에 따라 문체를 고착화하는 것을 인정하지 않았던 것이다."의 구체적인 진술(상술)이다. 구체적인 진술 뒤에 일반화된 진술이 오는 것이 자연스러우므로 제시된 문장이 들어가기에 적절한 곳은 ㉣이다.

中

06 개념 카테고리 독해 > 독해 비문학 > 화법 지문 답 ①

| 정답해설 | ① 백 팀장의 발화 내용 중 팀원들에 대한 유대감을 드러내는 표현은 확인할 수 없다.

| 오답해설 | ② 고 대리는 워크숍 영상을 공개하는 것이 부담스럽고 타 부서와 비교될 것 같다는 이유를 들어 백 팀장의 제안에 반대하는 의견을 분명히 밝히고 있다.

③ 임 대리는 "저도 팀장님 ~ 좋다고 생각해요."라고 하여 백 팀장의 발언에 공감을 해 주며 백 팀장의 체면을 세워 주고 있다.
④ 임 대리는 "팀원들 의견을 ~ 어떨까요?"라고 하여 의견을 묻는 형식으로 자신의 의견을 간접적으로 드러내고 있다.

中

07 개념 카테고리 독해 > 독해 비문학 > 일치/불일치 답 ④

| 정답해설 | ④ 넷째 단락의 "시간이 흐를수록 품질이 개선되는 것은 일부 고급 적포도주에만 한정된 이야기이며"를 통해 '백포도주'와는 관련이 없음을 알 수 있다.

| 오답해설 | ① 셋째 단락의 "그 대신 이를 잘 활용하면 ~ 만들 수 있다.", "달콤한 백포도주의 ~ 명품이 만들어진다."를 통해 모든 고급 포도주가 너무 덥지도 춥지도 않은 곳에서 재배된 포도로만 만들어지는 것은 아님을 알 수 있다.
② 둘째 단락의 "이탈리아 정도에서 ~ 북방한계선이다."를 통해 이탈리아보다 '남쪽'이 아닌 '북쪽'임을 알 수 있다.
③ 첫째 단락의 "이런 용도로 일상적으로 ~ 마시기도 한다."를 통해 '고급 포도주와는 다른 저렴한 포도주'가 일상적으로 마시는 용도임을 알 수 있다.

中

08 개념 카테고리 독해 > 독해 비문학 > 일치/불일치 답 ①

| 정답해설 | ① 첫째 단락 첫째 줄에서 "만약 어떤 것이 과학일 경우 거기에서 사용되는 문장은 유의미하다."라고 언급하였다. 'a면 b이다'라는 명제가 참이면 'b가 아니면 a가 아니다'라는 명제도 참이다. 이는 가언적 삼단 논법 중 '후건 부정으로 전건 부정'에 해당한다. 따라서 '어떤 것이 과학일 경우'를 'a'로 보고 '거기에 사용되는 문장은 유의미하다'를 'b'로 본 후, 'b가 아니면 a가 아니다'의 형식으로 만들어 보면 '유의미하지 않은 문장', 즉 '무의미한 문장을 사용하는 것은 과학이 아니다.'라는 명제가 성립하게 됨을 알 수 있다.

| 오답해설 | ② 과학일 경우 거기에서 사용되는 문장이 유의미한 것은 맞다. 하지만 과학의 문장들만 유의미한 것은 아니다. 첫째 단락을 보면 유의미한 문장을 "경험을 통해 참이나 거짓을 검증할 수 있는 문장"으로 정의하고 있음을 알 수 있다.
③ 아직 경험되지 않았지만 앞으로 경험이 가능하다면 유의미한 문장이 될 수 있다. (가) 문장은 아직 경험되지는 않았지만 분명히 경험을 통해 진위를 확인할 수 있는 경우에 해당한다.
④ "경험을 통해 참이나 거짓을 검증할 수 있는 문장"은 유의미하다. 따라서 경험을 통해 거짓을 검증할 수 있는 문장 역시 유의미하다고 볼 수 있다.

中

09 개념 카테고리 독해 > 독해 비문학 > 전개 순서 답 ①

| 정답해설 | ① 제시된 글의 맥락을 살펴보면 다음과 같다.
독서는 아이들의 뇌 발달에 영향을 미친다. → (나) A교수는 독서를 할 때와 하지 않을 때의 뇌 변화를 연구해서 명성을 얻은 학자이다. → (가) 그(A교수)에 따르면 책을 읽으면 전두엽을 많이 사용하게 된다. → (다) 책을 많이 읽으면 전두엽이 훈련되어 뇌 발달 가능성이 높아지게 된다. 이는 교육 현장에서 독서를 많이 한 아이가 성적도 좋고 언어 능력도 발달했다는 것을 통해 실증되었다.

中

10 개념 카테고리 독해 > 독해 비문학 > 일치/불일치 답 ②

| 정답해설 | ② 둘째 단락의 "가령 고구려의 연개소문은 ~ 영웅의 모습도 포함되어 있다."를 통해 고구려인인 연개소문은 반신이지만 당나라에 대적한 민족적 영웅의 모습도 포함되어 기술되고 있음을 알 수 있다. 이는 신라 정통론에 기반하고, 유교적 사관에 따라 당시의 지배 질서를 공고히 하고자 했다는 『삼국사기』에 대한 기존 평가와 부합하지 않는 경우라고 볼 수 있다.

| 오답해설 | ① 고구려인과 백제인의 이야기가 수록되어 있다는 것만으로 『삼국사기』가 신라 정통론을 계승하지 않았다고 볼 근거는 없다.
③ 첫째 단락의 "관직에 있지는 않았으나 기릴 만한 사람을 실었다."를 통해 관직에 오르지 못한 사람도 수록되었음을 알 수 있다.
④ 본기 28권, 열전 10권이므로 『삼국사기』의 체제에서 가장 많은 권수를 차지하는 것은 '본기'이다.

中

11 개념 카테고리 독해 > 독해 비문학 > 일치/불일치 답 ③

| 정답해설 | ③ (다)에서는 디디티(DDT)의 악영향을 예를 들어 사실적으로 설명하며 생산과 사용이 중단되었다는 역사적 사실을 언급하고 있을 뿐, 사용 금지를 주장하고 있지는 않다.

| 오답해설 | ① (가)는 지속성 농약의 악영향과 디디티(DDT)라는 중심 화제를 소개하고, 핵심 어휘를 제시하며, 지속성 농약이 자연 생태계에 악영향을 미칠 수 있음을 언급함으로써 그와 관련한 내용이 전개될 것임을 암시하고 있다.
② (나)는 디디티(DDT)의 축적 과정과 그 후유증을 인과 분석의 방법으로 설명하고 있다.
④ (라)는 '경각심을 갖자.' 등의 직접적 표현을 사용하지 않고 현재의 상황을 설명하며 경각심을 간접적으로 드러내고 있다.

中

12 개념 카테고리 독해 > 독해 비문학 > 일치/불일치 답 ③

| **정답해설** | ③ (나)를 보면 하층의 인물이 소설을 읽고 하층의 사람들이 그 이야기를 재미있게 즐기고 있다는 것은 알 수 있지만, 하층의 사람들이 소설을 창작했다는 내용은 언급되지 않았다.

| **오답해설** | ① (가)의 "어찌 상중(喪中)에 있으면서 ~ 하고 꾸짖었다."를 통해 상층 남성들이 상중의 예법에 대해 매우 엄격하였다는 것을 알 수 있다.

② (가)의 "소설을 읽다가 그 소리가 밖으로 들렸다."를 통해 혼자 소설을 보면서 소리 내어 읽기도 하였다는 것을 알 수 있다.

④ (가)의 "스스로 평민과 같아지려 할 수 있는가?"라는 부분과 (나)의 소설을 읽어 주는 사람과 그 이야기를 듣는 사람이 평민임을 감안할 때 상층이 아닌 하층에서도 소설을 즐겼다는 것을 추정할 수 있다.

中

13 개념 카테고리 독해 > 독해 비문학 > 일치/불일치 답 ①

| **정답해설** | 마지막 단락에서 글을 읽고 그 글을 집필한 필자를 읽은 뒤 최종적으로 그것을 읽고 있는 독자 자신을 읽어야 한다고 하였다. 이를 바탕으로 독서는 자신을 열고, 자신을 확장하고, 자신을 뛰어넘는 비약이어야 한다고 이야기하고 있다.

① 독서가 타인의 경험이나 생각 등을 자기화하는 과정이라는 이해는 적절하다.

| **오답해설** | ②, ④ 독서를 통해 즐거움을 느낄 수 있다는 점에서 책을 벗으로 비유한 것이지, 이것이 반가운 벗과의 독서나 친밀한 교우 관계를 이야기하는 것은 아니다.

③ 제시문에서 확인할 수 없는 내용이다.

中

14 개념 카테고리 독해 > 독해 비문학 > 밑줄/괄호 답 ③

| **정답해설** | ③ 마지막 단락의 마지막 문장에서 "가짜 뉴스는 혐오나 선동과 같은 ~ 극단주의를 초래한다."라고 언급하였다. 즉, 돈을 목적으로 한 가짜 뉴스에 혐오와 선동이 담기게 되고, 그로 인해 극단주의가 발생할 수 있는 것이다.

| **오답해설** | ① 광고주와 중개 업체 사이의 위계 관련 내용은 확인할 수 없다.

② 소비자가 선택과 집중을 통해 뉴스를 소비하는 것은 바른 모습이다. 즉, 가짜 뉴스로 인해 생기는 사회적 문제가 아니다.

④ 마지막 단락을 보면 "높은 조회수가 나오는 사이트일수록 높은 금액의 광고를 배치하는 식이다."라고 하였다. 따라서 소비자가 돈을 주고 가짜 뉴스를 읽는 것이 아니다.

中

15 개념 카테고리 독해 > 독해 비문학 > 일치/불일치 답 ①

| **정답해설** | ① 가짜 뉴스의 기준과 범위를 정하기 어려운 이유를 제시한 내용은 확인할 수 없다.

| **오답해설** | ② 둘째 단락의 "2017년 2월 ~ 정의하였다."에서 확인할 수 있다.

③ 넷째 단락의 "'21세기형 가짜 뉴스'의 특징은 ~ 기업이 있다는 점이다."에서 확인할 수 있다.

④ 넷째 단락의 "누구나 쉽게 이용하는 ~ 유통되고 확산된다."에서 확인할 수 있다.

中

16 개념 카테고리 독해 > 독해 비문학 > 일치/불일치 답 ②

| **정답해설** | ② 셋째 단락에서 "이차 프레임 내부의 대상과 외부의 대상 사이에는 정서적 거리감이 조성되기도 한다."라고 하였으므로 적절한 내용이다.

| **오답해설** | ① 첫째 단락의 "카메라로 대상을 포착하는 행위는 ~ 내포한다."를 통해 '프레임 밖의 영역'이 아니라 프레임에 담긴 '안'의 영역에 찍은 사람의 의도와 메시지가 담기는 것을 알 수 있다.

③ 둘째 단락의 "대상이 작거나 구도의 중심에서 ~ 존재감을 부각하기가 용이하다."를 통해 이차 프레임 내 대상의 크기가 작더라도 대상의 존재감을 강조할 수 있음을 알 수 있다.

④ 마지막 단락의 "가령 이차 프레임 내부 이미지의 형체를 식별하기 어렵게 함으로써 ~ 무력한 것으로 만들거나"를 통해 '대상을 강조하는 효과'가 아니라 '강조의 기능을 무력한 것으로 만드는 효과'가 있음을 알 수 있다.

中

17 개념 카테고리 독해 > 독해 비문학 > 일치/불일치 답 ③

| **정답해설** | ③ 제시문의 맥락에서 ㉢ '환기'는 '주의나 여론, 생각 따위를 불러일으킴.'을 뜻한다.

上

18 개념 카테고리 독해 > 독해 비문학 > 논리형 답 ④

| **정답해설** | 1. 〈논리학〉, 〈인식론〉, 〈과학철학〉, 〈언어철학〉을 모두 수강한 학생은 없었다.

2. 〈논리학〉을 수강한 학생들은 모두 〈인식론〉도 수강하였다.
 논 → 인

3. 일부 학생들은 〈인식론〉과 〈과학철학〉을 둘 다 수강하였다.
 ∃인&과

4. 〈언어철학〉을 수강하지 않은 학생들은 누구도 〈과학철학〉을 수강하지 않았다.
 ~언 → ~과 = 과 → 언

이를 정리하면 다음과 같다.

경우	논	인	과	언	
A	○	○			
B	×	○	○	○	∋
C			×	×	

ㄱ. B의 경우 〈논리학〉을 수강하지 않는다.

ㄴ. A의 경우에서 〈과학철학〉을 수강했다고 했을 때, 4의 대우에 의거하여 〈언어철학〉 역시 수강해야 한다. 그렇다면 1의 조건에 부합하지 않는다.

ㄷ. B의 경우 〈인식론〉과 〈언어철학〉을 모두 수강한 학생이 존재한다.

上

19 개념 카테고리 독해 > 독해 비문학 > 논리형 답 ①

| 정답해설 | 평가에 대한 총점은 갑돌이 10점, 나머지 을순, 병만, 정애는 9점이다. 갑돌의 표창은 확정이다. 그리고 총 세 명이 표창을 받아야 하므로 나머지 세 명 중 두 명을 선발해야 한다.

ㄱ: 을순, 병만이 선발되고 정애가 선발되지 않는다. 갑돌은 이미 선발되었으므로 갑돌, 을순, 병만 총 세 명이 표창을 받게 되어 적절하다.

| 오답해설 | ㄴ: 갑돌을 제외한 나머지 세 명 모두 청렴도에서 중 혹은 상을 받았다. 갑돌은 이미 평가 점수 총합이 높아서 선발되었으므로, 이 경우 4명 모두 표창을 받게 되어 적절하지 않다. 빈칸에 들어갈 진술은 전체 후보자를 대상으로 하는 조건이 아닌, '동점자들 사이'에서의 조건임에 유의한다.

ㄷ: 을순과 병만이 선발되지 않고 정애가 선발된다. 갑은 이미 선발되었으므로 갑돌, 정애 총 두 명이 표창을 받게 되어 적절하지 않다.

上

20 개념 카테고리 독해 > 독해 비문학 > 논리형 답 ③

| 정답해설 | 올해 공무원으로 채용되기 위한 세 가지 조건은 다음과 같다. 업무 능력을 검증받았고, 인사추천위원회의 추천을 받았고, 공직관이 투철해야 한다. (그러나 이 세 가지 조건을 만족하는 사람'만'이 채용되는 것은 아님에 유의한다. 다른 경로가 있을 수도 있다. 제시문에서는 다른 경로가 없다고 언급한 적이 없다.) 또한 도덕성에 결함이 있는 사람은 공무원으로 채용되지 않는다.

③ 철수는 채용되기 위한 조건 중 추천을 제외한 나머지 조건을 모두 충족했다. 만약 철수가 도덕성에 결함이 있다면, 그는 공무원으로 채용되지 않는다. 이런 상황에서 추천까지 받게 되면 공무원에 채용되어야 하므로 모순이 발생한다. 그러므로 철수가 도덕성에 결함이 있다면 그는 반드시 추천을 받지 않아야 한다. 따라서 반드시 참이다.

| 오답해설 | ① 도덕성에 결함이 없더라도 추천이 있어야 채용된다. 반드시 참이 될 수는 없다.

② 올해 공무원으로 채용되는 사람들이 모두 봉사정신이 있지만, 그것이 꼭 철수가 채용되어야 하는 조건이 되지는 않는다. 철수가 아닌, 봉사정신이 있는 다른 사람이 채용되더라도 모순이 없기 때문이다. 반드시 참이 될 수는 없다.

④ 추천을 받아 세 가지 조건을 충족하면 올해 공무원으로 채용되기는 하지만, 그렇지 않은 방법으로 채용될 수도 있다. 반드시 참이 될 수는 없다.

정답과 해설 PART 02

기출 품은 모의고사 8회

기출문제편 ▶ P.114

영역별 출제 비중

맞힌 문항 수	/20문항
점수	/100점

문항 분석

문항	정답	영역
1	①	문법 > 현대 문법 > 공공언어 바로 쓰기
2	②	문법 > 현대 문법 > 형태론
3	②	문법 > 현대 문법 > 통사론
4	②	독해 > 독해 비문학 > 전개 순서
5	③	독해 > 독해 비문학 > 개요 수정
6	④	독해 > 독해 비문학 > 일치/불일치
7	①	독해 > 독해 비문학 > 글/문단/문장 수정
8	④	독해 > 독해 비문학 > 밑줄/괄호
9	②	독해 > 독해 비문학 > 화법 지문
10	②	독해 > 독해 비문학 > 밑줄/괄호
11	①	독해 > 독해 비문학 > 밑줄/괄호
12	④	독해 > 독해 비문학 > 일치/불일치
13	①	독해 > 독해 비문학 > 주제 찾기
14	④	독해 > 독해 비문학 > 밑줄/괄호
15	③	독해 > 독해 비문학 > 일치/불일치
16	②	독해 > 독해 비문학 > 일치/불일치
17	③	독해 > 독해 비문학 > 밑줄/괄호
18	①	독해 > 독해 비문학 > 논리형
19	④	독해 > 독해 비문학 > 논리형
20	④	독해 > 독해 비문학 > 논리형

취약영역 체크

문법과 어문 규정	/3
비문학	/14
논리형	/3

➡ **나의 취약영역:** ____________

下

01 개념 카테고리 문법 > 현대 문법 > 공공언어 바로 쓰기 답 ①

출제예상 TIP 공공언어 바로 쓰기에서 제시하는 잉여적 표현들을 잘 정리해 두어야 한다.

| 정답해설 | ① '입니다'는 서술격 조사 '이다'의 활용형이다. 따라서 앞의 명사 '문서'에 붙여 써야 한다.

| 오답해설 | ② '로써'는 '수단, 방법'의 의미일 때 쓰고 '로서'는 '자격'을 나타낼 때 쓴다. 따라서 자격을 의미하는 맥락이므로 '향토기업으로서'로 수정한다.

③ 관형사 '매'와 조사 '마다'는 의미가 중복된다. 따라서 둘 중 하나만 쓰는 것이 좋다. 따라서 '1년마다'로 수정한다.

④ 한자어 '기인하다'를 수정하여 '때문이다'로 수정하는 것은 적절하다. 따라서 '많은 데 기인한'을 '많은 것 때문인'으로 수정해야 한다.

中

02 개념 카테고리 문법 > 현대 문법 > 형태론 답 ②

출제예상 TIP 접두사의 쓰임과 접미사의 쓰임을 잘 정리해 두어야 한다.

| 정답해설 | ② '새롭게'의 기본형은 '새롭다'이다. 이때 '새'는 관형사이고 여기에 어근의 품사를 형용사로 바꾸는 접사 '-롭다'가 붙은 경우이다. 따라서 ㉠에 해당하는 예가 아니다.

| 오답해설 | ① '시퍼런'의 기본형은 '시퍼렇다'이다. 이때 '시-'는 형용사 '퍼렇다' 앞에서 붙어 '매우 짙고 선명하게'의 뜻을 더하는 접두사의 역할을 하고 있다. 따라서 ㉠에 해당하는 예이다.

③ '복된'의 기본형은 '복되다'이다. 이때 '복'은 명사이고 '-되다'가 명사 어근 뒤에 어근의 품사를 형용사로 바꾸는 접사의 역할을 하고 있다. 따라서 ㉡에 해당하는 예이다.

④ '정답게'의 기본형은 '정답다'이다. 이때 '정'은 명사이고 '-답다'가 명사 어근 뒤에 어근의 품사를 형용사로 바꾸는 접사의 역할을 하고 있다. 따라서 ㉡에 해당하는 예이다.

中

03 개념 카테고리 문법 > 현대 문법 > 통사론 답 ②

출제예상 TIP 서술어 자릿수 관련된 내용을 잘 정리해 두어야 한다.

| 정답해설 | ②의 문장은 〈보기〉의 서술어 자릿수에 대한 설명을 근거로 문장을 수정한 예가 아니라 문장에서 주어와 서술어의 호응이 잘못된 것을 수정한 경우이다. 따라서 〈보기〉의 내용을 근거로 한다고 보기 어렵다.

| 오답해설 | ① 서술어 '요청하다'는 '~가 ~에 ~을 요청하다', 즉 '주어, 필수적 부사어, 목적어, 서술어'의 구성을 요구하는 세 자리 서술어이나. 따라서 '정부에'와 같이 필수적 부사어를 추가하는 것이 문법적으로 정확한 문장이 된다.

③ 서술어 '소개하다'는 '~가 ~에게 ~을 소개하다', 즉 '주어, 필수적 부사어, 목적어, 서술어'의 구성을 요구하는 세 자리 서술어이다. 따라서 '누나에게'와 같이 필수적 부사어를 추가하는 것이 문법적으로 정확한 문장이 된다.

④ 서술어 '삼다'는 '~가 ~을 ~으로 삼다', 즉 '주어, 목적어, 필수적 부사어, 서술어'의 구성을 요구하는 세 자리 서술어이다. 따라서 '그 일을'과 같이 목적어를 추가하는 것이 문법적으로 정확한 문장이 된다.

더 알아보기

서술어의 자릿수

서술어는 그 성격에 따라서 필요로 하는 문장 성분의 개수가 다른데, 이를 '서술어의 자릿수'라고 한다. 한 문장 안에서 서술어가 요구하는 문장 성분은 '주어, 목적어, 보어, 필수적 부사어'이다. 서술어의 자릿수에 따라서 나머지 필수 성분들이 결정되기 때문에 주성분으로서 서술어의 중요성이 크다고 할 수 있다.

中

04 개념 카테고리 독해 > 독해 비문학 > 전개 순서 답 ②

| 정답해설 | 선택지를 통해 (가)가 가장 먼저 나옴을 알 수 있다. (나)와 (라)는 '혜시'로 연결되는데, (라)에서 '혜시도'의 조사 '도'를 통해 (나)가 (라)보다 우선함을 유추할 수 있다. (다)와 (라)는 '상대적인 방법'을 통해 연결되며 문맥상 (라)가 (다)보다 우선함을 알 수 있다.

따라서 ② '(가)-(나)-(라)-(다)'의 순서로 배열해야 한다.

中

05 개념 카테고리 독해 > 독해 비문학 > 개요 수정 답 ③

| 정답해설 | 선택지를 통해 ㉠이나 ㉡이 가장 먼저 오는 것을 알 수 있다. ㉠은 문장을 구성하는 여러 구성 성분 중 '어절'에 대한 이야기이고, ㉡은 문장의 기본 개념에 대한 이야기를 하고 있다. 문제에서 두괄식으로 구성하고자 한다고 하였으므로 문장의 정의와 글의 포괄적인 내용을 담고 있는 ㉡이 주제문으로 맨 앞에 나와야 한다. ㉡이 맨 앞에 있는 선택지 중에서 ㉠은 어절에 대해 이야기하고 있고, ㉢은 "띄어 쓴 어절이 몇 개 모여서 하나의 문장 성분이 되는 경우가 있다."라고 글을 시작하고 있으므로 ㉢이 ㉠ 뒤에 와야 한다. 따라서 ③ '㉡-㉠-㉢-㉣'이 적절하다. 참고로 ㉣은 '구'가 핵심어이고 앞서 ㉢에서 이야기한 '절'을 다시 언급하고 있으므로, ㉢ 뒤에 와야 한다.

上

06 개념 카테고리 독해 > 독해 비문학 > 일치/불일치 답 ④

| 정답해설 | ④ 둘째 단락의 "1865년 파스퇴르는 이런 생각이 틀렸음을 증명했다. ~ 프랑스의 잠사업을 위기에서 구했다."를 통해 근거를 찾을 수 있다.

| 오답해설 | ① 첫째 단락에서 플렌치즈의 주장은 증거가 없었으므로 다른 사람들을 납득시킬 수 없었다고 설명하고 있다.

② 둘째 단락에 따르면 썩어가는 물질이 내뿜는 독기가 질병을 일으킨다는 생각이 틀렸음을 증명한 사람은 플렌치즈가 아니라 파스퇴르이다.

③ 셋째 단락에 따르면 코흐는 다른 과학자들이 동물 시체에서 발견한 탄저균을 쥐에게 주입하는 실험을 하였다.

中

07 개념 카테고리 독해 > 독해 비문학 > 글/문단/문장 수정 답 ①

| 정답해설 | ① '꼽혀지다'는 '꼽히어지다'로 분석되며, 이때 '-히-'와 '-어지다'는 모두 피동 표현이다. 따라서 이중 피동 표현이다. '꼽고'는 능동이므로 '꼽히고' 정도로 수정하는 것이 적절하다.

| 오답해설 | ② 언제부터 '리셋 증후군'이라는 용어가 사용되었는지 설명하는 부분이므로 리셋 증후군이 처음 언급되는 문장 뒤로 옮기는 것이 문맥상 더 자연스럽다.

③ "관계를 쉽게 끊기도 한다."라는 설명 앞에 나오는 표현이므로 '칼로 무를 자르듯'이 더 적절하다.

④ 리셋 증후군이 쉽게 판별하기 어렵고 진단도 쉽지 않다고 하는 앞부분과 예방을 위해 지속적으로 노력해야 한다는 뒷부분은 '인과 관계'에 해당한다. 따라서 '그러므로'가 적절하다.

더 알아보기

이중 피동

- 피동 접사 + '-어지다'
  - 예 신발 끈이 풀려지다. (×)

  '풀려지다'는 '풀리어지다'로 분석된다. 즉 '풀다'의 어간 '풀-'에 짧은 피동을 나타내는 피동 접미사 '-리-'와 긴 피동을 나타내는 '-어지다'가 모두 붙어 피동 표현이 중복된 형태이다. 이는 이중 피동으로, 국어에서 올바른 표현으로 인정받지 못한다. 따라서 위 예문의 경우 '풀리다' 또는 '풀어지다' 중 하나로 표현해야 한다.
- '-되다' + '-어지다'
  - 예 그 일이 잘 해결될 거라고 생각되어진다. (×)

  명사 '생각'에 피동의 뜻을 더하고 동사를 만드는 접미사 '-되다'가 붙은 '생각되다'에 다시 '-어지다'가 붙어 피동 표현이 중복된 이중 피동이다. 따라서 위 예문의 경우 '생각된다'로 표현해야 한다.
- '갈리우다, 불리우다, 잘리우다, 팔리우다' 등
  - 예 두 갈래로 갈리운 길을 찾아라. (×)
    그는 별명으로 불리웠다. (×)

  '갈리다'는 '가르다'의 피동사, '불리다'는 '부르다'의 피동사이므로, 피동 접사가 결합되지 않는다. 따라서 위 예문의 경우 '갈리다'의 활용형 '갈린', '불리다'의 활용형 '불렸다'로 표현해야 한다.

中

08 개념 카테고리 독해 > 독해 비문학 > 밑줄/괄호 답 ④

| 정답해설 | ④ "방바닥 쪽의 차가운 공기는 ~ 방 전체가 따뜻해진다."를 통해 대류 현상은 찬 공기가 데워져 위로 올라가고 올라간 공기가 식어 아래로 내려오며 순환하는 것임을 알 수 있다. 따라서 위쪽 공기만 데우는 서양식의 난방은 바닥의 차가운 공기가 데워지지 않으므로 바닥 바로 위 공기까지는 따뜻해지지 않는다.

| 오답해설 | ① 벽난로는 방바닥이 데워지지 않는 구조이다. 따라서 공기가 따뜻하게 데워져 위로 올라갈 수 없다.

② 제시문에서 근거를 찾을 수 없다.

③ 대류 현상에 대한 올바른 설명이 아니다.

中

09 개념 카테고리 독해 > 독해 비문학 > 화법 지문 답 ②

| 정답해설 | ② A와 B의 '(고개를 끄덕이며)'를 통해 A와 B 모두 공감의 표지를 드러내며 상대방의 말을 듣고 있음을 알 수 있다.

| 오답해설 | ① B가 회의 내용을 개조식으로 요약 정리해서 메일로 공유하겠다고 말하였다.

③ 개조식에 문제가 있을 수 있다는 A의 말에 B는 고개를 끄덕이며 "그렇겠네요."라고 말하며 공감하고 있다.

④ 개조식이 회의 내용을 과도하게 생략하여 이해에 어려움을 줄 수 있다고 언급한 것은 B이다.

中

10 개념 카테고리 독해 > 독해 비문학 > 밑줄/괄호 답 ②

| 정답해설 | ② '애매어의 오류'는 동일한 단어가 한 논증에서 맥락마다 서로 다른 의미를 지니는 것으로 사용될 때 생기는 오류를 말한다. 즉 '다의어'의 성격 때문에 생기는 오류이다. 선택지로 제시된 문장에서 '부패'는 다의어인데, 다의어적 의미를 고민하지 않고 사용하여 오류가 발생하였다.

| 오답해설 | ① 선택지로 제시된 문장은 연역법의 일종인 '정언 삼단 논법'에 따라 전개된 문장이다. '정언 삼단 논법'이란 두 개의 정언 명제(~은 …이다)를 전제로 하여 새로운 정언 명제(~은 …이다)를 결론으로 이끌어 내는 방식이다.

③ 선택지로 제시된 문장은 집합이 어떤 성질을 지니고 있다는 내용의 전제로부터 그 집합 각각의 원소들 역시 개별적으로 그 성질을 지니고 있다는 결론을 도출하는 '분할의 오류(분해의 오류)'의 예이다.

④ 선택지로 제시된 문장은 각각의 원소들이 개별적으로 어떤 성질을 지니고 있다는 내용의 전제로부터 그 원소들을 결합한 집합 전체도 역시 그 성질을 지니고 있다는 결론을 도출하는 '결합의 오류'의 예이다.

더 알아보기

정언 삼단 논법의 예

[대전제] 모든 사람은 죽는다.

[소전제] 소크라테스는 사람이다. → 대전제와 소전제, 즉 두 개의 정언 명제가 제시되고 있음.

[결론] 그러므로 소크라테스는 죽는다. → 새로운 정언 명제를 결론으로 이끌어 내고 있음.

下

11 개념 카테고리 독해 > 독해 비문학 > 밑줄/괄호 답 ①

| 정답해설 | ① ㉠ 앞부분을 보면 "뉴스 타전은 ~ 교회의 시간 규범을 따른다."라고 했으므로, 뉴스와 시간 규범을 언급한 〈보기〉가 들어가기에 가장 적당한 곳은 ㉠이다.

中

12 개념 카테고리 독해 > 독해 비문학 > 일치/불일치 답 ④

| 정답해설 | ④ '에우리피데스의 비극'은 '비극의 시대'에 속하고『오디세이아』는 '서사시의 시대'에 속한다. "첫 번째 시대에서 후대로 갈수록 총체성의 정도는 낮아진다."라고 하였으므로 에우리피데스의 비극에 비해『오디세이아』에서는 신과 인간의 결합 정도가 높다는 것을 알 수 있다.

| 오답해설 | ① '철학의 시대' 바로 앞 시대는 '서사시의 시대'가 아니라 '비극의 시대'이다. 따라서 계몽사상이 서사시의 시대에서 철학의 시대로의 전환을 이끌었다고 볼 수 없다.

② 플라톤의 이데아는 '철학의 시대'를 대표한다. 따라서 비극적 세계와는 관련이 없다.

③ 루카치는 '총체성' 개념을 기준으로 그리스 세계를 세 시대로 구분하였다.

中

13 개념 카테고리 독해 > 독해 비문학 > 주제 찾기 답 ①

| 정답해설 | ① 글쓴이는 식육 생산의 실상을 이야기하기 위해 폴 매카트니의 말을 인용하여 '채식주의자'를 언급한 것일 뿐, '채식주의자'는 비판의 대상이 아니다.

| 오답해설 | 사람들이 '동물을 먹는 행위'가 선택의 결과라는 사실을 생각하려 들지 않는 것이나, 이에 선행하는 '식육 생산의 실상'에 대해 완전히 알아보려 하지 않는 것에 대해 마지막 문장에서 "우리가 어느 수준에서는 불편한 진실을 ~ 바로 폭력적 이데올로기다."라고 비판하고 있다. 따라서 ②, ③, ④ 모두 비판의 대상으로 보는 것이 적절하다.

中

14 개념 카테고리 독해 > 독해 비문학 > 밑줄/괄호 답 ④

| 정답해설 | ④ 마지막 단락에서 학교 팽창의 원인 중 '사회적 차원'에 대하여 "학교의 팽창은 현대사회가 학력 사회로 변화된 데에 기인한다."라고 언급하고 있다. 따라서 산업 수준이 더욱 고도화되면서 산업 사회의 과제를 해결하기 위한 기관이 학교이기 때문에 학교가 팽창한 것이라는 반응은 적절하지 않다.

| 오답해설 | ① 둘째 단락 "학습 욕구 차원에서, 인간은 지적·인격적 성장을 위한 학습 욕구를 지니고 있다."를 통해 확인할 수 있다.

② 셋째 단락 "경제적 차원에서 학교는 산업사회가 성장하는 데 있어서 필수적인 인력 양성 기관의 역할을 담당하였다."를 통해 확인할 수 있다.

③ 넷째 단락 "정치적 차원에서 ~ 가르쳐야 했다."를 통해 확인할 수 있다.

中

15 개념 카테고리 독해 > 독해 비문학 > 일치/불일치 답 ③

| 정답해설 | ③ 〈보기〉의 첫째 단락에 따르면 'A'는 "높은 학력을 통해 능력을 인정받은 개인은 희소가치가 높은 노동을 제공함으로써 높은 소득을 얻고 계층 상승을 이룰 수 있다고 본다."라고 하였다. 제시문의 마지막 단락을 보면 '막스 베버' 또한 높은 학력을 가진 사람은 사회경제적으로 높은 지위를 독점할 수 있다고 저서에 기술하였다. 따라서 'A'와 '막스 베버' 둘 다 학력을 통해 높은 계층의 지위를 차지할 수 있다고 생각함을 알 수 있다.

| 오답해설 | ① 〈보기〉의 첫째 단락을 보면 'A'는 학력은 개인의 능력에 따라 차별화된다고 하였다. 따라서 고학력을 취득한 사람이 저학력을 취득한 사람보다 능력이 뛰어나다고 생각한 것은 '막스 베버'가 아닌 'A'이다.

② 〈보기〉의 둘째 단락을 보면 'B'는 상급학교의 진학은 개인의 능력만을 반영하지 않고 부모의 사회적 지위와 소득의 영향을 받는다고 하였다. 따라서 사회경제적으로 높은 지위를 차지하기 위해서 개인의 학력보다 부모의 지위가 중요하다고 생각한 것은 '막스 베버'가 아닌 'B'이다.

④ 'B'와 '막스 베버'가 높은 관직에 오르기 위해서 명문가에서 태어나는 것이 뛰어난 학력을 가지는 것보다 중요하다고 생각하는지는 알 수 없다.

中

16 개념 카테고리 독해 > 독해 비문학 > 일치/불일치 답 ②

| 정답해설 | ② 아름다운 대상을 미학은 '철학'이라는 도구를 가지고 연구하는 학문이고, 미술사학은 '역사학'이라는 도구를 가지고 연구하는 학문으로 구분하여 설명하고 있다.

| 오답해설 | ① 둘째 단락의 "미술사학은 화가 개인이나 화파 사이의 역사적 ~ 이 같은 설명이 음악사학에도 적용될 것이다."를 통해 미술사학과 음악사학은 아름다운 대상에 접근하는 방식이 같음을 알 수 있다.

③ 미학은 "아름다운 대상을 철학적으로 연구하는 학문"이다. 따라서 그것이 음악이든 그림이든 아름다운 것을 철학적으로 연구한다면 모두 미학을 한다고 볼 수 있다. 하지만 '그림', '음악'의 경우 '철학적'이 아닌 '역사학적'으로 연구하는 경우도 있다. 이는 미학이 아닌 미술사학, 음악사학에 해당한다. 따라서 '그림', '음악' 등 아름다운 것을 연구하는 사람들을 모두 미학을 한다고 할 수는 없다.

④ 미학과 음악사학의 가장 큰 차이는 아름다움을 철학적으로 연구하느냐 역사학적으로 연구하느냐의 차이이다.

中

17 개념 카테고리 독해 > 독해 비문학 > 밑줄/괄호 답 ③

| 정답해설 | ③ 미학과 미술사학은 '미술'이라는 같은 대상을 보고 있지만 미학은 미술을 '철학적' 관점에서 보고, 미술사학은 미술을 '역사적' 관점에서 연구한다는 차이가 있다. 따라서 '같은 대상을 보고 있지만, 그것을 보는 관점이 다르다.'라고 할 수 있다.

上

18 개념 카테고리 독해 > 독해 비문학 > 논리형 답 ①

| 정답해설 | 〈원칙〉에서 제시하고 있는 두 조건을 보면 서로 이어져 있다는 것을 알 수 있다. 〈보기〉의 상황들에 해당 조건들을 적용해 보면 다음과 같다.

ㄱ: 전자의 확률(1/6)이 후자의 확률(1/2)보다 낮다. 조건 2에 의해, 확률이 낮으면 더 많은 양의 정보를 담고 있다. 따라서 〈원칙〉을 바르게 적용했다.

| 오답해설 | ㄴ: 문장의 구성을 보면 후자가 참이라면 전자도 반드시 참이 됨을 알 수 있다. 그러나 그 역은 반드시 참이 되지는 않으므로 후자가 X, 전자가 Y인 조건 1의 상황이다. 조건 1과 2에 의해 후자의 정보량이 더 많다. 따라서 〈원칙〉을 바르게 적용한 것이 아니다.

ㄷ: 문장의 구성을 보면, 전자가 참이라면 후자도 반드시 참이 됨을 알 수 있다. 그러나 그 역은 반드시 참이 되지는 않으므로 전자가 X, 후자가 Y인 조건 1의 상황이다. 조건 1과 2에 의해 전자의 정보량이 더 많다. 따라서 〈원칙〉을 바르게 적용한 것이 아니다.

上

19 개념 카테고리 독해 > 독해 비문학 > 논리형 답 ④

| 정답해설 | B중학교 학생 중 스마트폰을 가지고 등교하더라도 학교에 있는 동안 사용하지 않는 학생 중에 영어 성적이 60점 미만인 학생은 없다. B중학교에서 방과 후 보충 수업을 받아야 하는 학생들 중에는 영어 성적이 60점 이상인 학생이 없다. 그러므로 ④에서 제시하고 있는 학생들은 보충 수업을 받지 않을 것이다. 반드시 참이다.

| 오답해설 | ① 국어 성적 60점 미만이 20명, 영어 성적 60점 미만이 20명이라고 언급하고는 있지만, 이 두 조사의 대상이 중복되지 않는다는 조건이 없다. 중복될 경우 40명 미만이 되므로 반드시 참이라고 볼 수 없다.

② 방과 후 보충 수업을 듣는 학생들이 모두 60점 미만의 학생이긴 하지만, 이 말이 60점 미만인 학생은 모두 방과 후 보충 수업을 들어야 한다는 의미는 아니다. 성열이는 수업을 들을 수도 있고, 듣지 않을 수도 있다. 반드시 참이 될 수는 없다.

③ 제시문에서 스마트폰 소지, 사용 여부와 국어 성적이 연결되어 제시된 정보를 확인할 수 없다. 반드시 참이 될 수는 없다.

上

20 개념 카테고리 독해 > 독해 비문학 > 논리형 답 ④

| 정답해설 | ㄴ: 사랑을 원하는 사람은 정열을 가진 사람이다. 그리고 곧바로 이어지는 문장에서, 정열을 가진 사람은 행복하지 않다는 것을 알 수 있다. 반드시 참이다.

ㄷ: 지혜로운 사람은 정열을 갖지 않는다. 그리고 사랑을 원하는 사람은 정열을 가진 사람이다. 이 문장의 대우를 취해 보면, 정열을 가지지 않으면 사랑을 원하지 않음을 알 수 있다. 그러므로 지혜로운 사람은 사랑을 원하지 않는다. 반드시 참이다.

| 오답해설 | ㄱ: 지혜로운 사람은 정열을 갖지 않는다. 그리고 정열을 가진 사람은 행복하지 않다. 그러나 이 두 조건만으로는 정열을 갖지 않는 사람이 반드시 행복하다는 명제를 만들어낼 수 없다. 반드시 참이 될 수는 없다.

정답과 해설 PART 02

기출 품은 모의고사 9회

기출문제편 ▶ P.125

영역별 출제 비중

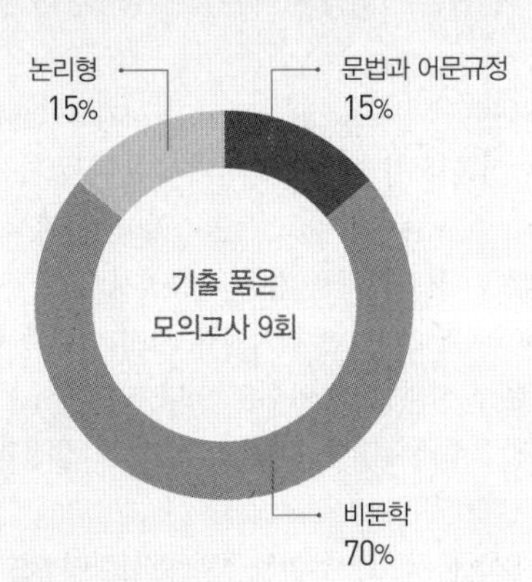

맞힌 문항 수	/20문항
점수	/100점

| 문항 분석

문항	정답	영역
1	①	문법 > 현대 문법 > 공공언어 바로 쓰기
2	③	문법 > 현대 문법 > 통사론
3	④	문법 > 현대 문법 > 의미론
4	④	독해 > 독해 비문학 > 밑줄/괄호
5	④	독해 > 독해 비문학 > 일치/불일치
6	②	독해 > 독해 비문학 > 밑줄/괄호
7	③	독해 > 독해 비문학 > 전개 순서
8	①	독해 > 독해 비문학 > 밑줄/괄호
9	④	독해 > 독해 비문학 > 화법 지문
10	④	독해 > 독해 비문학 > 일치/불일치
11	①	독해 > 독해 비문학 > 화법 지문
12	①	독해 > 독해 비문학 > 일치/불일치
13	②	독해 > 독해 비문학 > 일치/불일치
14	①	독해 > 독해 비문학 > 밑줄/괄호
15	③	독해 > 독해 비문학 > 일치/불일치
16	①	독해 > 독해 비문학 > 일치/불일치
17	④	독해 > 독해 비문학 > 일치/불일치
18	①	독해 > 독해 비문학 > 논리형
19	④	독해 > 독해 비문학 > 논리형
20	④	독해 > 독해 비문학 > 논리형

| 취약영역 체크

문법과 어문 규정	/3
비문학	/14
논리형	/3

➡ **나의 취약영역:** ____________

下

01 개념 카테고리 문법 > 현대 문법 > 공공언어 바로 쓰기 답 ①

출제예상 TIP 공공언어 바로 쓰기에서 제시하고 있는 문장 부호의 쓰임을 정리해 두어야 한다.

| 정답해설 | ① 내용을 강조하거나 도드라지게 표현하고 할 때는 '작은따옴표'를 사용해야 한다.

| 오답해설 | ② '첫해'는 한 단어이므로 붙여 써야 한다.

③ 외래어인 '채널'보다는 '경로' 등의 표현을 사용하는 것이 적절하다.

④ '선결제'의 '선'과 같은 한자어를 '미리'와 같은 고유어로 수정하는 것은 적절하다.

中

02 개념 카테고리 문법 > 현대 문법 > 통사론 답 ③

출제예상 TIP 관형절 관련한 이론과 쓰임을 잘 정리해 두어야 한다.

| 정답해설 | ③ 첫째 문장을 완결된 문장으로 바꾸면 '두 사람이 공원에서 어제 헤어졌다'가 된다. 따라서 '공원에서'는 부사어의 역할을 하고 있다.

둘째 문장을 완결된 문장으로 바꾸면 '어제 부모님이 나에게 일을 시키셨다'가 된다. 따라서 '일을'은 목적어의 역할을 하고 있다.

| 오답해설 | ① 첫째 문장을 완결된 문장으로 바꾸면 '그들이 어제 결혼했다'가 된다. 따라서 '그들이'는 주어의 역할을 하고 있다.

둘째 문장을 완결된 문장으로 바꾸면 '친구가 누나를 많이 닮았다'가 된다. 따라서 '친구가'는 주어의 역할을 하고 있다.

② 첫째 문장을 완결된 문장으로 바꾸면 '탁자가 나무로 되어 있다'가 된다. 따라서 '탁자가'는 주어의 역할을 하고 있다.
둘째 문장을 완결된 문장으로 바꾸면 '생각이 시대에 뒤떨어졌다'가 된다. 따라서 '생각이'는 주어의 역할을 하고 있다.

④ 첫째 문장을 완결된 문장으로 바꾸면 '친구가 나에게 옷을 주었다'가 된다. 따라서 '옷을'은 목적어의 역할을 하고 있다.
둘째 문장을 완결된 문장으로 바꾸면 '누나는 털실로 장갑을 짰다'가 된다. 따라서 '장갑을'은 목적어의 역할을 하고 있다.

中

03 개념 카테고리 문법 > 현대 문법 > 의미론 답 ④

| 정답해설 | ④ 〈보기 1〉에 따르면 '에누리'는 상인과 소비자가 물건값을 흥정하는 상황에서 '값을 올리는 일'이라는 의미뿐만 아니라 '값을 내리는 일'이라는 의미로도 쓰이게 되었고 언급하고 있다. 'ㄷ'의 경우 에누리를 해 주어야 다음에 오겠다는 말로 보아 물건을 사는 사람이 값을 내리기 위해 '에누리'를 사용하고 있음을 알 수 있다.

| 오답해설 | ① 부정적인 상황에 '주책이 없다'고 표현하는 것을 통해 'ㄱ'에서 '주책'은 긍정적인 의미로 사용되고 있음을 알 수 있다. 따라서 '일정하게 자리 잡힌 주장이나 판단력'이라는 의미로 사용되고 있음을 알 수 있다.

② 부정적인 상황에서 '주책이다'라고 표현하는 것을 통해 'ㄴ'에서 '주책'은 부정적인 의미로 사용되고 있음을 알 수 있다. 따라서 '일정한 줏대가 없이 되는 대로 하는 짓'이라는 의미로 사용되고 있음을 알 수 있다.

③ 〈보기 1〉에서 '주책없다'와 '주책이다'가 같은 의미로 쓰이게 되었다고 언급하고 있으므로 적절하다.

中

04 개념 카테고리 독해 > 독해 비문학 > 밑줄/괄호 답 ④

| 정답해설 | 글쓴이는 '완곡함'이 듣고 읽는 이가 비켜갈 '틈'을 주고, 화자와 독자의 교행이 이루어지는 '공간'을 준다고 하였다. 또한 상상의 '여지'를 박탈하는 글이 군림하는 세상은 살풍경하다고 표현하였다. 이를 통해 '틈, 공간, 여지'는 '완곡함'이 주는 긍정적 의미임을 추론할 수 있다. 반면 '세상'은 물태와 인정이 극으로 나뉜다고 표현하여 '직설'과 유사한 특징을 지님을 알 수 있다. 따라서 문맥적 의미가 다른 것은 ④ '세상'이다.

中

05 개념 카테고리 독해 > 독해 비문학 > 일치/불일치 답 ④

| 정답해설 | ④ 마지막 단락의 "낭만주의 및 역사주의 비평가들은 ~ 재구성해 보려고도 하였다."에서 볼 수 있듯이, 역사주의 비평가들은 작중 인물을 실제 인물인 양 분리하여 그의 개인적 역사를 '재구성'하려 했을 뿐이지 역사적 영웅으로 '재평가'하려 하지 않았다.

| 오답해설 | ① 첫째 단락을 통해 확인할 수 있다.

② 둘째 단락의 둘째 문장을 통해 신화의 영웅이 점차 인간화되었음을 알 수 있다.

③ 셋째 단락의 첫째 문장을 통해 확인할 수 있다.

中

06 개념 카테고리 독해 > 독해 비문학 > 밑줄/괄호 답 ②

| 정답해설 | ② 넷째 단락의 두 번째 문장 "정상 과학의 시기에는 이미 이론의 핵심 부분들은 정립돼 있다."를 통해 적합한 설명임을 알 수 있다.

| 오답해설 | ① 둘째 단락에서 정상 과학의 시기를 "혼란으로서의 다양성이 아니라, 이론과 자연 현상을 일치시켜 가는 지식의 확장으로서의 다양성을 이루게 된다."라고 서술하였다. 따라서 여러 가지 상반된 시각의 학설이 등장한다는 것은 적절하지 않다.

③ 셋째 단락에서 "패러다임이란 과학자들 사이의 세계관의 통일이지 세계에 대한 해석의 끝은 아닌 것이다."라고 서술하였다. 따라서 세계를 완전히 해석할 수 있는 과학으로 발전된다는 것은 적절하지 않다.

④ 마지막 단락을 통해 과학자들의 열정과 헌신성이 낮아진다는 내용은 잘못되었음을 알 수 있다.

中

07 개념 카테고리 독해 > 독해 비문학 > 전개 순서 답 ③

| 정답해설 | 선택지를 통해 가장 먼저 나와야 할 내용이 (나) 또는 (다)임을 알 수 있다. (나)는 '소유에서 오는 행복'과 '성장과 창조적 활동에서 얻는 행복'을 비교하고, (다)는 '행복의 기준'에 대한 내용을 이야기하고 있다. (나)와 (다)를 비교해 봤을 때 (다)가 서론에 더 적합한 주지 문장임을 알 수 있다. (다) 뒤에 올 선택지로 (라)와 (마)를 비교해 보면, (마)는 (다)의 뒷받침 문장이다. (라)는 '하지만'과 함께 (마)에 대한 반론을 제시하고 있다. 따라서 (다)-(마)-(라)로 이어지는 것이 문맥상 어색함이 없다. (나)는 (라)의 내용을 부연 설명하고 있고, (가)에서는 (나)의 내용을 바탕으로 논거를 펼치고 있다. 따라서 순서는 ③ '(다)-(마)-(라)-(나)-(가)'가 가장 적절하다.

中

08 개념 카테고리 독해 > 독해 비문학 > 밑줄/괄호 답 ①

| 정답해설 | ① 하나의 고정된 시각에서 본 것처럼 그림을 그리는 ㉠과 달리 ㉡과 ㉢은 대상을 바라보는 관점의 다양성을 인정하였다.

| 오답해설 | ② 단일한 시간과 공간을 기준으로 대상을 파악한 것은 ㉠(르네상스 이래 화가들)이다.

③ 대상을 있는 그대로 묘사하는 것이 회화의 목적이라 여기는 것은 ㉠(르네상스 이래 화가들)이다.

④ 가까이 있는 대상은 크게, 멀리 있는 대상은 작게 표현하는 원근법 방식을 취한 것은 ㉠(르네상스 이래 화가들)이다.

中

09 개념 카테고리 독해 > 독해 비문학 > 화법 지문 답 ④

| 정답해설 | ④ 수빈은 정아의 말을 요약, 정리, 재진술하고 있을 뿐, 자신의 처지로 바꾸어 의미를 재구성하고 있지 않다.

| 오답해설 | ① 수빈은 정아가 한 말을 요약, 정리하여 재진술해 주고 있다. 이는 상대방의 말에 집중해야만 할 수 있는 행동이다. 따라서 수빈은 정아의 말에 집중하고 있음을 보여 준다.

② "정말? 무슨 일이 있었는지 자세히 말해 봐."를 통해 수빈은 정아가 계속 말을 할 수 있도록 격려하고 있다는 것을 알 수 있다.

③ 정아가 프레젠테이션이 엉망이었다고 말하자 수빈이 다시 자세히 말해 보라고 함으로써 정아의 혼란스러운 감정을 정아 스스로 정리하게끔 도와주고 있다.

中

10 개념 카테고리 독해 > 독해 비문학 > 일치/불일치 답 ④

| 정답해설 | ④ 사대주의란 큰 나라(중국)를 섬기는 사상을 의미하지만 그런 내용은 제시되지 않고 있으며 실학자인 북학파에게 어울리는 표현도 아니다. 다만 '북학'이라는 용어는 실용적 관점에서 중국의 발전된 문물을 받아들이자는 사상으로서 기존의 성리학에 근거한 사대주의 사상과는 차이가 있는 것이다.

| 오답해설 | ① 『북학의』는 '조선을 개혁하려는 의도'에서 쓰인 책이라는 언급이 드러난다.

② 『북학의』는 '북학'이 조선의 시대사상으로 자리 잡게 했다는 것을 둘째 단락에 제시하고 있다.

③ 벽돌의 이용, 선박과 수레의 이용, 한복개량, 대외무역의 확대 등 북학파 학자들의 활동이 제시되고 있다.

中

11 개념 카테고리 독해 > 독해 비문학 > 화법 지문 답 ①

| 정답해설 | ① 설명회를 개최할 필요가 있다는 김 주무관의 발언에 대해 "저도 요즘 그 필요성을 절감하고 있어요."라고 최 주무관이 공감을 표현하고 있다.

| 오답해설 | ② 의문형이 아닌 '평서형'으로 표현(고민이에요)하고 있으므로 직접 질문하고 있는 것이 아님을 알 수 있다.

③ 청중의 관심 분야를 알면 유용하겠다는 김 주무관의 언급에 대해 청중의 관심 분야를 파악하기 위해 어떤 것을 조사해야 할지를 묻는 경우이므로 반대 의사를 표현하고 있다고 볼 수 없다.

④ 어떤 것을 조사하면 좋을지 묻는 최 주무관의 발화에 대해 김 주무관이 '나이, 성별, 직업' 등을 조사하자고 의문문의 형식으로 말하는 부분으로, 상대의 의견을 반박하는 것이 아니다.

中

12 개념 카테고리 독해 > 독해 비문학 > 일치/불일치 답 ①

| 정답해설 | ① 한문이 한국어 문장보다 문장성분이 복잡하다는 내용은 확인할 수 없다.

| 오답해설 | ② '정(淨)'이 '깨끗하게 한'이라는 의미로 쓰이고 '수(水)'가 '물'이라는 의미로 쓰인다면 '정수'에서 '정'이 '수'를 수식한다고 볼 수 있다.

③ '애인(愛人)'은 '사람을 사랑하다'와 '사랑하는 사람'의 의미를 갖는다. 따라서 '인(人)'의 문장성분이 목적어인지 서술어인지의 차이가 있을 수는 있지만 '애(愛)'가 '사랑하다'의 의미인 것은 바뀌지 않는다.

④ "예컨대, 한글로 '사고'라고만 쓰면 ~ 구별할 수 없다."에서 확인할 수 있다. 한자로 표기되지 않은 '의사'는 '병을 고치는 사람'인 '의사(醫師)'인지 '의로운 지사'인 '의사(義士)'인지 구별할 수 없다.

中

13 개념 카테고리 독해 > 독해 비문학 > 일치/불일치 답 ②

| 정답해설 | ② 둘째 단락에 조간대 중부의 환경에 대해서는 서술되어 있지만, 어떤 생물이 있는지에 대해서는 언급하지 않고 있다.

| 오답해설 | ① 마지막 단락의 "총알고둥류와 따개비들을 발견했다면 그곳이 조간대에서 물이 가장 높이 올라오는 지점인 것이다."를 둘째 단락의 내용과 연결해 보았을 때, 총알고둥류가 사는 곳이 조간대 상부임을 알 수 있다.

③ 마지막 단락의 "조간대에 사는 생물들은 불안정하고 척박한 바다 환경에 적응하기 위해 높이에 따라 수직으로 종이 분포한다."에서 답을 찾을 수 있다.

④ 첫째 단락의 "이곳의 생물들은 물에 ~ 염분으로 범벅된 몸을 추슬러야 한다."에서 답을 찾을 수 있다.

中

14 개념 카테고리 독해 > 독해 비문학 > 밑줄/괄호 답 ①

| 정답해설 | ① 마지막 단락에서 기업은 다각화를 통해 경기순환에서 오는 위험을 줄일 수 있다고 설명하고 있다. 즉 하나의 분야가 불경기로 자금 확보에 어려움이 있을 경우에 불경기에 영향을 받지 않는 비관련 분야의 사업을 통해 자금을 확보할 수 있는 것이다. 따라서 "기업은 '비관련' 분야의 다각화를 함으로써 경기가 불안정할 때에도 자금 순환의 안정성을 비교적 '확보'할 수 있다."와 같이 추론할 수 있다.

中

15 개념 카테고리 독해 > 독해 비문학 > 일치/불일치 답 ③

| 정답해설 | ③ 넷째 단락 "새로운 인력을 채용하여 ~ 경쟁할 수 있다."를 통해 신규 기업은 새로운 인력을 채용하고 교육하는 것에 부담이 있음을 추론할 수 있다.

| 오답해설 | ① 셋째 단락에서 "범위의 경제성이란 ~ 효율적이라는 이론이다."라고 언급하고 있다. 따라서 범위의 경제성에 따르면 한 기업이 제품A, 제품B를 모두 생산하는 것은 서로 다른 두 기업이 각각 제품A, 제품B를 생산하는 것보다 '효율적'이다.

② 넷째 단락 "다각화된 기업은 ~ 내부 자본시장을 갖추었을 뿐 아니라"를 통해 다각화된 기업은 여러 사업부에서 나오는 자금을 통합하여 활용할 수 '있음'을 알 수 있다.

④ 둘째 단락 "관련 사업에서 70% 이상의 ~ 다각화 기업으로 명명했다."를 통해 관련 사업에서 50%의 매출을 올리는 기업은 '비관련' 다각화 기업임을 알 수 있다.

中

16 개념 카테고리 독해 > 독해 비문학 > 일치/불일치 답 ①

| 정답해설 | ① '보유 효과'는 무엇인가를 소유하고 나면 갖고 있지 않을 때보다 그것을 더 높이 평가하는 현상을 말한다. 따라서 남의 것이 자기 것보다 좋아 보인다는 의미의 '남의 떡이 더 커 보인다'는 '보유 효과'와 어울리지 않는다.

中

17 개념 카테고리 독해 > 독해 비문학 > 일치/불일치 답 ④

| 정답해설 | ④ 제시문의 마지막 부분에서 지구 온난화에 적응하지 못한 식물들이 한꺼번에 죽어 부패한다면 탄소가 다시 대기로 방출된다고 하였다. 따라서 대기 중의 탄소가 사라진다는 내용은 잘못되었다.

| 오답해설 | ① 나무와 같은 식물이나 해양생물들은 탄소 순환과정을 통해 지구의 기후를 안정시키는 데에 기여한다고 하였다.

② 해양생물들이 가지고 있는 탄소는 이들이 죽어 바다 밑으로 가라앉아 석회석이 되거나 화산 분출로 석회석 속의 탄소가 다시 대기 중으로 방출되었다가 빗물과 함께 땅으로 떨어진다고 하였다.

③ 석회석 속 탄소는 화산 분출을 통해 다시 대기로 방출되고, 생명체의 부패를 통해 그 속에 가두어져 있는 탄소도 대기로 방출된다고 하였다. 게다가 인간의 산업 활동 또한 자연이 제대로 처리할 수 없을 정도의 많은 탄소를 대기 중으로 방출한다고 하였다.

上

18 개념 카테고리 독해 > 독해 비문학 > 논리형 답 ①

| 정답해설 | 제시된 글의 논지는 스마트폰과 같은 외부의 것으로 인해 보강된 인지 능력이라 할지라도, 이 인지 능력이 '두뇌 속에서 일어난다면'이라는 가정 속에서도 본인의 것이라 인정받는다면, 이렇게 보강된 인지 능력 역시 그 사람의 인지 능력으로 보아야 한다는 것이다. 그러나 ①에서는 '누구도 인정하지 않는다'라고 말하고 있다. 이는 제시된 글의 논지를 비판하는 것으로 보기에 적절하다.

| 오답해설 | ② 종이와 연필은 연산 능력이 있는 것이 아니므로 보강된 인지 능력으로 보기 어렵다. 만일 종이와 연필을 스마트폰과 동일한 역할로 본다 하더라도, '인정해야 한다'라고 말하고 있으므로 논지를 비판하지는 않는다.

③, ④ 제시된 글의 논지와 상관이 없는 진술이다. 논지를 비판하지도, 지지하지도 않는다.

上

19 개념 카테고리 독해 > 독해 비문학 > 논리형 답 ④

| 정답해설 | ㄴ: ㉡과 ㉣이 참인 경우를 그림으로 나타내면 다음과 같다.

모든 합리적인 판단이 보편적인 판단에 포함되어 있으므로 ㉢은 반드시 참이 된다. 적절하다.

ㄷ: ㉠은 모든 윤리적 판단이 보편적으로 수용될 수 있다는 것을, ㉢은 모든 합리적인 판단이 보편적으로 수용될 수 있다는 것을 의미한다. ㉤은 모든 윤리적 판단이 합리적 판단이어야 하는데, ㉠과 ㉢만 가지고서는 합리적 판단과 윤리적 판단의 관계를 확정 지을 수 없다. 반드시 참이라고 볼 수 없으므로 적절하다.

| 오답해설 | ㄱ: ㉠을 그림으로 나타내면 다음과 같다.

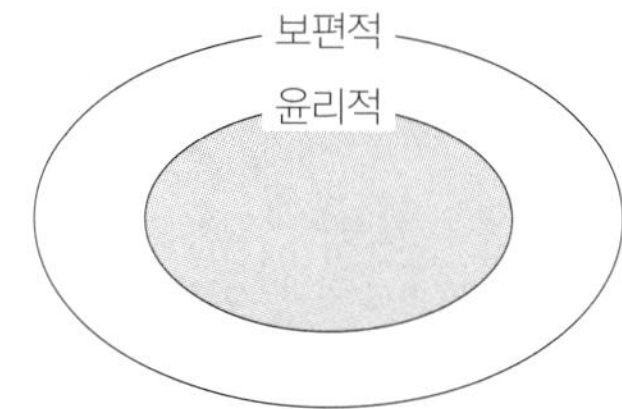

이는 모든 윤리적 판단은 보편적으로 수용될 수 있다는 의미이다. ㉠을 반박하기 위해서는 윤리적이면서 보편적이지 않은 것(보편적 집합 밖에 있는 윤리적 집합)을 제시해야 한다. 그러나 ㄱ에서는 보편적으로 수용될 수 있는 수학적 판단이면서 윤리적 판단이 아닌 것을 반박으로 제시하고 있다. 적절하지 않다.

上

20 개념 카테고리 독해 > 독해 비문학 > 논리형 답 ④

| 정답해설 | ㉠: 갑의 세 번째 말과 두 번째 말을 통해, 갑은 A가 참석하고 B가 참석하지 못한다고 판단했음을 알 수 있다. 직전 을의 말을 통해 A가 반드시 회의에 참석하기 위해서는 D가 불참해야 함을 알 수 있다. 그러므로 'D가 회의에 불참한다'가 적절하다.

㉡: 이전의 정보들을 통해 B가 불참한다는 사실을 알 수 있다. 이 상황에서 E, F가 모두 참석한다는 결론을 내리기 위해서는 'B가 회의에 불참하면 E와 F 모두 참석한다'는 전제가 필요하다.

정답과 해설 PARTㅤ02

기출 품은 모의고사 10회

기출문제편 ▶ P.135

영역별 출제 비중

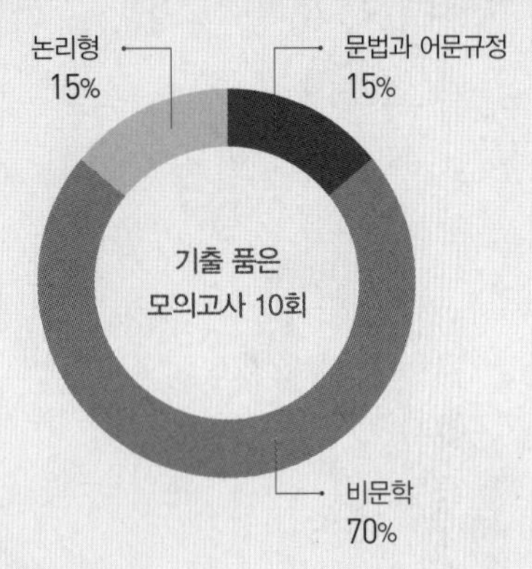

맞힌 문항 수	/20문항
점수	/100점

문항 분석

문항	정답	영역
1	①	문법 > 현대 문법 > 공공언어 바로 쓰기
2	③	문법 > 고전 문법 > 훈민정음과 고전 문법
3	①	문법 > 어문 규정 > 한글맞춤법
4	②	독해 > 독해 비문학 > 일치/불일치
5	①	독해 > 독해 비문학 > 밑줄/괄호
6	④	독해 > 독해 비문학 > 개요 수정
7	②	독해 > 독해 비문학 > 글/문단/문장 수정
8	①	독해 > 독해 비문학 > 화법 지문
9	④	독해 > 독해 비문학 > 일치/불일치
10	③	독해 > 독해 비문학 > 밑줄/괄호
11	③	독해 > 독해 비문학 > 주제 찾기
12	②	독해 > 독해 비문학 > 주제 찾기
13	①	독해 > 독해 비문학 > 밑줄/괄호
14	③	독해 > 독해 비문학 > 전개 순서
15	②	독해 > 독해 비문학 > 주제 찾기
16	①	독해 > 독해 비문학 > 일치/불일치
17	②	독해 > 독해 비문학 > 밑줄/괄호
18	④	독해 > 독해 비문학 > 논리형
19	③	독해 > 독해 비문학 > 논리형
20	③	독해 > 독해 비문학 > 논리형

취약영역 체크

문법과 어문 규정	/3
비문학	/14
논리형	/3

➡ 나의 취약영역: ____________

中

01 개념 카테고리 문법 > 현대 문법 > 공공언어 바로 쓰기 답 ①

| 정답해설 | ① 기간을 나타낼 때는 물결표를 쓰는 것이 원칙이고 붙임표도 허용하고 있다. 따라서 원칙에 맞게 쓴다면 물결표가 더욱 적절하다.

| 오답해설 | ② 관직명, 직책명 등은 성과 이름 뒤에 띄어 써야 한다. 따라서 '김 처장'과 같이 쓰는 것이 맞다.

③ 외래어인 '글로벌 스탠다드'를 '국제 표준'으로 수정하는 것은 적절하다.

④ 조사 '로'와 '인해' 둘 다 원인이 됨을 드러내는 표현이다. 따라서 의미가 중복된다. 둘 중 하나만 사용하는 것이 적절하다. 또한 '~로 인해' 혹은 '~로 인한'은 'by'에서 나온 외래어 번역체 표현이다.

中

02 개념 카테고리 문법 > 고전 문법 > 훈민정음과 고전 문법 답 ③

출제예상 TIP 높임 선어말 어미의 쓰임을 현대와 중세를 비교하여 정리해 두어야 한다.

| 정답해설 | 객체 높임은 문장에서 목적어나 부사어를 높이는 경우이므로 부사어인 '부처'가 객체 높임의 대상이 된다. 따라서 ㉠에 '부텨'가 들어가야 한다. 그리고 어간 말음이 'ㄷ, ㅈ, ㅊ'인 경우에는 뒤에 '-ᄌᆞᆸ-'이 온다고 설명하고 있으므로 어간 '듣-' 받침 'ㄷ' 뒤에는 '-ᄌᆞᆸ-'이 와야 한다. 다만 객체 높임 선어말 어미 뒤에 모음으로 시작하는 어미가 오면 객체 높임 선어말 어미가 '-ᄉᆞᄫᆞ-, -ᄌᆞᄫᆞ-, -ᅀᆞᄫᆞ-'으로 실현된다고 하였으므로 어미 '-ᄋᆞ며' 앞에는 '-ᄌᆞᄫᆞ-'이 와야 한다. 따라서 '-ᄌᆞᄫᆞ-'이 연철되어 표기된 '듣ᄌᆞᄫᆞ며'가 ㉡에 들어가야 한다.

中

03 개념 카테고리 문법 > 어문 규정 > 한글맞춤법 답 ①

출제예상 TIP 모음 축약과 관련하여 대표적인 내용들을 잘 정리해 두어야 한다.

| 정답해설 | ① 〈보기〉에서 'ㅚ'와 '-어'가 결합하면 'ㅙ'로 줄어들 수 있다고 설명하고 있다. 따라서 '쐬-'와 '-어라'가 결합하면 '쐐라'로 줄어들 수 있다.

| 오답해설 | ② '괴-'의 'ㅚ'와 '-어'가 결합한 구성이 아니므로 '괘'로 줄어들 수 없다.

③ '죄-'의 'ㅚ'와 '-어'가 결합하면 'ㅙ'로 줄어들 수 있다. 따라서 '좨도'는 '죄-'와 와 '-어도'가 결합한 된 말이 맞다.

④ '쇠-'와 '-어서'의 'ㅚ'와 '어서'가 결합하면 'ㅙ'로 줄어들 수 있다. 따라서 '쇄서'로 줄어들 수 있다.

더 알아보기

모음 축약의 형식

어간 끝 모음 'ㅏ, ㅗ, ㅜ, ㅡ' 뒤에 '-이어'가 결합하여 줄 때에는 두 가지 형식으로 나타난다. 곧, '-이-'가 앞(어간) 음절에 올라 붙으면서 줄기도 하고, 뒤(어미) 음절에 내리 이어지면서 줄기도 한다.

예
- 보이어 → 뵈어, 보여
- 싸이어 → 쌔어, 싸여
- 누이어 → 뉘어, 누여
- 트이어 → 틔어, 트여
- 쏘이어 → 쐬어, 쏘여
- 뜨이어 → 띄어, 뜨여
- 쓰이어 → 씌어, 쓰여

中

04 개념 카테고리 독해 > 독해 비문학 > 일치/불일치 답 ②

| 정답해설 | ② 법률가가 아닌 일반인들 가운데서 12명을 배심원으로 뽑는다고 한 부분을 통해 변호사는 배심원으로 선정되지 않음을 알 수 있다.

| 오답해설 | ① 배심원들은 비공개로 토의와 투표를 진행하여 피고인이 유죄인지 무죄인지를 결정하는 평결을 내린다고 하였다. 따라서 평결에 이르는 과정이 공개된다는 것은 틀린 설명이다.

③ 배심원들이 피고인이 유죄인지 무죄인지를 결정하는 평결을 내리고 법관은 이 평결을 받아들여 판결한다고 하였다. 따라서 법관이 피고인의 유죄 여부를 평결한다는 것은 틀린 설명이다.

④ 평결의 투표 결과는 만장일치여야 하므로 다수결로 결정하는 것이 원칙이라는 내용은 틀린 설명이다.

中

05 개념 카테고리 독해 > 독해 비문학 > 밑줄/괄호 답 ①

| 정답해설 | (가) 앞에서 정철, 윤선도, 이황은 양반이었음에도 우리말로 작품을 썼던 것을 알 수 있다. 따라서 (가)에는 '그런데'가 적절한 표현이다.

(나) 뒷문장 "소설까지 쓰지 않았던가."를 통해 '게다가'가 (나)에 들어갈 적절한 표현임을 알 수 있다.

(다) "이들이 ~ 이야기는 달라진다."를 통해 '그렇지만'이 (다)에 들어갈 적절한 표현임을 알 수 있다.

(라) 앞부분 "한문으로 쓰여 있다."와 뒷부분 "양반 대 부분이 한글을 이해하지 ~ 사실이다."를 통해 '그러나'가 (라)에 들어갈 적절한 표현임을 알 수 있다.

中

06 개념 카테고리 독해 > 독해 비문학 > 개요 수정 답 ④

| 정답해설 | ④ 본론에서 '수출 경쟁력이 낮아진 원인'을 '가격경쟁력 요인'과 '비가격 경쟁력 요인'으로 나누어 제시하였고, 이를 통해 결론에서 '수출 경쟁력 향상 방안'을 제시하고 있다. 주제문은 본론과 결론의 내용을 모두 포괄해야 하므로 '수출 경쟁력을 좌우하는 요인을 분석한 후 그에 맞는 방안을 마련해야 한다.'가 주제문으로 적절하다.

| 오답해설 | ① 정부의 지원에 대한 언급은 개요에 나타나 있지 않다.

② '내수 시장의 기반 강화'는 '수출 경쟁력 실태 분석'이나 '수출 경쟁력 향상'과 관련이 없다.

③ 비가격 경쟁력 요인에만 해당하는 내용이다. 즉 일부 내용만을 반영하고 있어 주제문으로 적절하지 않다.

中

07 개념 카테고리 독해 > 독해 비문학 > 글/문단/문장 수정 답 ②

| 정답해설 | ② 제시문은 지역 이기주의에 관한 글로, ㉡은 이어지는 문장의 '이러한 태도'와 연결된다. 지역 이기주의 양상을 말하고 있는 ㉡은 주제와 직결되는 내용이므로 삭제해서는 안 된다.

| 오답해설 | ① 앞과 뒤의 문장이 서로 역접 관계이다. 따라서 순접의 접속 부사 '그리고'를 역접의 접속 부사인 '그러나'로 바꾸는 것이 적절하다.

③ '~에 다름 아니다'는 일본어 번역 투 표현이다. 따라서 순화하는 것이 적절하다.

④ 문장의 주어인 '잊지 말아야 할 사실은'과 호응하기 위해 서술어를 '~는 것이다'의 형태로 고치는 것이 적절하다.

中

08 개념 카테고리 독해 > 독해 비문학 > 화법 지문 답 ①

| 정답해설 | ① 영수는 보이스피싱 피해의 책임이 일차적으로 개인들에게 있다고 보고 있다. 민수는 개인들에게 책임이 있지만 정부 측의 근본적 해결책이 필요하다고 보고 있다. 따라서 '영수와 달리, 민수는 보이스피싱 피해에 대한 책임을 소비자에게만 전가해서는 안 된다고 생각한다.'라고 분석한 것은 적절하다.

| 오답해설 | ② 영수는 보이스피싱 범죄의 일차적 책임은 '개인'에게 있다고 보고 있다.

③ '은행에서 노력하고 있다.'라는 말은 영수와 민수 모두 언급하지 않았다.

④ 영수는 보이스피싱 범죄를 근본적으로 해결하기 위해 '은행'이 아닌 '개인'에게 그 책임을 돌리고 있다.

中

09 개념 카테고리 독해 > 독해 비문학 > 일치/불일치 답 ④

| 정답해설 | ④ 셋째 단락에서 "개인적 계몽에 성공한 이들에게 자신의 생각을 표현하고 발표하는 자유가 주어진다면 계몽 정신은 자연스레 널리 전파될 것이고 사람들은 독립에의 공포심에서 벗어나 스스로 생각하는 성년 단계로 진입하게 될 것이다."라고 하였다.

| 오답해설 | ① 둘째 단락의 "하지만 모든 사람이 개인적 계몽을 이룰 수 있는 것은 아니다."에서 확인할 수 있다.

② 넷째 단락의 "칸트는 대중 일반의 계몽을 위해 필요한 이성의 사용을 이성의 공적 사용이라 일컫는다."를 통해 확인할 수 있다.

③ 첫째 단락 전체의 내용을 통해 추론할 수 있다.

中

10 개념 카테고리 독해 > 독해 비문학 > 밑줄/괄호 답 ③

| 정답해설 | 밑줄 친 "자신에게 주어진 자유로부터 도피하려는 경향"은 "개인적 자아의 독립을 포기하고 자기 이외의 어떤 존재에 종속되고자 하는 것"을 말한다.

③ 언론 매체의 의견을 무비판적으로 수용하는 것은 개인의 생각을 포기하고 언론의 의견에 종속되는 것이므로 밑줄 친 부분과 유사한 속성을 지녔다고 할 수 있다.

下

11 개념 카테고리 독해 > 독해 비문학 > 주제 찾기 답 ③

| 정답해설 | ③ 제시문은 시인이 평화로운 시대에는 장식적 존재일 수 있으나, 조국이 비운에 빠졌거나 통일을 잃었을 때에는 민족의 예언가, 선구자의 지위에 놓일 수 있다고 말하고 있다. '예언가', '선구자'는 시인의 역할로 볼 수 있으므로, 맡겨진 임무를 의미하는 '시인의 사명(使命)'이 제목으로 가장 적절하다.

| 오답해설 | ① 생명(生命): 사람이 살아서 숨 쉬고 활동할 수 있게 하는 힘.

② 운명(運命): 인간을 포함한 모든 것을 지배하는 초인간적인 힘. 또는 그것에 의하여 이미 정하여져 있는 목숨이나 처지.

④ 혁명(革命): 헌법의 범위를 벗어나 국가 기초, 사회 제도, 경제 제도, 조직 따위를 근본적으로 고치는 일.

下

12 개념 카테고리 독해 > 독해 비문학 > 주제 찾기 답 ②

| 정답해설 | ② 제시문은 '독서의 긍정적인 효과'를 언급한 후에 이어서 '독서의 어려움'에 대해 서술하고 있다. 이러한 내용을 모두 담고 있는 것은 '독서의 필요성과 어려움'이다.

| 오답해설 | ① 제시문의 내용 중 일부에 불과하여 중심 내용이라 볼 수 없다.

③ 맹목적인 책 예찬이 위험하다고 언급한 내용이 없다.

④ 비용이 싸지 않다는 내용은 있으나 책 읽기 능력 개발에 드는 비용이 얼마인지에 대한 구체적인 언급은 없다. 따라서 글의 중심 내용이 아니다.

中

13 개념 카테고리 독해 > 독해 비문학 > 밑줄/괄호 답 ①

| 정답해설 | ㉠ 앞 문장의 내용을 다시 풀어 설명하고 있으므로 '즉' 또는 '다시 말해'가 들어가야 한다.

㉡ 앞 내용에 대한 예시를 들어 설명을 보충하고 있으므로 '가령' 또는 '만약'이 들어가야 한다.

㉢ 앞에서 언급했던 내용을 정리하고 있으므로 '요컨대' 또는 '결국'이 들어가야 한다.

中

14 개념 카테고리 독해 > 독해 비문학 > 전개 순서 답 ③

| 정답해설 | 선택지를 보면 (가) 또는 (다)가 가장 처음에 오는 문장임을 알 수 있다. (가)와 (다) 중에서, 주제를 고려했을 때 주제를 포괄하면서도 문제를 제기하는 첫 번째 문장으로는 (다)가 적합하다. 또한 (가)의 '~건 그 때문이다'라는 부분을 고려하면 글의 마지막에 제시될 문장이 (가)임을 추론할 수 있다. (다)의 문제 제기에 대해서 (나)에서는 그 예를 들고 있으며, (바)는 (나)를 부연하고 있다. 그리고 (마)에서 앞의 내용을 정리하고 있으며, (라)에서는 (마)의 내용을 다시 부연하고 있다. 그러므로 글의 순서는 ③ '(다)-(나)-(바)-(마)-(라)-(가)'가 자연스럽다.

中

15 개념 카테고리 독해 > 독해 비문학 > 주제 찾기 답 ②

| 정답해설 | 숨겨진 주제에 대한 추론적 사고를 요구하는 문제이다.

② 필자는 '로마'가 "문명이란 무엇인가라는 물음에 대해 가장 진지하게 반성할 수 있는 도시"이기에 로마를 가장 먼저 살펴볼 것을 권하고 있다. 게다가 문명관은 과거 문명에 대한 관점이 아니라 우리의 가치관과 직결되며 과거 문명을 바라보는 시각은 새로운 문명에 대한 전망으로 이어진다고 하였다. 이를 통해 문명을 성찰적, 반성적으로 볼 것을 강조하고 있음을 알 수 있다.

| 오답해설 | ① 필자가 제시하고는 있으나, 궁극적으로 강조하는 내용은 아니다.

③ "로마는 마지막으로 보아야 하는 도시"라고 언급하며 로마인의 자부심이 담겨 있다고 했을 뿐, 문화 유적에 대한 로마인의 자부심을 본받아야 한다고 하지는 않았다.

④ "과거 문명을 바라보는 시각은 그대로 새로운 문명에 대한 전망으로 이어지기 때문"에서 새로운 문명을 창조해야 한다는 것은 필자가 강조하는 바와 일치하지 않음을 알 수 있다.

中

16 개념 카테고리 독해 > 독해 비문학 > 일치/불일치 답 ①

| 정답해설 | ① 둘째 단락에서 "초기 비행기들은 현대 비행기들보다 기능적으로 과적응하는 것이 덜했다."라고 했다.

| 오답해설 | ② 첫째 단락에서 높은 고도에 적합하게 만들어진 비행기는 낮은 고도에서 잠깐씩 작동할 때 곤란을 겪을 수 있다는 점을 밝히고 있다.

③ 첫째 단락에서 과진화는 기술적 대상들을 지나치게 전문화하여 변화에 적응하지 못하는 측면이 있음을 밝히고 있다.

④ 글의 마지막 부분에서 과진화의 유형 중 기술적 대상이 분할되는 경우에는 대상의 자율성이 희생된다는 점을 밝히고 있다.

中

17 개념 카테고리 독해 > 독해 비문학 > 밑줄/괄호 답 ②

| 정답해설 | • (A)의 앞부분에는 과진화에 대해서 설명하고 있고 뒷부분에는 이에 대한 예를 제시하였으므로, (A)에는 예를 제시할 때 사용하는 표지인 '예컨대'가 들어가는 것이 적절하다.

- (B)의 앞부분에는 대상의 분할이나 자율성의 상실 없이 정해진 조건에 섬세하게 적응한 경우인 자율적인 글라이더의 특성을 설명하고 있고 뒷부분에는 기술적 대상이 분할되는 형태로 적응한 수송 글라이더의 특성을 설명하고 있으므로, 두 내용은 대조되는 것으로 볼 수 있다. 그러므로 (B)에는 대조의 의미를 나타내는 '반면'이 들어가는 것이 적절하다.
- 마지막 단락은 앞서 예를 들어 설명한 과진화의 유형을 정리하여 설명하고 있는 부분이므로, (C)에는 요약, 정리를 나타내는 표지인 '따라서'가 들어가는 것이 적절하다.

上

18 개념 카테고리 독해 > 독해 비문학 > 논리형 답 ④

| 정답해설 | 제시문을 통해 사내용 물품을 개인적 용도로 많이 사용할수록 청렴도는 낮게 평가됨을 알 수 있다.

ㄱ: 실제보다 축소하여 답했다는 것은 실제로는 개인적 용도로 더 많이 사용했다는 것이다. 청렴도는 더 낮아지므로 제시문의 논증의 결론을 강화한다.

ㄴ: 대표적 회사 B라는 유의미한 표본이 추가된 상황에서도 비슷한 결과가 나왔다면 이는 제시문의 논증이 더욱 일반적으로 적용될 수 있다는 의미이다. 논증의 결론을 강화한다.

ㄷ: 제시문은 회사 A가 M시 전체를 대표한다는 전제로 논증을 진행하고 있다. 그러나 실제로는 A가 M시 전체를 대표할 수 없다는 것이 밝혀지면 해당 논증의 결론은 약화된다.

上

19 개념 카테고리 독해 > 독해 비문학 > 논리형 답 ③

| 정답해설 | 양립할 수 없다는 것은 동시에 참일 수 없다는 의미이다.

ㄱ: 갑은 자살이 공동체에 해악을 끼친다고 주장한다. 을은 자살이 사회에 해악을 끼치는 것이 아니라고 주장한다. 반대되는 주장을 하고 있으므로 두 주장은 양립할 수 없다. 적절하다.

ㄴ: 병의 주장에서는 자살에 대한 이야기를 찾아볼 수 없다. 을과 병이 이야기하고 있는 범위가 다르므로 양립할 수 있다. 적절하다.

| 오답해설 | ㄷ: 자살이 자신에게만 관련된 행위일 경우 병은 자살은 행할 수 있는 것으로 볼 것이다. 그러나 갑은 자살을 죄악이라 이야기하고 있다. 병은 갑의 주장에 찬성하지 않을 것이다. 적절하지 않다.

上

20 개념 카테고리 독해 > 독해 비문학 > 논리형 답 ③

| 정답해설 | ㄷ: 제시문에서는 그림문자와 표음문자로 구성된 글의 이해가 각각 여성적, 남성적 사고 과정과 연관되어 있음을 이야기한 후, 표음문자 체계의 보편화가 여성의 사회적 권력을 약화시킨다는 결론을 내고 있다. 이는 엄밀히 따질 경우 글의 이해와 사회적 권력에 대한 연결고리가 빠진 내용인데, ㄷ의 내용이 이 연결고리를 채워주고 있다. 추가해야 할 전제로 적절하다.

| 오답해설 | ㄱ: 제시문의 마지막 문단에서 그림문자의 이해가 여성적 사고 과정과 연관되어 있음을 알 수 있다. 그런데 ㄱ에서처럼 그림문자를 쓰는 사회임에도 불구하고 남성의 사회적 권력이 우월하다면, 이는 제시문의 내용을 오히려 반박하는 방향이 된다. 추가해야 할 전제로 보기 어렵다.

ㄴ: 제시문의 결론은 특정 체계의 문자가 사회적 권력과 어떻게 연관되는지에 대한 내용이다. ㄴ의 내용은 사회적 권력과 관계가 없다. 이러한 내용이 전제로 추가된다 하더라도 결론을 이끌어 내는 데에는 영향을 주지 않는다. (ㄱ, ㄴ, ㄷ 순으로 〈보기〉를 검증할 경우 여기서 답이 ③임을 알 수 있다.)

정답과 해설 PART 02

기출 품은 모의고사 11회

기출문제편 ▶ P.145

영역별 출제 비중

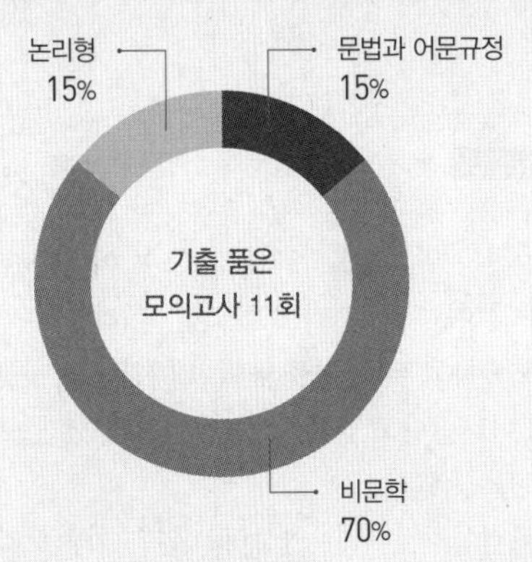

맞힌 문항 수	/20문항
점수	/100점

문항 분석

문항	정답	영역
1	④	문법 > 현대 문법 > 공공언어 바로 쓰기
2	③	문법 > 현대 문법 > 음운론
3	①	문법 > 현대 문법 > 음운론
4	①	독해 > 독해 비문학 > 일치/불일치
5	③	독해 > 독해 비문학 > 일치/불일치
6	②	독해 > 독해 비문학 > 일치/불일치
7	②	독해 > 독해 비문학 > 밑줄/괄호
8	①	독해 > 독해 비문학 > 일치/불일치
9	②	독해 > 독해 비문학 > 일치/불일치
10	①	독해 > 독해 비문학 > 밑줄/괄호
11	④	독해 > 독해 비문학 > 일치/불일치
12	③	독해 > 독해 비문학 > 글/문단/문장 수정
13	②	독해 > 독해 비문학 > 화법 지문
14	②	독해 > 독해 비문학 > 전개 순서
15	④	독해 > 독해 비문학 > 밑줄/괄호
16	④	독해 > 독해 비문학 > 주제 찾기
17	②	독해 > 독해 비문학 > 주제 찾기
18	④	독해 > 독해 비문학 > 논리형
19	④	독해 > 독해 비문학 > 논리형
20	④	독해 > 독해 비문학 > 논리형

취약영역 체크

문법과 어문 규정	/3
비문학	/14
논리형	/3

➡ **나의 취약영역:** ____________

中

01 개념 카테고리 문법 > 현대 문법 > 공공언어 바로 쓰기 답 ④

출제예상 TIP 공공언어 바로 쓰기에서 제시하고 있는 높임 표현 관련 내용들을 잘 정리해 두어야 한다.

| 정답해설 | ④ 공문서 등에는 격식체를 사용하는 것이 맞다. 따라서 '있으시죠'와 같은 비격식체 표현보다는 '계실 것입니다'와 같은 격식체 표현으로 수정하는 것이 적절하다.

| 오답해설 | ① 소괄호 안에 다시 소괄호를 쓸 일이 있으면 바깥에는 대괄호를 사용하고 안쪽에는 소괄호를 사용한다.

② '승하차'는 한 단어이므로 '승하차'와 같이 붙여 쓴다.

③ 한자어 '소관하다'를 '맡다'로 수정하는 것은 적절하다.

中

02 개념 카테고리 문법 > 현대 문법 > 음운론 답 ③

출제예상 TIP 음절의 끝소리 규칙, 된소리되기 등 음운론의 중요 개념들을 잘 정리해 두어야 한다.

| 정답해설 | '가설 1'을 보면 어간의 종성에서 탈락이 일어난 후에 어미의 초성에서 교체가 일어난다고 설명하고 있다. 즉 '훑다 → 훌다(자음군 단순화－탈락) → 훌따(경음화－교체)'의 과정으로 설명하고 있다. 그리고 '[자료] (4)'에서 확인되듯이 어간의 'ㄹ' 받침 뒤에서는 된소리되기가 일어나지 않고 있음을 알 수 있다. 따라서 ㉠은 'ㄹ로'에 해당한다는 것을 알 수 있다.

'가설 2'를 보면 어간의 종성과 어미의 초성에서 교체가 일어난 후에 어간의 종성에서 탈락이 일어난다고 설명하고 있다. 즉 '훑다 → 훌ㄷ다(음절의 끝소리 규칙－교체) → 훌ㄷ따(경음화－교체) → 훌따(자음군 단순화－탈락)'의 과정으로 설명하고 있다. 그리고 '[자료] (1)'에서 확인되듯이 종성의 'ㄲ, ㅋ, ㅅ, ㅆ, ㅈ, ㅊ, ㅌ, ㅍ'은 어말 또는 자음 앞에서 각각 대표음 'ㄱ, ㄷ, ㅂ'으로 발음하는 음절의 끝소리 규칙이 적용된다. 따라서 '훑'의 'ㅌ'이 'ㄷ'으로 교체됨을 알 수 있다.

中

03 개념 카테고리 문법 > 현대 문법 > 음운론 답 ①

출제예상 TIP 유음화, 비음화 관련된 내용을 잘 정리해 두어야 한다.

| 정답해설 | ① '산란기'는 [살:란기]로 발음된다. 따라서 뒤의 'ㄹ'의 영향을 받아 앞의 'ㄴ'이 'ㄹ'로 교체되는 역행적 유음화가 일어난 경우이다. 그리고 '표현력'은 [표현녁]으로 발음된다. 따라서 앞의 'ㄴ'의 영향을 받아 뒤의 'ㄹ'이 'ㄴ'으로 교체되는 'ㄹ'의 비음화가 일어난 경우이다.

| 오답해설 | ② '줄넘기'의 경우 [줄럼끼]로 발음된다. 따라서 앞의 'ㄹ'의 영향을 받아 뒤의 'ㄴ'이 'ㄹ'로 교체되는 순행적 유음화가 일어나는 경우이다. 그리고 '입원료'는 [이뷘뇨]로 발음된다. 따라서 앞의 'ㄴ'의 영향을 받아 뒤의 'ㄹ'이 'ㄴ'으로 교체되는 'ㄹ'의 비음화가 일어난 경우이다.

③ '결단력'의 경우 [결딴녁]으로 발음된다. 따라서 앞의 'ㄴ'의 영향을 받아 뒤의 'ㄹ'이 'ㄴ'으로 교체되는 'ㄹ'의 비음화가 일어난 경우이다. 그리고 '생산량'의 경우 [생산냥]으로 발음된다. 따라서 앞의 'ㄴ'의 영향을 받아 뒤의 'ㄹ'이 'ㄴ'으로 교체되는 'ㄹ'의 비음화가 일어난 경우이다.

④ '의견란'의 경우 [의:견난]으로 발음된다. 따라서 앞의 'ㄴ'의 영향을 받아 뒤의 'ㄹ'이 'ㄴ'으로 교체되는 'ㄹ'의 비음화가 일어난 경우이다. 그리고 '향신료'의 경우 [향신뇨]로 발음된다. 따라서 앞의 'ㄴ'의 영향을 받아 뒤의 'ㄹ'이 'ㄴ'으로 교체되는 'ㄹ'의 비음화가 일어난 경우이다.

中

04 개념 카테고리 독해 > 독해 비문학 > 일치/불일치 답 ①

| 정답해설 | ① 제시된 실험 결과를 통해 피험자가 자신의 파트너보다 더 많은 보상을 받거나 더 적은 보상을 받았을 때 모두 행복해하지 않았음을 알 수 있다. 이는 보상에 차등이 있었기 때문이다. 이를 통해 '동일한 보상', 즉 '공평한 대우'를 받을 때 사람들이 더 행복해한다는 것을 추론할 수 있다.

| 오답해설 | ② '똑같은 일'에 '똑같은 노력'을 기울인 후 받는 '공평 혹은 차등 대우'에 대한 것이 제시문의 초점이므로, 적절하지 않다.

③ '타인과의 협력'은 실험의 초점이 아니다.

④ 실험 결과, "2만 원을 받은 사람도 덜 행복해한 것은 마찬가지였다."라는 내용을 통해 옳지 않음을 알 수 있다.

中

05 개념 카테고리 독해 > 독해 비문학 > 일치/불일치 답 ③

| 정답해설 | ③ 제시문에서는 중심 대상인 아들러의 '우월성'의 개념을 밝히고 이 우월성의 특징을 나열하여 설명하고 있다.

| 오답해설 | ① 우월성 추구에 관련된 실제 사례들을 나열하고 있는 것이 아니라 특징들을 나열하고 있다.

② 우월성의 개념과 특징을 밝히고 있을 뿐이지 이것을 다양한 관점에서 설명하고 있지는 않다.

④ 우월성에 대한 일관된 관점(아들러의 관점)에서 설명하고 있다.

中

06 개념 카테고리 독해 > 독해 비문학 > 일치/불일치 답 ②

| 정답해설 | ② 인간은 열등감을 가지고 있으며 이러한 열등감을 해소하기 위해서 우월성을 추구한다고 하였다. 이러한 우월성의 추구는 부족한 것을 보충하고 낮은 것을 높이며 미완성의 것을 완성으로 만드는 경향으로 나타난다고 하였으므로, 인간은 현재보다 나은 상태를 추구한다고 볼 수 있다.

| 오답해설 | ① 우월성의 추구는 긴장의 이완을 가져오기보다는 증가를 가져온다고 밝히고 있다.

③ 우월성의 추구가 개인적 우월성에 한정되는 것이 아니라 사회적 관심으로 나아가는 것을 건강한 성격으로 보고 있음을 알 수 있다.

④ 우월성의 추구는 개인 및 사회 수준에서 동시에 일어난다고 제시되어 있다.

中

07 개념 카테고리 독해 > 독해 비문학 > 밑줄/괄호 답 ②

| 정답해설 | ㉠ 앞에서 인간사와 자연사 모두 '대립과 통일'이 존재한다고 하였고, ㉠ 뒤에서는 마르크스의 진의 또한 인간사와 자연사의 변증법적 지양과 일여한 합일을 지향했다는 것에 있을 것이라 하였다. ㉠ 앞뒤 내용을 고려하였을 때 인간사와 자연사를 이분법적 대립 구도로 파악하는 것이 위험하다는 내용의 ②가 문맥상 가장 적절하다.

| 오답해설 | ① 인간사와 자연사가 비슷하다는 내용이 들어가야 한다.

③ 자연이 인간에 종속된다는 내용은 관련이 없다.

④ ㉠ 뒤에 오는 내용과 문맥상 어울리지 않는다.

下

08 개념 카테고리 독해 > 독해 비문학 > 일치/불일치 답 ①

| 정답해설 | ① 〈보기〉는 '화랑도'라는 용어의 개념을 제시함으로써 독자의 이해를 돕고 있다.

中

09 개념 카테고리 독해 > 독해 비문학 > 일치/불일치 답 ②

| 정답해설 | ② '정의'의 내용 전개 방식은 제시문에서 쓰이지 않았다.

| 오답해설 | ① 셋째 단락에서 자문자답의 형식을 확인할 수 있다.

③ 첫째 단락의 "가령, 사람들이 여전히 담배를 ~ 까닭을 설명할 수가 없다."를 통해 자신과 다른 견해를 일부 인정하면서도 그 한계를 지적하고 있음을 알 수 있다.

④ 궐련을 피우는 사람과 시가를 피우는 사람을 비교하여 그 현상에 담긴 의미를 밝히려 하고 있다.

中

10 개념 카테고리 독해 > 독해 비문학 > 밑줄/괄호 답 ①

| 정답해설 | ① 제시문에서 '칸트'는 미에 대한 자율적 견해를 지녔다고 했다. 시를 시어와 운율을 통해 감상해야 한다는 것은 문학의 감상법 중 '내재적 관점'에 해당하므로 '칸트'의 입장과 부합한다.

| 오답해설 | ②, ④ 외재적 관점 중 '반영론적 관점'에 해당한다.

③ 외재적 관점 중 '효용론적 관점'에 해당한다.

中

11 개념 카테고리 독해 > 독해 비문학 > 일치/불일치 답 ④

| 정답해설 | ④ 첫째 단락과 둘째 단락에서 유럽의 18~19세기, 20세기의 시대적 변천 양상을 살피고, 넷째 단락에서 "현대의 지성은 전문 지식과 기술을 제공하는 데 그치지 말고, 현실을 비판하며 실현 가능한 구체적 방안을 모색하여 새로운 미래를 제시하는 혁신적 성격을 상실해서는 안 될 것이다."라고 주장하였다. 따라서 제시문은 시대적 변천 양상을 살피면서 바람직한 방향을 제시하고 있다.

| 오답해설 | ① 글쓴이와 상반된 견해의 내용은 제시되지 않았다.

② 시대에 따라 지성이 수행했던 역할에 대한 내용은 과거 현상에 대한 분석이지, 상호 대립되는 견해를 제시한 것이 아니다.

③ 용어에 대한 개념 차이를 밝힌 부분은 제시되지 않았다.

中

12 개념 카테고리 독해 > 독해 비문학 > 글/문단/문장 수정 답 ③

| 정답해설 | ③ ㉢의 '경원되어서는'은 불필요하게 피동 접미사 '-되다'를 붙인 형태이다. 따라서 목적어와 서술어가 호응할 수 있도록 '경원해서는' 또는 '경원시해서는'으로 고치는 것이 적절하다.

- 경원하다: 1) 공경하되 가까이하지는 아니하다. 2) 겉으로는 공경하는 체하면서 실제로는 꺼리어 멀리하다.
- 경원시하다: 겉으로는 가까운 체하면서 실제로는 멀리하고 꺼림칙하게 여기다.

| 오답해설 | ① ㉠의 앞 문장과 뒤 문장의 내용이 상반되므로, 접속부사를 '따라서'가 아닌 '그러나'로 수정하는 것은 적절하다.

② 양극화 현상에 대한 임시방편이 나왔으나 효과가 없었다는 문맥을 고려했을 때, '일이 몹시 급하여 임시변통으로 이리저리 둘러맞추어 일함'을 의미하는 '아랫돌 빼서 윗돌 괴듯'으로 고치는 것은 적절하다. 참고로 '떡 먹은 입 쓸어 치듯'은 떡을 먹고도 안 먹은 듯 입을 쓸어 내며 시치미를 뚝 뗀다는 말이다.

④ 둘째 단락은 빈부격차를 줄이기 위한 구체적인 방안을 이야기하고 있는데, ㉣은 이와 관련이 없다. 따라서 문단의 통일성을 고려하여 삭제하는 것은 적절하다.

中

13 개념 카테고리 독해 > 독해 비문학 > 화법 지문 답 ②

| 정답해설 | ② 김 교수는 진행자의 요구 및 물음에 답하는 방식으로 대화를 진행하고 있다. 김 교수가 진행자의 의견에 동조하며 자신의 견해를 수정하는 부분은 확인할 수 없다.

| 오답해설 | ① 진행자는 '평저 구조'가 무엇인지, '판옥선이 전투 상황에서 얼마나 위력적이었는지'에 대한 추가 설명을 요청하고 있다.

③ 진행자는 전통 선박에 담긴 선조들의 지혜를 설명한 책의 내용 중 구체적 사례를 하나만 소개해 달라고 부탁하였고, 김 교수는 이에 판옥선을 선정하여 설명하였다.

④ 진행자는 판옥선의 평저 구조에 대한 김 교수의 설명을 듣고 자신이 이해한 내용이 맞는지 질문하였다.

中

14 개념 카테고리 독해 > 독해 비문학 > 전개 순서 답 ②

| 정답해설 | ㉡의 '소설만이 그런 것이 아니다'라는 문장을 통해 ㉡은 ㉣의 뒤에 오는 내용임을 알 수 있다. ㉢의 '이처럼'이라는 표지어를 통해 지시대상의 이분법적인 사고로 인해서 부분만으로 전체를 판단하는 행위임을 알 수 있으므로 ㉢은 ㉡의 뒤에 오는 내용이며 ㉠은 위에서 논의한 내용을 종합하는 내용이므로 글의 순서는 ② '㉣-㉡-㉢-㉠'임을 알 수 있다.

中

15 개념 카테고리 독해 > 독해 비문학 > 밑줄/괄호 답 ④

| 정답해설 | • ㉠ 뒷부분은 '타이타닉 호 속의 일상사'에 대한 예시가 부연 설명되고 있다. 따라서 '예를 들면'이 들어가는 것이 적절하다.

- ㉡ 앞부분과 뒷부분의 내용이 역접 관계이다. 따라서 대립될 때 쓰는 '그렇지만'이 들어가는 것이 적절하다.
- ㉢ 뒷부분은 앞부분의 내용을 비유적으로 표현한 것이다. 따라서 '말하자면'이 들어가는 것이 적절하다.

中

16 개념 카테고리 독해 > 독해 비문학 > 주제 찾기 답 ④

| 정답해설 | ④ 학생들은 언어적·비언어적 메시지를 적극적으로 활용하는 공감적 듣기 방법을 사용하였다. 학생들의 이러한 반응은 교수를 변화시켰을 뿐만 아니라 학생들의 행동이나 태도에도 긍정적인 변화를 가지고 왔다. 따라서 '공감하는 듣기의 중요성'이 글의 제목으로 적절하다.

| 오답해설 | ①, ② 학생과 교수 사이에서 일어나는 의사소통에 대해 이야기하고 있다.

③ 주의 집중, 미소, 눈을 반짝이며 고개를 끄덕이기 등 '비언어적 메시지'의 중요성에 대해 중점적으로 이야기하고 있다.

中

17 개념 카테고리 독해 > 독해 비문학 > 주제 찾기 답 ②

| 정답해설 | ② 동양과 서양 모두 위기 상황을 잘 분석하면 긍정적인 결과를 얻을 수 있다고 보고 있으므로, 글의 중심 내용으로 적절하다.

| 오답해설 | ① 미리 대처해야 한다는 언급은 찾아볼 수 없다.

③ 위기가 지나가면 기회가 올 수도 있다고 보고 있다.

④ 위기가 욕심에서 비롯된다는 언급은 찾아볼 수 없다.

上

18 개념 카테고리 독해 > 독해 비문학 > 논리형 답 ④

| 정답해설 | ④ 개회사, 발표, 토론은 필수적으로 진행되어야 한다. 개회사는 최소 10분이며, 토론은 발표당 10분이 필요하다. 만약 발표를 50분으로 한다면 하나의 발표당 토론까지 60분이 소요된다. 이러한 발표를 3회 하게 된다면 180분, 개회사까지 포함되면 최소 190분이 필요하다. 이는 오전 9시에 시작하여 정오까지는 마쳐야 하는 조건 2와 모순된다.

| 오답해설 | ① 개회사에 10분, 휴식 20분씩 2회로 40분을 소모한다. 발표가 40분일 경우 토론까지 50분으로, 발표를 두 개 할 경우 포럼의 총 소요 시간은 150분이다. 조건 2와 모순되지 않는다. 만약 개회사에 20분, 발표가 50분이라 하더라도 총 소요 시간이 180분이므로 상관없다. 반드시 참이다.

② 개회사에 10분, 휴식 없이 40분짜리 발표와 10분짜리 토론을 두 번 하면 총 110분이 소요된다. 11시 이전에 포럼을 마칠 수 있다. 반드시 참이다.

③ 개회사에 10분, 발표를 40분씩 세 번, 토론을 10분씩 세 번 한다면 총 160분을 소요하게 된다. 180분의 시간제한까지 20분의 여유가 있으므로 휴식을 1회 취할 수 있다. 반드시 참이다.

上

19 개념 카테고리 독해 > 독해 비문학 > 논리형 답 ④

| 정답해설 | 1. A를 파견하면 B를 파견한다. A → B

2. B를 파견하면 D를 파견하지 않는다. B → ~D

3. C를 파견하면 E를 파견하지 않는다. C → ~E

4. D를 파견하지 않으면 C를 파견한다. ~D → C

5. E를 파견하지 않으면 D를 파견한다. ~E → D

- A를 파견하는 경우

  1에 의해 B를 파견한다. 2에 의해 D는 파견하지 않는다. 5의 대우에 의거하여 E를 파견한다. 3의 대우에 의해 E를 파견하므로 C는 파견하지 않는다. 그러나 4의 대우는 ~C → D이기 때문에 이는 4의 명제와 모순이다. 따라서 A를 파견할 수 없다.

- B를 파견하는 경우

  역시 위와 동일하다. B를 파견한다는 것은 A를 파견하는 것이기 때문이다. 즉 A와 B를 파견할 수 없고, 2의 대우인 D → ~B에 의거하여 D는 파견해야 한다.

A	B	C	D	E
×	×		○	

④ C를 파견하지 않으면 E를 파견한다는 3의 이이다. 이 조건이 추가된다 하더라도 모든 사무관의 파견 여부를 확정할 수 없다.

| 오답해설 | ① A를 파견하지 않으면 C를 파견한다. ~A → C가 추가된다면 C를 파견하고, 3에 의해 E를 파견하지 않을 것이라는 것을 확정할 수 있다.

② B를 파견하지 않으면 C를 파견한다. ~B → C가 추가된다면 C를 파견하고 3에 의해 E를 파견하지 않을 것이라는 것을 확정할 수 있다.

③ C를 파견하지 않으면 D를 파견하지 않는다. ~C → ~D의 대우는 D → C이다. D가 파견되는 것은 확정이다. C를 파견할 것이고, 3에 의해 E를 파견하지 않을 것이라는 것을 확정할 수 있다.

上

20 개념 카테고리 독해 > 독해 비문학 > 논리형 답 ④

| 정답해설 | 〈배치 원칙〉

1. 총무부와 인사부 중 한 곳에는 공인노무사 자격증을 갖고 있는 사원을 배치한다.
   → 공인노무사 자격증을 갖고 있는 사원은 갑순이다.
2. 영업부와 자재부 중 한 곳에만 중국어 회화 가능자를 배치한다.
   → 중국어 회화 가능자는 병수, 정희이다.
3. 정희를 인사부에도 자재부에도 배치하지 않는다면, 영업부에 배치한다.
4. 영업부와 자재부 중 한 곳에만 신입사원을 배치한다.
   → 신입사원은 갑순, 을돌, 정희이다.

1에 의해 갑순은 영업부, 자재부에 배치될 수 없다. 갑순이 영업부, 자재부에 배치될 수 없기에 2에 의해 영어 회화 가능자인 을돌은 영업부와 자재부 중 한 곳에 들어가야 하며, 총무부와 인사부에 배치될 수 없다.

4에 의해 신입사원이 아닌 병수는 영업부나 자재부 중 한 곳에 배치되어야 한다. 이를 2와 결합하면 정희는 영업부와 자재부에 갈 수 없다는 결론이 나온다. 이를 3과 결합하면 영업부에 배치되지 않았으므로, 인사부나 자재부에 배치되어야 한다. 따라서 정희가 갈 곳은 인사부이고 자연스럽게 갑순은 총무부로 들어가게 된다.

구분		총무부	인사부	영업부	자재부
영어	갑(노무사)	○	×	×	×
	을	×	×		
중국어	병(~신입)	×	×		
	정	×	○	×	×

〈추가 원칙〉

5. 인사부와 영업부에 같은 외국어 회화를 할 수 있는 사원들을 배치한다.
   인사부에 중국어 가능자인 정희가 배치되었으므로 병수는 자연스럽게 영업부로, 을은 자재부로 배치된다.

④ 〈배치 원칙〉과 〈추가 원칙〉에 따라 최종적으로 배치된 정희의 부서는 인사부이다.

| 오답해설 | ① 〈배치 원칙〉만으로 배치된 갑순의 부서는 총무부이다.

② 〈배치 원칙〉만으로 배치된 을돌의 부서는 알 수 없다.

③ 〈배치 원칙〉과 〈추가 원칙〉에 따라 최종적으로 배치된 병수의 부서는 영업부이다.

정답과 해설 PART 02

기출 품은 모의고사 12회

기출문제편 ▶ P.155

영역별 출제 비중

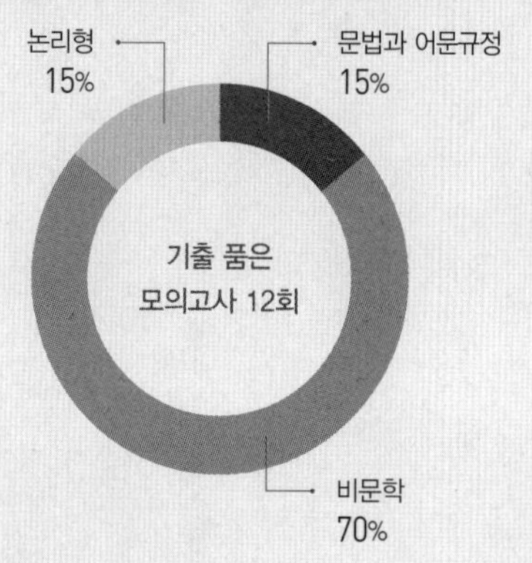

맞힌 문항 수	/20문항
점수	/100점

문항 분석

문항	정답	영역
1	③	문법 > 현대 문법 > 공공언어 바로 쓰기
2	①	문법 > 현대 문법 > 음운론
3	④	문법 > 현대 문법 > 형태론
4	③	독해 > 독해 비문학 > 일치/불일치
5	①	독해 > 독해 비문학 > 일치/불일치
6	④	독해 > 독해 비문학 > 전개 순서
7	②	독해 > 독해 비문학 > 일치/불일치
8	②	독해 > 독해 비문학 > 일치/불일치
9	③	독해 > 독해 비문학 > 일치/불일치
10	④	독해 > 독해 비문학 > 주제 찾기
11	③	독해 > 독해 비문학 > 주제 찾기
12	③	독해 > 독해 비문학 > 일치/불일치
13	④	독해 > 독해 비문학 > 일치/불일치
14	①	독해 > 독해 비문학 > 일치/불일치
15	④	독해 > 독해 비문학 > 일치/불일치
16	②	독해 > 독해 비문학 > 일치/불일치
17	④	독해 > 독해 비문학 > 일치/불일치
18	②	독해 > 독해 비문학 > 논리형
19	②	독해 > 독해 비문학 > 논리형
20	②	독해 > 독해 비문학 > 논리형

취약영역 체크

문법과 어문 규정	/3
비문학	/14
논리형	/3

➡ 나의 취약영역: ____________

中

01 개념 카테고리 문법 > 현대 문법 > 공공언어 바로 쓰기 답 ③

출제예상 TIP 공공언어 바로 쓰기에서 제시하고 있는 잘못된 문장의 쓰임과 관련된 내용을 잘 정리해 두어야 한다.

| 정답해설 | ③ '클러스터'는 '연합(지구)'로 수정해야 한다.

| 오답해설 | ① '발사되다'에서 '되다'는 피동 접미사이다. 따라서 앞의 명사와 붙여 써야 한다.

② 한자어 '통보'를 '알림'으로 수정하는 것은 바르다. 또한 '통보'는 권위적인 느낌을 줄 수 있어 조심하여 사용해야 한다.

④ 명사를 계속 나열하는 것은 바르지 않다. 따라서 적절한 조사와 서술적 표현을 쓰며 문장을 구성하는 것이 좋다.

中

02 개념 카테고리 문법 > 현대 문법 > 음운론 답 ①

출제예상 TIP 연음, 절음의 개념을 비교하여 정리해 두어야 한다.

| 정답해설 | ① '받은'은 용언 '받다'의 활용형이므로 '-은'은 관형사형 전성 어미가 된다. 이때 '-은'은 형식 형태소에 해당한다. 따라서 '밭'의 'ㅌ'을 곧바로 연음한 [바튼]과 같이 발음해야 한다.

| 오답해설 | ② '으로'는 조사이므로 형식 형태소이다. 따라서 '낱'의 'ㅌ'을 곧바로 연음한 [나트로]가 맞는 발음이다. 그리고 '알'은 명사로 실질 형태소이다. 따라서 '낱'의 'ㅌ'에 음절의 끝소리 규칙을 적용하여 'ㄷ'으로 교체한 후 넘겨 발음한 [나달]이 맞는 발음이다.

③ '어금니'는 명사로 '어금니'의 '어'는 실질 형태소와 관련된 부분이다. 따라서 '앞'의 'ㅍ'에 음절의 끝소리 규칙을 적용하여 'ㅂ'으로 교체한 후 넘겨 발음한 [아버금니]가 맞는 발음이다.

④ '웃음'의 '웃'은 어근 부분이므로 실질 형태소이고 '-음'은 접사 부분이므로 형식 형태소이다. 따라서 '겉'의 'ㅌ'에 음절의 끝소리 규칙을 적용하여 'ㄷ'으로 교체한 후 넘겨 발음해야 한다. 그리고 '웃'의 'ㅅ'은 곧바로 넘겨 발음해야 한다. 따라서 [거두슴]으로 발음하는 것이 맞다.

中

03 개념 카테고리 문법 > 현대 문법 > 형태론 답 ④

출제예상 TIP 명사형 전성 어미와 명사 파생 접미사를 구별하는 방법을 잘 정리해 두어야 한다.

| 정답해설 | ㉠ '살기'의 경우 부사어 '홀로'의 수식을 받을 수 있고 문장 속에서 '살다'와 같이 서술하는 기능이 유지되고 있으므로 '-기'는 명사형 어미가 결합된 경우(ⓐ)이다.

㉡ '잠'의 경우 부사어 '충분히'의 수식을 받을 수 있고 문장 속에서 '자다'와 같이 서술하는 기능이 유지되고 있으므로 '-ㅁ'은 명사형 어미가 결합된 경우(ⓐ)이다.

㉢ '얼음'의 경우 관형어 '시원한'의 수식을 받을 수 있고 문장 속에서 '얼다'와 같은 서술하는 기능은 유지되지 않고 있으므로 '-음'은 명사를 만드는 접미사가 결합된 경우(ⓑ)이다.

㉣ '놀이'의 경우 관형어 '건전한'의 수식을 받을 수 있고 문장 속에서 '놀다'와 같은 서술하는 기능은 유지되지 않고 있으므로 '-이'는 명사를 만드는 접미사가 결합된 경우(ⓑ)이다.

㉤ '아름답기'의 경우 부사어 '매우'의 수식을 받을 수 있고 문장 속에서 '아름답다'와 같이 서술하는 기능이 유지되고 있으므로 '-기'는 명사형 어미가 결합된 경우(ⓐ)이다.

더 알아보기

명사 파생 접미사 vs. 명사형 전성 어미

깊은 잠을 자고 나니 피로가 풀렸다. vs. 깊이 잠으로써 피로가 풀렸다.
큰 웃음을 웃었다. vs. 크게 웃음으로써 분위기를 바꾸었다.

➡ "깊은 잠(자-+-ㅁ)을 자고 나니 피로가 풀렸다."의 '잠'은 동사의 어간 '자-'에 접사 '-(으)ㅁ'이 붙은 파생 명사이다. 이에 비하여 "깊이 잠(자-+-ㅁ)으로써 피로가 풀렸다."의 '잠'은 동사의 어간 '자-'에 명사형 전성 어미 '-ㅁ'이 붙은 동사의 명사형이다. 마찬가지로 "큰 웃음(웃-+-음)을 웃었다."의 '웃음'은 파생 명사이며, "크게 웃음(웃-+-음)으로써 분위기를 바꾸었다."의 '웃음'은 동사의 명사형이다.

➡ '잠'과 '웃음'을 통하여 살펴본 바와 같이 접사 '-(으)ㅁ'은 명사형 전성 어미 '-(으)ㅁ'과 형태가 같아 표면상으로는 구별이 되지 않는다. 그러나 하나는 품사가 명사이고, 하나는 품사가 동사이다. 동사의 명사형은 서술성이 있어 주어를 서술하며, 그 앞에 '깊이', '크게' 등의 부사어가 쓰일 수 있다. 그러나 파생 명사(어근+접미사)로 쓰인 '잠'과 '웃음'은 서술성이 없으므로 그 앞에 부사어가 쓰일 수 없고, 그 대신 '깊은, 큰'처럼 명사를 수식하는 관형어가 올 수 있다.

中

04 개념 카테고리 독해 > 독해 비문학 > 일치/불일치 답 ③

| 정답해설 | ③ 글쓴이는 현대 사회가 푸코가 주장했던 규율사회에서 푸코의 개념만으로 설명할 수 없는 성과사회로 변모하고 있다는 관점을 명시한 뒤 그 특징을 설명하였다. 이를 바탕으로 현대 사회의 우울증 환자와 낙오자의 생산, 생산성 향상에 대한 욕망, 자유로운 강제로 인한 과다 노동과 자기 착취 등의 현상에 대해서 설명하고 해석하고 있다.

| 오답해설 | ① 통념의 문제점을 지적한 것이 아니며 이에 대한 절충적 대안도 내세우고 있지 않다.

② 규율사회와 성과사회라는 관점을 제시하고 있으나 한 견해의 관점에서 일관되게 다른 관점을 비판하고 있는 것은 아니다.

④ 규율사회에서 성과사회로의 변화라는 현실 인식을 담고 있으나 그 대응 방식을 드러내고 있다고 보기 어려우며, 그러한 변화를 통시적으로 서술하고 있는 것도 아니다.

中

05 개념 카테고리 독해 > 독해 비문학 > 일치/불일치 답 ①

| 정답해설 | ① 성과주체는 성과사회의 주체로서 규율사회의 복종적 주체와 차이가 있음을 밝히고 있으나, 셋째 단락에서 능력이 당위를 지워버리는 것은 아니며 성과주체는 규율에 단련된 상태를 유지한다고 했으므로, 성과주체를 복종적 주체가 지닌 당위의 명령에서 완전히 자유로운 존재로 보기는 어렵다.

| 오답해설 | ② 능력의 긍정성이 당위의 부정성보다 생산성이 높기 때문에 규율의 패러다임은 성과의 패러다임으로 대치되는 것임을 밝히고 있다.

③ 넷째 단락에 따르면 성과주체는 자유로운 강제에 몸을 맡김으로써 과다한 노동과 성과는 자기 착취로 이어진다.

④ 규율사회와 성과사회는 생산성을 최대화하려는 사회적 무의식을 가지는 점에서 공통적이며, 이러한 공통성으로 인해서 규율사회는 성과사회로 변화해 간다는 입장을 보이고 있다.

中

06 개념 카테고리 독해 > 독해 비문학 > 전개 순서 답 ④

| 정답해설 | 다문화 정책의 방향에 대해서 제시하고 있는 글이다. (다)는 다문화 정책의 기본적 방향성 두 가지를 제시하고 있으며 (가)는 (다)의 주장에 대한 근거가 되는 문단이고 (라)는 그 구체적인 실천 방향을 언급하고 있고 (나)는 논의들을 요약하고 확대 적용하고 있으므로 글의 순서는 ④ '(다)–(가)–(라)–(나)'가 된다.

中

07 개념 카테고리 독해 > 독해 비문학 > 일치/불일치 답 ②

| 정답해설 | ② '오스트랄로피테쿠스'가 한때 과일만 먹었을 것이라고 믿어져 육식 여부가 사람 속과 구별되는 기준으로 사용되기도 했으나 최근의 연구는 오스트랄로피테쿠스도 육식을 했을 것이라고 추측하므로 ②의 진술은 적절하지 않다.

| 오답해설 | ① 그 음식의 공급이 끊기면 그 동물도 멸종될 위험이 있기 때문이다.

③ 셋째 단락의 내용에서 발견되는 동물 뼈 흔적을 통해 인간이 사냥을 오래전부터 해 왔음을 언급하고 있다.

④ 둘째 단락 마지막 문장 "오스트랄로피테쿠스 식단에서 ~ 내릴 수 있다."를 통해 알 수 있다.

中

08 개념 카테고리 독해 > 독해 비문학 > 일치/불일치 답 ②

| 정답해설 | ② 현실 비판과 관련된 몽유록은 '참여자형'으로 이는 16~17세기에 주로 창작되었다. "몽유자와 꿈속 인물들이 ~ 비판적 목소리를 낸다."를 통해 참여자형은 몽유자가 현실을 비판하는 경향이 강하게 나타남을 알 수 있다. 한편, 17세기 이후 몽유록은 방관자형이다.

| 오답해설 | ① 참여 여부에 따라 몽유록을 '참여자형'과 '방관자형'으로 구분할 수 있다고 하였다.

③ "방관자형에서는 몽유자가 ~ 구경꾼의 위치에 서 있다."라고 하였고, 이 시기의 몽유록이 '통속적이고 허구적인 성격'으로 변모한 것이 몽유자의 역할 변화와 무관하지 않다고 하였다.

④ "참여자형에서는 몽유자와 꿈속 인물들이 ~ 비판적 목소리를 낸다."에서 확인할 수 있다.

下

09 개념 카테고리 독해 > 독해 비문학 > 일치/불일치 답 ③

| 정답해설 | 텔레비전과 컴퓨터 같은 매체의 등장으로 어린이나 젊은이들이 어른들에게 배우는 것이 적어졌으므로 어른들에 대한 외포나 존경이 많이 상실되었다는 내용의 글이다. 즉 텔레비전과 컴퓨터 같은 전자 미디어가 사회적 질서에 변화를 가져왔다는 뜻이므로 ③의 반응이 적절하다.

| 오답해설 | ①, ②, ④의 반응이 나올 수 있는 근거를 찾을 수 없다.

下

10 개념 카테고리 독해 > 독해 비문학 > 주제 찾기 답 ④

| 정답해설 | ④ 전체 맥락을 통해 '올바른 교육은 우리 말과 우리 삶을 떠나지 않는 것이다' 정도가 중심 내용임을 알 수 있다. 따라서 '올바른 교육은 모름지기 자기 것(우리 말, 우리 삶)에 바탕을 두어야 한다'가 적절하다.

| 오답해설 | ③ 교육과 봉사와의 관계, 봉사의 필요성을 말하는 글이 아니다.

中

11 개념 카테고리 독해 > 독해 비문학 > 주제 찾기 답 ③

| 정답해설 | '21세기는 문화의 세기이며 이는 산업 사회에서 문화와 경제가 독자적 영역을 유지하던 것에서 문화와 경제가 공생하는 시대로의 변화를 의미한다'가 이 글의 중심 내용이다. 따라서 ③이 중심 생각으로 가장 적절하다.

| 오답해설 | ①, ②, ④의 경우 ③의 원인과 과정에 해당하므로 중심 내용이 될 수 없다.

中

12 개념 카테고리 독해 > 독해 비문학 > 일치/불일치 답 ③

| 정답해설 | ③ 해방 직후 문단은 식민지 문학 청산과 새로운 민족 문학 건설을 추구하며 이를 위해 식민지 시대의 문화적 체험에 대한 반성을 강조한다. 이런 인식은 일제에 의해 강요된 민족 문학의 왜곡에 대한 비판적 인식이 일반화된 것이었음을 보여 주는 것이다. 그러나 민족 문학의 방향을 민중 문학의 특성으로 잡은 것은 아니었다. 그러한 언급은 찾아볼 수 없으며 실제로도 '민중 문학'의 개념은 60년대 말 70년대 초부터 본격화되기 시작한다.

中

13 개념 카테고리 독해 > 독해 비문학 > 일치/불일치 답 ④

| 정답해설 | ④ 화성 신도시의 건설이 사도세자의 유지를 받는 것인지 여부에 대한 내용은 언급되어 있지 않다.

| 오답해설 | ① 첫째 단락 두 번째 문장 "전성기를 맞이한 ~ 마련한 것이었다."를 통해 알 수 있다.

② 둘째 단락 첫 번째 문장에서 정조의 장기적 구상에 의해 건설되었음을 알 수 있다.

③ 첫째 단락에서는 화성 신도시가 조선의 문화 발전 성과가 집약된 계획도시임을 언급하고 있다.

中

14 개념 카테고리 독해 > 독해 비문학 > 일치/불일치 답 ①

| 정답해설 | ① 외몽골은 객관적으로 표현하면 북몽골로 불러야 하지만 이런 명칭은 중국과의 불화(외교적 마찰)를 불러올 수 있으므로 적절치 못하다는 것이 글쓴이의 생각이다.

| 오답해설 | ② 지명 문제는 외교적 문제를 불러올 수 있고 이는 바람직하지 못하다는 것을 주장하고 있다.

③ 외몽고, 내몽고, 신강이라는 지명은 중화주의적 성격을 지니므로 객관적 표현은 아니라는 것을 드러내고 있다.

④ 예민한 지명 문제는 학계의 목소리로 남겨 두는 것이 좋다는 것을 마지막 문장에서 언급하고 있다.

中

15 개념 카테고리 독해 > 독해 비문학 > 일치/불일치 답 ④

| 정답해설 | ④ 이 글은 최대 다수의 최대 행복을 추구하는 '공리주의'에 대해 말하고 있다. 먼저 다수의 안전을 위해 테러 용의자를 고문을 하는 것은 '맞다'라며 공리주의가 일리 있음을 말하고 있다. 하지만 상황이 다른 경우 예를 들어 구명보트를 타고 바다를 표류하던 선원 이야기나 테러리스트 딸의 이야기의 경우 다수의 이익을 위해서라도 소수를 희생할 수 없다는 입장을 보이고 있다. 즉, 이 글의 화자는 '공리주의가 모든 상황에서 맞는 것은 아니다'라는 주장을 하고 있다고 볼 수 있다. 따라서 '공리주의가 절대선일 수 없는 것은 소수의 이익이라 하더라도 무시할 수 없는 것도 있기 때문이다'가 이 글의 주된 논지이다.

中

16 개념 카테고리 독해 > 독해 비문학 > 일치/불일치 답 ②

| 정답해설 | ② '생식을 통해 후세를 이어 갈 수 있는 인간만이 참된 인간'으로 정의된 것으로 알 수 있다.

| 오답해설 | ① 생식을 위한 혼인을 강조하고 있는 부분은 없다.

③ 남성과 여성은 생식을 통해 구분한 것이며 어린이에 대한 언급은 없다.

④ 생식에 따라 남녀를 구분한다는 것은 알 수 있으나 질병에 대해서는 언급하고 있지 않다.

中

17 개념 카테고리 독해 > 독해 비문학 > 일치/불일치 답 ④

| 정답해설 | 매체의 특성을 고려한다는 것은 TV, 라디오, 인터넷 등의 전달 수단을 고려하거나 면대면 발표 상황에서 시각적 보조 자료의 사용 여부 등을 고려한다는 것인데 이 글에서 구체적 매체를 추정할 단서를 제시하지 않았으므로 ④의 진술은 부적절하다.

| 오답해설 | ① 노벨 경제학상을 받은 교수의 견해를 인용해서 발표 내용의 신뢰성을 높이고 있다.

② '불공정한 것일까요?', '이유는 무엇일까요?' 등의 물음을 사용하여 청중의 주의를 환기하고 흥미와 관심을 높인다.

③ 실제 설문 조사 결과를 제시하여 발표 내용의 신뢰성과 타당성을 높이고 있다.

上

18 개념 카테고리 독해 > 독해 비문학 > 논리형 답 ②

| 정답해설 | 1. 갑이 환경부에 배치되면, 을 또한 환경부에 배치된다.
2. 을이 환경부에 배치되면, 병은 통일부에 배치된다.
3. 갑이 환경부에 배치되지 않으면, 무와 병이 통일부에 배치된다.
4. 병이 통일부에 배치되지 않고 갑은 환경부에 배치된다.
5. 갑이 통일부에 배치되고 정은 교육부에 배치된다.

하나의 부처에 여러 명의 사무관이 배치될 수는 있지만, 한 명의 사무관이 여러 부처에 배치되는 일은 없으며, 네 명의 진술은 옳고 나머지 한 명의 진술은 거짓이다.

4에서 갑은 환경부에 배치된다 하였고, 5에서는 갑이 통일부에 배치된다 하였다. 이는 한 명의 사무관이 여러 부처에 배치되는 일은 없다는 조건에 위배된다. 따라서 4와 5 둘 중 하나는 거짓이다. 따라서 1~3은 옳은 진술이다.

i) 갑이 환경부에 배치되는 경우
1에 의해 갑과 을 모두 환경부에 배치된다. 2에 의해 병은 통일부에 배치된다. 그러나 이는 병이 통일부에 배치되지 않고 갑이 환경부에 배치된다는 4와 충돌한다. 따라서 갑이 환경부에 배치되는 경우는 성립할 수 없다. 더불어 1~3이 옳은 진술이기에 4가 거짓임을 알 수 있다.

ii) 갑이 환경부에 배치되지 않는 경우
5에 의해 갑은 통일부에 배치되고, 정은 교육부에 배치된다. 3에 의해 무와 병은 통일부에 배치된다.

정리하면 다음과 같다.

구분	갑	을	병	정	무
환경부	×	?	×	×	×
통일부	○	?	○	×	○
교육부	×	?	×	○	×

② 을이 어디에 배치될지는 알 수 없다.

| 오답해설 | ① 갑은 통일부에 배치된다.

③ 병은 통일부에 배치된다.

④ 정은 교육부에 배치된다.

上

19 개념 카테고리 독해 > 독해 비문학 > 논리형 답 ②

| 정답해설 | 1. 갑의 전적은 1승 1패이다.

2. 정은 을을 이겼다.

이를 표로 나타내면 다음과 같다.

구분	갑	을	병	정	전적
갑	×				1승 1패
을		×		을 패	
병			×		
정				×	

3. 병은 갑을 이긴 적이 없고 을을 이긴 적도 없다.
   병이 대결할 수 있는 상대는 갑, 을, 정이다. 이 중 갑, 을과 대결했을 경우 2패로 4위, 갑 or 을 중 한명과 대결했다 해도 최소 1패이다.
4. 연구부가 우승했다.
   이는 병과 정 둘 중 하나는 연구부 소속이며 2승을 했을 것이다. 3의 내용을 결합하면 정이 2승을 했음을 알 수 있고, 정이 연구부 소속이다. 이는 병이 정과 대결을 했다 해도 패했음을 의미한다. 따라서 병은 2번의 경기에서 모두 패했음을 알 수 있다.
   1위는 2승, 2~3위는 1승 1패, 4위가 2패이므로 다음과 같이 정리 가능하다.
5. 영업부는 2패를 기록했다.
   병은 영업부가 된다.
6. 인사부와 연구부는 대결하지 않았다.
   인사부는 우승한 연구부 출신인 정과 4강에서 만나지 않았을 것이다. 즉 인사부는 3~4위전에서 4위를 한 병을 이겼음을 알 수 있다. 즉 4강전에서 인사부를 이긴 부서는 자재부이다.

2를 결합하면 정은 4강전이 아닌 결승전에서 이겼음을 알 수 있다. 따라서 갑이 인사부, 을이 자재부이다. 정리하면 다음과 같다.

구분	갑(인사부)	을(자재부)	병(영업부)	정(연구부)	전적	순위
갑(인사부)	×	갑 패	갑 승		1승 1패	3(갑)
을(자재부)		×		을 패	1승 1패	2(을)
병(영업부)	병 패		×	병 패	2패	4(병)
정(연구부)		정 승	정 승	×	2승	1(정)

② 을과 정이 결승전에서 대결했음을 알 수 있다.

| 오답해설 | ① 갑은 3위이다.

③ 정은 연구부이다.

④ 3~4위전은 인사부와 영업부가 대결했다.

上

20 개념 카테고리 독해 > 독해 비문학 > 논리형 답 ②

| 정답해설 | ㄴ. 사용 빈도에 대한 통계적 순위에서 하위에 있는 어떤 문장이 무의미함에도 불구하고 문법적이라면, ㉡은 강화된다.

"나는 산더미 같이 큰 … 보았다."의 줄임표 자리에 '빈대를'을 추가한다면 "나는 산더미 같이 큰 빈대를 보았다."이다. 따라서 문법적 연쇄가 만들어진다.

"나는 산더미 같이 큰 … 보았다."의 줄임표 자리에 '그러나'를 추가한다면 "나는 산더미 같이 큰 그러나 보았다."이다. 따라서 비문법적 연쇄가 만들어진다.

그러나 이는 모두 실제 한국어 사용에서 출현할 빈도는 사실상 0이다. '빈도에 의존하는 것은 문법적 연쇄와 비문법적 연쇄 사이의 차이를 선명하게 제시하고는 싶으나 언어의 현실이 너무 복잡해서 완벽하게 제시할 수 없는 벽에 부딪힌 언어학자가 채택한 편의적인 방법'일 뿐이며, '연쇄의 사용 빈도가 높은가 낮은가는 그 연쇄가 문법적인가 그렇지 않은가와 별개'라는 내용은 ㉡이라는 결론을 지지하므로 이는 ㉡을 강화한다.

| 오답해설 | ㄱ. 문장의 사용 빈도와 그 문장을 기억하기 쉬운가는 서로 상관관계가 없는 것으로 밝혀진다면, ㉠은 약화된다.

(1) 색깔 없는 녹색 관념들이 모질게 잔다.

(2) 모질게 없는 잔다 관념들이 색깔 녹색.

(1)과 (2)는 둘 다 무의미하지만, (1)은 (2)와 달리 문법적이기에 (1)을 자연스럽게 읽을 수 있고, 더 쉽게 기억할 것이라 하였다. 이는 문법적인 문장은 사용 빈도가 높으며, 기억하기 쉽다는 것을 의미한다. 그러나 이것은 ㉡을 강화하는 것이지 ㉠과는 관련이 없다. ㉠이라는 결론을 지지하는 내용이 아니기 때문이다.

ㄷ. ㉠의 "'문법적인'이라는 개념은 '의미가 있는'이라는 개념과 동일시될 수 없다."는 말은 언어 전체적인 내용, 즉 전칭이다. ㄷ의 '특정 언어'는 특칭이다. 즉 전체 언어 안의 부분 집합이다. 부분을 통해 전체를 판단하기에는 어렵다. 즉, 이것만으로는 ㉠을 약화한다고 판단하기 어렵다.
   ㉡의 특정 언어에서 '문법적인'이라는 개념은 '그 언어에서의 사용 빈도에 대한 통계적 순위에서 상위에 있는'이라는 개념과 동일시될 수 없다. 특정 언어라는 조건과 부합한다. 그러나 이 역시 '실제 언어에서 어떤 연쇄의 사용 빈도가 높은가 낮은가는 그 연쇄가 문법적인가 그렇지 않은가와 별개인 것'이므로 ㉡을 약화하지 못한다.

정답과 해설 PART 02

기출 품은 모의고사 13회

기출문제편 ▶ P.165

영역별 출제 비중

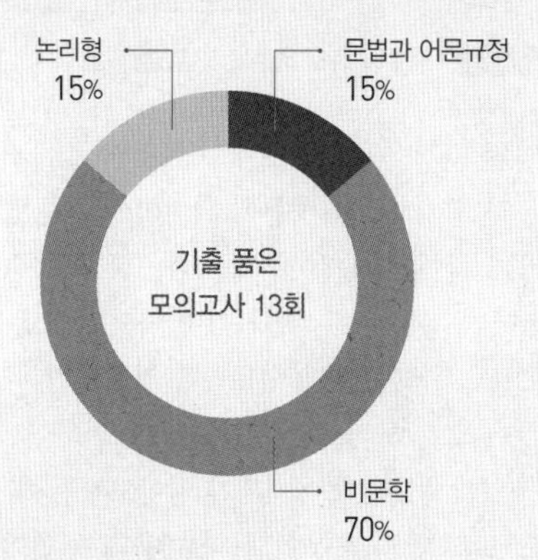

맞힌 문항 수	/20문항
점수	/100점

I 문항 분석

문항	정답	영역
1	④	문법 > 현대 문법 > 공공언어 바로 쓰기
2	③	문법 > 현대 문법 > 형태론
3	③	문법 > 현대 문법 > 통사론
4	③	독해 > 독해 비문학 > 전개 순서
5	③	독해 > 독해 비문학 > 일치/불일치
6	②	독해 > 독해 비문학 > 개요 수정
7	③	독해 > 독해 비문학 > 밑줄/괄호
8	③	독해 > 독해 비문학 > 일치/불일치
9	②	독해 > 독해 비문학 > 일치/불일치
10	④	독해 > 독해 비문학 > 주제 찾기
11	③	독해 > 독해 비문학 > 일치/불일치
12	③	독해 > 독해 비문학 > 일치/불일치
13	③	독해 > 독해 비문학 > 주제 찾기
14	①	독해 > 독해 비문학 > 주제 찾기
15	③	독해 > 독해 비문학 > 일치/불일치
16	④	독해 > 독해 비문학 > 일치/불일치
17	①	독해 > 독해 비문학 > 주제 찾기
18	③	독해 > 독해 비문학 > 논리형
19	④	독해 > 독해 비문학 > 논리형
20	④	독해 > 독해 비문학 > 논리형

I 취약영역 체크

문법과 어문 규정	/3
비문학	/14
논리형	/3

➡ **나의 취약영역:** ____________

中

01 개념 카테고리 문법 > 현대 문법 > 공공언어 바로 쓰기 답 ④

출제예상 TIP 공공언어 바로 쓰기에서 제시하는 단어의 호응 관련 내용들을 잘 정리해 두어야 한다.

| 정답해설 | ④ '결박하다'와 같은 한자어를 '고정해 두다'와 같이 수정하는 것이 적절하다.

| 오답해설 | ① 외래어인 '패러다임'을 '체계' 또는 '방식' 등으로 수정하는 것은 적절하다.

② '불편함'은 '크다, 작다'와 어울려 쓰는 단어이다. 따라서 '불편함이 컸다'로 수정하는 것은 적절하다.

③ 체언 뒤에 '식'이 결합할 때 '식'은 '접사'이다. 따라서 '문어발식'과 같이 한 단어로 붙여 써야 한다.

中

02 개념 카테고리 문법 > 현대 문법 > 형태론 답 ③

출제예상 TIP 용언의 활용, 어간과 어미의 개념을 잘 정리해 두어야 한다.

| 정답해설 | ③ '펴도'의 기본형은 '펴다'이다. 이때 어간 '펴－'에 어미 '－어도'가 결합한 '펴어도'의 형태가 원래 모습이 된다. 하지만 활용을 할 때 모음 'ㅓ'가 탈락하는 음운 변동이 일어나 '펴도'와 같이 활용하고 이것이 표기에 반영되어 '펴도'로 표기가 된다.

| 오답해설 | ① '잡으면'의 기본형은 '잡다'이고 '잡다'의 어간 '잡－'에 어미 '－으면'이 결합한 형태이므로 음운 변동 자체가 일어나지 않은 경우이다.

② '쌓아서'의 기본형은 '쌓다'이고 '쌓다'의 어간 '쌓－'에 어미 '－아서'가 결합하여 '쌓아서'가 된 경우이다. 이때 '쌓아서'의 발음은 [싸아서]와 같이 'ㅎ'이 탈락하는 음운 변동이 일어나지만 이것을 표기에 반영하지 않고 '쌓아서'로 표기한다.

④ '먹어도'의 기본형은 '먹다'이다. '먹다'의 어간 '먹－'에 어미 '－어도'가 결합하여 '먹어도'가 된 것이므로 음운 변동 자체가 일어나지 않은 경우이다.

中

03 개념 카테고리 문법 > 현대 문법 > 통사론 답 ③

출제예상 TIP 사동문의 특징과 사동 접미사의 쓰임을 잘 정리해 두어야 한다.

| 정답해설 | ③ '싸우다'는 '~와 싸우다'와 같이 특정한 상대 등을 필수적으로 요구하는 동사이므로 사동 접사가 결합하기 어려운 경우이다.

| 오답해설 | ① 남에게 동작을 하도록 시키는 뜻을 나타내는 의미로 쓰인 사동 표현 '먹이다'의 '이'는 사동 접사 '－이－'가 결합한 경우이다.

② '던지다'는 어간 '던지－'가 'ㅣ'로 끝나는 동사이므로 사동 접사가 결합하기 어려운 경우이다.

④ '입게 하다'는 '－게 하다'가 결합한 구성이므로 통사적 사동이 쓰인 경우이다.

中

04 개념 카테고리 독해 > 독해 비문학 > 전개 순서 답 ③

| 정답해설 | 선택지를 분석하면 ㉡과 ㉣이 맨 처음 오는 문장이 된다. ㉡은 "그 과정에서"라는 표현과 어울릴 과정이 앞에 언급되어 있지 않아 부자연스럽다. 따라서 맨 앞에 오는 문장은 ㉣이 된다. ㉣에서 사전 편찬 사업의 추진을 언급하고 있고, ㉡은 그 과정에서 한자어 처리를 고민하는 내용이다. 또한 ㉢은 한자와 로마자들을 어떻게 처리할 것인지 결정된 내용이 나오므로 ㉡이 ㉢에 비해 먼저 와야 함을 알 수 있다. 따라서 올바른 순서는 ③ '㉣－㉡－㉢－㉠'이다.

中

05 개념 카테고리 독해 > 독해 비문학 > 일치/불일치 답 ③

| 정답해설 | ③ 글 마지막 부분에 언급된 "나바호인은 눈앞에 보이는 선물만을 실감할 뿐, 장래의 이익에 대한 약속은 고려할 가치조차 느끼지 못한다는 것이지."를 통해 나바호인들은 현재의 이익과 가치를 중시할 뿐 미래의 이익과 가치에는 큰 의미를 두고 있지 않다는 것을 알 수 있다.

中

06 개념 카테고리 독해 > 독해 비문학 > 개요 수정 답 ②

| 정답해설 | ② 보고서를 작성할 때는 항상 주제에 맞게 작성하여야 한다. 이 보고서의 주제는 '주거지의 관광 명소화에 따른 문제점과 개선 방안'이므로 '관광 업체의 경영 실태 및 매출 실적'은 주제에 부합하지 않는다.

| 오답해설 | ① 외국의 사례를 참고하여 '문제점'을 해결하기 위한 '개선 방안'을 마련할 수 있을 것이다.

③ 전문가의 자문과 주민의 토론회를 통해 개선 방안을 마련하여 문제점을 해결할 수 있을 것이다.

④ 주민이 입은 피해 사례를 조사하여 문제점을 도출해 낼 수 있을 것이고, 이는 개선 방안을 마련하는 데 도움을 줄 수 있다.

中

07 개념 카테고리 독해 > 독해 비문학 > 밑줄/괄호 답 ③

| 정답해설 | ㉠ 앞뒤 문장을 보면, 고개를 들었더니 아저씨가 보였다고 하였으므로, 과거의 사태나 행동에 뒤이어 일어난 상황을 연결해 주는 '그랬더니'가 들어가는 것이 적절하다.

㉡ 아저씨를 봤는데 아저씨는 두리번거리며 의외의 행동을 하고 있다고 하였으므로, 화제를 앞의 내용과 관련시키면서 다른 방향으로 이끌어 주는 '그런데'가 들어가는 것이 적절하다.

㉢ 나는 아저씨를 알아보았는데 아저씨가 알아보지 못해 손을 흔들었다고 하였으므로, 앞의 내용이 뒤의 내용의 원인이거나 앞의 내용이 발전하여 뒤의 내용이 전개될 때 쓰는 접속 부사인 '그래('그리하여'의 준말)'가 들어가는 것이 적절하다.

㉣ 그때에야 비로소 아저씨가 나를 알아보고 얼른 고개를 숙였다고 하였으므로, 앞의 내용이 뒤의 내용의 이유나 근거가 될 때 쓰는 접속 부사인 '그러니까'가 들어가는 것이 적절하다.

中

08 개념 카테고리 독해 > 독해 비문학 > 일치/불일치 답 ③

| 정답해설 | ③ 엄마가 아이에게 하는 '지금 뭐 하니?'라는 질문은 어떤 '상황'이냐에 따라 여러 의미를 가질 수 있다. 단순한 질문, 질책, 제안, 명령 등 상황에 따라 의미가 다르게 해석될 수 있는 것이다.

中

09 개념 카테고리 독해 > 독해 비문학 > 일치/불일치 답 ②

| 정답해설 | ② 첫째 단락의 "생산량이나 소득 통계가 ~ 부유한 나라들은 더욱 그렇다."를 통해 사람들의 생활수준을 측정하는 것은 가난한 나라보다 부유한 나라에서 더 어렵다는 것을 알 수 있다.

| 오답해설 | ① 둘째 단락을 보면 '다양한 선호의 문제'가 오히려 행복측정 연구의 심각한 문제 중 하나라고 설명하고 있다. 따라서 행복측정 연구에서 측정의 어려움은 선호의 문제로 보완될 수 없다.

③ 가치 판단의 측정이 어렵다는 것, 즉 쉽지 않다는 점을 설명하고 있지만 그것이 불가능하다고 말하고 있지는 않다.

④ 셋째 단락을 보면 "물론 이렇게 문제가 있다고 해서 경제학에서 숫자를 사용하면 안 된다는 말이 아니다."라고 말하고 있다. 따라서 경제학에서 사용하는 숫자는 실제 경제를 이해하는 데 도움이 될 수 있다.

中

10 개념 카테고리 독해 > 독해 비문학 > 주제 찾기 답 ④

| 정답해설 | ④ 제시문은 SNS가 생각과 정보를 공유할 수 있도록 돕는다는 면에서 긍정적 가치를 지니고 있지만, 그러한 정보의 공유 과정에서 개인의 사생활을 침해하거나 인격을 훼손하는 정보를 유출하는 것은 아닌지 각별한 주의를 기울일 필요가 있다고 설명하고 있다. 따라서 이 글이 결론적으로 주장하는 바는 '정보 공유 과정에서 개인의 인권이 침해당해서는 안 된다.'라는 것이다.

下

11 개념 카테고리 독해 > 독해 비문학 > 일치/불일치 답 ③

| 정답해설 | ③ 〈보기〉는 '우리의 음악적 시간'을 분석한 뒤 '서양의 음악적 시간'과 대조하여 특성을 제시하고 있다.

中

12 개념 카테고리 독해 > 독해 비문학 > 일치/불일치 답 ③

| 정답해설 | ③ 둘째 단락을 보면 '링구아 프랑카'를 '국제적으로 세력을 얻어 글로벌 시대에 의사소통의 가교 역할을 하는 언어'라고 하였으므로 국제사회에서 영향력이 강한 나라가 등장하면 그 나라의 언어가 링구아 프랑카가 될 수 있음을 알 수 있다.

| 오답해설 | ① 언어의 분기와 사멸에 대한 언급은 있으나 그것이 교류와 소통의 증가와 관련된다는 언급은 찾기 어렵다.

② 그리스어, 라틴어는 과거 서양의 링구아 프랑카에 해당하는 언어이다. 하지만 이 언어가 서양의 일반 다른 언어보다 발음, 규칙, 의미가 쉽게 변하지 않는다는 언급은 찾기 어렵다.

④ 첫째 단락을 보면 '크리올'은 급조된 언어인 '피진'을 사용하는 집단의 언어와 관련된다. 따라서 '어리다'의 의미가 '어리석다'에서 '나이가 적다'로 변화한 것을 피진에서 크리올로 변화한 사례로 볼 근거는 없다.

中

13 개념 카테고리 독해 > 독해 비문학 > 주제 찾기 답 ③

| 정답해설 | ③ 필자는 마음과 이치를 제외하면 우리 몸뚱이는 귀할 것이 없다고 주장하며, 우리 몸은 다만 본능에 따르는 짐승일 뿐이라고 생각하고 있고 이를 비판하고 있다. 따라서 마음과 이치를 통해 본능을 다스리는 삶을 살아가기를 요구하고 있다고 볼 수 있다.

中

14 개념 카테고리 독해 > 독해 비문학 > 주제 찾기 답 ①

| 정답해설 | ① 제시문은 반려동물 인수제를 중심으로 해당 제도에 찬성하는 입장과 반대하는 입장을 설명하고 있는 글이다.

| 오답해설 | ② 불법 유기 동물의 증가가 사회적 문제의 증가로 이어지고 있다는 언급은 있으나, 글 전체의 주된 내용은 아니므로 제목으로 설정하기에는 부적절하다.

③ 반려동물 주인의 책임감에 대해서는 언급되고 있지 않다. 사회적 분위기 조성의 필요성은 반려동물 인수제에 반대하는 측의 의견 중 하나이다.

④ 반려동물이 야기하는 경제적 문제에 대해서는 언급되고 있지 않다.

中

15 개념 카테고리 독해 > 독해 비문학 > 일치/불일치 답 ③

| 정답해설 | ③ 첫째 단락에서 농림축산식품부의 자료를 인용한 것을 확인할 수 있다.

| 오답해설 | ① 반려동물 인수제에 대해 상충하는 두 주장을 제시하고 있지만, 이로부터 절충안을 도출하고 있지는 않다.

② 제시문에서는 상황을 가정하고 있지 않다.

④ 관용적인 표현은 사용되고 있지 않다.

中

16 개념 카테고리 독해 > 독해 비문학 > 일치/불일치 답 ④

| **정답해설** | ④ 관용적 표현은 사용되고 있지 않다.

| **오답해설** | ① 첫째 단락에서 신문에 보도된 설문 조사를 사용하고 있다.

② 첫째 단락에서 실제 사고 사례를 언급하고 있다.

③ 어린이 통학 버스 안전사고가 줄지 않는 이유에 대해 묻고, 그에 대한 답변을 이어나가며 글을 전개하고 있다.

中

17 개념 카테고리 독해 > 독해 비문학 > 주제 찾기 답 ①

| **정답해설** | ① 제시문은 다른 제도적 차원보다도, 어린이 통학 버스 안전사고에 대한 사람들의 의식 수준이 높아져야 한다고 주장하고 있다.

| **오답해설** | ② 오토바이는 사고 사례에만 언급되었을 뿐, 이후에는 언급되지 않는다.

③ 관련 법규는 이미 시행 중이며, 법의 부재가 문제는 아님을 확인할 수 있다.

④ 법의 준수를 위해 강력한 처벌보다는 사람들의 관심이 필요하다고 주장하고 있다.

上

18 개념 카테고리 독해 > 독해 비문학 > 논리형 답 ③

| **정답해설** | 〈보기〉에서 제시하는 양상들을 정리하면 다음과 같다.

A: 아무 동작도 하지 않는 상태

B: 왼손만을 움직이는 상태

C: 오른손만 움직이는 상태

D: 왼손으로 도구를 사용하는 상태

③ 아무 동작도 하지 않더라도 A의 양상을 보이므로, A는 나머지 B, C, D 속에도 항상 존재하는 양상이라고 볼 수 있다. 그러므로 오른손의 단순한 움직임을 관장하는 두뇌 영역만을 알고 싶다면 C에서 A를 차감하면 된다. 양상 C 그 자체로는 아무 동작도 하지 않는 평상시 상태의 A에 오른손의 단순한 움직임으로 인한 양상이 더해진 상태임에 유의한다.

| **오답해설** | ① 제시문이나 〈보기〉에서 '자기 신호 강도'를 수치로 제시하고 있지 않으므로 알 수 없다.

② 왼손의 단순한 움직임을 관장하는 두뇌 영역을 알기 위해서는 B에서 A를 차감해야 한다.

④ 왼손으로 도구를 사용하는 관장하는 두뇌 영역을 알기 위해서는 D에서 A를 차감해야 한다. B를 차감하게 되면 '왼손으로'라는 조건까지 같이 사라지게 된다.

上

19 개념 카테고리 독해 > 독해 비문학 > 논리형 답 ④

| **정답해설** | 조건 3, 4, 5, 6은 참과 거짓에 대한 불확실성이 있다. 비교적 확실한 정보를 제공하는 조건 1, 2부터 검증한다. 조건 2에 의해, 네 명이 모두 각각 다른 근무지에, 하나의 근무지에만 있어야 한다. 만약 근무지가 겹치거나 두 개 이상의 근무지에 있는 진술이 나온다면 이는 거짓이 되고, 해당 사람의 다른 진술이 참이 된다.

이를 토대로 정리하면, 을의 첫째 진술과 병의 첫째 진술, 을의 둘째 진술과 병의 첫째 진술이 모순을 일으킨다. 그런데 병의 첫째 진술이 참일 경우, 을의 모든 진술이 거짓이 되므로 조건 3과 모순된다. 그러므로 병의 첫째 진술은 거짓이다.

ㄱ. 병의 첫째 진술이 거짓이므로 D의 근무지는 부산으로 확정된다. 이를 토대로 갑의 둘째 진술이 거짓임을, 이어서 A의 근무지가 광주로 확정됨을 알 수 있다. ㄱ은 반드시 참이다.

ㄷ. A의 근무지가 광주이므로, B의 근무지가 광주가 될 수 없다. 을의 첫째 진술이 거짓임을 알 수 있다. 그러므로 C의 근무지는 세종으로 확정된다. ㄷ은 반드시 참이다.

ㄴ. 조건 1에 의해 누군가 한 명은 서울에서 근무해야 한다. A, C, D의 근무지가 확정되었고, 이들 중 서울이 없었으므로 B의 근무지가 서울로 확정된다. ㄴ은 반드시 참이다.

上

20 개념 카테고리 독해 > 독해 비문학 > 논리형 답 ④

| **정답해설** | ④ ㉠과 ㉡의 내용이 합쳐진 것이 ㉢의 전건에 해당한다. 즉, ㉠과 ㉡은 모두 참이라면 ㉢의 전건도 참이다. 그리고 ㉢의 후건은 ㉣과 동일한 내용이다. ㉢이 참이면 ㉣도 참이 된다.

| **오답해설** | ① 제시문에서 ㉡과 ㉤은 논리적으로 연결되지 않고 있다. 한 명제가 다른 명제의 전건, 후건이 되거나, 대우가 되거나 하지 않는 등 서로 상관없는 명제이다.

② ㉤은 두 확률의 대소만 비교하고 있다. ㉤이 참이라 한들, ㉠에서 이야기한 확률의 수치까지 반드시 참이라고 볼 수는 없다.

③ ㉠과 ㉡은 모두 참이라면 ㉢의 전건이 참이 된다. 그러나 ㉢의 후건까지 참이라고 말할 수는 없다. ㉢의 후건이 거짓이 되면, ㉢ 자체도 거짓이 된다.

정답과 해설 PART 02

기출 품은 모의고사 14회

기출문제편 ▶ P.175

영역별 출제 비중

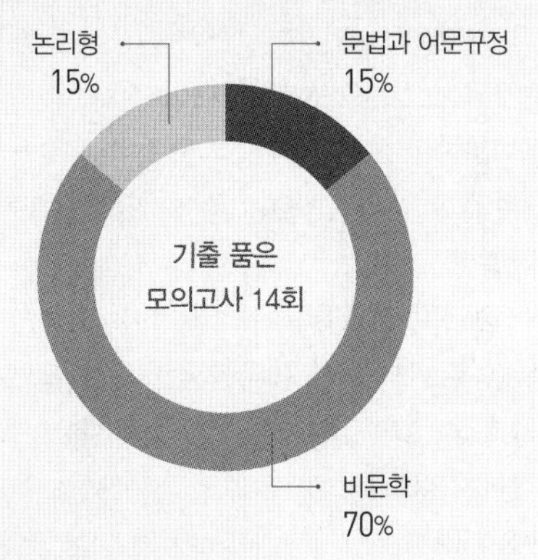

맞힌 문항 수	/20문항
점수	/100점

문항 분석

문항	정답	영역
1	①	문법 > 현대 문법 > 공공언어 바로 쓰기
2	④	문법 > 현대 문법 > 형태론
3	④	문법 > 현대 문법 > 의미론
4	④	독해 > 독해 비문학 > 일치/불일치
5	①	독해 > 독해 비문학 > 밑줄/괄호
6	④	독해 > 독해 비문학 > 개요 수정
7	④	독해 > 독해 비문학 > 밑줄/괄호
8	①	독해 > 독해 비문학 > 밑줄/괄호
9	④	독해 > 독해 비문학 > 전개 순서
10	②	독해 > 독해 비문학 > 일치/불일치
11	②	독해 > 독해 비문학 > 일치/불일치
12	④	독해 > 독해 비문학 > 일치/불일치
13	②	독해 > 독해 비문학 > 주제 찾기
14	①	독해 > 독해 비문학 > 일치/불일치
15	③	독해 > 독해 비문학 > 일치/불일치
16	①	독해 > 독해 비문학 > 일치/불일치
17	②	독해 > 독해 비문학 > 일치/불일치
18	②	독해 > 독해 비문학 > 논리형
19	③	독해 > 독해 비문학 > 논리형
20	③	독해 > 독해 비문학 > 논리형

취약영역 체크

문법과 어문 규정	/3
비문학	/14
논리형	/3

➡ **나의 취약영역:** ______________

下

01 개념 카테고리 문법 > 현대 문법 > 공공언어 바로 쓰기 답 ①

| 정답해설 | ① '차례의 뜻을 더하는 의미'의 '-순'은 접사이므로 앞말과 붙여 써야 한다. 따라서 '기호순'과 같이 써야 한다. 그리고 공공언어 바로 쓰기 원칙에서는 접사 '-순'을 사용하는 것보다는 '순서대로'와 같은 표현을 더 권장하고 있다. 다만, 관형어 뒤에서 '무슨 일을 행하거나 여러 대상을 나열할 때 매겨지는 순서'를 의미하는 '순(順)'은 의존명사이므로 띄어 써야 한다.

예 빨리 도착한 순으로 자리를 배정합니다.

| 오답해설 | ② 외래어인 '리더십'을 '지도력, 통솔력'으로 수정하는 것은 적절하다.

③ '통보'와 '알리다'는 의미가 중복된다. 따라서 '알리다'로 수정하여 써야 한다.

④ 한자어 '근절'을 '없애다'와 같이 수정하는 것은 적절하다.

中

02 개념 카테고리 문법 > 현대 문법 > 형태론 답 ④

출제예상 TIP ㄹ탈락과 관련된 내용을 잘 정리해 둘 필요가 있다.

| 정답해설 | ④ '쌀가루'는 'ㄹ'이 탈락한 예가 아니므로 중세 국어에서 '발가락'과 같이 '쌂 가루'의 구성, 즉 '구'로 파악되는 단어로 추론해 볼 수 있다.

| 오답해설 | ① '바느질'은 '바늘+질'에 해당하므로 'ㄹ'이 'ㅈ' 앞에서 탈락한 경우로 볼 수 있다. 따라서 '소나무'와 같은 경우로 볼 수 있다.

② '솔방울'은 '솔+방울'에 해당하므로 'ㄹ'이 탈락하지 않았다. 따라서 '발가락'의 경우와 같은 경우로 볼 수 있다.

③ '아드님'은 '아들+님'에 해당하므로 'ㄹ'이 'ㄴ' 앞에서 탈락한 경우로 볼 수 있다.

中

03 개념 카테고리 문법 > 현대 문법 > 의미론 답 ④

출제예상 TIP 다의어의 개념과 중심적 의미와 주변적 의미에 대해 정리해 두어야 한다.

| 정답해설 | ④ 이 문장에서 '종이호랑이'는 '종이로 만든 호랑이'라는 뜻으로 이때 '호랑이'는 호랑이가 자립적으로 쓰일 때의 의미와 같다. 따라서 자립적으로 쓰일 때 가지고 있던 의미가 아니라는 설명은 적절하지 않다.

| 오답해설 | ① 이 문장에서 '손'은 실제 사람의 '손'을 의미하므로 기본이 되는 의미인 중심적 의미로 쓰인 경우이다.

② 이 문장에서 '발'은 '걸음'이라는 의미로 쓰인 경우이다. 따라서 기본이 되는 의미인 사람의 신체인 '발'이 아니므로 주변적 의미로 쓰인 경우에 해당한다고 볼 수 있다.

③ '칼잠'은 '몸의 옆 부분을 바닥에 댄 채로 불편하게 자는 잠'을 뜻하는 단어이다. 따라서 이 맥락에서 '칼'은 '몸의 옆 부분을 바닥에 댄 채로 불편하게'의 의미를 갖는다. 따라서 '칼'이 자립적으로 쓰일 때는 갖지 않았던 의미가 합성 명사에서 새롭게 생겨난 경우로 볼 수 있다.

中

04 개념 카테고리 독해 > 독해 비문학 > 일치/불일치 답 ④

| 정답해설 | ④ 둘째 단락 마지막 부분을 보면 "인위적인 직선을 배제하고 자연계의 곡선을 따르는 것을 즐겼다."라는 설명이 나온다. 따라서 한국 전통 건축의 조형미를 직선보다 곡선에서 찾은 것은 한국 전통 건축의 철학을 잘못 이해한 결과라는 설명은 옳지 않다.

| 오답해설 | ① 첫째 단락을 보면 "마당으로부터의 시선이 마루를 거쳐 방으로 연결되고, 다시 창호를 통해 저 멀리의 들과 강과 산으로 이어진다."라고 하고 있다. 이를 통해 한국의 전통 가옥은 방의 창문을 통해 자연의 풍경을 감상할 수 있는 구조로 이루어져 있다는 것을 알 수 있다.

② 첫째 단락을 보면 한국 전통 건축은 "결코 자연을 소유하려 하지 않는다."라고 말하고 있다. 이는 '자연을 소유하려는' 일본 전통 건축의 특징과 명확히 구별되는 점이다.

③ 둘째 단락을 보면 "자연과 인간은 하나라는 생각을 바탕으로, 자연을 침해하면서까지 건축물을 두드러지게 하지 않는다는 것"이라고 하고 있다. 이를 통해 한국 전통 건축에서 자연을 압도하는 건축을 추구하지 않은 것은 건축물을 자연의 일부로 여겼기 때문이라는 것을 알 수 있다.

中

05 개념 카테고리 독해 > 독해 비문학 > 밑줄/괄호 답 ①

| 정답해설 | ① 둘째 단락의 내용을 보면 인쇄술의 발전으로 여러 텍스트를 대조하고 비교할 수 있는 기회가 많아졌으며, 지식 사회에 대한 비판과 검증이 가능해졌다고 말하고 있으므로 이 뒤에 올 내용으로는 ①이 가장 적절하다.

| 오답해설 | ② 첫째 단락을 보면 "교사 없이도 독학을 할 수 있는 책이 나왔다."라고 하였으므로 교사의 권위가 공고해졌다는 설명은 적절하지 않다.

③ 둘째 단락을 보면 "여러 텍스트를 대조하고 비교할 수 있는 기회가 많아졌다."라고 하였으므로 지식의 독점과 권력화에 매진한다는 설명은 적절하지 않다.

④ 저자의 권위와 관련된 설명을 제시문에서 찾기 어렵다. 그리고 둘째 단락에서 '여러 텍스트를 대조하고 비교할 수 있는 기회가 많아졌다.'라고 하고 있으므로 수동적인 독서 대중이 탄생하였다는 설명은 적절하지 않다.

中

06 개념 카테고리 독해 > 독해 비문학 > 개요 수정 답 ④

| 정답해설 | ④ 이 글의 제목은 '인터넷 범죄 증가의 원인'이다. 그리고 ㉣은 '인터넷 범죄 증가의 원인 중 기술적 측면'과 관련이 되어야 한다. 하지만 '컴퓨터 판매량을 늘리기 위한 인프라가 제대로 구축되어 있지 않은 것'과 '인터넷 범죄 증가의 원인 중 기출적 측면'과는 직접적으로 관련되어 있다고 보기 어렵다.

| 오답해설 | ① 인터넷 범죄 처벌 규정의 제정 과정이 지나치게 복잡한 것은 인터넷 범죄가 증가하는 원인 중 관련 규정이 신속하게 제정되지 않는 국가적 측면에 해당한다고 볼 수 있다.

② 인터넷 사용 시 백신 프로그램을 중요하게 생각하지 않는 것은 인터넷 범죄 증가의 원인 중 개인적 측면에 해당한다고 볼 수 있다.

③ 자신의 개인 정보는 범죄에 이용되지 않을 것이라고 안이하게 생각하는 것은 인터넷 범죄 증가의 원인 중 개인적 측면에 해당한다고 볼 수 있다.

下

07 개념 카테고리 독해 > 독해 비문학 > 밑줄/괄호 답 ④

| 정답해설 | ④ '작가'는 허구적 장르인 소설도 사실성에 근거해야 한다고 생각하고 있고 이를 위해 취재를 우선시하고 있다고 말하고 있다. 따라서 기자는 작가에게 '취재에 주력하는 이유가 무엇인지'를 물었을 것이다.

中

08 개념 카테고리 독해 > 독해 비문학 > 밑줄/괄호 답 ①

| 정답해설 | ㉠ '모스크바어를 중심으로 하는 표준어 정책을 강력하게 실시했다.'는 것과 '한 나라의 표준어 형성, 국어의 통합'이라는 부분을 통해, 언어의 단일화를 이루기 위한 언어 정책이 '시행'되었음을 알 수 있다.

㉡ 앞뒤 문맥을 살펴보면, 문장어와 방언 사이의 차이가 컸음을 알 수 있으므로, 이와 같은 의미인 '격차'가 들어가는 것이 적절하다.

㉢ '기초가 되는 바탕. 또는 사물의 토대.'를 뜻하는 '기반'이 들어가는 것이 적절하다는 것을 앞뒤 맥락을 통해 쉽게 파악할 수 있다. '방식'은 '일정한 방법이나 형식.'이라는 의미이므로 적절하지 않다.

㉣ '서양의 봉건제가 붕괴된 이후의 민주 의식'과 관련되므로 '고양'이 들어가는 것이 적절하다.

中

09 개념 카테고리 독해 > 독해 비문학 > 전개 순서 답 ④

| 정답해설 | 순서 배열 문제는 항상 앞 문장의 주요 단어를 뒤에 오는 문장이 이어 받는 경향이 강하다. 따라서 〈보기 1〉의 '검색어'라는 단어를 (라)가 이어 받고 (라)의 '패턴'이라는 단어를 (나)가 이어받는다. 또한 (나)의 '검색'이라는 단어를 (가)가 이어 받고 있으며, (다)에서 구글의 주장으로 마무리하고 있다. 따라서 정답은 ④이다. 순서 배열 문제는 '받는 단어'를 잘 활용하여야 정답을 고르기 쉽다.

中

10 개념 카테고리 독해 > 독해 비문학 > 일치/불일치 답 ②

| 정답해설 | ② 첫째 단락에서 파랑은 소통의 색이며 테크놀로지 업계에서 선호하는 색임을 알 수 있다. 그리고 이어서 실제로 페이스북, 트위터 등에서 파랑을 쓰고 있다고 설명하고 있다. 따라서 테크놀로지 업계와 파란색 사이에는 상관관계가 있으며, 이를 우연한 선택의 결과라 추론하는 것은 적절하지 않다.

| 오답해설 | ① 색에 따라 친근성, 전문성, 창의성 등이 전달될 수 있으므로 브랜드의 로고를 만들 때는 색이 주는 효과를 고려해야 한다.

③ 파란색의 경우 정직과 신뢰를 느끼게 할 수도 있지만 잘못하면 차갑고 불친절하고 무심한 느낌을 줄 수도 있다. 따라서 색이 주는 긍정적 속성을 잘 파악하여 색을 사용해야 한다는 것을 알 수 있다.

④ 같은 파란색이라도 어둡냐 밝냐에 따라 보수성이나 친근성 등이 각각 다르게 전달될 수 있다. 따라서 같은 파랑이라도 다양한 톤의 효과를 고려해야 한다.

中

11 개념 카테고리 독해 > 독해 비문학 > 일치/불일치 답 ②

| 정답해설 | ② 첫째 단락 마지막 부분을 보면 "연령이 문제가 아니라 독서가 문제인 것이다."라고 말하고 있다. 따라서 독서를 잘하고 못하고는 나이에 따라 정해지는 것이 아니다.

| 오답해설 | ① 둘째 단락 마지막 부분을 보면 "잡박한 지식의 무질서한 기억은 우리의 총명을 혼미하게 할 수도 있다."라고 언급하고 있다. 따라서 많이 알고 많이 기억하는 것이 오히려 글쓰기에 방해가 될 수도 있음을 알 수 있다.

③ 첫째 단락을 보면 "인간이 장수를 한들 몇백 년을 살 것인가."를 통해 인간의 체험에는 한계가 있다는 것을 알 수 있다. 그리고 그러한 한계를 해결할 수 있는 방법으로 독서를 들고 있다.

④ 둘째 단락을 보면 "내 눈을 꼭 한번 거쳐야 될 필요가 있는 서적이란 열 손가락을 넘지 아니할 것이다."라고 말하고 있다. 따라서 자신에게 필요한 독서가 있고 그런 독서를 해야 함을 언급하고 있다.

中

12 개념 카테고리 독해 > 독해 비문학 > 일치/불일치 답 ④

| 정답해설 | ④ '중략' 다음 부분을 보면 "오늘 내가 말한 ~ 마지않을 수 있겠는가."라고 언급하고 있다. 따라서 안중근 의사가 여러 일본인의 의견을 언급하면서 이등을 제거한 행위의 정당성을 역설하고 있음을 알 수 있다.

| 오답해설 | ① 첫 문장 "앞에서 검찰관의 논고와 변호사의 변론을 들으니"를 통해 최후 진술은 검찰관의 논고 이후에 이루어지고 있음을 알 수 있다.

② 안중근 의사의 최후 진술을 보면 이등을 제거한 행위가 의병 중장의 자격으로 행한 것이고 이는 이등이 동양의 평화를 어지럽힌 장본인이기 때문이라고 말하고 있다. 따라서 자신의 행위가 잘못되지 않았음을 말하고 있다고 볼 수 있다.

③ 넷째 줄을 보면 "이등의 시정 방침은 결코 완비된 것이 아닐진대"를 통해 안중근 의사는 이등의 시정 방침이 완벽하지 않다고 생각하고 있었음을 알 수 있다.

中

13 개념 카테고리 독해 > 독해 비문학 > 주제 찾기 답 ②

| 정답해설 | ② 주어진 지문은 현행 봉사의 날 운영 방식이 문제가 있음을 보여주고, 이를 개선할 필요가 있다고 주장하는 글이다.

| 오답해설 | ① 학교의 위생과 미관을 위한다는 말은 언급되지 않고 있다. 봉사 활동 시행의 이유는 학교가 아닌 학생에 있다.

③ 동아리 활동을 실시해야 한다는 주장은 찾아볼 수 없다.

④ 동아리 활동이 위축되는 것에 대해서는 봉사의 날 운영 방식을 변경했을 때 우려되는 부작용으로 언급되는 것이 전부이다.

中

14 개념 카테고리 독해 > 독해 비문학 > 일치/불일치 답 ①

| 정답해설 | ① 학생들의 의견을 첨부한 것은 확인할 수 있지만, 이를 구체적인 설문 조사의 인용이라고까지는 볼 수 없다.

| 오답해설 | ② 마지막 문단에서 해당 사안이 지니는 의의를 언급하고 있다.

③ 여러 학생들 역시 같은 의견임을 밝히고 있다.

④ 동아리의 특색을 살린 봉사 활동을 할 수 있고, 학생들이 획일적인 봉사 활동에서 벗어날 수 있다는 점 등의 장점을 언급하고 있다.

中

15 개념 카테고리 독해 > 독해 비문학 > 일치/불일치 답 ③

| 정답해설 | ③ 오버슈팅이 크게 발생할 경우 경제 주체들은 과도한 위험에 노출될 수 있다는 설명만이 있을 뿐, 그로 인해 경제 주체들에게 생기는 기회에 대한 언급은 없다.

| 오답해설 | ① 첫째 단락의 "정부는 국민 생활에 영향을 미치는 활동의 총체인 정책의 목표를 효과적으로 달성하기 위해 정책 수단의 특성을 고려하여 정책을 수행한다."라는 문장을 통해 확인할 수 있다.

② 마지막 단락의 "환율은 장기적으로 한 국가의 생산성과 물가 등 기초 경제 여건을 반영하는 수준으로 수렴된다."라는 문장을 통해 확인할 수 있다.

④ 마지막 단락의 "오버슈팅은 물가 경직성 또는 금융 시장 변동에 따른 불안 심리 등에 의해 촉발되는 것으로 알려져 있다."라는 문장을 통해 확인할 수 있다

中

16 개념 카테고리 독해 > 독해 비문학 > 일치/불일치 답 ①

| 정답해설 | ① 첫째 단락을 통해 가시성은 '예산 수립 과정에서 정책을 수행하기 위한 재원이 명시적으로 드러나는 정도'임을 알 수 있다. 국가 차원의 사업을 시행하는 것은 정책을 수행하는 것이며, 재원은 세금이 된다. 즉, 추가적으로 세금을 걷을 경우 정책의 재원이 뚜렷해지므로 가시성이 높은 정책으로 보아야 한다.

| 오답해설 | ② 새로운 부처를 만들 경우 자동성이 낮아지게 된다.

③ 정부가 직접 정책을 수행할 경우 직접성이 높아지게 된다.

④ 규제는 정부가 개인과 집단의 행동을 제한하는 것이므로 강제성이 높다고 볼 수 있다.

中

17 개념 카테고리 독해 > 독해 비문학 > 일치/불일치 답 ②

| 정답해설 | ② 마지막 단락에서 하이데거는 '기술이 더 이상 인간을 위한 도구가 아니라, 인간으로 하여금 세계를 특정한 방식으로 보도록 압박하는 존재일 수 있음을 경고'하고 있다.

| 오답해설 | ① 첫째 단락의 '도구가 세계와 어떻게 관계를 맺는가에 따라 우리가 갖는 세계에 대한 존재론적 의미가 달라진다는 것'이라는 문장과 이후 이어지는 둘째 단락의 사례를 통해 확인할 수 있다.

③ 첫째 단락을 통해 하이데거는 기술을 도구로 파악하였고, '그 기술은 인간이 세계의 사물들과 교섭하는 창구로서 사물들의 존재 의미를 구성하는 능력을 지닌 비중립적 존재'로 보았음을 알 수 있다.

④ 첫째 단락의 '기술의 발전에 따라 기술이 인류의 생존 자체를 위협할 수도 있다는 점에서 기술을 바라보는 새로운 철학적 관점이 등장하였다.'라는 문장을 통해 확인할 수 있다.

上

18 개념 카테고리 독해 > 독해 비문학 > 논리형 답 ②

| 정답해설 | ㄴ: 수학적 정리의 증명 과정에서, 공리를 참이라고 받아들이면 이 공리로부터 연역적 증명을 통해 발생하는 수학적 정리 역시 받아들여야만 한다. 그러므로 연역적으로 증명된 수학적 증명을 거부하기 위해서는 그 이전의 공리도 거부해야만 한다. 제시문을 통해 추론할 수 있다.

| 오답해설 | ㄱ: 제시문에서 해당 내용을 언급하지 않고 있으므로 추론할 수 없다.

ㄷ: 제시문 중반부에 한 과학자의 증명이 예시로 등장한다. ㄷ의 내용이 이와 유사하므로 이 역시 수학적 정리로 받아들일 수 없음을 알 수 있다.

上

19 개념 카테고리 독해 > 독해 비문학 > 논리형 답 ③

| 정답해설 | 복지사 A의 결론은 '병순이 급식 지원을 받게 된다'이다. 이를 위해서는 갑순이 급식 지원을 받지 않아야 한다.

ㄴ, ㄷ: ㄴ이나 ㄷ 하나만으로는 결론을 이끌어 낼 수 없으나, 이 둘을 조합하게 된다면 갑순이 급식 지원을 받지 않으며, 따라서 병순이 급식 지원을 받게 된다는 결론에 도달할 수 있다.

| 오답해설 | ㄱ: 갑순이 급식 지원을 받지 않아야 병순이 받는다. 추가되어야 할 전제가 아니다.

ㄹ: 추가하지 않더라도 결론에 도달하는 데에 문제가 없다.

上

20 개념 카테고리 독해 > 독해 비문학 > 논리형 답 ③

| 정답해설 | 제시문의 결론부터 점검한다. '병은 전문관으로 임용되지 못할 것이다'이다. 바로 직전 문장과 글 중반부의 '동일 지역 출신은 두 사람 이상을 임용하지 않는다'라는 표현을 보면, 병과 을 중 하나만 임용될 수 있음을 알 수 있다. 제시문의 결론에 도달하기 위해서는 '을이 전문관으로 임용된다'라는 것을 보여야 한다.

또한 적어도 여성 한 명을 임용해야 하며, 갑과 을만이 여성인 것을 고려했을 때, 갑이 임용되지 않는다면 을은 반드시 임용되어야 한다. 그러므로 '갑은 조사 결과 부적격 판정을 받을 것이다'가 적절하다.

| 오답해설 | ① 갑이 전문관으로 임용되지 않아야 하므로 적절하지 않다.

② 을이 임용되어야 병이 임용되지 못하므로 적절하지 않다.

④ 갑이 임용되지 않아야 한다. 제시문의 결론과 상관이 없으므로 적절하지 않다.

정답과 해설 PART 02

기출 품은 모의고사 15회

기출문제편 ▶ P.185

영역별 출제 비중

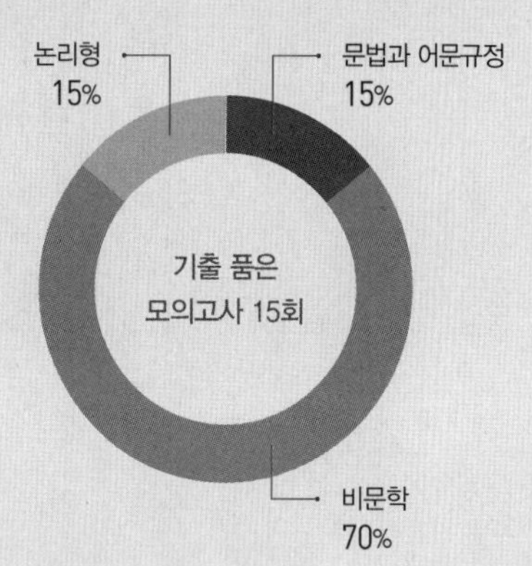

맞힌 문항 수	/20문항
점수	/100점

| 문항 분석

문항	정답	영역
1	①	문법 > 현대 문법 > 공공언어 바로 쓰기
2	②	문법 > 현대 문법 > 음운론
3	③	문법 > 고전 문법 > 훈민정음과 고전 문법
4	②	독해 > 독해 비문학 > 주제 찾기
5	③	독해 > 독해 비문학 > 일치/불일치
6	③	독해 > 독해 비문학 > 일치/불일치
7	④	독해 > 독해 비문학 > 일치/불일치
8	③	독해 > 독해 비문학 > 일치/불일치
9	③	독해 > 독해 비문학 > 일치/불일치
10	④	독해 > 독해 비문학 > 밑줄/괄호
11	①	독해 > 독해 비문학 > 밑줄/괄호
12	②	독해 > 독해 비문학 > 일치/불일치
13	④	독해 > 독해 비문학 > 일치/불일치
14	②	독해 > 독해 비문학 > 일치/불일치
15	④	독해 > 독해 비문학 > 일치/불일치
16	②	독해 > 독해 비문학 > 일치/불일치
17	④	독해 > 독해 비문학 > 일치/불일치
18	④	독해 > 독해 비문학 > 논리형
19	③	독해 > 독해 비문학 > 논리형
20	④	독해 > 독해 비문학 > 논리형

| 취약영역 체크

문법과 어문 규정	/3
비문학	/14
논리형	/3

➡ **나의 취약영역:** ____________

下

01 개념 카테고리 문법 > 현대 문법 > 공공언어 바로 쓰기 답 ①

출제예상 TIP 공공언어 바로 쓰기에서 제시하고 있는 띄어쓰기 관련 조사들을 잘 정리해 두어야 한다.

| 정답해설 | ① 접속부사 뒤에 필요 없는 쉼표를 찍지 말아야 한다. 따라서 '그리고,'를 '그리고'와 같이 수정해야 한다.

| 오답해설 | ② '부터'는 조사이므로 앞말과 붙여 써야 한다.

③ 외래어인 '모니터링하다'보다는 '관찰하다, 지켜보다' 등의 표현을 사용하는 것이 적절하다.

④ '적의 조치'에서 '적의'와 같은 한자어를 '적절한'과 같은 표현으로 수정하는 것은 적절하다.

中

02 개념 카테고리 문법 > 현대 문법 > 음운론 답 ②

출제예상 TIP 조음 위치와 조음 방법의 종류를 잘 정리해 두어야 한다.

| 정답해설 | ② '시냇물'은 평파열음화에 의해 [시낻물]과 같이 'ㅅ'이 'ㄷ'으로 바뀐 후 비음화에 의해 [시낸물]과 같이 발음된다. 제시문을 보면 'ㄷ'은 치조음, 'ㅁ'은 양순음이라고 언급하고 있으므로 'ㄷ'이 'ㅁ'으로 바뀌는 것은 비음화로 볼 수 없다.

| 오답해설 | ① 현대 국어에서 'ㅈ'은 평파열음화에 의해 'ㄷ'으로 발음되지만 15세기에 'ㅈ'은 'ㅅ'으로 평파열음화되었다.

③ 제시문을 보면 'ㄱ'의 비음화는 15세기에 일어나지 않았다고 언급하고 있다. 따라서 '국물'을 [궁물]과 같이 발음하는 비음화는 15세기에 확인할 수 없는 경우로 볼 수 있다.

④ 제시문을 보면 15세기 국어에서 비음화는 현대 국어에서만큼 활발하게 일어나지 않았다고 언급하고 있으므로 맞는 설명이다.

中

03 개념 카테고리 문법 > 고전 문법 > 훈민정음과 고전 문법 답 ③

출제예상 TIP 훈민정음 자모 제자 원리를 잘 정리해 두어야 한다.

| 정답해설 | ③ 학생 3: 예사소리 ㄱ에 획을 추가하여 새로운 초성자인 'ㅋ'을 만드는 과정은 '나'와 관련이 된다. 그리고 예사소리 ㄱ을 옆으로 두 개 적어 'ㄲ'을 만드는 과정은 '다'와 관련이 된다.

| 오답해설 | ① 학생 1: 초성자 'ㄱ'이 혀뿌리가 목구멍을 막는 모양과 관련이 된다고 하였으므로 이는 '가'와 관련이 된다. 하지만 '나'와는 관련이 없다.

② 학생 2: 모음의 기본자인 'ㆍ, ㅡ, ㅣ'에 해당하는 자판으로 다른 모음들을 만들 수 있다고 하였으므로 '라'와 관련이 된다. 하지만 '다'와는 관련이 없다.

④ 학생 4: 기본자인 'ㅁ'에 가획하여 자음을 만들 수 있다고 하였으므로 '나'와 관련이 된다. 하지만 '라'와 관련이 없다.

中

04 개념 카테고리 독해 > 독해 비문학 > 주제 찾기 답 ②

| 정답해설 | ② "신어 연구가 단지 새로운 어휘와 ~ 확장되어야 하는 이유이기도 합니다."를 통해 신어의 연구 대상과 영역을 확장해야 한다는 것이 이 글의 주장과 닿아 있음을 알 수 있다.

| 오답해설 | ① 신어 연구를 할 때 보통 비속어나 은어와 같은 한정된 대상을 떠올리는 경우가 많으나 신어 연구는 그것들에 한정되어서는 안 된다고 설명하고 있다. 따라서 신어에서 비속어나 은어가 빠져야 한다고 주장하고 있는 것은 아니다.

③ '자연 발생적 신어의 영역과 더불어 인위적인 신어의 영역으로 논의되어야 한다'고 설명하고 있다. 따라서 자연 발생적인 신어에 대한 정책적 고려가 필요하다고 주장하고 있는 것은 아니다.

④ 신어 연구에서 범주를 특정하지 말고 한국어 조어론 전반에 대한 연구로 확장해야 한다고 주장하고 있다. 따라서 신어를 의사소통의 효율성을 위해 그 범주를 특정해야 한다고 주장하고 있는 것은 아니다.

中

05 개념 카테고리 독해 > 독해 비문학 > 일치/불일치 답 ③

| 정답해설 | ③ 둘째 단락을 통해 김홍도의 〈씨름〉은 명암법이 사용되지 않았음을 알 수 있고, 넷째 단락을 통해 김두량의 〈견도〉는 북경으로부터 들여온 명암법을 사용하였음을 알 수 있다. 즉, 〈씨름〉과 〈견도〉는 '다른' 명암법이 사용된 것이 아니라 〈씨름〉은 명암법이 사용되지 않았고, 〈견도〉는 명암법이 사용된 것이다.

| 오답해설 | ①, ②, ④ 둘째 단락의 "동양 회화는 명암을 의도적으로 ~ 배치되기 때문이다."를 통해 근거를 찾을 수 있다.

中

06 개념 카테고리 독해 > 독해 비문학 > 일치/불일치 답 ③

| 정답해설 | ③ 육하원칙의 몇몇 요소, 즉 '언제(11일과 12일 저녁), 어디서(울산과 부산), 무엇을(가을 밤 별자리를 관찰할 수 있는 축제)'을 이용하여 기사의 요지를 제시하고 있다.

| 오답해설 | ① ㉠은 제목이다.

② 원인이 제시되지 않았다.

④ 별 축제에 대해 보다 구체적으로 서술한 부분으로, 기사 본문으로 보는 것이 더 적절하다. 대중의 관심을 환기하는 전문은 아니다.

中

07 개념 카테고리 독해 > 독해 비문학 > 일치/불일치 답 ④

| 정답해설 | ④ 첫째 단락을 보면 "하지만 인간의 삶에 필요한 자유가 특정 시점을 기준으로 모두 구체적인 이름을 띠고 있을 수는 없다."라고 설명하고 있다. 따라서 자유를 특정 시점을 기준으로 구체적인 이름을 부여할 필요는 없는 것이다.

| 오답해설 | ① 둘째 단락의 "자유는 타인의 자유와 권리를 침해하지 않는 범위 내에서 인정되며"를 통해 알 수 있다.

② 첫째 단락의 "하지만 인간의 삶에 필요한 자유가 ~ 모든 영역에 걸쳐 자유를 보장하고 있다."를 통해 알 수 있다.

③ 자유는 인간의 기본권에 해당하는 부분으로 헌법에 명시된 자유 외의 자유도 보장받게 된다. 따라서 새롭게 발견하게 될 자유를 제한하는 경우에도 과잉금지원칙이 적용된다고 할 수 있다.

中

08 개념 카테고리 독해 > 독해 비문학 > 일치/불일치 답 ③

| 정답해설 | 도시 주거의 기본 요건 중 하나가 상하수도 시설이기 때문에 예전 주거들은 한강의 지류 하천을 따라서 형성될 수밖에 없었다. 이후 도시 형성이 필수 조건 중 하나가 자동차 도로를 확보하는 것이었고 이러한 상황이 부각되면서 기존의 하천 주변이 자동차 도로로 바뀌게 된 것이다. 따라서 ③ '도시 주거의 기본 요건 중 하나가 상하수도 시설이기 때문에 하천 주변이 자동차 도로가 된 것은 필연적'이라는 설명은 옳지 않다.

| 오답해설 | ① 첫째 단락을 통해 근거를 찾을 수 있다.

② 마지막 단락을 통해 근거를 찾을 수 있다.

④ 마지막 단락을 통해 근거를 찾을 수 있다.

中

09 개념 카테고리 독해 > 독해 비문학 > 일치/불일치 답 ③

| 정답해설 | ③ 인류의 역사 속에서 인간은 많은 상상을 해 왔고 그 상상의 대상은 종교적 믿음, 이성, 산업화 등등 시기마다 상이하였다. 첫째 단락 마지막 문장을 보면 "이러한 지속적인 변화의 배경에는 늘 인간의 열망과 상상력이 가로놓여 있었다."라고 설명하고 있다. 따라서 인간의 상상력을 바탕으로 실현된 세계의 모습은 각 시기에 따라 상이했다는 것을 알 수 있다.

| 오답해설 | ① 인간은 각 시기마다 다양한 세계관이나 가치관을 보여 왔다. 따라서 현재 인간이 추구하는 가치 또한 다양하게 변화하는 인간의 가치관 중의 하나일 것이라는 것을 알 수 있다.

② 첫째 단락 마지막 문장 "이러한 지속적인 변화의 배경에는 늘 인간의 열망과 상상력이 가로놓여 있었다."를 통해 인류 역사의 변화 과정에서 인간의 열망과 상상력이 끼친 영향이 크다는 것을 알 수 있다.

④ 셋째 단락 마지막 부분 "과거 시대들이 무엇인가를 상상하고 ~ 시대가 된 것이다."를 통해 과학 기술과 상상력의 위상 관계에 변화가 일고 있다는 것을 알 수 있다.

中

10 개념 카테고리 독해 > 독해 비문학 > 밑줄/괄호 답 ④

| 정답해설 | ④ 이 글에서 과학과 예술 사이에 어떤 인과적 성격이 있는지에 대한 설명은 드러나 있지 않다. 과학과 예술이 설명적 기능을 한다는 점에서 공통점을 가지고 있다고 제시하고 있을 뿐이다.

| 오답해설 | ① 둘째 단락에서 예술의 언어에 대한 예시로 「모나리자」를 들고 있다.

② 첫째 단락에서 "예술의 본질은 무엇인가를 표현하는 것이다."라고 예술의 개념을 밝히고 있다.

③ 첫째 단락에서 과학과 예술이 모두 설명적 기능을 한다는 점을 공통점으로 제시하고 있다.

中

11 개념 카테고리 독해 > 독해 비문학 > 밑줄/괄호 답 ①

| 정답해설 | ① ㉠은 엔터테인먼트가 고급 문화에 전적으로 의존하고 종속된다고 보는 관점이다. 따라서 고급 문화와 엔터테인먼트 사이의 위계를 인정하는 입장으로 볼 수 있다. 오히려 고급문화와 엔터테인먼트가 동떨어진 영역이라고 보는 ㉡이 둘 사이의 위계성을 설명하기 어렵다.

| 오답해설 | ② ㉠은 고급 문화와 대중예술, 엔터테인먼트 사이의 위계성이 인정되므로 고급 문화가 상대적으로 더 우월하다는 입장을 보일 수 있다.

③ ㉡은 고급 문화와 엔터테인먼트가 서로 동떨어진 영역이라고 보는 입장이므로 이들 사이의 관계성을 설명하기 어려울 수 있다.

④ ㉡은 고급 문화와 엔터테인먼트가 서로 동떨어진 영역이라고 보는 입장이므로 고급 문화와는 다른 대중예술과 엔터테인먼트만의 독자성이 강조될 수 있다.

中

12 개념 카테고리 독해 > 독해 비문학 > 일치/불일치 답 ②

| 정답해설 | ② 미래학자가 의사 결정 과정에 참여하는 주된 의의는 미래 예측 시스템의 경쟁력을 제고하기 위해서가 아니다. 이는 하나의 의의가 될 수는 있겠지만 '주된' 의의라고 말하기는 어렵다. 주된 의의는 빠르고 정확한 의사 결정 수립을 위해서이다. 이는 마지막 문단 "이러한 장기적 관점의 ~ 때문이다."를 통해 알 수 있다.

| 오답해설 | ① 둘째 단락 처음 부분을 통해 알 수 있다.

③ 첫째 단락을 통해 알 수 있다.

④ 둘째 단락 마지막 부분을 통해 알 수 있다.

中

13 개념 카테고리 독해 > 독해 비문학 > 일치/불일치 답 ④

| 정답해설 | ④ 마지막 단락에서 한옥은 원의 기하학적 형상이 아닌 막힘 없이 도는 모습을 차용한 것임을 밝히고 있다. 이에 따르면 타원형 구조의 한옥도 원통형 구조로 지어진 것이다. 타원형 구조의 한옥에서는 중심으로부터 각 방까지의 거리가 모두 같을 수 없다.

| 오답해설 | ① 둘째 단락에 "원(圓)'은 완전 도형이라 해서 동서양 모두에서 최고의 상태로 간주'했다는 설명을 통해 한옥의 구조에 대한 사상적 배경을 확인할 수 있다.

② 첫째 단락을 통해 한옥은 문을 터서 길을 만들 수 있는 변용적인 구조를 지니고 있다는 것을 알 수 있다.

③ 한옥의 구조는 '통'으로 시작과 끝이 따로 없이 둥글둥글 돌 수 있는 구조이다. 한 방향으로만 계속해서 돌더라도 시작점으로 돌아올 수 있다.

中

14 개념 카테고리 독해 > 독해 비문학 > 일치/불일치 답 ②

| 정답해설 | ② 첫째 단락의 "범죄의 원인과 예방의 해법을 환경과 디자인에서 찾아야 한다고 주장했다. 바로 '셉테드(CPTED)'라 불리는 범죄 예방 설계가 그것이다."라는 표현을 통해 확인할 수 있다.

| 오답해설 | ① 첫째 단락에서 셉테드는 기존의 범죄학과 이에 근간한 법들의 효과에 대한 비판과 함께 새롭게 대두된 개념임을 확인할 수 있다.

③ 둘째 단락에서 잠재적 범죄자의 은폐 장소를 최소화하는 자연적 감시 원리를 통해 범죄를 예방할 수 있다는 사실을 알 수 있다.

④ 둘째 단락의 "공공장소 및 시설에 대한 내부인들의 활발한 사용을 유도하여 그 근방의 범죄를 감소시킨다."는 설명을 통해 확인할 수 있다.

中

15 개념 카테고리 독해 > 독해 비문학 > 일치/불일치 답 ④

| 정답해설 | ④ 마지막 단락에서 셉테드가 그동안의 법과 정책과 동시에 강화되어야 한다고 말한다. 이를 셉테드는 기존의 법을 대체할 수 있는 것이 아니라 기존의 법과 상호 보완적인 관계임을 추론할 수 있다.

| 오답해설 | ① 셉테드는 기존의 범죄학의 효과가 부족하다는 비판과 함께 등장했다. 만일 기존의 범죄학이 충분한 효과를 냈다면 셉테드가 등장할 필요가 없었을 것이다.

② 가시성의 확보는 셉테드의 원리 중 하나인 자연적 감시의 원리에 해당한다.

③ 유지 및 관리의 원리가 충족되지 않을 경우 범죄가 효과적으로 예방되지 않을 것이다.

中

16 개념 카테고리 독해 > 독해 비문학 > 일치/불일치 답 ②

| 정답해설 | ② 제품에 의한 요인으로 결정된 관여도는 제품이 만족시켜 줄 수 있는 욕구를 지닌 다수의 소비자에게 영향을 주게 된다.

| 오답해설 | ① 개인적 요인에 의한 관여도는 쉽게 변하지 않는 특성을 가진다. 둘째 단락에서 확인할 수 있다.

③ 상황적 요인에 의한 관여도는 일시적이라는 특성을 가진다. 둘째 단락에서 확인할 수 있다.

④ 제품 판매자들은 자신들의 제품을 판매하기 위해 소비자 관여도를 바탕으로 판매 전략을 세우게 된다. 글의 마지막 부분에서 확인할 수 있다.

中

17 개념 카테고리 독해 > 독해 비문학 > 일치/불일치 답 ④

| 정답해설 | ④ 제시문에서 구체적인 수치는 언급되고 있지 않다.

| 오답해설 | ① 관여도에 영향을 주는 요인들을 개인적 요인, 제품에 의한 요인, 상황적 요인의 세 가지로 분류하여 설명하고 있다.

② 관여도를 결정하는 각 요인을 설명함에 있어 예시를 들며 추가적으로 설명하고 있다.

③ 글의 마지막 단락에서 관여도를 바탕으로 판매 전략을 세운다는 것을 이야기하고 있다.

中

18 개념 카테고리 독해 > 독해 비문학 > 논리형 답 ④

| 정답해설 | ④ 제시문은 고대사회를 생계경제로 보는 것이 오해라는 입장의 글이다. 그 근거로 남아메리카의 한 공동체는 연간 필요 소비량에 맞먹는 잉여 식량을 생산하기도 했다는 점을 제시하고 있다. ④의 내용처럼 경제적 잉여를 해소하기 위한 축제가 존재했다면, 이는 잉여 생산량의 존재를 지지해 주고, 나아가 제시문의 입장을 강화하게 된다.

| 오답해설 | ① 제시문은 고대사회가 생계경제가 아니라고 주장한다. 글의 입장을 강화하지 않는 진술이다.

② 제시문은 고대사회에 대해서 다루고 있는 글이다. 산업사회나 그 이행 등의 내용은 글과 관련이 없으며, 글의 입장을 강화하지도 않는다.

③ 자연재해나 전쟁으로 인해 쉽게 불안정해지는 사회가 곧 생계경제이며, 제시문은 고대사회가 생계경제가 아니라는 입장을 취하고 있다. 글의 입장을 강화하는 진술이라고 볼 수 없다.

上

19 개념 카테고리 독해 > 독해 비문학 > 논리형 답 ③

| 정답해설 | 가설 A는 인간의 털이 수상생활로 인해 사라지게 되었다는 가설이다. 그러나 ③의 내용은 인간이 수상생활에 있어서 불리한 점을 이야기하고 있다. 수상생활을 하지 않았을 것을 시사하므로, 가설 A를 약화한다. 적절한 평가이다.

| 오답해설 | ① 인간 선조들이 수상생활을 했다는 근거로 볼 수 있으므로 가설 A를 강화한다.

② 수생 포유류들 없이 털이 없다는 것은 수상생활로 인해 털이 사라졌다는 가설 A를 강화하는 사실이다.

④ 인간이 털 대신 의복 등의 수단으로 털에 사는 기생충으로부터 보호하며 털이 사라졌다는 것이 가설 B의 내용이다. 그러나 고대부터 옷을 입지 않았다면, 이는 가설 B를 약화하는 사실이 된다.

上

20 개념 카테고리 독해 > 독해 비문학 > 논리형 답 ④

| 정답해설 | 갑은 모든 국민의 삶의 질을 더한 것이 국가의 행복 정도이며, 이 수치가 클수록 더 행복한 국가라고 주장한다. 그리고 제시문에서는 이러한 갑의 주장에 반대하고 있다. 그리고 그 근거로 '행복한 국가라면 그 국가의 대다수 국민이 높은 삶의 질을 누리고 있다'라는 일반적인 직관과 갑의 주장이 충돌함을 보이려 한다.

(가)와 (나) 사이의 문장을 보면, 갑의 주장을 반박할 수 있는 예시를 확인할 수 있다. B국에서 가장 높은 삶의 질 수치가 A국의 가장 낮은 삶의 질 수치보다 낮아야 한다. 그리고 이에 대한 갑의 결론과 일반적인 사람들의 반응이 갈려야 한다. 갑의 결론을 반박하는 글이기 때문에 제시문의 입장과 일반적인 사람들의 반응은 동일할 것이다. 예시로 주어진 상황을 보면 A국이 일반적으로 더 행복한 나라로 보여야 한다. 갑의 주장은 이와 반대이기 때문에 (나)에는 B국이 A국보다 더 행복하다는 진술이 와야 한다. 그리고 갑이 이렇게 주장하는 근거는 B국의 행복 정도가 A국의 행복 정도보다 높기 때문일 것이다. 이에 해당하는 진술이 (가)에 와야 한다. 이 모든 것을 만족하는 선택지는 ④이다. (갑의 주장이 각 국가의 인구수를 반영하지 않았다는 허점을 생각하면 좋다.)

정답과 해설 PART 02

기출 품은 모의고사 16회

기출문제편 ▶ P.195

영역별 출제 비중

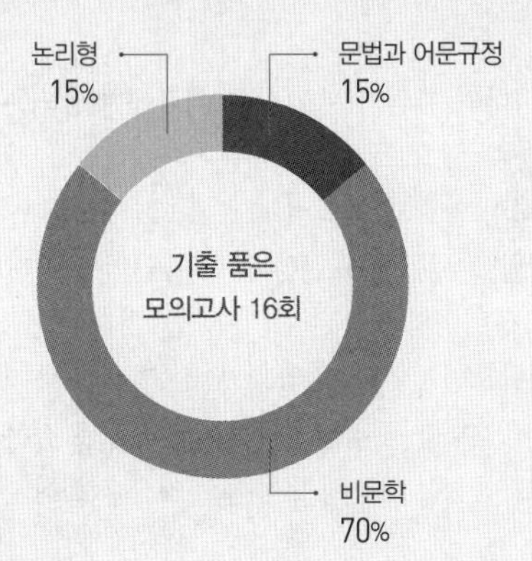

맞힌 문항 수	/20문항
점수	/100점

문항 분석

문항	정답	영역
1	②	문법 > 현대 문법 > 공공언어 바로 쓰기
2	②	문법 > 현대 문법 > 형태론
3	③	문법 > 고전 문법 > 훈민정음과 고전 문법
4	④	독해 > 독해 비문학 > 일치/불일치
5	④	독해 > 독해 비문학 > 일치/불일치
6	③	독해 > 독해 비문학 > 전개 순서
7	④	독해 > 독해 비문학 > 일치/불일치
8	④	독해 > 독해 비문학 > 일치/불일치
9	③	독해 > 독해 비문학 > 화법 지문
10	②	독해 > 독해 비문학 > 주제 찾기
11	③	독해 > 독해 비문학 > 밑줄/괄호
12	②	독해 > 독해 비문학 > 일치/불일치
13	④	독해 > 독해 비문학 > 일치/불일치
14	③	독해 > 독해 비문학 > 일치/불일치
15	③	독해 > 독해 비문학 > 밑줄/괄호
16	②	독해 > 독해 비문학 > 일치/불일치
17	④	독해 > 독해 비문학 > 일치/불일치
18	④	독해 > 독해 비문학 > 논리형
19	①	독해 > 독해 비문학 > 논리형
20	④	독해 > 독해 비문학 > 논리형

취약영역 체크

문법과 어문 규정	/3
비문학	/14
논리형	/3

➡ 나의 취약영역: ____________

中

01 개념 카테고리 문법 > 현대 문법 > 공공언어 바로 쓰기 답 ②

| 정답해설 | ② '구비 서류'는 한 단어가 아니므로 '구비 서류'와 같이 띄어 써야 한다.

| 오답해설 | ① '요망'과 같은 한자어를 '바라다'로 수정하는 것은 적절하다.

③ 외래어인 '다운로드하다'를 '내려받다'로 수정하는 것은 적절하다.

④ '반입되다'와 '들여오다'는 의미가 중복된다. 따라서 '들여오다'와 같이 수정해야 한다.

中

02 개념 카테고리 문법 > 현대 문법 > 형태론 답 ②

출제예상 TIP 형태소 관련 이론과 형태소 분석 방법을 잘 정리해 두어야 한다.

| 정답해설 | ② 형태소는 의미를 유지하는 최소 단위라고 설명하고 있으므로 의미가 유지되는 범위 내에서 나누어야 한다. '통'을 '토'와 'ㅇ'으로 나누면 의미가 유지되지 못하므로 '통'을 '토'와 'ㅇ'으로 나눌 수 없다. '통'이 하나의 형태소가 된다. 그리고 '조림'은 '조리다'의 '조리'에 'ㅁ'이 결합된 것이므로 '조리'와 'ㅁ'으로 나눠야 형태소 분석을 바로 한 것이 된다.

| 오답해설 | ① 직접 구성 요소는 가장 크게 나누었을 때 나누어진 단위를 의미하므로 '통조림'은 '통'과 '조림'으로 나누어 볼 수 있다.

③ 직접 구성 요소는 가장 크게 나누었을 때 나누어진 단위를 의미하므로 '눈웃음'은 '눈'과 '웃음'으로 나누어 볼 수 있다.

④ '눈웃음'을 형태소로 분석해 보면 '눈'과 '웃', '음'으로 분석해 볼 수 있다. 이때 '웃'은 '웃다'에서 어근(어간)에 해당하는 '웃'이고 여기에 '음'이 결합된 형태로 볼 수 있다. 따라서 '웃음'은 '웃'과 '음'으로 나눠야 형태소 분석을 바로 한 것이 된다.

더 알아보기

형태소의 종류에 따른 품사의 구분

형태소	구분	품사 구분
자립성의 유무	자립 형태소	명사, 대명사, 수사, 관형사, 부사, 감탄사
	의존 형태소	조사, 용언의 어간과 어미
의미의 유형	실질 형태소	명사, 대명사, 수사, 관형사, 부사, 감탄사, 용언의 어간
	형식 형태소	조사, 용언의 어미

上

03 개념 카테고리 문법 > 고전 문법 > 훈민정음과 고전 문법 답 ③

출제예상 TIP 중세 국어의 음운 변동 이론을 잘 정리해 두어야 한다.

| 정답해설 | ③ 훈민정음에서 '배'는 현대 국어에서 '바가'로 해석되고 있다. 따라서 '배'를 '바+ㅣ'의 구성으로 나누고 이때 'ㅣ'가 주격 조사 '가'에 해당하는 역할을 하였음을 알 수 있다. 눈에 보이지 않는 주격 조사가 쓰이고 있다는 설명은 적절하지 않다.

| 오답해설 | ① 훈민정음에서 '나랏'은 현대 국어에서 '우리나라의'로 해석되고 있다. 따라서 'ㅅ'은 현대 국어의 관형격 조사 '의'로 쓰이고 있음을 알 수 있다.

② 훈민정음에서 '고져'는 현대 국어에서 '고자'로 해석되고 있다. 따라서 '고져'는 현대 국어에서 연결 어미로 쓰이고 있음을 알 수 있다.

④ 훈민정음에서 '펴디'는 현대 국어에서 '펴지'로 해석되고 있다. 따라서 훈민정음 당시에는 아직 'ㄷ'이 'ㅣ'를 만나 'ㅈ'으로 바뀌는 구개음화 현상이 일어나지 않고 있음을 알 수 있다.

中

04 개념 카테고리 독해 > 독해 비문학 > 일치/불일치 답 ④

| 정답해설 | ④ 넷째 줄 "멕시코 정부에서 ~ 모어 대신 스페인어를 사용했다."를 통해 '언어 자살 현상'은 외부의 강압과는 관련이 없다는 것을 알 수 있다.

| 오답해설 | ① 마지막 부분 "'나는 부모님들처럼 ~ 셈이다."를 통해 확인할 수 있다.

② 글의 중간 부분을 보면 멕시코 정부에서 공식적으로 토토낙어 사용을 금지하는 정책을 취하지 않고 지역 문화를 존중하는 태도를 보였다는 것을 통해, 멕시코 정부의 공식적인 언어 정책이 특정 지역의 언어 교체 현상을 유도했다고 보기는 어렵다는 것을 알 수 있다.

③ 마지막에 "'나는 부모님들처럼 이렇게 살지는 않겠어.'라는 집단적 자각이 한 세대로 하여금 단체로 모어 사용을 그만두게 할 수도 있는 셈이다."라고 언급하고 있으므로 '언중의 의지'가 언어 자살 현상의 발생 가능성에 변수가 될 수 있다.

中

05 개념 카테고리 독해 > 독해 비문학 > 일치/불일치 답 ④

| 정답해설 | 소쉬르는 하나의 기의가 서로 다른 기표에 대응되는 것을 두고 기호적 관계가 '자의적'이라 주장하였고, 이러한 '자의성'은 사회적 약속과 문화적 약호에 따라 조율된다고 하였다. 따라서 '자의성'이 아닌 '보편성'에 대해 이야기하고 있는 ④는 제시문의 내용과 무관하다.

| 오답해설 | ① 하나의 기의가 서로 다른 기표에 대응되는 현상을 통해 자의성을 엿볼 수 있으므로 옳은 내용이다.

② 자의성은 사회적 약속과 문화적 약호에 따라 조율된다고 하였으므로 어떤 개념을 새롭게 표현한 단어가 널리 쓰이려면 그 개념을 쓰는 사회 성원들의 공통된 합의가 필요하다고 볼 수 있다.

③ 같은 종교를 믿으면서 문화적 약호가 유사한 지역끼리는 사회적 약속과 문화적 약호를 공유할 가능성이 있으므로 같은 기표에 대응하는 개념이 비슷할 가능성이 높다는 것은 적절한 추론이다.

中

06 개념 카테고리 독해 > 독해 비문학 > 전개 순서 답 ③

| 정답해설 | 선택지를 통해 (가) 또는 (나)가 서두에 오는 것을 알 수 있다. (가)는 미술 작품에 등장하는 동물을 성격에 따라 분류하고 있고, (나)는 미술 작품에 다양한 동물들이 등장한다고 소개하고 있다. 따라서 (나)가 첫 문단으로 적절함을 알 수 있다. (가)에서 미술 작품에 등장하는 동물들을 성격에 따라 나누면 종교적·주술적인 동물, 신을 위한 동물, 인간을 위한 동물로 구분할 수 있다고 하였다. (다)에서는 (가)의 분류 중 첫 번째인 '종교적·주술적인 동물'의 내용을 세부적으로 서술하고 있고, (라)에서는 (가)의 분류 중 두 번째인 '신을 위한 동물'의 내용을 세부적으로 서술하고 있다. 따라서 ③ '(나)－(가)－(다)－(라)'로 이어지는 것이 문맥상 자연스럽다.

中

07 개념 카테고리 독해 > 독해 비문학 > 일치/불일치 답 ④

| 정답해설 | ④ '간단한 손도구도 예술 작품이 될 수 있고, 상품 상자나 쓰레기 더미나 한 줄의 벽돌, 속옷 무더기, 도살된 동물 등도 예술 작품이 될 수 있다'고 서술한 내용을 통해 예술가가 만들지 않은 대상도 의미를 부여하면 예술품이 될 수 있다는 것을 이해할 수 있다.

| 오답해설 | ① '예술 작품이 그렇게 보여야 하는, 또는 그렇게 존재해야 하는 특별한 방식 같은 것이 존재하지 않는다'고 서술한 내용을 통해 예술은 눈으로 확인할 수 없는 속성으로도 그 지위와 의미가 파악될 수 있다는 것을 알 수 있다.

② '예술 작품이 그렇게 보여야 하는, 또는 그렇게 존재해야 하는 특별한 방식 같은 것이 존재하지 않는다'는 내용으로 보아 예술이 추구하는 진정한 목표를 바탕으로 작품을 창작하거나 비평해야 한다고 추론할 수 없다.

③ 예술의 종말이라는 비관적 관점에서 예술의 위기와 무능력이 나타난다는 내용은 〈보기〉에서 확인할 수 없다.

中

08 개념 카테고리 독해 > 독해 비문학 > 일치/불일치 답 ④

| 정답해설 | ④ 필자는 마지막 문장에서 "그러니 말을 통하지 않고는 생각을 전달할 수가 없는 것이다."라고 하였다. 따라서 말을 통하지 않고도 얼마든지 생각을 전달할 수 있다는 것은 필자의 견해가 아니다.

| 오답해설 | ① 마지막 단락의 "말이란 결국 생각의 일부분을 주워 담는 작은 그릇에 지나지 않는다."라는 진술을 통해 말은 생각보다 범위가 좁다고 생각하고 있음을 알 수 있다.

② 첫째 단락의 "우리는 우리가 생각한 것을 말로 나타낸다."를 통해 말을 생각을 나타내는 매개체로 보고 있음을 알 수 있다.

③ 첫째 단락의 "생각과 말은 서로 떨어질 수 없는 깊은 관계를 가지고 있다."를 통해 말과 생각은 불가분의 관계에 놓여 있다고 생각하고 있음을 알 수 있다.

中

09 개념 카테고리 독해 > 독해 비문학 > 화법 지문 답 ③

| 정답해설 | 진행자가 '피해가 발생하니까 ~ 또 다른 차별의 예를 떠올리게 하네요'라며 사례를 언급한 부분에 대해 홍 교수는 '한국 사회가 시장주의 위주로 ~ 같은 부분은 깊이 생각해 오지 못한 것은 아닌가 합니다'라고 추가 발언하고 있다. 따라서 ③은 진행자의 말하기 방식을 적절하게 이해했다고 볼 수 있다.

| 오답해설 | ① 진행자가 상대방의 발언에 적극 동조하기보다는 오히려 홍 교수가 진행자의 발언에 동조하고 있다. 또한 다음 인터뷰를 기약한 부분도 찾을 수 없다.

② 예상되는 반론 가능성을 차단하며 자기의 주장을 관철한 부분은 찾을 수 없다.

④ 진행자가 상대방에게 질문을 하고는 있지만, 질문을 통해 상대방의 태도에 문제가 있음을 환기시킨 부분은 확인할 수 없다.

下

10 개념 카테고리 독해 > 독해 비문학 > 주제 찾기 답 ②

| 정답해설 | ② 마지막 문장의 '시청자들이 역사드라마를 주제로 삼아 사회적 담론의 장을 열기도 한다'는 부분을 근거로 역사드라마를 통해 시청자들이 사회적 화젯거리를 만들 수 있음을 추론할 수 있다.

| 오답해설 | ①, ③, ④의 근거에 대한 부분은 제시되어 있지 않다.

中

11 개념 카테고리 독해 > 독해 비문학 > 밑줄/괄호 답 ③

| 정답해설 | '다시 말해 갈등을 정치의 틀 안으로 통합하면서 사회적 합의를 만들어 간다는 데 있다' 부분을 통해 ㉠에 '갈등'이 와야 함을 알 수 있다. 따라서 정답은 ②, ③ 중에 하나이다.

㉡의 앞에서 '갈등을 공동체 전체의 문제로 전환한다'고 하였으므로 '성과'와 '의제' 중 회의에서 의논할 문제를 뜻하는 '의제'가 오는 것이 적절하다. 따라서 정답은 ③이다.

中

12 개념 카테고리 독해 > 독해 비문학 > 일치/불일치 답 ②

| 정답해설 | ② '안성에서 간행된 것도 있으나 그 대부분은 경판을 안성에서 찍어낸 것'이라고 한 것은 안성에서 간행된 대부분의 방각본 소설이 판각 제작은 서울에서 하고, 안성에서 찍어낸 것을 의미한다. 따라서 방각본 소설책은 제작된 지역 외에서도 유통되었음을 알 수 있다.

| 오답해설 | ① 서울에서 간행된 것을 경판본, 전주에서 간행된 것을 완판본이라고 부른다고 하는 것으로 보아 한 작품당 여러 판본이 만들어졌을 것으로 추론할 수 있다.

③ 방각본 소설은 민간인이 영리를 목적으로 만들었기 때문에 종이와 나무의 공급이 비교적 원활하고 인구가 많아 독자의 수요가 많은 곳에서 주로 간행되었다. 따라서 이익 산출로 인한 제작비용에 민감했음을 추론할 수 있다.
④ 작품을 나무판에 새긴 뒤 그것을 종이로 찍어내 만들었으므로 분량이 긴 작품은 품과 제작 비용이 많이 들어 새기기 어려웠을 것이라 추론할 수 있다.

中

13 개념 카테고리 독해 > 독해 비문학 > 일치/불일치 답 ④

| 정답해설 | 같은 무표정한 얼굴이라 해도 앞에 어떤 장면을 배치하는가에 따라 그 얼굴이 드러내는 감정은 얼마든지 다르게 받아들여질 수 있다고 하였다. 게다가 몽타주 효과는 각각의 이미지들이 결합되어 새로운 인상을 창조하는 것이다. 따라서 ④는 틀린 내용이다.
| 오답해설 | ① 몽타주에서는 각각의 이미지들이 결합되어 새로운 인상을 창조한다고 하였으므로 옳은 내용이다.
② 같은 무표정한 얼굴이라 해도 앞에 어떤 장면을 배치하는가에 따라 그 얼굴이 드러내는 감정은 얼마든지 다르게 받아들여질 수 있다고 하였으므로 옳은 내용이다.
③ '이를테면 우리가 영화를 볼 때 ~ 창조된 새로운 시간 감각 때문이다'를 통해 옳은 내용임을 알 수 있다.

中

14 개념 카테고리 독해 > 독해 비문학 > 일치/불일치 답 ③

| 정답해설 | ③ "존재에 대한 두 철학자의 견해는 플라톤의 이데아론에 영향을 주었다."라는 설명에서 플라톤의 철학은 파르메니데스와 헤라클레이토스 모두의 영향을 받았음을 확인할 수 있다.
| 오답해설 | ① "그는 어떤 존재가 있다가 없어지고 없다가 있게 되는 일은 불가능하다며 존재의 생성과 변화, 소멸을 부정했다."라는 설명에서 파르메니데스의 존재에 대한 인식을 확인할 수 있다.
② "이에 반해 헤라클레이토스는 존재의 생성과 변화를 긍정했다."라는 설명에서 헤라클레이토스의 존재에 대한 이해를 확인할 수 있다.
④ "이데아는 오직 이성에 의해서만 인식할 수 있다는 이성 중심의 사유를 전개했다."라는 설명을 통해 플라톤의 주장을 확인할 수 있다.

中

15 개념 카테고리 독해 > 독해 비문학 > 밑줄/괄호 답 ③

| 정답해설 | 〈보기〉의 문장은 모든 존재의 변화, 생성, 소멸을 긍정하는 내용이다. 이러한 주장을 펼친 사람은 헤라클레이토스다. 그러므로 헤라클레이토스의 주장이 언급되고 있는 ③ '(ㄷ)'이 가장 적절하다.
| 오답해설 | ① 해당 부분은 파르메니데스의 주장을 언급하고 있는 부분이다.
② 해당 부분은 파르메니데스의 주장을 언급하고 있는 부분이다.
④ 해당 부분은 플라톤의 이데아에 대한 설명을 하고 있는 부분이다.

中

16 개념 카테고리 독해 > 독해 비문학 > 일치/불일치 답 ②

| 정답해설 | ② 첫째 단락에서 질문을 사용하여 흥미를 유발하고 있다.
| 오답해설 | ① 구체적인 수치가 제시되고 있지만 이는 '설문 조사'에 해당하는 것이 아니다.
③ 마지막 단락에서 해결 방안을 제시하고 있으나, 이것이 시행되었을 경우의 장점에 대해서는 언급되고 있지 않다.
④ 버리는 행위로 만들어진 플라스틱 쓰레기, 세탁을 통해서 만들어진 플라스틱 쓰레기 등 여러 원인이 언급되고 있긴 하지만 각각의 원인이 얼마나 많은 영향력을 끼치는지는 언급되고 있지 않다.

中

17 개념 카테고리 독해 > 독해 비문학 > 일치/불일치 답 ④

| 정답해설 | ④ 마지막 단락을 통해 개인적 차원에서도 플라스틱 문제의 해결을 위해 할 수 있는 일이 있음을 알 수 있다.
| 오답해설 | ① 플라스틱 쓰레기를 직접 버리지 않더라도 치약, 세정제, 세탁 등을 통해 미세 플라스틱이 바다로 흘러들어갈 수 있다. 이런 미세 플라스틱 역시 해양 오염을 야기한다.
② 플랑크톤 수가 증가한다는 내용은 언급되고 있지 않다.
③ 국가적 차원의 규제에 대한 이야기는 언급되고 있지 않다.

中

18 개념 카테고리 독해 > 독해 비문학 > 논리형 답 ④

| 정답해설 | (가) 이전의 문장들을 보면, 행복 개념에는 '주관적 심리 상태'에 추가적으로 다른 조건이 필요하다는 것을 알 수 있다. 〈보기〉에서 제시하고 있는 '자신이 행복하다고(혹은 하지 않다고) 느끼고'라는 표현이 제시문의 '주관적 심리 상태'에 해당한다. 그러므로 (가)에 들어갈 말로 적절한 것은, '주관적 심리 상태'만으로는 충분하지 않다는 것을 보여 주는 'ㄴ'이다.
(나) 이전의 문장들에서는 '주관적 심리 상태'가 필수 조건임을 이야기하고 있다. 그러므로 (나)에 들어갈 말로 적절한 것은, '주관적 심리 상태'가 충족되지 않으면 결코 행복할 수 없다는 내용을 담은 'ㄷ'이다.

上

19 개념 카테고리 독해 > 독해 비문학 > 논리형 답 ①

| 정답해설 | 제시문에서는 인과관계를 입증하기 위한 방법으로 '확률의 차이'를 제시하고 있다. 항생제 투여로 인해 자연 치유 확률보다 높은 확률로 치유한다면 이는 '긍정적 효과'로, 자연 치유 확률보다 낮은 확률로 치유한다면 이는 '부정적 효과'로 볼 수 있다. 이런 결론을 위해서는 항생제 투여 외에 다른 요인의 개입을 통제해야 한다.

ㄱ: 치유 확률에 변화가 없다는 것은 투여된 약이 어떠한 효과도 없다는 것을 입증할 수 있는 근거이다. 또한 다른 요인의 개입에 대한 통제까지 언급하고 있으므로 적절한 추론이다.

| 오답해설 | ㄴ: 치유될 확률이 투여 이후 높아지는 것은 긍정적 효과로 볼 수 있으나, 이것이 확실하게 입증되기 위해서는 다른 요인의 개입에 대한 통제까지 이루어져야 한다. 확률의 상승만으로는 충분하지 않다. 적절하지 않은 추론이다.

ㄷ: 긍정적인 효과가 없다는 것은 부정적이거나, 효과가 없다는 것을 의미한다. 꼭 '더 낮아지는 것'을 보일 필요까지는 없다. 확률이 그대로여도 괜찮다. 적절하지 않은 추론이다.

上

20 개념 카테고리 독해 > 독해 비문학 > 논리형 답 ④

| 정답해설 | ㄴ: 병의 주장을 통해 확인할 수 있다. 병은 로봇에게 의식이 있든지 없든지 도덕적 지위를 부여할 수 없다는 입장이다. 이는 ㄴ의 진술과 모순되지 않는다. 적절한 분석이다. (선택지의 구성으로 인해, ㄱ, ㄴ, ㄷ의 순서로 보기를 점검한다면, ㄱ이 적절하지 않게 되는 순간 ㄴ은 반드시 적절한 분석이 된다.)

ㄷ: 을의 주장을 통해 확인할 수 있다. 을은 의식이 있는 존재에는 도덕적 지위를 부여해야 하지만, 로봇은 의식을 가지지 않기 때문에 도덕적 지위를 부여하지 않겠다고 주장한다. 만약 로봇에게 의식이 있는 것으로 밝혀지면 을은 로봇에게도 도덕적 지위를 부여해야 한다고 주장을 바꿀 것이다. 을 외에는 주장이 바뀔 만한 사람이 없다. 적절한 분석이다.

| 오답해설 | ㄱ: 을은 로봇에게 의식이 없다고 이야기하고 있으나, 정은 로봇에게 의식이 있는지 여부에 대해 이야기하지 않고 있다. 정은 로봇의 의식 여부와 상관없이 로봇에게 도덕적 지위를 부여해야 한다고 주장한다. 적절하지 않은 분석이다.

정답과 해설 PART 02

기출 품은 모의고사 17회

기출문제편 ▶ P.205

영역별 출제 비중

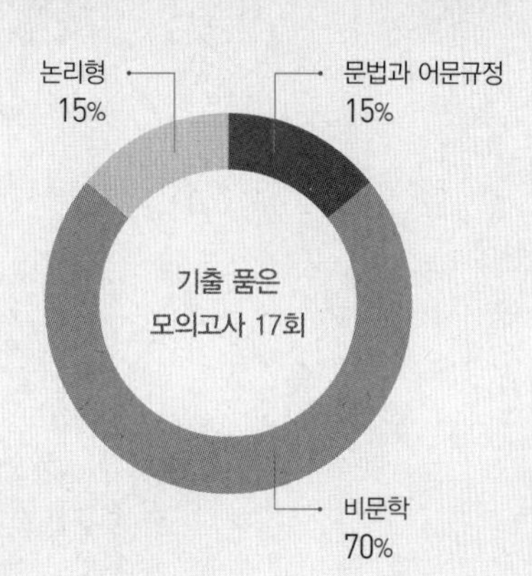

맞힌 문항 수	/20문항
점수	/100점

문항 분석

문항	정답	영역
1	②	문법 > 현대 문법 > 공공언어 바로 쓰기
2	③	문법 > 현대 문법 > 형태론
3	①	문법 > 어문 규정 > 로마자 표기법
4	②	독해 > 독해 비문학 > 일치/불일치
5	④	독해 > 독해 비문학 > 화법 지문
6	④	독해 > 독해 비문학 > 일치/불일치
7	④	독해 > 독해 비문학 > 주제 찾기
8	①	독해 > 독해 비문학 > 일치/불일치
9	④	독해 > 독해 비문학 > 일치/불일치
10	③	독해 > 독해 비문학 > 문학 이론
11	④	독해 > 독해 비문학 > 일치/불일치
12	①	독해 > 독해 비문학 > 일치/불일치
13	①	독해 > 독해 비문학 > 전개 순서
14	②	독해 > 독해 비문학 > 일치/불일치
15	③	독해 > 독해 비문학 > 밑줄/괄호
16	③	독해 > 독해 비문학 > 일치/불일치
17	③	독해 > 독해 비문학 > 일치/불일치
18	③	독해 > 독해 비문학 > 논리형
19	④	독해 > 독해 비문학 > 논리형
20	④	독해 > 독해 비문학 > 논리형

취약영역 체크

문법과 어문 규정	/3
비문학	/14
논리형	/3

➡ 나의 취약영역: ____________

中

01 개념 카테고리 문법 > 현대 문법 > 공공언어 바로 쓰기 답 ②

출제예상 TIP 공공언어 바로 쓰기에서 제시하고 있는 주의해야 할 단어에 대해 정리해 두어야 한다.

| 정답해설 | ② '다시 하는' 또는 '두 번째'의 뜻을 의미하는 '재-'는 접사이므로 뒤에 오는 말과 붙여 쓴다. 따라서 '재교육'이 맞는 띄어쓰기이다.

| 오답해설 | ① 명사나 명사형의 표현을 나열하는 것보다는 조사나 서술어를 사용하여 문장을 표현하는 것이 바르다. 따라서 '단순히 업무 효율성을 향상하는 데에만'으로 수정하는 것은 적절하다.

③ 한자어 '도출하다'를 '이끌어 내다'로 수정하는 것은 적절하다.

④ 응시자 입장에서 서류는 제출하는 것이 맞다. 접수는 담당 공무원이 하는 것이다.

中

02 개념 카테고리 문법 > 현대 문법 > 형태론 답 ③

출제예상 TIP 접속 조사와 부사격 조사의 쓰임을 구분하여 정리해 두어야 한다.

| 정답해설 | ③ '삼촌은 어제 조카들 놀았다'와 같이 '과'를 생략했을 때 문장이 성립하지 않으므로 '과'는 접속 조사가 아닌 '부사격 조사'이다.

| 오답해설 | ① '철수 영희는 학생이다.'와 같이 '와'는 생략했을 때 문장이 성립하므로 '접속 조사'이다.

② '나는 어제 밥 빵 떡 다 먹었다.'와 같이 '(이)며'는 생략했을 때 문장이 성립하므로 접속 조사이다. 그리고 제시문에서 '접속 조사는 체언이 나열될 때 마지막 체언에까지 결합할 수 있다'고 언급하고 있다. 따라서 '(이)며'는 마지막 체언에까지 결합하고 있는 접속 조사인 것을 알 수 있다.

④ '민수는 영희 같은 대학교에 입학했다'와 같이 '와'를 생략했을 때 문장이 성립하지 않으므로 '와'는 접속 조사가 아닌 '부사격 조사'이다.

더 알아보기

접속 조사와 부사격 조사

'와/과' 등이 체언과 체언 사이에 쓰이지 않고 체언과 부사 혹은 용언 사이에 쓰여 '함께(공동)'나 '비교'의 뜻을 가지면 접속 조사가 아니라 부사격 조사이다.

체언과 부사 사이	'공동'의 의미	영희는 철수와 함께 학교에 갔다.
체언과 용언 사이	'비교'의 의미	이것은 저것과 다르다.

中

03 개념 카테고리 문법 > 어문 규정 > 로마자 표기법 답 ①

출제예상 TIP 로마자 표기법의 대표적인 이론들을 정리해 두어야 한다.

| 정답해설 | ① 'ㄱ, ㄷ, ㅂ'은 모음 앞에서는 'g, d, b'로, 자음 앞이나 어말에서는 'k, t, p'로 적는다고 하였으므로 '경'의 'ㄱ'은 'g'로 적어야 맞는 표현이 된다. 따라서 'gyeonggo'가 맞는 표기이다.

| 오답해설 | ② '압구정'은 [압꾸정]으로 발음된다. 이때 고유 명사는 첫 글자를 대문자로 적고 예사소리가 된소리로 변하는 된소리되기는 표기에 반영하지 않는다는 규정을 적용하면 'Apgujeong'이 된다.

③ '국물'은 [궁물]로 발음된다. 이때 음운 변화가 일어날 때에는 변화의 결과에 따라 적는다는 규정을 적용하여 비음화가 일어난 'gungmul'로 표기한다.

④ '애비'는 [애비]로 발음된다. 이때 '비'의 'ㅂ'은 'ㄱ, ㄷ, ㅂ'은 모음 앞에서는 'g, d, b'로, 자음 앞이나 어말에서는 'k, t, p'로 적는다는 규정을 적용하여 'b'로 적는다. 따라서 'aebi'로 표기한다.

中

04 개념 카테고리 독해 > 독해 비문학 > 일치/불일치 답 ②

| 정답해설 | ② 임진왜란 이후 오직 제 몸의 우환만 아는 이들이 부모의 기른 은혜는 까맣게 잊고 시신을 매장하지 않은 채 버린 것이다. 이는 장례 방식이 달라진 것을 의미하는 것이 아니라 장례 자체를 치르지 않은 것이다.

| 오답해설 | ① '효자의 집안에서 충신을 찾을 수 있는 법인데' 부분을 통해 효를 실천하지 않는 이가 나라를 위해 희생할 리 없음을 추론할 수 있다.

③ '난리[임진왜란]를 겪은 뒤로는 금방이 크게 무너져 불온한 마음을 품는가 하면, 법도에 벗어나는 말을 외치기도 합니다' 부분을 통해 전란 이후에 사람들 사이에서 중요한 법도가 무시되고 있음을 추론할 수 있다.

④ '식견이 있는 사람도 이렇게 하거늘, 무지한 이들이야 어떠하겠습니까?' 부분을 통해 무지한 이들은 식견 있는 이들에 비해 윤리적 과오에 더 취약함을 추론할 수 있다.

中

05 개념 카테고리 독해 > 독해 비문학 > 화법 지문 답 ④

| 정답해설 | ④ '박 위원'은 '버스 전용 차로제'라는 구체적인 대안을 제시하고 있다. 게다가 '두 분 말씀 모두 일리가 있다고 생각합니다'라고 말하고 있으므로, 참여자의 의견을 경청하며 토의에 참여하고 있음을 알 수 있다.

| 오답해설 | ① 제시된 글에서 '사회자'가 참여자의 의견을 수용하여 주제를 전환하고 있는 부분은 드러나 있지 않다. 토의의 주제는 '우리나라의 교통 체증 문제 해결방안'만 제시되었다.

② '김 국장'이 승용차 10부제에 대해 자신의 생각을 적극적으로 관철하고 있는 것은 맞지만 상대방의 주장에 수긍하는 모습은 보이지 않는다.

③ '윤 사장'은 승용차 10부제의 문제점에 대해 지적한 것은 맞지만, 타협의 가능성을 열어 놓고 있지 않다.

中

06 개념 카테고리 독해 > 독해 비문학 > 일치/불일치 답 ④

| 정답해설 | '유추'란 두 개의 특수한 대상에서 어떤 징표가 일치하고 있기 때문에 다른 징표도 일치하고 있음을 추정하여 진술하는 방법이다. 글쓴이는 소형 주택·상가가 필로티 방식을 선호한 이유에서 세월호가 평형수를 줄인 방식을 택한 이유에 대해 유추하고 있다. 하지만 해결 방안을 제시한다는 ④의 내용은 적절하지 않다.

| 오답해설 | ① 필로티 건축이 늘어나는 구조적 문제는 1층을 필로티로 하여 주차면을 확보해 법정 주차대수를 맞추려는 의도라는 것을 알 수 있다.

② 법정 주차대수와 주택공급 정책 등이 필로티 건축이 늘어나는 사회 현상의 원인이라 할 수 있다.

③ 저렴 주택, 저렴 도시 등 1970, 80년대의 문제부터 최근에 일어났던 세월호 사건까지 사회적 문제가 반복되고 있음을 알 수 있다.

中

07 개념 카테고리 독해 > 독해 비문학 > 주제 찾기 답 ④

| 정답해설 | ④ '최고의 지위까지 오르려는 공직자는 ~ 지혜가 모자란 데서 찾았다'고 이야기한 부분에서 지혜로운 관리는 청렴함을 통해 자신에게 이익이 되는 결과를 얻을 수 있음을 알 수 있다.

| 오답해설 | ① 공직자는 대가성이 없고 법적 처벌을 면할 수 있다 해서 적은 돈이라도 받아서는 안 된다고 하였다.

② 공자는 목표가 '인'인 반면 다산의 목표는 '청렴'이었다는 말만 제시되었을 뿐 관리들이 청렴하고 자애로우면 백성들이 인을 이룰 수 있게 된다는 내용은 언급되지 않았다.

③ 정약용은 유배지에서 아들에게 유산으로 남겨 줄 재산은 없고, '근'과 '검'을 실천하라는 내용의 편지를 남겼다. 하지만 이는 자손에게 물질적 재산을 남겨 주는 공직자가 청렴하다고 할 수 없다는 내용의 근거가 될 수 없다.

中

08 개념 카테고리 독해 > 독해 비문학 > 일치/불일치 답 ①

| 정답해설 | ① '여기서 청각 체계로 들어온 소리가 머릿속 어휘 목록의 해당 항목에 접속할 뿐만 아니라 그것을 활성화한다는 점이 중요하다'는 부분을 통해 머릿속에 저장된 단어들에, 청각 체계로 들어온 음성 신호가 접속하여 의미가 활성화되는 것을 알 수 있다.

| 오답해설 | ② 'slander'의 /d/를 들었을 때 비로소 앞부분이 같은 다른 단어들과 확실하게 구별된다고 한 부분을 통해 'slander'와 'slant'의 의미를 서로 구별하기 위해서 각 단어의 발음을 끝까지 들을 필요가 없음을 알 수 있다.

③ 숫자 조합 자물쇠의 원리로 설명할 수 있는 것은 '청각 체계의 해당 항목에 접속하는 과정'이다.

④ /slan/은 'slander'와 'slant'에 관련되는 신경 회로들 전부를 활성화한다는 부분을 통해 특정 단어와 관련되는 신경 회로는 그 단어와 소리가 유사한 단어들이 구별되기 전에도 활성화된다는 것을 알 수 있다.

中

09 개념 카테고리 독해 > 독해 비문학 > 일치/불일치 답 ④

| 정답해설 | ④ 검증되지 않은 허구의 지식을 기초로 해서 성립될 수 있는 것은 '사실의 체계'가 아니라 '믿음의 체계'이다.

| 오답해설 | ① 첫째 단락의 '검증되지 않은 지식은 인간의 의식 공간에서 믿음의 체계를 구성한다'는 부분을 통해 믿음의 체계는 검증되지 않은 지식이 인간의 의식 공간에 구성한 것임을 알 수 있다.

② 첫째 단락의 '믿음의 체계에 동원된 지식이나 모두 다 그 사람에게 있어서는 사실이 아니면 안 된다'는 부분을 통해 어떤 이가 믿음의 체계에 포함시킨 지식이라면 그 지식은 그가 사실로 수긍한 것임을 알 수 있다.

③ 둘째 단락의 '의식 세계에서 사실의 체계와 믿음의 체계를 확실하게 구분해 낼 수는 없을 것이다'는 부분을 통해 검증된 지식과 검증되지 않은 지식의 변별이 인간의 의식 세계에서는 명확하지 않음을 알 수 있다.

中

10 개념 카테고리 독해 > 독해 비문학 > 문학 이론 답 ③

| 정답해설 | ③ 자신의 처지에 비추어 시와 노래에 능한 영채의 장점을 호평하는 형식의 모습은 '전통 사회의 남녀 관계'에서의 '서로의 처지와 상황에 대한 비교'에 해당하는 모습이다. 따라서 근대적 사랑의 특징인 '열정'과는 거리가 멀다.

| 오답해설 | ① '상대방에 대한 의존 가능성'은 전통적 남녀 관계에서 중시되던 특징으로 근대적 사랑이라고 보기 어렵다.

② '가족 사이의 약속'은 전통적 남녀 관계에서 중시되던 특징으로 근대적 사랑이라 보기 어렵다.

④ (가)에서 '상대방의 모습이 불러일으키는 열정은 결정적으로 중요하다'고 하였으므로 영채의 외모와 행동을 떠올리며 미소 짓는 장면에서 영채에 대한 형식의 열정을 찾을 수 있다.

中

11 개념 카테고리 독해 > 독해 비문학 > 일치/불일치 답 ④

| 정답해설 | ④ 둘째 단락 마지막 문장에서 수증기도 지구 온난화에 영향을 미치기는 하지만 그 양은 자연 생태계가 조절하고 있어서 별 문제가 되지 않는다고 하였다. 따라서 수증기가 지구 온난화에 미치는 영향은 적다고 할 수 있다.

| 오답해설 | ① 둘째 단락에서 이산화탄소 외에도 온실효과를 일으키는 기체로는 프레온, 아산화질소, 메탄, 수증기 등이 있다고 하였으므로 틀린 내용이다.

② 첫째 단락에서 '만약 자연적인 온실효과가 없다면 지구 표면에서 복사된 열이 모두 외계로 방출되어'라고 하였으므로 자연적인 온실효과는 지구 표면에서 복사된 열이 모두 외계로 방출되지 않도록 해 주고 있음을 알 수 있다.

③ 첫째 단락 마지막 부분에서 화석연료의 사용이 늘어나면서 대기 중에 이산화탄소가 너무나 많아져서 지구 온난화 현상이 생긴다고 하였으므로 틀린 내용이다.

中

12 개념 카테고리 독해 > 독해 비문학 > 일치/불일치 답 ①

| 정답해설 | ① 넷째 단락의 "요트가 바람을 뒤쪽에서 받아 주행하는 풍하범주의 경우에는 ~ 전진력을 이용하여 앞으로 나아갈 수 있게 된다." 부분과 다섯째 단락의 "요트가 바람을 거슬러 올라가는 풍상범주의 경우 ~ 전진력에 의하여 앞으로 나아갈 수 있게 된다." 부분을 통해 딩기는 순풍, 역풍 상황 모두 '전진력'으로 나아가는 것을 알 수 있다.

| 오답해설 | ② 넷째 단락 마지막 부분의 "센터보드나 킬과 같은 횡류방지장치에 의하여 횡류를 방지하면서 전진력을 이용하여 앞으로 나아갈 수 있게 된다."를 통해 알 수 있는 내용이다.

③ 셋째 단락의 "따라서 요트의 추진 원리를 이해하기 위해서는 풍압이 추진력의 주가 되는 풍하범주와 양력이 주가 되는 풍상범주를 구분하여야 한다."를 통해 알 수 있는 내용이다.

④ 요트가 바람을 뒤쪽에서 받아 주행하는 '풍하범주'의 경우 '풍압'이 추진력의 주가 되고, 요트가 바람을 거슬러 올라가는 '풍상범주'의 경우 '양력'이 추진력의 주가 된다.

中

13 개념 카테고리 독해 > 독해 비문학 > 전개 순서 답 ①

| 정답해설 | 화재 관련 문제, 특히 주택 화재에 대한 문제와 그 해결법에 대한 내용을 담은 제시문이다. 전체 화재에 대한 이야기와 최근의 사례를 언급하고 있는 (다)가 가장 먼저 오는 것이 바람직하다. (나)는 (다)에서 이야기하던 주택 화재와 관련된 구체적인 문제점들이 제시되고 있으므로 (다) 이후에 오는 것이 좋다.

(라)에서는 앞서 이야기한 주택 화재와 관련된 문제점들에 대해 정부가 법령을 제정했다는 내용이 언급되고 있다. (가)에서는 정부의 구체적인 조치가 이어지고 있으므로 (라) 이후 (가)가 오는 것이 적절하다. 따라서 정답은 ① '(다)–(나)–(라)–(가)'이다.

中

14 개념 카테고리 독해 > 독해 비문학 > 일치/불일치 답 ②

| 정답해설 | ② 첫째 단락을 통해 표현주의 화가들이 '사실주의 미학에서 이성보다 열등한 것이라고 여겼던 감정을 존재의 본질을 드러내는 것으로 보았다'고 설명한다. 이를 통해 사실주의 미학에서는 감정을 중요하게 여기지 않았다는 것을 확인할 수 있다.

| 오답해설 | ① "표현주의 화가들은 예술의 목적을 대상의 재현이 아니라 인간의 감정과 충동을 표현하는 것으로 생각했다."라는 설명을 통해 표현주의 화가들은 예술의 목적을 인간의 감정과 충동의 표현이라고 생각했다는 것을 확인할 수 있다.

③ "대비되는 원색을 대담하게 사용하는 방법을 통해 자신의 감정과 충동을 표현했다."라는 설명에서 표현주의 작품에는 원색이 빈번하게 사용되었음을 확인할 수 있다.

④ 둘째 단락의 '표현주의 화가들은 이성과 합리성의 가치를 추구하던 당시 사회의 분위기'라는 설명에서 당시 사회가 이성과 합리성을 추구하던 분위기였음을 확인할 수 있다.

中

15 개념 카테고리 독해 > 독해 비문학 > 밑줄/괄호 답 ③

| 정답해설 | 주어진 문장에서 언급하고 있는 '자유로운 형태와 색채' 그리고 '가치'라는 표현을 보았을 때, 이 모든 것들이 언급된 후인 (ㄷ) 혹은 (ㄹ)이 적절하다. (ㄷ) 이후에 등장하는 문장의 '이렇듯'이라는 표현을 보았을 때, '내면의 불안, 공포, 고뇌' 등을 예시로 언급하고 있는 문장과의 호응이 좋다. 그러므로 주어진 문장은 ③ '(ㄷ)'에 오는 것이 적절하다.

中

16 개념 카테고리 독해 > 독해 비문학 > 일치/불일치 답 ③

| 정답해설 | ③ 둘째 단락의 "이익은 몸의 운동을 뇌가 주관한다는 것은 긍정하였지만, 지각 활동은 심장이 주관한다는 전통적인 심주지각설(心主知覺說)을 고수하였다."라는 설명을 통해 이익은 지각 활동만 심장이 주관한다고 생각하고, 인체의 운동 활동은 뇌가 주관한다고 생각하였음을 알 수 있다.

| 오답해설 | ① 첫째 단락의 "19세기 중반까지 서양 의학의 영향력은 천문·지리 지식에 비해 미미하였다."라는 설명을 통해 서양 의학은 천문, 지리만큼의 영향력을 지니지는 못했다는 사실을 알 수 있다.

② 둘째 단락에서 아담 샬의 서적에 담긴 의학 지식들은 기독교 전파를 목적으로 하고 있었다는 사실을 확인할 수 있다.

④ 마지막 단락의 "서양 해부학이 야기하는 윤리적 문제도 서양 의학의 영향력을 제한하는 요인으로 작용하였으며, 서학에 대한 조정(朝廷)의 금지 조치도 걸림돌이었다."라는 설명을 통해 서양 지식이 조선 정부의 제재 대상이었음을 알 수 있다.

中

17 개념 카테고리 독해 > 독해 비문학 > 일치/불일치 답 ③

| 정답해설 | ③ 서양의 과학 지식들, 특히 의학 지식이 시대별로 조선에 어떠한 영향을 끼쳤는지에 대해 서술하고 있다.

| 오답해설 | ① 서로 상반되는 이론은 언급되고 있지 않다.

② 제시문은 조선의 상황에 대해서만 언급하고 있다.

④ 이론들이 지닌 문제점에 대해서는 언급되고 있지 않다.

中

18 개념 카테고리 독해 > 독해 비문학 > 논리형 답 ③

| 정답해설 | ㄱ: 갑이 〈리더십 교육과정〉과 〈전문성 교육과정〉 중 하나는 이수하지 않는다. 전자를 이수하지 않을 경우 이전의 조건문에 의해 〈공직 자세 교육과정〉을 이수하지 않게 되고, 후자를 이수하지 않을 경우 〈글로벌 교육과정〉을 이수하지 않게 된다. 즉, 〈공직 자세 교육과정〉과 〈글로벌 교육과정〉 중 하나는 이수하지 않게 된다. 반드시 참이다.

ㄴ: 갑이 〈글로벌 교육과정〉을 이수한다면 〈직무 교육과정〉과 〈전문성 교육과정〉을 모두 이수해야 한다. 그러므로 〈직무 교육과정〉을 이수하지 않았다는 것은 〈글로벌 교육과정〉도 이수하지 않았다는 의미가 된다. 반드시 참이다.

| 오답해설 | ㄷ: 갑이 〈전문성 교육과정〉을 이수하지 않을 경우 〈리더십 교육과정〉을 이수하게 된다. 이 경우 갑은 〈공직 자세 교육과정〉을 이수할 수도 있고, 이수하지 않을 수도 있다. 반드시 참이라고 볼 수는 없다.

上

19 개념 카테고리 독해 > 독해 비문학 > 논리형 답 ④

| 정답해설 | 제시문에서 갑의 결론은 '월요일에 참석하지 않았지만 목요일에 참석한 사람이 적어도 한 명'이다. 주어진 조건들 중 적어도 한 사람의 존재를 확인시켜 주는 조건 3부터 검증한다. (조건 1과 2는 전건에 해당하는 위원이 0명이더라도 모순되지 않는다.)

조건 3의 '수요일과 목요일에 동시에 참석한 사람이 있다'는 정보에서 갑의 결론에 도달하기 위해서는 '수요일에 참석'하면 '월요일에 참석하지 않음'을 보이거나, '목요일에 참석'하면 '월요일에 참석하지 않음'을 보여야 한다.

'수요일에 참석하면'이라는 조건은 조건 2의 대우를 통해 '수요일에 참석하면 화요일에 참석하지 않았다'라는 형식으로 얻을 수 있다. 여기에 '화요일에 참석하면 월요일에 참석하지 않는다'라는 조건을 추가할 수 있다면 갑의 결론에 도달할 수 있다. 그러나 주어진 선택지에서는 이를 찾을 수 없다.

'목요일에 참석하면'이라는 조건은 조건 3 외에서는 찾을 수 없다. 그러므로 갑의 결론에 도달하기 위해서는 '목요일에 참석하면 월요일에 참석하지 않는다'라는 조건이 추가되어야 한다. 해당 조건의 대우를 ④에서 찾을 수 있다.

上

20 개념 카테고리 독해 > 독해 비문학 > 논리형 답 ④

| 정답해설 | 5명의 대표자가 4개의 정책에 찬성/반대를 표명하고 있다. 주어진 조건을 표로 정리하며 검증한다. 조건 1에 의해, A에 찬성하는 대표는 2명이다. 나머지는 모두 반대로 채운다. 또한 A를 찬성하면 B도 찬성한다는 것 역시 표에 반영한다.

구분	A	B	C	D
1	○	○		
2	○	○		
3	×			
4	×			
5	×			

B에 대한 찬성/반대를 모두 채우지 못했으므로, 조건 3은 우선 넘어가고 조건 4부터 계속해서 검증한다. B와 D에 모두 찬성할 수 없으므로 대표자 1, 2는 D에 반대한다. 또한 조건 5에 의해 D에 찬성하는 사람이 2명이며, 이들은 조건 4에 B에 반대함을, 조건 6에 의해 모두 C도 찬성한다는 것을 알 수 있다. 여기까지의 내용을 표로 정리하면 다음과 같다.

구분	A	B	C	D
1	○	○		×
2	○	○		×
3	×	×	○	○
4	×	×	○	○
5	×			×

조건 3을 보면 B에 찬성하는 대표자의 수가 짝수여야 함을 알 수 있다. 그러므로 B에 찬성하는 대표자의 수는 2명이다. B를 찬성하는 두 명 중 한 명은 C에 찬성, 한 명은 C에 반대하며 동수를 이루게 된다. 여기까지의 내용을 표로 정리하면 다음과 같다.

구분	A	B	C	D
1	○	○	○	×
2	○	○	×	×
3	×	×	○	○
4	×	×	○	○
5	×	×		×

모든 대표자들은 정책들에 대해 최소한 찬성 하나, 반대 하나 이상씩을 보여야 하므로 마지막으로 남은 빈칸이 찬성임을 알 수 있다. 최종적으로 표를 정리하면 다음과 같다.

구분	A	B	C	D
1	○	○	○	×
2	○	○	×	×
3	×	×	○	○
4	×	×	○	○
5	×	×	○	×

ㄱ: 대표자 5가 3개의 정책에 반대하고 있다. 반드시 참이다.

ㄴ: 대표자 1과 2가 B에 찬성한다. 2명이다. 반드시 참이다.

ㄷ: 대표자 4인이 C에 찬성한다. 가장 많은 사람이 찬성하고 있다. 반드시 참이다.

정답과 해설

2025

에듀윌 9급공무원
기출 품은 모의고사
국어

고객의 꿈, 직원의 꿈, 지역사회의 꿈을 실현한다

에듀윌 도서몰
book.eduwill.net

• 부가학습자료 및 정오표: 에듀윌 도서몰 > 도서자료실
• 교재 문의: 에듀윌 도서몰 > 문의하기 > 교재(내용, 출간) / 주문 및 배송

에듀윌 직영학원에서 합격을 수강하세요

언제나 전문 학습 매니저와 상담이 가능한 안내데스크

고품질 영상 및 음향 장비를 갖춘 최고의 강의실

재충전을 위한 카페 분위기의 아늑한 휴게실

에듀윌의 상징 노란색의 환한 학원 입구